国际经济分析与展望（2015～2016）
课　题　组

课 题 指 导　曾培炎

课题组组长　陈文玲

课题组成员撰稿　陈文玲　徐占忱　任海平　曾少军
黄志龙　徐长春　张茉楠　逯新红
陈迎春　颜少君

特 约 撰 稿 人　张燕生　裴长洪　刘秉镰　黄永富
李罗莎　王　军　王晓红　王玉主
刘维林　张焕波　刘向东　张　瑾
窦　勇　胡正塬　李　峰　綦鲁明

CCIEE

智库报告

国际经济分析与展望

(2015~2016)

WORLD ECONOMIC ANALYSIS & OUTLOOK

(2015–2016)

中国国际经济交流中心　编著

社会科学文献出版社
SOCIAL SCIENCES ACADEMIC PRESS (CHINA)

教乃至军事的各种因素。为更全面、客观反映国际经济真实面貌，本年度的研究报告拓展了热点问题的研究范围，把对世界经济有深刻影响的政治、宗教、科技、外交等问题纳入范围，为读者把握国际经济年度发展状况、展望国际经济发展未来提供更为全面的支持。

本年度报告延续了往年的设计体例。《国际经济分析与展望》不仅对国际经济主要区域和主要领域进行了深入分析，同时还对许多热点问题进行了细致透视，为我们把握国际经济年度发展状况、展望国际经济发展趋势提供了更为全面的智力支持。《中国经济分析与展望》则针对中国经济遇到的问题进行了深入剖析，对这些问题是否会影响到中国的发展进行了系统的分析和论述；对未来经济形势的分析和展望，也放在全球经济一体化、中国经济进入新常态的大背景下展开，以求能够对中国经济形势做出更为全面和准确的判断。这两本研究报告通过对国际国内经济形势和区域、行业等多维度的透视，全面系统地评价了过去一年与未来的发展和特点，内容以经济为主，同时探索跨领域的综合研究，力求以全面的透视研究，形成新的理念、概括与表述，得出新的判断，具有很高的参考价值，便于读者把握国内外经济发展大势，具有较强的战略性、前瞻性、系统性、储备性和应用性，希望这两本研究报告能对读者有所裨益。同时，也欢迎广大读者对其中的疏漏给予指正。

中国国际经济交流中心

2016 年 2 月 18 日

目　录

总报告

上篇　国别与地区

中篇　专题研究

下篇　热点问题

总报告

2015～2016年世界经济形势分析与展望

2015～2016年，世界经济复苏进程仍旧缓慢，仍处于低速增长的态势。深刻变动中的经济、政治与外交相互交织，世界仍将处于新旧思维碰撞、新旧机构并存、新旧规则交替、新旧动力转换、新旧力量对比的动荡期、转型期、变革期和调整期。世界经济突出表现为“三低”和“三失衡”，主要经济体分化明显，大国之间货币、金融、贸易等宏观经济政策博弈成为影响世界经济增长的重要变量，世界经济增长的不确定性加大。这就要求我们在准确把握世界经济和中国经济发展大势的前提下，更加有力地实施应对当前挑战和争取更好愿景的开放战略，在国际合作与竞争中争取更大的国家权益。

一　世界正处于新旧思维碰撞、新旧动力转换、新旧力量对比、新旧规则交替的动荡期、转型期、变革期和调整期，低速增长态势下的世界经济呈现“三低”和“三失衡”的典型特征

2015年世界经济增长依旧乏力，处于深度调整期的世界经济、政治与外交交织。从世界经济增长周期和阶段看，依靠原有科技进步、高投入与全球化资源配置机制推动的、持续10多年的全球经济高速增长周期和大繁荣阶段已经结束，世界经济正呈现低速增长态势。正如拉加德所说，世界经济这艘巨轮正行驶在浅

水域。这个浅水域怎么理解？我们认为，低速增长态势下的世界经济呈现“三低”和“三失衡”的典型特征。

（一）低速经济增长突出表现为“三低”

金融危机的爆发结束了持续10多年的全球经济高速增长和大繁荣，世界经济呈现低速增长态势。原有的“高负债、高失业率和高龄化”等“三高”问题仍然存在，但新的矛盾和问题更加突出，“三低”成为当今世界经济的典型特征。

第一，低速增长。从短期来看，尽管影响范围最大、程度最深的全球经济衰退已经过去6年，但世界经济的强劲复苏和扩张仍不明朗。如表1所示，在新兴经济体和发展中国家拉动下，2010年世界经济短暂实现了5.4%的强劲增长，此后，世界经济增长率不断下降，维持在3.3%左右的低速增长水平。

表1　2010～2020年世界经济增长率

单位：%

年份	世界经济增长率	发达经济体增长率	新兴经济体和发展中国家增长率
2010	5.4	3.1	7.5
2011	4.2	1.7	6.3
2012	3.4	1.2	5.2
2013	3.3	1.1	5.0
2014	3.4	1.8	4.6
2015（预计值）	3.1	2.0	4.0
2016（预计值）	3.6	2.2	4.5
2020（预计值）	4.0	1.9	5.3

资料来源：国际货币基金组织。

尽管受持续宽松货币政策和财政中性恢复等综合影响，从2014年开始主要发达经济体经济增长趋势都有所增强，失业率普遍下降。但是宽松货币政策导致全球流动性泛滥，国际市场动荡通过金融链条扩散到世界各地，导致发展中国家汇率大幅度贬值，新兴经济体和发展中国家宏观调控政策面临刺激需求和降低外部脆弱性的艰难权衡，经济增长已经连续6年持续下滑。众所周知，新兴经济体和发展中国家的群体性崛起已经成为不可逆转的事实，新兴经济体和发展中国家对世界经济增长贡献最大，据统计，2008～2011年全球经济总量增长的近90%

来自发展中国家。新兴经济体和发展中国家在世界总产出中所占比重在不断提高。根据IMF的研究，2014年新兴经济体和发展中国家占世界经济总量的57%，预计到2019年将占到60%，而1990年新兴经济体和发展中国家经济总量仅占全球总产出的1/3。因此，从短期来看，受包括中国在内的新兴经济体增长放缓的影响，世界经济将处于低速增长“新常态”。2015年IMF多次下调2015年经济增长预期，10月最新发布的报告中预计全球经济2015年将增长3.1%，比2014年低0.3个百分点，比2015年7月的预计值低0.2个百分点，预计2016年全球经济增长3.6%。从长期来看，随着科技进步，互联网技术的发展与应用、新能源革命、工业创新驱动等都可能成为全球经济进入新一轮增长期的驱动力，新的重大技术革新也终将带领全球经济进入新的增长轨道，但从目前来看，全球经济新的增长点尚不明朗，仍可能较长时期处于低速增长阶段。

第二，低利率。低利率也是当前世界经济的突出特点。金融危机后，为了尽快走上复苏通道，美国先后推出3轮量化宽松货币计划，据统计，美国联邦基金利率从1980年的13%大幅降至2015年9月的0.13%，接近零利率。存款利率也在不断下降，联邦存款保险公司（FDIC）的银行平均存款成本率从1980年的11%降至2014年的0.3%。尽管2015年12月17日美国联邦储备委员会宣布将联邦基金基准利率上调25个基点，不过美国联邦基金利率仍处在0.25%至0.5%的低位，专家预计，到2016年年底，美国联邦基金利率水平很难超过1%。为了应对危机，欧元区从2010年左右步入零利率时代，2014年6月欧洲央行下调隔夜存款利率至负利率，欧洲央行推出了欧版的QE。尽管如此，由于欧元区经济一直低迷，2015年12月3日欧洲央行宣布下调隔夜存款利率10个基点至-0.3%。欧元区利率水平向负利率蔓延。日本也如是。自1985年以来，日本隔夜拆借利率从7%下降到2015年9月的0.07%，存款利率从1980年的6%跌到2015年的0.5%以下①。发展中国家方面，2015年俄罗斯先后5次下调基准利率，货币政策开始趋于宽松；中国央行2015年已经先后5次降息、降准，在央行连续降息降准等宽松货币政策下，我国1年期定期存款利率已降至1.5%的历史低位。实际上，除巴西外的绝大部分发展中国家采取了宽松的货币政策。随着全球经济步入低速增长态势，全球也将步入低利率时代。

---

① 海通证券：《低利率时代到来零利率将是长期趋势》，http：//money.163.com/api/15/1014/14/B5T3L55I00254IU4.html，最后访问：2015-10-20。

第三，低通胀。在世界经济下行和大宗商品价格下跌的影响下，世界经济低通胀的特点也非常明显。如图1所示，全球整体通胀率从2011年的4.18%下降到2015年的2.55%，主要发达国家整体通胀率从2011年的2.18%下降到2015年的0.24%，新兴经济体和发展中国家的通胀率从2011年的6.33%下降到2015年的4.72%。

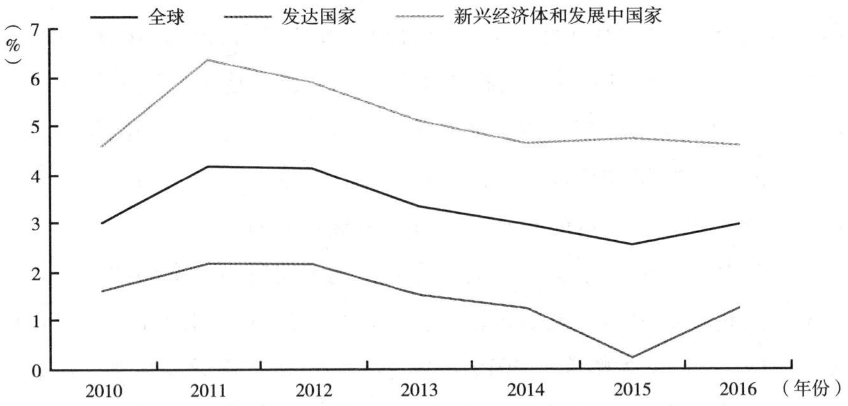

图1　2010～2016年全球整体通胀率

资料来源：国际货币基金组织。

尽管2015年美国经济表现良好，但通缩风险依然存在。美国劳工部发布的数据显示，2015年9月美国生产者价格指数（PPI）月率下跌0.5%，创当年1月以来最大降幅。9月核心PCE物价指数（不包括波动较大的食品和能源价格）年率上升1.3%，升幅不及预期值（1.4%），连续40个月未达到美联储设定的2%的目标。欧元区方面，从2014年12月起，欧元区连续四个月通胀率为负值，在QE政策影响下欧元区通胀率逐渐恢复，但2015年9月欧元区通胀率再次转为负值。日本也在通缩附近徘徊，2015年8月日本CPI为0.2%，核心CPI只有-0.1%，再次陷入通缩。新兴经济体和发展中国家通胀率两极分化明显，巴西、俄罗斯、阿根廷等国家通胀率较高，而中国等国通胀率较低，据统计，自2012年2月开始中国的PPI已经连续43个月为负增长，CPI也一直在低位运行。

（二）世界经济突出表现为“三失衡”

低速增长态势下的世界经济发展不平衡不断加剧，“失衡”也成为当前全球经济的突出特点。

第一，收支失衡。直至今日，国际金融危机深层次影响还在继续，部分主权国家收支失衡依然十分严重。麦肯锡全球研究机构2015年发布的一份报告显示，全球债务规模还在扩大，从2007年至今，全球债务规模增长了57万亿美元，年均增长5.3%。美国的主权债务自2012年就超过其GDP总量，2015年以来美国已经多次触及联邦债务18万亿美元的法定债务上限，为了避免美国债务发生灾难性违约，10月30日美国国会通过为期两年的预算协议。根据协议，政府在2017年3月前可不受举债上限制约。日本债务融资风险很高，2015年日本政府预算总额高达96.342万亿日元（约合人民币5万亿元），创下历史新高。根据惠誉计算，截至2014年底，日本政府总债务占GDP的比重将升至244%，为全球最高。从净负债来看，2014年底日本净负债率143%，为经合组织（OECD）中最高。惠誉预计，到2020年，日本的负债率才可能稳定在250%左右。债务危机的阴霾依然笼罩着欧盟，欧元区内部的调整并没有从根本上消除债务风险。欧盟统计局公布的数据显示，2015年第一、二季度欧元区政府债务占GDP的比重分别为92.9%和92.2%。希腊、意大利等国家债务占GDP比重都超过100%。中国的国家债务虽然还在国际规定的合理范围之内，但也有相当大的风险。全球债务风险的威胁将降低全球经济增长的长期中枢水平，并给全球经济复苏带来更大困难。

第二，贫富失衡。全球化是一把双刃剑，全球化在推动全球经济增长、创造惊人社会财富的同时，也造成世界范围内贫富差距的扩大。2015年初扶贫慈善机构乐施会发布的一份报告显示，2009年1%的富人拥有全球44%的财富，而到2014年，这一比例上升至48%。报告称到2016年，1%的富人所拥有财富将超过50%，即全球1%的富人掌握的财富将超过其余99%的人所拥有的财富（见图2）。经合组织5月公布的一份报告指出，经合组织34个成员方中，10%最富有人口的收入是最贫穷10%人口收入的9.6倍，富人与穷人的收入差距如今已达到三十年来的最高点。2015年8月，联合国193个会员国就2015年后发展议程达成一致，确定了17项联合国新千年的议程，其中第一个目标就是“在全世界消除一切形式的贫穷”。我国的贫富差距也很大，从2000年开始，用来统计收入差距的统计指标基尼系数超过0.4的国际警戒线，2004年超过0.465，此后我国基尼系数一直在高位运行。国家统计局2015年公布数据显示，2014年全国居民收入基尼系数为0.469，低于2013年的0.473，表明收入差距在缩小，尽管如此，这仍大大超过国际警戒线标准。

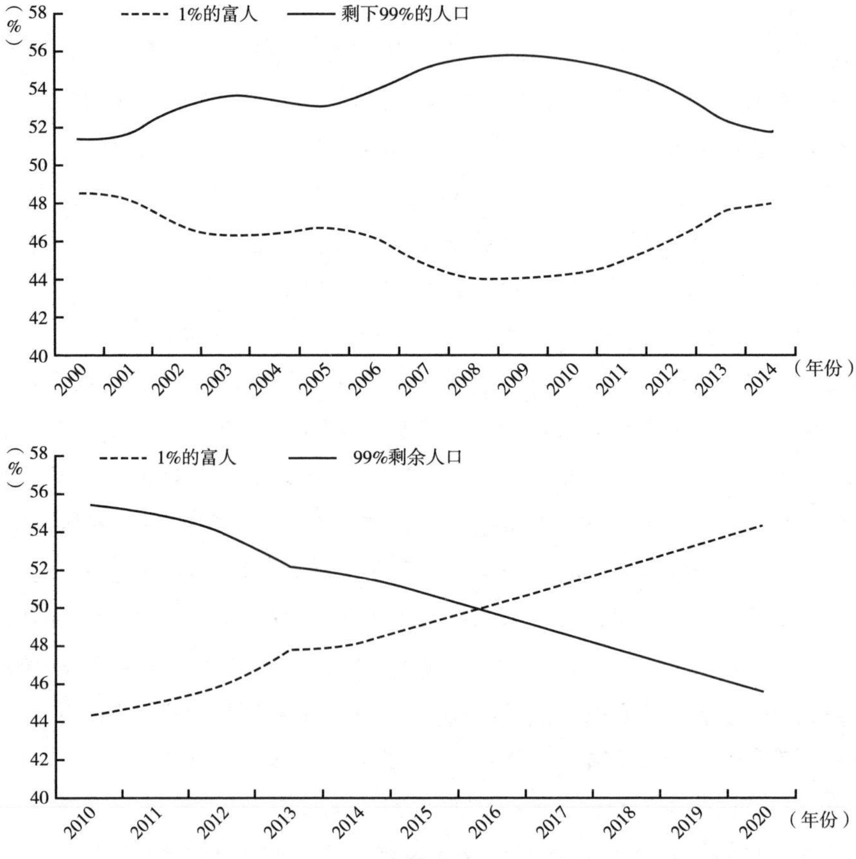

图2　1%的富人和剩下99%人口分别占全球财富的比重

资料来源：乐施会。

第三，全球经济协调机制的阶段性失衡。全球宏观经济协调机制的阶段性失衡也是当前世界经济的突出特点。现有的全球经济协调机制是第二次世界大战后以发达国家利益为核心形成的国际治理机制和架构，这些旧的治理机制和架构已经不能适应21世纪全球人口、财富和地缘经济政治影响力“再平衡”的新形势。金融危机的爆发和后危机时代全球经济持续低迷更凸显了现有国际货币、金融、贸易以及全球治理体系的缺陷，新的组织架构和治理机制开始涌现。贸易方面，由于WTO多边贸易机制进展缓慢，包括各种自贸协定在内的区域经济贸易一体化机制和平台风起云涌，从美国的TTP、TTIP、TISA和各种双边贸易协定，到RCEP和中国围绕“一带一路”建立的自贸区网络体系，自贸区战略和区域经济贸易一体化机制成为新时期构建新的贸易规则和治理体系的重要平台。金融方面，金融危机的阴霾直至今日依然没有消退，发达国家主导的以美元为中心的国际货币金融体系显然难辞其咎，为了抵御风险、促进经济恢复增长，亚洲基础设施投资银行、金砖国家开发银行、丝路基金和上合组织开发银行等新的金融机构开始走上历史舞台，这必将对原有的国际金融秩序产生重大影响。此外，协调全球宏观经济运行和国际关系的机制也在发生重大变化，G20 地位凸显，折射出全球国际关系和力量结构的变迁。不过，尽管当前宏观协调机制已经发生重大变化，新的组织和新的机制大量涌现，新兴市场经济体和发展中国家国际社会的话语权不断增强，但是世界经济动力结构和力量对比并没有发生根本性变化，新的组织架构和机制尚不成熟，现有的组织架构和机制仍然在世界经济中起主导作用，新的组织架构和经济治理体系替代旧的组织架构和经济治理体系仍将是一个长期过程。

二　2015～2016 年世界经济低速增长态势不会发生根本改变，但世界经济分化日益明显

2015 年，世界经济总体复苏进程依旧缓慢，世界经济低速增长常态没有发生根本性改变，但大国之间货币之争、金融之争、贸易规则之争日益激烈，世界经济的不确定性风险增加，分化日益加剧，具体表现为以下四个方面。

（一）世界经济增长继续分化

2015 年世界经济增长依旧乏力，但经济增长不平衡加剧，各主要经济体增长形势持续分化。

1. 主要发达经济体增长继续分化，美国经济基本走出困境，呈现持续微弱增长“曙光”；欧洲经济在“纠结”中或将实现温和复苏；日本安倍经济学难以刺激经济绽放“光芒”

——美国经济继续呈微弱增长“曙光”。2015 年美国经济持续了上年的“低开高走”态势，受到严寒天气等暂时性因素影响，零售、制造业订单、新房开工和就业等数据显示美国第一季度经济增长疲软，国内生产总值数据按年率计算增长 0.6%；美国商务部数据显示，第二季度美国经济增速明显加快，国内生产总值按年率计算增长 3.9%；进入第三季度，由于企业减少补充库存以便消耗过

剩的存货，且消费者、企业和政府支出均减少，美国第三季度国内生产总值初值年化率增速放缓至1.5%。众所周知，美国GDP的70%靠消费来拉动，个人消费的增加无疑给美国经济带来利好。据统计，美国7、8、9月零售销售月率分别为0.2%、0.2%和0.3%，呈现稳固健康增长，而美国密歇根大学9月12日公布的数据显示，9月密歇根大学消费者信心指数终值连续3个月走高，且创下2013年7月以来的高位，表明美国民众对未来复苏前景信心满满。此外，强劲的就业增长也是美国经济稳定复苏的明证。美国劳工部数据显示，尽管美国非农就业人数增幅小于市场预期，但失业率从2015年1月的5.7%下降至10月的5%，创2008年4月以来最低水平。OECD预计2015年美国经济增长2.4%。IMF预测美国2015年经济增长2.6%，2016年将升至2.8%。

可以看出，美国经济已经基本走出困境，呈现相对稳定的复苏发展态势。尽管如此，受美国国内金融条件温和收紧、美联储加息、大宗商品价格疲软、全球股市动荡和全球经济低迷等诸多因素的影响，美国经济依然面临下行风险。美国贸易数据显示，8月份美国商品出口创2011年以来的最低水平，包括石油在内的工业用品与材料的出口则降至近五年来的最低水平，贸易的低迷拖累了美国第三季度的GDP。彭博社10月对经济学家的调查显示，美国在未来12个月陷入衰退的可能性飙升至15%，创2013年10月以来最高水平。

笔者认为，2015～2016年美国经济将继续保持温和的增长态势。这主要因为：一是美国新的经济增长点尚不成熟，潜在生产率的增长依然疲弱。尽管美国页岩气革命已经兴起，工业互联网也在如火如荼推进，但尚不能成为创造强劲生产率的经济增长点。二是美联储加息预期依然存在，全球金融市场风险增加，将不利于经济增长。此外，包括中国在内的新型经济体增速放缓，对全球经济增长的担忧，全球大宗商品市场的动荡以及地缘政治经济的不确定性等复杂多变的国际经济环境，也会影响美国经济复苏进程。

——欧元区经济在“纠结”中或将实现温和复苏。2015年，受益于石油价格持续下跌、宽松的货币政策以及金融条件的改善，欧元区经济实现温和复苏。欧盟统计局公布的数据显示，欧元区第一季度GDP数据修正为较上季度增长0.5%，比上年同期增长1.2%；第二季度GDP数据修正为较上季度增长0.4%，较上年同期上涨1.5%；第三季度GDP季率增长0.3%，低于第二季度的0.4%增速，这表明欧洲经济呈现温和复苏势头。欧盟委员会公布的数据显示，欧元区经济景气指数不断提高，从2015年7月的104升至9月的105.6，为2011年以来最高水平。OECD对欧元区经济持积极乐观态度，认为其前景是4年来最好的，预计欧元区经济2015年将增长1.6%，2016年将增长1.9%。而IMF相对保守，预计2015年和2016年欧元区经济将分别增长1.5%和1.7%。

笔者认为，欧元区经济复苏的基础依然脆弱，欧元区经济仍将继续在复苏边缘纠结，难以实现强劲增长。原因如下：一是欧元区经济内部的结构性困境仍将长期存在。欧债危机以来，为了让生产和消费回归经济发展所应有的水平，欧盟实施了紧缩财政政策，以期通过削减赤字和降低债务水平保证公共债务的可持续性，同时为重新赢得资本市场的信心创造条件。但致力于结构改革的紧缩政策和调整无疑给欧元区经济增长带来了负面影响：工资的削减使得消费需求下降，企业投资动力不足。数据显示，欧元区采购经理人指数自2013年7月以来一直维持在荣枯分水岭50上方。2015年8月的欧元区制造业采购经理人指数（PMI）终值较上月小幅下滑至52.3，显示欧元区制造业增长步伐有所放缓。国内消费低迷，全球贸易增长缓慢，内部投资动力不足，欧元区经济将难以实现强劲增长。二是欧元区经济通缩风险或将拖累经济增长。2015年1～3月，欧元区通胀率同比增长分别为－0.6%、－0.3%和－0.1%，欧元区陷入技术性通缩的境地。为了消灭通缩，欧洲央行于3月启动了1.1万亿欧元的量化宽松计划，以使通胀率接近其2.0%的目标。5月欧元区CPI半年来首次同比正增长，消费者物价指数（CPI）年率升幅超出市场预期，实现六个月以来首次上升。尽管如此，由于国际金融市场动荡后新兴市场受挫和中国经济增速放缓，欧洲通胀风险陡增，9月份数据显示，欧元区通胀率意外下降至－0.1%，这表明欧洲可能重陷通缩泥潭。三是欧洲债务风险依然存在。尽管很多观点认为，欧债危机最困难的时期已经过去，但笔者认为，欧元区债务危机风险短期内仍将难以根除，欧元区国家的债务负担依然比较沉重。显然，欧洲债务危机风险的增加是不利于欧洲经济增长的。四是全球经济增长放缓会拖累欧洲经济增长。2015年，在全球股市波动、人民币“一次性”贬值、新兴市场“贬值潮”和大宗商品价格暴跌等多重因素影响下，世界经济下行压力增大，增速放缓，欧洲经济显然难以独善其身。此外，欧洲内外政治形势的不确定性也将给欧洲经济发展带来很大的不确定性。2015年初外国媒体就称欧洲政治是2015年全球最大的风险，欧洲“反欧盟”政党的崛起和愈演愈烈的难民危机将给欧洲未来经济增长蒙上阴影。

——日本安倍经济学难以刺激经济绽放“光芒”。直至今日，日本安倍经济学“老三箭”“脱靶”已成不争事实。据统计，自2012年第四季度安倍执政以来，两年半时间里日本 GDP 仅增加了 27 万亿日元，剔除物价变动因素以后，实际 GDP 增长了 11 万亿日元①。2015 年第二季度日本 GDP 修正值剔除物价变动因素后换算成年率为下降 1.2%，第三季度剔除物价变动因素后比上季度实际下滑 0.2%，换算成年率为下降 0.8%，连续两个季度呈现负增长，日本经济再次陷入低迷。IMF10 月下调 2015 年日本经济增长率至 0.6%，2016 年为 1.0%。可见，国内消费不振，实体经济增长乏力，就业与收入难以提升，超级 QE 无法如期推升国内通胀和促进经济增长，安倍经济学走入“死胡同”而黯然谢幕。国际三大评级机构也先后对安倍经济学治理成果做出客观评价。继 2014 年 12 月穆迪将日本国债评级由“A3”下调一级至“A1”后，2015 年 4 月，惠誉紧随其后将日本主权信用评级从“A+”下调至“A”，2015 年 9 月，标准普尔也将日本主权信用评级从“AA-”下调一级至“A+”，并认为接下来 2～3 年安倍经济学不能改变其经济恶化的趋势。

面对重陷低迷的日本经济，安倍政府显然并不死心，2015 年 9 月 24 日安倍在新闻发布会上提出日本政府将部署“安倍经济学”的三支新箭，即提振经济、为家庭养育孩子提供扶持以及促进社会福利改革。笔者认为，日本安倍经济学“新三箭”“中靶”概率依然不高。这是因为：首先，安倍政府第一支箭的行动目标是让日本的名义国内生产总值从 2014 年的 491 万亿日元增长到 600 万亿日元，增幅 22%。这个目标显然难以实现。2015 年二季度日本名义 GDP 换算成年率约为 499 万亿日元，二者差距超过 100 万亿日元，按照年均名义增长率为 3% 也至少需要 5 年才可能达到，但目前日本经济增长率为负值，而日本年均名义增长率为 3% 还是 20 世纪日本陷入衰退之前的事情。其次，安倍经济学的第二支箭是通过为家庭养育孩子提供扶持以鼓励生育，将生育率由 2013 年的 1.43% 提升至 1.8%，这显然也并非易事。鼓励生育是日本早就一直在做的事情，但日本人口出生数量还是年年下降。日本厚生劳动省公布的人口动态统计估算值显示，2014 年日本新生婴儿数量为 100.1 万人，创历史新低。最后，安倍经济学的第三支箭是促进社会福利的改革。人口出生率的下降必然会加剧人口老龄化。根据国际通行标准，当一个国家或地区的 60 岁以上老人达到总人口的 10%，或 65 岁老人占总人口的 7%，即视为进入老龄化社会，而日本是人口老龄化最严重的国

① 《安倍再发“新三箭”距离目标仍遥远》，《中国经济时报》，http：//news. hexun. com/2015-09-29/179547545. html，最后访问日期：2015 年 10 月 15 日。

家，日本总务省公布的数据显示，截至2015年9月15日，日本65岁以上的老年人为3384万，约占总人口的26.7%，创历史新高，也远远高于国际标准。日本“老无所依”状况加剧，而社会福利改革的推进更是步履维艰。

2. 除印度外，新兴经济体和发展中国家经济增长普遍下行

新兴经济体和发展中国家经济增长在经历金融危机后7.5%的强势反弹后，从2011年开始，从2011年的6.3%下降至2014年的4.6%，2015年，新兴经济体和发展中国家经济增长连续第五年放缓，内部分化持续加剧。IMF 10月发布的《世界经济展望》预计，2015年新兴经济体和发展中国家经济增长4.0%，2016年预计增长4.5%。2015年新兴经济体和发展中国家经济放缓是多个因素共同作用的结果。

一是受包括国际油价下跌在内的大宗商品价格下跌的影响，资源出口型国家经济增长减弱甚至陷入低迷。作为世界最大原油出口国之一，俄罗斯的国内生产总值2009年曾因全球金融危机导致油价跌破每桶40美元而有8%的下降。2015年，俄罗斯经济持续低迷，陷入“资源陷阱”难以自拔。俄罗斯联邦统计局公布的数据显示，2015年第一季度俄罗斯GDP同比收缩2.2%，第二季度同比收缩4.6%，上半年同比下降3.4%，这表明俄罗斯经济陷入2009年以来最严重的衰退。世界银行6月份预测，2015年俄罗斯经济将萎缩2.7%，2016年有望实现0.7%的微弱增长。10月IMF预测，2015年和2016年俄罗斯经济分别萎缩3.8%和0.6%。巴西经济也陷入衰退，据统计，巴西GDP第一、第二季度环比分别萎缩0.7%、1.9%，连续两季负增长，已符合经济学上的经济衰退定义。凯投宏观报告将巴西2015年GDP预测从萎缩1%下调至萎缩2.5%。IMF预计，2015年、2016年巴西经济增长分别为-3.0%和-1.0%。此外，尼日利亚、委内瑞拉和阿尔及利亚等多个石油生产国也受到重创，这些国家货币大幅贬值，货币汇率随着风险链条的逐步传导和扩散而波动起伏，全球金融市场、货币市场、资产价格动荡进一步放大反过来又恶化了国际经济环境，经济增长必然受损。

二是中国经济增速放缓以及对进口密集型投资需求下降。中国是最大的发展中国家，也是全球第二大经济体，中国对世界经济增长影响举足轻重。中国国家统计局网站10月发刊的“十二五”经济社会发展成就总结文章指出，2014年中国GDP达到636139亿元，折合10.4万亿美元，占世界份额的13.3%，比2010年提高了4.1个百分点。中国经济对世界经济复苏做出重要贡献，2011~2014

年中国对世界经济增长的贡献率超过25%。进入2015年，中国经济增长继续主动放缓，国家统计局公布数据显示，中国经济第一、二、三季度GDP同比增长7%、7%和6.9%。中国社会科学院发布报告预测，中国GDP增速全年预计为6.9%。IMF预计，2015年、2016年中国经济增长分别为6.8%和6.3%。中国经济增速放缓进入"新常态"是经济发展的客观规律所决定的，中国经济"新常态"将改变经济发展对要素驱动和投资驱动的过度依赖，而这必然会对全球经济增长产生影响。IMF 10月发布的《世界经济展望》报告称，撒哈拉以南非洲受国际原油等大宗商品价格下跌、中国（该地区最大的贸易伙伴国）需求下降、该地区各前沿经济体面对的金融条件收紧等因素影响，经济前景疲弱。IMF预测，撒哈拉以南非洲2015年、2016年经济增速分别为3.8%和4.3%，较2015年4月该组织预测的4.5%和5.1%分别下调了0.7个百分点和0.8个百分点。尽管如此，非洲作为一个处于上升阶段的新兴市场，市场潜力和经济增长速度还是比较可观的。

三是新兴经济体和发展中国家自身的脆弱性。随着新兴经济体和发展中国家增长前景减弱，全球需求会进一步下降，2015年绝大部分发达经济体和主要发展中经济体面临通胀紧缩的风险。为了刺激需求，各国都在进行结构性调整以提高实际产出，发达国家可以采取宽松货币政策和灵活的财政政策以刺激需求和投资，但对于广大新兴经济体和发展中国家而言，大宗商品价格下跌对货币的冲击，特别是通过金融链条将风险传递到本国从而加剧本国经济金融的风险不断扩大，经济不确定性风险增加。因此，新兴经济体和发展中国家面临自身增长减缓下促进需求和在更为困难的外部环境下降低脆弱性的艰难权衡。显然，新兴经济体和发展中国家自身的脆弱性将使得其在艰难的国际环境中增长更为困难。

印度是新兴经济体中的例外。受益于国际油价下跌和国内经济改革的推动，2015年印度经济一枝独秀，经济快速增长。印度新德里中央统计办公室发布数据显示，2015年一季度，印度经济同比增长7.5%，中国同期为7.0%；2014年第四季度，印度经济增长7.5%，中国同期为7.3%，印度经济增速已经连续两个季度超越中国。IMF4月发布的报告预测，2015年将成为印度经济超越中国的转折点。印度2015年及2016年将保持7.5%的经济增速，成为世界上增长最快的经济体。受严峻外部环境影响，印度第二季度GDP同比增长7%，同比增速较第一季度有所放缓，IMF在10月份的全球经济展望中下调了对印度增长的预测，2015年、2016年印度经济增长分别为7.3%和7.5%。从增速上来看，印度超越中国成为世界经济增长最快的经济体。不过，笔者认为，说印度经济超过中国还言之过早，目前印度经济总量只有中国的1/5，且印度经济的快速增长很大程度上受益于包括国际油价在内的大宗商品价格的下跌与印度从消费驱动型增长向投资型增长转变的互动影响，印度面临高失业率、长期的通货膨胀以及基础设施严重匮乏等问题制约，印度经济总量超过中国还要有一个非常长的时期。

（二）货币政策分化加剧

各国货币政策取向取决于各国经济发展的基本面，2015年深刻调整变动中的世界不平衡加剧，货币政策也呈现加剧分化趋势。

1. 美国货币政策逐步趋于正常

自2008年金融危机发生后，为了帮助美国经济尽快走上复苏通道，美联储先后实施了3轮量化宽松的货币政策，该政策的核心内容主要包括两方面：一是通过大规模的政府购买资产计划，增加市场货币供应量以增加消费和投资需求；二是通过降低利率降低企业的融资成本，促进企业投资需求的增加。在宽松货币政策作用下，自2012年起，美国经济开始复苏。2012～2014年美国经济增长率分别为2.3%、2.2%和2.3%，明显高于同期其他主要发达国家。随着美国经济的复苏，2014年11月美国全面退出QE。

进入2015年，美国经济继续引领发达经济体经济增长，经济复苏发展趋势基本稳定。随着美国经济稳步向好，就业市场持续改善，美元预期加息呼声提高。2015年12月17日（美国当地时间16日），美联储宣布将联邦基金利率由0～0.25%上调至0.25%～0.50%。根据美联储的预期，2016年底利率可能达到1.375%，这表明美国货币政策开始回归正常，全球货币政策格局出现分野。笔者认为，美国货币政策的取向主要取决于美国经济发展的基本面，超级宽松的货币政策是应付危机时期的非常之举，随着美国经济复苏的稳固，美国加息只是早晚而已。不过，考虑到美国经济依然面临诸多风险，以及美联储加息可能会给世界经济带来动荡和风险，进入加息周期的美国货币政策调整战略是谨慎而灵活、循序渐进的。美国货币政策不仅仅与美国经济未来走势密切相关，其加息进程还会对其他经济体产生外溢效应，经济全球化下这些外溢效应可能会反过来对美国经济产生冲击。因此，美联储官员不止一次地表示，加息可能是渐进的，也有可能时断时续，而加息的幅度也会根据经济情况而定。尽管如此，从基本面来看，美国货币政策是逐步趋于正常化的。

2. 欧元区步入全面宽松货币政策阶段

2015年欧元区走向全面宽松货币政策阶段，这是由欧元区整体经济形势所决定的。自欧债危机以来，欧洲经济一直在增长附近纠结徘徊，由于欧洲各国财政政策协调难度大，货币政策成为推动欧洲经济复苏的首选。自2014年12月以来欧元区通货膨胀率一直为负值，欧元区陷入通缩泥潭，为了消灭通缩，刺激经济复苏，2015年3月欧元区启动了1.1万亿欧元的量化宽松计划，即每个月购买600亿欧元欧洲国家债券的QE项目，直至2016年9月，使通胀率接近2.0%的目标。受益于宽松货币政策，欧元区经济实现温和复苏，2015年第二季度欧元区经济增长较上季度同比增长0.4%。但进入8月份，全球股市暴跌，新兴经济体和发展中国家增速普遍下降，影响了欧元区脆弱的复苏势头。2015年12月3日，欧洲央行宣布下调隔夜存款利率10个基点至-0.3%。欧洲央行行长德拉吉还宣布，欧洲央行将延长QE时限到2017年3月，或是更长时间。此外，欧元区还将扩大QE计划下资产购买的范围至购买地区、地方政府的债务。

笔者认为，考虑到欧元区整体经济复苏态势，欧元区将继续扩大量化宽松政策，而欧元区的量化宽松货币政策重挫了欧元汇率，未来欧元仍将持续贬值。在推出欧版QE之后，欧元对美元汇率重挫至近11年来低点。预计2015年欧元汇率达到1美元∶1欧元，2020年达到0.9美元∶1欧元。

3. 日本或将继续保持相对稳定的量化宽松货币政策

日本于2012年紧跟美国推出了无量化宽松货币政策以帮助长期低迷的日本经济走向正增长，政策启动后2013年日本经济的确曾出现半年的“复苏幻景”，然而好景不长，日本经济又陷入衰退泥潭，2015年日本经济在实现脆弱复苏后重陷低迷，消费者信心指数长期处于低位，日本还将继续保持宽松货币政策。

日本启动的超级量化宽松货币政策已经使日元大幅贬值，据统计，2013年4月至2015年7月，日元汇率由94.0日元∶1美元贬至124.2日元∶1美元，累计贬值高达24%。从短期来看，日本政府在9月提出了安倍经济学“新三箭”，表明日本政府对日本经济增长良好愿景的需求十分强烈，日本或将扩大量化宽松货币政策以刺激日本经济增长。市场也预期日本央行将进一步实施货币宽松政策，日元仍将持续贬值趋势。预计2015年日元汇率可能达到130日元∶1美元，2020年日元汇率可能达到140日元∶1美元。不过，从中长期来看，日本货币政策和经济增长前景都尚不明朗。

4. 主要新兴经济体货币政策趋于宽松，新兴经济体汇率贬值或将成为常态

2015年，强势美元，包括石油在内的大宗商品价格的波动，使全球金融市场动荡和发达国家货币政策等都通过金融风险链条扩散到新兴市场，新兴经济体发展速度普遍下降，宏观调控难度加大，整体货币政策趋于宽松。

2014年，俄罗斯和巴西逆势实施了趋紧货币政策，2015年情势发生了微妙变化：为了抑制滞胀，巴西央行2015年7月30日将基准利率上调50个基点至14.25%，这是2015年该行连续第六次升息50个基点，利率水平已达历史高位，然而趋紧的货币政策在控制通胀方面收效甚微，对经济增长的抑制却显而易见，货币当局为此陷入两难境地。与巴西相反，2015年为了重振经济，俄罗斯先后多次下调基准利率，7月底俄罗斯央行宣布将基准利率下调50个基点至11%。之前6月15日，俄央行将基准利率从12.5%下调至11.5%。货币政策逐渐趋于宽松。此外，进入2015年，随着货币贬值领跌新兴市场，新兴经济体整体经济增速普遍放缓，宽松货币政策成为包括中国、印度、拉美国家等在内大部分国家的首要选择。

总之，2015年，受国际大宗商品价格下跌、资本外逃、自身结构性瓶颈、中国经济的再平衡以及地缘政治等因素的影响，新兴经济体整体面临经济减速，经济下行压力使新兴经济体货币承受进一步贬值的压力，新兴经济体货币贬值或将成为常态。近期，新兴经济体24种主要交易货币中，20种出现不同程度的贬值。印度卢比跌至17年来最低水平，南非兰特降到13年来最低水平，巴西雷亚尔创下12年来最低纪录。

（三）全球贸易格局分化

进入21世纪，新兴经济体的崛起，改变了全球市场格局和经济格局，全球贸易格局也更加多元化。2015年，受包括中国、巴西在内的主要经济体以及其他发展中经济体进口需求下滑，石油等大宗商品价格下跌和全球汇率市场强烈波动等因素综合影响，世界贸易增速继续放缓，世界贸易组织9月30日宣布将2015年的世界贸易增长预期下调至2.8%，而2015年4月该组织曾做出3.3%的增长预期。该组织同时将2016年的全球贸易增长预期从4.0%微调至3.9%。持续放缓的世界贸易增长格局出现重大分化，主要表现如下。

1. WTO全球多边贸易体制在艰难中缓慢推进

2015年9月4日，中国在日内瓦向世界贸易组织递交了关于《贸易便利化协定》议定书的接受书，成为世贸组织中第16个接受议定书的成员方家。贸易便利化的谈判启动于2004年的多哈回合谈判，但一直进展缓慢并一度停滞，直到2013年12月世贸组织终于在巴厘岛达成涉及贸易便利化、农业、发展等方面问题的总共10份文件的“巴厘一揽子协定”。按照计划2014年7月31日是《贸易便利化协议》生效程序的第一个截止日期，各成员需要在该日期前，根据共识通过相关议定书，将该协议正式纳入世贸规则体系。但印度的强硬态度和欧美国家拒不妥协的态度，让《贸易便利化协议》生效程序陷入僵局，2014年11月世界贸易组织批准了有关落实《贸易便利化协议》的议定书，持续近4个月的僵局终被打破，这是世贸组织成立19年来正式达成的首份全球性贸易促进协议。有学者认为，这意味着世贸组织各方就全球多边贸易体系再次做出了坚定承诺，有效降低了世贸组织在多边贸易体系中被进一步“边缘化”的危险。

笔者认为，作为“二战”后国际秩序重建的重要组成部分之一，从建立时的关税贸易总协定（GATT）到今天的世界贸易组织（WTO），其通过降低成员方之间贸易关税很大程度上促进了各成员方和地区间的经济繁荣和科技进步，对世界贸易和世界经济增长做出了巨大贡献。尽管在当前全球多边贸易体制进展艰难且缓慢，区域经济贸易一体化治理机制有局部替代世贸规则治理体系之势，但从世界贸易组织覆盖范围来看，全世界195个独立国家中，有161个是WTO的成员，其中150个是发展中国家，是一个名副其实的全球贸易治理组织，对推动全球贸易自由化进程、发展中国家参与制定新一代全球贸易规则、构建全球治理新秩序有着重要的积极意义。

2. 美国主导的更高标准全球贸易规则取得重大进展

21世纪以来，新兴市场经济体特别是中国经济的崛起打破了原有的全球经贸格局，加入WTO后，中国迅速成长为全球第二大经济体和第一大贸易体，这从某种程度上使得美国主导的全球贸易格局失衡，最突出的明证就是中美贸易巨大的顺差。据中国海关统计，2014年，中美双边货物贸易总额5550亿美元。其中，中国对美国出口3960亿美元，自美国进口1590亿美元，贸易顺差达2370亿美元。随着贸易自由化的推进，美国在全球贸易中的主导权正在不断丧失，美国亟须重塑全球贸易规则以满足新时期美国核心价值的需要。显然，作为多边贸易组织的WTO不再能满足美国需求，因此，为了重新主导全球贸易规则体系，重新塑造全球贸易新规则，美国提出了包括跨太平洋伙伴关系协议（TPP）和跨大西洋贸易与投资伙伴计划（TTIP）在内的“一体两翼”计划。

2015 年 10 月 5 日，美国、日本、澳大利亚等 12 个国家联合宣布，TPP 谈判结束，达成基本协议。TPP 是由美国主导，12 个国家共同参与谈判的一项多边自由贸易协定。与 WTO 传统、单一、狭义的贸易协定不同，TPP 包含了很多非经济元素，TPP 成员不仅要受到新型贸易规则和机制的制约，而且要受到诸如商业模式、法律法规、生态环境和公众评判的制约，是一个现代、综合、广义和高标准的新型贸易协定，是美国“重返亚太”战略的重要步骤，为美国以高标准向亚太地区贸易扩展和主导亚太事务提供了国际贸易平台和有效路径，也是美国全球经贸战略和全球再平衡战略的重要一环。亚太地区是世界上经济增速最快的地区，覆盖 19.3 亿人口，GDP 总量达 5.7 万亿美元，占全球经济总量的 40%，是美国未来出口的重要战略市场。TPP 协议的达成将成为美国主导更高标准全球贸易新规则的战略起点，这必然会推动全球贸易格局继续发酵演化。

TTIP 是美国重塑全球贸易新规则的另一翼，是美国和欧盟双方通过削减关税、消除双方贸易壁垒来促进经济发展、应对金融危机的贸易协定。2013 年 TTIP 启动首轮谈判，按照原定计划，到 2015 年底，TTIP 协议就应该达成。不过迄今为止，TTIP 谈判一波三折，2015 年 2 月、4 月、7 月和 10 月启动了第八、九、十和十一轮谈判，但双方在人权、可持续发展、高质量监管和公共服务等方面分歧巨大，欧盟反对呼声很高，10 月德国发生了 10 万人规模的游行示威活动以表达他们对 TTIP 会降低欧盟食物安全标准并可能造成环境破坏的担忧。从全球大趋势来看，当今世界主要大国越来越重视通过主导区域经济一体化来抢占 21 世纪国际经济贸易新秩序、新规则的制高点，从双方利益角度看，美国和欧盟经济总量占全球的 45%，贸易额占全球的 40%，美欧 TTIP 在推动相互服务贸易和投资发展的潜在空间较大。美国是全球最大的服务贸易国家，欧盟是全球最大的服务贸易国家集团，美国自欧洲的服务贸易进口以及对欧洲出口均占其服务贸易进出口总额的约 40%；投资方面，欧美地区互为最主要投资目的地。据欧委会预测，欧美协议达成有望使欧洲经济产出一年增加 650 亿欧元，相对于欧盟 GDP 提高 0.52%。因此，尽管欧美分歧巨大，TTIP 协议达成也只是时间问题。

此外，除“一体两翼”计划外，美国主导的全球贸易规则体系重构还离不开一个重要的“轴心”，即国际服务贸易协定（TISA），这是由少数 WTO 成员方组成、于 2011 年底起成立的一个次级团体，2013 年底协议达成，致力于推动服务贸易自由化的贸易协定，重建服务贸易新规则和新体系。

可见，TTP、TTIP 和 TISA 都是美国 21 世纪全球经贸战略的重要组成部分，是美国在多极化、多元化世界经济格局中重新塑造全球贸易新规则，重新掌握国家贸易领导权，重新构建国家治理新秩序的新平台。

3. 中国加快构建全球自由贸易网络体系

中国是全球第二大经济体和第一贸易大国，据统计，2014 年中国贸易进出口总额达到 4.303 万亿美元（约合人民币 26.7 万亿元），成为全球 120 多个国家第一大贸易伙伴。可见，中国当之无愧地成为全球贸易的核心力量。据统计，目前中国已签署自贸协定 14 个，涉及 22 个国家和地区。分别是中国与东盟、新西兰、新加坡、巴基斯坦、智利、秘鲁、哥斯达黎加、冰岛、瑞士、韩国和澳大利亚的自贸协定，内地与香港、澳门的更紧密经贸关系安排（CEPA），以及大陆与台湾的海峡两岸经济合作框架协议（ECFA）。正在谈判的自贸协定涉及 22 个国家，分别是中国与海湾合作委员会（GCC）、澳大利亚、斯里兰卡和挪威的自贸协定，以及中日韩自贸协定、《区域全面经济合作伙伴关系》（RCEP）协定和中国－东盟自贸协定（“10＋1”）升级谈判、中国－巴基斯坦自贸协定第二阶段谈判。此外，中国完成了与印度的区域贸易安排（RTA）联合研究，正与哥伦比亚等国开展自贸区联合可行性研究，还加入了《亚太贸易协定》。

2015 年也是中国全球战略年。中国正在加快实施自由贸易区战略，积极同“一带一路”沿线国家和地区商建自由贸易区，并逐步构筑立足周边、辐射“一带一路”、面向全球的自由贸易区网络体系。3 月 28 日，中国政府在博鳌论坛年会上发布了《推动共建丝绸之路经济带和 21 世纪海上丝绸之路的愿景与行动》，这被认为是影响世界政治、经济格局、区域发展的重大事件。中国主导的“一带一路”也是中国全球新战略，但与美国主导的 TPP 不同，中国的“一带一路”是在当今世界经济缓慢复苏、世界经济格局分化，发达国家主导的国际投资贸易格局和多边投资贸易规则酝酿深刻调整，发达国家通过各种金融和规则等手段将危机传递到广大发展中国家从而使得发展中国家面临国际环境发生复杂深刻变化的大背景下提出的。在未来 10 年里，沿线 65 个国家的国际贸易总量将占全球的 1/3，成为名副其实的世界重要的发展极。可见，“一带一路”顺应世界多极化、经济全球化、文化多样化、社会信息化的潮流，考虑了各国处于不同经济发展阶段的现实，致力于稳定和携手共同应对全球性重大挑战，是国际合作以及全球治理新模式的积极探索，有利于构建体现发展中国家经济力量和发展需求的全球贸易新规则和新体系。

4. 其他经济体加快推进区域贸易一体化进程

由于近年来WTO框架之下的多哈回合谈判受到各方利益的牵绊而进展十分缓慢，许多国家不得不开始谋求双边和多边的市场自由开放，区域经济一体化加速发展，区域贸易安排（RTA）不断涌现。据世界贸易组织统计，截至2014年6月15日，WTO共收到了585项多边贸易协定通知，其中379个多边贸易协定已经生效。目前全世界约有1200个自由贸易区，几乎所有的WTO成员方都加入了一个或几个自由贸易区，自由贸易区已经成为其所在国家和地区发展自由贸易、重构全球贸易、投资规则和标准的平台，成为参与区域经济一体化和全球化的重要工具。

可以看出，在世界经济多极化、多元化的大背景下，在新一轮全球贸易规则体系深刻调整阶段，各种自由贸易协定将大幅增加，区域经济一体化与经济全球化的碰撞还会加剧，新的贸易组织架构与原有贸易组织架构间争夺空前激烈，新的贸易规则与原有贸易规则之间博弈将更加激烈。任何一个多边或双边贸易安排都无法将非协定国家和地区完全排除于全球贸易体系之外，否则其自身发展将大大受限。合作共赢仍是当前和今后全球贸易发展的主流，未来全球贸易格局将更加多元化，区域贸易自由化还会加速发展，不过区域贸易自由化最终也将推动全球贸易自由化进程。因此，无论是多边贸易安排还是区域经济贸易一体化都是殊途同归的。

（四）大宗商品市场价格在震荡中下行

世界银行10月发布的《大宗商品价格展望》显示，随着全球宏观经济的持续低迷，自2011年以来包括能源、贵金属、金属、食品和原材料在内的主要大宗商品价格指数全面进入下行通道。如表2所示，全球能源价格指数从2011年的129下降至2015年的67，累计跌幅高达48%，贵金属价格指数从136跌至92。

表2　大宗商品价格指数及变化情况（以2010年价格指数为100）

大宗商品	2011	2012	2013	2014	2015(预测)
能源	129	128	127	118	67
贵金属	136	138	115	101	92
金属	113	96	91	85	68
食品	123	124	116	107	91
原材料	122	101	95	92	84

资料来源：世界银行。

此外，彭博社的数据显示，彭博大宗商品指数跌至116.7791，为2009年7月14日以来最低点。8月，彭博大宗商品指数一度跌至86.79，是1999年以来的最低水平。2015年1~9月，原材料跌幅达7.1%，预计将出现连续第四年的年度下跌，创下至少是1991年以来的最长下跌时期纪录。据世界银行发布的第三季度大宗商品市场展望报告预计，包括铁矿石、煤炭在内的大宗商品价格将在2015年下半年触底，2016年回升；而黄金价格到2025年仍将低于当前价位。

2015年大宗商品震荡下行的典型是国际油价。在经历2014年国际油价断崖式下跌后，2015年1月下旬国际油价开始反弹，3月至5月初纽约油价累计涨幅一度超过40%，布伦特油价反弹27%，两大基准油价都突破了每桶60美元。此后国际油价再次下跌探底，8月14日收盘价一度跌破每桶40美元，连续刷新6年多来的低点纪录。2015年10月国际油价在大幅度反弹近10%后再次暴跌5.1%，12月受美国加息和OPEC提产影响国际油价再次暴跌，国际油价呈现宽幅震荡格局，石油价格将陷入中长期低迷。2015年大宗商品市场价格下跌与金融市场动荡交织，对于许多依靠大宗商品出口的发展中国家而言，大宗商品价格下跌已导致其货币大幅贬值，贸易条件恶化，经济增长普遍受阻。究其原因，本轮油价下跌主要有以下三个方面的因素。

第一，本轮油价的下跌从根本上来说反映了全球能源供求结构的重大分化，如图3所示，从2010年开始全球原油生产大于全球原油需求，即供给大于需求。从供给方面来看，本轮油价下跌主要是由于国际石油巨头并没有像以往一样通过减产供应来维持石油价格稳定，石油供给大大增加。石油输出国组织10月发布的月度报告显示，该组织9月份原油产量环比增长11万桶，至每日3157.1万桶，创2012年以来最高纪录，比该组织2015年自身原油市场需求预期高了每日近200万桶。此外，随着对伊朗制裁的解除，伊朗重返原油市场还会增加供给量。长期高油价引发了对石油替代品的开发和投资，美国的页岩气革命和页岩油的开发降低了对原油依赖，美国是全球原油第一大消费国，但如今其对原油进口依存度已从原来的60%下降到30%。另外，随着生物柴油或风能等新能源的兴起，全球能源供给呈现分化和多元化发展态势。从需求方面来看，全球对石油需求保持相对稳定的增长态势，且受全球经济增长疲弱，尤其是全球能源需求大国中国经济增长方式转型的影响，全球能源需求还可能呈现阶段性下降。可以看出，全球能源需求结构和能源供给格局发生了重大分化：随着页岩气、风能、生物柴油等新能源的兴起，能源的供给方逐渐向西转移；而能源需求方随着新兴经济体和发展中国家的崛起而逐渐向东转移。能源供给结构分化，能源供给地不断增加，能源市场的多元化发展态势将使石油价格在中长期内在低位震荡徘徊。

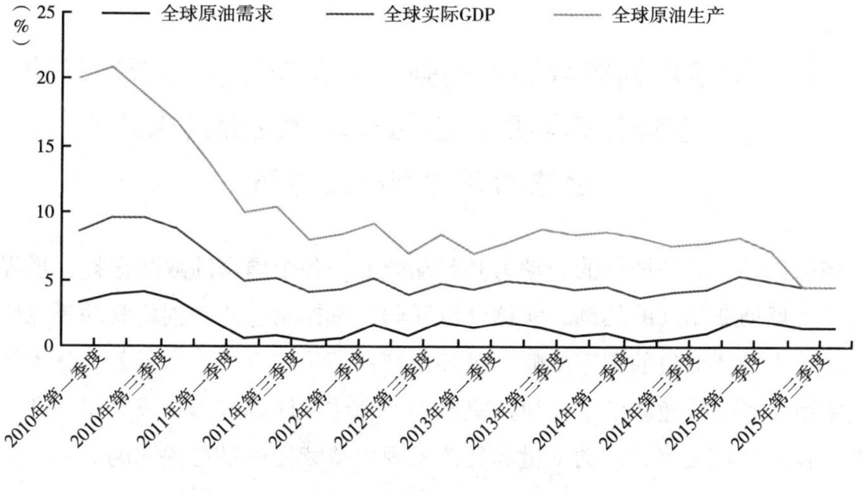

图3　2010～2015年全球原油供求百分比的变化

资料来源：世界银行。

第二，与货币政策一样，国际油价的走势与经济基本面是息息相关的。如图3所示，全球原油需求随着全球实际GDP的变动而同方向变动，因此，本轮油价下跌很大程度上受制于全球经济增长疲弱。2015年全球经济下行风险增加，几乎所有的组织和机构都下调了今明两年全球经济增长的预期，尤其是包括中国在内的新兴经济体和发展中国家经济增长普遍下降，从而降低了对石油的需求。

第三，本轮油价下跌反映了国际油价与美元指数相关关系的微妙分化。美国是全球原油第一消费大国，所以美国经济状况直接影响着全球原油市场。一般而言，当美国经济表现强劲时，国际油价会上涨，美元升值。2015年美国在发达经济体经济增长中一枝独秀，复苏态势基本稳定，可是石油价格并没有随着美国经济状况的改善而上涨；另外，作为石油的定价货币，美元的强弱始终影响着国际油价的走势，美元升值意味着油价下跌，美元贬值则油价上涨。2015年1月下旬国际油价开始在低位反弹，上升至5月初，而同期2015年前三个月美元指数上涨9%，创2008年以来最佳季度表现，美元指数与国际油价发生微妙分离。

总之，受全球经济增长乏力、美元升值预期、国际金融市场动荡和大宗商品市场供过于求等综合因素的影响，2015～2016年国际油价仍将维持在低位震荡下行。从中长期来看，随着全球能源格局的转变、能源供给地的多元化和能源市场的多元化，全球大宗商品价格尤其是油价很难恢复历史高位，将长期在中低价格水平上徘徊。

三　随着中国综合国力增强，中国与世界的新型互动态势开始显现，迫切要求建立面向未来与全球的开放型战略体系

当前，寻找经济增长的新动力和新动能成为各个国家的战略选择，世界经济掀起了一场创新驱动的热潮，实体经济回归、重振制造业和创新驱动等也成为主要国家走出经济危机的国家战略，世界经济秩序正在重构，世界各国就人类面临共同困境、亟须构建新的宏观协调机制和治理体系已经基本达成共识。从中长期来看，在这些积极因素推动下世界经济实现可持续发展是可预期的。

从国内经济发展现状和趋势看，中国在世界经济中扮演着越来越重要的角色。目前，我国已经成为全球第二大经济体，第一大贸易体，第一制造业大国和第一大外汇储备国。国家统计局公布的数据显示，2014 年中国国内生产总值 636463 亿元人民币，首次突破 10 万亿美元，是日本的两倍。中国已经成为全球 120 多个国家的第一大贸易伙伴。世界贸易组织公布的 2014 年贸易进出口总额的统计结果表明，中国贸易总额已经连续两年位列世界第一，达到 4.303 万亿美元（约合人民币 26.7 万亿元），占全球进出口总额的 11.3%。在经济实力迅速增强的带动下，我国的国际地位和国际影响力明显提升，综合国力不断迈上新台阶。根据中国社科院、美国兰德公司等国内外机构的评估结果，中国的综合国力在 1990 年前后列世界第 9 名左右；2005 年前后列世界第 6 名左右；2013 年前后列世界第 3 名左右；在此过程中中国与世界上综合国力最强的美国差距在不断缩小。据国际货币基金组织测算，2014 年中国经济增量对全球经济增量的贡献率是 27.8%，居世界首位。展望“十三五”时期，“新常态”将进一步推动中国向经济强国迈进，未来 5 年是中国全面建成小康社会的 5 年；未来 5 年也是全面夯实“一带一路”战略规划实施的 5 年，中国与沿线 60 多个国家项目、战略和规划的对接有望取得实质性进展；中国 GDP 总量占美国 GDP 总量的比重有望从现在的 60% 左右上升到 80% 左右，到 2030 年中国经济总量有望实现从量变到质变的飞跃，即成为世界第一大经济体，从而形成在国际社会更高的地位和更大的影

响力。

可见，在新的国际经济发展趋势和背景下，中国与世界新型互动态势开始显现，这就要求我们在准确把握世界经济和中国经济发展大势的前提下，更加有力地实施应对当前挑战和争取更好愿景的开放型战略体系，在国际合作与竞争中争取更大的国家权益。

（一）加快推进人民币国际化战略

2008 年全球金融危机的爆发使中国政府开始深刻意识到在对外经济活动中高度依赖美元所带来的经济风险与政治困境，人民币国际化战略开始正式启动。经过不到 7 年的发展，人民币国际化战略已经取得重大进展。2015 年 12 月 1 日 IMF 正式宣布，人民币 2016 年 10 月 1 日加入 SDR（特别提款权）。环球银行金融电信协会（SWIFT）提供的最新数据显示，以价值计算，2015 年 8 月人民币超过日元，成为仅次于美元、欧元、英镑的全球前四大支付货币之一，人民币保持全球第二大贸易融资货币、第六大外汇交易货币、第六大国际银行间贷款货币地位。截至 8 月，全球使用人民币支付的国家有 100 多个，人民币占支付市场份额升至 2.79%，创历史新高。此外，人民币保持全球第二大贸易融资货币、第五大支付货币、第六大外汇交易货币、第六大国际银行间贷款货币地位，人民币国际合作取得显著成效。截至 2015 年 5 月末，中国人民银行与 32 个国家和地区的中央银行或货币当局签署了双边本币互换协议，协议总规模约 3.1 万亿元人民币；在 15 个国家和地区建立了人民币清算安排，覆盖东南亚、西欧、中东、北美、南美和大洋洲等地，支持人民币成为区域计价结算货币。当然，我们也要清醒地认识到，当前人民币国际化仍带有明显的区域化特征，重构国际货币体系依然任重而道远。

一是以“一带一路”战略实施为突破口渐进推进人民币国际化路径。在人民币国际化路径选择上，中国实施的是从周边国际化到区域化再到国际化的渐进路径，而“一带一路”战略实施将为渐进的人民币国际化路径推进带来新的活动。以“一带一路”战略实施为突破口的人民币国际化战略可以重点从以下几个方面寻求突破：其一，利用中国在基础设施投资和建设方面的优势，大力促成人民币成为沿线国家基础设施建设和融资的关键货币，如在政府援助、政策性贷款、混合贷款和基础设施债券发行中更多使用人民币；其二，充分利用沿线国家与中国的贸易伙伴关系，积极推进沿线贸易尤其是大宗商品交易中采用人民币计价结算；其三，充分引导在与沿线国家的产业对接投资中推广使用人民币，有序规划布局人民币离岸市场建设，形成人民币交易网络；其四，积极加强与沿线国家的电子商务合作，支持电子商务人民币计价和跨境支付，为人民币国际化奠定坚实的群众基础。

二是以中国主导国际金融组织机构为抓手有序拓展人民币国际化空间。目前，主要的国际金融机构和协调机制诸如世界银行、国际货币基金组织和亚洲开发银行等都是“二战”后由发达经济体主导成立的，包括中国在内的新兴经济体和发展中国家在这些国际金融机构与治理机制中拥有的投票权和话语权十分有限，这显然与目前中国国际地位不符。随着综合实力的不断增强，中国迫切要求对现有金融机构与治理体系进行改革，但目前来看改革步伐十分缓慢，这就要求我们在有序推进现有机构改革的基础上，独辟蹊径探索新的路径和方式，充分利用金砖国家开发银行、上合组织开发银行、亚洲基础设施投资银行、丝路基金等新型的体现世界经济多元化和多样化的国际金融机构作为重要抓手，在相关的贸易、投资和合作中大量推广使用人民币，拓展人民币国际化空间。

三是进一步深化改革，完善基础设施，加快推进人民币国际化的实施进程。目前我国金融货币领域还存在诸多不利于人民币国际化进程的体制和机制障碍，基础设施还有待完善，这就要求我们：进一步简化资本项目外汇管理，继续稳步推进人民币资本项目可兑换；要进一步深化利率市场化改革和人民币汇率形成机制改革，建立全球汇率协调和监管机制；要加快人民币跨境支付系统（CIPS）建设和继续完善人民币跨境收付信息管理系统（RCPMIS）建设，进一步扩大经常项目人民币跨境使用，进一步拓宽人民币跨境投融资渠道，继续稳步开展双边货币合作，进一步增加人民币作为储备货币的规模。

（二）奉行互利共赢的开放战略，打造新一轮对外开放战略体系

1. 全面推进自贸区战略，构建自由贸易网络体系

当前区域经济一体化之间的竞争与博弈愈演愈烈，对于美国推动达成的 TPP 和即将达成的 TTIP，我们不能惊惶失措，要有清醒的认识，在 2017 年 TPP 正式生效执行前的这两年，是我国自由贸易网络体系加快建设的重要战略机遇期，我们要紧紧抓住这一机遇，多路径立体化地推动我国自由贸易网络体系的构建，以应对当前世界贸易格局分化中新旧规则交替和新旧秩序重构的风险。

第一，加快推进与“一带一路”沿线国家设立自由贸易区。在“一带一路”

沿线 60 多个国家中，率先与我国贸易关联度高的国家建立自由贸易区，既是对“一带一路”倡议的落实，也是建立新型合作关系、实现贸易顺通和资金融通的深化，还可以成为我国积极参与国际经贸规则制定、争取全球经济治理权的重要平台。可以考虑与“一带一路”沿线的自由贸易区或关税同盟对接和连接，如与俄罗斯主导的“欧亚经济联盟”、与印度主导的“南盟自贸区”等进行更紧密的合作。

第二，把与周边国家和地区建立的跨境经济合作区等升级为自贸区。现有的一批沿边境的特区、跨境经济合作区和口岸等，只要条件具备，都可以逐步升级为两个国家对等的自由贸易区。实施新的以周边国家和地区为基础的周边自由贸易区战略，积极推动以中国为主导的其他多边和区域次区域合作伙伴关系的建立。

第三，分类推进我国自贸区进程。加快完成已经启动的自贸区谈判，如中日韩自贸区谈判、中国 - 海湾国家合作委员会自贸区、中国 - 挪威自贸区、中国 - 斯里兰卡自贸区等。对已经完成或即将完成谈判的自贸区，如有望于 2016 年结束实质性谈判的 RCEP，按照时间表、路线图和有关承诺，抓紧推进和落实，并与区域内其他自由贸易安排相互补充，相互促进，使之成为下一步推进亚太自贸区（FTAPP）的重要踏板。对现在正在谈判的中美投资协定和中欧投资协定，可进行中美 FTA 谈判、中欧 FTA 谈判的可行性研究，推动中国建立面向全球的高标准自贸区。此外，可以充分利用我国是全球 120 多个国家第一大贸易伙伴的地位，全面启动互为第一大贸易伙伴或第二大贸易伙伴的自贸区谈判，巩固坚实的贸易伙伴关系。

第四，发展“定向自由贸易试验区”。目前发达国家的经贸合作水平普遍较高，大多涉及货物贸易的全面自由化，竞争的规范化，服务贸易的全面开放和政府中立等，通过区域合作逐渐将这些规则传递到全球，从而重新主导和控制贸易规则与标准的制定。因此，中国自身在高水平自贸区方面一定要有所作为，否则就会在新一轮的竞争中失去话语权，这就要求我们继续加快国内自贸区在货物贸易自由化、服务贸易便利化、投资准入简明化、政府监管中立化等方面改革的深化，为加快对以 TPP 为代表的国际高水平贸易投资协定的适应与探索提供缓冲带。另外，随着现有上海、广东、福建和天津自由贸易区的发展完善，未来可以利用我国第一大贸易国的地位，利用各省不断积累的地缘优势和贸易往来紧密度，有重点地定向复制自贸区经验，如批准广西面向东盟的自由贸易试验区，新疆面向中亚、西亚，内蒙古面向蒙古国及俄罗斯，黑龙江面向俄罗斯，辽宁、吉林、山东面向日韩，宁夏面向伊斯兰国家的定向自由贸易试验区，从而形成我国面向国际的、全方位开放的自由贸易区布局。

2. 继续扩大沿海、内陆和沿边的开发开放，打造全方位开放新格局

沿海开放城市和沿边地区是我国跨境海陆交通的连接处，是我国对外开放的重要窗口。因此，要根据我国沿海沿边的实际情况，以国际大通道建设为依托，以重点沿海开放城市和沿边开发开放试验区为先导，以沿海沿边重要口岸为支撑，以边境经济合作区等为载体，打造全方位开放新格局。

第一，支持沿海地区全面参与全球经济合作和竞争，打造沿海开放新高地。我国对外开放布局是沿着经济特区、沿海开放城市、沿海经济开放区的路径点、线、面进行的。因此，要发挥珠三角、长三角和环渤海地区对外开放门户的作用，重点支持沿海地区全面参与全球经济合作和竞争，建设若干服务全国、面向世界的国际化大都市和城市群，建成具有更强国际影响力的沿海经济带。要进一步深化大陆和港澳台地区合作发展，提升港澳在国家经济发展和对外开放中的地位和功能，支持港澳发展经济、改善民生、推进民主、促进和谐，以互利共赢方式深化两岸经济合作。

第二，完善内陆开放新机制。要充分利用当前全球产业结构调整的发展机遇，依托长江中游城市群、成渝城市群、中原城市群、呼包鄂榆城市群、哈长城市群等内陆开放型城市重点区域，以经济开发区和产业集聚区为平台，推动区域互动合作和产业集聚发展，逐步推进有条件的企业将研发、生产和结算等环节向内陆地区转移，在内陆中心城市建立先进制造业中心，打造重庆西部开发开放重要支撑和成都、郑州、武汉、长沙、南昌、合肥等内陆开放型经济高地。

第三，扩大内陆沿边开发开放，打造区域对外经济合作新格局。要以“一带一路”国际大通道建设为契机，发挥云南连接东南亚、南亚重要大通道优势，逐步形成一个以云南为门户，大湄公河次区域合作和孟中印缅经济走廊建设为重点，涵盖东南亚、南亚的多层次宽领域区域性国际合作新格局。要充分利用广西面向东盟，连接中南、西南的国际大通道和交通枢纽的区位优势，把广西建设成为深化中国－东盟战略合作的重要平台、沿边地区重要的经济增长极、通往东南亚国际通道重要的交通物流枢纽和商贸物流中心。要充分利用黑龙江、内蒙古、吉林和辽宁等省份与俄罗斯、蒙古国等国陆路相连的边境地缘优势，大力推进中蒙俄经济走廊建设，打造面向俄罗斯及东北亚开放的重要枢纽，构建优势互补、合作共赢的东北亚国际合作体系。要充分利用新疆地处欧亚大陆腹地优势，建设中国内陆连接中亚、西亚、南亚和东西欧的国际大通道，使新疆成为我国西部地区的增长极和向西开放的桥头堡。

3. 实施引进来和走出去有机结合的机制，构建双向开放新局面

要推进引进外资与对外投资有机结合，推动与各国各地区互利共赢的产业投资合作。在吸引外资方面，要注重提升引进外资的质量和优化引进外资的结构。要鼓励外资投向现代农业、高新技术、先进制造、节能环保、新能源、现代服务业等领域，推动引资、引技和引智的有机结合，提高利用外资的综合优势和总体效益。要进一步改善外资投资的环境，在控制风险的同时逐步放开一些领域的市场准入。另外，要全面加快“资本走出去”步伐。鼓励企业开展科技创新、项目对接、信息交流、人力资源开发等多方面国际合作，鼓励有实力的企业采取多种方式开展境外基础设施投资和能源资源合作。促进高铁、核电、航空、机械、电力、电信、冶金、建材、轻工、纺织等优势行业走出去，创新境外投资合作的路径，通过各类投资合作机制，分享我国引进来的成功经验，营造良好投资环境。

（三）加大实施创新驱动发展战略，形成创新驱动型经济体系

经济危机爆发后，世界各国尤其是发达经济体都不约而同地将创新驱动发展战略作为国家的核心战略。为了“重返制造业”，美国自2009年先后出台了《重振美国制造业框架》《制造业促进法案》《先进制造业伙伴计划》等一系列政策文件，形成了美国长期性、可持续的重振制造业战略，目前正在加快“工业互联网”布局。德国政府提出“工业4.0”战略，宣称未来10年，信息物理系统（Cyber-Physical System，CPS）的智能化，将使人类步入以智能制造为主导的第四次工业革命。可见，随着云计算、大数据、互联网的出现，互联网正在以前所未有之势席卷传统行业，全球步入产业互联网时代，互联网与传统产业的碰撞与融合掀起的产业变革将成为影响世界经济增长的重要变量。因此，我们也要加大实施创新驱动发展战略，使创新驱动成为适应和引领经济发展的巨大动力。

一是实施创新驱动发展战略引领制造业转型升级。缺乏自主创新能力，是制约我国制造业结构优化升级的主要因素，要按照《中国制造2025》完善以企业为主体、市场为导向、政产学研用相结合的制造业创新体系，推动制造业转型升级。要完善国家制造业创新体系，加快建立以创新中心为核心载体、以公共服务

平台和工程数据中心为重要支撑的制造业创新网络，建立市场化的创新方向选择机制和鼓励创新的风险分担、利益共享机制；要加强对关键核心技术的自主研发创新能力，强化企业技术创新主体地位，支持企业提升创新能力，推进国家技术创新示范企业和企业技术中心建设，以国家科技重大专项为抓手，建立一批产业创新联盟，开展政产学研用协同创新；要提高制造业的创新设计能力。在传统制造业、战略性新兴产业、现代服务业等重点领域开展创新设计示范，全面推广应用以绿色、智能、协同为特征的先进设计技术。要积极推进科技成果产业化。完善科技成果转化运行机制，研究制定促进科技成果转化和产业化的指导意见，建立完善科技成果信息发布和共享平台，健全以技术交易市场为核心的技术转移和产业化服务体系。要推进信息化与工业化的深度融合，研究制定智能制造发展战略，推进制造过程智能化，制定互联网与制造业融合发展的路线图，深化互联网在制造业的应用。

二是推进互联网与传统产业的深度融合。要抓住互联网革命新机遇，促进互联网与传统产业的融合，在大数据时代实现创新驱动力的转换。要深化和落实五中全会提出的“实施国家大数据战略”，把推动制造业与互联网的深度融合作为我国产业结构转型升级和转变经济增长方式的必由之路，通过数据驱动实现创新链和产业链深度融合，推动大数据、云计算、移动互联网、物联网对现有经济体系全方位改造。建议在国家层面上搭建“开放创新联盟”，加快建立以“轻资产”为主的产权交易市场，推动“大众创新、开放创新、联动创新”，重构国家创新优势。要以新一代信息技术为基础，以海量数据的互联和应用为核心，构成社会运行的基础产业，通过互联网、物联网相连接，把数据资源融入产业创新和升级的各个环节，变革传统产业运行方式和价值输出模式，建构新的高效、智能、便捷的社会运行方式和生产方式，从而实现“实体数据化”和“数据实体化”的新经济形态。

三是加快新能源的开发和利用，为中国经济增长打开新的空间。中国是全球最大的能源消费国，也是全球能源的进口大国。因此，我们要制定政策引导国内企业在新技术基础上，系统地开发利用包括太阳能、风能、生物质能、地热能、核聚变能、水能和海洋能等在内的可再生能源，拓展中国经济增长空间，走绿色和可持续发展道路。

四是大力推进大众创业、万众创新。推进大众创业、万众创新，是实现创新驱动发展、打造中国经济增长新引擎、形成发展新动力的必然选择，也是激发全社会创新潜能和创业活力的有效途径。要通过结构性改革、体制机制创新，消除不利于创业创新发展的各种制度束缚和桎梏，支持各类市场主体不断开办新企业、开发新产品、开拓新市场，培育新兴产业；要构建创业生态，健全创业服务体系；要打造创业创新服务平台，发挥创业创新平台对创业创新的支撑作用，要扶持科研人员、大学生和境外人才来华创业，不断激发创业创新活力，不断释放新需求；要拓展城乡创业渠道，要支持电子商务向基层延伸，支持返乡创业集聚发展，完善基层创业支撑服务体系，实现创业带动就业。通过创新推动新技术、新产业、新业态蓬勃发展。

（四）加快实施产业结构调整和升级战略，重构全球价值链体系

全球产业竞争格局正在发生重大调整，未来十年全球产业竞争将是价值链的竞争，价值链竞争决定中国制造业乃至产业竞争力和未来经济的前途与命运。面对美国等发达国家“再工业化”浪潮，以及国内传统比较优势流失等多种挑战，中国必须建立起新的竞争优势，向全球价值链上游攀升，推动产业结构和贸易结构全面升级。

一是加快产业结构调整和升级，提升我国产业在全球价值链中的地位。全球价值链在全球范围内配置资源，全球价值链有三大主要环节，包括研发设计、制造组装和营销服务，三大环节创造的价值在总价值中所占的比重是有很大差异的。若想提升产业在全球价值链中的地位，必须在创造价值的环节上进行价值提升。目前，发达国家已将产业竞争的重心从生产制造环节转向设计、销售控制、服务等高附加值的环节，因此，对我国传统产业转型升级是提升我国产业在全球价值链中地位的必由路径。要加快农业现代化进程，推动农业产业化和集群功能的转型升级。要以农产品特性为基础，对农产品集群品牌进行特色定位，打造一批特色农业产业集群；要提高农业集群的组织化程度，促进农业向市场化、集约化和社会化方向发展；要对现有集群内地理标志和集体商标使用进行规范，通过创新引领推动农业产业集群的功能升级，实现由集群制造到集群创造，逐步培育一批农业跨国企业集团。要积极推动制造业的转型升级，我国虽然是制造业大国，但长期处于价值链的低端，因此，要推动我国制造业向价值链的上游攀升。要按照《中国制造2025》的战略部署，对制造业内的低端产品和低端产业要通过科技创新和文化创意提高产品和产业的附加值；对于高端制造业，要继续创新引领，将引进消化吸收再创新、集成创新和自主创新三种创新路径相结合，

推动制造业从全球产业链的低端向高端跃升。要大力发展服务业，通过服务贸易自由化和便利化的推进，构建更加完备的服务链，扩大“中国服务”的国际影响力。

二是大力培育本土的跨国公司和全球公司，提高我国对全球价值链的参与度，增强我国在全球价值链体系中的控制力。经济全球化的本质是跨国公司的全球化，目前，外国跨国公司是全球价值链与全球生产服务体系的掌控者，其对全球资源整合和市场支配能力日益增强。而中国企业仍集中于全球价值链低端和低附加值环节，仍局限于对外国跨国公司价值链的参与及适应。因此，中国要构建自己的全球价值链和全球生产服务网络，要提升对全球资源和经济的控制力，获取更大的贸易利益，就必须培育一批在全球范围内有一定竞争力的本土跨国公司。要深化和落实“走出去”的国家战略，鼓励企业制定中长期国际化发展战略，推进境外投资的便利化，创新境外合作的方式，健全我国企业走出去的服务保障体系。

三是通过实施“一带一路”战略构建中国自己主导的全球价值链体系。“一带一路”沿线65个国家资源禀赋各异，经济互补性较强，彼此合作潜力和空间很大。要将“一带一路”建设与我国产业对外转移相结合，通过加大对“一带一路”沿线国家的对外投资，逐渐形成以中国为主导的区域性乃至全球性的生产网络和全球价值链体系。

（五）实施内外联动，海陆统筹重大区域发展战略体系

我国是一个典型的发展中大国，区域差异特征明显，经济发展极不平衡。在当前国际经济态势下，充分发挥主体功能区战略、国家三大战略和沿海沿边开发开放战略的叠加效应和优势，优化区域发展布局，形成与国外地缘政治、经济和外交一体化、互动的区域新安排，制定内外联动、海陆统筹的重大区域发展战略，有利于培育新的经济增长极、增长带和增长源，有利于拓展我国经济发展新空间，促进区域协调发展、协同发展、共同发展。

一是加快推进主体功能区战略的实施，建设美丽中国。主体功能区战略规划立足于构筑中国长远的、可持续的发展蓝图，关乎美丽中国建设。因此，要发挥主体功能区作为国土空间开发保护基础的作用，要严格按照主体功能区战略规划的要求，坚持绿色发展，推动自然条件不同的区域严格按照主体功能区定位发展，形成以“两横三纵”为主体的城市化战略格局、“七区二十三带”为主体的

农业战略格局和“两屏三带”为主体的生态安全战略格局，促进区域和谐发展、协调发展，形成人与自然和谐发展的现代化建设新格局，建设美丽中国，为全球生态安全做出新贡献。

二是以国家三大战略为引领，构建内外联动、海陆统筹的开放型区域协调发展新格局。“一带一路”是新时期中国对外开放的重大战略举措，要加快实施“一带一路”战略，深化与沿线国家多层次经贸合作，带动我国沿边、内陆地区发展。要加快推进京津冀协同发展战略，基于疏解北京非首都功能的京津冀协调发展战略，不仅限于优化国内区域经济布局，其与环渤海发展战略配合，是我国与世界160多个国家和地区贸易往来的通道。贯通东中西的长江经济带，将成为未来统筹发达地区和欠发达地区协调发展的重点流域经济带，成为促进中国经济升级、区域协调发展的新支撑带，而且京津冀协同发展战略、长江经济带与“一带一路”战略联系紧密，可见，通过三大战略的引领，推动东西双向开放，有望构建内外联动、海陆统筹的开放型区域协调发展新格局。

三是坚定不移地实施沿海和沿边开发开放战略。要坚定不移地实施区域协调发展与扩大开放相结合的战略，协同推动沿海、内陆、沿边开放。要完善内陆开发开放新机制，以内陆中心城市和城市群为依托，以开发区和产业聚集区为平台，积极探索承接产业转移新路径；要推动内陆与沿海沿边地区开展区域协作，形成横贯东中西、连接南北方对外经济走廊。要打造沿边开放新支点，加快沿边开放步伐，将沿边重点开发开放试验区、边境经济合作区建成我国与周边国家合作的重要平台，稳步发展跨境经济合作区，推动内陆城市、沿边地区与“一带一路”建设的融合，形成全方位开放新格局。

（六）积极参与全球治理，推动构建新型的全球治理体系

当前全球治理机制是第二次世界大战后发达国家主导建立的，反映发达国家的利益，这些治理机制已经不能适应当前全球经济格局多样化和多元化发展态势，发展中国家的崛起要求对维护全球关系的相关规则制度做出改变。因此，新的全球治理体系的构建就是要适应当前新形势、新时代和新特点，建立超越任何一个国家视角的具有全人类共同信念的世界秩序。要积极推进许多新领域和新议题（如气候、网络等）国际制度的建立，大力推动G20在世界经济领域的主平台作用，继续把WTO多边贸易体制作为促进全球贸易投资开放的主渠道，按照共同但有区别的责任原则，主动参与2030年可持续发展议程，推动国际经济秩

序朝着平等公正、合作共赢方向发展，具体而言需要做到以下六个方面。

第一要承认共存，即要承认当今世界是一个多元化、多极化的发展世界，存在诸多多边关系，有着多元化的价值观，还有多样化的发展道路。

第二要追求共享，即要追求包括自由、平等、团结、容忍、尊重大自然和共同承担责任在内的基本价值和规则，这是联合国千年宣言所提出来的，也是21世纪新型国际关系必不可少的。

第三要共治。共治就是要使所有的国家认识到提供全球公共品的重要性，全球公共品主要包括全球公共地、公共空间、公共海洋，还包括全球生态维护、全球公认的安全规则和全球的治理秩序和规则等，要通过全球各国协调合作来确保这些公共品的有效供应。

第四要共进，全世界应该携手共进。要管控分歧，要把分歧、争端和矛盾放在可控的范围内；要实现包容性增长，而不要把一个国家的利益凌驾在其他国家利益之上；要互信互补，建立互信关系，重建全球的信任关系以消除战略互疑和冷战思维；要调适调整，即各个国家学会对彼此的调适，要根据国家力量和情况变化不断调整现有的规制、规则和秩序。

第五要实现共赢。要消除“冷战”思维，以合作共赢的建设态度，处理好国家之间的关系，处理好新旧机构和新旧秩序之间的关系，从合作中共同受益，通过国际共治的新的机制、体制、秩序、方法使世界更多的人民和国家受益。

第六要共建。当前人类面临的共同困境不是某一个国家能解决的，需要世界上绝大多数的国家共同解决，这又具体体现在以下五个方面：一是要共建全球和平发展的环境；二是要共建人类共同的价值体系；三是要共建公共权利；四是要共建公共利益；五是要共建全球治理体系的制度性框架。

参考文献

陈文玲：《三季度国际国内经济形势分析》，《国经中心第76期每月经济谈》，2015年10月30日。

陈文玲：《一季度宏观经济形势分析》，《国经中心第70期每月经济谈》，2015年4月23日。

陈文玲：第四届全球智库峰会发言，2015年6月。

中国国际经济交流中心编著《国际经济分析与展望（2014～2015）》，社会科学文献出版社，2015。

陈文玲、颜少君：《把握“新常态”：2014～2015年全球经济形势分析与展望》，《南京社会科学》2015年第1期。

IMF，“*World Economic Outlook*：*Adjusting to Lower Commodity Prices*，” October，2015.

IMF，“*World Economic Outlook*，” July，2015.

Oxfam，“*Wealth*：*Having it All and Wanting More*”，2015.

新华网：《十八届中央委员会第五次全体会议公报》全文。

（撰稿人：陈文玲，中国国际经济交流中心总经济师、执行局副主任、学术委员会副主任、博士生导师；颜少君，中国国际经济交流中心战略研究部副研究员）

上篇
国别与地区

2015～2016年世界发展与中国发展

即将到来的“十三五”时期，中国面临的国际国内环境较以往将更为错综复杂。当前，世界经济仍然处于危机过后的深度调整期，各国经济走势和政策演变出现重大分化，以低增长、低利率、低通胀、低就业等所谓“四个低”为特征的“新平庸”阶段到来。在世界经济持续深度调整与各种力量分化发展的大背景下，中国对亚洲和世界的影响力与日俱增，中国与全球经济的互联互动日益加深。旧有的发展红利正逐渐衰退乃至丧失，新的驱动力尚未形成，中国经济将全面告别数量扩张型的高速增长阶段，开始逐步进入质量提升型的中高速增长阶段，即所谓的“新常态”。展望未来，中国经济的基本面依然健康，增长潜力依然十分巨大，新型工业化、城镇化、信息化、农业现代化和绿色化在快速推进，市场化、区域化、国际化的发展趋势没有逆转，“新常态”蕴含着未来发展的新动力，我国经济仍然具有巨大的韧性、发展潜力和回旋余地，未来的发展空间还很大。但是，发展潜力并不一定代表发展现实，要想释放发展的内生动力，实现经济的持续健康增长，必须进一步挖掘和释放内需潜力，尽快稳定总需求；加快推进各项供给侧结构性改革，持续释放制度红利，为经济可持续发展保驾护航；继续扩大开放，注重国际协调；完善金融市场体系，加强金融监管，有效防范系统性金融风险；在正确认识、适应和引领“新常态”的基础上，着力实现宏观调控的九大转变。

一　国际经济形势变化呈现六大特点

当前，世界经济仍然处于危机过后的深度调整期，各类潜在风险相互交织，世界各国走势分化、结构分化、周期分化、政策分化，形势错综复杂。总体来看，国际经济形势变化有六大特点值得关注。

第一，南北关系发生重大变化①。尽管美日欧经济正在步调不一地缓慢走向复苏或走出衰退，新兴经济体和发展中国家经济走势分化、增速放缓，但发达经济体在世界经济增长中的比重仍在不断下降，新兴经济体和发展中国家在世界经济中的比重仍在不断上升。经济占比的改变反映和促进了南北关系的新变化，发展中国家逐渐掌握了更多的话语权，与发达国家的差距正在不断缩小。在主要经济体走势分化、新技术革命孕育突破的新形势下，南北关系，特别是南北经济关系的互动与交融呈现新态势。国际货币基金组织2016年1月发布的《世界经济展望》报告指出，全球经济增长回升乏力，各经济体增长回升不均衡，风险目前偏向新兴市场。报告预计，2016年和2017年世界经济增速将达3.4%和3.6%，分别比2015年10月份预计的低0.2个百分点，中国经济增速将分别为6.3%和6.0%。报告还预计，2016年和2017年发达经济体经济增速可达到2.1%和2.1%。其中，美国增长2.6%和2.6%，低于2015年10月份预计的2.8%；欧元区增长1.7%和1.7%，英国增长2.2%和2.2%，日本增长1%和0.3%；新兴市场和发展中经济体的经济活动预计将连续第五年放缓，增长4.3%和4.7%。其中，印度增速最快，预计将达到7.5%和7.5%；巴西萎缩至3.5%和0.0%。

第二，世界经济进入一个低速增长的“新平庸”阶段②。主要表现为“四个低”：一是低增长，世界经济增长速度预期不断下调，根据国际货币基金组织2015年10月预测，2015年和2016年世界经济增速分别为3.1%和3.6%，比之前7月预测值各下降0.2个百分点。二是低利率，以美国为首的发达国家以及部分发展中国家延续了宽松的货币政策，向世界提供了大量的廉价货币。三是低通胀，受全球范围内的需求萎缩和石油、铁矿石及其他大宗商品价格持续下滑影响，世界经济始终处于低通胀状态，全球通货紧缩压力持续。四是低就业，主要经济体中，除美国和中国外，从欧洲、日本等发达国家经济体到部分发展中经济体，低就业率成为各国共同面对的重大问题。

第三，新旧秩序、新旧规则之间发生重大变化③。旧的机构、旧的机制、旧

① 陈文玲：《世界格局发生三大变化，全球应共同治理》，光明网，2015年6月27日。
② 陈文玲：《世界格局发生三大变化，全球应共同治理》，光明网，2015年6月27日。
③ 陈文玲：《世界格局发生三大变化，全球应共同治理》，光明网，2015年6月27日。

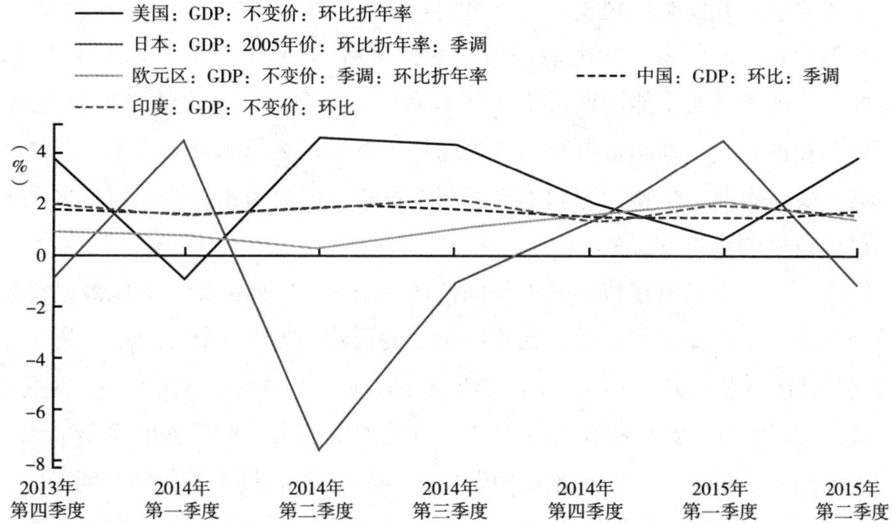

图 1　全球经济增长情况

资料来源：Wind 资讯。

的规则仍在起主导作用，但同时新的机构、新的机制、新的规则也在不断产生，并且在不断提升影响力，逐渐成为影响世界经济的重大变量。金融方面，亚洲基础设施投资银行、金砖国家新发展银行、上合组织开发银行等金融组织机构的出现，对世界原有的金融秩序造成多方面的影响和连锁反应；贸易方面，随着区域经济一体化，从 TPP、TTIP、RCEP，到中国签订的涉及 20 个国家的 12 个自由贸易区协定，自贸区战略被各方作为国家战略高度重视；制造业方面，原有的制造业格局已经被逐渐打破，全球的供应链、产业链、价值链正在重构。

第四，第三次科技和产业革命或“第三次工业革命”方兴未艾，产业分工格局发生重大变化。当前，在发达国家纷纷“再工业化”的背景下，以制造业的信息化为核心的“第三次工业革命”方兴未艾，其核心特征是制造的网络化、数字化、智能化和个性化。信息产业迅速发展，继续对全球经济产生重大影响。近年来，新一轮信息技术革命正在兴起，互联网技术迅速发展，推动互联网金融、物联网、云计算和大数据等一批新兴产业出现，3D 打印、智能机器人等在制造业的应用前景日益广阔，这将对全球的生产方式、管理模式和创新路径产生颠覆性影响，是世界经济发展面临的重大机遇和挑战。此外，新能源将改变人与自然、人与环境、经济与环境之间的关系。国际能源署的一份最新报告称，新能源和可再生能源开发利用规模已接近世界能源需求总量的20%，并预测2035年可再生能源和新能源占一次能源消费量的比重将达到24.53%。如果未来核能、太阳能、风能等可再生能源取得重大技术突破，能源生产成本就将大幅度降低，从而影响亚洲乃至全球制造业布局。生物技术发展正在影响亚洲乃至全球产业转型发展。生物农业、生物能源和生物医药是目前发展较为迅速的领域，也是未来生物产业发展的重点。

第五，大宗商品价格将陷入中长期低迷。全球大宗商品价格大幅波动是影响全球经济的一个重要因素。受美元不断走强的影响，2015年初以来，国际大宗商品价格呈持续下跌走势，下半年下跌趋势更加明显。除美元升值因素外，新兴市场国家经济增速下滑导致对商品需求的下降也是大宗商品价格下跌的主要原因。此外，美国能源库存较高以及伊朗核协议达成也都对近期国际原油价格及能源价格整体形成打压因素。对未来3～5年内国际大宗商品价格走势，笔者给出以下五个基本判断。一是多数大宗商品价格将维持低位震荡。从供需形势看，国际大宗商品价格下跌与全球需求疲软息息相关，但也与供给出现大量过剩密切关联。尽管欧洲和日本持续释放流动性刺激需求，但还不足以抵消美联储退出量化宽松及加息预期的影响，美元持续走强将使得以美元计价的大宗商品价格整体承压。二是廉价石油将会使化石能源重获低成本优势。油价的大幅度下跌引发煤炭和天然气价格下跌，使得能源价格整体下降幅度超过50%。在多重抑制政策的作用下，国际大宗商品市场供大于求的态势还难以根本性改变，商品价格将稳定在较低位运行，长期出现报复性反弹的可能性不大。三是基本金属价格始终呈现分化波动走势。考虑到未来全球经济复苏前景并不乐观，尤其是中国和欧洲需求难转旺盛，估计多数主要金属——铜、铅、锌、锡都将在2008年全球金融危机以来的最低价格水平附近徘徊。四是中国钢铁过剩产能长期压制铁矿石价格回升。铁矿石定价权长期被国际矿石厂商垄断，但随着近年来中国需求增长放缓，再加上市场供应增加，铁矿石将转为买方市场，中国所需铁矿石增长空间非常有限。国际矿企生产成本较低，有继续扩产的积极性。在生产继续扩张的条件下，受钢铁产能过剩、钢材需求增长放缓等因素的影响，铁矿石价格还有继续下探的可能，预计不会重返每吨90美元以上水平。五是国际农产品价格更多体现商品属性。国际农产品供应受地域自然灾害和气候季节性影响较大，因而其低价形势可能不会持续那么久。从近期走势看，尽管价格涨跌互现，但上涨品种的表现总体难抵价格下跌品种的拖累，食品类大宗商品价格受供需平稳影响，进一步下跌的幅度不会太大。

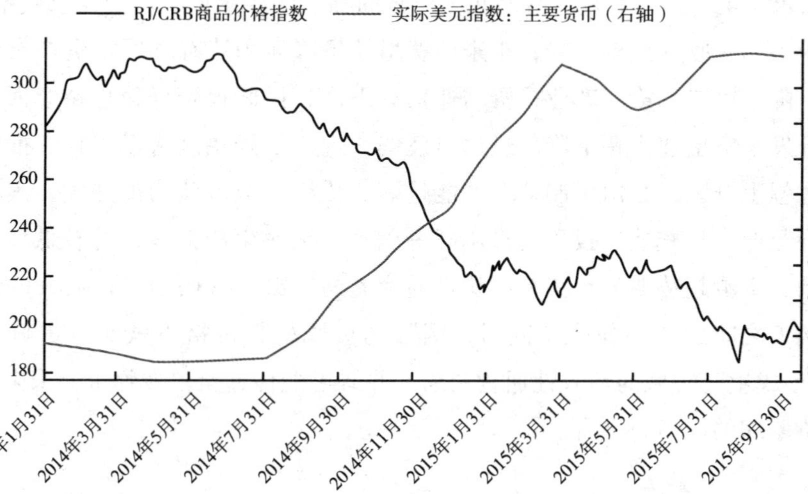

图 2　美元指数与 CRB 商品价格指数

资料来源：Wind 资讯。

第六，中国对亚洲和世界的影响力与日俱增，中国与全球经济的互联互动日益加深。中国是世界第二大经济体、第二大贸易国、第一外汇储备大国、第一大利用外资的发展中国家、年度投资流量全球第三大对外投资国，人民币作为全球第四大支付结算货币，证明中国仍然是全球经济发展的重要引擎之一，中国经济仍将深刻改变世界经济的版图和格局，中国与全球经济的互联互动、相互依赖、交融合作不断加深，其深度、广度前所未有，其复杂性、多样性前所未有。一系列重大国家战略对全球的影响日益加深，对外贸易的规模不断扩大，利用外资、对外投资的流量和存量不断增加，物价与汇率的形成机制与影响因素愈加复杂、与国际市场的互动更加密切，宏观经济政策的外溢性和被动性前所未有，中国经济真正具有了在世界上举足轻重的地位。这一切要求我们在观察和谋划国内改革发展，参与国际政治、经济等各项事务时，不能再孤立地看待自身和世界，不能再忽视巨大的政策外溢效应和政策沟通协调的必要性，必须统筹考虑和综合运用国际国内两个市场、国际国内两种资源、国际国内两类规则，更加积极主动地参与全球治理事务、改善全球治理体系，提升全球治理能力。

二　中国经济正逐步进入“新常态”

从短期需求端来看，当前中国经济运行的主要特征有三：一是总需求下降，有效需求不足仍是今后较长时期我国经济面临的主要矛盾。消费需求基本平稳，但由于人们对收入预期下降，未来消费增速下降压力犹存。固定资产投资增速持续下降，第二、第三产业投资增速均有下滑，民间投资增速也持续回落，房地产开发投资增速大幅下降。进出口疲弱，进口下降幅度大于出口，推动贸易顺差大幅上升。二是由于制造业产能过剩、传统产业淘汰力度加大、汽车通信等主导行业增长减速、投资需求不旺等因素，工业生产继续保持较低增速，服务业增长下滑趋势明显。三是结构性通货紧缩严重。CPI 低位徘徊，PPI 回落加快，两者之间的差距拉大。同时，国际初级原材料价格下跌通过进口传递至PPI，形成生产领域的输入性通货紧缩，并有可能传递至消费物价，未来消费领域通货紧缩的风险将上升。

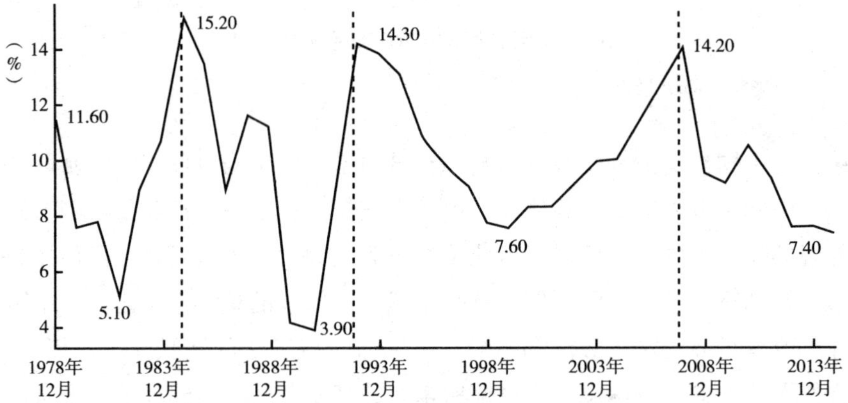

图 3　1978 年以来的中国 GDP 增速

从中长期视角观察，此次国际金融危机之后，世界经济出现“新平庸”，中国经济进入“新常态”，这一切并非偶然，其形成的深刻背景是，世界经济的持续深度调整与国内经济日益迫切的转型需求相叠加，旧有的发展红利正逐渐衰退乃至丧失，新的驱动力尚未形成。笔者认为，立足当下，展望未来，中国经济发展有十大“新常态”已初现端倪。

一是经济增速换挡回落、就业市场持续偏紧成为常态。由于规模增大及发展方式转变，未来中国经济长期保持两位数的高速增长将不会是常态，开始进入年均 6% ~8% 的中高速增长“换挡期”，这是一个经济体达到中等收入之后的普遍规律，对此中国应“保持战略上的平常心态”。与此同时，今后新增劳动人口的增长率将趋于下降，特别是，约占每年新增劳动力供应一半的高校毕业生就业规模庞大，摩擦性失业和结构性失业将长期存在。

二是结构优化升级和调整阵痛相伴而行成为常态。中国的经济结构已经并将继续发生全面、深刻的变化：需求结构中消费和民间投资占比有所提升，二者将逐步成为拉动经济增长的主要力量；服务业尤其是生产性服务业发展明显加快，产业结构不断优化升级；地区差距由扩大转变为缩小，区域间协调发展、协同发展的格局将逐步形成；居民收入名义增速将快于企业利润和财政收入的增速，城乡居民收入差距将有所缩小。当然，与结构优化相伴随的还有多种结构调整阵痛相交织，如产能过剩、风险暴露，等等。

三是要素和投资驱动向创新驱动的转变成为常态。综合国力竞争说到底是创新的竞争。面对世界经济仍处于深度调整期的重大挑战和新一轮科技与产业革命处于孕育期的重大机遇，中国正努力把推动发展的立足点转到提高质量和效益上来，大力推进科技进步和创新，创新驱动将为经济发展、转型和升级提供根本动力。

四是内外联动、协同发展的区域经济发展成为常态。在区域经济发展方面，“丝绸之路经济带”和21世纪“海上丝绸之路”建设、京津冀协同发展、长江经济带以及上海自由贸易试验区建设等一系列全新的战略构想和战略举措的提出与实施，为传统区域经济发展和开放型经济新体制的理论与实践赋予了全新的内涵，集中反映了内外联动、协同发展的战略思想。上述国家战略，从点到线再到面，从陆上到海上再到海外，从沿海到内陆再到沿边，大开大合，但形散神不散，实质上贯穿其中的一条主线是：以“国内外联动、区域间协同、外部协同与内部协同并重”理念为统领，打破单纯的行政区划甚至国界限制，把区域经济规划扩大到跨市跨省乃至跨国，力图使生产要素在一个摆脱行政区划束缚的、更大的区间进行流动和组合。

五是物价水平缓慢抬升、通胀压力逐渐增大成为常态。尽管就短期而言，中国经济面临的主要问题是经济增速持续放缓、通胀压力逐渐减轻，甚至出现了一定的通缩迹象，但是从中长期来看，未来推升物价的因素是多方面的：就国内而言，劳动力成本缓慢爬升、资源性产品价格改革渐次展开、前期国内货币的天量投放、城镇化战略快速推进、对生态环境的保护和治理以及猪肉价格新一轮上涨周期的到来，都将使物价总体上呈逐步走高之势。国际因素主要是国际流动性泛滥的滞后影响和主要发达经济体的温和复苏。

六是通过平衡促改革和稳增长、调结构、防风险、惠民生的关系来释放改革红利成为常态。当前，一些主要的改革领域所遇到的阻力或风险，同宏观经济处于经济增速换挡期、结构调整阵痛期、前期刺激政策消化期这“三期”叠加交织在一起，使得改革所面临的挑战尤其严峻。因此，未来平衡促改革和稳增长的关系是关键。全面深化改革需要考虑每项改革对宏观经济的影响，统筹安排各项改革的节奏、力度、先后顺序及其彼此间的配合，对经济具有扩张性的改革措施先行，对经济具有紧缩性的改革措施缓行，尽量减少和缓和改革对宏观经济的短期不利冲击。

七是以更加积极的开放战略倒逼改革和促进转型成为常态。当前国内改革已进入攻坚克难阶段，进一步深化对外开放，引入外部动力，有助于打破当前国内改革步伐趋缓的局面。毫无疑问，随着中国经济与世界经济的互联互动不断深化，我国对外开放还有广阔空间，开放的制度红利仍是推动国内经济改革和转型升级的强大动力。我们有理由相信，以更加积极的开放战略倒逼改革和促进转型，力争形成对外开放新体制，加快培育国际竞争新优势，将成为中国经济的“新常态”之一。

八是环环相扣、相互影响的各类风险显性化成为常态。传统制造业产能普遍过剩，企业经营困难；地方融资平台贷款和影子银行快速扩张所导致的信用违约风险不断提高，流动性错配严重，企业融资难、融资贵；房地产调控长效机制还未建立，房地产市场风险如何平稳化解尚存变数；国际经济环境及政策变化、国际资本市场波动、国际贸易保护主义抬头、对外投资壁垒将长期影响中国经济。此外，近期股灾及对金融体系、政府信用、企业融资、中产阶级的负面影响，改革滞后及缺乏信任感的风险，美国加息所引发的国际资本流动逆转以及国际政策协调风险等等，也不容忽视。

九是以生态文明建设和绿色化发展为核心和统领的可持续发展成为常态。从可持续发展“既能满足当代人的需要，又不对后代人满足其需要的能力构成危害”的基本内涵出发，我们必须把生态文明建设的总体目标作为实现可持续发展的统领，把“绿色化”发展作为生态文明建设和可持续发展的具体道路和基本途径，实现“绿色化”生产、“绿色化”消费和“绿色化”思维。未来在中国特色的总体道路上，要把生态文明建设、可持续发展的理念和举措，全面融入政治、经济、社会和文化建设的各个方面和各个过程，协同推进新型工业化、城镇化、信息化、农业现代化和绿色化，全面推动国土空间开发格局优化、加快技术创新和结构调整、促进资源节约循环高效利用、加大自然生态系统和环境保护等重点工作，努力在重要领域和关键环节取得突破，切实把生态文明建设工作抓紧抓好，让良好生态环境成为人民生活质量的增长点，成为展现中国良好形象的发力点。

十是宏观调控理念和思路创新成为常态。宏观调控应坚持“中线思维，区间管理”，对经济增长、失业率和通货膨胀等分别设置过热和过冷的区间预警指标，每年所确定的经济运行预期目标应该被看作调控的中线，而非“底线”或“下限”，并在每一个年度进行适当微调。只要经济在目标区间内运行，没有触及“上限”和“下限”，就应保持政策稳定，保持战略定力，不应为经济一时波动而采取短期的强刺激政策，提高对增速放缓的容忍度。这样围绕中线进行调控，会给市场主体更加明确的预期，会使经济运行的合理区间更富弹性，使调控更加主动灵活，上下都有回旋余地。

三　未来中国经济发展中若干潜在系统性风险值得高度关注

近年来，国内外各方对于中国潜在的经济金融风险格外关注，大家一直普遍关注的传统制造业产能普遍过剩、银行业不良资产上升、地方融资平台贷款和影子银行快速扩张导致信用违约风险不断提高、地方政府性债务高企以及房地产泡沫仍未得到根本解决等问题，已受到决策层的高度重视，决策层正着手采取各种综合性对策予以化解。

除了上述市场普遍关注的显性风险源外，2015 年以来，随着中国经济进入“新常态”，国内各项改革滞后叠加经济下行压力持续加大的风险，国内资本市场的异常波动及其后续负面影响，美国加息所引发的国际资本流动逆转、国际金融市场动荡加剧及国际政策协调风险，中国长期被排除在 TPP 之外的风险，国际大宗商品陷入中长期低迷的风险等潜在的风险会否持续暴露，成为各方担忧之所在，也给国内经济社会发展增添了不确定性。

（一）改革迟缓、滞后及落实不力所导致的改革红利的释放差于市场预期，改革信心不足，并缺乏市场信任感

一是谨防市场波动贻误改革时机。这一次股市暴跌显然使得计划中的注册制改革无限期推后、多层次资本市场建设步伐放缓、国企混合所有制改革与股权激

励政策更趋保守、资本账户开放抑或更加谨慎。改革开放“开弓没有回头箭”，不能因为金融市场波动而贻误改革时机。从根本上讲，无论是股市、债市还是汇市，金融市场大幅波动的深层次原因都是改革的滞后、改革不到位以及改革不够协调，原有的金融形态已不能满足金融市场化发展的要求。金融管制并不能减少金融市场的波动，最终阻挡不了金融市场化的趋势，金融市场波动反而是推进金融改革的契机。从历史来看，拖延改革会延续市场的不稳定状态，所以应该加快改革，协调推进各项改革，唯有如此，才可能降低改革成本，降低改革延误、迟疑不决的风险。

二是谨防利益掣肘牵制改革方案推出。从20世纪90年代至今，我国一轮又一轮的财税、金融、价格、收入分配和国企改革已经历20多年，改革任务仍未完成，持续时间之长中外罕见。其中很重要的一个原因当然是国内外形势变化使然，但更重要的因素恐怕在于，每一次改革都受到相关利益群体的干涉、阻挠、博弈，使得每一次改革都有极大的局限性，并未见到实质性改革举措，推进缓慢，留下了许多尾巴和妥协，不得不留给后人去解决。当前，经济进入“新常态”，改革步入深水区，我们既不能因为市场的短期波动，也不能因为所谓对改革恰当时机的选择，更不能因为利益集团的博弈和阻挠等借口，再一次延缓改革，甚至轻易放弃改革。在改革中，应重点对长期以来形成的、盘根错节的利益格局进行彻底调整，避免既得利益群体的抵制和阻挠。当前，财税、金融、行政、国企、土地制度等多领域改革均明显滞后，其影响已经日益体现出来。虽然从表面上看，不改革无成本，但难以估量、巨大的时间成本也是中国经济不能承受之重，它会随着时间的推移，逐步成为经济增长的最大羁绊。

三是谨防懒政、庸政及不作为妨碍改革落实。从当前各方的心态看，对于改革，在反腐风暴、简政放权等中央层面的重大部署背景下，各地方、各部门、各级干部在一定程度上存在着懒政庸政、等待观望、拖延应付、找借口、不作为、假改革等种种消极态度和投机思想，亟须坚决破除。在强调所有改革需顶层设计并制定时间表和路线图的同时，未来需要有效调动各地方、各部门、各方面的积极性、主动性，以“踏石留印、抓铁有痕”的劲头，真正推动各项改革方案的落实和执行，克服巨大的旧体制惯性与利益集团的阻挠，坚决消除“中梗阻、肠梗阻”，增强改革方案穿透力，发挥好市场在资源配置中的决定性作用，避免将系统性、整体性、协同性强的改革大业碎片化、线性化、程式化。此外，相对于较为显性的懒政、庸政及不作为，更重要也是更为隐蔽的对于改革效力的消解是，政府中缺乏必要的制约和监督的行政部门，采取各种手段削弱、曲解、拖延、架空改革，防止这些行政部门利用部门的“解释权”来歪曲改革，并夹带部门私货，利用技术性理由对抗、拖延改革，这一风险应引起决策层的重视和警觉。

（二）罕见股灾对金融体系和实体经济的负面影响及其后续蔓延传染风险不可小觑

从2015年6月12日至8月26日，在短短两个多月时间内，上证综指由5178点闪电般跌至2850点，跌幅高达45%。一时间，股票市场上风声鹤唳，一片恐慌。在此次历史罕见的股市暴跌中，A股市值最高蒸发33万亿元，相当于2014年GDP的52%。尽管我国政府迫不得已地出台了一系列救市措施，并取得一定效果，但股市暴跌对金融体系乃至实体经济均已产生局部性影响，其后的救市成本及其风险也不可忽视。

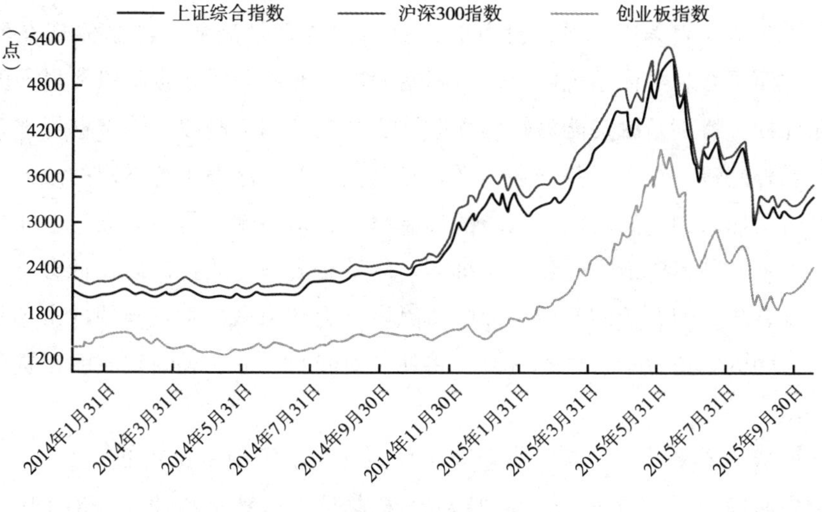

图4　中国股市主要股指走势

资料来源：Wind资讯。

第一，尽管此次股灾并未对金融机构资产负债结构形成较大冲击，但不可不防其风险暴露对整个金融系统的传染性和外溢性。

我国目前的金融体系仍是以间接融资为主，A股市场与金融体系联系较弱，银行体系没有在股市暴跌中遭受巨大损失，通过股权质押与理财产品配资等渠道参与股市的总体规模不到2万亿元人民币，且杠杆率通常为1∶1。但是，如果未来股市继续恐慌性下跌，距高点跌幅超过50%，将有可能击穿银行的安全边际，对券商、信托、P2P等实力较为薄弱的金融部门构成较大冲击，若任其蔓延和传染，难免爆发系统性金融风险。特别是，如果股市下跌再叠加汇市的动荡，也有可能引发一定程度的资本外逃和强化汇率贬值的预期和趋势。从改革的角度而言，股市的剧烈震荡已经让进行中的金融改革如IPO注册制改革、做空机制的完善乃至逐步开放资本账户等再次延迟，陷入停滞，使得近期推进金融市场的改革失去本来可以很好利用的资本市场的支撑。

此外，此次股灾发生在经济全球化和一体化日益加深、全球经济整体复苏乏力、中国经济增长引擎疑似熄火等大背景下，包括股市、债市、汇市、商品市场等在内的全球市场联动机制、风险传递机制和连锁反应日渐明显，中国市场风险的外溢性和传染性已非同以往。

第二，尽管此次股灾并未对实体经济构成严重影响，但与经济下行叠加所产生的微观紧缩效应仍将在宏观层面得以充分体现。

从资产负债表渠道来看，股市下跌对内需特别是消费的抑制体现在两个方面：一方面是微观主体出现巨大的负财富效应。此次股灾相较于以往最大的区别在于加杠杆，特别是融资能力较强和股票资产较高的中高收入阶层杠杆率普遍较高，对场外配资和正常融资的强制平仓和清理，对高净值人群财富的毁灭和对信心的打击是惊人的，其对消费需求的抑制将会逐渐显现。另一方面，企业抵押物等资产缩水使其投资能力受到一定抑制。尽管企业股权质押规模在社会融资总量中还十分有限，但股价缩水对企业整体融资能力和未来投资意向的冲击还是显而易见的，融资渠道收窄、成本上升，将使其对新兴产业、创新领域的投资更趋保守和谨慎。

从信贷渠道来看，尽管股票融资在我国社会融资中占比较低，不足5%，但考虑到中国股市“牛短熊长”的特点，未来股市持续下跌将使IPO何时恢复、注册制改革何时启动，都变得很不确定。上市渠道不通畅势必对企业创新造成较大的打击，不排除未来会出现股市与实体经济螺旋式恶化局面，使引发中国式的金融危机和经济危机的可能性大大增强。

第三，此次股灾大大延迟了居民资产配置调整和企业融资结构优化的节奏与步伐，错失了宏观上将高杠杆从政府和企业部门平滑移动到居民部门的良好机会。

这轮难得的牛市给居民资产配置腾挪和企业实现债转股创造了有利条件。一方面，居民通过购买基金或直接投资股市获得资产收益，形成良性的财富效应；另一方面，随着新股大量发行以及计划中的IPO注册制和战略新兴板渐行渐近、新三板交投活跃，众多企业通过增加股权融资、降低信贷比例成为可能。但短期内市场趋势的迅速反转不仅使大量投资者损失惨重，更对极不容易调动起来的市场各方对股票市场的投资热情再次泼上一盆冷水，使投资者对市场产生怀疑，使市场对政府信用产生怀疑，使原本正在进行的居民大类资产重新配置、企业资产债转股和降杠杆的进程都被迫紧急中止。

第四，应对市场重大危机时政府监管部门暴露出不及时、不专业、不协调等一系列问题，监管失灵加剧本已严重的市场失灵，导致市场再次崩溃和功能再次丧失的风险犹存。

将这一轮股市震荡简单归咎于杠杆工具是极不公平的。尽管各类杠杆工具模糊了投资者适当性原则，提高了社会资金整体的风险偏好，培育了事后风险的温床，但事实上，杠杆本身并不是问题。或者说，杠杆问题的暴露和疯狂并酿成大祸，本来就是监管默许、放纵和最终粗暴干预去杠杆的结果。

长期以来，由于存在制度黏性，渐进的制度变迁始终落后于转型期间的金融创新步伐，金融监管制度改革大大滞后于杠杆工具的跨界创新，银行、证券、信托等交叉监管领域出现了一定的真空，越来越多的高杠杆工具游离于监管的覆盖范围之外，对于杠杆工具的规模、分布及资金来源等关键信息严重缺失，由此相应的高风险也就没有得到有效的控制。我国长期以来坚持的“分业经营、分业监管”原则事实上已被突破，资本市场与银行之间的“防火墙”也被突破，这就为防范金融业系统性风险带来了新的挑战。当市场出现逆向调整时，信息缺失极易诱发意想不到的传染性、非理性恐慌。简言之，从一开始，就是监管不到位背景下的高杠杆资金催生了巨大的股市泡沫。

之后，超预期的去杠杆速度、投资者羊群效应和交易制度的缺陷，导致股市价值回归演变为一场波及面巨大、影响深远的流动性危机。在去杠杆过程中，很遗憾，监管部门展现出的不及时（犹豫不决于救市的正当性和必要性而错失稳定市场的良机、挤牙膏式的应对措施放任了流动性的崩溃）、不专业（救市信心不坚决、目标不明确，对做空机制的过度限制，一刀切式的配资清理）、不协调（一行三会动作不一致、严重缺乏应有的协调）等一系列问题又导致监管失灵，加剧了本已严重的市场失灵，一度使市场的崩溃预期不断得到自我实现和自我强化，交易制度的缺陷在去杠杆过程中被放大，跌停潮、停牌潮和基金赎回潮，再加上高频的程序化交易，吞噬着市场的流动性。股市下跌的风险变异为整个金融市场的流动性危机，引致期货、外汇、债券以及商品市场等多市场联动的流动性危机，更对中国金融市场的稳定提出了挑战。

第五，直接干预市场的措施不可长期化，救市本身亦存在多重潜在风险。

政府通过注资、发债、同业拆借、IPO 暂停、鼓励上市公司大股东和央企增持股票等救市措施，已使市场流动性有所恢复，稳定了市场预期、阻止了风险由局部蔓延至全局，金融体系稳定性暂时得到保证。然而，我们必须清醒地认识到，非常时期实行的直接干预措施是存在持久副作用的。

一是应急措施放慢了股市的价值回归。对于部分过高估值的个股，应急措施使其泡沫并没有消失，股价并未回归到合理区间。在对市场应急措施的不当解读下，个人投资者的赌徒心理有可能再度回归。

二是政府通过央行再贷款及证金公司的发债等提供了显性信用，有可能诱发投资者道德风险。政府反复托底为一些短线投资者提供了明确的套利空间，由此将产生较大的道德风险。在市场普遍形成“政策托市”的刚性预期下，市场在政策区间反复震荡的概率增加。一方面使管理层面临进退两难的政策困境，另一方面使投资者对应急措施产生依赖，市场自我调节机制失灵。

三是应急处置措施的资金有很大一部分来源于商业银行表内的同业拆借和企业贷款，意味着风险由分散的投资者向银行系统集中。这些政策短期有利于稳定股市，但如果长期维持，则不利于金融机构的风险管理和上市公司治理，甚至可能为未来潜在的系统性风险埋下隐患。

（三）全球经济复苏进程不一致以及美国首次加息日益临近，由此引发国际金融市场动荡、国际资本流动逆转及国际政策冲突加剧等风险

2014 年以来，主要经济体宏观经济基本面各不相同。美国、英国经济增长稳健，而日本和欧元区复苏脚步迟缓，以中国为代表的许多新兴市场经济体增速也在放缓。这不可避免地导致主要发达经济体之间处于不同的货币政策周期。尽管美联储及英格兰银行已表示愿意采取措施转向货币政策正常化，但国际上多数中央银行偏好宽松的货币政策——自 2015 年初以来，已经有 20 多个央行放松货币政策，其中尤以欧元区和日本的刺激政策为甚。这集中反映了多数经济体对 2015 年通缩压力的担心以及对经济不景气的预期。

从方向和程度上看，中美欧日货币政策分化显著增大，这种反向的宏观政策将产生多种效应，其中最显性的是汇率波动。美元升值对欧日出口复苏有利，但同时会引起资本向美国汇聚，从而抵消欧日央行宽松政策的效果。另外，美元升值长远来看也不利于美国经济的持续复苏，会在一定程度上削弱其仍显孱弱的出口竞争力。美元汇率如果出现大幅振荡，各国货币如果竞相贬值，将引起全球资产价格和资本大规模异动，同时也加大了国际各项宏观经济政策协调的挑战和失误的风险。可以说，中美欧日货币政策分化是未来全球经济面临的最重大挑战，沟通和处理不好，将殃及全球经济复苏进程。

特别是，作为全球最大的两个经济体，中美货币政策走向的分歧正在加剧。展望即将到来的 2016 年，随着国内经济持续复苏势头愈发明显，美联储将逐渐上调国内利率水平；而受困于国内经济的持续下行，中国央行将会进一步放松货币政策。两国货币政策走向的分歧将加剧，不同货币政策周期的国际溢出效应势必对未来经济增长、资产价格、资本流动、汇率以及大国间的政策协调等造成显著影响。

2015 年第三季度以来，美联储首次加息的预期增强和人民币意外贬值，加剧了国际社会对中国及全球经济增长进一步减缓的担忧，国际投资者信心严重受挫，外汇市场上主要国家货币对美元呈现普遍的贬值态势，世界各主要股票市场均出现了下跌。由于投资者担心避险资金回流至发达市场，新兴市场股票跌幅尤为明显，新兴市场 ETF 和 VIX 波动率指数创两年来新高。美国三大股指也尽显疲态，纷纷跌破趋势线，有构筑头部之嫌。一时间投资者风险偏好快速下降，市场波动加大，恐慌情绪在全球市场蔓延。

未来包括中国经济在内的全球经济面临的风险主要有两种不确定性：一是美联储首次加息时间的不确定性，二是加息频率、幅度和持续时间长短不确定所带来的后续市场影响的不确定性。美联储加息的这只靴子落地的时间拖得越久，市场波动的时间就越长、幅度就越大，对新兴市场的影响就越负面、越持久。

历史经验表明，凡是过于倚重外资或外贸、外汇储备规模较小、资本管制手段较少、赤字率较高的国家，美联储加息对其所带来的负面影响会更大。根据此标准预计，美联储首次加息，将对俄罗斯、土耳其、马来西亚、印度尼西亚、泰国、巴西和智利等新兴经济体的冲击较大。

中国的风险和挑战在于，能否坚持市场决定资源配置的基本导向，能否坚持以“提质增效”作为发展的主旋律而适时放弃片面追求增长的发展观，能否在为追求短期和中长期稳增长目标而采取适度宽松货币政策的同时，平衡处理好调结构、推改革、防风险、促创新等诸多关系。

当前及今后一段时期，中国经济面临的最大挑战和任务是有效对抗日益沉重的通货紧缩压力。尽管2015年8月CPI同比增速仍有2.0%，但PPI同比增速出现了高达5.9%的负增长，而且是持续43个月处于通缩状态。鉴于全球大宗商品价格的持续低迷及中国制造业的严重产能过剩，PPI同比增速在2016年仍有继续下行的可能。

考虑到目前中国企业较为沉重的杠杆率，在内外需持续萎缩的背景下，信用扩张无法带动有效的经济增长，因此，降杠杆、去产能、调结构是必然的趋势。然而，工业品严重的通货紧缩可能与企业去杠杆相互作用，形成可怕的"债务-通缩"循环，即通货紧缩加剧企业去杠杆压力，而企业去杠杆又会加剧通缩压力，两者相互作用、相互恶化。一旦这一恶性循环自我实现，经济增长就可能出现断崖式下跌。

为此，中国货币政策需要及时从稳健转向事实上的宽松，2016年进一步的降息与降准仍是政策的重要选项。由于美联储未来一年将逐渐加息，中国央行在继续放松货币政策的过程中，必然会加大两国货币政策的分化，由此产生的压力将对中国的货币政策操作形成巨大牵制与掣肘。中国降息而美联储加息，中美利差将会显著收窄。其结果有二：一是人民币兑美元汇率将面临更大的贬值压力，从而增强市场主体做空人民币的动力，这无疑将加大中国央行进一步维持汇率稳定的难度；二是中美利差收窄导致的人民币贬值预期加剧，可能导致更大规模的短期资本外流，并可能加剧国内银行间市场的流动性短缺，从而进一步产生其他负面影响。

因此，中国央行为反通缩、打破"债务-通缩"循环所采取的货币政策操作，将使自己面临两难处境：如果不放松，经济下滑趋势难以遏制；放松，则会加大中美货币政策的分歧，从而加剧人民币贬值、资产价格下跌与资本外流压力。如何兼顾多重因素的平衡，考验着决策者的智慧。

（四）中国被排除在跨太平洋伙伴关系协定（TPP）之外对政治经济的中长期负面影响不可忽视

泛太平洋12国历经20年最终于2015年10月达成TPP基本协议，这意味着规模占全球四成的巨大经济圈应运而生。TPP是由美国主导的合作组织，它是希望通过TPP全面介入亚太区域经济一体化进程，确保其地缘政治、经济和安全利益，重塑并主导亚太区域经济整合进程，稀释中日等国影响力，进而实现其长期称霸全球的政治意图。TPP的核心是美国需要通过这一新的多边协议把美国的核心利益变成国际法律予以确立，这些利益包括农产品市场开放、资本市场开放、平等竞争（用工制度、环境保护、政府采购与补贴、国有企业等）、知识产权保护、安全标准、技术贸易壁垒、动植物卫生检疫、争端解决等。对中国而言，这是美国试图以多边框架对抗中国近年来与很多国家所签署的双边合作协议，是其针对中国的“重返亚太”战略在经贸和投资领域的具体体现。奥巴马在当天发表的声明中指出，“当超过95%的潜在客户生活在我们的国境之外时，我们不能让像中国这样的国家书写全球经济的规则”。这一露骨的表态再明白不过地传达了美国一贯的遏制中国崛起的战略意图。

TPP在版图意义上，构建了一个跨太平洋的、多区域的、新的区域生产网络，从降低关税、投资一体化等方面来看，该协议影响重大，值得关注。就短期而言，基础协议达成不等同于生效，也不等同于立马实行零关税。同时，TPP 12个成员的经济总量占全球经济总量的40%，而贸易总量占全球贸易总量比例不足30%，并且区内贸易投资占比更低，也就是说实际的一体化程度和经济相互依赖程度并不高。因此，TPP对中国短期的负面影响更多体现在心理层面、政治博弈层面，并非立竿见影，实质的经济冲击较小。但对国际投资者信心的负面影响，伴随着中国经济下行、美国经济开始复苏的大趋势，将会变得非常微妙。

虽然短期内TPP对中国产生的影响有限，但是不能忽略其长远影响。从中长期来看，我们所面临的风险主要包括如下方面。

第一，TPP意味着全球贸易投资规则演变和升级的开始，标志着新一轮国际贸易投资规则之争的开始，未来由一系列代表发达国家利益的高标准的贸易投资规则所形成的壁垒，将对我国构成更大的冲击与挑战，国际贸易“规则之争”将超越“市场之争”而成为新一轮全球化博弈的焦点。

第二，TPP会影响中国周边的地缘政治。中国跟美日贸易的竞争性不大，相反互补性大。越南和马来西亚会对中国产生两个影响：一是产生虹吸效应，会加快中国资本外移到越南和马来西亚；二是还未加入TPP的东南亚国家会受到越南和马来西亚的影响，积极要求加入TPP，从而导致中国在加入TPP的第二轮谈判中比较被动。

第三，由于协定国家实行“零关税”，TPP对中国的贸易和国民收入会有负面影响，可能会带来就业减少和产业流失。有学者估算，在目前的情况下，对美国出口可以提振0.37%，但对中国则是负面的0.14%影响，同时由此带来的福利损失为40.58亿美元。若长期被排除在外，区域内国家对中国将形成实际上的贸易歧视和贸易转移，这对中国大部分贸易部门将产生负面冲击。还有学者测算，在TPP成员方达到16个（“大TPP”）的情景下，如果不加入，中国会因此损失2.2%的GDP。假设TPP的过渡期为四年，则在该阶段内的年均机会成本为超过0.5%的GDP。

第四，在产业层面的影响有利有弊。有分析指出，中国纺织品、食品加工、服装、汽车出口将下降2%～3%，而电子产品、有色金属、皮革制品等行业的出口或将上升0.5%～1.5%，这主要是因为TPP将促进成员方GDP增长，进而增加对我国某些行业产品的进口。进口方面，除了电子产品将轻微上升外，其他所有产业的进口量下降幅度平均在1%左右，主要是因为不加入TPP将对我国经济增长不利，进而导致我国进口减少。“大TPP”情景下将使中国的纺织、服装、电子设备等行业实际产出明显上升，幅度达4%～8%，而采矿、石化、运输设备、机械设备行业将面对更强的国际竞争，因此产出略有下降。

第五，TPP成员可能存在进一步扩大的趋势，这将加大美国对亚太事务以及全球贸易投资规则的主导。日本加入TPP对周边很多国家都会是一个触动，很多国家都在观望TPP的进一步发展，比如韩国就在观察到底中国加不加入TPP以便决定自己要不要加入、什么时候加入。印度现在的态度比较消极，但未来是否会有变化还不确定。如果TPP继续扩大的话，再加上如果跨大西洋贸易和投资伙伴关系协定（TTIP）成功推进，那么美国将可能继续主导全球贸易投资新规则，这样将完全有利于美国自身在亚太的利益，势必挤占中国的利益。

第六，未来如果美国将TPP与TTIP对接，将由此诞生全球规模最大的自由贸易区。双方针对亚太国家的政策协调程度无疑会明显加强，美国借助TPP与TTIP充当亚太地区“领袖”的角色将得到显著强化，这对中国的潜在影响更大。

（五）大宗商品步入中长期低迷的“冰河时代”的风险

从2014年下半年开始，国际大宗商品价格出现了快速下跌趋势。2015年8月份以来，国际大宗商品市场更是动荡不居，恐慌情绪不断蔓延，大宗商品价格跌至全球金融危机以来的低点。从中长期来看，国际大宗商品价格将会维持低位弱势震荡；但由于世界各国经济基本面和货币政策出现分化，短期内不确定性较大，国际大宗商品价格料将呈现震荡分化趋势，价格波动将会有所加剧，投资机遇和风险都会增加，不同商品也可能会出现不同程度的触底回升。但总体而言，未来国际大宗商品将步入中长期低迷的“冰河时代”和熊市周期。

大宗商品价格中长期低迷将对全球经济及中国经济产生深刻影响，但对中国经济的影响总体利大于弊。其利在于改善贸易条件、减轻通胀压力、便利价格改革和全球战略布局，其弊在于短期内有输入性通缩之虞和新能源推广利用受阻。首先，加剧物价下行风险。输入性成本下降是导致中国CPI同比连续12个月维持在2%以下的重要因素。据测算，国际油价下跌10%将可能分别拉低CPI和PPI约0.1个和0.5个百分点。其次，延阻节能减排进程。能源价格回落使社会对可再生资源开发利用、新能源汽车激励、燃油经济性标准等节能减排措施的兴趣大幅减弱，延阻清洁能源取代煤炭、石油等化石能源进程。

四　推动中国经济持续健康发展的若干建议

（一）进一步挖掘和释放内需潜力，尽快稳定总需求

1. 扩大有效投资是稳增长的关键支撑，应积极培育有效需求，防止投资大幅滑坡

整体来看，我国经济增长依然面临较大下行压力，当前及今后一段时期，稳增长仍是宏观调控的首要任务。而在“三驾马车”中，扩大有效投资是稳增长的关键支撑。扩大投资的关键是引导资金投向关键、重点、基础性领域，提高资金使用效率。从扩大有效投资的具体领域来看，应不断加大公共服务投资，不断努力扩大有效供给，积极培育有效需求，以防止投资继续大幅滑坡。

加大城市基本公共服务和基础设施的投资力度，解决长期以来城市功能不完善、公共服务不到位所造成的公共产品提供不足的问题，弥补历史欠账。着重改善城市地下管网、给排水、城市道路、停车场以及城市轨道交通、高速铁路、城际铁路等基础设施，提高义务教育、基本医疗和公共卫生、养老康复方面的投资，解决看病难、上学难、出行难、停车难、养老难、买房难等突出问题。

加大节能环保领域的投资。实施重大生态修复工程，推进河道及大气污染、荒漠化、石漠化综合治理；加快建设城市污水、垃圾处理设施，允许一定规模以上的城市建设集中供暖设施；支持节能低碳产业发展，加大对新能源和可再生能

源包括核电、生物能源及煤层气、页岩气等非常规能源发展的支持；抓紧完善节能环保产品优先采购和强制采购制度，加大政府采购力度，扩大节能环保产品消费。

集中实施一批有利长远、增强国家综合实力的重大项目。瞄准产业链的关键环节以及由低附加值向高附加值转变的瓶颈环节。把握新一轮科技革命契机，充分利用互联网 + 、云计算、大数据、移动互联、物联网等信息技术优势，在 3D 打印、智能制造、信息与网络安全、工业机器人、高端装备、现代农业机械、新材料、高端医疗器械和药品等重点领域，实施一批重点工程，打通关键环节。加大财政资金对创新发展领域的投入，加大科研经费和固定资产投资规模，引导社会资本进入基础研究领域，建设一批公益实验室，鼓励开展前端研究和基础性、共性研究，提升原材料工艺和质量水平。

2. 鼓励居民消费，优化居民消费环境，继续发挥对经济增长稳定器和压舱石之作用

改善消费条件和消费环境，加快释放消费潜力，扩大居民消费市场空间。加快推进以“人口市民化”为先导的新型城镇化进程，完善居民生活设施，强化城镇服务功能。大力推进特大城市圈（带）和卫星城建设。加大新农村建设力度，重点围绕“新农业 + 新农村”模式，改革以往房地产扩张的新农村建设方式，以提高农业科技水平和设备化水平，提高农产品价值含量，推动土地规模化利用，适度推进土地流转，引入“互联网 + 新型农业”生产模式，发展现代化农业物流、现代化农场和现代化新农村。

挖掘消费增长潜力，大力培育电子信息消费、环保消费、农村服务消费、绿色循环消费和社区消费等新的消费增长点，推进技术进步，开发各种新产品和新服务，为消费者提供丰富多彩的可选择的消费品。

降低部分传统意义上的“奢侈品”关税，如高档饰品、化妆品、品牌服装、电子消费产品、进口奶粉等，将部分境外高端消费者吸引回国内消费。同时，为适应当前网购和其他电子商务快速发展的需要，加快推进跨境贸易电子商务服务工作，把加强口岸监管和促进电子商务健康发展紧密结合起来，创造新的消费领域和新型消费模式。

3. 加强政策储备，打好政策组合拳

要积极主动作为，加强调研，全面了解经济社会领域的突出问题和情况，注重做好预先研究，做好政策储备工作。进一步发挥专业部门优势，推动立足全国、不带部门色彩的政策出台。要统筹用好财政政策、货币政策、产业政策，加强战略、规划、计划与价格、土地、环保、贸易等政策的配合协调。实施差别化政策，突出分类指导、缩小政策单元，提高政策精准性。当前，为应对经济下行压力，实现稳增长目标，维护社会稳定和谐，要尽快研究出台社会托底政策，重点解决因经济不景气、企业利润下滑带来的就业问题，引导农民工返乡创业、大学生创业、在职科研人员创业等，完善相关配套措施。

（二）加快推进各项供给侧结构性改革，持续释放制度红利，为经济可持续发展保驾护航

1. 推进经济体制改革

抓实抓好国有企业改革，以提高经营管理效率、质量和效益为目标，引入现代企业制度，切实改变国有企业财政预算软约束现状，使国有企业能自负盈亏。规范国有企业破产制度，建立健全国有资产使用效率考量和追溯机制。大力发展民营经济，优化民营企业发展环境，破除国有企业垄断，打破“玻璃门”、“弹簧门”和“旋转门”。加大财政资金对民营经济的扶持力度，对有市场、有技术、有前景的项目，要加大信贷支持，提供贷款贴息、税收减免、以奖代补等优惠政策。大力发展知识产权质押融资，鼓励担保机构提供低保费的担保服务，完善政府再担保体系，探索银担共保机制。加大技术支持，开放公共技术资源，加大产学研合作力度。加强人才队伍建设，鼓励企业、高校和科研院所合作培养人才。

2. 深入推进行政管理体制改革

以转变政府职能、减少行政权力对经济的干预为核心，进一步取消和下放行政审批项目。加强事中和事后监管与服务，建设全国统筹、纵横联通的信息网络，加大事后追责力度。切实转变政府职能，明确政府职能领域和范围，不抓项目抓制度，重在营造公平环境和公正执法，切实放开市场，释放市场活力。改变因人、因事设岗、设机构的现状，以职能定机构，对已经取消和下放职能的部门和机构，做出缩减、兼并、取消处理，杜绝机构缩小职能反而扩大的现象。

3. 稳步推进财税体制改革

以减税负、分事权为核心，推进财税体制改革。减少消费环节税负，进一步合并税种，清理不合理收费。加快推进“营改增”进程，扩大范围。延长小微企业减免税政策期限，对一定规模的小微企业实施免税政策。明确中央与地方事

权划分，适当扩大地方税收规模，使财权和事权相适应。同时，实施定向转移支付，加大资金使用监管力度。

4. 深入推进金融体制改革

切实转变银行业金融机构以国企为主要贷款对象的现状，鼓励和引导银行业金融机构建立中小企业信贷支持体系，设立专门机构。充分利用互联网优势，发展小额贷款，鼓励电子商务平台发展互联网金融。

5. 加快推进混合所有制改革

加大力度鼓励民企进入垄断领域，提升资本回报率，通过制度变革促进自由竞争，提高资源配置效率。未来中国的投资质量和效率的提升仍有较大空间，这就需要以提高资本形成效率为中心，进一步深化投资体制改革，推进融资渠道市场化，建立市场化的企业资本金补充机制，落实负面清单制度，激发民间资本活力，进而提高社会资金形成和配置效率。

（三）继续扩大开放，注重国际协调

1. 扩大对外开放规模

更加重视稳定外需市场，运用财政、金融等多种政策手段来扩大出口规模。进一步发挥相对优势，加大出口退税力度，鼓励企业扩大产品出口。加强国际合作，鼓励内地省份加强与蒙、俄、欧亚大陆国家的贸易往来，打造中蒙俄国际经济走廊，扩大边境口岸开放规模，建设边境城市，加强重点开发开放试验区、边境经济合作区、跨境经济合作区建设。鼓励企业积极拓展国际市场，尤其是潜力巨大的新兴市场。完善对外贸易环境，进一步减少对外贸企业的审批环节，清理不必要税费，进一步提高贸易便利化水平。

2. 切实提高出口产品附加值，促进从组装加工为主向研发、设计等价值链高端延伸

引导企业提高技术含量，引入国际先进技术和生产工艺，做专做精，拓展国际市场空间。

3. 着眼于全球资源配置，深入实施“一带一路”、京津冀协同发展、长江经济带等重大战略

统筹国内、国际两个市场，用好两种资源、两类规则，为经济增长提供不竭动力。立足全球谋划能源、资金、人才、信息、技术等战略布局，以“一带一路”战略为纽带，加强与沿线国家合作，谋求战略性资源部署，将他国资源为我所用。以京津冀协同发展、长江经济带、四大自由贸易试验区等为龙头，带动东、中、西、东北等四大板块同步发展，加强政策、资源、产业等的协同发展。

4. 加强宏观经济政策的国际协调与合作

2014年以来，全球经济复苏呈现分化发展态势，各国均忙于制定自己的经济政策，主要经济体之间的经济政策缺乏必要、有效的协调。随着越来越深入地融入全球化过程，中国经济对外部冲击的反应也会越来越强烈。与此同时，中国作为全球第二大经济体，经济政策的实施也会对他国政策效果产生影响。2015年第三季度，国际金融市场出现大幅波动。国际因素是市场对美联储加息预期的担忧，不可否认，中国因素即为市场对“811汇改”引发的动荡及中国经济可能“硬着陆”的担忧，这充分说明，中国的宏观经济政策正成为国际社会宏观决策不可忽视的一个力量，加强国际宏观经济政策的协调与合作非常必要。

5. 以更加主动深刻和更高水平的对外开放来赢得经济发展和国际竞争的更大空间，破解TPP及TTIP对我国的封堵、排斥和遏制

当前显然还不是加入TPP的好时机。下一阶段我们总的应对原则应当是以开放的主动赢得发展和竞争的主动，以开放促改革、促发展、促创新，以连横来破合纵。

一是加快推进国内四大自由贸易试验区的全方位改革试验。加快制度创新步伐，率先建立符合国际化和法治化要求的跨境投资和贸易规则体系，加快形成在全国更大范围内可复制、可推广的成功经验，全面提升国际竞争力，积极应对以美国为首的新一轮全球治理体系的调整。

二是积极寻求和发达经济体签订双边自由贸易区协定。以双边贸易投资自由化为突破口，绕过美国主导的多边机制，破解美国在国际经济秩序的新布局，缓解TPP的负面冲击。特别是要结合我国正在推动的“一带一路”战略，积极同“一带一路”沿线国家和地区商建自由贸易区。

三是积极促成以中国为主导的其他多边、区域、次区域合作伙伴关系的建立。以更具前瞻性的视野推进亚太区域经济一体化的制度建设，包括“一带一路”战略构想（B&R）、“区域全面经济伙伴关系”（RCEP），特别是要加快落实APEC北京会议达成的共识，积极推动建立亚太自贸区（FTAAP）。此外，还要支持在有条件的国家设立境外经贸合作区、跨境经济合作区等多种形式的经济园区，鼓励国内企业到周边国家开展投资合作。

四是进一步放宽外资准入、进一步实施对外开放。加快推进与美国开展的目前我国参加的最高标准的双边投资协定（BIT）谈判，将负面清单制度推广至全国，以便让更多的外资进入，进而倒逼资本账户开放，倒逼国内各项不适应开放要求的领域加快改革，激发国内经济活力。扩大内陆沿边开放，抓紧出台深化中西部及东北地区对外开放的新政策。

五是积极鼓励企业特别是民营企业加快实施“走出去”战略。扩大境外投资，以主动的姿态加入全球供应链，更深层次地融入全球化，拓展我国对外贸易和开放体系的深度和广度，以有效规避 TPP 等碎片化自由贸易协定人为制造的贸易及投资壁垒。

六是视 TPP 及 TTIP 为压力和动力，倒逼国内各项改革和开放加速推进，在市场准入、海关监管、检验检疫、劳工标准、绿色环境标准、争端解决机制、知识产权保护、国有企业等管理体制和政策方面做出主动改革和调整，夯实国内实体经济，积极主动地参与国际经济合作，做现行国际体系的参与者、建设者、贡献者。

（四）完善金融市场体系，加强金融监管，有效防范系统性金融风险

1. 加强股市制度建设，改变暴涨暴跌、牛短熊长特征，提高股市的内在稳定性，实现持续健康发展

加快金融法治建设，加大金融监管力度。建立完善的证券法律法规体系和严格的证券市场监管体制，构建全方位、常态化的风险管控体系，完善信息披露机制，对违法违规行为严惩不贷。加快建立健全宏观审慎监管政策，强化金融监管的前瞻性，如限制杠杆倍数、规范民间配资等，完善危机应对机制。

加强对投资者的教育，严格遵守投资者适当性的原则，建立投资者保护机制和风险对冲机制。严厉打击非法配资行为，加强对账户实名制、设立虚拟账户等的监管。继续大力发展机构投资者。传播价值投资理念，培养投资者长期投资行为，让机构投资者真正起到股市稳定器的作用，提高我国资本市场稳定性。

以危机促改革，以改革稳市场。在完善应急措施的同时，适时重启 IPO，坚定推动注册制改革。发挥市场自身的调节作用。

尊重市场这只“看不见的手”，管住政府这只“闲不住的手”。包括政府在内的所有相关各方均应时刻保持对市场的敬畏感，政府必须放弃让市场充当实现自己某种目标或宏观调控工具的短视行为，主流媒体和监管层不得为股市背书，

合理引导市场预期，让市场的力量发挥主导作用，让市场教育投资者。

完善市场交易制度，建立股市逆周期的调控机制。进一步研究股价波动和流动性之间的关系，可考虑适当放开涨跌停幅度（如15%），或设置在特定情景下临时性取消涨跌停的机制。对于杠杆资金投资的股票，一旦其市盈率高于一定标准则自动售出，防止出现高杠杆推动股市过热的情况。

2. 进一步完善汇率市场，有效管理人民币贬值预期

一方面，创造有利的政策条件和环境，积极开发风险管理、风险对冲及投资产品，提供掉期、远期结汇、远期售汇等对冲工具，完善做市商制度，发展、完善外汇市场和外汇理财产品，完善和外汇相关的配套制度，帮助进出口企业和跨境投资机构适时对冲汇率风险和利率风险。另一方面，央行应适时采取必要的区间干预措施，努力稳定人民币汇率预期，减轻短期资本持续外流压力，使人民币汇率形成机制更趋完善，稳步推进人民币国际化的进程。

3. 在防范风险的前提下，逐步放宽对跨境资本交易的限制，审慎有序推进人民币资本项目渐进式开放

密切关注利率和汇率的联动效应，关注汇市、股市、债市的联动机制和风险传递机制，尤其是上述“三市”在全球的传递机制和连锁反应。加强对跨境短期资本流动的监测和监管，灵活运用利率、汇率和法定准备金率等政策工具，稳定金融市场，必要时加大资本管制力度，有效防止国际游资的冲击。

4. 加强监管协调和联动，改革金融监管架构

此次股灾及其后续的救市，充分暴露了混业经营与分业监管之间的深刻矛盾，暴露了“一行三会”之间的协调混乱与监管真空问题。分业监管已无法适应金融业混业经营的客观事实，无法对银行资金的隐蔽入市现象实施全方位、常态化监控，遗留了大量监管漏洞，放大了系统性金融风险。在国内金融业混业经营趋势日益明显的背景下，我国混业监管大一统体系亟待建立。

短期内，应加强“一行三会”的监管协调和监管联动，提高各监管部门的行为一致性、连续性和有效性，建立起监管信息共享机制，从全局上把握金融市场的系统风险，并向社会公布相关重要信息，披露确定的风险信息以防止市场出现不必要的恐慌情绪。同时，在央行持续放松货币政策的过程中，“一行三会”应该更紧密地合作，通过加强宏观审慎监管来防范新的系统性区域性金融风险。对于2016年的中国经济而言，稳健偏松的货币政策与稳健从紧的宏观审慎监管的组合，是最明智的选择。

从长期来看，有必要在组织架构上对现有监管体系进行重组，再度合并“一行三会”，或是在国务院层面上成立金融稳定委员会或金融监管委员会，以统筹监管跨领域风险和开展危机管理，统领和协调分割的监管格局，应当作为下一阶段金融改革的重要选项。

（五）实现“新常态”下宏观调控九大转变

1. 由传统的侧重国内经济调控向统筹运用国际国内两个市场、两种资源、两类规则，在全球范围内优化资源配置转变

新形势下，宏观调控必须统筹考虑和综合运用国际国内两个市场、两种资源、两类规则。密切跟踪国际经济金融形势和主要经济体宏观经济政策变化，认真评估分析其对中国宏观经济和政策实施的影响，主动加强与主要经济体的政策协调和沟通，更加积极地参与双边、多边国际经济合作，增强国际话语权，推动全球治理体系改革，促进国际经济秩序更加公正合理，营造于我有利的制度环境，拓展发展空间，维护开放利益。

2. 由做大经济规模向提高经济质量和效益转变

要从过去靠物质投入、资源环境、外延扩张的发展方式扩大经济规模，向靠技术投入、生态文明建设、集约的发展方式提高经济质量和效益转变；改变过去铺摊子、上项目，转向靠市场规律调结构、转方式，让市场起决定性作用，保证经济平稳运行，促进我国经济长期保持中高速增长，迈向中高端水平。以改革的不断深化，进一步破除制约发展的体制机制障碍，破解发展难题，激发市场活力；以开放水平的持续提升，拓展经济发展新的更大空间，创造更多发展机遇，在国际经济合作和竞争中加快培育新优势。

3. 由单纯的项目管理向重大战略谋划、规划制定、政策协调转变

真正从微观的项目管理中解脱出来，把主要精力集中到谋大事、议大事、抓大事上来，进一步发挥综合经济部门优势，主要职能向战略性、全局性、综合性、前瞻性事务延伸，向实际操作层面延伸，狠抓工作落实。聚焦重大问题的理论研究和成果转化，统筹宏观政策制定和重大政策的协调配合，指导推进和综合协调经济体制改革，积极有效推动对外务实合作，更加注重经济社会协调发展，强化战略和规划的指导约束作用。

4. 由需求侧管理向需求侧与供给侧管理兼顾转变

通过需求与供给管理并重的宏观调控，使市场在资源配置中起决定性作用和更好地发挥政府作用，依靠企业和市场去发现并纠正结构失衡。一方面，采用更加科学的需求侧管理，包括通过产业和空间地理规划，谋划经济发展的新布局；通过大项目、大工程，保持经济的平稳运行，通过稳健偏松的货币政策，保持经济合理的流动性。另一方面，通过放开人口生育控制、放松户籍制度、减少资本与金融管制、优化土地与资源产权结构、推动国有企业改革等措施，解除“供给抑制”。通过彻底降低市场准入门槛、大幅降低税负、尽快降低融资成本等一系列供给侧的体制机制改革，激发企业主体的活力，使市场对资源配置起决定性作用。

5. 由事前审批向事中事后监管与服务转变

按照权力和责任同步下放、调控和监管同步强化的要求，创新审批和监管方式，建立纵横联动协同监管机制，提升监管能力和水平。加快建设投资项目在线审批监管平台，严格中央预算内投资监管，加强市场价格监管和反垄断执法，加快推进社会信用体系建设。按照简化手续、优化程序、在线运行、限时办结的要求，规范审批核准备案行为，公开审批规则和办理程序，把审批变成服务。切实将取消和下放行政审批事项落实到位，充分发挥政务服务大厅功能，规范行政审批行为，优化指导服务。建立项目全过程监管机制和实现部门信息共享与业务协同，建立基于大数据的事中事后高效监管体系，提高事中事后监管水平。

6. 由要素驱动向创新驱动和提高全要素生产率转变

经济“新常态”下，我国经济发展的硬约束加强，人口红利逐渐消失、自然环境资源承载能力已经到极限，经济发展方式必须转变靠大规模的土地、能源、劳动力等生产要素的投入来驱动经济增长。紧紧围绕《关于深化体制机制改革加快实施创新驱动发展战略的若干意见》提出的从营造公平的竞争环境、强化金融支持、建立市场导向机制、激励成果转化、完善科研体系、加快人才培养和流动、推动开放创新、加强统筹协调等八个方面来转变发展的思路，将改革重点放在创造能够从根本上激发全社会创新动力的体制环境上，培育创新的土壤，提高单位要素投入的产出，把提高全要素生产率作为我国经济发展的主要方式。

7. 由特定激励性产业政策向普惠性产业政策转变

在当前我国经济提质增效、压缩产能、提高企业自主创新能力，着力推动产业结构调整和产业转型的背景下，我们需要完善传统的产业政策，尊重经济规律，确保依法治国，从完善企业市场竞争环境、加强知识产权保护、改善产业配套基础设施、创造社会创新环境、支持重大基础性研究、提高产业公共信息服务等角度来制定产业支持政策。改进产业政策设计，将目前倾斜发展特定部门的产业政策，如对新兴产业实施的创新研究、环保节能的奖励措施，逐步完善成为长期的、综合性和普适性的创新与竞争激励机制。应加快制定技术、质量、能耗、环保与安全等方面的强制性标准，并严格施行，强化市场环境建设，弱化具体产业发展的内容，避免引起未来一窝蜂投资而出现产能过剩；应当加强规划的边界控制，强化市场发挥作用的内容，避免愿景多而抓手少，导致难以落实的规划指标成为“纸标”。

8. 由侧重投资管理向投资与消费管理并重转变

在投资管理方面，由事前审批向事中事后监管与服务转变，建立一个透明、规范、高效的投资项目纵横联动协同监管机制，减少、整合和规范前置审批及其中介服务，促进投资便利化。创新审批和监管方式，按照简化手续、优化程序、在线运行、限时办结、把审批变成服务的要求，建设“纵向到底、横向到边、互联互通”的全国固定资产投资项目在线综合管理平台，推进审批方式的电子化、阳光化。同时，也要更加注重消费管理，改善消费条件和消费环境，挖掘消费增长潜力，加快释放消费潜力，促进消费平稳增长。抓紧制定并有序实施促进农民工融入城市的政策措施，推动城镇社会保障、医疗卫生、教育、文化等基本公共服务覆盖农民工并逐步实现均等化；调整汽车消费政策，促进汽车消费；大力培育电子信息消费、环保消费、农村服务消费、绿色循环消费和社区消费等新的消费增长点；加大公共服务投资，不断扩大有效供给，积极培育有效需求，防止投资大幅滑坡；打破垄断，提高服务业的竞争程度。

9. 由短期经济刺激向利用市场信号进行调控转变

在货币政策方面，在着眼于物价稳定的前提下，放松对货币供应量或社会融资规模的依赖，提高货币政策独立性，充分利用各种政策工具、各种市场信号来实施货币政策操作以提高政策效果。在财政政策方面，要加快建立统一预算的步伐，把所有政府收支全部纳入预算，以消除“上有政策、下有对策”、中央政府和地方政府“左右互搏”的局面，显著提高政策效力；同时，进一步明确中央政府和地方政府的职责划分，将宏观调控职责向中央政府进一步集中。在潜在经济增长率难以确定的情况下，可以适当淡化对经济增长目标的关注，更加重视利用就业、物价、利率、汇率、产业景气等方面的信息，综合判断经济运行是否处于合理区间、是否接近潜在经济增长率水平，防止在宏观调控上发生方向性错误。宏观调控需要明确“上限”“下限”和“底线”，完善区间调控。区间调控是守住稳增长、保就业的“下限”，把握好防通胀的“上限”，决不突破民生与金融风险的“底线”。

参考文献

陈文玲：《世界格局发生三大变化，全球应共同治理》，光明网，2015年6月27日。

高占军：《中美欧货币政策分化与挑战》，《财经》2015年第16期。

安国俊：《也谈三市联动——关注汇市、股市、债市的风险联动机制》，《中国金融》2015年第17期。

彭支伟、张伯伟：《TPP和亚太自由贸易区的经济效应及中国的对策》，《国际贸易问题》2013年第4期。

张明：《中美货币政策何去何从?》，FT中文网，2015年9月28日。

盛松成：《金融市场大幅波动源于改革不到位》，《证券时报》2015年9月26日。

张茉楠：《TPP开启新一轮国际贸易规则之争》，《上海证券报》2015年10月8日。

马骏：《TPP影响之量化分析》，《上海证券报》2015年10月9日。

IMF：《世界经济展望》，2015年10月6日。

王军、景春梅、张影强：《“十三五”宏调期待“九变”》，《财经》2015年第27期。

王军：《“十三五”中国经济发展的潜力与空间》，《上海证券报》2015年10月8日。

王军：《不必对四季度经济形势过度悲观》，《证券日报》2015年9月19日。

王军：《十三五，要补齐民生短板》，《瞭望》2015年第37期。

王军：《扩大有效投资是稳增长的关键支撑》，《紫光阁》2015年第8期。

王军：《健康有力的经济增速才能开创大局面》，《瞭望》2015年第28期。

王军：《亚洲经济的未来掌握在自己手中》，《人民日报》2015年7月17日。

王军：《抓住大宗商品价格中长期低迷机遇重构中国能源资源战略》，《全球化》2015年第6期。

王军：《大宗商品或步入“冰河时代”》，《财经》2015年第12期。

王军：《国际大宗商品料维持低位震荡》，《中国证券报》2015年4月15日。

（撰稿人：王军，中国国际经济交流中心信息部部长）

2015年美国经济形势分析与展望

2015年，美国经济复苏势头得以延续。失业率已从金融危机爆发时的10%高位下降到5%，接近于充分就业水平。住房市场呈强劲增长趋势，一些地区和城市房价已恢复到金融危机前水平。全美汽车销量预期将达到1730万辆，已超过危机前销量水平。2015财年美国联邦赤字预期为4390亿美元，也是次贷危机爆发以来的最低水平。2015年美国经济增长率预期将达到2.1%。

2015年，也是全球经济发生深刻调整的一年。美国经济复苏以及美联储启动加息政策的外溢效应，对世界经济形成一定程度的外部冲击，尤其是对结构较脆弱的新兴市场和发展中国家经济提出严峻挑战。2015年，全球外贸形势持续恶化，国际资本流动规模低于2000年水平，大宗商品价格、汇率和资产价格大幅不稳定性波动，都增大了全球经济结构调整的难度。

一 美国启动加息实现货币政策正常化

2015年，美联储根据经济增长的月度和季度状况适时审慎调整其货币政策，但整体上还是维持超低利率水平和宽松的货币政策取向。直到年底，美联储才终于放弃了危机以来一直采取的零利率政策，将联邦基金利率目标从0%~0.25%上调到0.25%~0.5%的区间，迈出利率正常化的第一步。

（一）货币政策在保持宽松态势下持续审慎回调

2015年，美国联邦公开市场委员会依据当年月度数据信息审慎调整其货币政策和市场预期。比如第四季度，美联储认为，美国经济在以一个温和的速度持续增长，家庭支出和企业固定资产投资持续增加，房地产行业进一步得以改善；然而，净出口依旧处于疲软状态。就业人数增长和失业下降，使年初以来劳动力资源利用不足的情况大为减少。通货膨胀率继续被控制在 2% 的长期经营目标之内。总体而言，考虑到国内和国际的发展情况，经济形势与劳动力市场向好可能导致通货膨胀的上升，美联储公开市场委员会认为受能源和进口产品价格的影响，中期通货膨胀将可能上升甚至超过 2%。鉴于目前经济前景，美联储认为采取政策行动能够影响未来的经济成果，决定上调联邦基金利率为 0.25% ~ 0.5%。货币政策立场在此次上调利率后仍然处于宽松状态，从而支持劳动力市场状况进一步改善，并控制在 2% 的通货膨胀率水平。未来，美联储将继续维持现有的再投资政策，持有机构债和机构抵押贷款支持证券的本金，直到联邦基金利率水平正常化顺利进行。

2015 年全年整体上讲，美国继续执行量化宽松的货币政策，货币供应量曲线整体微幅上行。如图 1 所示，从美联储 2015 年货币供应量来看，M1 从年初的

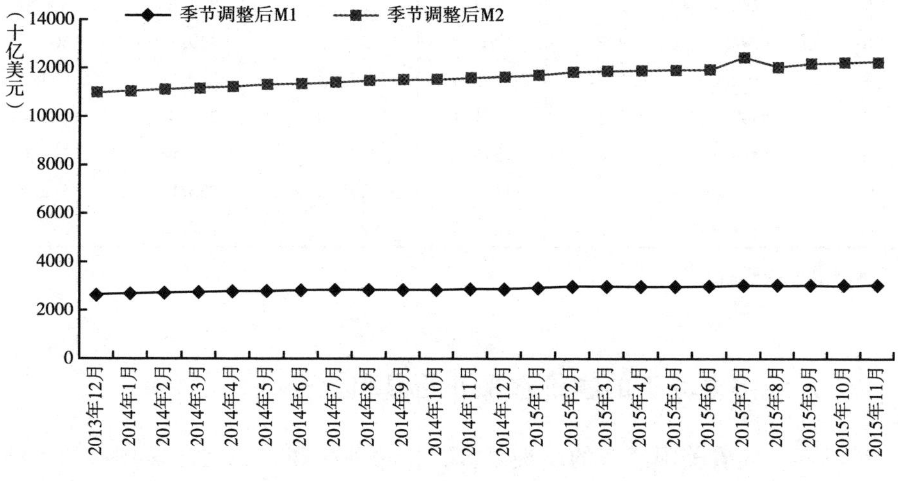

图 1　2013 年 12 月至 2015 年 11 月美国货币供应量

注：M1 包括：①美国财政部、联邦储备银行和存款机构在金库外的货币；②非银行发行的旅行支票；③商业银行的活期存款（不包括美国政府、外国银行和官方机构的存款）和美联储的现金项目；④其他支票存款（OCDS），包括撤出流通秩序（NOW）和自动转账服务账户的存款机构，信用社账户份额和储蓄机构的活期存款。季节调整后 M1 的构成主要是货币、旅行支票、活期存款和其他支票存款。

资料来源：美联储。

29358 亿美元上升至 11 月份的 30932 亿美元，月均增长率为 0.52%，比 2014 年月均增长率的 0.62% 下降了 0.1 个百分点。M2 从年初的 117083 亿美元上升至 11 月的 122884 亿美元，月均增长率为 0.48%，与 2014 年月均增长率持平，均保持了相对平缓的增长态势。也就是说，美联储的市场注资规模在逐渐减少，但还是保持宽松的货币政策环境。除以旅行支票形式存在的货币供应量相对减少、商业银行存款形式存在的货币供应量增加之外，其他形式货币供应量构成均相对稳定。

表 1　2015 年 1～11 月按季节调整后的美联储月度 M1 货币供应量最新构成

单位：十亿美元

月份	货币供应量	旅行支票	活期存款	其他支票存款		
				在商业银行	在储蓄机构	总计
1	1266.3	2.9	1181.8	264.2	220.6	484.8
2	1272.0	2.9	1224.0	271.7	227.2	498.9
3	1279.4	2.8	1209.6	273.4	227.6	501.0
4	1284.3	2.8	1214.5	271.5	227.6	499.0
5	1288.4	2.7	1194.6	270.4	229.6	500.0
6	1293.5	2.7	1207.8	276.6	229.1	505.7
7	1300.0	2.7	1232.4	277.5	229.7	507.2
8	1309.2	2.6	1241.1	275.0	232.4	507.4
9	1319.1	2.6	1216.4	279.9	233.0	513.0
10	1326.7	2.6	1194.1	278.6	233.8	512.4
11	1334.8	2.5	1241.4	280.5	234.0	514.5

资料来源：美联储。

（二）经济复苏下的物价水平开始温和上升

2015 年，随着美国经济的缓慢复苏，扣除食品和能源后的美国核心 CPI 指数也开始缓慢上升①。从 2014 年 12 月至 2015 年 11 月，美国 CPI 指数增长了 0.3 个点，这是自 2014 年 12 月以来美国 CPI 指数的最大幅度变化。11 月份，美国能源和食品价格指数的下降抵消了其他项目价格指数的增长，促使美国的整体 CPI 水平在 11 月保持不变。除了电力之外的能源价格指数下降了 1.3 个点，食品价

① 2014 年 12 月，美国的物价水平达到历史最低。

格指数下降了 0. 1 个点。因此，从整体上来看，去除能源和食品价格指数后的美国核心 CPI 在 11 月仅增长了 0. 2 个点，与 9 月和 10 月保持相同的增长率。住房、医疗、航空票价、新车、烟草是拉动美国 CPI 指数上升的主要因素，而娱乐、服装、家具、二手小轿车与卡车价格指数则呈下降态势。

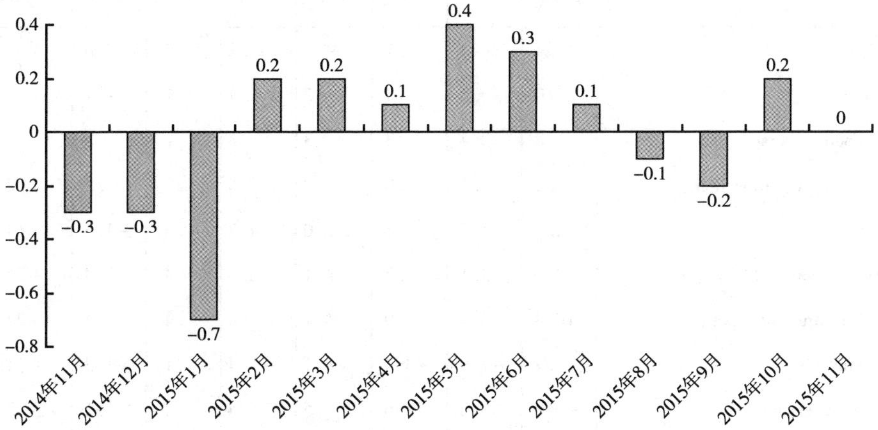

图 2　2014 年 11 月至 2015 年 11 月经季节调整后的美国城市消费者 CPI 变化情况

资料来源：美国劳动局。

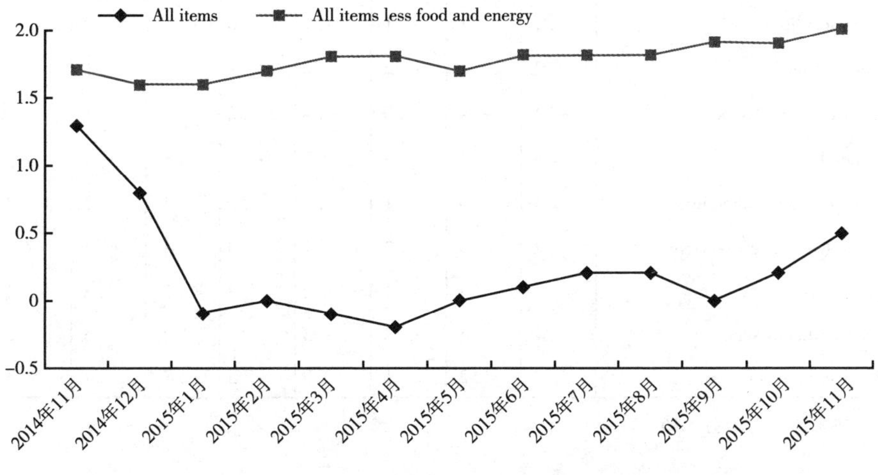

图 3　2014 年 11 月至 2015 年 11 月未经季节调整后的美国城市消费者 CPI 变化情况

资料来源：美国劳工局。

表2　美国全部城市地区消费者 CPI 变化情况：美国城市平均

单位：%

	Seasonally adjusted changes from preceding month							Un - adjusted 12 - mos. ended Nov. 2015
	May 2015	June 2015	July 2015	Aug. 2015	Sep. 2015	Oct. 2015	Nov. 2015	
All items	.4	.3	.1	-.1	-.2	.2	.0	.5
Food	.0	.3	.2	.2	.4	.1	-.1	1.3
Food at home	-.2	.4	.3	.3	.3	.1	-.3	.3
Food away from home[1]	.2	.2	.0	.2	.5	.2	.2	2.7
Energy	4.3	1.7	.1	-2.0	-4.7	.3	-1.3	-14.7
Energy commodities	9.6	3.1	.7	-4.1	-8.6	.4	-2.4	-24.2
Gasoline (all types)	10.4	3.4	.9	-4.1	-9.0	.4	-2.4	-24.1
Fuel oil[1]	.7	-1.9	-3.4	-8.1	-2.4	-1.1	-1.3	-31.4
Energy services	-1.0	.2	-.6	.5	-.4	.2	-.1	-2.8
Electricity	-1.2	.2	-.4	.3	-.5	.4	.3	-.2
Utility (piped) gas service	.0	.3	-1.4	1.2	-.3	-.7	-1.9	-11.7
All items less food and energy	.1	.2	.1	.1	.2	.2	.2	2.0
Commodities less food and energy commodities	-.1	-.1	-.1	-.1	.0	-.1	-.2	-.6
New vehicles	.2	.1	-.2	.0	-.1	-.2	.1	.2
Used cars and trucks	-.4	-.4	-.6	-.4	-.2	-.3	-.1	-.6
Apparel	-.5	-.1	.3	.3	-.3	-.8	-.3	-1.5
Medical care commodities	.4	.0	.1	.3	-.2	.2	.3	2.5
Services less energy services	.2	.3	.2	.1	.3	.3	.3	2.9
Shelter	.2	.3	.4	.2	.3	.3	.2	3.2
Transportation services	.7	.4	-.2	-.3	.1	.2	.6	2.3
Medical care services	.2	-.2	.1	.0	.3	.8	.4	3.1

资料来源：美国劳工局。

（三）美联储启动加息进程

2015 年 2 月 17 日，美联储发表声明，宣布将联邦基金基准利率上调至

0.25% ~0.5%，这是美联储自 2006 年 6 月以来首次加息。这无疑将对美国经济和世界经济带来影响和冲击。

一是美联储加息是为了实现货币政策正常化。目前，美国通胀形势并不严重，因此，启动加息进程并不是以反通胀为目标，而是为了实现利率正常化，以应对未来可能出现的经济下滑。摩根大通经济学家 Lupton 认为，随着美国潜在增长率下降，一旦通胀率达到 2%，失业率将以更快速度降低，市场预期美联储加息步伐会加快。因此，在当前全球油价低迷、通胀率相对稳定、工资对增长的压力较小的情况下，对美国经济而言，是各项政策调整的好时机。

二是加息将给美国出口增长带来压力。比如彼得森国际经济研究所高级研究员 GARY 预测，美联储加息措施，预期将引致美元升值 8% 左右①，然后升值趋势趋缓，美国经常项目赤字将有小幅增加。2015 年前 9 个月，美国出口额同比下滑 3.8%，其中货物出口额下滑 6.2%。前 9 个月贸易逆差达 3949.2 亿美元，其中货物贸易逆差 5696.8 亿美元，同比分别上升 3.9 个和 2.6 个百分点。加息和美元升值，将对美国出口、吸引外来直接投资、制造业回归产生程度不同的负面影响。

三是加息将对新兴经济体产生程度不同的影响。美联储加息进程引发全球汇率和资产价格波动、国际资本流向变化以及主要名义总量指标调整，对巴西、俄罗斯、南非等新兴经济体将产生较大影响和冲击；对我国、土耳其、巴西等企业信贷占 GDP 比例较高国家的金融行业带来不可预见性变化；对一些经济基础较差、外债负担重、外汇储备不足、宏观政策调控缺少空间的经济体而言，可能引发金融动荡甚至危机。

四是美联储加息和美元升值将可能加大新兴市场和发展中国家的债务负担。在前几年全球美元流动性充裕的刺激下，新兴市场和发展中国家普遍大量举债，2013 年外债余额较 2008 年飙升了 65.6%，其中公共债务和公共担保私人债务增加 45.2%。在这种情形下，美元债务负担上升和宏观金融形势急剧变化，将可能引发系统性和区域性债务风险甚至危机。

五是美元升值导致我国汇率政策面临两难选择。若保持人民币兑美元汇率基本稳定，人民币兑欧元、日元、俄罗斯卢布、巴西雷亚尔等非美元货币将明显升值，进一步削弱我国对非美市场的出口竞争力，增加稳定出口难度，加大经济下

---

① 预期美元升值 10%，经济增长率减缓 0.5 个百分点。

行压力。若扩大汇率浮动区间，势必引发人民币兑美元贬值，可能触发其他货币竞争性贬值，不利于增强国际市场对人民币和中国经济的信心，给人民币国际化进程带来一定挑战。

六是增大全球大宗商品价格剧烈波动的系统性风险。据IMF统计，2014年6月至2015年10月，国际货币基金组织大宗商品价格指数下降近45%。大宗商品需求下降和供给上升、地缘冲突不断，加上美联储加息政策调整和美元升值，将进一步加大大宗商品价格下行压力，导致资源出口国经济更加困难。其中，地缘政治因素势必加大大宗商品价格波动幅度，进而引发地区甚至全球性非经济非传统风险上升，危及全球经济复苏和增长形势。

七是对欧元区走出通缩①、日本摆脱衰退②增大了不确定性风险。美国加息、日欧减息所形成的利差预期如果释放出来，也将影响资本流向和汇率变动进而影响日、欧经济复苏前景。2015年前9个月，日本外贸大幅萎缩。货物出口同比下降9.5%，进口同比下降20.8%，逆差224亿美元。对美国、欧元区、东亚出口全线下滑，其中，对欧元区和东亚出口同比分别萎缩12.6%和10.7%。全球金融市场、大宗商品市场、内外需求市场随时可能招致不确定性冲击，对复苏进程艰难的日、欧经济都不会是好消息。

二 美国就业形势持续好转但增幅趋窄

截至2015年11月，美国失业率从年初的5.7%下降至5.0%。其中，非农就业人数增加21.1万人，失业人数为790万人。11月份的劳动参与率为62.5%，就业率为59.3%，全年变化幅度不大（见图4）。2015年1～11月，美国失业率和失业人数分别下降了0.7个百分点和104.7万人。11月的就业

---

① 2014年9月欧洲央行将再融资操作利率、隔夜存款利率和隔夜贷款利率等三大关键利率分别降至0.05%、-0.20%和0.30%的历史最低位并维持至今。2015年3月，欧洲央行开始实施量化宽松政策，每月资产购买规模为600亿欧元，一直延续至2016年9月。从近期欧洲央行领导人表态看，不排除近期量化宽松政策加码的可能性。

② 2014年10月日本扩大"质化和量化货币宽松"（QQE）规模，基础货币年增量目标上调至80万亿日元，国债每年购买规模增加30万亿日元，交易型开放式指数基金和不动产投资信托基金每年购买规模分别扩大两倍。该政策一直延续至今。随着安倍刺激政策效力递减，日本出台更多宽松措施的压力上升，但每月购买的中长期国债已超过新发行中长期国债的90%，扩大购债规模空间有限，其他类型资产或成为进一步实施量化宽松的主要对象。

增长主要发生在建筑、专业与技术服务、健康护理三大产业，而矿业与信息产业的就业人数呈下降态势。2015 年 9～11 月三个月的非农就业增加数月均为 21.8 万人，而在 2014 年 12 月至 2015 年 11 月的 12 个月中，月均新增就业数量为 2.37 万人。增幅较大的有专业与技术服务业、健康护理业、餐饮业、零售业、建筑业。

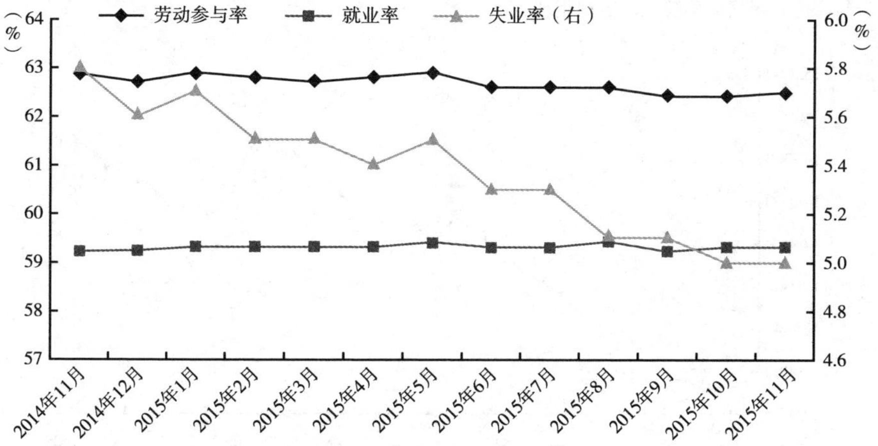

图 4　2014 年 11 月至 2015 年 11 月美国失业率情况及美国非农就业情况（季节调整后）

资料来源：美国劳工局。

表 3　2014 年 12 月至 2015 年 11 月美国主要产业就业人口

单位：千人

产业	2014 年 12 月	2015 年 9 月	2015 年 10 月	2015 年 11 月	2014 年 12 月至 2015 年 11 月增加
非农就业	140263	142391	142689	142900	2637
采矿与伐木	912	805	800	789	-123
建筑业	6231	6410	6444	6490	259
制造业	12282	12318	12319	12318	36
专业与技术服务业	8464.1	8701.1	8734.1	8762.5	298.4
健康护理业	14826.7	15221.3	15272.6	15296.4	469.7
餐饮业	10863.3	11160.7	11205.3	11236.8	373.5

续表

产业	2014 年 12 月	2015 年 9 月	2015 年 10 月	2015 年 11 月	2014 年 12 月至 2015 年 11 月增加
零售业	15497.5	15710.4	15751	15781.7	284.2
信息业	2761	2805	2807	2795	34
金融服务业	8042	8159	8169	8183	141

资料来源：根据美国劳工局数据整理。

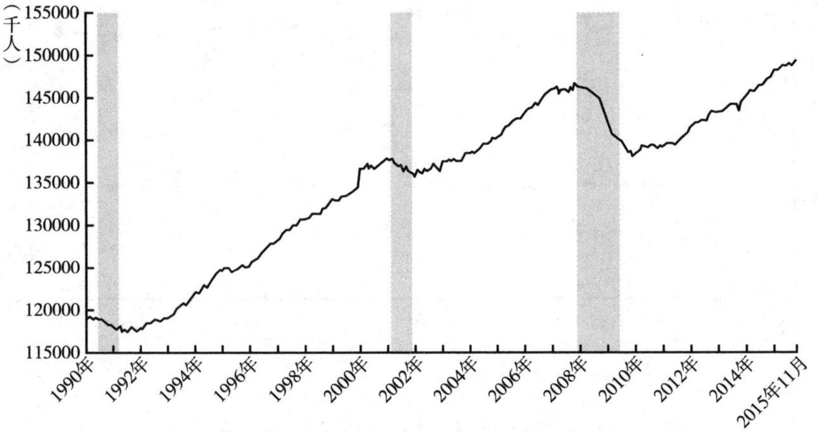

图 5　1990～2015 年 11 月经季节调整后就业总量变化趋势

资料来源：根据美国劳工局数据整理。

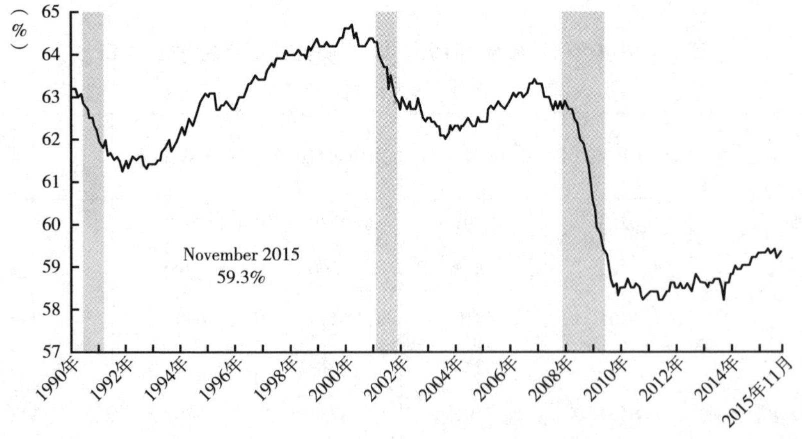

图 6　1990～2015 年 11 月美国就业率总体变化趋势

资料来源：根据美国劳工局数据整理。

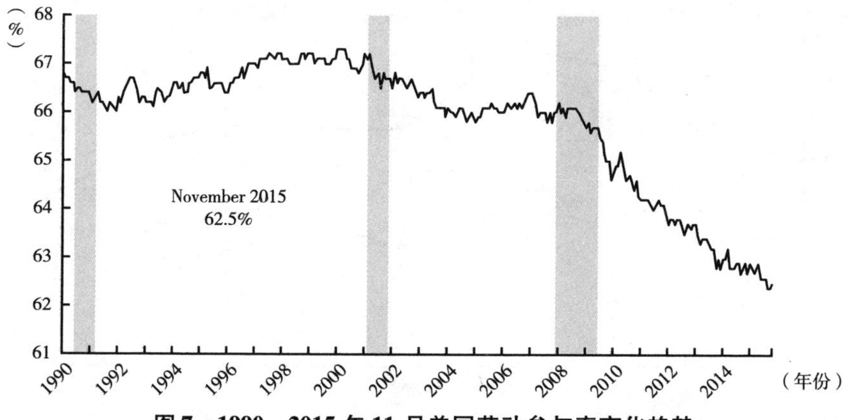

图 7 1990～2015 年 11 月美国劳动参与率变化趋势

资料来源：根据美国劳工局数据整理。

三 美国经济温和增长与再工业化战略

(一) 2015 年美国 GDP 温和增长且增速放缓

2015 年美国经济继续保持复苏态势，但增速开始趋缓。从季度现价 GDP 同比增速来看，除 2015 年一季度现价 GDP 增长率高于 2014 年外，二季度和三季度 GDP 增速分别低于 2014 年二、三季度 0.77 个和 1.68 个百分点。从 2009 年的实际价格来看，2015 年一、二季度 GDP 同比增长率均高于 2014 年同期增速水平，三季度低于 2014 年三季度水平（见图 8）。从季度现价 GDP 环比增速来看，除一季度增速超过 2014 年外，2015 年二季度、三季度 GDP 增速均低于 2014 年同期水平（见图 9）。从 2009 年的实际价格来看，除一季度外，2015 年二季度、三季度的环比增长率分别比 2014 年同期低 0.15 个和 0.56 个百分点。

(二) 2015 年美国工业呈现前扩后缩态势

金融危机以来，美国调整了国家战略，通过推动以高新技术产业为核心的再工业化战略推动本土制造业的发展，取得了较好的效果。尽管美国已经进入后工业化社会，但由于服务业部门的增长较为稳定，而生产活动对利率的变化与需求的变化高度敏感，所以工业产出更能够反映美国 GDP 的增长复

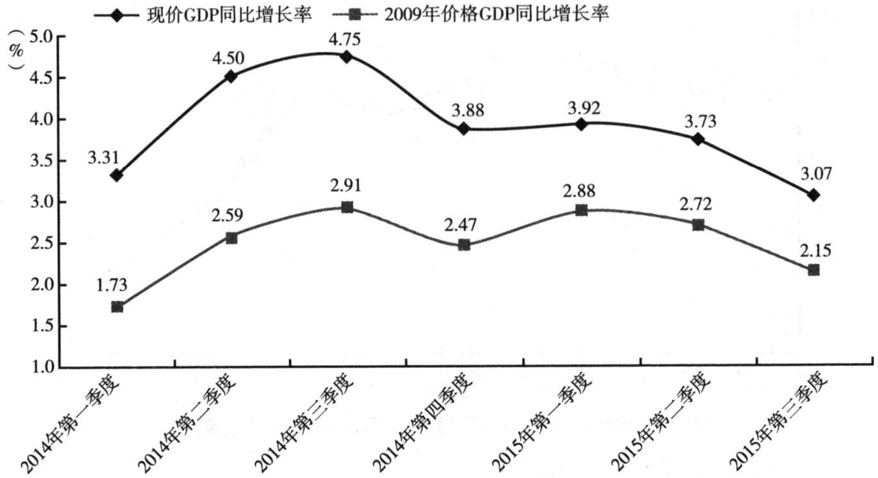

图8　2014～2015 年美国经济按季度同比增长率

资料来源：美国 BEA。

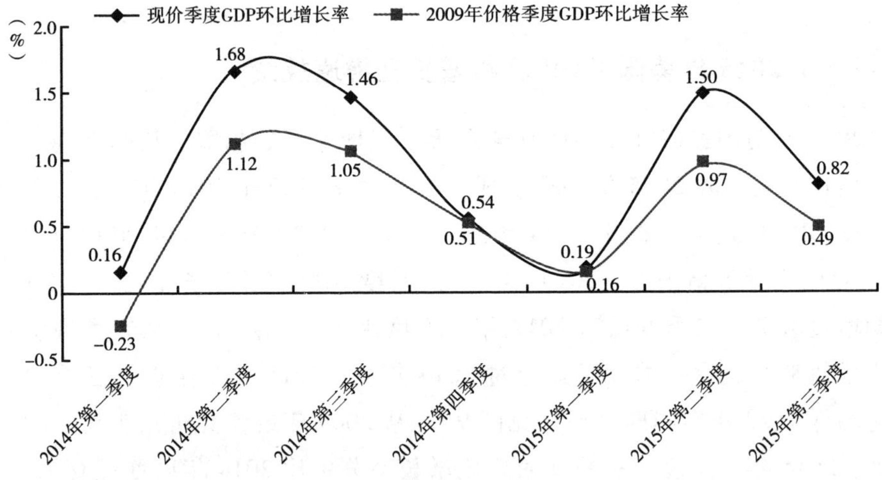

图9　2014～2015 年美国经济按季度环比增长率

资料来源：美国 BEA。

苏情况。从 2015 年 1～11 月美国工业产出指数来看，2015 年前三季度，美国工业产出指数均保持较高的水平。但从 8 月份，美国的工业产出指数开始下滑（见图 11）。产能利用率是衡量美国经济松弛程度的重要指标，从美国 2015 年 1～11 月份的产能利用率来看，2015 年美国的产能利用率整体呈下

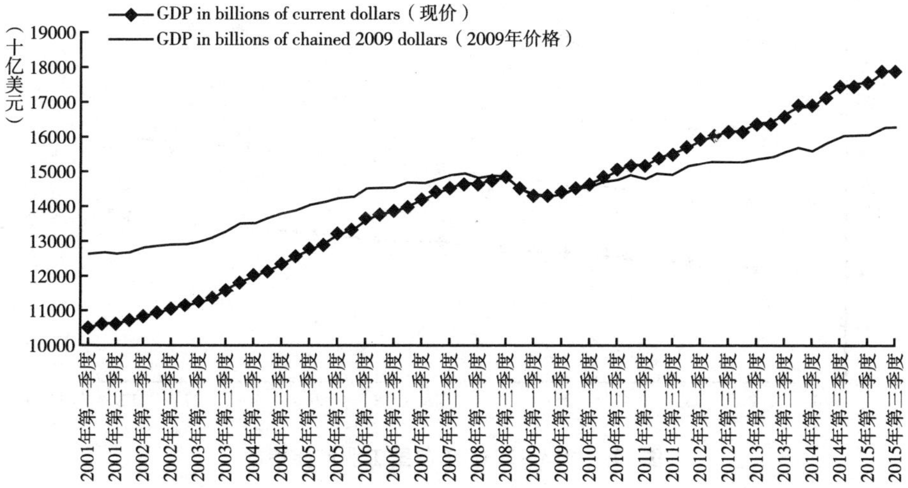

图 10　2001～2015 年按季度核算的美国 GDP 价值

资料来源：美国 BEA。

降态势，表明美国国内需求在经历2014 年的扩张之后又开始进入一种疲软状态（见图 12 和 13）。

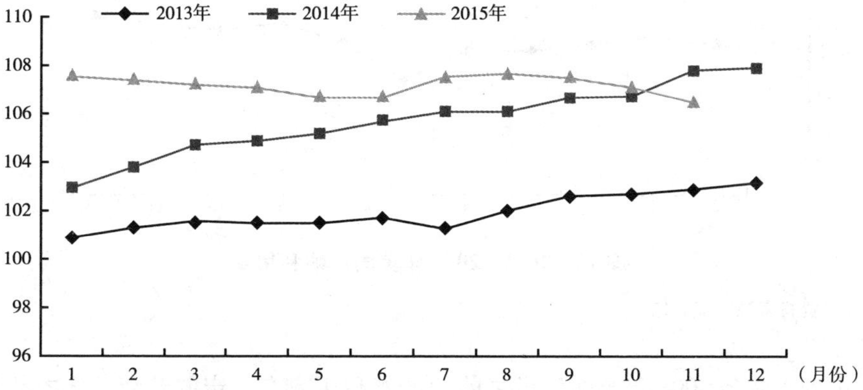

图 11　2013～2015 年美国工业产出指数

注：2012 年 =100。
资料来源：美联储。

从长期来看（见图 14 和 15），美国的工业产出指数与产能指数在 2015 年的前 11 个月保持了持续的恢复状态，处于一个温和的恢复阶段，产能与产出已经接近 2008 年金融危机前的水平。但从产能利用率来看，产能利用率一直在 80%

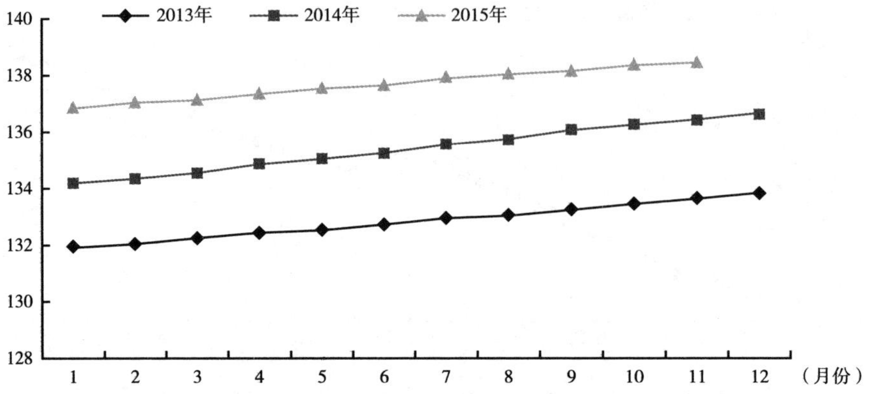

图 12　2013~2015 年美国工业产能指数

注：2012 年 =100。
资料来源：美联储。

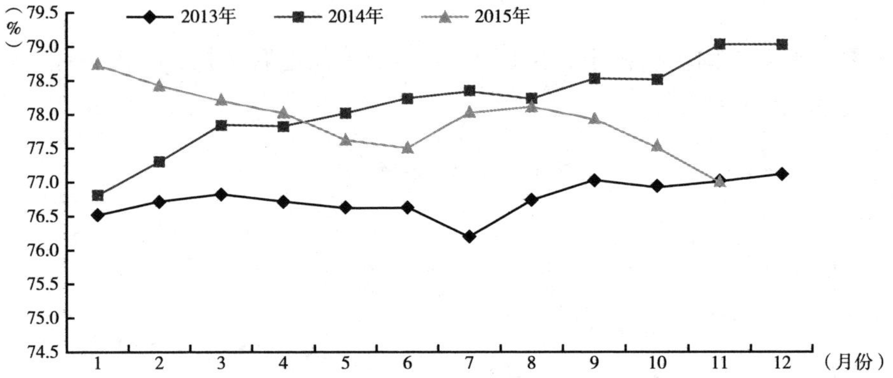

图 13　2013~2015 年美国产能利用率

资料来源：美联储。

左右徘徊，尚与2008 年金融危机之前的产能利用率有一定的差距。从内部结构来看，美国高新技术产业的产出指数水平普遍高于一般产业，尤其是计算机和半导体产业，而通信产业的产出指数水平则较低。从产能利用水平来看，美国高技术产业的产能利用水平低于一般产业的产能利用水平，在提升美国整体产能利用水平上贡献不大。此外，初级或半成品加工产业、原油加工产业的产能利用水平较高，而最终加工产业的产能利用水平较低。

芝加哥采购经理指数被誉为美国经济的晴雨表，50% 以上区间表明制造业经

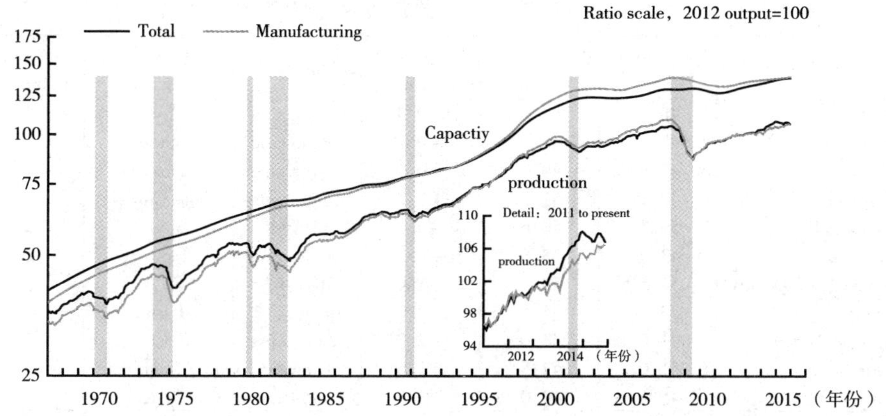

图 14　长周期视角下美国的工业产出指数与产能指数

资料来源：美联储。

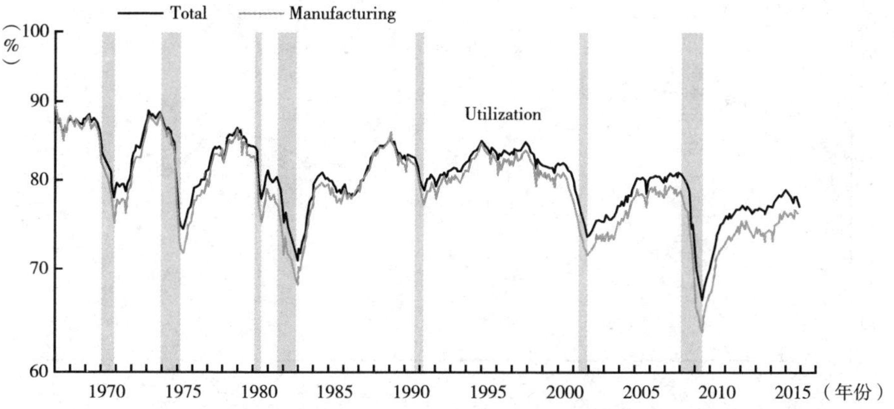

图 15　长周期视角下美国的工业产能利用率

资料来源：美联储。

济总体扩张，低于 50% 的区间表示收缩。2016 年 1 月 4 日，美国供应管理制造业商业调查委员会发布的美国制造业 PMI 显示（见表 4 和图 16），美国 2015 年 12 月 PMI 为 48.2%，比 11 月的 48.6% 下降了 0.4 个百分点；新订单指数为 49.2%，比 11 月的 48.9% 同比增长 0.3 个百分点；生产指数为 49.8%，比 11 月的 49.2% 高出 0.6 个百分点；就业指数为 48.1%，比 11 月的 51.3% 低 3.2 个百分点；价格指数为 33.5%，比 11 月下降了 2 个百分点，连续 14 个月下降；新出口订单指数为 51%，比 11 月的 47.5% 上升了 3.5 个百分点；进口指数从 11 月的 49% 下降至 12 月

表 4　2015 年 12 月美国制造业 ISM 指数

Index	Series Index Dec	Series Index Nov	Percentage Point Change	Direction	Rate of Change	Trend *（Months）
PMI	48.2	48.6	−0.4	Contracting	Faster	2
New Orders	49.2	48.9	+0.3	Contracting	Slower	2
Production	49.8	49.2	+0.6	Contracting	Slower	2
Employment	48.1	51.3	−3.2	Contracting	From Growing	1
Supplier Deliveries	50.3	50.6	−0.3	Slowing	Slower	5
Inventories	43.5	43.0	+0.5	Contracting	Slower	6
Customers' Inventories	51.5	50.5	+1.0	Too High	Faster	5
Prices	33.5	35.5	−2.0	Decreasing	Faster	14
Backlog of Orders	41.0	43.0	−2.0	Contracting	Faster	7
Exports	51.0	47.5	+3.5	Growing	From Contracting	1
Imports	45.5	49.0	−3.5	Contracting	Faster	3
OVERALL ECONOMY				Growing	Slower	79
Manufacturing Sector				Contracting	Faster	2

资料来源：www. ism－chicago. org.

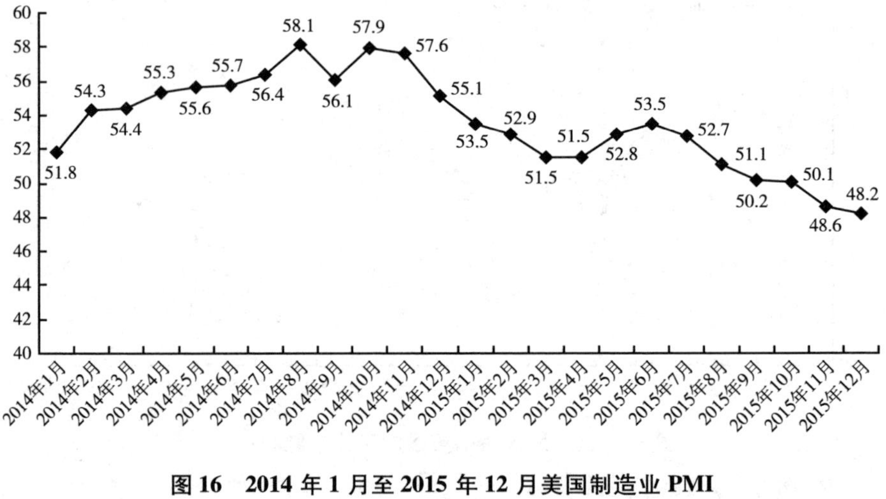

图 16　2014 年 1 月至 2015 年 12 月美国制造业 PMI

资料来源：www. ism－chicago. org。

的 45.5%，下降了 3.5 个百分点。18 个制造行业中的 10 个在 12 月开始收缩，在新订单，生产、就业和原材料库存等方面的收缩促使 12 月份 PMI 继续下降。18 个制造行业中，增长的有印刷及相关支持活动、纺织、纸制品、其他制造业，化工、食品、饮料与烟草产业；收缩的 10 个产业为服装、皮革及其制品，塑料及橡胶制品，机械，初级金属，金属制品，交通运输设备，电气设备，家电及零部件、电脑及电子产品，木制品和非金属矿物制品。

12 月份制造业 PMI（48.2%）是继 11 月以来的第二次萎缩，而且是自 2009 年 6 月（45.8%）以来的次低值。因此，11 月、12 月 PMI 表明了美国制造业开始收缩。美国供应管理制造业商业调查委员会主席霍尔库姆说："根据 PMI 和整体经济的历史关系，2015 年的 1～12 月 PMI 的平均值为 51.4%，对应的美国 GDP 实际增长率为 2.6%。此外，如果 12 月 PMI（48.2%）是全年平均值的话，那么它对应的年 GDP 实际增长率为 1.6%。"

四　美国进出口贸易增长依然疲软

金融危机以来，美国实施了出口倍增计划，自 2009 年第一季度以来，美国货物和服务出口均呈上升态势，2011 年第四季度之后，虽然上升幅度有所缩小，但出口的规模始终在增加，而自 2014 年第四季度之后，从美国货物与服务贸易进出口数据来看，美国 2015 年一季度至三季度的进出口数据略呈下降态势（见图 17）。从逆差额来看，2012 年的第一季度到 2013 年的第三季度，美国进出口逆差呈下降态势，而自 2014 年第一季度开始，直到 2015 年第三季度，美国进出口贸易额逆差又呈现轻微扩大趋势。2015 年的前三季度，美国的贸易差额分别为 1342.89 亿、1330.73 亿、1337.01 亿美元，基本持平，略显疲软（见图 18）。

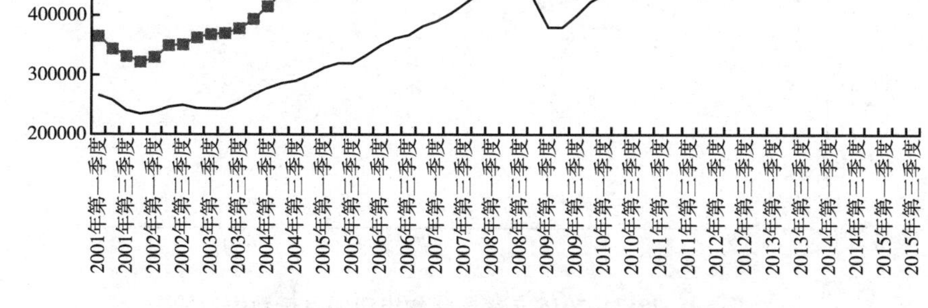

图 17　2001～2015 年按季度调整后的美国进出口贸易情况

资料来源：美国 BEA。

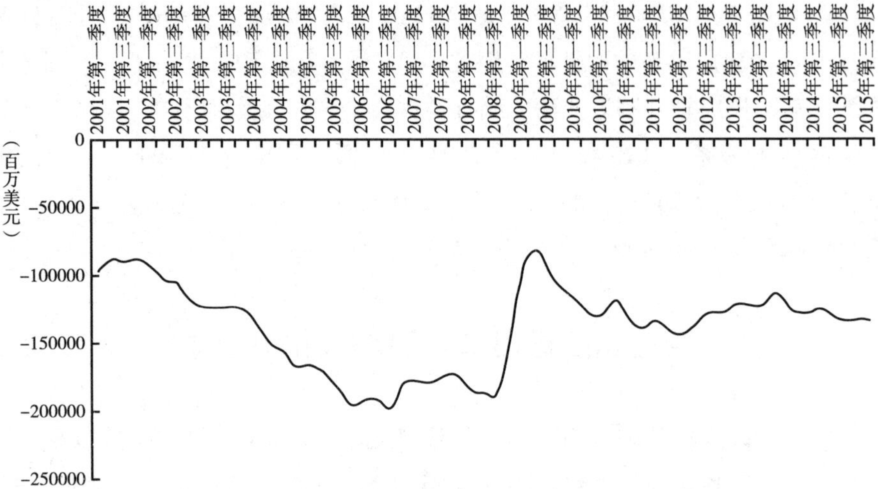

图 18　美国按季度划分的货物与服务贸易进出口差额

资料来源：美国 BEA。

2015 年 1～10 月美国货物出口数据不仅全面低于 2014 年的月度水平，而且低于 2013 年的月度出口水平（见图 19）。这进一步说明，美国 2015 年出口形势并不乐观。从服务贸易出口来看，美国 2015 年 1～10 月份的服务出口数据呈平稳上升态势，高于 2014 年、2013 年的月度水平（见图 20）。由此可以看出，美国 2015 年出口业绩增长，主要依赖的是服务业。

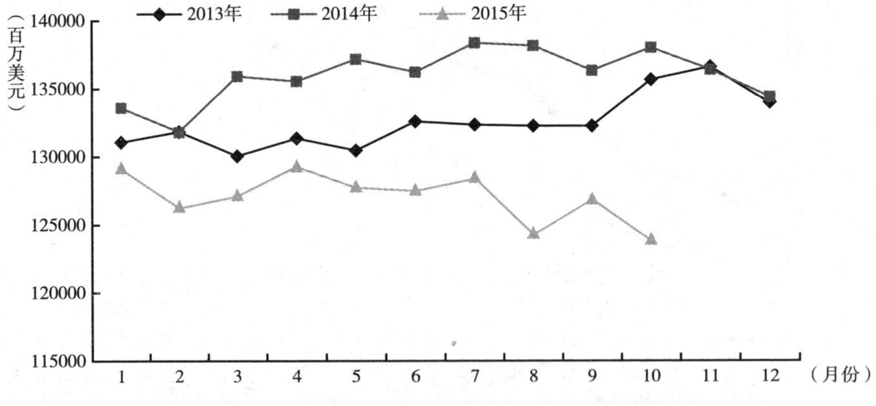

图 19　2013～2015 年美国货物出口的月度数据比较

资料来源：美国 BEA。

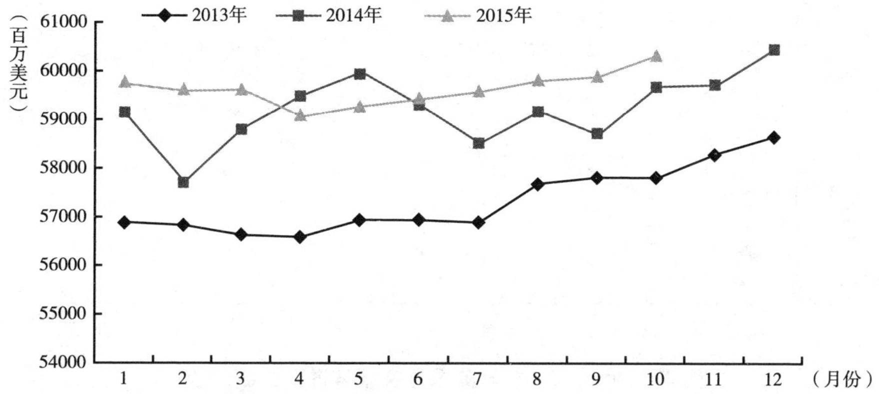

图 20　2013～2015 年美国服务出口的月度数据比较

资料来源：美国经济分析局。

从美国的进口数据来看，自 2015 年 3 月以来，美国货物进口整体呈下降态势，基本低于 2014 年的月度进口水平（见图 21）。从服务业的进口来看，基本面呈扩大态势，基本高于 2014 年、2013 年的月度服务进口水平（见图 22）。

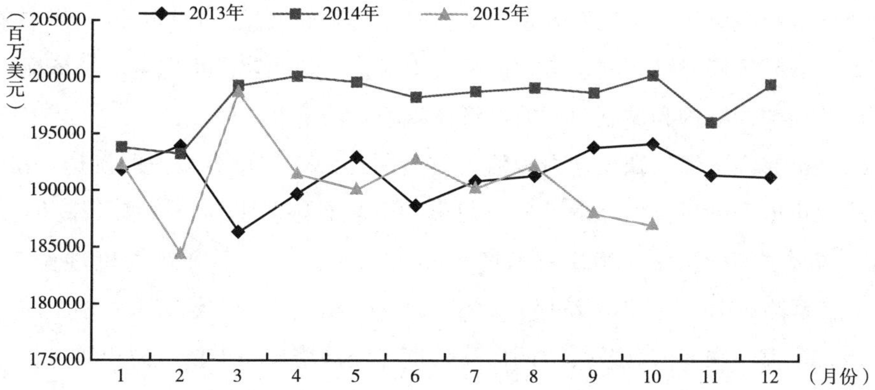

图 21　2013～2015 年美国月度货物进口数据比较

资料来源：美国经济分析局。

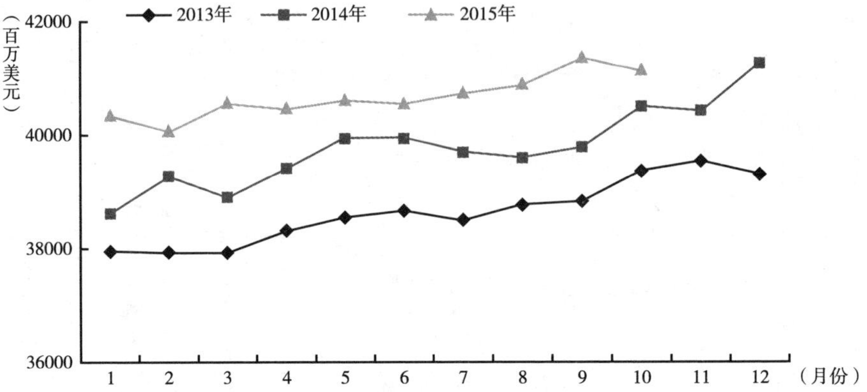

图 22　2013～2015 年美国月度服务进口数据比较

资料来源：美国经济分析局。

五　美国经济对全球经济的影响

（一）从短中期看，美国经济对全球经济的影响

一是全球经济面临新一轮调整。当美国经济通过多轮量化宽松货币政策、再工业化和全球经贸规则变局率先走向复苏时，美联储加息、美元升值、资本净流入、大宗商品价格持续下跌、美元债务负担加重等新变化，正把全球经济拖入新一轮调整周期，结构和体制薄弱的经济体将陷入经济新困境。

二是世界经济增长缺少动力和活力。美国经济作为世界最大的发达经济体，自金融危机以来，对世界经济增长所做出的贡献有限。世界经济增长率 20 世纪 90 年代年均约为 3.5%，2002～2008 年年均 4.5%～5%。金融危机过去 7 年，IMF 最新预测 2015 年世界经济增长率仅 3.1%。由于缺少有效需求引领，缺少生产率增长支撑，缺少宏观政策协调保障，世界经济增长缺少新动力和活力。

三是南北经济的分化日益严重。一方面，美国推动 TPP、TTIP、TISA，用高标准壁垒边缘化新兴经济体。同时，美国量化宽松货币政策退出和加息，加剧新兴经济体债务负担和结构风险。另一方面，新兴经济体是世界最有活力的经济体，如非洲、东亚、南亚等地区经济增速明显加快。中国对世界经济增长的贡献率 2015 年预计仍将保持在 30% 左右。

四是世界三大生产网络正在经历大调整。2015 年，美国加息和美元升值引致国际资本大量流入美国，但全球资本流动规模仅 1.4 万亿美元，低于 2000 年 1.5 万亿美元和 2007 年 1.9 万亿美元规模。同时，2015 年，东亚有望成为资本净输出地区，2017 年欧洲将成为资本净流入地区，2019 年北美也将成为资本净流入地区。东亚地区从商品行销全球转向资本输出全球，标志着全球生产、贸易和投资格局将发生深刻变化。

五是全球大宗商品价格持续下跌。美国加息和美元升值，直接加剧了全球大宗商品价格的暴跌。另外，全球经济供求基本面疲弱也加剧资源价格下跌，进而对资源生产国经济产生严重影响。

（二）从长期看，美国经济对全球经济的影响

一是经济全球化有可能进入停滞退潮期。经济全球化是开放驱动、市场化驱动、创新驱动交织作用下的世界经济深度融合的进程。从世界经济史上看，经济全球化是一柄“双刃剑”。它既是世界经济增长的黄金时期，又是世界货币危机、银行危机、经济危机高频率发生的动荡时期。比如人类社会第一次经济全球化（1870～1913 年）就是由于第一次世界大战爆发、经济大萧条而告终。本次金融危机爆发以来，世界去产能、去杠杆、去库存过程尚未完成；同时，世界区域化、保护主义、以邻为壑浪潮风起云涌，经济全球化陷入四分五裂和停滞退潮的可能性明显增大。

二是世界潜在产出水平下降趋势难以短期改变。由于国际社会普遍对未来预期不乐观，世界主要国家经济缺少持续增长的消费和投资意愿，要素投入增长缺少充足动力。同时，美、欧等国产业长期空心化和虚拟化，导致创新和生产率增长激励不足。而世界资产负债结构失衡的深层次矛盾短期难以修复，从而导致世界经济增长缺少足够动力和活力，潜在产出水平将陷入长期增长停滞的困境。

三是全球治理改革举步维艰。多年的全球化趋势事实上造就了一个“地球村”，却没有建立起全球有效治理结构。基于多边规则体系的 WTO 由于新一轮“发展回合”（“多哈回合”）受阻而全面陷入停顿，美国推动的“跨两大洋”的高标准自由贸易区正将广大新兴经济体排斥在外，G7 和 G20 都难以承担全球治理重任。世界经济缺少有效治理将难以摆脱增长停滞困境。

四是全球系统性和区域性经济风险明显上升。当前，美国经济走向复苏与欧、日摆脱衰退和停滞的态势出现明显分化；资源生产国和消费国的增长态势

出现明显分化；金砖国家和新兴经济体内部也出现明显分化。在这种情况下，美国加息、美元升值的政策调整势必影响美国出口和再工业化进程；中国去产能、去库存、去杠杆的结构调整将增大经济减速风险；世界其他地方的增长难以减轻中美经济增长放缓所带来的调整压力，世界经济陷入停滞的风险将会增大。全球宏观经济政策协调缺位，将很难形成一个有效合作机制，以同舟共济、共渡难关。

六　改善中美经贸关系的前景

（一）中美共同完善宏观经济政策协调机制

一是构建国内宏观政策协调机制。课题组曾于2015年10月底组织了赴美调研。美国朋友问得最多的是中国政府如何从全球视野而不是中国视野，管理好全球投资者对中国经济形势的预期，掌控好金融市场和房地产市场风险，形成国际社会对中国经济未来前景的共识。比如中国政府是否能够按照国际通行规则和市场机制管理好经济下行、股市汇市波动、地方债、影子银行、反垄断、规范市场秩序等。这反映了一个事实，中国经济稳定增长的边界，是要确保金融市场和房地产市场不发生系统性风险。但美国企业反映最多的问题，如在华投资信心受政策方向的不确定性影响，有70%受访美国企业认为，中国政策和监管环境是影响未来5年前景的最重要因素。

二是完善中美宏观政策协调机制。无论中国还是美国，宏观政策都有明显的外部性效应。比如美国量化宽松货币政策的退出、中国人民币汇率形成机制的改革，都会对中美宏观经济形势和世界经济产生影响或冲击。为此，中美之间宏观政策协调就变得非常重要。比如从中美宏观决策机制的特点出发，有针对性地做好联邦政府、地方政府、工商界、学界以及社会组织的沟通交流和协调工作。中美作为利益重大攸关方，应主动邀请和安排参加对方国会（人大政协）、新闻部门、政府部门组织的各种听证会、报告会、发布会，利用各种公开半公开和内部机制，进行沟通、发声和辩护。

三是构建全球宏观经济政策协调机制。在经济全球化时代，我们都生活在宏观政策效应相互依存的地球村。如果不能建立全球宏观经济政策协调机制，世界各经济体各自为政甚至以邻为壑，这种宏观经济政策效应相互依存关系就常常会被单方面打破，从而引发全球宏观政策信号紊乱。因此，应有效利用联合国、世界银行、国际货币基金组织、世界贸易组织、G20、APEC 等国际组织和国际机制，逐步建立和完善全球宏观经济政策协调机制，包括宏观经济信息发布、数据交流、形势听证、合作研究、趋势分析、政策协调的制度安排。其中，新兴大国的国际政策协调能力建设很重要。

（二）中美合作推进全球贸易投资高标准开放

一是加快推进中美 BIT 谈判。二是中美成立省州间的投资促进委员会。三是成立中美高科技产品贸易工作小组。四是中美共同防范贸易问题扩大化倾向。五是中美携手推进 WTO 多哈回合谈判。六是中美统筹深化服务业全面开放。七是中美协调完善外商投资国家安全审查制度。八是中国企业赴美投资应该提前做好准备。九是应对中美贸易摩擦风险上升的复杂局面。

（三）中美合作开拓第三方市场

当前，中国正在积极推进“一带一路”倡议、亚投行和开放的地区合作，为世界经济增长提供新动力。一是强调“平等发展”，构建以平等为基础的国际经济新秩序。建立和完善有利于发展中国家发展的国际环境、国际规则和国际秩序，将是对国际经贸规则制定的最大贡献。二是强调“和而不同”和“包容”。充分尊重沿线国家和地区不同的社会制度，不同的国情、区情、洲情，不同的宗教和文明传统，不强加我们的价值观念、政治制度和发展模式于他人，共同推进世界发展、合作、和平大势，是我们的力量所在。三是强调“共享发展”的合作机制。欢迎其他国家搭乘中国持续健康快速发展的便车、快车，不排他、不对抗、不冲突，相互尊重，互利共赢，共享发展。

中美作为世界最大的发达国家和发展中国家，应当携手合作共同开拓第三方市场。既为世界经济增长提供新动力，又为中美两国经济拓展新疆域，还能够充分发挥中美经贸关系作为改善中美关系的压舱石作用。中美应共同促进世界和平、合作和发展，为人类社会的文明发展进步做出应有贡献。

附录：美联储与储备银行对美国经济形势预测与货币政策

1. 美联储的综合预测

附表 1　2015 年 12 月美国联邦储备委员会与联邦储备银行行长对美国经济形势的预测

单位：%

Variable	Median[1]					Central tendency[2]					Range[3]				
	2015	2016	2017	2018	Longer run	2015	2016	2017	2018	Longer run	2015	2016	2017	2018	longer run
Change in real GDP	2.1	2.4	2.2	2.0	2.0	2.1	2.3～2.5	2.0～2.3	1.8～2.2	1.8～2.2	2.0～2.2	2.0～2.7	1.8～2.5	1.7～2.4	1.8～2.3
September projection	2.1	2.3	2.2	2.0	2.0	2.0～2.3	2.2～2.6	2.0～2.4	1.8～2.2	1.8～2.2	1.9～2.5	2.1～2.8	1.9～2.6	1.6～2.4	1.8～2.7
Unemployment rate	5.0	4.7	4.7	4.7	4.9	5.0	4.6～4.8	4.6～4.8	4.6～5.0	4.8～5.0	5.0	4.3～4.9	4.5～5.0	4.5～5.3	4.7～5.8
September projection	5.0	4.8	4.8	4.8	4.9	5.0～5.1	4.7～4.9	4.7～4.9	4.7～5.0	4.9～5.2	4.9～5.2	4.5～5.0	4.5～5.0	4.6～5.3	4.7～5.8
PCE inflation	0.4	1.6	1.9	2.0	2.0	0.4	1.2～1.7	1.8～2.0	1.9～2.0	2.0	0.3～0.5	1.2～2.1	1.7～2.0	1.7～2.1	2.0
September projection	0.4	1.7	1.9	2.0	2.0	0.3～0.5	1.5～1.8	1.8～2.0	2.0	2.0	0.3～1.0	1.5～2.4	1.7～2.2	1.8～2.1	2.0
Core PCE inflation[4]	1.3	1.6	1.9	2.0		1.3	1.5～1.7	1.7～2.0	1.9～2.0		1.2～1.4	1.4～2.1	1.6～2.0	1.7～2.1	
September projection	1.4	1.7	1.9	2.0		1.3～1.4	1.5～1.8	1.8～2.0	1.9～2.0		1.2～1.7	1.5～2.4	1.7～2.2	1.8～2.1	
Memo: Projected appropriate policy path															
Federal funds rate	0.4	1.4	2.4	3.3	3.5	0.4	0.9～1.4	1.9～3.0	2.9～3.5	3.3～3.5	0.1～0.4	0.9～2.1	1.9～3.4	2.1～3.9	3.0～4.0
September projection	0.4	1.4	2.6	3.4	3.5	0.1～0.6	1.1～2.1	2.1～3.4	3.0～3.6	3.3～3.8	-0.1～0.9	-0.1～2.9	1.0～3.9	2.9～3.9	3.0～4.0

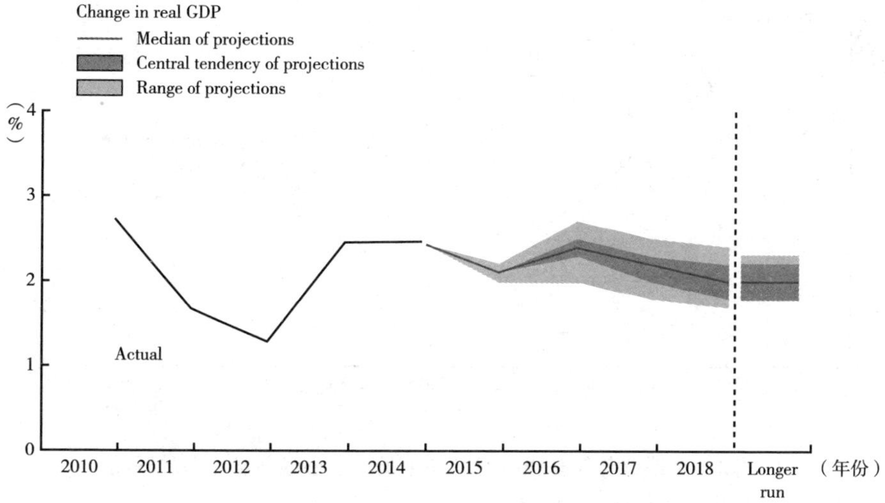

附图 1　美联储与储备银行对美国经济中长期发展的预测

2. 美联储对失业率预测

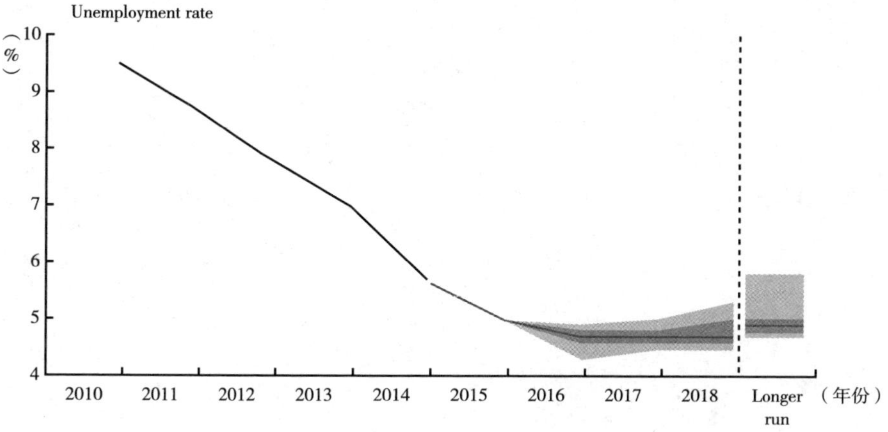

附图 2　美联储与储备银行对美国中长期失业率的预测

3. 美联储对通货膨胀率预测

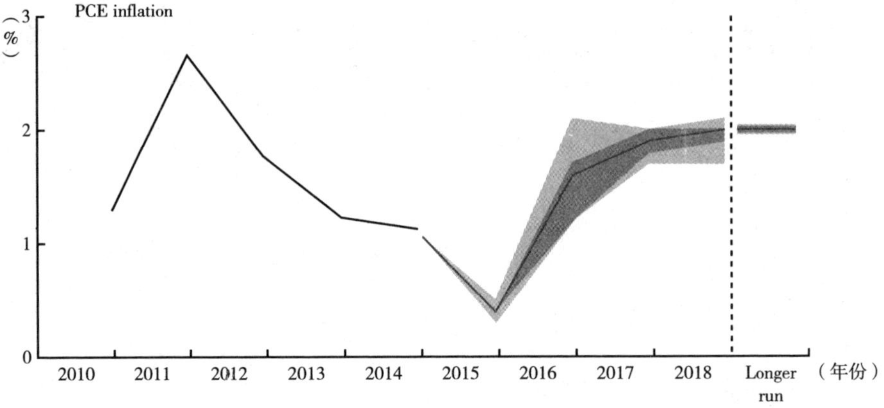

附图3　美联储与储备银行对美国中长期核心通货膨胀率的预测

（撰稿人：张燕生，国家发展和改革委员会学术委员会秘书长、中国国际经济交流中心首席研究员；申现杰，中国人民大学经济改革与发展研究院博士生）

欧元区经济形势分析与展望

2015年欧元区各国的财政金融环境持续改善，制造业需求继续回暖，德国经济增长稳中有升，法国和西班牙经济也开始复苏，带动了整个欧元区经济保持温和复苏的增长势头。但是欧元区内部工业竞争力存在差异和乌克兰事件等带来的地缘政治风险，成为经济增长的重要制约因素。展望2016年，欧元区经济会继续维持低速复苏的态势，以往欧元区债务危机和高失业率带来的经济制约因素的影响会进一步减弱。

一 2015年欧元区经济继续维持低速增长态势

2015年欧元区经济增长动能逐渐恢复。由于欧元区大部分成员方的经济改革政策取得较好的成效，大宗商品的价格降低，欧洲央行量化宽松货币政策执行进展顺利，欧元区经济回暖趋势较为明显，各项经济指标大部分好于预测，经济增长处于缓慢的上行通道。根据中期通胀发展趋势，欧洲央行对量化宽松货币政策进行持续调整，计划在2015年3月至2016年9月通过购买政府债券和其他资产等形式共注资超过1万亿欧元。尽管欧元区服务业增长有所放缓，但制造业需求继续回暖，加上量化宽松购债计划和货币政策促使欧元贬值带动出口，欧元区经济增长动能逐渐恢复。

欧元区经济难以实现强劲增长。主要原因在于：第一，在形成新的经济增长点以前，欧元区整体竞争力的提高需要较长的时日。第二，相对于美国5.3%左右和日本约3.4%的失业率，欧元区失业率维持在11%左右，仍居高位，结构性矛盾导致的高失业率在短期内难以降低，加重了财政包袱，同时抑制了消费。第三，目前欧元区存在不确定性金融风险，主要体现在希腊债务问题的处理上，债务危机制约了财政政策的功能发挥，银行资金利用率不高，投资意愿较低。第四，地缘政治与币缘政治交织造成的影响干扰，乌克兰危机面临与美国、俄罗斯的相互博弈；中东和北非政局不稳引发涌向欧洲的难民潮；欧元区内不同主权国家间的协同问题影响了财政政策的有效施行和效应发挥。

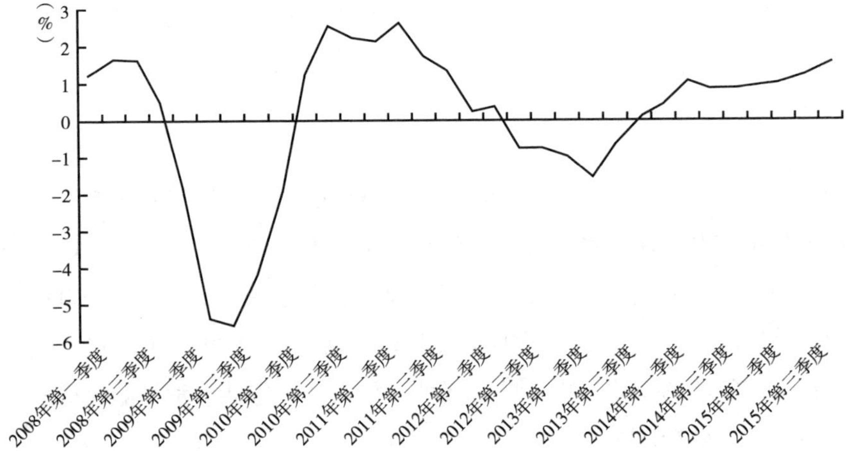

图1　欧元区2008～2015年GDP季度增长率

2015年欧元区继续维持2014年以来的低速经济复苏势态，各项经济指标趋于向好。一季度，欧元区GDP初值环比增长0.4%，同比增长1%；2015年1月份失业率降至11.2%，达到2012年4月以来的最低值，至2015年8月欧元区失业率保持在11%左右。比例仍然稍高，但失业率较为稳定，有助于促进经济增长和推升通胀。欧元区最大的经济体德国，2015年一季度经济增长仅为0.3%，低于上年第四季度0.7%的增长率。法国超过德国和英国，一季度经济增长达到0.6%，为两年来最快增速。意大利一季度经济增长0.3%，也好于预期。二季度，欧元区19国GDP比上年同期增长1.2%，较一季度环比增长0.3%。尽管欧洲央行开始大幅度购买债券刺激经济，但失业率维持在11%～12%较高区间，欧元区经济仍处于缓慢复苏中。二季度，德国同比增长1.6%，环比增长0.4%；法国同比增长1%，环比增长0；意大利同比增长0.5%，环比增长0.2%。三季度，欧元区经济温和增长，同比增长1.6%，环比增长0.3%，预计第四季度会达到同一水平。法国9月服务业活动增速快于预期，德国民间部门9月企业活动扩张，数据显示虽然德国扩张步伐较上月放缓，但第三季度经济仍处于稳健增长的轨道。

价格水平持续走低是2015年欧元区经济的重要特征。这是由于全世界范围内大部分种类的大宗商品，特别是能源价格在2015年持续走低或维持在低位，拉低欧元区一季度的CPI使其成为负值，特别是原油价格在2014年夏季开始，下降大约一半，直接刺激交通运输和石化工业的发展，欧元区工业在德国的带动下总体稳定增长。对全球经济增长放慢及新兴市场增长放慢的预期，加上当前供应充足，2016年伊朗原油出口增加等前景因素叠加，2015年第三季度世行能源价格指数比二季度暴跌17%。除能源外的其他大宗商品，世界银行报告估计三季度价格下跌5%，预计2015年能源总体价格比2014年平均降低43%，非能源价格下跌14%。

低通胀率是目前欧洲经济形势的显著特点。2014年底和2015年春季，欧元区进入通缩状态，开始主要是由于能源价格下降带动其他大宗商品价格的全面下降，欧美对俄罗斯的经济制裁引起俄罗斯反制裁，导致欧洲食品出口大幅下降，相应地农产品价格趋于下降。加上总需求低迷、劳动力市场的整体低迷，造成欧洲物价水平下降。低通胀率将提升私人部门和公共债务的实际价值，提高实际利率，不利于经济的复苏。为了应对低通胀率和低增长率的局面，欧洲央行在2014年采取了降息等宽松货币政策工具进行调节，2015年3月又推出量化宽松债务计划，每月购买600亿欧元资产，持续到2016年9月。

从目前经济形势来看，政策刺激效果比较明显，促成欧元区通货膨胀在第二三季度上升到0.2的低位，但是持续效果不是很明显，在第四季度受到全球经济和大宗商品市场价格持续下行的影响，通货膨胀又有下行的趋势。为了在需要时提供更多的经济刺激，欧洲中央银行可能会出台更多的QE和宽松政策，密切关注通胀风险，根据情势变化适时调整资产购置计划，并动用其权限内所有可用工具配合施行。欧洲央行统计通货膨胀和物价稳定性主要监测指标是调和消费者物价指数（Harmonized Index of Consumer Prices，HICP），反映总体消费物价波动的指数，是采用欧元的所有成员方价格指数的加权平均。HICP是欧洲央行调整货币政策的主要依据指标，并且用来评估欧元区国家执行的经济政策的成效。

失业率维持在高位是欧元区南部国家长期结构性失衡的明显反映。图4反映2014年1月至2015年10月欧元区失业率变化趋势，显示欧元区失业率总体保持稳定，但是有缓慢降低的趋势，在短期内会围绕11%进行波动。在欧盟成员方

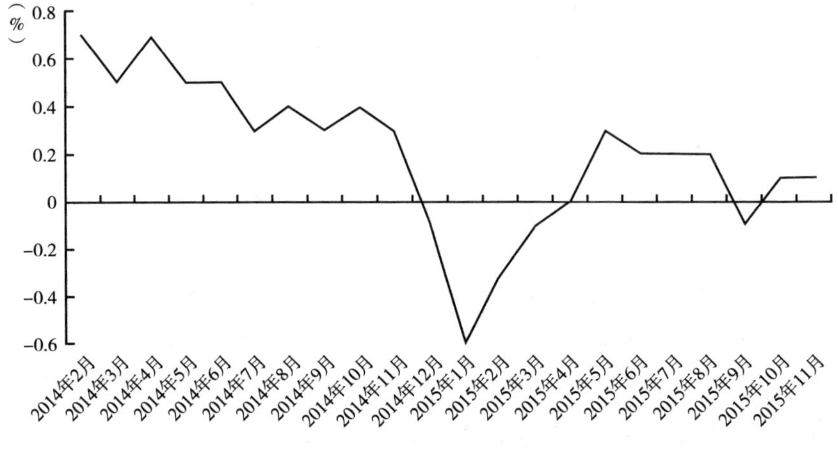

图 2　欧元区通货膨胀率

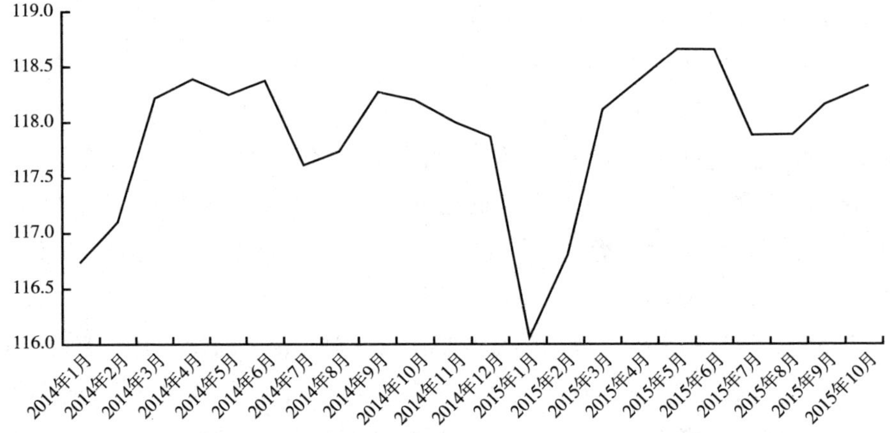

图 3　欧元区调和消费者物价指数 HICP（相对于 2005 年）

中，2015 年 8 月份希腊的失业率最高，为 25.2%；其次是西班牙，失业率为 22.2%。失业率最低的是 2015 年 8 月份的德国，为 4.5%。失业率指数紧密联系消费信心指数，欧洲各国总体失业率过高，且失业率水平不均的状况，将对经济产生不利影响，但这一问题很难在短期内得到有效解决。要从根本上解决这一问题，在很大程度上依赖各国央行的财政政策，还要依据本国实际国情制定相应政策和措施，欧元区内各国央行虽然共享一套货币和货币政策，各自经济目标却不同，并且无权制定其他各项经济政策以及具体劳工政策，所以结构性矛盾难以短期内解决。

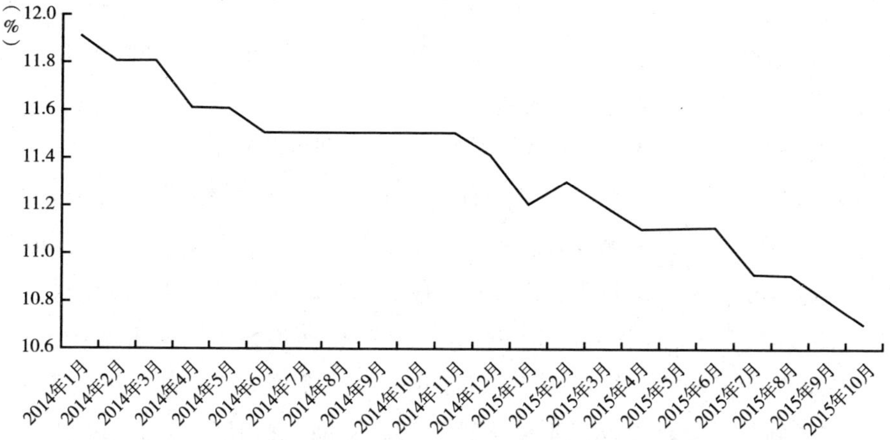

图 4　欧元区失业率

欧元区各国经济发展不平衡。从 2010 年开始，德国经济增长对欧元区贡献最大，法国增长相对缓慢，法德经济之和是欧元区经济总量的一半，工业科技先进，经济竞争力也比较高，是经济发展的主要依靠。意大利经济增长迟缓，近年来西班牙经济复苏最快，西班牙、希腊等国债务负担较重，需要在刺激经济增长和巩固财政两方面双管齐下，缺一不可。根据世界银行数据，2014 年欧元区主要国家经济比重分别为：德国 28. 72%，法国 21. 19%，意大利 15. 99%，西班牙 10. 47%；2015 年欧元区主要国家 GDP 增长分别为：德国 1. 5%，法国 1. 3%，意大利 0. 7%，西班牙 3. 2%。

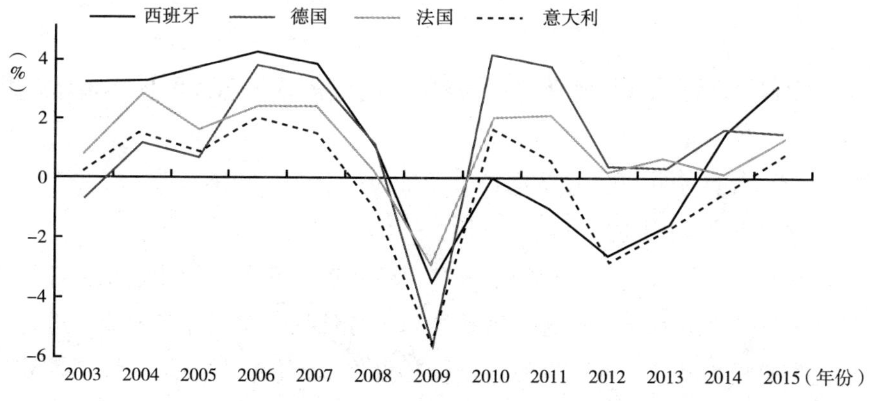

图 5　德法意西四国 GDP 年度增长率

根据统计，2015 年度西班牙国内生产总值增幅上升为 3.2%，可能成为当年欧元区经济增长最快的国家。第三季度西班牙的失业率在上一季度 22.37% 的基础上下降为 21.18%，是四年来的新低，2016 年西班牙经济增幅预计为 2.7%。同期比较，德国约为 1.9%，法国为 1.7%，意大利提升至 1.3%。

2015 年欧元区总体经济发展环境有所改善。欧元区经济发展速度比 2014 年有了进一步的提高，为了提高通胀率，达到略低于 2% 的目标，欧洲央行正在实施量化宽松计划，通过购买政府债券和其他资产等形式注资超过 1 万亿欧元，计划从 2015 年 3 月起，欧洲央行将每月在二级市场购买 600 亿欧元债券（其中，包括 473.6 亿欧元的公共债务），到 2016 年 9 月完成，总额度为 1.14 万亿欧元。这些经济措施一方面将使欧元汇率下跌，从而有助于提升相关国家的出口竞争力；另一方面引导商业银行恢复信贷，促进投资增长。到第二季度有迹象表明，信贷已开始有所恢复，其他一些综合因素也在一定程度上恢复了企业的信心。

欧洲央行需要制定全面经济发展战略。欧元区要防止经济停滞和扭转低通胀局面，首先，有效利用财政政策空间，增加政府投资以促进经济增长，尤其是增加对第三产业的投资。只有量化宽松货币政策是不够的，想在较短周期内收回投资，要尽可能伸展工作岗位的弹性，吸纳就业，形成投资、就业、回收投资、再投资的良性循环。其次，放松管制，实施结构性改革。通过改革不断消除投资壁垒，才能释放劳动力和产品市场的活力，逐步走向更加一体化的共同市场。再次，加强对银行业的监管。各成员方要加强管理，提供更有效的激励，加快处理居高不下的不良贷款。总体政策应致力于维持经济复苏，同时确保金融市场的稳定。

二　2016 年欧元区经济在 2015 年低速增长态势下持续改善

2015 年欧元区全年同比经济增长大约 1.5%，预计 2016 年增长 2.0%。拉动 2016 年经济增长的动力主要有以下方面。

一是欧洲中央银行实行合理的金融和财政政策。欧洲央行和欧元区各国政府根据经济运行的实时状况，通过货币政策和债务计划来刺激经济发展，进行有成效的量化宽松货币政策，在能源和生产资料价格维持低位的市场环境下，欧元区各国的各类经济指标数据大部分在改善。借助量化宽松货币政策，欧元区各国可以压低长期利率，从而鼓励企业借贷扩大生产，促进就业和消费。购买国债也是其政策工具中的一种，国债利率下降，市场中的债券市场收益率跟着降低，会压低经济实体的借贷成本。此外，这一行为还可以发挥示范效应，带动投资者购买企业债券和股票，缓解企业的资金压力，提振企业经营，从而刺激投资和消费，促进经济复苏。

2015 年欧元区第三、四季度经济增长 0.4%，这显示量化宽松（QE）政策开始收到一些效果，虽然并不很明显，但由于第三季度通胀率一度为负值，因此实际经济增长比 GDP 增长数据预期要好一点。从总体数据看，欧洲经济在 2015 年处于缓慢的经济复苏过程，主要是因为大宗商品特别是能源价格的下降，会极大地降低工业成本和刺激消费。有迹象显示，企业正在更加积极地提高生产力和竞争力。

二是逐步解决失业率结构性矛盾。欧元区各国有可能从战略高度布局产业结构，重视科技生产，大力发展第三产业，逐步降低长期居高不下的失业率。欧元区国家的产出结构与就业结构大体相似，第一产业就业占整个就业的 1% ~5%，第二产业就业占 20% ~30%，第三产业就业比重最高，占 60% ~75%。第三产业主要包括流通和服务部门，大部分发达国家第三产业占 GDP 产出和就业比重在 60% ~75%，第三产业基础良好，通过央行扶持和政府部门引导，在就业及创造新的附加值方面还有很大的发展空间，使经济进入一个良性循环的轨道。

三是工业技术水平进一步提高。生产力是衡量经济发展的一个重要指标，德国政府在“工业 4.0”技术发展方面起到领导示范作用，“工业 4.0”在德国被认为是第四次工业革命，是德国政府 2011 年 11 月公布的《高技术战略 2020》中的一项战略国策，旨在支持工业领域新一代革命性技术的研发与创新，保持德国的国际竞争力。德国总理默克尔不遗余力地推动“工业 4.0”战略实施，“工业 4.0”体现出德国面对美国的危机感和极高的竞争意识。随着互联网信息技术的飞速发展，芯片制造、操作系统、软件以及云计算等信息化核心技术和专利都由美国企业掌控，并向各个行业领域渗透，包括制造业和服务业。“信息”领域的美国互联网企业，正加速进入制造业领域，这一趋势对原有制造业格局的结构性影响只是时间问题，所以欧洲制造业巨头德国产生了前所未有的危机感。德国希望能够阻止信息技术在不断融入制造业之后占据支配地位，“工业 4.0”就是这种竞争意识在国家战略层面的汇聚和体现，设想用“信息物理系统”升级“智能工厂”中的“生产设备”，不只针对信息化工业发达的美国，同时还为了应对一些新兴国家高速增长的机械产业，避免“德国制造”的前景危机。

四是采购经理人指数持续走高。欧元区企业活动增长高于预期，欧元区综合采购经理人指数（PMI）初值从 2013 年 7 月以来就一直处在 50 荣枯分水岭上，2015 年一直保持在 52 以上，9 月 53.6 升至 10 月 54.0（见图 6），是经济表现趋好的一个迹象。如果生产资料和消费价格综合指数维持不变，2016 年欧元区将会维持发展势头，经济增长同比估计可达 2%。尽管在第三季度的短期内会受到大众汽车丑闻以及新兴经济国家经济增速放缓的影响，但德国企业部门活动在 2015 年 10 月仍连续第 30 个月取得增长，显示德国经济第四季度开局还比较明朗。欧洲央行的万亿欧元量化宽松计划实施已逾半年，提升了欧元区通胀，提振了该区域经济增长，还释放了政策效应的空间。针对世界范围的大宗商品价格继续走低，如果预测到通胀和经济增长的下行风险，欧洲央行可能会采取进一步的行动应对物价疲弱的威胁。

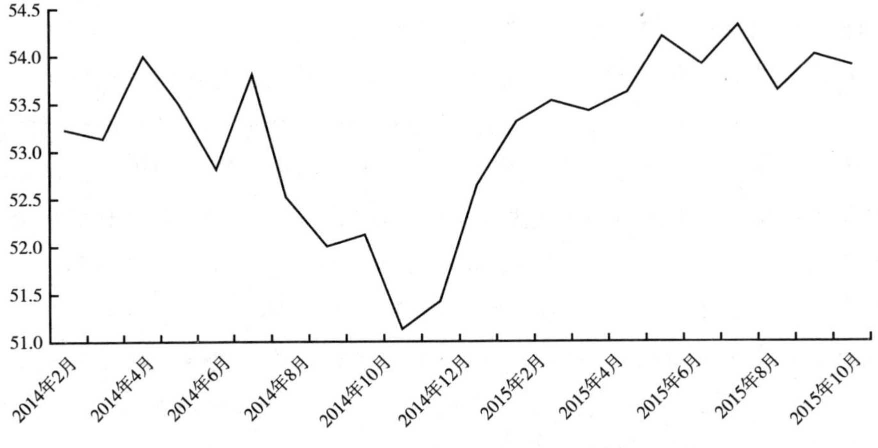

图 6　欧元区综合采购经理人指数（PMI）

三　2016 年欧元区经济难以实现强劲增长

展望 2016 年，债务危机趋于缓和，量化宽松财政政策的效果和购买债务计划的效果开始显现，但是失业率很难继续降低，除了德国和西班牙以外其他国家的经济发展迟缓，政治不稳定，在这些因素综合影响下，欧元区经济很难实现强劲增长，以下几个方面的原因加大了这种不确定性。

第一，受全球经济增长减速的国际大环境的制约。据统计，1990 年以来，全球贸易额年均增速为5.1%，但2012~2014年，全球贸易增速连续3年低于3%，年均增速仅为2.4%。WTO发布的最新报告预测，2015年全球贸易额将仅增长3.3%，在贸易、投资等方面很难大幅增长。国家经济政策和金融行业利润之间的矛盾，全球贸易增速下滑和发展中国家外贸走势等问题，正在引起全球经济增长放缓。全球贸易增速放缓，增长乏力，主要有以下几方面原因：一是2008年全球金融危机爆发的后续影响。世界经济持续低迷，发达经济体复苏不均衡，总体需求下降。美国2012年和2013年的国内生产总值（GDP）增速分别为2.8%和1.9%，同期欧元区增速却为负数，分别为-0.7%和-0.4%。在此情况下，欧美等国际贸易传统消费市场需求下降，进出口萎缩。二是全球产业出现结构性调整，本来能促进经济增长的贸易结构性因素正在减弱。全球近几年出现的产业结构性调整主要来自两个方面：发达国家，重新意识到发展实体经济的重要性，纷纷采取制造业回流计划，欧美等国自2009年开始，先后提出重振制造业计划，并相继出台了一系列引导本土跨国公司回流以及吸引外资进入欧美先进制造业的配套措施；发展中国家，经济发展到一定阶段，伴随成本上升和自给自足程度的提高，不少经济体特别是新兴市场，正努力进行结构改革和产业升级，全球价值链因此面临调整和改变，中间产品贸易下降。

第二，量化宽松政策的有效持续性不够明晰。欧洲央行主导的总额高达1.1万亿的欧元量化宽松政策，2015年3月正式落地实施，预计会持续至2016年9月。其间，欧洲央行每月将从市场上购买600亿欧元的政府和个人债券，目的是刺激民众消费和拉动经济增长。实际上，欧洲央行的货币政策持续受美联储货币政策的影响。自2008年全球金融危机后，欧洲央行为了复苏受到金融危机和主权债务危机双重打击的经济，先后实施了以担保债券购买计划（CBPP）、证券市场计划（SMP）、直接货币交易计划（OMT）共同构成的量化宽松政策，2012年宣布启动OMT以取代SMP的决定，就是受美联储在2008~2011年相继推出QE1、QE2两轮量化宽松政策的影响。欧洲央行行长德拉吉也强调，QE政策的主要目的就是改善欧洲企业信贷和投资环境，同时鼓励消费和促进就业，而作为政策附加效应的欧元贬值，短期内能有效降低区域内的商品价格，从而带动出口，刺激经济发展。

但是欧洲央行的量化宽松政策要发挥经济调节作用，实现起来会面临一些阻碍，结果的有效性还不够明晰。首先，这一刺激政策有一定时效性。量化宽松政策实施初期，降低了抵押贷款利率，提升了资产的价格，在一定程度上有助于经济的缓慢复苏。在大宗商品特别是能源和生产资料价格较低时，实行量化宽松和温和赤字的财政政策，会有效刺激经济规模扩张，但是一旦大宗商品价格长期稳定在相对高位时期，继续施行同样的刺激政策往往会造成滞胀的恶性循环，不仅使资金利用率过低，并且造成资源浪费，加重污染，破坏可持续性发展规律。其次，这一政策长期施行结果难以预料。日本的货币政策可作为借鉴，日本已经实行将近20年的量化宽松货币政策，经济稳定增长的局面并未出现，反而滋生出一条全球套利链条，投机者通过借入日元购买其他高利率以及发展潜力较大国家的资产。相比较来说，美国的量化宽松政策比日本灵活，时期较短，能根据经济运行实时数据随时调整，效果较好一些。

第三，新的经济增长点之路难觅。近期除了德国和西班牙经济增长较明显外，其他欧元区国家增速较低，主要原因之一是经济竞争力较弱。德国经济发展依靠“工业4.0”战略，在制造业领域保持领先地位；法国的工业基础相仿于德国，但正面临在“工业4.0”、信息产业等多方面升级较为迟缓的问题。科技创新是企业发展的动力，在信息和电子技术方面，欧元区总体稍逊于美国和日韩等国。据奥地利《新闻报》10月7日报道，安永会计师事务所公布报告，2015年上半年欧美跨国公司的平均利润出现下滑，欧洲300强企业上半年实现利润总额下降11.5%，为2980亿欧元。美国300强企业利润总额下降5.4%，为5510亿美元。如果不将石油和原材料企业计算在内，欧洲企业平均利润增长了1.7%，美国企业利润增幅为6.2%。在此背景下，苹果、戴姆勒成为美国和欧洲企业利润之王，令人瞩目。美国IT业巨头苹果公司税前利润（EBIT）上升37%，达380亿欧元，为欧洲最赚钱五大公司同期利润之和（必和必拓、罗氏公司、大众汽车、皇家壳牌、戴姆勒）。戴姆勒税前利润上升36%，为66亿欧元，是欧洲盈利最多的企业。新的经济增长点难觅，欧元区管理机构和各成员方家应该积极探索，采取一些有效措施来促进企业发展，提升竞争力。

第四，失业率难以明显降低。仅凭财政政策，难以达到有效刺激经济强劲增长的目标，高失业率和最近每年几十万中东和北非的难民涌入，会带来一些就业方面的突出问题，在工业发展形势良好的德国，涌入的难民也会带来不小的压力。失业率高居不下的原因：首先，欧洲国家优越的社会福利制度与经济发展迟缓的现实不匹配，为人称羡的同时也带来了一些负面效应，无助于推动社会前进，激发创新，并且因为棘轮效应，人们往往只愿意接受福利的提升而不愿意接受福利的下降，一旦经济发展不足以支持当前的社会福利制度，就会引发很多问题，支持福利只升不降的政党往往会在竞选中获胜，当经济不振时能够操作的政策空间就受到限制，实施的效果也必定受到影响。其次，第三产业需要政府持续扶持，特别是吸引就业主力的中小企业，然而经济刺激政策主要体现在提振制造业和出口方面，对服务业等第三产业的影响较小，只要金融机构仍然对中小企业惜贷，实体经济疲软和失业率高的局面就难有根本的改观。最后，欧洲央行对于宽松政策的把握及其有效性发挥还有些不确定，所以欧元区各国实施政策收效差异较大。不同国家的产业结构决定了作用力之间的差异。机械制造业大国德国在宽松政策影响下持续利好，而希腊、西班牙等以旅游业见长的国家则从宽松政策中获益较少。

欧元区南部国家结构性矛盾较为严重，社会福利制度的建立必须与经济发展水平相适应，难民危机是欧元区当前面临的重大考验，估计2015年将涌入90多万移民。德国第一电视台民调显示，3/4的德国人预期空前涌入的移民将影响德国社会，如果德国能善用此次欧元区几十年来最大难民潮，或许将为德国的老龄化问题提供一条破解之路。德国7月的失业率为6.3%，且年均失业率常年在6%徘徊，这些数据表明德国已接近充分就业状态。根据德国智库Prognos的数据，到2020年，德国技术工人缺口为180万人，德国正在提前施行新举措，以把潜在劳动力的涌入与单纯的搭便车进入行为进行区分。但接受国的失业率越高，难民潮引起的社会矛盾就越尖锐。

第五，欧元区债务危机难以消除。首先，债务危机是由欧元区的经济体制决定的，货币政策和财政政策不统一，各国没有独立的制定货币政策的权力，但财政政策还都掌握在各个国家手里，也就是说，一个成员方想要刺激经济发展，却无法将货币手段（比如调整利率）和财政政策（比如发行债券）同时配套实施，一旦危机发生，只能由欧元区通过货币手段调节，要施行相关的财政政策，只能对成员方进行说服和提出建议。其次，债务危机根本原因还是经济增长乏力。希腊在一开始加入欧元区之际，其赤字问题就难以解决，目前希腊社会内部潜在的政治不稳定因素及深度分化的现状，有让欧元区分化的危险，希腊的公投不仅会冲击欧盟的政治与货币联合政策，同时预示未来重债之下的希腊很有可能不还债务。如果希腊经济崩盘，除了本国会因此承受造成的苦难、欧洲纳税人蒙受欧元的损失外，还会使得周围债务问题严重的各国更加不稳定。如果希腊退出欧元区，希腊政府就会发行新的货币，必然给欧元带来大幅度的贬值，给欧元区债权人带来巨大的经济损失，他们不仅要负担数百亿欧元的担保金，还要向银行注入更多资金来稳定金融系统。希腊公投虽然没有立刻退出欧元区，但是这些经济问题恶化的主权国家因为经济或政治因素有可能干扰欧元区的正常运转。最后，债务危机问题不解决，很难实现经济可持续强劲增长。西班牙近两年经济增长较快，主要是拖延了债务危机问题的解决时间，依靠较高的赤字预算来实现增长，但其后续发展仍然会面临一些问题。近年来，南欧部分国家经济结构出现失衡，实体经济疲弱，只能靠旅游业等产业和借债支撑，导致欧元区内部经济差距过大，这种内部利益的不平衡性，使欧洲一体化进程将面临更多质疑和阻碍。

第六，地缘政治风险依然影响着欧元区经济发展。欧元区没有自己的军事力量，一旦发生国际政治争端，特别是在欧元圈周边发生动荡，就会对欧洲的经济基本面造成严重冲击。乌克兰危机在很大程度上是俄罗斯与欧美国家争夺世界主导权而进行博弈的体现，其中既有地缘政治的因素，又有美欧两大货币体系的较量。欧盟针对俄罗斯的制裁措施削弱了欧元区的经济复苏势头，乌克兰危机的爆发，阻断了俄欧互补关系的形成。欧元区乌克兰和欧盟对俄罗斯的能源有严重依赖，但在经济贸易上俄罗斯则依赖欧洲，俄在国际贸易中处于弱势，受到美元和欧元体系的制约，因此乌克兰危机问题影响深远而又复杂，既涉及历史遗留问题，又牵涉对未来欧洲乃至全球秩序的考虑，地缘政治的风险困扰着欧元区的经济发展。

由于难民潮和恐怖袭击的负面影响，近期欧盟开始默认克里米亚属于俄罗斯，原因在于若 ISIS 在中东继续猖獗，则欧盟将面临更大的难民潮和恐怖袭击，如果同时乌克兰的局势进一步恶化，不排除乌克兰也会出现大量难民潮。欧洲部分国家默认克里米亚属于俄罗斯，是俄罗斯出兵叙利亚打击 ISIS 条件下的一种交换，而随着欧盟的让步，俄罗斯和欧盟有可能达成某种和解协议，乌克兰紧张局势也会随之逐渐缓和。

参考文献

欧元区数据中国金融信息网，http：//dc. xinhua08. com/8003。
中国社会科学院欧洲研究所，http：//ies. cass. cn/Article/tszl/rdwt/201509/10465. asp。
东方财富网，http：//data. eastmoney. com/cjsj/foreign_ 6_ 1. html。
欧盟统计局主要资料来源之一，http：//ec. europa. eu/eurostat/data/database。
欧元区综合采购经理人指数终值，http：//www. dailyfx. com. hk/historical/216. html。

http：//gold. forex. com. cn/html/2015/jp_ guoxin_ 1015/363071. html.

http：//jigou. cngold. org/company/7172/news/c302876. htm.

全球经济数据，http：//www. qqjjsj. com/xojjdt/75532. html。

http：//business. sohu. com/20150906/n420506955. shtml.

http：//baike. baidu. com/link？ url = li9KT1E7Tw3UvK8pUAz45ATlt24FQdHuJx74 _ 39IyNB8Lwwpx4xJ5ANZAHNiM7nozk5f - roErZS2Wd7AOrO9Fa.

（撰稿人：张瑾，中国国际经济交流中心经济研究部副研究员；张超，临沂大学机械工程学院讲师）

日本经济形势分析与展望

2015 年“安倍经济学”难挽经济颓势，日本经济复苏基础仍然脆弱。尽管日本出台“新三支箭”经济刺激政策，并借助 TPP 协议倒逼日本国内改革，然而在消费者信心低下及外部环境复杂多变等不确定性因素影响下，预计未来日本经济复苏步伐艰难。中日应扩大经贸合作空间，积极探寻经贸合作新的增长点。中国应关注日元汇率走势对人民币的影响、关注日本经济政策新动向、关注 TPP 对中国的影响，借鉴日本对外援助经验，帮助中国企业走出去，发展中国经济。

一　2015 年日本经济形势的主要特点

2015 年日本经济形势主要呈现以下特点：“安倍经济学”难挽经济颓势，日本经济复苏基础仍然脆弱。日本继续推行量化宽松货币政策，但通货紧缩状况并未得到实质性改变。日元大幅贬值，美元新一轮升值周期加大日元贬值压力。国际油价大幅下降，日本贸易逆差问题有所缓解。日本失业率保持相对低位，有效求人倍率创新高。

（一）“安倍经济学”难挽日本经济颓势，经济复苏基础仍然脆弱

日本经济在后金融危机时期三次陷入经济衰退，分别为 2011 年三季度、2012 年下半年和 2014 年下半年至今。2013 年以来，日本实施以“安倍经济学”为核心的一系列新经济政策，其中提高消费税措施是其重要一环，以期改变日本国内通货紧缩状况，削减公共债务，推动结构性改革。然而，2014 年日本上调

消费税以来，日本经济急转直下，经济数据表明日本经济可能再次出现紧缩。“安倍经济学”难挽日本经济颓势，“安倍经济学”作为政客经济学可能导致日本进入第三个衰退十年。

2015 年以来，在内外需求的带动下，日本经济出现短暂复苏，一季度日本GDP 环比增长 1.1%，为一年来的最大涨幅；但由于出口疲弱和内需低迷，二季度日本 GDP 增速为 -0.3%（见表 1）；9 月份日本工业生产环比上升 1%，但不足以弥补 7 月和 8 月的下滑，由于工业总产值缩水，三季度日本 GDP 缩水成为必然（见图 1）。出口方面，外部需求增长放缓，特别是亚洲外部需求不振，导致日本出口大幅下滑，根据 WTO 公布的数据，2015 年前三季度日本货物贸易出口增速分别下滑 6.0 个、10.2 个和 11.4 个百分点（见图 2）。2014 年 4 月日本上调消费税以来，日本家庭消费支出持续萎缩，2015 年 3 月日本家庭消费支出同比下滑 10.6%（见图 3），为 2005 年以来最大下滑幅度。由于家庭消费支出占日本 GDP 的比重约为 60%，内需的持续低迷拖累了日本经济的复苏进程。尽管 5 月份家庭消费支出实际同比增长 4.8%，为上调消费税以来的首次增长，但总体上呈大幅下降趋势，9 月份下降 0.4%（见图 3）；6 月家庭消费者信心指数为 42.4，连续 7 个月增长，此后有所下降，10 月下降至 41.1（见图 4）。这表明，日本消费有所复苏但是势头并不强，物价上涨可能是食品价格上涨导致而并非需求强劲所致；消费者信心指数仍处于 50 以下，表明消费者对本国经济前景悲观多过乐观。因此，内需疲弱态势并未彻底转变，日本经济复苏基础仍然脆弱。

表 1　支出法日本经济季度增长率与贡献率（季节调整实际值，环比）

单位：%

项目	2014 年				2015 年	
	一季度	二季度	三季度	四季度	一季度	二季度
国内生产总值(GDP)	1.1	-2	-0.3	-0.3	1.1	-0.3
国内需求	1.3	-2.7	-0.4	0	1.1	0
民间需求	1.9	-3.7	-0.7	-0.1	1.5	-0.3
民间消费	2.1	-5	0.3	0.3	0.4	-0.7
民间住宅投资	2	-10.9	-6.3	-0.6	1.7	1.9
民间企业投资	4.9	-4.2	-0.2	0.1	2.6	-0.9
公共需求	-0.3	0.1	0.6	0.2	0	0.7

续表

项目	2014 年				2015 年	
	一季度	二季度	三季度	四季度	一季度	二季度
政府消费	-0.2	0.1	0.3	0.3	0.3	0.5
政府投资	-0.8	0.4	1.6	0.2	-1.4	2.1
货物和服务出口	5.7	0.6	1.8	2.8	1.6	-4.4
货物和服务进口	5.9	-3.9	0.9	0.8	1.8	-2.6
内需贡献率	1.4	-2.8	-0.4	0	1.2	0
民间需求	1.5	-2.9	-0.5	-0.1	1.2	-0.2
政府需求	-0.1	0	0.2	0.1	0	0.2
外需贡献率	-0.2	0.9	0.1	0.3	-0.1	-0.3

资料来源：日本内阁府。

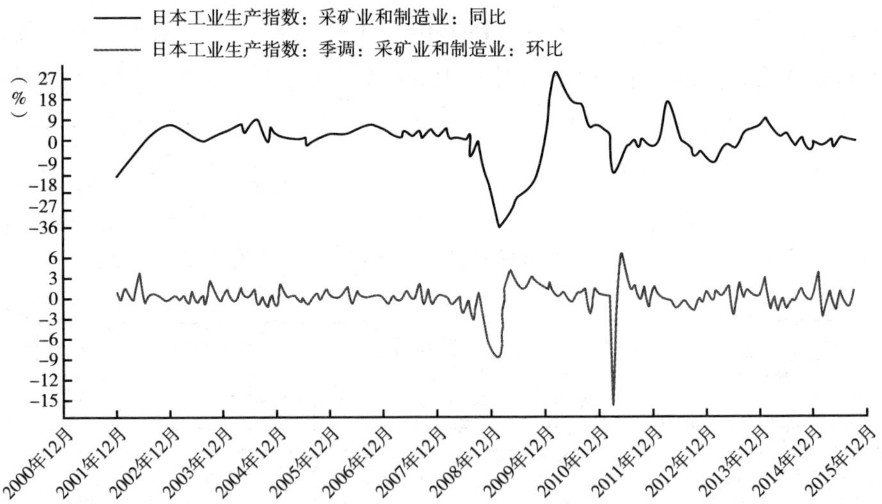

图 1　2000～2015 年日本工业生产指数增长情况

资料来源：Wind 资讯。

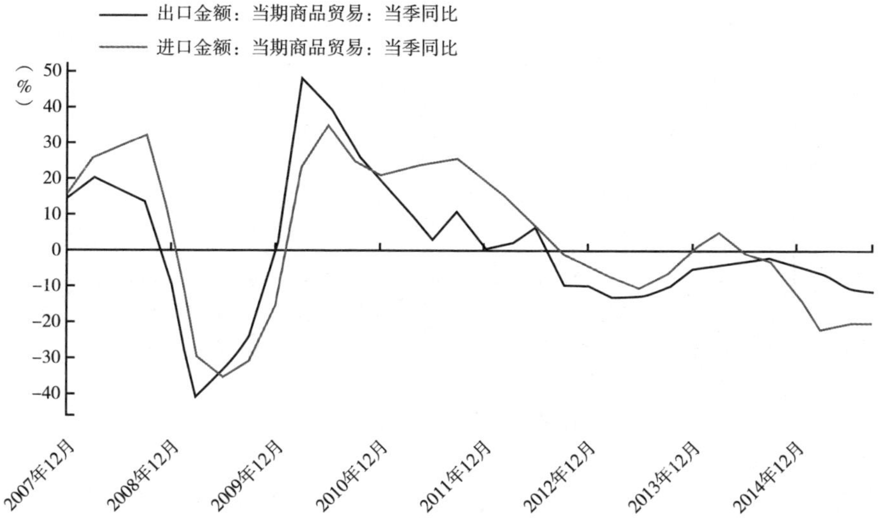

图 2　日本进出口同比增速

资料来源：Wind 资讯。

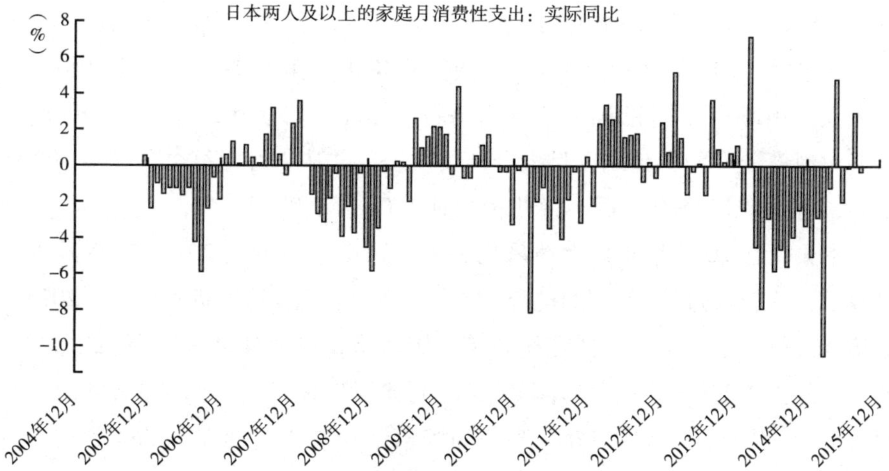

图 3　日本家庭消费支出增速

资料来源：Wind 资讯。

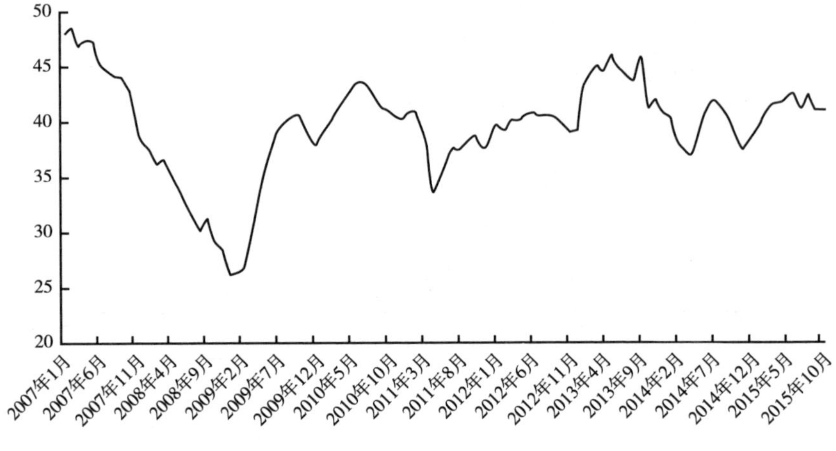

图4　日本消费者信心指数

资料来源：Wind 资讯。

（二）日本继续推行量化宽松货币政策，通货紧缩状况并未得到实质性改变

2015 年，发达国家货币政策分化严重，美国退出量化宽松货币政策并启动加息进程，日本央行和欧洲央行继续推行宽松货币政策以刺激经济增长并使通胀达到目标水平。2015 年欧元区步入全面宽松货币政策时期，以刺激经济，缓解通缩风险。2015 年 1 月欧洲央行推出了新的量化宽松货币政策，启动欧版 QE，实施更大规模资产购买计划以扩大资产负债表，并从 3 月起每个月购买 600 亿欧元债券，持续到 2016 年 9 月，总规模预计 1.08 万亿欧元。

日本央行在 2013 年 4 月启动量化宽松货币政策，并在 2014 年 10 月扩大了项目规模，希望通过“超级量化宽松政策”来实现 2% 的通货膨胀率。2015 年 7 月，日本央行表示将持续维持宽松政策，维持货币基础年增 80 万亿日元的计划不变。实际上，2015 年 8 月日本核心 CPI 同比下降 0.1%，为 2013 年 4 月以来首次同比下滑，9 月仍下滑 0.1%，现状与安倍政府视为首要课题的摆脱通缩目标渐行渐远，市场预期日本央行可能进一步扩大量化宽松货币规模。

（三）日元大幅贬值，美元新一轮升值周期加大日元贬值压力

1. 日元在超级量化宽松货币政策下大幅贬值，未来仍将持续贬值态势

日本超级量化宽松货币政策导致日元大幅贬值，2013 年 4 月至 2015 年 7 月，

日元汇率由94.0日元∶1美元贬至124.2日元∶1美元，累计贬值高达24%。8月末以来日元小幅升值，10月底，日元汇率为120.7日元∶1美元（见图5）。2015年8月，日本核心消费通货膨胀率时隔28个月出现同比下滑，9月仍同比下降0.1个百分点，市场预期日本央行将进一步实施货币宽松政策，未来日元仍将持续贬值趋势。预计2015年日元汇率可能达到130日元∶1美元，2020年日元汇率可能达到140日元∶1美元。

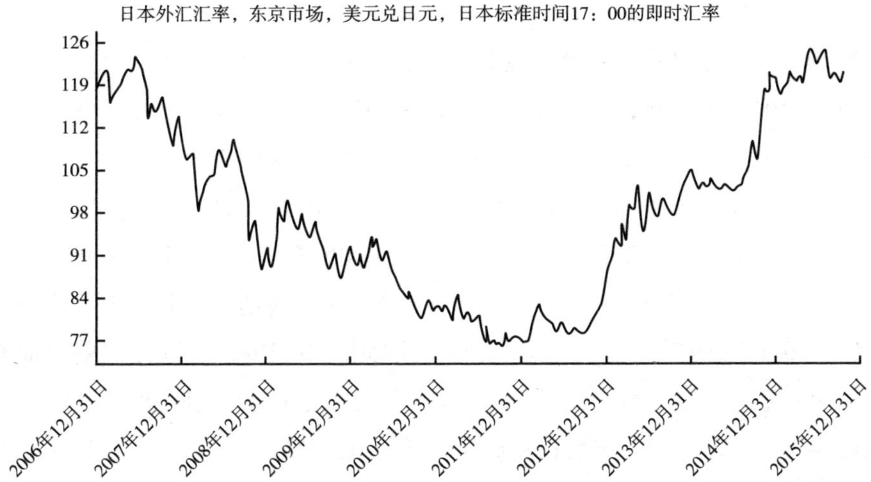

图5　日元汇率走势

资料来源：Wind资讯。

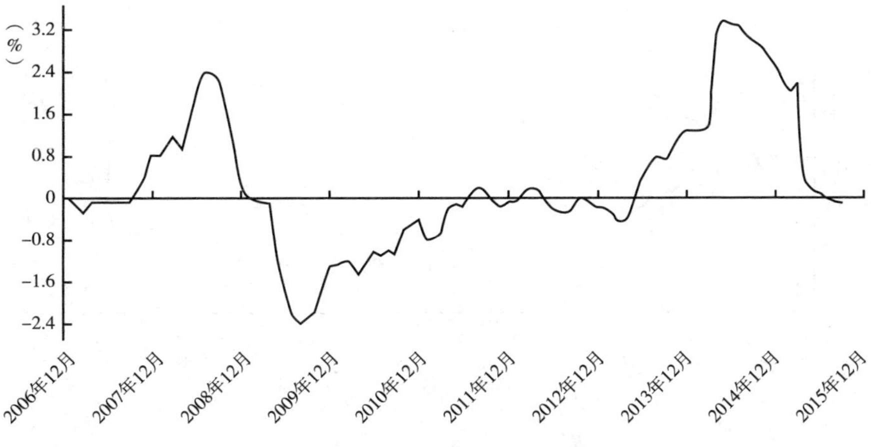

图6　日本核心CPI走势（当月同比）

资料来源：Wind资讯。

2. 美元进入新一轮升值周期，将进一步加大日元贬值压力

随着美国经济强劲复苏，2012 年以来，美元汇率再次进入上行通道，特别是2014 年 11 月美联储正式退出量化宽松货币政策之后，美元指数大幅走强，截至2015 年 7 月，一年内累计升值幅度高达 20%。从美元指数来看，实际美元指数（对主要货币）从 2012 年的 82.6 上升至 2015 年 10 月的 103.2（见图 7）。从双边汇率来看，欧元汇率从 1.32 美元∶1 欧元贬至 1.10 美元∶1 欧元，日元汇率从 86.3 日元∶1 美元贬至 120.7 日元∶1 美元。

3. 良好的经济基本面将推动美元进入新一轮升值周期

根据 IMF 最新预测，未来五年（2016～2020 年），美国经济增长率将分别为2.8%、2.8%、2.7%、2.2%和 2.0%，远高于欧元区的 1.6%、1.7%、1.6%、1.6%和 1.6%以及日本的 1.0%、0.4%、0.7%、0.9%和 0.7%，并高于同期发达经济体的平均增速 2.2%、2.2%、2.2%、2.0%和 1.9%。未来五年，美国失业率分别为 4.9%、4.8%、4.8%、4.9%和 5.0%。同期，欧元区失业率分别为10.5%、10.1%、9.7%、9.4%和 9.0%。因此，中期内，美国经济基本面有利于支撑美元汇率继续上行，预计 2015 年底美元指数可能突破 105，2020 年美元指数可能达到 120～140。美元进入新一轮升值周期，将进一步加大日元贬值压力。

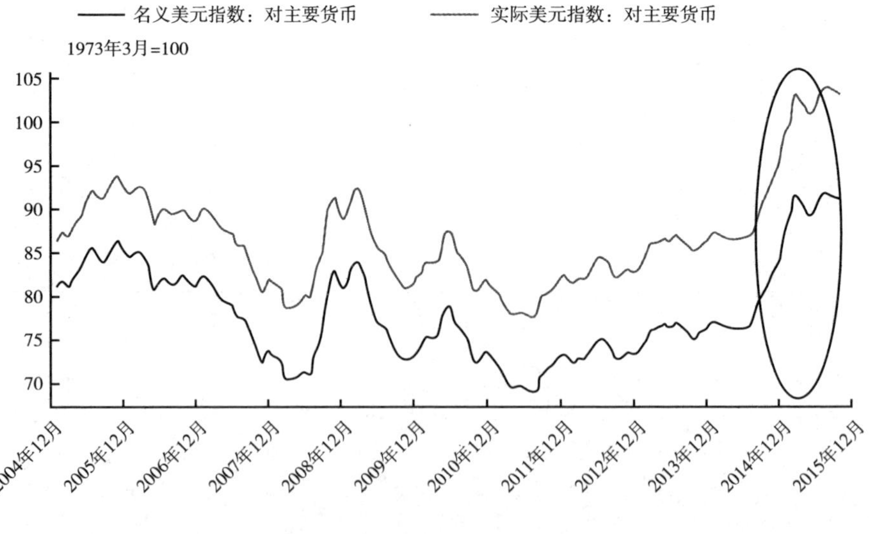

图 7　2004～2015 年名义美元指数和实际美元指数对主要货币

资料来源：Wind 资讯。

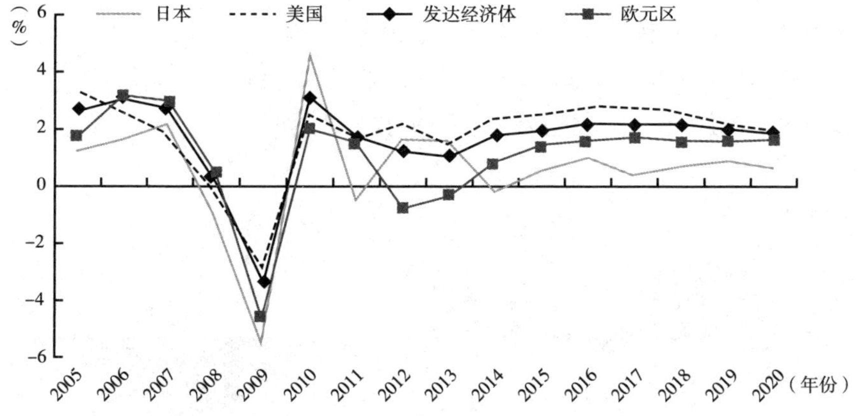

图 8　主要发达国家经济增速及预测

注：2015 ~ 2020 年为预测值。
资料来源：IMF。

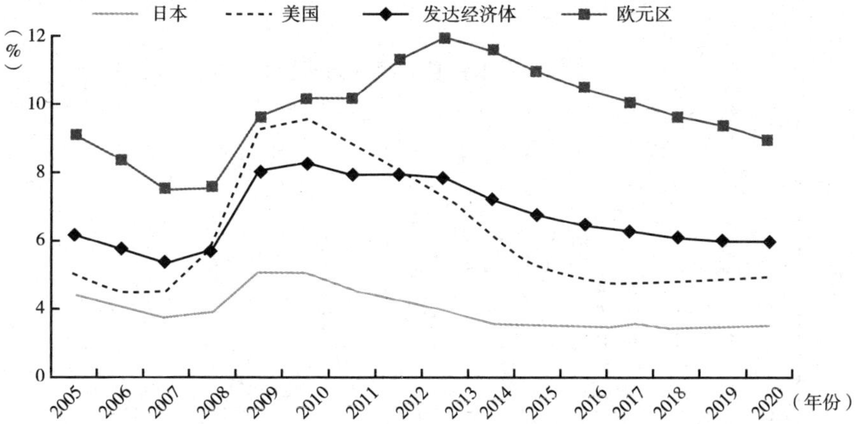

图 9　主要发达国家失业率及预测

注：2015 ~ 2020 年为预测值。
资料来源：IMF。

（四）国际油价大幅下降，日本贸易逆差问题有所缓解

国际油价大幅下降缓解了日本贸易逆差不断扩大的趋势。2011 年日本大地震以来，日本核电站停产，日本能源进口激增，这是日本贸易逆差不断扩大的主

要原因。然而，2014 年下半年以来，国际油价大跌，目前布伦特原油期货跌至五年来最低。受此影响，日本贸易逆差有所缓解。2014 年 1 月，日本贸易逆差额达到 2.8 万亿日元历史最高，2015 年 9 月份已大幅降至 1158 亿日元（4 月份一度降至 593 亿日元），贸易逆差额大幅缩小（见图 10）。

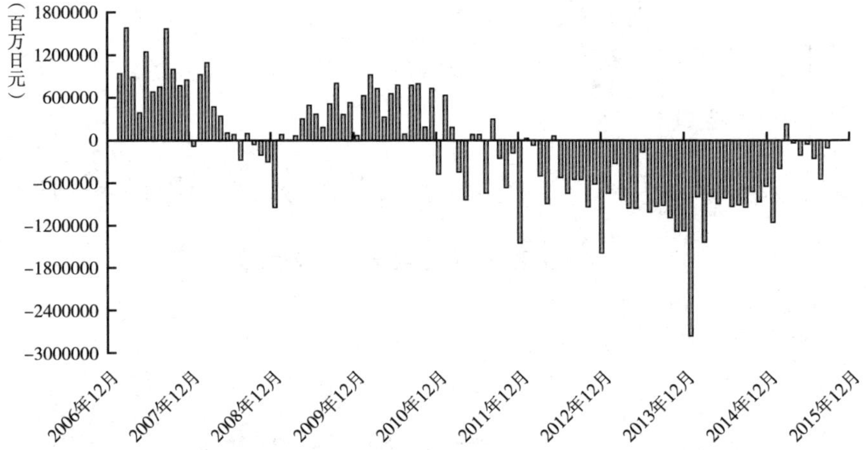

图 10　日本贸易差额（当月值）

资料来源：Wind 资讯。

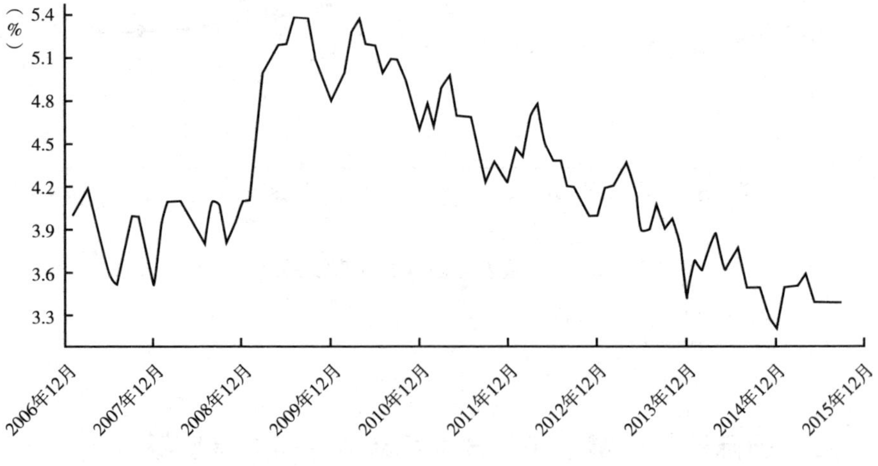

图 11　日本失业率

资料来源：Wind 资讯。

（五）日本失业率保持相对低位，有效求人倍率创新高

2015 年 9 月日本失业率为 3.4%，降至 1998 年以来的较低水平。2015 年日本失业率大幅下降得益于日本经济的整体复苏，日本政府 2014 年出台的新版经济增长战略和鼓励女性工作的政策效果开始显现，更多的人特别是女性开始寻找工作机会。9 月份，日本有效求人倍率为 1.24，连续 3 个月改善，并创下 1992 年 1 月以来的新高，这意味着每 100 个求职者就对应有 124 个就业岗位，表明用人需求旺盛。

二　2015 年日本经济刺激政策变化

2015 年日本推行升级版“安倍经济学”，出台“新三支箭”政策，将工作重心转移到经济上，以防止经济下滑动摇政权。同时借助 TPP 谈判达成的基本协议，倒逼日本国内农业、渔业和劳动等被称为“岩盘管制”的一系列原本难以推动的政策改革。

（一）出台安倍经济学“新三支箭”政策，防止经济下滑动摇政权

——“新三支箭”政策出台的经济背景和政治背景。2015 年 9 月 24 日安倍连任自民党总裁，新任期至 2018 年 9 月。第三届安倍新改组内阁 10 月 8 日上午正式开始运作。新内阁在执政中将优先发展经济，继续推行升级版“安倍经济学”，希望通过安倍经济学的“新三支箭”，迈向“一亿总活跃社会”。安倍经济学“新三支箭”包括发展经济、改善社会保障、支持儿童培育，旨在通过加强经济政策措施提振日本经济，使日本 GDP 在 2020 年左右达到 600 万亿日元，特殊出生率达到 1.8，护理离职率为 0 等目标，以期解决持续数年的结构性问题，比如人口老龄化、劳动力短缺等问题。

——“新三支箭”政策旨在防止经济下滑，提升经济增长潜力。2012 年底以来，安倍政府一直推行以超宽松货币政策、扩大财政支出和经济改革为“三支箭”的“安倍经济学”。“安倍经济学”有效提振了 2013 年的日本经济，但随后政策效果减弱，加上 2014 年日本上调消费税的负面影响，日本经济陷入停滞甚至衰退；尽管 2015 年日本经济复苏好于预期，但旨在放松监管和改革以提振日本长期经济增长潜力的第三支箭进展缓慢，日本第二季度经济再次陷入负增

长，“安倍经济学”明显缺乏后劲。

在人口持续减少的背景下，日本经济的潜在增长率仅为“0～0.4%或0.4%～0.6%”。安倍宣称“如果没有强劲的经济，我们的未来就没有希望”。因此，为提高日本经济的潜在增长率，安倍提出升级版“安倍经济学”，出台“新三支箭”政策，提出迈向“一亿总活跃社会”的目标，新设“一亿总活跃担当大臣”等措施。

——重点在于财富的重新分配，解决经济发展的长期结构性问题。“新三支箭”的政策重点在于财富的重新分配，主要通过儿童保育支持和社会福利来实现。在社会保障方面，提出建立工作与照顾老人相结合的社会环境，增加提供特殊护理服务的养老院数量，培养护理人才，为老龄人士提供灵活的工作机会等；在支持儿童培养方面，希望将家庭出生率从1.4提升至1.8，实现幼儿免费教育，扩充奖学金，保证愿学尽学，并解决儿童贫困问题。这是直接与大众相关的领域，安倍政府希望这些举措能够提振家庭支出，通过增加社会福利提高支持率。

——提高因强推安保法而走低的支持率，政治意义大过经济意义。2015年9月19日，日本政府强行通过扩大日本军事角色的新安保法案，引发国内外强烈抗议，其内阁支持率跌破40%。为挽回民意支持，消除负面影响，赢得2016年参议院选举，安倍政府将工作重心转向经济，提出“新三支箭”理论，打算用重视发展经济、改善民生的口号来获取民心。因此，“新三支箭”政策的政治意义大过经济意义。

——“新三支箭”缺乏具体实施措施，难以达成期望目标。“新三支箭”政策，只罗列了目标，并没有提出具体的实施步骤和措施。《日本经济新闻》报道称，构成“新三支箭”的强有力的经济、育儿支援和社会保障与其说是作为具体举措的“箭”，不如说是作为目标的“靶子”。安倍应该做的是持续射出意味着根本性改革的“真正的箭”。“新三支箭”的政策目标难以在安倍的任期内有效落实，也很难取得实际效果。第一，预期经济增长率过高，难以实现。根据2015年7月日本内阁府发布的《关于中长期经济财政试算》的数据来看，到2020年左右实现日本国内生产总值扩大到600万亿日元的目标，名义增长率需保持年度3%才能达到，但3%的高增长率是日本过去20年中从未达到的水平。第二，出生率难以达到1.8。目前日本的出生率是1.42，鉴于日本晚婚化、终身不结婚、生育年龄高龄化等因素，想要达到1.8的目标相当困难。事实上，日本创生会议把出生率1.8的目标定在2025年，安倍任期内难以实现该目标。第三，护理离职率较高。2015年度日本护理报酬时隔9年再度下调，这推高了护理行业的离职率。根据东京商工研究的调查结果，2014年护理相关设施的停业破产案件达到过去最高的54件，进入2015年后急速增加，1~4月就达到31件（2014年同期为19件）。因此，如果不能采取有效措施改善护工的劳动条件，考虑留住人才的方法，"护理离职率为0"的目标将难以实现。

——日本国内财源有限，难以支撑升级版"安倍经济学"。日本政府2015财年（2015年4月至2016年3月）预算为96.34万亿日元。其中，政策性支出预算创下历史峰值，高达72.89万亿日元，比上年增长2.79万亿日元，这意味着安倍政府未能在新财年有效削减政府支出。日本政府面临2015年财政赤字减半目标，即2015年将财政赤字占GDP的比重削减为2010年的一半。尽管日本政府推迟原定于2015年10月再次提高消费税的日期，但仍制定赤字减半的目标，其依据就是预测税收将会大幅增长。根据日本2015年预算，2015年日本税收收入将达到53.5万亿日元，同比增长5.6%。其中，消费税收入17.1万亿日元，占比32%；个人所得税收入16.4万亿日元，占比30.7%；企业税收入11.0万亿日元，占比20.5%。消费税税收增速呈上升趋势，这与日本提高消费税有关；个人所得税和企业税税收增速都呈下降趋势。扣除消费税上调影响，2015财年日本税收收入与2014年基本持平，难以支撑升级版"安倍经济学"。

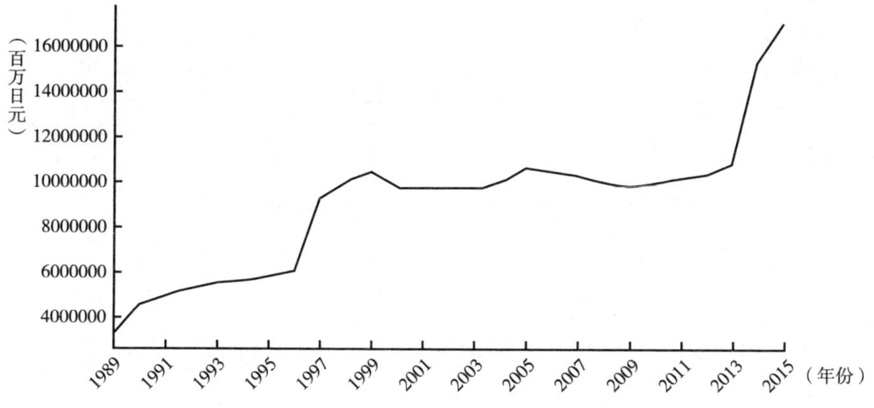

图12　1989~2015年日本消费税收入

资料来源：Wind资讯。

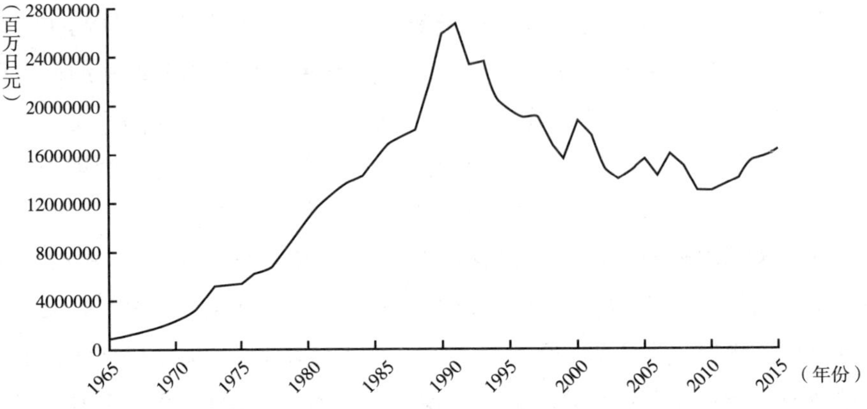

图 13　1965 ~2015 年日本个人所得税收入

资料来源：Wind 资讯。

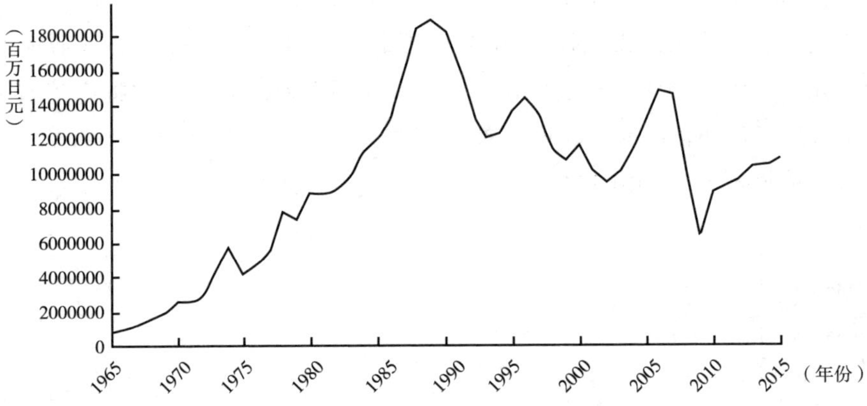

图 14　1965 ~2015 年日本企业税收入

资料来源：Wind 资讯。

（二）借助 TPP 谈判达成的基本协议，倒逼日本国内改革

——美日等国达成 TPP 基本协议。2015 年 10 月 5 日，美国、日本、澳大利亚、加拿大、新加坡、文莱、马来西亚、越南、新西兰、智利、墨西哥和秘鲁等 12 个国家结束跨太平洋战略经济伙伴协定（TPP）谈判，达成基本协议，这 12 个国家经济规模占全球经济总量的 40%。TPP 协定的目标是全面削减关税（零关

税），扩大服务业贸易开放，为投资者提供全面保障，并制定了新的商业规则。

——尽管 TPP 对日本农业冲击较大，但有助于倒逼日本国内改革。日本作为 TPP 协议中第二大经济体，TPP 谈判达成基本协议对推动其国内改革起到倒逼作用，有利于推动其国内农业、渔业和劳动等被称为“岩盘管制”的一系列艰难改革，推进企业治理的进一步改革，同时开辟法人税实际税率降至 20% ~ 30% 的道路。比如，长期以来，日本通过税制、补贴和控制农产品进口来确保粮食安全和保护本国农民利益，但这种保护方式是不可持续的，亟须改革。日本政府以 TPP 协议为契机，寻求本国农业改革，同时为应对 TPP 对其农产品的不利影响，日本政府近期对牛猪肉、小麦等五项敏感农产品出台补助方案，并通过增加购买政府的储备用米以防止米价下跌。

三　未来日本经济复苏步伐艰难

未来日本经济既面临短期瓶颈，又将面临长期结构性问题，同时世界经济形势将对外向型的日本经济产生显著影响。因此，在消费者信心低下及外部环境复杂多变等不确定性因素的影响下，预计未来日本经济复苏步伐艰难。IMF 预测 2015 年日本经济增速为 0. 6%，未来五年（2016 ~ 2020 年）日本平均增速仅为 0. 7%。

（一）日本经济深陷长期结构性困境，新政策难以破除经济痼疾

长期来看，日本仍面临包括外需依赖型经济结构、产业空心化、人口老龄化和不断增长的国债负担等长期结构性难题，“新三支箭”政策难以破除日本经济痼疾。

——日本外需依赖型的经济结构导致贸易逆差长期趋势明显。2011 年以来，日本已连续 4 年呈现贸易逆差，日本“贸易立国”模式经历重大考验。造成贸易逆差的主要原因，在于日元大幅贬值和日本能源严重依赖进口。从 2013 年 4 月日本实施量化宽松货币政策至今，日元对美元汇率累计贬值 25% 左右，造成进口燃料价格急剧攀升，企业成本大幅上升。2014 年下半年以来，国际原油价格崩盘，日本能源进口成本下降，缓解了日本贸易逆差状况，但目前仍处于贸易逆差之中。日本这种外需依赖型经济结构若不能改善，贸易逆差可能成为一种长期趋势，不利于推动日本产业转型升级和日本经济发展。

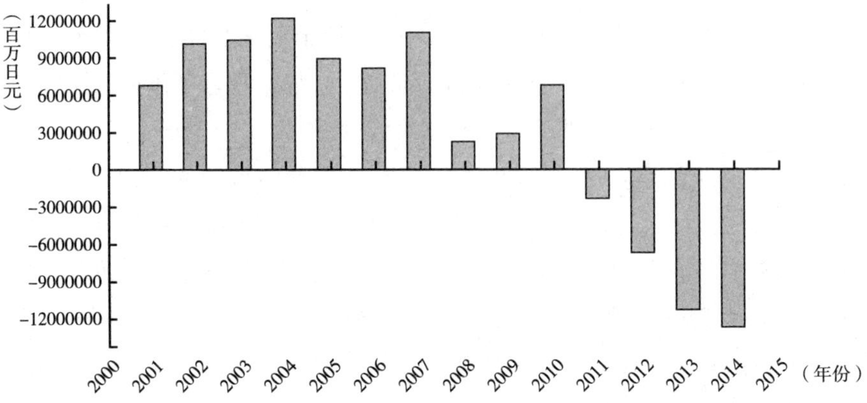

图 15　日本贸易差额

资料来源：Wind 资讯。

——日本产业空心化加剧，长期供给能力下降。近年来，随着日本海外投资日益增长，以及 2011 年日本大地震之后日本企业加快了向海外布局的步伐，国内投资大幅减少，国内产业发展急剧萎缩，加剧了产业空心化程度，削弱了日本国内企业的长期供给能力，同时日本高税负、高成本的经济环境扼制了企业的活力，未来日本经济增长内生动力不足。

——日本少子化老龄化趋势加剧，国内需求严重不足。日本总务省的调查显示，日本人口增长缓慢，2005～2010 年五年间日本人口仅增长 0.2%，年均增长 0.04%。日本老龄化率（65 岁以上的人口比例）达 23.1%，为世界最高，少子化率（不满 15 岁的人口比例）是 13.2%，为世界最低。劳动力资源是社会经济发展的动力来源，日本少子化老龄化趋势加剧，必将引起社会劳动人口的减少，进而引起国内需求严重不足。

——日本财政重建问题紧迫，刺激经济发展的政策空间有限。2015 年，日本财政赤字率达到 5.9%，公共债务达到其 GDP 的 246%，加重外界对日本主权债务危机的担忧。安倍对国际社会承诺削减财政赤字，使得 2015 年的财政赤字缩减到 2010 年规模的一半，2020 年全部削减完全实现盈余。若不能如期达到减赤目标，将对日本的国际信誉和日元汇率形成冲击。但目前除增收消费税之外，尚未看到其他更有效的具体措施，日本在财政重建问题上依然举步维艰。由于债务压力过大，日本政府通过继续实施财政政策来刺激经济发展的空间有限。

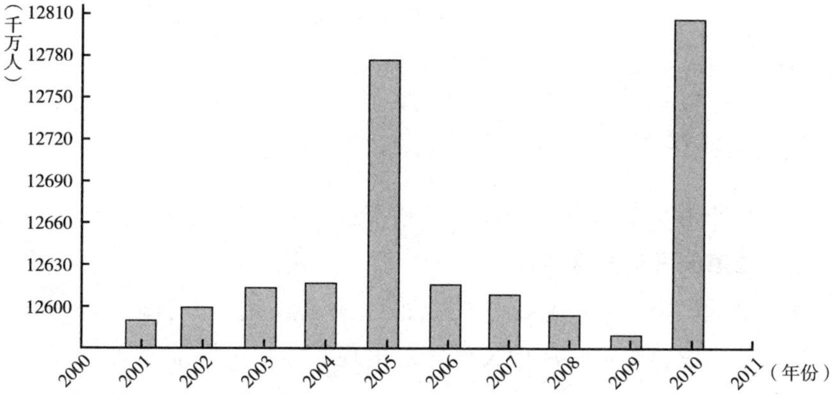

图 16　日本人口变化趋势

资料来源：Wind 资讯。

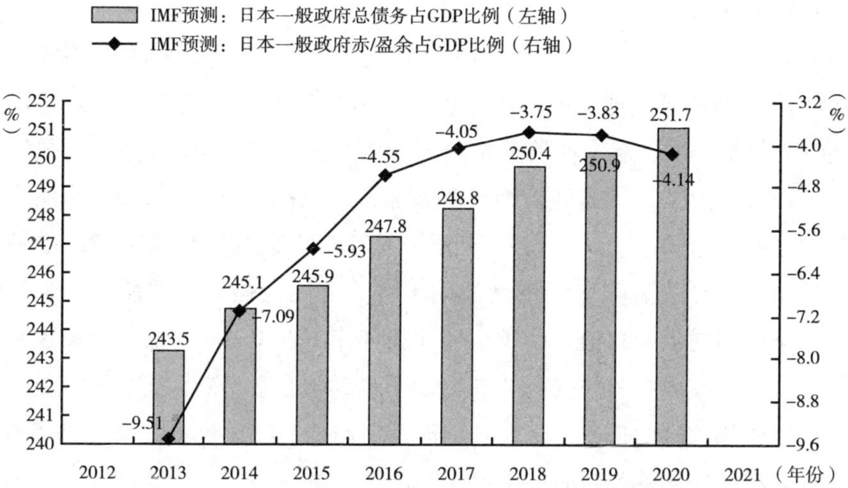

图 17　日本财政赤字率和公共债务占其 GDP 的比重

资料来源：Wind 资讯。

（二）再次上调消费税，将给日本经济带来灾难性打击

2014 年日本上调消费税 3 个百分点至 8%，导致经济增长陷入衰退。日本上调消费税以来，日本家庭消费支出呈持续萎缩趋势，内需的持续低迷拖累了日本

经济的复苏进程。因此，日本政府推迟了原定于2015年10月再次提高消费税的时间，计划于2017年4月将再次提高消费税2个百分点至10%。若2017年再次上调消费税，可能给日本经济带来灾难性的打击。

（三）世界经济形势影响未来日本经济走势

1. 全球经济整体温和复苏，增长步伐存在明显国别差异，世界经济增长引擎正从新兴国家向发达国家转移

全球金融危机爆发后，发展中国家曾是全球经济增长的引擎，但随着美欧日经济逐步复苏，发达国家经济增长整体上出现平稳回升，而新兴经济体受低油价、美国加息预期及自身结构调整等因素影响，面临更加困难的经济环境。总体来说，世界经济形势呈现四大特点：一是世界经济增长引擎正在从新兴国家向发达国家转移；二是全球货币政策分化加剧，欧日QE政策前景不乐观；三是国际资本流动“频繁无序”，中国资本外逃苗头已初步显现；四是深度调整中的全球经济风险集中暴露。

（1）美国经济增长动能有所减弱，但经济前景仍看好，将使美国经济领跑发达经济体。2008年全球金融危机之后，美国通过实施“制造业复兴计划”和“出口倍增计划”等措施，刺激恢复美国经济活力。自2012年起，美国经济开始复苏。2012～2014年美国经济增长率分别为2.3%、2.2%和2.3%，明显高于同期其他主要发达国家。2015年美国经济复苏转为强劲，从实际经济增长情况来看，2015年一季度，美国经济受极端天气、美元走强及亚洲需求不旺等因素影响，一季度国内生产总值（GDP）环比折年率增长0.6%，低于市场预期。二季度，美国经济在内需和外需的共同拉动下强劲增长3.9%。三季度，受净出口回落及库存积累放缓的拖累经济增长动能有所减弱，三季度GDP增长1.5%。不过，库存造成的拖累或是暂时的。鉴于美国国内基本面强劲，美国经济前景仍然看好，预计第四季度经济增长将升温。IMF最新预测上调2015年美国经济增速0.1个百分点，预期2015年美国经济增速将达到2.6%。

由于美国GDP增长的70%由消费拉动，强劲的就业增长、家庭财务状况改善以及汽油价格下跌都有利于消费上升。经济数据表明，2015年一至三季度美国人均个人消费支出同比增长分别为2.57%、2.51%和2.46%，尽管出现小幅下降，但平均增速仍高于前三年。1～8月新建住房销售平均增速达到20%，受库存调整影响，9月份新建住房销售同比增长1.96%，大大低于1～8月的平均水平。9 月份已开工新建住宅同比增长 17.5%。同时，美国就业状况也持续改善，2015 年1～8月，美国平均失业率保持在 5.5%，9 月份失业率降至 4.9%，为2008 年金融危机以来的最低水平。新增非农就业人数 9 月份为 14.2 万。此外，由于美元走强，出口增速放缓，由二季度的 5.1% 放缓至三季度的 1.9%，而一季度则大幅下降 6%。因此，国内需求上升，尤其是消费支出上升，以及投资增长和出口的逐步恢复，将使美国经济领跑发达经济体。

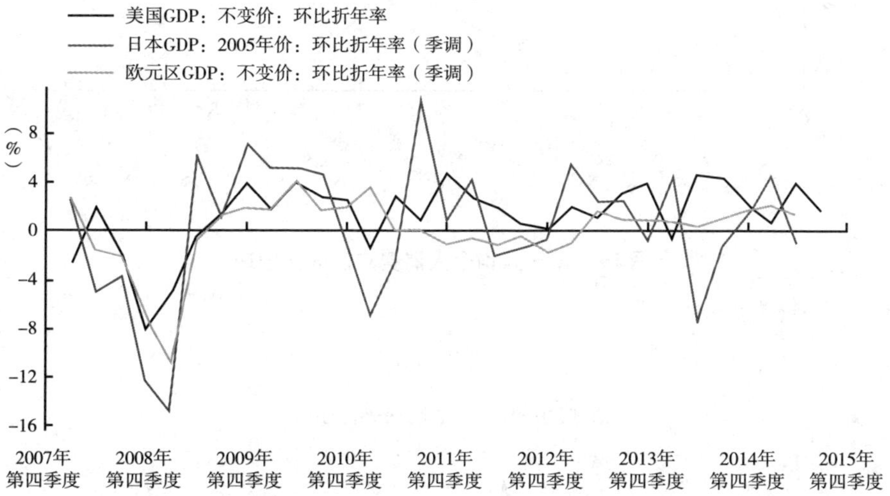

图 18　美国经济领跑欧元区和日本经济复苏进程

资料来源：Wind 资讯。

（2）欧洲经济逐步复苏，通缩有所缓解，但希腊问题成为最大的不确定因素。2014 年以来，欧元区在低油价、低利率和低汇率环境下实现复苏，2015 年一季度欧元区 GDP 同比增长 1.3%，二季度同比增长 1.6%。随着 QE 政策效果显现，欧洲通缩现象有所缓解，欧元区通胀率已经从 1 月份的 -0.6% 回升至 7 月份的0.2%，9 月和 10 月通胀率分别为 -0.1% 和 0.0%。较低的通货膨胀率有助于促进欧洲经济增长。IMF 预测 2015 年欧元区经济增速为 1.5%。然而，希腊危机将拖累欧元区下半年的复苏进程。尽管新协议的达成暂缓了“希腊退欧”危机，但是欧盟其他国家对希腊紧缩政策可能导致希腊进一步萧条并出现第二次“希腊退欧”风波，未来希腊危机如何演化将对欧元区和世界经济产生较大影响。希腊债务危机的根源是欧元区的货币政策与财政政策的协调机制不完善，欧

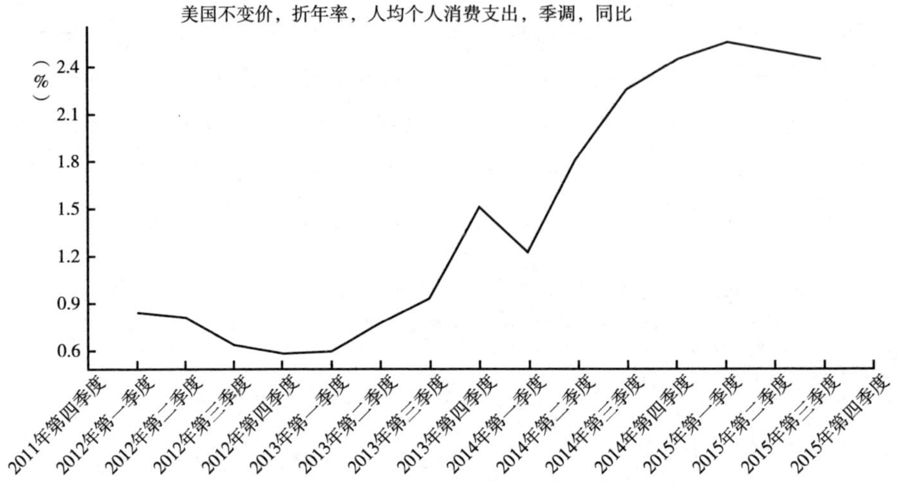

图 19　美国人均个人消费支出同比增速

资料来源：Wind 资讯。

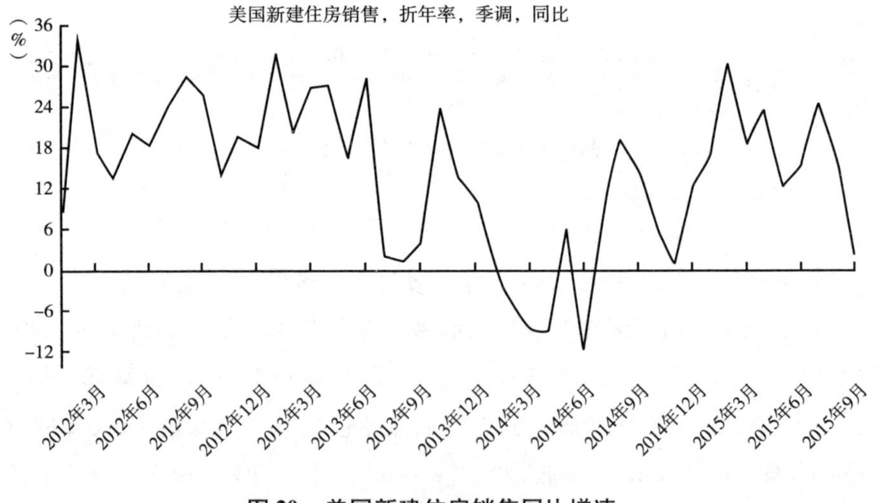

图 20　美国新建住房销售同比增速

资料来源：Wind 资讯。

元区具有统一的货币政策，但是缺乏统一的财政政策，导致区域经济发展失衡。如未来希腊选择债务违约并形成事实性退欧，将影响欧元区甚至世界金融稳定，并对全球信用体系产生深远的负面影响，可能拖累发达经济体货币政策正常化进

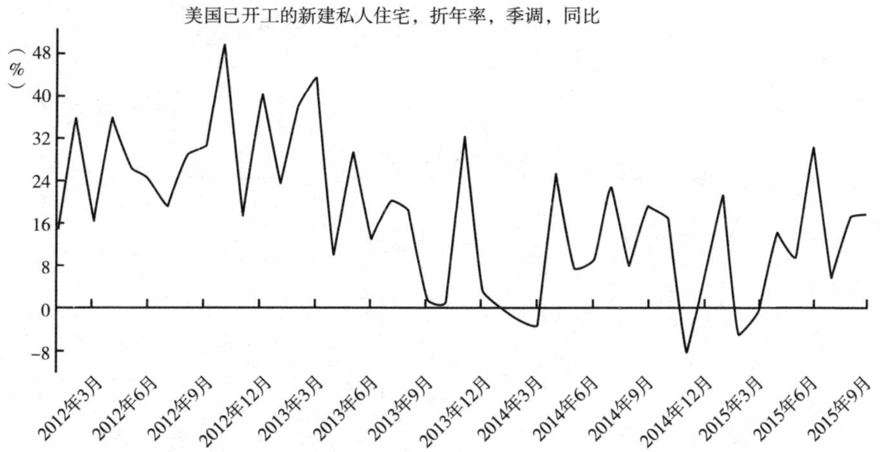

图 21　美国已开工新建住宅同比增速

资料来源：Wind 资讯。

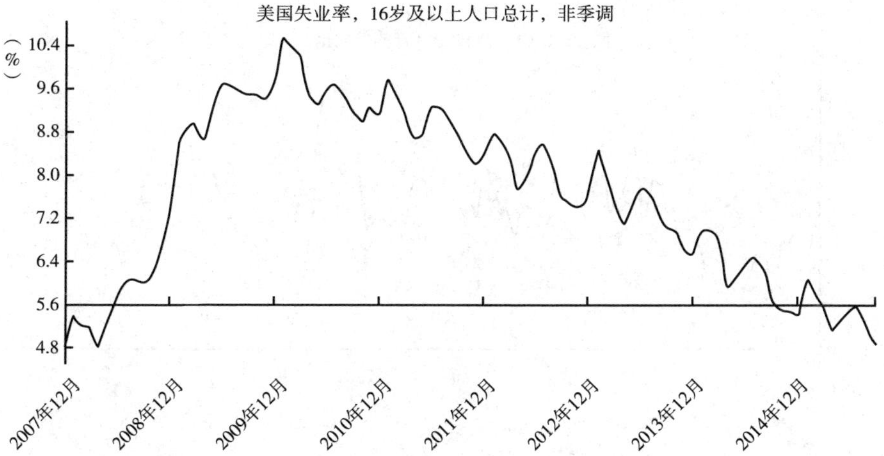

图 22　美国失业率降至金融危机前水平

资料来源：Wind 资讯。

程，并进一步加深欧日等国家对宽松货币政策的依赖，欧元和日元将继续贬值。

（3）新兴市场整体面临经济减速，印度经济表现突出。2015 年以来新兴经济体经济增长继续呈分化趋势。中国经济下行压力加大，2015 年三季度中国 GDP 增速 6.9%，为 6 年来最低点，中国经济步入由高速增长转为中高速增长的经济“新

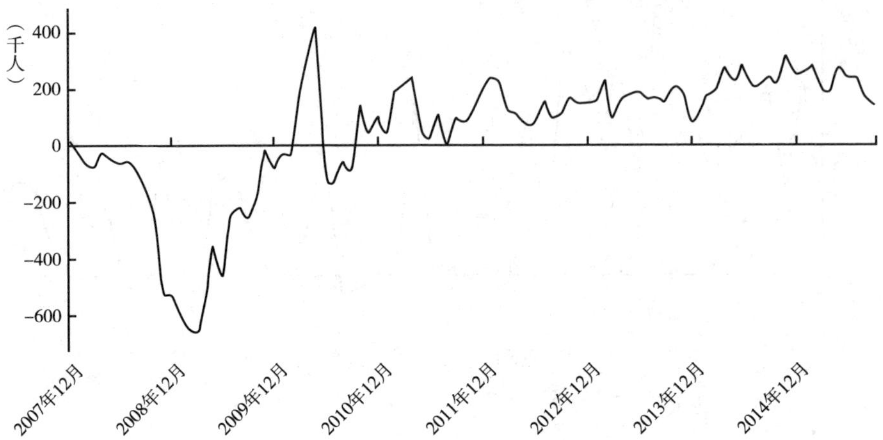

图 23　美国新增非农就业人数

资料来源：Wind 资讯。

图 24　欧元区通胀率

资料来源：Wind 资讯。

常态”。印度经济表现突出，一季度 GDP 同比增长 7.5%，二季度经济增速为 7.0%，超过中国成为增长最快的“金砖国家”。IMF 预测 2015 年印度经济增长将超过中国 6.8% 的增速，达到 7.3%。2015 年，巴西和俄罗斯两国将陷入衰退。在大宗商品和能源价格大幅下挫的影响下，巴西经济陷入困境。2015 年一季度和二季度巴西经济增速同比分别下降 1.6 个百分点和 2.6 个百分点，已连续五个季度同比下降，且下降幅度不断扩大，巴西面临经济失速风险。俄罗斯受西方制裁和国际油价大幅波动影响，经济下行压力加大。2015 年一季度俄罗斯 GDP 同比下降 2.2%，二季度降幅将达到 4.6%，为连续第三个季度下降，陷入 2009 年以来最严重的衰退。南非经济保持低速增长，一季度 GDP 同比增长 2.1%，二季度同比增长 1.2%。

表 2　2013～2016 年主要新兴经济体经济增速

单位：%

经济体	2013	2014	2015	2016
俄罗斯	1.3	0.6	-3.8	-0.6
中国	7.7	7.3	6.8	6.3
印度	6.9	7.3	7.3	7.5
东盟五国	5.1	4.6	4.6	4.9
巴西	2.7	0.1	-3.0	-1.0
墨西哥	1.4	2.1	2.3	2.8
沙特阿拉伯	2.7	3.5	3.4	2.2
南非	2.2	1.5	1.4	1.3

注：2015 年和 2016 年为预测值，东盟五国包括印度尼西亚、马来西亚、菲律宾、泰国和越南。
资料来源：WEO Update，October 2015，IMF。

2. 全球货币政策分化加剧，欧日 QE 政策前景不乐观

随着美国经济走强，美联储计划 2015 年内加息，但由于三季度美国经济增长动力不足和外围经济因素影响，美联储可能将加息时间推迟到 12 月或 2016 年。2008 年国际金融危机以来，美联储一直维持超低利率货币政策来刺激经济复苏。2008 年末至 2014 年 10 月近六年期间，美联储实施了三轮量化宽松货币政策为市场注入近四万亿美元的流动性，可以说对稳定金融市场和提振经济起到了主导作用。随着美国经济逐步走强，2014 年 11 月美联储开始逐步退出 QE 政策，货币政策逐步回归正常化。2015 年三季度美国经济大幅放缓，市场预计美联储有 12 月份启动加息的可能，或推迟至 2016 年。然而欧洲央行和日本央行则继续采取量化宽松货币政策以刺激经济增长，发达国家之间的货币政策分歧加剧。由于欧日对经济增长步伐以及通胀前景感到担忧，欧洲央行和日本央行均暗示了可能进一步放宽货币政策，扩大量化宽松货币规模。

3. 国际资本流动“频繁无序”，中国资本外逃苗头已初步显现

近期，受美联储加息预期强烈、乌克兰危机持续发酵、美欧与俄罗斯之间的“斗法”日益升级等因素影响，短期内资本频繁流入或流出新兴经济体，国际资本流动的无序性和波动性显著增强。以美元计价的新兴经济体的海外债务违约风险加大，大大增加了全球经济金融的溢出风险。同时，美国货币正常化过程，正好与中国经济增长放缓和金融改革加快推进相叠加，这一结构性矛盾将加剧中国经济金融风险，特别是近期中国股市大幅波动，加剧了中国资本外流压力。人民币贬值预期增强以及中美利差收窄等，也成为推动资本外流的主要因素，导致热钱大规模流出中国。短期内热钱大规模的流入流出，将对中国经济产生较大冲击，值得密切关注。

（1）热钱大规模流出，国际投机资本可能正在撤出中国，中国跨境资本流动总量持续增加。从国际收支平衡表来看，中国跨境资本流动总量持续增加。2005 年人民币汇率形成机制改革以来，10 年间，中国跨境资本流动规模总体呈上升趋势。2007 年国际收支口径的资本流出入总量与同期 GDP 之比高达 52%，创历史最高纪录。2008 年国际金融危机爆发后，跨境资本流动规模有所下降，2014 年在美国退出 QE 和美元升值背景下，中国跨境资本流动规模大幅上升，资本流动总量与同期 GDP 之比达到 49%。

资本账户逆差规模扩大速度惊人。2012 年资本和金融项目首次出现 318 亿美元的逆差，2013 年又迅速转为 3461 亿美元顺差创历史新高，2014 年资本和金融项目顺差又大幅收窄为 382 亿美元。资本账户年度逆差的出现及外汇占款月度增量波动明显加强的情况都表明了中国国际收支格局的巨变。总体上，中国的国际收支“巨额双顺差”格局已经走向结束，取而代之的是经常项目顺差、资本项目波动的“新常态”。

（2）热钱呈大规模、持续流出趋势。根据外汇占款、外商直接投资和贸易顺差口径计算的热钱规模显示，2014 年二季度以来，热钱呈大规模流出趋势。流出规模大、持续时间长成为本次资本流出的主要特点，全部超过 2007 年金融危机时期。2015 年 9 月热钱大规模流出 1894 亿美元，创历史最高纪录，目前热钱流出趋势尚未改变。从外汇占款角度来看中国资本流动情况。由于外汇占款是央行收购外汇资产而相应投放的本国货币，其变化一定程度上反映资金流动的变化。央行数据显示，近期中国外汇占款大幅收缩。2014 年 5 月，外汇占款余额达到历史高点 29.5 万亿元之后呈下降趋势，2015 年 9 月外汇占款余额已下降至

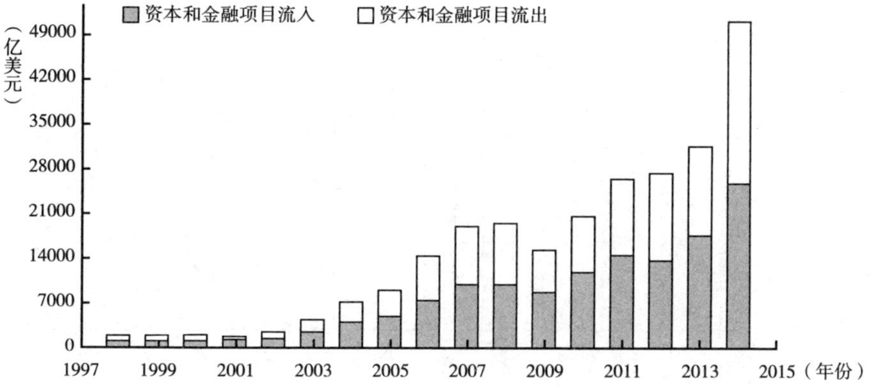

图 25　资本和金融项目流动总量

资料来源：Wind 资讯。

27.4 万亿元。从新增外汇占款数据来看，近十年来新增外汇占款一般为 1 万亿~3 万亿元，2008 年和 2010 年甚至超过 3 万亿元，但 2014 年仅为 7787 亿元，同比大幅下降 72%。外汇占款呈趋势性下降，表明国际投资者日益看空中国，国际投机资本可能正在撤出中国。

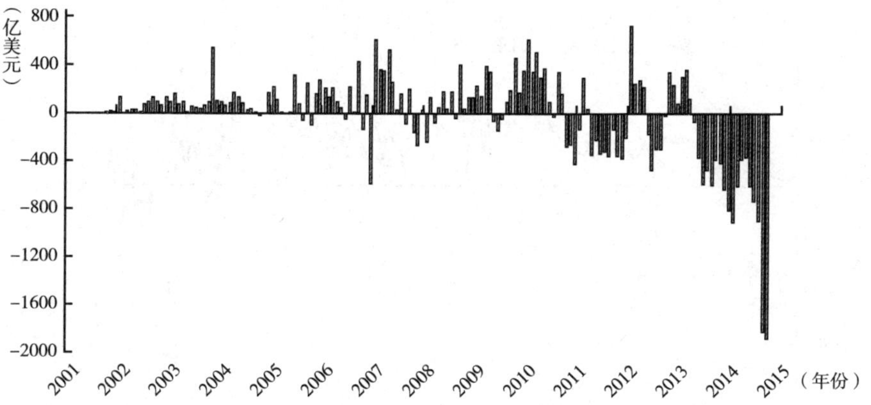

图 26　热钱流入流出规模

资料来源：根据 Wind 资讯数据计算。

（3）涉外收付款和结售汇逆差趋势明显。从银行跨境收付角度来看，涉外收付款和结售汇逆差趋势明显，反映目前中国出现了国际资本净流出和市场持汇

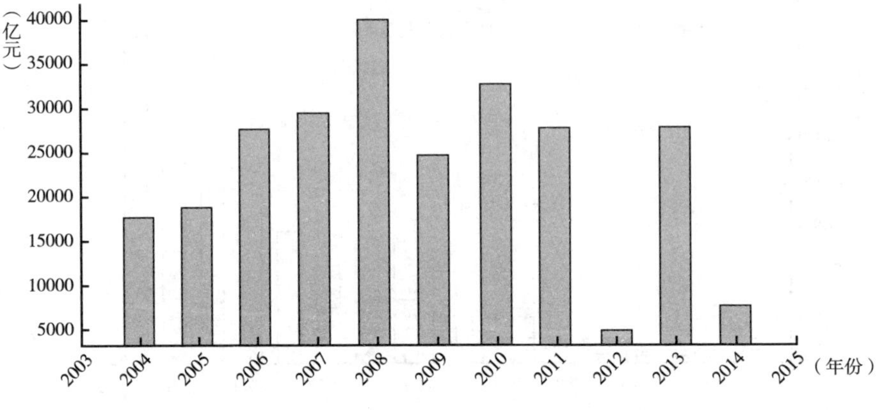

图 27　金融机构外汇占款新增额度

资料来源：根据 Wind 资讯数据计算。

情绪较高的特点。外管局数据显示，2014 年 8 月，银行代客涉外收付款和结售汇差额同时由顺转逆，涉外收付款逆差 107.8 亿美元，结售汇逆差 8.2 亿美元，此后逆差额逐步扩大，2015 年 9 月双双达到历史最低点，分别为 704.7 亿美元和 1091.6 亿美元。

图 28　银行代客涉外收付款差额和银行结售汇差额

资料来源：Wind 资讯。

（4）中国外汇储备首次下降。2014 年以来，在美联储推出 QE 政策、美元走强、非美汇率普遍下跌的情况下，多数新兴经济体都出现了资本流出、外储下降的情况，中国也未能独善其身，外汇储备出现首次下降。自 2014 年中期以来，中国外汇储备总额由 2014 年 6 月的 3.99 万亿美元峰值跌至 2015 年 9 月的 3.51 万亿美元，短期内大幅缩减了 4800 亿美元。这对长期以来持续增长的中国外汇储备来说，短期内出现如此大幅下降为 20 多年来罕见。当然，中国外汇储备下降不排除央行为防止汇率大幅贬值、通过抛售美元干预人民币汇率的可能，这也会导致外汇储备的“消耗”。此外，为配合“一带一路”国家发展战略，对外汇储备进行战略性运用，是导致外汇储备总量减少的原因之一。比如，丝路基金首期 100 亿美元出资中，65 亿美元来自外汇储备，对亚投行、金砖开发银行等多边机构的出资也来自外汇储备。

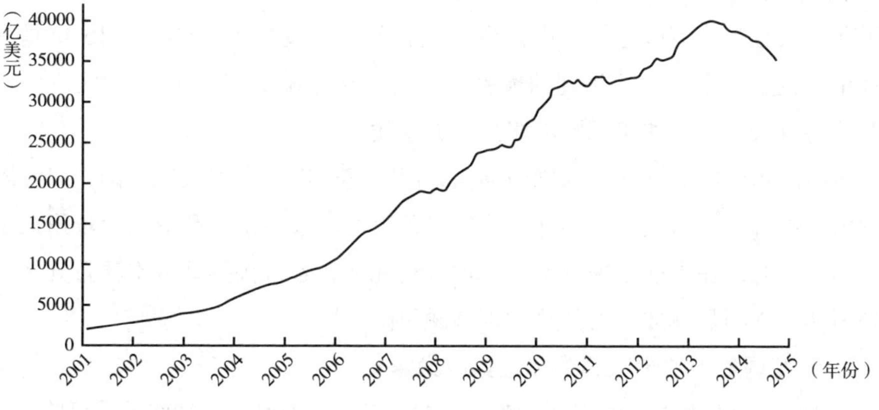

图 29　中国外汇储备

资料来源：Wind 资讯。

（5）资本外逃影响中国经济金融稳定，不宜过快推动资本项目开放。资本外流通过汇率渠道传导，影响中国金融稳定。中美货币政策分化背景下，美元强势升值、美联储加息预期明显，导致人民币汇率呈现阶段性贬值趋势；而中国受经济下行影响，采取宽松货币政策、降低利率等手段刺激经济增长，导致中美利差收窄，其结果必然导致中国资本外流，进一步加剧人民币贬值预期。由于“羊群效应”，可能形成恶性循环，使中国经济金融形势更加复杂化。若央行为稳定汇率而大规模干预，可能释放出人民币汇率市场已经形成系统性市场风险的不利信号，将造成境内汇率贬值预期增强，从而进一步推动资金的流出。若对冲不及时，有可能触发中国楼市和影子银行资金链断裂，从而影响中国的金融稳定。

（6）美国从宽松周期转向紧缩周期，资本流出形成对中国实体经济的抽血。

近期出现的资本大量出逃、外汇储备流失、人民币贬值等一系列问题，直接对中国实体经济形成抽血，使得实体经济运行风险进一步暴露。目前，中国经济在一定程度上仍存在房地产价格高企、部分产能过剩、资金在金融部门空转、地方债务需集中偿还等诸多问题，如果不能及时有效处理，将会存在资产泡沫破灭、资金大幅流出的隐忧。

（7）国际资本剧烈动荡，不利于中国资本项目开放。近年来，随着中国企业走出去步伐加快，中国对外资本输出步伐加快，或将成为全球最大资本输出国之一。为此，中国加快了资本账户开放的步伐。特别是2013年建立上海自贸区，2014年推出沪港通，都是中国加快资本市场自由化的重要尝试。当前，中国只有少数资本账户项目完全不可自由兑换。根据IMF对资本账户交易的分类，40个子项中只有5项不可兑换，中国资本项目的开放度接近90%。2015年是SDR审查年，也是“十二五”规划的最后一年，中国为在2015年内基本实现资本项目开放的政策目标，加快了资本账户开放步伐。

然而，当前国际资本市场剧烈动荡，国际资本流出中国回流美国，以及美联储货币政策转向，这些因素叠加对中国货币市场、外汇市场和资本市场形成了巨大冲击。因此，在当前中国资本流出加剧情况下，若过快推动资本项目开放，特别是短期资本项目开放，将加剧中国金融风险。

4. 深度调整中的全球经济风险集中暴露

由于国际金融危机之后的世界经济结构调整仍没有结束，地缘政治风险等不确定性因素将会拖累未来几年的世界经济增长，IMF最新预测将2015年世界经济增长率由此前预测的3.3%调低至3.1%，2016年和2017年分别增长3.6%和3.8%。

影响国际金融稳定和世界经济复苏的主要风险包括：一是发达经济体之间的货币政策分歧加剧，二是欧元区的持续不稳定，三是地缘政治冲突与博弈加剧，引发政治、经济领域“新冷战”，已经对世界经济产生严重负面影响。比如，乌克兰危机的不断升级，美欧和俄罗斯激烈交锋；中东地区的新型恐怖组织“伊斯兰国”反人类的恐怖活动、“也门局势动荡”；东北亚地区和东南亚地区的“政冷”已经造成“经冷”，影响了区域内的经贸合作。

四 中日经贸合作建议

中日贸易已连续四年下滑，中日经贸关系影响中日双方的利益，影响亚太地区的经贸合作。中日两国应扩大经贸合作空间，积极探寻经贸合作新的增长点。同时，要关注日元汇率走势对人民币的影响，关注日本经济政策新动向，关注TPP对中国的影响，借鉴日本对外援助经验，帮助中国企业走出去，发展中国经济。

（一）近期中日经贸变动情况

中日两国是世界第二、第三大经济体，亚洲第一、第二大经济体，中日经贸合作对亚洲各国的发展，甚至世界的发展都具有重要的意义。然而，中日贸易已连续四年下滑。2015年1～8月，中日贸易在中国对外贸易额中所占的比重为7.1%，同比下降了0.3个百分点。1～8月，日本对华投资22.5亿美元，同比下降28.8%；中日贸易总值为1816.6亿美元，同比下降10.9%。其中，中国对日本出口878亿美元，下降10.5%；自日本进口938.6亿美元，下降11.5%；对日贸易逆差60.6亿美元，同比收窄24.9%。中日经贸关系影响中日双方的利益，影响亚太地区的经贸合作。

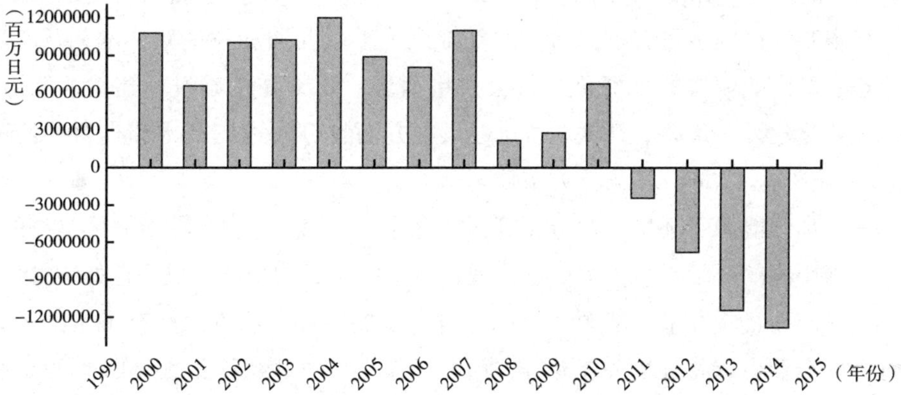

图30 中日贸易差额

资料来源：Wind资讯。

（二）推进中日经贸合作的建议

中日两国应扩大经贸合作空间，积极探寻经贸合作新的增长点。当前，中国正处于经济转型升级的历史节点，日本也在进行经济结构调整，双方今后可在绿色经济、老年产业、中小企业、现代农业、技术贸易等领域大力开展合作，进一步推动两国经贸合作转型升级。

——中国经济转型将为中日合作创造新机遇。中国经济转型重在实现由工业主导走向服务业主导。服务业不仅成为经济转型升级的主要推动力，也将不断释放经济增长的新动力。今后针对如何改进体制机制、引进经验、改善民生，中国还要进行积极的探索。未来中国将进一步开放服务贸易领域，而日本在这一领域具有很强的竞争力，可以作为今后两国经贸合作新的亮点。例如，日本在医疗健康产业、养老产业、零售业和流通业多年形成的成熟运行模式可以为中国服务业企业提供经验和借鉴。

——两国应抓住“一带一路”倡议带来的重大发展机遇，大力开展基础设施合作，共同开拓第三方市场。未来5～10年，“一带一路”亚洲部分的基础设施建设每年至少需要8000亿美元。现有的多边机构并不能提供如此巨额的资金，需要靠民间资本，这个民间资本不只包括中国和所在国的资金，也欢迎全世界的民间社会资本进入。另外，任何国家包括日本、国际性金融机构、银行以及主权基金、私募基金等都可以进入。

“一带一路”沿线65个国家，途经93个港口和城市，重点项目会达到几千个，其中基础设施项目有三四百个。基础设施互联互通和一些新技术、新产品、新业态、新商业模式的投资机会将会大量涌现。日本在基础设施建设、能源建设、工业化建设，道路、高铁、桥梁建设等方面具有先进的技术和丰富的经验，双方可以合作，共同开拓第三方市场。

——加强能源、环境、制造业等领域合作。中国是世界上能源密度最高的国家，目前中国的环境承载能力已达到或接近上限，必须推动形成绿色低碳循环发展新方式。而日本在节约能源、保护环境、发展循环经济方面具有丰富的经验，中日两国企业可以将环境和能源等方面的合作作为中日经贸发展新的增长点。

近年来，中国出现雾霾天气，中国政府已经下决心要治理环境、治理雾霾，今后在这方面的投资力度将会加大。日本在治理公害，特别是治理大气污染方面有过深刻的教训，也积累了丰富的经验和先进技术，双方合作互补性强，互惠互利。

——加强制造业合作。2015年5月，中国出台《中国制造2025规划》，该规划在“十三五”规划中被重点提及，“十三五”规划将推动“中国制造”加速走向“中国智造”。事实上，《中国制造2025规划》着重强调了十大重点领域的突破发展，新一代信息技术产业包括集成电路及专用装备、信息通信设备、操作系统及工业软件；高档数控机床和机器人、航空航天装备、海洋工程装备及高技术船舶、先进轨道交通装备、节能与新能源汽车、电力装备、农机装备、新材料、生物医药及高性能医疗器械等。中国制造业发展，可以与日本精细机械制造和化工产业、IT 等产业接轨，拓展中日制造业合作更广阔的空间。

——扩大人员交流与培训。国之交在于民相亲，中日关系 2000 多年来，即使在困难时期，民间友好交流也未曾中断过。增进两国民众的双方向交流和往来，有助于加深互相理解。比如，2015 年 5 月，一个由 3000 名日本各界人士组成的大型观光文化交流团，到访中国开展旅游交流活动，这是中日民间交流的一件盛事，对促进中日友好交流和旅游合作具有重要意义，其效果也是立竿见影。2015 年“十一黄金周”一周中，约有 40 万名中国游客前往日本旅游，出行人数比上年翻一番，刷新中国游客赴日本旅游人数的新纪录，消费金额预计达 100 亿元人民币，人均消费 2.5 万元人民币，远高于其他国家游客的平均消费水平，可以说是为日本打造了真正的“黄金周”。与近年来中国游客赴日旅游人数呈井喷式增长情况相反，日来华旅游人数有所下降。建议发挥民间力量，通过留学、旅游、培训等方式，扩大人员交流，增进相互理解。同时要发挥政经界知名人士的影响力，积极引导日本舆论，客观报道中国经济社会发展现状，塑造中国作为旅游目的地的正面形象，增强日本游客来华旅游信心。

——建立二轨对话长效机制，促进中日经贸关系健康发展。中日经贸关系是维系两国关系的重要基石。要解决好中日经贸关系发展中存在的种种问题，除了开启政府层面的对话外，还需要建立非官方的对话渠道。借助智库与专家平台进行先行先试的交流，达成一定共识后再上升到政府层面，形成二轨对话机制。这种二轨对话形式灵活、交流深入，可以发挥独特作用。建议由智库牵头，建立中日企业家和前高官对话的长效机制，为两国工商界搭建开诚布公交流思想和观点的平台，为改善两国经贸关系建言献策，推动中日关系健康稳定向前发展。

（三）关注日元汇率走势对人民币的影响

——全球货币开启竞争性贬值进程。2015 年以来，在全球经济发展动能不足、增长前景趋弱、各国通缩风险日益升温等因素的影响下，各国央行相继采取宽松货币政策，国际金融市场剧烈动荡，多国货币开启竞争性贬值进程。2015 年初，瑞士、新加坡、俄罗斯、中国等十多个央行实施降息和其他宽松政策，欧洲央行更是启动了欧版 QE 政策；6 月以来，全球多家央行宣布降息，包括韩国、新西兰、印度等国家；7月，日本央行表示继续维持量化宽松货币政策，维持货币基础年增80万亿日元的计划不变；8月，人民币汇率一次性贬值2%，对与中国贸易关联度较高的亚洲货币影响较大，其他国家随后开始贬值本国货币，比如，8月19日，越南央行调整越南盾对美元参考汇率，贬值1%，为年内第三次贬值，同时将越南盾交易区间从2%扩大至3%。8月20日，哈萨克斯坦宣布采取自由浮动汇率，哈萨克斯坦货币坚戈对美元汇率一日之内大幅贬值逾20%。

——部分新兴经济体采取宽松货币政策，汇率贬值或将成为常态。美元升值直接引发新兴经济体货币整体贬值，新兴经济体汇率贬值或将成为常态。近期，新兴经济体24种主要交易货币中，20种出现不同程度的贬值。印度卢比跌至17年来最低水平，南非兰特降到13年来最低水平，巴西雷亚尔创下12年来最低纪录。俄罗斯卢布在2014年受油价暴跌和乌克兰危机引发西方制裁的双重打击下，卢布对美元汇率贬值幅度一度超过50%，成为1998年俄罗斯债务危机以来最大的年度跌幅，卢布成为全球表现最差的货币。2015年以来，受国际油价反弹、俄罗斯外债负担和经济运行压力减轻的影响，卢布汇率筑底反弹，并在2015年2月至5月出现升值小高潮，为同期升值最快的世界主要币种。然而，随着国际油价再度下跌和外汇市场投机行为等因素影响，5月中旬卢布又开始大幅贬值。截至8月22日，卢布汇率达到68.1卢布/美元，三个月内卢布对美元贬值幅度高达27%。

受国际大宗商品价格下跌、资本外逃、自身结构性瓶颈、中国经济的再平衡以及地缘政治等因素的影响，新兴经济体整体面临经济增长减速，经济下行压力使新兴经济体货币承受进一步贬值的压力，新兴经济体货币贬值或将成为常态。

——关注日元汇率走势对人民币的影响。日元在超级量化宽松货币政策下大幅贬值，未来仍将呈持续贬值态势。应密切关注日元汇率走势对人民币的影响，防范出现竞争性货币贬值，防范出现货币战争。

（四）关注日本经济政策新动向

安倍新内阁“新三支箭”回避了安倍政府先期提出的深化经济改革等核心内容，避开了日本经济面临的问题实质。只靠更加宽松的货币政策，装饰日本经济的数字门面。因此，日本经济能否靠“新三支箭”真正走上成长轨道，有待市场检验。中国应关注安倍经济学发展新动向。鉴于安倍经济学的“新三支箭”政策前景不可预期，中国作为日本的邻国和重要的贸易伙伴，应做好全方位的应对措施。建议持续跟踪日本国内经济走势和政治动向，关注安倍经济学能否带领日本真正走出通货紧缩及日本结构性改革的效果，注意防范安倍经济学失败对中国经济发展造成连锁反应。

（五）关注 TPP 对中国的影响

美日等国达成 TPP 基本协议，对我国的影响有限，中国应打好自己手中的牌，加快以中国为主导的自贸区建设。目前，中国在建自贸区有 19 个，涉及 32 个国家和地区。中国已签署自贸协定 14 个，涉及 22 个国家和地区，自贸伙伴遍及亚洲、拉美洲、大洋洲、欧洲。正在谈判的自贸区有 8 个，包括中国－海合会、中国－挪威、中日韩、《区域全面经济合作伙伴关系协定》（RCEP）、中国－东盟自贸协定（“10＋1”）升级谈判、中国－斯里兰卡、中国－巴基斯坦自贸协定第二阶段谈判、中国－马尔代夫。正在研究的自贸区有 4 个，包括中国－印度、中国－哥伦比亚、中国－格鲁吉亚、中国－摩尔多瓦。优惠贸易安排 1 个，即亚太贸易协定。

我们应充分利用中国手中最大的牌——自身就是世界最大市场，加快以中国为主导的自贸区建设，抵消 TPP 对我国出口的负面影响。一是加快推动中国－东盟自贸区和其他国家自贸区的开放力度，巩固深化与东亚成员之间的经贸合作机制。二是加快推进 RCEP 谈判和中日韩自贸区谈判，发挥中国主导作用。三是积极与 TPP 成员方进行双边自贸区谈判，消除 TPP 对中国的影响。四是积极推进中美 BIT 谈判，以中美 BIT 谈判为契机，采取以负面清单和准入前国民待遇等为基础的高水平投资自由化措施，融入当前国际投资规则制定的进程。五是进一步推进上海自贸区建设，通过改革进一步扩大开放，通过开放进一步倒逼改革。六是配合“一带一路”战略，推动我国与周边国家的自贸协定谈判。

同时，立足长远发展战略，加快改革步伐，主动对接全球贸易新规则。TPP 相关条款对中国构成挑战的同时也是一种机遇。TPP 中的诸多规则均与中国未来长远发展战略相一致，如服务贸易发展、知识产权保护等。中国应主动对接全球贸易新规则，加快国内改革步伐，加速国企、竞争政策、知识产权、劳动权益等方面的改革。

（六）借鉴日本对外援助助力本国经济发展的经验

借鉴日本对外援助经验，帮助中国企业走出去，发展中国经济。日本对外援助政策与其外交战略相配合，从“开发援助”向“战略援助”变迁。日本通过对外援助为发展中国家提供日元贷款、无偿资金援助和技术援助，帮助其改善基础设施、发展当地经济，同时通过扩大日本的成套设备出口，帮助日本企业“走出去”，促进日本经济发展。日本通过资源整合，有效协调国际协力机构（JICA）、国际协力银行（JBIC）和亚洲开发银行（ADB，亚行）三大机构，民营企业、非政府组织、地方政府、大学和科研机构以及国际援助组织，积极开展对外援助，提高援助效率，保证项目质量。同时，在对外援助过程中，实现了对受援国从政府到民间的逐层交流与合作，间接将日本对外援助理念、日本的科技与文化等渗透到受援国的各个层面，扩大了日本对受援国的影响。日本对外援助改革措施及其通过资源整合与协同效应推动本国经济发展的经验，为中国开展对外援助提供了重要借鉴。

——提升援助政策的决策与实施能力，保持政策的一贯性。目前，中国商务部是中国对外援助的主管部门。商务部援外司（下设 14 处 1 室）负责拟订并组织实施对外援助的政策和方案，推进对外援助方式改革，组织对外援助谈判并签署协议，处理政府间援助事务，编制对外援助计划并组织实施，监督检查对外援助项目的实施。借鉴日本经验，建议国务院设立海外发展合作委员会，直接由总理负责，包括负责外事工作的国务委员、外交部部长、商务部部长、财政部部长，以充分讨论与统筹规划海外发展合作的基本战略与政策。

——以国家安全和利益为目标确定对外援助战略，将外交部作为对外援助协调的核心机构。对外援助是以国家安全和利益为目标，具有长期性、连贯性的国家战略。战略集中意味着中国对外援助的战略方向与资源分配必须有适当的轻重缓急次序，否则会导致战略分散与过度伸展，增加援助的政治成本和经济成本。当前，商务部在中国对外援助中的主导作用是历史形成的，这种对外援助管理机制已不能充分满足对外援助战略的现实需要。建议改革对外援助行政管理体制，改变商务部作为对外援助主管部门的角色，将外交部作为对外援助协调的核心机构，负责对外援助政策规划、制定与评估，保留商务部对外援助司作为对外援助的实施机构。

——发挥政策性金融机构作用的同时，重视社会资本的参与。国家开发银行（国开行）是中国对外援助的政策性金融机构。主要通过开展中长期信贷与投资等金融业务，支持国家“走出去”战略，拓展国际合作业务。主要业绩包括：推进基础设施、清洁能源、中小企业等领域的国际合作，推动五矿联合体收购秘鲁拉斯邦巴斯铜矿等一批重大项目实施；服务“一带一路”建设，参与设立丝路基金，发挥上合银联体和中国－东盟银联体的平台支持作用，促进沿线项目取得进展。截至2014年末，外币贷款余额2670亿美元。在发挥政策性金融机构对外援助作用的同时，应积极引进社会资本，实现对外援助模式从政府投资、运营主导向PPP模式或民间主导模式转变。

——充分发挥亚投行的作用，带动中国对外援助发展。日本成功通过亚行实施对外援助，实现其外交战略。借鉴日本经验，中国可利用亚投行推动中国对外援助，对亚投行进行配套资金支持，助力中国企业“走出去”，为世界发展做出贡献。亚投行的建设，将为亚太地区国家的基础设施建设提供融资支持，带动区域内各国的经济发展，对拉动这些国家的经济复苏、促进全球经济的可持续发展起到重要作用。同时，亚投行作为“一带一路”的投融资平台，能够帮助“一带一路”不断深化互联互通建设，提高“一带一路”区域的投资能力和分散投资风险，并平衡多个国家在该地区的利益。由于目前许多国家对基础设施建设和推进工业化的需求强劲，而中国很多装备和产能质优价廉，综合配套能力强，与这些国家有很高的契合度。中国装备走出去、推动国际产能合作，不仅有利于中国盘活存量资产，推动中国经济从中低端向中高端迈进，也有利于其他国家加快工业化进程、扩大就业，还可以为中国与发达国家合作开拓第三方市场创造更多机遇，这是“各得其所、互利共赢”的好事。

——充分整合各方优势，增强对外援助协同效应。中国应充分整合政府机构、国开行、亚投行、民间企业、NGO与科研院所、民间智库等资源，增强对外援助的协同效应。目前，中国NGO尚处于起步阶段，中国政府可以通过扶持、资助、指导和协调来培育中国自己的NGO，充分发挥NGO的作用，促进NGO参与对外援助。通过与高校和科研院所合作，培养对外援助人才，派遣海外志愿者和高技术人才，加大对外技术援助。增强大众对对外援助的理解与参与，定期出版《中国的对外援助》白皮书以提高对外援助项目与政策的透明度。

参考文献

白云真：《21世纪日本对外援助变革及其对中国的启示》，《教学与研究》2014年第

7期。

蔡柳梅：《“新三支箭”能否让日经济上行?》，《人民日报》（海外版）2015年10月10日。

曹岳：《日本为什么视亚投行是对手》，《国际在线》2015年3月26日。

方齐胜：《日本国营铁路对外的技术援助》（编译），《铁道科技动态》1980年第11期。

黄梅波、蒙婷凤：《新世纪日本的对外援助及其管理》，《国际经济合作》2011年第2期。

江玮：《日本加紧出击亚洲基础设施投资，金额或超亚投行》，《财经》2015年6月22日。

乐绍延：《安倍首相新内阁面临挑战：经济形势不乐观》，新华网，2015年10月7日。

逯新红：《2014年日本经济形势分析与展望》，载中国国际经济交流中心编著《国际经济分析与展望（2014～2015）》，社会科学文献出版社，2015。

逯新红：《全球经济温和复苏，经济引擎悄然调转》，《上海证券报》2015年7月23日。

逯新红：《中国经济运行新特点新趋势新机会》，《上海证券报》2015年6月18日。

逯新红、杨远沛：《汇率市场化中的风险控制》，《中国金融》2015年第4期。

邵海鹏：《TPP零关税来袭日本农业还能撑多久?》，第一财经网站，2015年10月7日。

许缘、乐绍延：《安倍鼓吹“安倍经济学”第二阶段“新三支箭”》，新华网，2015年9月25日。

杨爽：《日本政策性金融体系发展改革的经验、教训及启示》，《北方经济》2013年第4期。

姚帅：《透视日本对外援助新政策》，《国际经济合作》2015年第5期。

赵放：《日本政策性金融机构改革评析》，《现代日本经济》2008年第5期。

《解读：“安倍经济学”的新三支箭为何会遭到质疑》，澎湃新闻，2015年10月8日。

日本外务省：《政府开发援助（ODA）白皮书（2014）》，2015。

《日本30多年对华援助近2900亿人民币》，网易新闻，2012年7月2日。

《日本国际协力银行营运特点》，《人民日报》2004年5月18日。

《日媒：安倍“新三支箭”运行堪忧需根本性改革》，中国新闻网，2015年10月8日。

《亚行和日本向菲律宾提供4亿美元贷款援助》，中国驻菲律宾共和国大使馆经济商务参赞处网站，2012年5月9日。

（撰稿人：逯新红，中国国际经济交流中心战略研究部副研究员）

印度经济形势分析与展望

国际金融危机以来，印度经济增速不断下滑，国民普遍具有“呼唤强人”的求变心态。2014 年 5 月的大选，不仅认可了印度人民党取代国大党的现实，而且造就人民党在印度议会下院的绝对多数；更为重要的是，头顶古吉拉特模式光环的印度人民党领袖纳伦德拉·莫迪就任印度新总理。这一系列事件预示着，上台后的印度强势新政府将致力于经济发展，满足国民对经济发展的期许。2015 年印度新政府为发展经济而奋力抗争，下了许多猛药，治理印度经济的顽症。印度经济到底进展如何，值得盘点。

一　印度政府推动经济发展的重大举措

2015 年，印度新政府大力推进改革，连续出台一系列政策措施，促进经济发展，表现了打造经济强国的雄心。

（一）通过大刀阔斧地推进改革，印度新政府推出一系列政策措施，夯实经济基础，推动经济复苏

一是推出年度预算案，彰显了印度新政府的改革决心。2015 年 2 月 28 日，印度财长阿伦·贾伊特利在议会发布了新财年的预算案。预算案指出，印度新政府将向基建领域新增 7000 亿卢比（约合 113 亿美元）的投资。其中，向农村基础设施建设基金新增 2500 亿卢比的投资；增加对公路和铁路等道路基础设施建设的投资，将向铁路和公路基础设施建设开放免税的基建债券，并设立基础设施

基金，加大国家投资。将来4年间，印度政府还将把公司税由30%降至25%，与此同时还将削减金属零部件、绝缘线和电缆、冰箱冷凝器零部件、集成电路组件用晶片等元器件的关税或货物税，加大进口力度。同时提出，3年内使财政赤字削减至国内生产总值（GDP）的3%，加大赤字削减力度，为财政支持经济发展提供充足的空间。2015年度的财政预算案表明了印度新政府致力于通过经济发展解决社会公平问题的基本思路，将更多资金从社会公平性补贴转移到基础设施投资上去推动经济发展，凸显了印度新政府推动基础设施建设、改善企业经营环境的政策导向，彰显了印度新政府发展经济的坚定决心。①

二是印度新政府通过改革，释放人口红利，全面落实以提升工业和基建水平为核心的“印度制造”计划，打造全球制造王国；充分利用印度在信息技术和软件开发行业的优势，加大投资力度，推进“数字印度”实现，致力于推动印度制造业和信息化发展，进一步带动经济社会发展。新政府上台之后，印度改革传统的体制机制，减少行政审批，简化税收制度，成品进口征收双倍关税，零部件关税削减至零，解决令人头疼的企业监管和上报要求问题，破除阻碍发展的官僚主义思维，建立有利于企业发展的体制机制，为吸引境外企业投资营造良好的制度环境，吸引跨国制造业巨头将生产和研发中心转移到印度，促进印度交通、煤炭、电子、化工、食品加工等约25个领域的制造业发展。推进“印度制造”时代的早日到来，致力于将制造业占印度国内生产总值的比重从当前的15%提升到25%，每年新增劳动力就业岗位约1200万个。据印度《经济时报》报道，在10月27日举办的“印度PPP（公私合作）峰会”上，印度道路交通部部长表示，政府2016年就100个公路项目进行招标，大力推进交通基础设施升级；立足印度信息技术、物联网优势，加大中小城市以及农村的高速宽带网络建设，推进“数字印度”建设，尽快赶超先进国家。

三是莫迪亲力亲为，加大招商引资力度，吸引外资到印度投资。在吸引投资、打造“印度制造”方面，莫迪亲力亲为去招商引资。2015年，总理莫迪密集出访，核心要义是开展经济外交，吸引外国投资和印度侨资到印度投资。不论出访哪个国家，总理莫迪总是利用出访的机会，与企业家会谈，宣介“印度制造”，游说外国投资者，争取当地印侨支援印度建设。一年来，莫迪在让外交为

① 有关印度2015年年度预算案的内容参阅余勇刚、唐璐《印度政府公布年度预算案》，搜狐资讯，http：//roll. sohu. com/20150228/n409232182. shtml。

经济服务方面，做到了极致。比如，在出访中国上海过程中，莫迪与包括小米、阿里巴巴、华为、中影集团和上海东方传媒等在内的22家中国企业CEO见面，大谈他提出的“印度制造”政策，欢迎中国企业到印度投资，呼吁更多中国企业加大对印度投资。在“中国－印度经贸论坛”上，莫迪指出，21世纪是属于亚洲的世纪，印度市场潜力巨大，政府致力完善印度的营商环境，中国企业要把握到印度投资的历史机遇。最终，莫迪见证了中印两国签署21项合作谅解备忘录，价值超过220亿美元，涵盖了能源、工业园区、钢铁、金融、媒体娱乐等多个领域。

四是提出打造智慧城市的城镇化战略。印度计划升级城市，并制定了宏伟的计划，将在全国建造100座“智能城市”，包括对高科技基础设施进行升级的老城市和全新的城市中心。目前，这样的印度智慧城市已在建设，在连接德里和孟买的走廊上，以货运线为依托、跨越6个邦的高科技工业区正在飞速建设。这个城镇化战略意在通过房地产市场的发展，在满足印度人口城镇化需求的基础上，加大解决发展动力，推动印度经济快速发展。

五是未雨绸缪，提前布局国际市场经营。[①] 与中国的“一带一路”战略相似，印度政府已经准备好启动“季风”（Mausam）计划，主动经营海外市场。印度国大党执政时期，负责海外侨务和人力资源开发事务的国务部部长沙希·塔罗尔就不停推销“印度洋共同体”的理念。“拉吉夫·甘地中心”的研究人员对此进行了深入研究，把“印度洋共同体”的理念完善成印度的海外市场战略，并冠以“季风计划”的美名。上台之后的莫迪政府很快注意到了这一计划，并纳入新政府的海外市场战略，以应对中国的“一带一路”战略。该计划的主要内容是，立足印度文化对环印度洋区域的深远影响，依托环印度洋国家间悠久的贸易往来历史，以印度为主导，联合开发海洋资源，促进经贸合作，推进环印度洋地区各国的区域经济一体化等。这意味着，印度政府在区域经济一体化上将立足南亚次大陆，致力于在广义的印度洋世界建立以印度主导的，囊括从东非、阿拉伯半岛、印度次大陆、斯里兰卡一直到东南亚群岛的国家和地区的合作新平台，即在国际市场分割方面，印度致力于建立“印度主导的海洋世界”，在古印度文明影响的范围内强化印度在区域经济和安全等领域的主导地位，以期在全球

① 参阅马欢、梁梓彤《“莫迪牌计划”重塑印度世纪》，《时代周刊》2015年5月19日，http：//www. time-weekly. com/html/20150519/29725_ 1. html。

区域经济一体化竞争中站稳脚跟。“季风计划”被新政府采纳，充分体现了新政府利用与印度洋海域国家的“老关系”充实自己地缘实力的雄心。

六是动用一切手段凝聚市场对经济增长的信心。市场经济是法治经济，更是信心经济。为推动经济增长，尽可能实现建立强大印度的目标，印度新政府采取一切手段凝聚市场对经济增长的信心。第一，印度新政府不断整肃吏治，强化政府形象。印度新政府特别重视公务员队伍建设，强化反腐，改变以往慵懒的形象，提高政府效率，树立良好的社会形象，给市场以信心。第二，政府利用一切机会讲好印度故事，使印度成为世界雷达的一个亮点。印度政府特别是总理莫迪利用密集出访的机会大讲印度的优势，树立印度的正面形象，吸引外国资本到印度投资。第三，改变统计方法拉高 GDP 增长率，打造市场信心引导利器。为了给经受多年 GDP 增长率连续下跌的市场提振信心，印度政府改变了 GDP 的统计方法，人为拉高了 GDP 增长率。2014 年底，印度统计部门改变了 GDP 的计算方法和基准年，将基准年从 2004～2005 年切换至 2011～2012 年，压低了同比分母，有利于得到较高的经济增长率；以市场价格而非要素成本统计 GDP，将商品及服务的增加值和间接税考虑在内，拉高了 GDP。虽然受到专业人士的诟病，但印度政府这样调整的意图在于通过靓丽的经济数据鼓舞士气，凝聚市场对经济增长的信心，增加对外资的吸引力，推动印度经济增长。

（二）配合印度新政府的改革措施，印度央行四度降息，为经济发展创造有利的金融环境

主要得益于国际油价大跌，多年来一直高企的印度通胀出现缓和。这为印度央行通过降息刺激经济增长提供了空间，年内印度央行已经降息四次。2015 年 1 月 15 日，印度央行宣布下调基准利率 25 个基点，至 7.75%，帮助政府实现强力削减财政赤字的目标。2015 年 3 月 4 日，考虑到印度国内经济动能仍未完全发挥，经济指标不容乐观，商业信贷紧张，印度央行宣布二度降息，将商业银行贷款回购利率由此前的 7.75% 降至 7.50%，幅度同样为 25 个基点。2015 年 6 月 2 日，为了把通胀和财政赤字控制在一定范围内，促进住房和汽车等贷款的同时还降低企业融资成本，印度央行第三次宣布下调基准利率 0.25 个百分点，将回购利率从 7.5% 下调至 7.25%，同时将逆回购利率从 6.5% 下调至 6.25%，维持 4% 的现金存款准备金率不变。2015 年 9 月 29 日，为刺激国内经济增长，并帮助政府削减财政赤字，印度央行第四次宣布将回购利率从 7.25% 下调至 6.75%，

将逆回购利率从6.25%下调至5.75%，维持4%的现金存款准备金率不变。印度央行2015年四次大幅度降息旨在刺激经济增长，同时为削减财政赤字创造条件。如此频繁和大幅度的降息，给印度经济发展提供了有利的宽松金融环境，有力地支撑了印度政府经济增长的目标实现。

二　印度经济2015年度的表现

印度人民党领袖莫迪是在印度经济增速持续下滑的背景下，借助“古吉拉特模式”的光环上台执政的，致力于全力推进改革以促进经济增长，打造强大的印度。所以，2015年也是印度新政府全力推进经济增长的一年。

（一）印度经济增速情况

在世界经济整体增长和复苏乏力的大背景下，印度新政府大力推进改革，全力推进经济发展，受到国际社会的普遍看好。为了摆脱印度经济增速持续下滑的阴影，凝聚市场人心，印度还修改了GDP统计方法和参考的基准年份，打造印度经济增长的新起点。根据调整GDP统计方法和基准年后的统计方法，印度中央统计局公布了印度经济增长的数据。印度的GDP统计是按照财年进行的，统计期限是每年的第二季度至下一年的第一个季度。如图1所示，根据印度国家统计局公布的数据，国际金融危机以来，印度GDP增速的最高点是2010年，达到8%，此后一路下跌，2011年和2012年是4.9%，2013年是4.7%。经过统计方法的改变，根据印度中央统计局公布的数据，2014～2015财年（2014年4月1日至2015年3月31日）印度GDP增速为7.3%，其中新政府执政后的2015年一季度GDP增速为7.5%。

与其他新兴经济体的经济相比，印度经济增速的表现十分抢眼。如图2所示，2015年二季度新兴经济体经济增长动能普遍趋弱，印度、墨西哥、南非、巴西和俄罗斯GDP同比增速分别从上季度的7.54%、2.55%、2.10%、-1.56%和-2.20%放缓至7.04%、2.18%、1.16%、-2.58%和-4.6%，中国与上季度持平于7.0%。二季度，印度一跃而成为经济增速最快的金砖国家。应该说，在世界经济复苏普遍不景气的背景下，印度政府的促增长措施确实对推进印度经济发展起到很大作用。

但是，对如此急剧的大拐点，市场普遍对最新统计数据抱有疑虑。英国

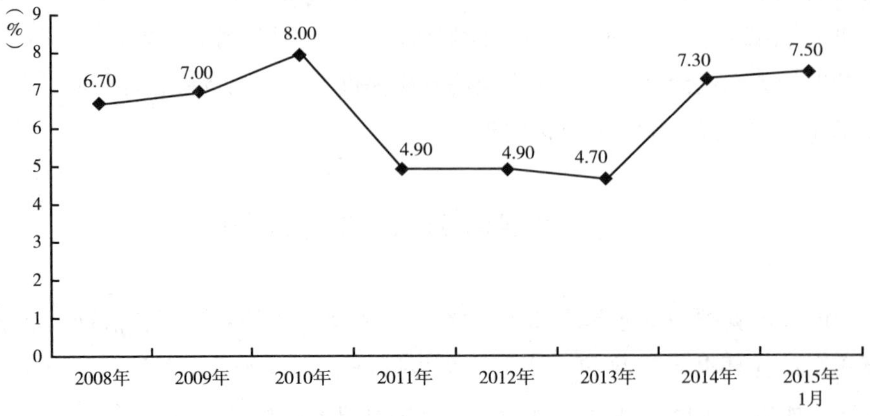

图1　国际金融危机以来印度 GDP 增速发展趋势

资料来源：印度国家统计局。

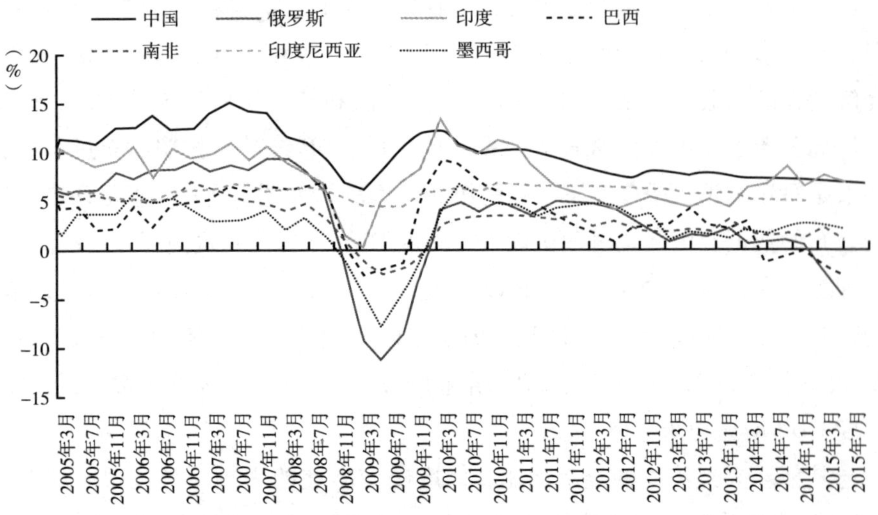

图2　印度经济增速（季度）与其他新兴经济体的比较

资料来源：Wind 资讯。

《金融时报》指出，来自印度官方的较高增长数据是一系列调整的结果，包括将基准年从 2004～2005 年切换至 2011～2012 年。这些变化将 2013～2014 年 GDP 增速从 4.7% 推高至 6.9%，而上年的增速从 4.5% 上升至 5.1%。路透社也认为，印度从 2014 年 12 月起当季 GDP 数据表现强劲，在很大程度上归因于调整了 GDP 的计算方法及基准年。除调整基准年外，印度以市场价格而非要素成本计算 GDP，将商品及服务的增加值和间接税考虑在内，也无疑拉高了 GDP 增长率。外国投资者和印度商界领袖也对新的计算方法抱有深切疑虑，他们表示，印度经济现在才刚开始回暖，并非特别强劲。① 2015 年 10 月 9 日，经合组织发表的《经济展望报告》指出，印度本财年的经济增长率有望达到 7.2%；10 月 16 日，美林银行在公布的报告中预测印度本财年经济增速为 7.4%；10 月 6 日，国际货币基金组织发布最新一期的《世界经济展望》，IMF 对印度经济增长率的预测为 7.3%；印度财政部部长阿朗·杰特利预计本财年经济增速为 7.5%；印度首席经济顾问萨勃拉曼尼亚预计印度本财年增速有望达到 8%。总体来看，虽然市场指出如此之高的增长率的不实之处，但认可了印度政府这样操作的苦心，也基本认可了印度经济开始回暖的发展趋势。因此，考虑到印度 GDP 统计口径的变化，综合来讲，印度经济增速 2015 年的表现应该为止跌回升。

（二）印度进出口情况

印度新政府推进经济增长的一个重要手段也是最重要的目标之一就是推进印度工业快速发展，以增加出口，增加就业。尽管印度新政府为促进出口采取了一系列刺激措施，但因工业基础过于薄弱，印度进出口（特别是货物）的情况并不乐观。

首先，印度 2015 年的进出口总额呈现逐月递增态势，但同比增长率呈现逐月下降态势。如图 3 所示，印度商工部公布的统计资料，1 ~9 月份，印度的进出口总额呈现逐月增加态势，但同比呈大幅下降态势。1 月份的进出口贸易总额约为 5647900 万美元，较 2014 年同期下降了 675900 万美元，同比降幅为 10.7%；1 ~9 月份，印度的货物进出口贸易总额约为 50019100 万美元，较 2014 年同期下降了约 8918800 万美元，同比降幅高达 15.1%。另据印度商工部 7 月 15 日发布的统计数据，2015 年 6 月份，印度进出口贸易额约 554 亿美元，同比下降 18.06%。印度《经济时报》10 月 16 日报道，9 月份印度出口 218.45 亿美元，同比下降 24.3%，创下近十个月来最大跌幅。这两个月的数据都考虑到了

① 马欢、刘菲：《经济增速将首超中国　印度象飞奔在路上》，《时代周报》2015 年 6 月 16 日。

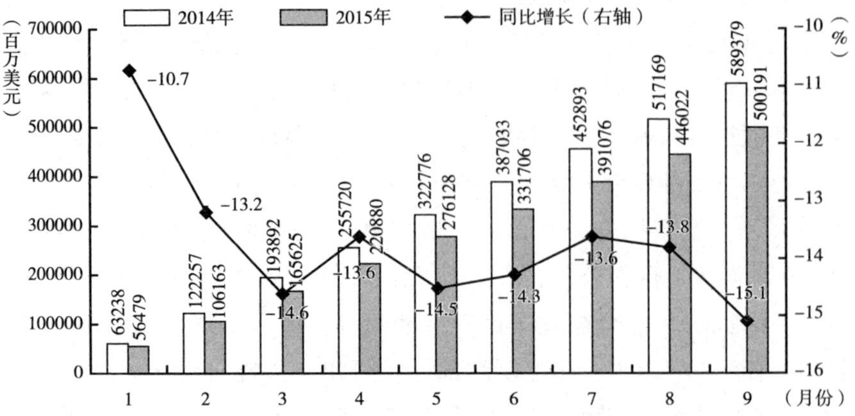

图 3　印度 2014、2015 年前三季度货物进出口总额变化趋势

资料来源：印度商工部。转引自：北海居。

服务贸易的下滑因素。所以，总体来看，印度进出口总额 2015 年处于大幅下滑趋势，印度的进出口总额较上年大幅下滑，十分不景气。

其次，印度的出口额总体下滑，而且出现了同比大幅下滑。

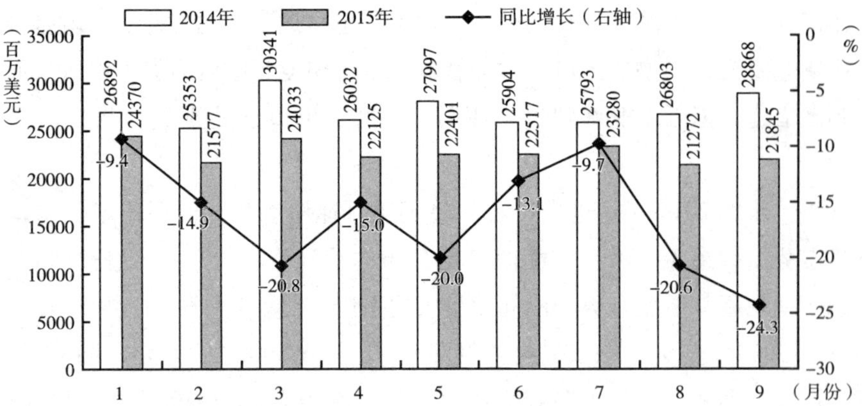

图 4　印度 2015 年货物出口总额变化趋势

资料来源：印度商工部。转引自：北海居。

据印度商工部的统计数据，如图 4 所示，印度 2015 年 1 月份货物出口额为 2437000 万美元，同比下降 9.4%；3 月份、5 月份和 8 月份印度货物出口额分别为 2403300 万美元、2240100 万美元和 2127200 万美元，分别同比下降了 20.8%、

20.0%和20.6%；9月份印度货物出口额为2184500万美元，同比下降幅度为24.3%，创下近十个月来最大跌幅。另据7月15日发布的统计数据，印度6月份的出口额为2228900万美元，同比下降15.82%；印度《经济时报》10月16日报道，因黄金和原油进口数量锐减，9月份印度出口额为2184000万美元，同比下降24.3%，是2009年7月以来最大降幅。这两个月的数据都考虑到了服务贸易的下滑因素。

与其他金砖国家相比，印度在出口同比增速方面表现一般。如图5所示，总体来看，2015年出口表现最好的是南非，其次是中国，巴西第三，印度第四，仅好于俄罗斯。8月份，南非出口金额较上年同期上升14.12%，中国、印度、俄罗斯和巴西出口金额分别比上年同期下降了5.50%、20.64%、38.95%和24.33%。原油价格下挫，是重创俄罗斯出口的根本原因。

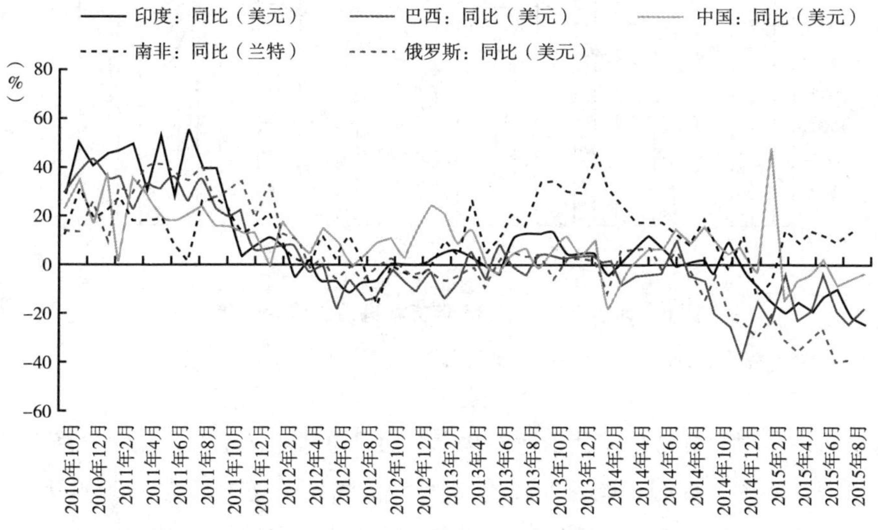

图5 印度出口同比增速与其他金砖国家的比较

资料来源：Wind资讯。

总起来看，印度货物出口额各月都呈现大幅下滑态势，印度出口总体也呈现大幅下滑态势，形势不容乐观。

再次，印度的进口额总体下滑，而且出现同比大幅下滑。据印度商工部的统计数据，如图6所示，印度2015年1月份货物进口额为3210900万美元，同比下降11.7%；2月份、3月份和5月份印度货物进口额分别为2810800万美元、

3542900 万美元和 3284600 万美元，分别同比下降了 16.5%、14.2% 和 15.9%；9 月份印度货物进口额为 3232400 万美元，同比下降幅度为 25.4%，也创下近十个月来最大跌幅。另据 7 月 15 日发布的统计数据，印度 6 月份的进口额为 3311600 万美元，同比下降 13.40%。印度《经济时报》10 月 16 日报道，9 月份印度进口额约为 4279000 万美元，同比下降 25%，跌幅亦为 2009 年 9 月以来最大。这两个月的数据考虑了服务贸易进口的下滑因素。总起来看，印度货物进口额各月都呈现大幅下滑态势，印度进口总体也呈现大幅下滑态势，进口活力下降。

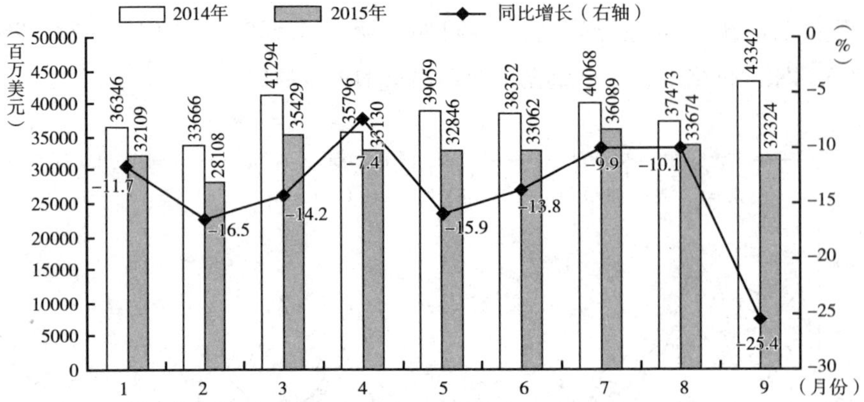

图 6　印度 2014～2015 年货物进口总额变化趋势

资料来源：印度商工部。转引自：北海居。

最后，印度的贸易总体处于逆差状态，而且总体震荡上升。据印度商工部的统计数据，如图 7 所示，印度 2015 年 1 月份货物贸易逆差额为 773900 万美元，2 月份为 653100 万美元，3 月份为 1139600 万美元，4 月份为 1100500 万美元，5 月份为 1044500 万美元，6 月份为 1054500 万美元，7 月份为 1280900 万美元，8 月份为 1240200 万美元，9 月份为 1047900 万美元，每个月都是逆差。另据 7 月 15 日发布的统计数据，印度 6 月份的进出口逆差约为 1087200 万美元；印度《经济时报》10 月 16 日报道，印度 9 月份的进出口逆差约为 1047000 万美元。这两个月的数据考虑了服务贸易进出口的因素。总起来看，印度的进出口逆差的主要来源是货物贸易逆差，有时扩大有时收窄，进出口贸易整体处于逆差状态。

与其他金砖国家相比较，印度在贸易逆差方面表现最差。如图 8 所示，总体

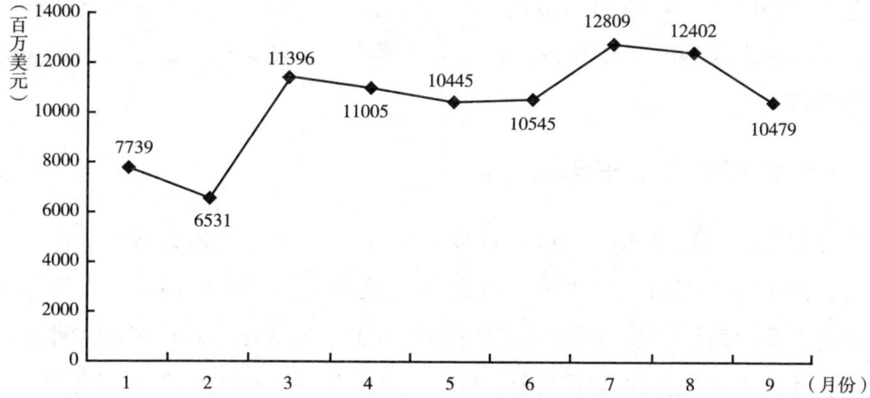

图 7　印度 2015 年前三季度货物贸易逆差变化趋势

资料来源：印度商工部。转引自：北海居。

来看，2015 年，中国对外贸易逆差波动较大，但整体表现为顺差；俄罗斯表现稳定，全部为顺差；巴西基本保持了进出口平衡；印度基本表现为逆差。9 月份，印度贸易逆差 104.79 亿美元，逆差较上月减少 19.24 亿美元；中国贸易顺差 603.42 亿美元，较上月增加 1.07 亿美元；巴西贸易顺差为 29.44 亿美元，较上月增加 2.55 亿美元。

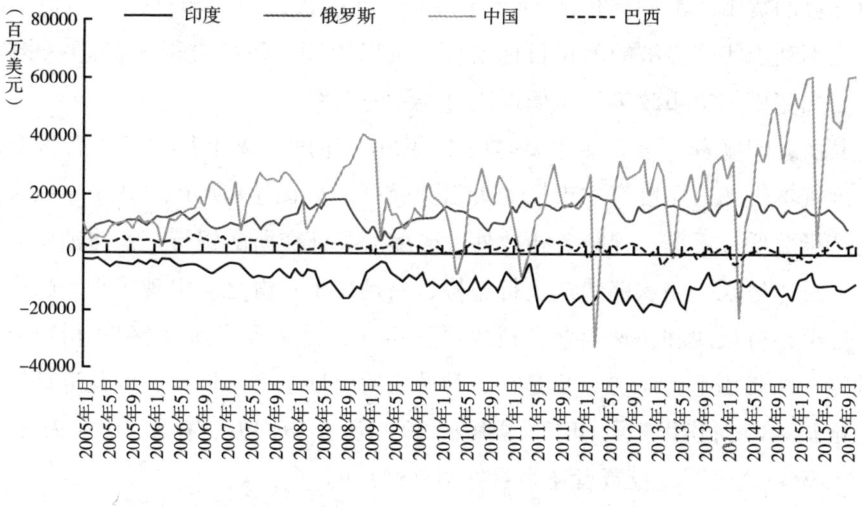

图 8　印度 2005～2015 年贸易逆差与其他金砖国家的比较

资料来源：Wind 资讯。

总之，2015年，由于国际市场整体处于活力下降状态，印度的进出口、出口、进口都表现为额度下降态势；而且由于第二产业极其薄弱，印度进出口整体处于逆差状态。

（三）印度的金融市场稳定状况

印度新政府以经济增长为核心目标，2015年不断加大政策调整力度，为经济增长付出了巨大努力。2015年，在这些政策措施的综合作用下，印度金融市场上卢比汇率、股票市场以及外汇储备都发生了很大变化，直接影响着印度的金融稳定。经济发展还要以经济稳定，特别是金融稳定为前提。考察印度的金融市场稳定极有必要。

首先，印度货币卢比兑美元的汇率发生了一定贬值，但相对其他金砖国家的货币汇率仍处于相对高位。如图9所示，美元兑卢比的汇率2015年前半年处于升值状态，经过卢比的四次贬值以及美元的走强，最近开始出现一定幅度的贬值。也就是说，总体来看，2015年以来至10月22日，印度卢比相对美元贬值2.87%。而同期，人民币兑美元汇率贬值3.77%，俄罗斯卢布相对美元贬值11.33%；南非兰特相对美元贬值17.13%，巴西雷亚尔相对美元贬值高达48.19%。所以说，印度卢比相对美元贬值的幅度是所有金砖国家中最小的，是相对强势的货币。汇率高位的卢比有利于印度进口，但对印度出口造成不利影响，也不利于印度经济的增长目标实现。可以预期，印度央行还将进一步降息，实行更加宽松的货币政策，压低卢比对美元的汇率。

其次，印度资本市场（主要是股市）2015年度总体上行，标志着投资者看好印度资本市场，印度资本市场的吸引力较强。如图10所示，2015年以来，除房地产指数低位震荡、保持负指数外，印度孟买证交所的银行、快速消费品的分项指数总体呈现一路震荡快速上行态势，只是在3月份之后出现了较大幅度的回调，近期银行板块和快速消费品板块再度走强；孟买证交所敏感30指数前期也表现为一路震荡上行态势，只是在3月份之后出现了大幅回调，但是近期又恢复了正增长。10月份以来，印度孟买敏感30指数企稳回升，截至10月21日上涨了4.33%。这表明，投资者还是看好印度经济的。

与其他金砖国家相比较，印度股市表现抢眼。如图11所示，印度股市是金砖国家中表现最好的。2010年以来至2015年10月21日，金砖国家中印度和中国的股市整体上行，分别上涨了56.24%和1.33%；巴西和俄罗斯的股市则双双

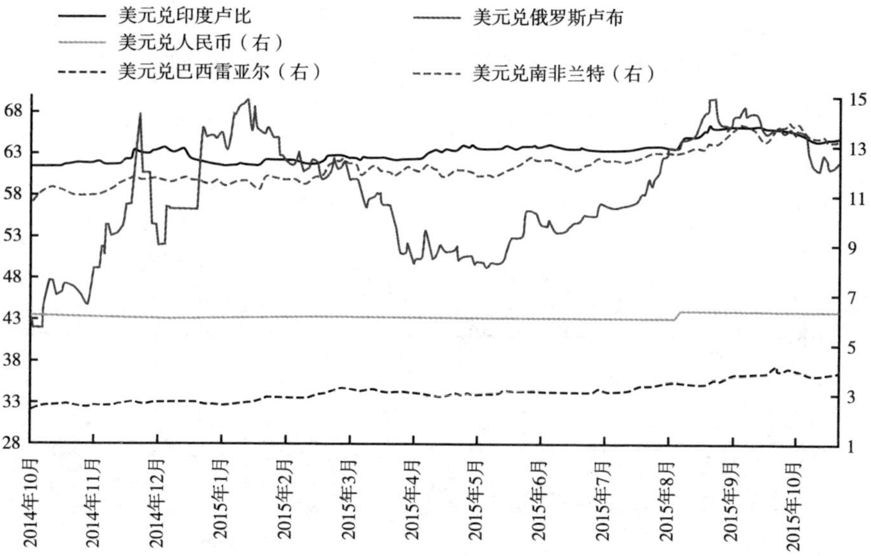

图9　印度汇率与其他金砖国家的比较

资料来源：Wind 资讯。

表现为大幅下行，分别下跌了 31.44% 和 40.68%，俄罗斯因被国际制裁和大宗商品价格下滑而股市表现最差，继续垫底。在央行不断降息的刺激下，上行态势起于 2013 年的印度股市在金砖国家股市中表现最强。

再次，印度的外汇储备规模虽然出现了小幅回调，但基本维持稳定。如图 12 所示，进入 2015 年以来，印度的外汇储备规模先是出现了下滑，然后进入 3 月份之后又开始回升。截至目前，印度外汇储备规模整体低于上年的平均规模，出现了小幅下滑，但是波动幅度不大，整体维持稳定。近期，印度外汇储备又出现了下滑迹象。2015 年 9 月，印度的官方储备较上月减少了 19.42 亿美元，至 3499.8 亿美元。与其他新兴经济体相比，印度外汇储备规模波动幅度较小，基本稳定。如图 12 所示，2015 年以来，印度尼西亚的外汇储备规模低位下滑；俄罗斯、印度和巴西的外汇储备规模变化不大，基本稳定；南非外汇储备规模维持低位稳定。近期俄罗斯外汇储备规模出现回升迹象，印度和巴西出现小幅下滑迹象，南非还是维持稳定。2015 年 9 月，俄罗斯外汇储备资产增加了 49.24 亿美元，至 3712.67 亿美元；巴西减少了 67.89 亿美元，至 3613.70 亿美元；南非增加了 0.48 亿美元，至 461.26 亿美元。总体来看，新兴经济体面临外汇储备下滑

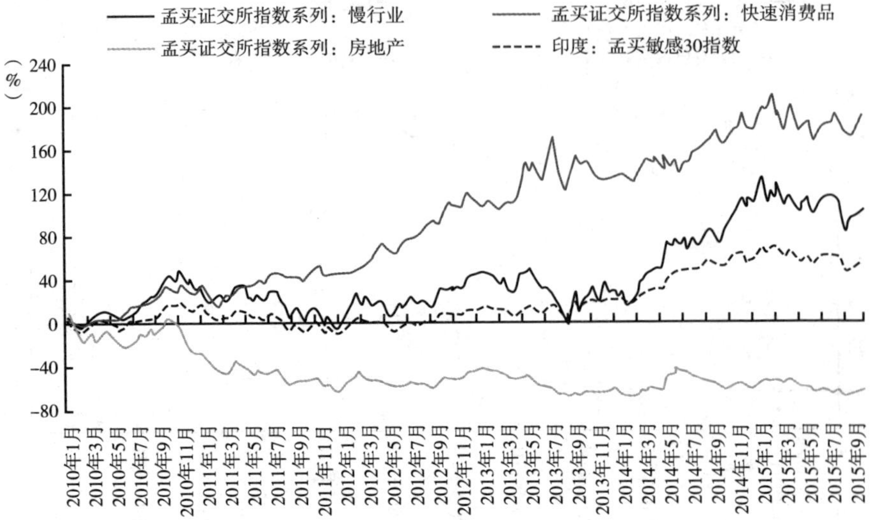

图 10　印度股票市场运行情况

资料来源：Wind 资讯。

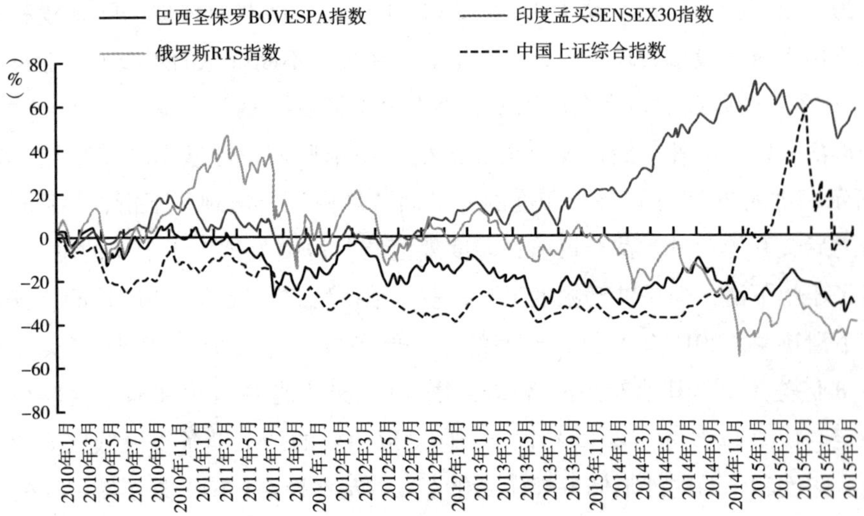

图 11　印度股票市场与其他金砖国家的比较

资料来源：Wind 资讯。

的风险，但下滑幅度有限；与其他新兴经济体相比，印度外汇储备规模的稳定性较强。

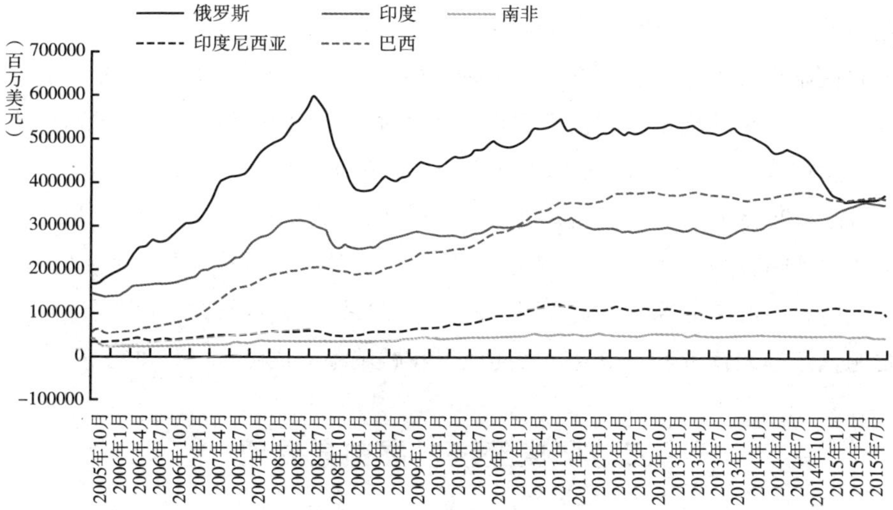

图 12　印度外汇储备与其他新兴经济体的比较

资料来源：Wind 资讯。

最后，印度外商直接投资（FDI）出现小幅增长迹象。来自印度官方的数据显示，2012～2013 年，印度从欧盟共获得流向股票市场的直接投资 62.3 亿美元；2013～2014 年，这一数据增长至 90.6 亿美元。2014～2015 年，印度从欧盟获得的直接投资为 82 亿美元，较上年减少 8.6 亿美元。当前财年前 2 个月共有 13.9 亿美元的直接投资流入。从 2012 年 4 月至 2015 年 5 月的三年间，印度从欧盟获得流向其股票市场的直接投资总计 249.1 亿美元。[①] 这表明，在央行降息等重大利好的刺激下，印度资本市场资产价格快速上涨，吸引了国际资本流入，但当前财年前两个月的流入额仅为 13.9 亿美元。与中国比较，从 FDI 流入总额角度看，近年来中国一贯保持月均 105 亿美元的 FDI 流入额，几乎是印度月均 29 亿美元 FDI 流入额的 3.6 倍。[②] 所以，印度 FDI 的流入额仅是出现了流入的迹象。考虑

① 《近 3 年印度共获欧盟 FDI 总计 240 亿美元》，中国经济网，http：//intl. ce. cn/specials/zxxx/201508/28/t20150828_ 6352399. shtml。

② 《“数字印度”吸引大量外国直接投资》，新浪新闻，http：//finance. sina. com. cn/roll/20151106/183523701565. shtml。

到印度央行降息幅度的有限性以及由第二产业薄弱导致的可投资领域局限性，这种流入的可持续性不大。

从货币汇率、以股市为主的资本市场、FDI 流入的可持续性和外汇储备规模变化四项指标来看，印度金融系统相对稳定，抗风险的能力较强。但是，考虑到印度制造业能力薄弱决定的进出口发展趋势、印度消费能力的天花板限制、FDI 流入的可持续性以及美元加息可能带来的资本回流“黑天鹅事件”影响，防范金融风险在未来一段时期将是印度新政府面临的重要任务。

总之，2015 年，印度经济增速表现为止跌回升；进出口、出口、进口都表现为额度下降态势，且整体处于逆差状态；卢比兑美元汇率小幅贬值，资本市场总体上行，外汇储备规模小幅回调，外商直接投资小幅增长。在世界各国经济表现普遍低迷的大背景下，印度经济能取得止跌趋稳的成绩，已是难得。

三　印度经济发展前景展望

虽然印度产业结构的先天缺陷以及当前国际经济环境的低迷给印度经济发展带来了很大障碍，但考虑到印度新政府致力于消除发展瓶颈的努力与决心和团队的团结一致性，考虑到印度发展的基础条件改善，印度经济发展虽然道路曲折但前景极其光明。

首先，印度经济结构的先天缺陷依然是印度经济发展的最大障碍。独立之后的四十年里，印度经济始终呈低速增长状态，经济效益低下和经济结构失衡严重制约印度经济快速发展。此后，尼赫鲁政府和甘地母子政府主导的改革没有实现真正的市场经济，经济增速也没有提高。因 1991 年的外汇危机上台的拉奥政府开始了印度独立以来最全面的一次改革，印度经济实现了跨越式增长，取得了举世瞩目的成就，但也没有消除第二产业的瓶颈。印度经济是服务型的经济，以服务业为主，服务业占 60% 左右，工业只占 10% 左右。印度新政府的经济改革依然在这种瓶颈约束下发展，印度的制造业依然难言有很大突破。如图 13 所示，自 2010 年以来，印度的制造业 PMI 就一直在震荡中下行，2013 年创下历史低点，此后震荡上行。当前印度的制造业 PMI 又出现了下行的迹象。2015 年 9 月份，印度制造业 PMI 虽然处于扩张区域，但还是回落 1.1 个点，至 51.2。而同期，中国、南非、俄罗斯和巴西制造业 PMI 虽然处于收缩区域，但分别上行 0.1 个、2.7 个、1.2 个和 1.2 个点，至 49.8、52.0、49.1 和 47.0。在发达经济体纷纷实行回归制造业的国家发展战略的大背景下，基础工业薄弱的印度制造业要实现反超，困难比较大。而且，随着国际市场争夺的日趋激烈，印度的制造业发展遇到的外部压力会更大，印度新政府破解制造业瓶颈的努力必须有长远打算，综合施策，在动态中把握发展机遇，实现跨越式发展。

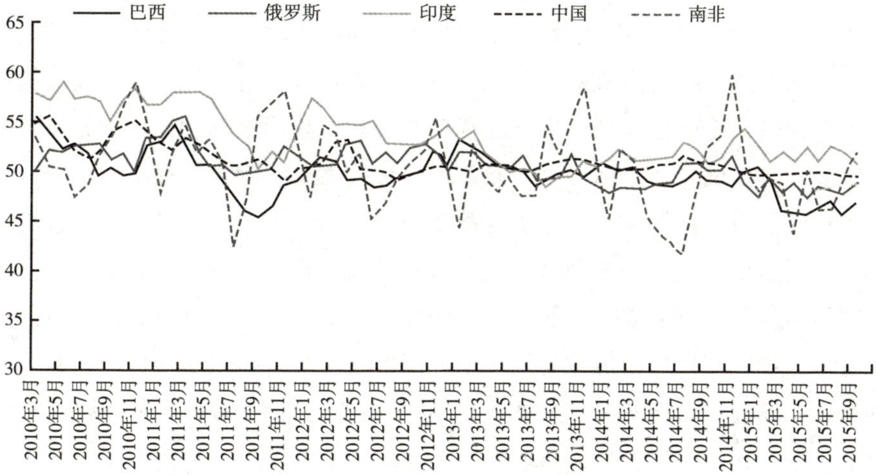

图 13　印度制造业 PMI 指数与其他金砖国家的比较

资料来源：Wind 资讯。

其次，印度新政府面临的四大挑战对印度经济发展形成制约。雷厉风行改革的莫迪新政府，被国际社会看好。但是，新政府面临四大挑战。一是通货膨胀与双赤字的挑战。随着大宗商品价格的持续降低，印度的通货膨胀率由过去几年的10%甚至10%以上逐步下降，一度降到5%以下。9 月份，受商品价格下降的影响，印度国内总体的通货膨胀率降至 4.41%。但是，印度通货膨胀问题难以彻底解决。2015 年 9 月份，与全国的通胀率相反，印度农村地区的通货膨胀率却达到了 5.05%，这主要是食品价格过高所致。特别是，随着央行降息的不断加剧，印度农村地区的通胀率从长期看会继续上升。而财政和经常项目的“双赤字”，肯定会推动央行加快降息步伐，到时候通胀的阴影又会困扰印度新政府。通胀会加剧印度社会的内部矛盾，给印度新政府带来新的挑战。这会制约印度新政府的财政金融政策实施，压制印度经济的增长。二是经济改革的挑战。当前，印度改革已经进入深水区，不仅要破解一些体制机制的技术性约束，更要调整涉及立法、劳动法、土地法等领域的利益，引发对改革的更大阻力。当前，印度国内已经出现对印度新政府的负面评价。三是社会问题的挑战。印度是一个种姓制度盛行的国家，国内阶层分化明显，要实现有利于经济发展的机会均等条件下的公平，需要大幅调整与社会基本制度相关的社会制度，调整国家各阶层的利益关系。这构成对印度新政府潜在长远挑战。另外，印度宗教众多，调和宗教关系也是新政府面临的一大挑战。四是财政赤字的挑战。印度政府推进经济发展和改革急需财政资金的大力支持。但是财政赤字是长期形成的，事关经济社会政策的大调整。以前的印度政府注重社会公平，通过财政转移支付为社会底层人员提供最低的生活保障，因此也拖累了生产性资金的投入，并形成恶性循环推高了财政赤字。印度新政府试图通过增加生产性财政资金投入破解困局，救济资金的减少可能恶化社会矛盾。在国际市场竞争日益激烈的大背景下，生产性资金和救济资金的分配如同走钢丝，是一个两难问题，事关社会稳定和经济发展，事关赤字的消长，容易引发一系列的连带问题，成为印度新政府不得不面对的重大挑战。这些挑战将成为影响印度发展的重要导火索，随时都可能导致发展中断。面对如此复杂的局面，印度新政府需要把握好平衡术，在稳定的前提下谋求发展红利的最大化。

最后，印度经济具有长期快速向好的基础条件。一是印度的改革将推进经济领域的市场化，有利于印度经济效率提高。印度加快推进的市场化改革将拓宽私有资本进入领域，对外资投资的限制愈发宽松。这些改革将有利于推进印度经济效率提高，加快印度经济发展步伐。二是印度具有世界领先的软件等信息技术产业和生物制药产业，有利于印度经济弯道超车，实现跨越式发展。印度信息技术独领世界风骚，生物制药产业在高端制药领域占有一席之地。这些优势产业都可能成为印度改造传统产业的切入点，走出一条印度特色的经济赶超之路。三是人口红利将给印度经济发展带来强劲支持。联合国 2015 年 7 月公布《世界人口展望报告》，明确指出印度将在 7 年之后成为世界人口最多的国家。印度丰富的人力资源不仅意味着具有巨大的消费投资市场和基础设施投资市场潜力，而且意味着能够吸引世界各地的投资进入印度，分享印度的人口红利，这将给印度经济发展带来相当长一段时期的动力支持。四是印度新政府急切发展经济的愿望和推进改革的魄力。印度新政府在上台之初就把建设强大印度作为执政目标，并持之以恒采取一切可以采用的手段加以推进，而且印度新政府具有推进改革的魄力。印度政府 11 月 10 日宣布撤销或放松 15 个领域的外国直接投资限制，也对那些寻求在印度开设门店的跨国零售商放松本地采购要求，并且宣布一系列旨在吸引海外资本的措施。现在，外国投资者可以百分之百拥有印度的电缆电视公司、广播卫星电视公司、免税商店和有限责任合伙企业。新闻电视台和电台，对外国投资者的投资上限提高到49%。外国证券投资人可以持有地方私人银行不超过74%的股权。可见，印度新政府改革的力度之大，魄力之足。这不仅受到国际社会的普遍看好，也易于得到国际经济资源汇集的支持，有利于印度经济快速发展。

总之，面向未来，考虑到国际经济环境的变化，印度经济近期有望继续保持回升势头；长期来看，印度经济将有望在曲折中持续快速发展，前景光明。

（撰稿人：徐长春，中国国际经济交流中心战略研究部副研究员）

东盟经济形势分析与展望

美国次贷危机爆发已经七年有余，但全球经济尚未完全走出危机阴影，世界经济的一个重要特点就是增长依然缺乏强劲动力。部分发达经济体在持续的货币政策和中性财政政策支持下，产出增长缓慢加速，失业率普遍下降，近期经济增长趋势有所增强。但全球复苏进程依然缓慢且不平衡：一方面，欧元区和日本经济不景气削弱了全球贸易，而中国经济增长失速更是引起广泛关注；另一方面，美国利率预期性上升和货币升值，加上发达经济体的货币政策分化，可能会抬高借贷成本，造成金融动荡，并减少东亚地区的资本流入。美元对其他主要货币持续升值也会给高度美元化的经济体造成损害。国际货币基金组织在 2015 年 10 月公布的《世界经济展望》，下调了绝大多数国家的近期增长率。报告指出当前世界经济面临的下行风险比几个月前更为明显，报告预测 2015 年全球经济增长率为 3.1%，比 2014 年低 0.3 个百分点。①

东盟国家同其他发展中国家与世界经济总体局势联系密切。次贷危机以来，这些国家成为全球经济增长的主要动力。但目前，广大发展中国家面临更为艰难的经济环境。新兴市场和发展中经济体在大宗商品价格下跌、资本流入减少、货币面临贬值压力以及金融波动加剧的环境下，增长前景难及预期，预计将连续第五年出现经济增长下滑。当前全球贸易增速为 2009 年以来最低，发展中经济体增长势头普遍放缓，受到价格下跌影响的大宗商品生产国则更为明显。世界银行预测东亚地区的发展中国家受中国经济结构调整以及美国货币政策收紧预期的影

① IMF：World Economic Outlook：Adjusting to Lower Commodity Prices，October 13，2015.

响，经济增长会进一步放缓，而本地区内部需求依然是东亚经济增长的主要动力。

一　2015年东盟经济形势分析

作为全球经济增长主要引擎的亚太地区，虽然近几年扩张速度有所放缓，但得益于发达经济体的集体复苏和油价持续性下跌，2014年本地区对全球经济增长的贡献率仍达1/3，是所有其他发展中地区贡献率总和的两倍,[①] 按购买力平价计算亚太地区GDP总量占全球40%，且超过半数的国家GDP增速有所加快。[②] 由于油价走低以及宏观经济政策的适时调整，2014年最后一季度，亚太地区大部分经济体经济增长有所加快，因此2015年初各大国际机构对亚太地区经济增长较为乐观。

而进入2015年，随着全球经济波动加剧、不确定性增强，上半年亚太地区，特别是发展中经济体的增长势头有所放缓。IMF在其10月份的亚太经济展望中下调了对本地区经济增长的预测。而得益于区域内良好的劳动力市场状况和居民可支配收入的增加，2015年亚太经济体仍可保持5.4%的实际GDP增长率，继续引领全球经济增长。[③] 但IMF同时强调，若中国经济急剧减速，或者美国在2015年底加息导致美元骤升，亚太地区经济增长率恐将进一步下滑。

（一）东盟近期经济状况总体回顾

2014年东盟在全球经济复苏充满挑战的背景下，GDP增速有所放缓，但仍实现了4.4%的增长，成员方GDP总额达到2.57万亿美元。人均GDP为4130美元，相对于2007年翻了一番。2014年东盟与世界各国的贸易总额为2.53万亿美元，较上年增长了0.8%。出口增长依然强劲，成员方间出口额占总份额的25.2%,[④] 反映了区域内部较为紧密的经济关系。中国自2011年起成为东盟第一大出口目的地，占东盟出口总额的11.6%，紧随其后的是欧盟、美国和日本。

① World Bank: East Asia and Pacific Economic Update: Adjusting to a Changing World, April 2015.

② Asian Development Bank: Key Indicators for Asia and the Pacific 2015, October 2015.

③ IMF: Regional Economic Outlook Update: Asia and Pacific, October 10, 2015.

④ ASEAN Secretariat: The 47th ASEAN Economic Ministers' Meeting Joint Media Statement, August 22, 2015.

2014 年，东盟吸引外资增加了 15.7%，达 1362 亿美元，是危机前 2007 年水平的 1.6 倍，也好于全球其他地区的引资情况。欧盟仍然是 FDI 第一大来源地，占比为21.5%，接下来依次是日本、美国和中国。内部相互投资比重也在不断上升，2014 年达到了 17.9%。东盟经济部长会议（AEM）预测 2015 年东盟经济增长率将达到4.6%，高于同时期全球经济 3.3% 的预期增长率。由于东盟主要贸易伙伴国经济增长普遍放缓，AEM 预测出口在2015 年仍将保持微增长态势。对比4 月底第26 届东盟峰会所做的4.9% 增长预测，可以发现受世界经济复苏放缓的影响，东盟也下调了其2015 年 GDP 预期增长率。

进入 2015 年，亚洲地区经济发展速度继续放缓，市场对于美联储加息的预期加速了本地区资本外流。亚洲开发银行在 9 月份《亚洲发展展望》的更新中将2015 年东盟地区经济增长率下调至4.4%，与上年持平，而在7 月份的预测中这一比率为4.9%。[①] 通货膨胀方面，大部分成员方较 3 月份预测时更为温和，除了东盟最大的经济体印度尼西亚有高居不下的通胀水平外，亚开行预测 2015 年东南亚地区通货膨胀率将保持在3.0%，并有进一步上升的压力。

表 1　2012～2016 年东盟国家实际 GDP 增长率

单位：%

地区或国家	2012 年	2013 年	2014 年	2015 年	2016 年
东　　盟	6.0	5.2	4.6	4.6	5.0
文　　莱	0.9	-2.1	-2.3	-1.2	3.2
柬 埔 寨	7.3	7.4	7.0	7.0	7.2
印度尼西亚	6.0	5.6	5.0	4.7	5.1
老　　挝	7.9	8.0	7.4	7.5	8.0
马来西亚	5.5	4.7	6.0	4.7	4.5
缅　　甸	7.3	8.4	8.5	8.5	8.4
菲 律 宾	6.7	7.1	6.1	6.0	6.3
新 加 坡	3.4	4.4	2.9	2.2	2.9
泰　　国	7.3	2.8	0.9	2.5	3.2
越　　南	5.2	5.4	6.0	6.5	6.4

注：2015 年、2016 年数据为预测值。

资料来源：IMF，“World Economic Outlook database”。

① Asian Development Bank：Asian Development Outlook 2015 Update-Highlights，September 22，2015.

2015年东盟经济增长放缓的直接原因是出口下降，而内需同时又呈现疲软态势。由于大宗商品价格的下跌、部分成员方政局不稳定以及中国经济不景气的影响，2015年东盟主要经济体将放慢增长速度（见表1）。贸易增速的下滑削弱了新加坡和菲律宾的增长前景，而泰国政策稳定性的提高将刺激国内需求，预计经济会有所反弹。

（二）主要成员方经济状况分析

2015年东南亚各国的经济呈现多元化趋势。因全球大宗商品价格走弱，印度尼西亚、马来西亚等大宗商品出口国面临增长放缓和公共收入减少，大宗商品进口国如越南维持稳定甚至强劲的增速。很多较小型经济体面临挑战，东南亚一些国家出现干旱以及缅甸洪水泛滥都给该地区的农业造成损害，柬埔寨的农业减产、缅甸7月遭受的严重洪灾都有可能导致其增速减缓。全球油价走低将会有利于本地区的大多数经济体，尤其是柬埔寨、老挝、菲律宾等国。但石油净出口国，包括印度尼西亚、马来西亚和越南等将出现增长放慢和政府财政收入减少，对印度尼西亚经济增长的净影响还将取决于其煤炭和天然气出口的下降幅度。泰国经济增长已逐步从2014年大幅放缓中复苏，而菲律宾和印度尼西亚的基础设施投资较之前的计划有所迟滞，且后者通胀水平居高不下，2015年预计将达到6.7%。相对应的是，越南因外商直接投资和国内需求增加，2015年经济增速较年初时预期得更快。

1. 印度尼西亚——大宗商品价格下跌导致经济增长持续减速

印度尼西亚经济受此轮大宗商品价格下跌的冲击较为明显，进出口下滑幅度较大，经济增长前景仍不乐观。根据印度尼西亚中央统计局数据，2015年第二季度，印度尼西亚经济增长仅为4.67%，低于2015年第一季度的4.71%，也低于上年同期的5.12%，创2009年全球金融危机以来的新低，上半年印度尼西亚实际GDP增长率为4.7%，印度尼西亚央行预计2015年第二季度经济增长率约达4.85%。第二季度印度尼西亚经济增长缓慢的主要原因，一是全球经济不景气，二是国际大宗商品价格持续下跌，三是美国等印度尼西亚主要出口目的国经济增速放缓。此外，各国投资者对美联储加息计划十分警惕，大多持观望态度，这也影响了第二季度印度尼西亚的经济增长率。2015年上半年，印度尼西亚进出口贸易总额1522.3亿美元，同比下降了14.9%。其中出口782.9亿美元，同比下降11.9%；进口739.4亿美元，同比下降17.4%，实现贸易顺差43.5亿美元。前两个季度印度尼西亚通胀率分别达到6.4%、7.0%，由于第二季度印度尼西亚经济增长已经放缓至5年多来的最低水平，通胀率维持高位无疑增加了央行实施宽松货币政策的难度。7月印度尼西亚迎来一年一度的开斋节，开斋节期间食品和交通价格的上涨是通胀高企的最主要因素，印度尼西亚央行预计通胀率将会在斋月和开斋节过后逐步回落，并在2015年底达到3%～5%的水平。

虽然采取了削减成本和提高产能等措施，但由于全球大宗商品价格持续走低，2015年上半年印度尼西亚煤炭价格继续下跌。2015年6月印度尼西亚能矿部制定的煤炭参考价格为每吨59.6美元，较5月的61.1美元下跌了2.4%。印度尼西亚的大型煤企可以通过增加产能继续降低成本，但中小型企业进一步降低成本的空间有限。目前，印度尼西亚50%～60%的煤企在以低于成本价的方式进行销售。印度尼西亚内政部称，与其他国家相比，雅加达的预算支出方面表现极为糟糕。截至10月，雅加达的预算支出低于其总预算的20%，远远落后于46.59%的全国平均水平。2015年上半年，印度尼西亚税收收入仅427亿美元，约占国家收支预算修正案所设定的1145亿美元指标的37.3%。导致2015年上半年税收完成率偏低的主要原因，一方面是国家收支预算修正案所定的指标偏高；另一方面，2015年上半年印度尼西亚经济增长放缓、国际大宗商品价格低迷、进口减少、印度尼西亚盾贬值等，造成税收增长放缓。印度尼西亚财政部预计，2015年下半年印度尼西亚税收将达625亿美元，全年税收为1052亿美元，约能完成全年税收任务的92%。上半年印度尼西亚雅加达综合股指下跌了5.87%，跌幅创东南亚之首，印度尼西亚经济受全球投资者情绪影响较大，加上2015年印度尼西亚经济增长预期已由原来的5.7%下调至5.4%，国家预算落实缓慢，基础设施项目推进阻力重重，国内经济表现平平，无法对股指和印度尼西亚盾汇率提供有力支撑，预计印度尼西亚股指还将继续面临下跌压力，若美联储在2015年底加息，将导致印度尼西亚股市资金进一步流失。

2. 泰国——经济复苏缓慢，下半年增速预计有所加快

2015年前两个季度泰国GDP增长略微放缓，但第三季度经济刺激措施的出台预计将带动下半年泰国经济的增长。第二季度泰国经济同比增长2.8%，比第一季度的3.0%有所放缓，2015年上半年的经济增幅为2.9%。政府部门在第二季度继续加快支出预算，其中政府消费支出同比增长4.6%；民间消费和投资持续疲弱，出口进一步萎缩4.0%，服务业得益于旅游收入大幅增长25.1%。泰铢持续性下跌，第二季度泰铢汇率逐渐接近32.35～33.90泰铢兑1美元的区间，比第一季度的32.30～33.00泰铢兑1美元的区间有所贬值。2015年第二季度就业人口同比减少0.20%，其中农业领域就业人口同比减少5.80%，非农业领域就业人口同比增长2.60%，使得全国失业率为0.88%，有30多万失业人口。干旱导致种植季节推迟和其他农业经营活动减少。进入第三季度，进口方面，同比下滑超过21.3%，耐用品进口更是出现了负增长。部分企业转用国内生产设备，或者放缓产业规模的扩张速度。目前，泰国国内产能过剩的问题比较突出。由于国内外经济风险居高不下，加上重要农产品价格短期内回涨无望，泰国工业信心指数已连续8个月下滑。出口方面同样较为悲观，东盟国家普遍出现经济增长放缓，导致9月份出口下滑7.2%，已连续9个月下滑，第三季度出口总体下滑6.7%。2015年第一季度泰国资金净流出为20.15亿美元，第二季度资本净流入为7.32亿美元，第三季度资本净流出为73.52亿美元，前9个月资金流出达86.35亿美元。由于泰国外债负担较低、外汇储备量较高，当前规模的资本外流仍处于可控范围。

在私人消费和投资的带动下，泰国经济进入第三季度以后逐渐复苏。9月，私人消费指标（PCI）比上年同期提升0.4%，而8月份同期相比缩减了1.4%；私人投资指标（PII）同比增加1.1%，而8月同比减少2.1%，第三季度这一指标比上年同期提高了1.1%。农民收入总体表现平稳，没有再出现大幅下跌的情况，但农民收入仍维持在低位，同比减少10.7%，其中6.3%与农产品产量减少有关。而橡胶价格暴跌的同时，全国多个地方仍受干旱的影响。政府财政支出方面，实现了约4.9%的增长，远高于上年同期的0.9%，政府支出仍是2015年后两个季度推动经济增长的重要驱动力。2015年后半段的泰国经济，将受益于持续增长的旅游业以及政府从第三季度末开始推行的经济刺激措施。同时，政府抓紧各项预算和投资经费的支出，也有效地拉动了国内需求，并可抵消因脆弱的世界经济导致出口、工业生产等经济领域萎缩所出现的拖累作用。开泰研究中心认为，第三季度末部分经济指标显示出复苏态势，将会使得2015年最后阶段泰国经济的季环比有所回升。预测2015年第三季度和第四季度经季节调整后的泰国国内生产总值季度环比增幅分别为0.5%和1.0%，2015年全年泰国国内生产总值同比增幅将接近2.8%。

3. 越南——宏观经济表现良好，增速保持较高水平

尽管地区及全球经济下滑对经济增长带来了负面影响，但越南经济在2015年继续呈现复苏态势，各项宏观经济数据表现良好。2015年上半年，越南国内生产总值增长6.28%，为2010年以来同比最大增幅，其中前两个季度GDP增速分别为6.08%、6.44%。农林水产领域增长2.36%，制造和建筑业增长9.1%，服务业增长5.1%。对外贸易总额1592亿美元，贸易逆差38亿美元，占出口总额的4.7%。出口777亿美元，同比增长9.3%；进口815亿美元，同比增长17.7%，远大于上年同期10.5%的增幅。零售与服务业消费总额725亿美元，同比增长9.8%。6月份CPI环比上涨0.35%。社会总投资额达255亿美元，同比增长9.4%，占GDP的31.3%。其中，国家财政投资98亿美元，同比增长7.2%，占总投资额的38.7%。2015年1～10月，越南外国直接投资额达192.9亿美元，同比增长40.8%。加工制造业吸引外资最多，达124.8亿美元，占64.7%。FDI实际到位资金为118亿美元，同比增长16.3%。也有一些经济指标出现负增长，2015年1～10月，越南农林水产品出口246.1亿美元，同比减少3.8%。主要农、水产品出口全线下滑，其中，农业产品出口115.1亿美元，同比减少6.1%；水产品出口53.7亿美元，同比减少17.7%。2015年1～10月，越南境外游客入境人数为634万人次，比上年同期减少4.1%。

值得一提的是，在一项绿地外商直接投资（FDI）[①] 表现指数中，越南高居榜首，遥遥领先于其他所有新兴市场国家。2003～2014年绿地FDI相对于一国经济规模的情况中越南排名第一，远超其亚洲地区竞争对手马来西亚和泰国。[②] 受充足和相对廉价的劳动力吸引，流入越南的FDI有近一半投入制造业。越南还采取措施改善企业经营环境，将企业税税率从25%下调到22%，同时成立了一个新的征信局以改善信用信息系统。经济学人智库在11月份的国别报告中将越南2015年经济增长率预测值从6.4%上调至6.6%。尽管由于国有企业改革迟迟未见成效而导致政府支出增速放缓，但稳定的物价水平以及工资率的上升加速了私人消费的增长，成为经济加速增长的主要动力。逐渐放宽的投资政策以及越南与全球经济的进一步融合，将极大地促进其投资增长。

---

① 绿地投资又称创建投资或新建投资，是指跨国公司等投资主体在东道国境内依照东道国的法律设置的部分或全部资产所有权归外国投资者所有的企业。创建投资会直接导致东道国生产能力、产出和就业的增长。

② 孙硕：《越南的外商直接投资创新》，http：//cari.gxu.edu.cn/info/1087/7585.htm.2015－11－20。

（三）其他成员方经济情况一览

马来西亚令吉汇率持续下跌，不断刷新1997年金融风暴以来的最低纪录。截止到2015年10月份，制造业PMI从9月的48.3点下跌至48.1点，连续7个月低于50点的荣枯分水线，意味着该领域继续萎缩。马来西亚制造业新增订单创下近年来最大的跌幅，尽管新增出口订单激增，但依然无法抵消国内订单减少的影响，导致整体制造业新增订单量继续大跌。出口订单的激增是疲软的马币汇率所致，2015年第三季度，马币兑美元汇率大跌16.7%，虽然在10月微幅回升2.3%，但10月底仍处于1美元兑4.296马币的偏低水平。马来西亚2015年下半年的国内生产总值按年增长率预计将从上半年的5.3%放缓至4.7%，全年增长5%，低于上年的6%。

由于制造业不景气，新加坡在第二季度实际GDP同比增长1.7%，表现不如市场预期，较第一季度2.8%的同比增长要来得缓慢。在服务业的支撑下，新加坡经济避免陷入技术性衰退，第三季度经济同比增长放缓到1.4%，出乎市场意料。受电子和交通工程表现欠佳的拖累，新加坡制造业产值连续七个月萎缩，新加坡中华总商会最新发布的《中小企业意见调查报告》显示，有52.2%企业预计公司盈利率会下滑，对商业前景普遍持悲观态度。穆迪分析预估新加坡经济将以低于趋势的步伐增长，尽管家庭消费有抗压性，但房屋市场处于政府推动的疲弱状态，致使私人领域的建筑活动放缓。电子和药剂产品的出口疲弱。中国经济增长放缓和金融市场波动，在第三季度损害了新加坡的资产管理和旅游业。预计新加坡2015年经济增长率将介于2%~2.5%。

2015年第二季度菲律宾GDP增长5.6%，低于上年同期的6.7%，但高于一季度的5.0%。家庭消费仍然是GDP的支柱，第二季度增长6.2%，超过上年同期的5.7%和2015年第一季度的6%；政府支出增速也有所提高，第二季度达到3.9%，超过一季度的1.7%；建筑业增长13.1%，其中公共建筑行业增长20.4%，逆转了一季度24%的跌幅。上半年，菲律宾GDP增长5.3%，远低于7%~8%的全年增长目标。菲律宾2015年上半年FDI流入20.19亿美元，而2014年上半年为33.73亿美元，同期下降40.1%，半年投资额甚至达不到东盟其他国家一季度水平。

2015年上半年，柬埔寨在相对平稳的政治环境中，经济稳定发展，GDP连续五年保持7%以上增长。宏观经济主要领域取得较好增长，在2014年快速增长的基础上，经济主要依靠旅游业、制衣制鞋业和建筑业等的工业拉动。国外直接投资高速增长，基础设施引资快速增加。对外贸易稳定增长，大米出口增速明显。但也存在一些问题，如工资上涨没有起到效果，国内生产力不升反降。柬埔寨9月初决定将2016年成衣业最低工资由现有的128美元/月调高至140美元/月，虽然成衣和制鞋工人最低工资两年来涨幅达109%，工人生产力却没有相应提升，2013、2014年工人生产力增长率分别是－7%与－6.1%。尽管存在不利因素，但只要柬埔寨政局稳定，保持宏观经济政策稳定性，2015年及未来几年其经济可望保持7%左右的高速增长。

老挝经济尽管有放缓迹象，但由于有能源和矿产的支撑，加上居民消费攀升，老挝经济2015年将继续以7%左右的速度增长。但由于老挝财政不平衡，加上外汇储备水平低，政府需要采取措施保持宏观经济稳定。文莱则正面临双重挑战，在原油价格大幅下跌的同时，文莱在接下来3～4年需对老油井进行维护更新，将导致原油产量下跌。2015年5月，文莱原油、液化天然气出口额同比分别下跌23%和37.8%，贸易顺差大幅缩小。近期文莱经济前景黯淡，2015年可能出现0.5%的负增长。2015年度缅甸经济走弱的主要原因是雨季发生较重的洪涝灾害，由于缅甸经济对传统农业的依赖性较强，自然灾害容易对国家经济状况产生显著影响。此外，进口增长和美元走强，也造成政府财政赤字上升。自缅甸央行2012年4月实行浮动汇率以来，受多种因素影响，缅币汇率波动较大，至2015年10月初，美元兑缅币达到1∶1287的高点，缅币贬值近60%。世界银行预测，2015年缅甸GDP增长率将从上年度的8.5%放缓到6.5%。

二　东盟国家的政策应对

大部分东盟国家依赖于大宗商品出口和外来投资，因而易受当前经济环境的影响。在2000年代中期大宗商品涨价期间，新发现的金属矿产所刺激的资源投资和大宗商品出口，使得这些经济体的实力大大加强。因此，大宗商品价格持续走低的前景可能会让东南亚国家的政策制定者将资源从金属矿产转向其他有助于增长的国民经济优先领域。这就需要对旨在建立缓冲空间的政策加以重视，才能实现平稳过渡和推进改革以支持非资源行业的增长。世界银行东亚与太平洋地区副行长托森伯格表示，东亚与太平洋地区发展中国家的增长仍保持稳健，但放缓趋势表明该地区的政策制定者必须继续专注于结构改革，为实现可持续、长期和包容性增长奠定基础。改革的内容包括改进对金融、劳动力和产品市场的监管，并采取措施增强透明度和问责制。此类政策会提振投资者和市场信心，有助于保持增长摆脱贫困。[①]

当前东南亚的投资环境并不乐观，基础设施的匮乏大幅增加了企业投资成本。制造业虽能享受廉价劳动力，但在投资设厂时，却常常需要从他国采购配套设备运至生产国；东南亚道路交通薄弱、金融业等配套服务的落后也阻碍了电子商务的发展；另外，东南亚各国普遍交通混乱、电压不稳、劳工技能低下、罢工频发、法律法规不健全、政局动荡，造成了投资风险的增加。经济对外依存度过高、国内需求相对不足，也造成了东盟国家经济波动较大。宏观经济稳定性不高在一定程度上也抑制了外来投资。面对当前下行风险不断增加的宏观经济形势，东盟各国也纷纷出台刺激措施以提振经济。

连续出台的经济刺激政策、不断推进的改革措施和趋于改善的公共支出将有助于印度尼西亚应对全球经济的不确定性。印度尼西亚政府于 2015 年 11 月正式启动海上高速公路计划，开通 3 条海上捷运航线，海上高速公路主要目的是向偏远地区、边境地区供销必需品和重要物品，由此降低印度尼西亚东部与西部的物价差，[②] 印度尼西亚东部地区商品价格或将因此下降 30%。印度尼西亚虽然是东盟最大的经济体，同时也是本地区工资最低的经济体之一，但工厂主不得不面对官僚机构、腐败和糟糕的基础设施的困扰。这些缺点让特区模式——创建一个经济特区，配备自己的港口、电厂和配套设施，以及简化投资审批——显示出了吸引力。11 月份公布的第六期印度尼西亚经济发展配套措施就专注于发展 8 个经济特区。自 2015 年 9 月 9 日以来，印度尼西亚接连颁布了 5 期经济发展配套措施，从简政放权、金融市场调整，到调降电力油价、劳工基本工资增长，再到资产重估税务优惠，佐科政府在努力拉动印度尼西亚经济发展。

围绕着“普惠人民生活”的主题，马来西亚首相纳吉布向国会提呈了 2016 年财政预算案，宣布给贫困阶层提供更多援助、调整高收入阶层税务，以及扩大消费税零税率物品种类等多项好消息，计划拨出涉及国家各方面发展的款项共计 2672 亿令吉，同时政府也将继续推行“一个马来西亚人民援助金”并提高拨款数额。联昌国际投行研究指出新财案最大亮点是增加富人税和调高最低薪资，建

① World Bank: East Asia and Pacific Economic Update: Staying the Course, October 2015.

② 《海上高速公路正式启动》，《千岛日报》2015 年 11 月 5 日。

筑、教育、产托、医疗保健和电信领域将是大赢家。把高收入者的税务提高1%～3%后，所征得税收收入相应增加4亿令吉，而节省了中等收入群体每年需缴付所得税。新财案侧重减轻低收入群体的财务负担，提高了中小企业可从政府继续获得“一马援助金”的数额，直接和间接地刺激了内需，帮助了90%以服务业为主的马来西亚国内中小企业。另外，新财案也创造了更多的就业机会。

泰国内阁2015年9月通过财政部提出的1300亿泰铢经济刺激措施。该措施分为两部分，首先会提高农民及低收入人士的购买力，其次会鼓励商界增加投资。泰国农民因农产品价格下跌导致消费能力大大降低，政府计划通过提高农民及低收入者收入以促进国内消费。另外还将推动政府投资，包括加强基础设施建设以刺激增长。泰国副总理颂吉指出，这批资金会于2015年内注入经济，用作发展旅游景点及研发新产品，可以让农村实现可持续发展。泰国政府为推动投资便利化，在2015年第四季度计划完成五方面的改革，以加快投资者从注册公司起的各项审批程序，主要涉及简化注册手续、加快许可证和执照审批速度以及调整税种等。

越南十三届国会第10次会议于2015年11月通过2016年财政预算决议。决议称，2016年财政收入预算463.1亿美元（包括2015年地方财政余额2.1亿美元）；全年财政支出预算578.7亿美元；全年财政赤字115.6亿美元（占GDP的4.95%）。决议内容还包括政府债券发行期限多样化、政府向国际市场发行债券、正在改造项目中的政府债券余额使用方案等。决议要求政府严格执行预算安排，要配合国家货币政策以帮助生产、经营、控制通胀、保持宏观经济稳定，确保经济增速高于2015年。另外，越南国家单一窗口（NSW）建设缩短了海关通关所需时间，帮助进口企业在冗长的行政程序办理过程中节省了时间和金钱。以汽车进口为例，进口时间由过去的15～20天减少至3天。

新加坡金管局2015年再度放宽货币政策以应对经济疲软，显示出当局对全球需求低迷的担心，特别是因中国经济增长放缓影响全球企业。在9月18日举行的“贸易便利化暨纪念WTO成立20周年”高层研讨会上，柬埔寨、老挝、缅甸和泰国明确表示将在2015年底的WTO第10届部长级会议前接受《贸易便利化协定》。

三　东盟经济发展展望

对发展中经济体而言，当前外部经济不确定性主要来源于美联储货币政策走向。美联储若加息将极大地影响新兴市场国家，而在升息之前亚洲资本外流可能会加速，并敦促决策者强化该地区金融体系以减轻冲击。实施宏观审慎政策并发展本币债券市场，可以增强金融体系韧性并减轻借款人的风险。美国加息可能加速亚洲发展中国家货币的贬值速度，提高企业和消费者的借贷成本，抑制需求并打乱其增长步伐。对于那些依靠举债来带动消费和投资的经济体而言，在美国开始加息的时候，这种风险可能会被放大。

（一）东盟经济增长预测

未来东盟经济增长的外部环境依然不容乐观，地区经济在动荡中前行。世界银行预计亚太地区的发展中国家在2016～2017年将保持6.3%的平均增长率，相对于2015年6.5%的预测增长率，增长下滑主要是受中国经济持续放缓的影响。[①] 而在全球经济逐渐复苏、发达国家进口需求增加的促进下，2016年东盟将会加快增长步伐，保持在4.7%左右的水平，2017年预计提速至4.9%。东盟经济总量较大的成员方，增长率预计会有所放缓。菲律宾公共投资预算执行滞后，导致其2015年上半年经济走弱，进入下半年后政府支出增加，以及2016年总统大选带来支出大幅增加，将有助于促进国内经济发展。菲律宾的经济发展仍然将得益于其较为多样化的出口市场和大宗商品价格的走低。越南在投资、消费和出口的带动下，经济将继续保持高速增长。在印度尼西亚和马来西亚，居民收入和营业利润受全球大宗商品市场价格的影响有减少的趋势。印度尼西亚预计2016年GDP将增长5.3%，但由于国内需求增长仍面临不利因素，最终增长情况将主要取决于政府改革效果。印度尼西亚需要加快公共投资项目的落实，创造一个更加有助于私人部门投资的经济环境。马来西亚实际GDP增长率将会稍稍放缓至4.5%～5%区间，主要是大宗商品价格下跌导致公共收入减少。对于柬埔寨，特别是缅甸而言，洪水泛滥导致的农业减产对GDP造成了较大的负面影响。老挝则得益于新的发电项目投入运营，GDP增长会略有加快，但邻国泰国经济不景气也会对老挝的贸易和投资产生不利影响。

泰国未来仍将受制于其经济的波动性和脆弱性，2015～2017年经济复苏仍然乏力，保持在2%～2.5%的水平，政治不稳定有可能对私人投资造成不利影

① World Bank：East Asiaand Pacific Economic Update：Staying the Course，October 2015.

响，过多的家庭债务将会抑制私人消费，出口则继续不景气。世行在最新亚太区经济发展报告中指出，泰国解决结构性问题所需时间远远超过经济和社会等问题改革所需要的时间。为此，泰国经济将需要付出2年的减速调整作为代价。越南十三届国会第10次会议通过了《越南2016年社会经济发展计划》。表决通过的2016年越南社会经济发展目标为：GDP比2015年增长6.7%；全国人均GDP达2450美元；居民消费价格指数（CPI）为5%；工业和服务业占GDP比重达85%以上；全国失业率控制在4%以下；医疗保险覆盖率达76%。在2016～2020年发展计划中，越南总体目标是保持宏观经济稳定，同时争取更高的经济增长；具体有今后五年里平均GDP增长每年保持在6.5%～7%，并且努力降低财政赤字，公共债务不高于65%。

（二）未来影响东盟经济发展的主要因素

2016年东盟所面临的下行风险较之上一年并没有深刻的改变，区域及全球经济环境仍充满挑战。东盟经济增长面临的不利因素主要有：美国可能施行的加息政策将增加东盟国家的国内借款成本，引起新一轮的货币贬值，进一步抑制成员方国内需求；中国经济放缓、日本经济的持续疲软将导致东盟进出口贸易增长减速，部分国家贸易额甚至将出现负增长；石油等大宗商品价格的下跌对东盟造成了双重效应，大宗商品出口国（印度尼西亚、马来西亚等）的石油和天然气部门正面临投资大量减少等问题，进口国（新加坡、越南等）则节省了大量的开支，促进了消费和投资。另外，东盟长期以低于潜在经济增长率的速度运行，短期将抑制国内需求和私人投资，而长期可能会拉低潜在经济增长率。

2016年东盟将面临许多新的机遇。历经多年僵局，包括马来西亚在内的亚太地区12个国家贸易部部长在2015年10月5日于美国亚特兰大举行的部长级会议上宣布，相关各国就《跨太平洋战略经济伙伴协定》已基本达成共识，在成员方议会通过后，TPP协议就将正式实施。TPP将让马来西亚企业接触更广大的市场，进而提升其贸易表现，马来西亚国家贸易及工业部部长认为TPP将提高市场准入，促使马来西亚在吸引外资及贸易往来方面比非协定国占据更有利的地位，进而为出口商提供竞争优势，助力马来西亚成为出口领域的赢家。马来西亚、越南等国达成跨太平洋伙伴关系协定则引发了印度尼西亚制造业担忧，印度尼西亚制造商纷纷呼吁政府争取加入TPP或者与欧盟展开类似的自贸谈判。另外，亚洲基础设施投资银行（AIIB）的成立、2015 年底东盟共同体的建成以及中国－东盟自贸区升级版的签署都将对未来东盟经济产生较大的促进作用。

（撰稿人：王玉主，中国社会科学院亚太与全球战略研究院研究员；王伟，中国社会科学院研究生院研究生）

中亚西亚地区经济形势分析与展望

中亚西亚位于亚洲中西部，是连接欧洲和亚洲的重要桥梁，其海陆交通要塞地位和重要的油气、矿产资源储备备受全球各大国关注。在过去几十年间，中亚西亚依靠丰富的资源储备在大国较量的夹缝中缓慢发展，如今仍然面临诸多发展瓶颈，前景变数依旧。本文从世界政治经济形势发展新视角分析了中亚西亚区域战略地位和资源禀赋新特征，用数据阐述了中亚西亚主要国家的经济发展新情势，用事实阐释中亚西亚在全球中的地位和作用，从多角度研究中亚西亚经济发展的内生动力及瓶颈，并结合“一带一路”倡议的深入实施，对中亚西亚地区未来发展进行了展望。

一　中亚西亚国家和地区经济发展趋势

近年来，中亚西亚各国经济发展都取得不俗的成绩。借助世界资源市场价格的急剧上涨，这些国家积累了巨额的财富，为经济扩张提供着源源不断的动力。2000～2014 年，中亚五国人均 GDP 扩大了 8 倍，其中，里海周边国家扩大了 10 倍。同期，西亚 20 个国家和地区①人均 GDP 年均增长 6%。虽然西亚的增长速度远远落后于中亚，但西亚的人均 GDP 规模达到 3.7 万美元，是中亚的 7 倍之多。西亚还是世界上高收入国家最为密集的地区。按照世界银行公布的数据，

① 中亚西亚地区所包含国家有部分争议，本报告对中亚西亚国家（地区）界定如下：中亚国家包括土库曼斯坦、吉尔吉斯斯坦、乌兹别克斯坦、塔吉克斯坦、哈萨克斯坦 5 国；西亚国家（地区）包括阿富汗、土耳其、伊朗、伊拉克、沙特、也门、叙利亚、阿塞拜疆、以色列、约旦、阿拉伯联合酋长国、格鲁吉亚、黎巴嫩、阿曼、亚美尼亚、科威特、巴勒斯坦地区（约旦河西岸地区）、卡塔尔、塞浦路斯、巴林 20 个国家和地区。

2014 年高收入标准是人均国民收入达到 12276 美元。西亚 19 个国家中有 9 个、中亚 5 个国家中有 1 个达到了这个标准，而且创造世界人均国民收入最高的国家就来自西亚。经济的发展大幅提高了这些国家外汇储备。2014 年，中亚、西亚国家的外汇储备分别是 2000 年的 12 倍和 10.9 倍，外汇储备的大幅提高极大地增强了这些国家的国力和抵抗外部风险的能力。金融危机以来，世界商品市场进入长时间的熊市，特别是 2014 年下半年原油价格暴跌，至今全球水平市场仍在探底过程中，这使中亚西亚这两个以资源开采、初加工和贸易为主要驱动力的地区暴露在严峻的外部环境下，对其经济发展带来了严重的困难和挑战。国际货币基金组织预测，海湾合作组织国家 2015 年增长率将降到 3.4%，2016 年降到 3.3%，而 2000～2011 年年均增长 5.8%。该地区的股市从 2014 年上半年的最高点跌落，地方银行正紧缩放贷，私营部门的信任度受到强烈打击。中亚产油国境况也在恶化。哈萨克斯坦，这个中亚最大的经济体，也是过去多年该地区经济增长最快的经济体，近年经济减速幅度较大。该国 2013 年和 2014 年经济增长率分别为 6%、4.4%，而由于油价暴跌和俄罗斯经济衰退的拖累，2015 年经济增速降到 1.8%。2015 年 8 月该国汇率大幅贬值 20%。但与世界其他地区的同类国家相比，西亚产油国和中亚产油国在应对低油价带来的困难方面处于比较有利的地位。

2014 年西亚 16 个主要国家的外汇储备达到 1.31 万亿美元，而 2000 年，这些国家外储合计欠债 231.8 亿美元。其中，海湾国家的外储合计 8899 亿美元，是 2000 年的 20.8 倍。同期，中亚的哈萨克斯坦和吉尔吉斯斯坦外汇储备分别增加了 11 倍和 7 倍。2000～2014 年中亚西亚地区所有国家的外汇储备出现增长，中亚地区外汇储备增长 11 倍，西亚国家的外汇储备增长 8 倍。其中，海湾国家的外汇储备增加了 19 倍。这为该地区应对不利的外部形势提供了相当大的财政缓冲。根据 2015 年世界投资报告，2009～2014 年，西亚 GDP 中私人固定资本形成总值平均占 14.4%，除黎巴嫩外，所有国家私人固定资产形成总值在 GDP 中的占比都呈现下降。相反，公共支出在 GDP 中比重大幅提高，2009～2014 年除阿联酋外，海湾国家公共支出占 GDP 的比重几乎达到 40%。与私人投资主要投向商业地产业不同，公共支出主要投向基础设施和油气产业。2013 年海湾国家签订对外承包建设合同 1570 亿美元，比 2007 年增加 22%。铁路建设项目受到越来越大的重视。2013 年利雅得和多哈对城市地铁项目的投资超过 300 亿美元。在中亚，增加公共支出也成为应对当前不利经济局面的必要措施。

表1　中亚西亚主要国家近年经济增长率

单位：%

国家	2013 年	2014 年	2015 年
沙　　特	2.7	3.5	3.6
阿　　曼	3.9	2.8	3.3
卡 塔 尔	4.6	4	4.4
巴　　林	5.4	4.5	2.9
阿 联 酋	4.3	4.6	2.7
科 威 特	1.1	-1.6	1.1
伊　　朗	-1.9	4.3	2.7
伊 拉 克	6.0	-2.1	1.0
叙 利 亚	-20	-10	-10
以 色 列	3.4	2.8	2.9
约　　旦	2.8	3.1	4.0
土 尔 其	4.2	2.9	2.9
也　　门	4.8	0.0	-3.0
黎 巴 嫩	0.9	2	2
格鲁吉亚	3.3	4.8	2.2
亚美尼亚	—	—	—
阿塞拜疆	5.8	1.5	4.1
哈萨克斯坦	6	4.4	1.8
吉尔吉斯斯坦	10.6	4.1	—
塔吉克斯坦	7.4	6.2	5.5
乌兹别克斯坦	8	8.1	7
土库曼斯坦	10.2	10.2	10

资料来源：牛津数据库。

从经济发展的驱动力来看，中亚西亚国家可以大致分为三大类型：资源驱动型、效益驱动型和创新驱动型。资源驱动型经济指主要依靠区域内要素禀赋包括非技能劳动和自然资源，特别是矿产资源的优势，通过资源的开采、初级加工和国际贸易推动经济增长的模式。资源驱动型国家的判定标准有两个，一个是人均收入低，在2000美元左右；另一个是总出口中资源产品占出口的比重为70%以上。中亚西亚地区共有11个国家属于资源驱动型经济，其中包括4个低收入国家（吉尔吉斯斯坦、塔吉克斯坦、也门、乌兹别克斯坦）和7个中高收入国家（伊朗、伊拉克、叙利亚、土库曼斯坦、阿塞拜疆、科威特和沙特）。其中，阿塞拜疆、科威特和沙特是正在从资源驱动型向效益驱动型转型的国家，特别是沙特，产业价值链从生产向营销、流通和设计的拓展卓有成效。总的来看同是资源依赖型经济，但西亚国家，特别是海湾国家的人均国民收入远远高于中亚，这是因为西亚国家对资源的国际营销渠道普遍更具掌控力。中亚国家即使是资源出口有影响力的大国，如哈萨克斯坦对资源的国际营销渠道的掌控甚至不如西亚的也门、约旦等较小国家。

效益驱动型经济体指经济发展不再主要依赖资源和要素投入，而是旨在通过发展教育着力提高劳动者素质、改善和完善商品市场与劳动力市场、发展金融市场等举措，优化资源配置、提高资源使用效率、缩小实际经济增长与潜在经济增长方面的差距。中亚西亚地区属于这个范畴的国家有 9 个，包括亚美尼亚、格鲁吉亚、约旦、哈萨克斯坦、阿联酋、巴林、阿曼、土耳其、黎巴嫩等。在这些国家中，格鲁吉亚和亚美尼亚的人均收入较低，且价值链仍然比较窄，对低成本劳动和自然资源的依赖仍较大。而其他国家诸如阿联酋、巴林、阿曼、黎巴嫩、土耳其、哈萨克斯坦等正从效益驱动型向创新驱动型转变。以土耳其和哈萨克斯坦为例，金融危机后，这两个国家由于其经济逆势增长的能力被国际社会归入正在快速崛起的五个新兴经济体。2012 年布鲁金斯学会发布十大发展最快城市排名时，其中 3 个城市来自土耳其。这个国家通过营造良好的商业环境推动金融业和建筑业的发展，促进城市成长为出口欧洲的制造业中心。当欧洲大陆的其他国家还在衰退中挣扎时，土耳其的发展势头不减。2011 年土耳其的增长率为 11%，超过中国。哈萨克斯坦资源异常丰富，地处中、俄之间，哈萨克斯坦的地理位置使其受益于亚洲的增长。此外，中东部的骚乱让这个人口稀少而稳定的国家显得尤为有吸引力。政府妥善利用油气资源出口获得的收入建立主权基金，用于基础设施建设、非能源工业，例如交通和制药，同时避免经济过热。截至 2015 年 8 月，哈萨克斯坦的国家石油基金依然高达 690 亿美元，它有利于缓冲油价暴跌和俄罗斯经济衰退带来的不利影响。此外，预计该国将于 2015 年底加入世界贸易组织。随着市场的开放和市场经济的深入推进，这个国家经济潜能将不断释放。

创新驱动是经济发展的最高阶段也是最佳模式，在这个发展阶段的经济体使用最先进的生产方式生产新的与众不同的产品，并致力于在生产技术、工艺和方法上实现突破创新。中亚西亚地区以色列、塞浦路斯、卡塔尔属于这类经济体。卡塔尔经济虽然仍是建立在资源基础上的，但其远远高于其他国家的国民收入，使其有能力对创新进行大力投资。卡塔尔在与创新相关的指标上远远优于效益驱动型经济体。比如，从价值链的宽度衡量，卡塔尔已成功进入前10大经济体行列，科研机构的质量居全球第16位，领先于东亚的中国台湾、韩国。企业的研发支出居世界第8位，在留住和吸引人才方面卡塔尔居世界领先地位。以色列无疑是这个地区首屈一指的创新经济体，无论创新能力、科研机构的质量、企业研发支出、百万人专利申请数量还是科学家和工程师的供应量等反映国家创新素质和成就的指标都居世界前列。塞浦路斯是这个地区人口最少的国家，但其百万人专利申请数量居世界第12位，超过一些发达国家，该国理工教育质量排世界前10位。

不论是资源驱动、效益驱动还是创新驱动，中亚西亚国家近年对外贸易普遍增长加快，贸易在GDP中的比重显著提高，对外贸易已成为其经济增长的主要驱动力之一。2000～2014年，西亚有13个国家（包括塞浦路斯，但不包括处于战争中的叙利亚、巴勒斯坦、也门）、中亚有3个国家（乌兹别克斯坦没有统计数据）出口实现两位数增长。资源贸易是中亚西亚对外贸易的主要组成部分。根据联合国和牛津经济数据库的资料，中亚西亚25个国家和地区中有13个国家矿产品出口占到国家总出口的50%以上，其中有11个国家占80%以上。该地区国家在世界资源贸易中也占有很重要的地位。2014年这两个地区加在一起，分别占世界石油和天然气出口市场的46%和22%左右。

表2　中亚西亚主要国家进、出口占GDP的比重

单位：%

国家	进口占比	出口占比	国家	进口占比	出口占比
吉尔吉斯斯坦	109.5	51.5	巴林	47.1	74.4
黎巴嫩	80.4	65.1	塞浦路斯	43.8	43.5
约旦	77.7	38.6	科威特	24.6	69.5
阿联酋	76.3	94.9	也门	39.1	26
塔吉克斯坦	64.8	23.5	土耳其	33.1	23.6
阿塞拜疆	26.6	48.5	以色列	32.5	34.1
格鲁吉亚	57.8	36.3	卡塔尔	30.5	72.7
亚美尼亚	53.5	21.9	沙特	28.7	52
阿曼	47.7	70.3	哈萨克斯坦	27.7	39.6
伊朗	17.5	27.8			

二　中亚西亚国家和地区经济发展瓶颈

目前中亚西亚不同发展阶段的国家都面临着挑战和瓶颈，有些挑战具有共性，有些则是特定发展阶段所独有的。即便是处于同一发展阶段的国家，由于特殊的地理、社会等方面的作用也会遇到不一样的挑战。

一是法治建设有待加强。总的来看，中亚西亚地区收入较低的国家，对产权和知识产权的保护没有富裕国家程度高。海湾国家对产权的保护比较有力，即使是中亚较大的产油国对产权保护也比不上海湾国家。到底是对产权的妥善保护，促进了财富创造，还是充足的财富催生了更健全的财产保护，这个问题还有待进一步论证。但显然，在中亚西亚地区，健全的产权保护是与更富裕的社会联系在一起的。但在对投资者的保护方面，中亚国家比西亚国家甚至比海湾国家更有力。一是恐怖主义的扩展和地区安全局势的恶化。恐怖主义对中亚西亚国家的经济运行带来很大的成本，IS（伊斯兰国）的崛起对整个地区产生了重大影响，特别值得关注的是，也门、黎巴嫩、以色列、伊朗、土耳其、吉尔吉斯斯坦、塔吉克斯坦等国经济遭受恐怖主义威胁、破坏的风险极高。地区安全局势方面，虽然国际社会对叙利亚问题已经达成共识，将矛头更多指向消除 IS 的恐怖威胁，但大国依然在围绕叙利亚问题进行角力，和平进程前景并不明朗。俄罗斯和土耳其因为战机击落事件龃龉至今，积怨更深，在既有安全框架下，俄土不大可能发生直接的战争冲突，但事件升级的可能性依然存在。作为地区宗教领导国家，2016年初，沙特和伊朗因为一名什叶派人士被处决而断绝关系。由于综合恐怖主义和地区安全恶化的威胁，中亚西亚地区在未来较长一段时期内海疆将保持乱治并存的局面，这也成为地区经济发展的重大瓶颈制约因素。

二是基础设施水平差距大。基础设施是经济发展的必要条件，基础设施关系一个国家与外部市场联系的密切程度和发生这种联系的成本。不论是中东的富裕国家，还是中亚的内陆国家都面临着基础设施不足或质量不高的问题。国际金融公司的数据整理结果显示，两个区域被测算的 20 个国家中，有 10 个国家的内陆运输成本占到一个标准集装箱跨境交易成本的 50% 以上，它们绝大多数集中在独联体国家。其中，4 个中亚国家的内陆运输成本占比高达 84%，而海湾国家中只有沙特的内陆运输成本过高。研究发现，内陆运输的时间和资金成本不仅与国家的地理位置有关，与国家的发展阶段也存在内在的联系：中亚西亚地区中要素驱动型、效益驱动型和创新驱动型国家内陆运输的平均资金成本在跨境交易（出口）成本中的占比分别是64.3%、47.2和32.3%，时间成本占比分别是32.5%、20.7%和18.1%。这充分说明了基础设施的质量和数量是这些地区经济发展的一个重要影响因素，不论是要素驱动型、效益驱动型还是创新驱动型国家，通过改善基础设施都将获得很大的回报。

三是市场经济发育不足。中亚西亚地区国家商品市场、劳动力市场和金融市场普遍存在发育不足或结构性缺陷。除了阿联酋、土耳其、卡塔尔等国之外，其他国家国内商品市场的竞争程度普遍较低。以色列、也门、吉尔吉斯斯坦、格鲁吉亚和科威特商业活动的垄断程度较高。商品市场的开放程度近年有显著提高，阿联酋已是世界仅次于中国香港的自由经济体，但除了阿联酋、格鲁吉亚、塞浦路斯、巴林等少数国家外，区内大多数国家限制国内市场上进口商品的竞争。区内资源型经济体的关税水平较高，目前贸易加权关税平均水平为9.18%，而效益型和创新型经济体的水平分别为5.26%和3.03%。贸易便利化还有待改进，特别是除格鲁吉亚外的独联体国家海关程序比较复杂，给企业通关造成一定的障碍。该地区国内税赋程度差别很大，最高的塔吉克斯坦是最低的卡塔尔的8.6倍。基本上，区内发展程度低的国家税负更重一些：资源驱动型国家的平均税负37.58%、效益驱动型国家27%、创新型国家21.2%。税负水平反映了国家对投资的激励程度。从全球看，海湾国家的税收水平对投资激励作用大。同时海湾地区国家对外国直接投资的规则也更有利于商业活动的开展，而区内其他国家还有较大差距。在劳动力市场上，除了海湾国家之外，其他国家的工资弹性较低，留住和吸引人才的能力较弱。但西亚是世界上女性就业率最低的地区，全球女性就业率最低的10个国家有6个在西亚。像沙特这样的地区大国女性就业水平只有男性的1/4，伊朗连1/4都达不到。女性就业率低不但造成资源的严重浪费，还极大地阻碍生产力的进步，削弱了经济增长潜力。除了海湾国家，该地区的其他国家留住和吸引人才能力都较弱。在金融市场上，中亚和独联体国家的金融市场尚不发达，银行的实力欠佳，向企业提供金融服务的能力普遍不足，且这种服务的成本较高，而企业无论从股权市场直接融资，还是从金融机构获得信贷的机会都比较少。

四是油气资源的过度依赖。对油气资源的过度依赖是这个地区多数国家经济发展最大的风险。2014年下半年世界油价暴跌，给这些国家的经济带来了严重后果。2015年，沙特、科威特、阿曼、巴林、阿塞拜疆、哈萨克斯坦等6国出口预计下降30%～40%。如果油价持续疲软，政府通过增加公共支出维持GDP的努力将受到制约，从而导致经济发展陷入停滞。而这正是当前形势的写照。2015年阿曼、沙特的资本支出分别削减了11%和25%，哈萨克斯坦预算支出削减10%。一些油气建设项目被迫缓建或取消。据高盛估计，这已涉及能源领域约1兆亿美元的投资计划，其中包括2015年1月卡塔尔石油公司和荷兰皇家壳牌公司65亿美元建设阿尔·卡罗纳石化的合资计划、沙特阿莫科公司20亿美元在其最大的炼化厂建立清洁燃料的计划。从短期看，这将对工程所在地区的经济造成负面影响。同时，本地区经济多元化的努力受到技术和人力资源不足的制约。

三　中亚西亚国家和地区发展的突出变量

近期中亚西亚国家和地区发展面临的突出变量主要有三个：一是国际反“伊斯兰国”联盟的反恐进展；二是俄土关系及其背景力量的角力结果；三是中国大国外交布局和“一带一路”战略推进。

第一，国际反“伊斯兰国”联盟的反恐进展。2015年10月末国际社会就叙利亚问题基本达成共识，更多的国际注意力转向打击“伊斯兰国”而非要求巴萨尔政权下台。俄罗斯、伊朗、伊拉克、叙利亚“四国集团”已经开始合作，并对中东一些主要产油国形成牵制。美俄在反“伊斯兰国”问题上产生利益共同点为国际反恐行动的顺利开展奠定了框架性基础。俄罗斯和法国、德国在组成反恐统一战线上取得一致意见，而且法国其实已经默认了和叙利亚巴沙尔政府合作共同反恐。美国派出地面部队进入伊拉克，并支持土耳其的宿敌库尔德武装进行反恐。俄罗斯直接出兵叙利亚深度参与打击“伊斯兰国”稳定了巴萨尔政权。在俄罗斯军事力量的直接参与下，2016年2月中，叙政府军甚至计划发动军队攻入ISIS“大本营”，直接反映了IS的军事颓势。

第二，俄土关系及其背景力量的角力。2015年10月10日，土耳其击落一架俄罗斯战机，点燃了俄土关系急速恶化的导火索。俄罗斯战机被击落，已经导致叙土矛盾直接显现，并进一步引发了中东地区有关国家的连锁互动和反应。俄土关系恶化的历史基础包括领土之争（十次俄土战争）、大国干预和报复心理作祟。但实际上，土耳其击落俄罗斯战机是一个现实国际政治选择，是一次试图以土耳其之部分绑架北约之整体的激进冒险举动，其最初可能得到了美国的“眼神授意”，却最终未得到北约的整体认可。“危机发生后土耳其的态度由硬到软，很重要的原因是土耳其无法从北约得到它想要的足够支持，北约的底线是绝不能被土耳其的莽撞行为所绑架，从而卷入一场不期而遇的战争当中。”（金一南语）。危机发生后，土耳其未得到北约强力支持，手中几无可打之牌。土耳其试图通过首脑会晤方式缓和双方关系的要求一直被俄罗斯方面拒绝。2016 年 1 月 30 日，土耳其埃尔多安甚至以“俄罗斯战机再次入侵土耳其领空”为理由要求与普京见面，依然被俄罗斯坚决拒绝。

自乌克兰危机后，俄罗斯与西方关系一直处于紧张状态，西方经济和金融制裁下的俄罗斯也在试图通过各种途径缓和俄西关系。除此之外，北约的东进战略大幅压缩了俄罗斯的战略缓冲空间，现实政治使俄罗斯必须找到一个战略突破口。战机被击落后，俄罗斯巧妙利用危机做了几个重大部署，使局势逐步朝于自身有利的战略态势转换：一是以负责任大国形象积极作为分化了西方反俄阵营，创造了乌克兰危机后俄西关系缓和的契机；二是加大在叙利亚的军事存在，并着重打击叙利亚反对派武装，尤其是受到土耳其支持的武装，值得关注的是，俄罗斯将先进的 S400 防空导弹系统部署进叙利亚，这不仅对土耳其，也对美国的军机造成威胁，而且这种威胁将是持久性的甚至是战略意义上的，实际上是为土耳其空军设置了禁飞区，潜在可能改变中东的局势。

以当前的情势判断，这次危机已经成为俄罗斯把握中东局势的一张可用之牌，俄土关系短期内难以改善，甚至在可预见的未来紧张局势可能升级。但总体而言，这场危机升温空间有限，善后道路漫长，俄土关系或将长期陷入对峙状态。

第三，中国大国外交布局和“一带一路”战略的推进。

2016 年 1 月 19 ~23 日，习近平主席分别访问了中东地区的沙特阿拉伯、埃及和伊朗三国，达成了一系列合作协议，以务实合作的态度深入推进“一带一路”战略的实施，显示了中国大国外交在中东地区的布局方向。

2016 年是我国进入全面建成小康社会决胜阶段的开局之年，也是“一带一路”战略的重要落实之年。同时，2016 年是中国同埃及建交 60 周年，也是同阿拉伯国家开启外交关系 60 周年。沙特阿拉伯、埃及和伊朗正处在“一带一路”的交汇地和关键节点上，中国梦与中东三国梦的融合，是打开中国梦与中东梦、与世界梦相融合的重要的“筑梦空间”。2016 年 1 月 13 日，《中国对阿拉伯国家政策文件》发布，这也是中国制定的首份对阿拉伯国家政策文件。文件提出推进中阿共建“一带一路”，构建以能源合作为主轴，以基础设施建设和贸易投资便利化为两翼，以核能、航天卫星、新能源三大高新领域为突破口的“1 +2 +3”合作格局。

2015 年以来，中亚西亚地区发生了若干对地区乃至世界局势具有重大影响的事件。2015 年下半年，国际社会已就叙利亚问题达成共识，中国促成了伊朗与五大国的核协议。2016 年初，沙特和伊朗刚刚经历断交突变，备受关注的伊核协议也开始执行。在沙特与伊朗矛盾激化、国际社会取消对伊朗制裁及叙利亚问题前景不明的背景下，中国领导人此次中东之行无疑将引导地区局势向国际共识方向发展，具有非比寻常的重要意义。

——中国在协调地区利益关系方面具有先天优势。与美国和俄罗斯在该地区面临的问题不同，中国在该地区没有更多的政治诉求，而是致力于与地区国家发展经贸关系，这使中国更容易成为地区争端的调解人。

——经贸优先、政治随行的双边关系发展模式。习近平的中东之行首要目的在于巩固和强化与该地区三大国的经贸关系，共同推动“一带一路”战略的深入发展。2014 年 6 月，习近平在中阿合作论坛（北京）部长级会议上提出的中阿共建“一带一路”倡议及亚洲基础设施投资银行（“亚投行”）均获得了阿拉伯国家的积极响应。在 22 个阿拉伯国家中，有 7 个国家成为亚投行的创始成员国，6 个阿拉伯国家与中国签署了“一带一路”协议，埃及、沙特阿拉伯及伊朗均位列其中。中国将连同阿拉伯国家设立 150 亿美元的中东工业化专业贷款，同时向中东国家提供 100 亿美元商业信贷。另外，中国还将向阿拉伯国家提供 100 亿美元优惠贷款，也将同阿联酋、卡塔尔设立共计 200 亿美元的共同投资基金。而在 2015 年，中国宣布对中国 - 巴基斯坦经济走廊投资 460 亿美元。加上无偿援助及人道主义资金支持，中国和阿拉伯国家的资金交流远超 1000 亿美元。

2016 年 1 月 18 日，习近平主席在沙特《利雅得报》发表题为《做共同发展的好伙伴》的署名文章。文中提到，中方赞赏沙特以意向创始成员国身份加入亚洲基础设施投资银行，也愿同沙方一道加快推动中国 - 海湾合作委员会自由贸易区建设，使双边合作和多边合作形成良好互动局面，不断提高两国互利合作水平。

2016 年 1 月 19 日，习近平在埃及《金字塔报》刊文表示，中国和阿拉伯国家可以通过共建“一带一路”，把各自发展战略对接起来，深化和拓展能源、贸易投资、基础设施建设、高技术等领域合作。访问期间，中国和沙特阿拉伯、埃及、伊朗三个国家分别签署了一系列旨在推进“一带一路”建设合作的协议和备忘录。其成果主要包括：1 本纲要——中国与埃及发表关于加强两国全面战略伙伴关系的五年实施纲要；2 个提升——中国与沙特、伊朗提升为建立全面战略伙伴关系并发表联合声明；3 份谅解备忘录——中国与沙特、埃及、伊朗分别签订共同推进“一带一路”建设及开展产能合作的谅解备忘录；5 大领域——中国对外发布的首份对阿拉伯国家政策文件清晰定位了“全面合作、共同发展”的中阿战略合作关系，全面规划了政治、经贸、社会发展、人文交流、和平与安全五大领域交往与合作，习主席此次出访，让文件变成了行动落实；5 年计划——中国的“十三五”与沙特开始实施的新的五年计划和伊朗即将推进经济发展的第六个五年计划紧密地联系在了一起，埃及的“苏伊士运河走廊”经济带与“21 世纪海上丝绸之路”完美地融合在了一起。

法国国际广播电台称，中国希望在中东地区扮演重要角色，习近平此行继续沿用经济合作优先的思路，在政治层面仍遵循面对错综复杂的中东关系谨言慎行策略。相对于选择在国际冲突中的阵营，中国更希望实现的是经济合作，中国在中东地区不选边站的态度得到了国际社会各方的积极肯定。

——该地区的中国大国外交格局。国际观察家认为，从沙特到埃及，再到伊朗，这是中国大国政治的前奏。BBC 认为，中东地区在过去曾以美国与俄罗斯的利益为主导，习近平此次访问被外界看做是崛起的中国试图在这一地区加强影响力的举动。伊朗和中国关系的加强，不仅可以加强中国对中东能源基础设施的影响力，同时也加强了中国在南海的军事和战略地位。甚至有观点认为，“中伊抗衡美国的主导地位。”

四　中亚西亚国家和地区的发展与展望

中亚西亚自古以来就是东西方文明交汇之地，是欧亚大陆和海上交通的重要枢纽。在当今世界，中亚西亚成为一个重要的地缘政治区域，其地缘战略地位、格局变化和经济发展受到世界各国的广泛关注。原因主要有：一是中亚西亚地处欧亚海陆交通要塞；二是中亚西亚成为俄美中三国在利益和外交政策上集中交会与相互激烈碰撞的重要地区；三是中亚西亚地区有丰富的油气资源，这些地区的国家能源政策不只对其本国经济发展、国家安全有重要影响，还关系俄美中以及欧盟对中亚地区的博弈。中亚西亚依靠大量的油气和矿产资源储备在前几十年取得飞速发展，但近两年面对基础设施不健全、市场体制不完善等瓶颈，中亚西亚国家的经济增长也在逐渐放缓。

基于此，要想突破发展瓶颈，实现健康可持续的经济增长，必须从以下三个方面着手进行改善。

一是保持地区政治稳定性，避免政治冲突。政治稳定是一个国家乃至地区经济发展的首要条件。目前，中亚国家政治风险不断上升，政治的结构性矛盾在各国比较突出，政治存在很大的脆弱性和不稳定性，未来出现政权反对力量的可能性较大，因此可能会强力冲击政府。其中，乌兹别克斯坦的政治形势变化较大，塔吉克斯坦的政治内斗比较明显。西亚地区局势动荡，社会矛盾错综复杂，多国形势恶化，比如伊朗核问题在短期内无法解决，国内保守派和改革派矛盾冲突不断；伊拉克的“伊凡特”组织宣布建立“伊斯兰国”，严重威胁国家统一；巴以冲突的持续导致恐怖袭击事件时有发生。此外，俄罗斯和乌克兰与中亚西亚地区的地缘政治风险加剧，周边国家的政权更迭也对中亚西亚的地缘政治稳定形成冲击。最近的叙利亚政府的动荡更是加剧了地区的不稳定性，针对各国出现的民族和宗教问题，各国应当从维护国家和地区稳定的人局出发，不断调整民族和地区政策，以适应形势发展的需要，民族和谐是国内安定和谐的重要条件。各国应实行民族和谐和民族平等政策，倡导文化多元化，实行民族文化自治，成立相应的管理机构，以宪法和宣言等各种形式对破坏国家稳定、民族团结的活动给予制止和打击。只有解决政治问题，维护国际和谐稳定，中亚西亚国家的经济才能长期稳定有效地发展。

二是加大基础设施建设，推进产业结构优化升级。目前，中亚西亚地区内的国家还没有形成良好的水电输送网络，导致水电匮乏的国家经常面临缺水、缺电等问题。交通运输方式存在布局不平衡、建设不完善问题。比如中亚的乌兹别克斯坦、土库曼斯坦尚无高速公路，西亚的阿曼、阿联酋尚没有铁路。通信设施覆盖率低，港口运输能力有限，航空线辐射世界不足也是中亚西亚国家基础设施存在的问题，这严重制约了国家经济发展。为此，中亚西亚国家应大量投资兴建运输、通信、供水、供电等基础设施，把基础设施建设落实到发展计划的具体实施纲要上来，积极寻求与欧美、中国的投资合作，想方设法吸引外资到本国投资建设。最近几年乃至未来几十年，中亚西亚国家借助中国提出建设“新丝绸之路经济带”和“21 世纪海上丝绸之路”的历史机遇，积极投身建设本国的海上和陆地交通基础设施，为经济发展提供一个良好的硬件环境。

同时，中亚西亚地区属于典型的资源型产业结构，产业结构比较单一，以油气、矿产的开采和加工为支柱产业，不仅容易受大宗商品价格周期的影响，而且存在可持续发展的问题。中亚西亚大部分国家的工业化水平比较低，科技发展水平一般，机械设备的加工制造、纺织、日常用品制造等产业不发达，大部分国家劳动力缺乏，劳动力水平低。为此，中亚西亚国家应出台相关政策加快转变经济发展方式，推进发展现代化农业、工业，努力改善本国经济结构，促进经济由单一化转向多元化发展。发展循环经济，循环经济是以工业生态理论为基础，模拟自然生态系统物质循环方式建立起来的循环发展方式，它要求经济结构和自然资源配置的合理化，做到经济发展与环境保护的协调，以求得发展经济、节约能源、环境保护三个方面的共赢。此外，在发展循环型工业的同时，要大力提倡发展循环型服务业。随着经济的发展，在资源主导型的国家发展循环型服务业有助于提高地区环境质量，降低能源消耗，实现资源的循环再利用。

三是推进区域一体化进程，积极寻求区域合作。当今世界，在经济全球化的趋势下，区域内的合作与共谋利益日益成为各国的重要发展战略，积极开展同周边国家的合作谈判已经成为21世纪全球各国的共识。中亚西亚地区中的国家要想在世界经济发展的大潮中保持持续稳定的发展，必须积极努力构建区域一体化合作框架，寻求区域内的合作，实现共同发展。目前，中亚区域合作已经由不同的参与国家创立了各种目的不一、层次不同的合作机制。中亚地区的一体化主要表现为四个层次：其一，中亚五国的经济合作；其二，中亚与西亚国家的经济合作；其三，中亚与独联体国家的经济合作；其四，中亚与中国的经济合作，除上海合作组织外，与其并行的一体化机制还有欧亚经济共同体、四国统一经济空间以及包括亚行和联合国机构在内的一些国际组织建立的区域经济合作机制等，此外还有众多的双边合作机制。其中，对中亚西亚经济发展影响最为重要的是中亚西亚经济合作组织，中亚西亚地区的经济合作早在20世纪60年代中期就已经开始。当时，伊朗、土耳其和巴基斯坦为了发展三国的经济贸易关系，提出建立经济合作组织的想法，并为此开展了工作。1985年，该组织正式定名为中西亚经济合作组织，其宗旨是加强成员方之间在经济、技术、文化等方面的有效合作，增进地区的经济发展。1992年，除了上述三个国家外，阿富汗、阿塞拜疆以及包括土库曼斯坦、乌兹别克斯坦、塔吉克斯坦、吉尔吉斯斯坦、哈萨克斯坦在内的中亚地区的五个独联体国家也成为该组织的正式成员方，从而使该组织发展到目前的十个成员方。十国总面积为700万平方公里，人口为3.5亿。中亚西亚经济合作组织是一个地区性经济合作组织，各成员方具有相近的历史文化传统和共同的宗教信仰。由于成员方多为发展中国家，且地处内陆，没有出海口，缺少与区域外的经济联系，于是，成员方先是以扩大自身优势产品出口并寻求更大的发展空间为重点，而后又转向了实现区域范围的贸易便利化，如实施了消除成员方之间的贸易壁垒，简化贸易通关手续，加强各成员方海关的通关能力（包括过境贸易通关、海关监管、信息服务）等方面的措施。今后，该组织各成员方之间应该努力消除贸易壁垒，简化海关手续和降低关税，为进一步挖掘各国之间的合作潜力创造条件。土耳其总统埃尔多安在2012年中西亚经济合作组织峰会上指出，各成员方早就决定要在2015年前建立自贸区，但是目前该工作进展缓慢，如果自贸区能够真正建立起来，那么未来各成员方之间的贸易额将会达到目前贸易额的8倍。另外，各成员方应该加强交通领域的合作，重振“丝绸之路”，这将对促进各成员方的经济发展和欧亚大陆之间的合作起到重大促进作用。

不能否认，中亚西亚诸国因拥有资源的种类不同，产业结构有一定互补性差异，存在一些合作的可能。比如，在盛产石油但食品生产和轻工业比较薄弱的伊朗，工业结构过度重型化的哈萨克斯坦，消费品或粮食出口国土耳其和巴基斯坦之间，存在着相互提供市场的贸易可能性。中亚诸国多是内陆国家，存在共同修建石油天然气管道、公路和铁路等基础设施和运输业方面合作的需要。在世界石油价格上涨、中亚西亚产油国经济增长速度加快的条件下，也不排除区内主要产油国从土耳其和巴基斯坦输入一些劳工的可能，另外，中亚西亚国家也可以相互切磋经济调整经验和共同兴办一些中小型工业项目。但是，必须看到，中西亚地区经济合作的挑战相当严峻，一些影响区内各国经济发展的重大问题无法靠区域经济合作解决，此外，还存在不少影响区域经济合作的非经济因素。

从根本上讲，中亚西亚地区的全球地位和作用是由其特殊的地理位置、经济区位、资源基础、经济的自我发展能力、不稳定状态和其稳定的能力，以及大国围绕以上问题进行地缘政治经济利益博弈的进程所决定的。就当前的地区形势来看，大国主导力依然强过地区自主性，但前者力量在持续衰弱，多极化过程使该地区各国拥有更多选择权，具备更多自主发挥的空间。

未来世界发展充满变数，中亚西亚国家要想在大国影响下发展本国经济，必须了解自身、随机应变，不断变革以适应本国经济发展政策，维护本国乃至地区的和平稳定。此外，经济全球化浪潮下的区域一体化进程正在快速发展，中亚西亚国家必须抱团取暖，积极加强同本地区其他国家的经济交流与合作，取长补短。要总结过去的发展经验，向世界强国学习发展之道，主动出击参与同世界大国的对话，以更加开放包容的姿态迎接同大国的合作。同时，要在注重发展经济的同时，更加注意生态环境、医疗保障、教育等各方面，实现多元化、质量与效益并存的良好发展模式。

中国提出的“一带一路”倡议，为中亚西亚地区各国提供了重大发展契机。依靠既有的双边或多边机制及行之有效的区域合作平台，中国和中亚西亚国家积极发展经贸合作关系，以“五通”——政策沟通、道路联通、贸易畅通、货币流通、民心相通为方法路径，共同打造政治互信、经济融合、文化包容的利益共同体、命运共同体和责任共同体。亚洲东部与欧洲经济联通趋势的加强赋予了中亚西亚地区作为欧亚大陆“经济走廊”的重要角色，随着中亚西亚各国全面融合，这一地区必将出现经济发展与政治安全互信、和谐、互动的新局面。有理由相信，未来中亚西亚在国际上发出的声音将会更强大，在世界政治上的话语权将会大大增强。

（撰稿人：胡正塬，中国国际经济交流中心产业规划部副研究员）

拉美经济形势分析与展望

2015年，全球经济总体上仍保持稳健复苏的势头。然而，发达经济体和新兴经济体的增长趋势出现了逆转，改变了过去新兴经济体经济增速长期显著高于发达经济体增速的基本格局，发达经济体与新兴经济体的经济增速差距由2014年的2.8个百分点大幅收窄至2015年的2个百分点，以美国为主导的发达经济体逐步取代新兴经济体，再次成为全球经济的稳定器。在这一大背景下，拉美经济受巴西经济增长大幅衰退的冲击，也出现了金融危机以来的首次负增长。一些国家甚至面临通货膨胀上升、财政赤字增加、国际收支失衡、资本外逃和货币贬值的多重挑战。

一　2015年拉美经济增长面临的国际经济环境

2015年，全球经济总体上仍保持稳健复苏的趋势，经济增速预计为3.1%，略低于2014年的3.4%。然而，发达经济体和新兴经济体的增长趋势出现了逆转，改变了过去新兴经济体经济增速长期显著高于发达经济体增速的基本格局。其中，发达经济体中美国经济一枝独秀，日本和欧元区经济逐渐走出衰退的泥潭。发达经济体作为整体而言，2015年经济增速预计为2%，其中美国、欧元区和日本的增速分别预计为2.6%、1.5%和0.6%，相比2014年均有显著提升。与此同时，新兴经济体的经济增速则出现明显下滑，作为一个整体，新兴市场和发展中经济体2015年经济增速预计为4%，创金融危机以来的新低。发达经济体与新兴经济体的经济增速差距由2014年的2.8个百分点收窄至2015年的2个百分点。以美国为主导的发达经济体逐步取代新兴经济体，再次成为全球经济的稳定器。

从全球制造业 PMI 指数、工业生产和国际贸易等主要景气指标的变化来看，2015 年，全球制造业的景气状况显著差于 2014 年，这主要由于中国制造业 PMI 指数长时间低于 50 点的荣枯线以下；全球贸易大幅衰退，一方面受中国需求萎缩的影响，另一方面全球能源和大宗商品价格大幅下挫的影响更为突出。工业生产指数增速同样显著低于 2014 年，也是受到中国工业增加值持续个位数低速增长的影响。总之，仅从国际贸易和制造业以及工业景气来看，中国经济需求萎缩和增速快速下滑对全球工业景气的负面冲击至关重要。

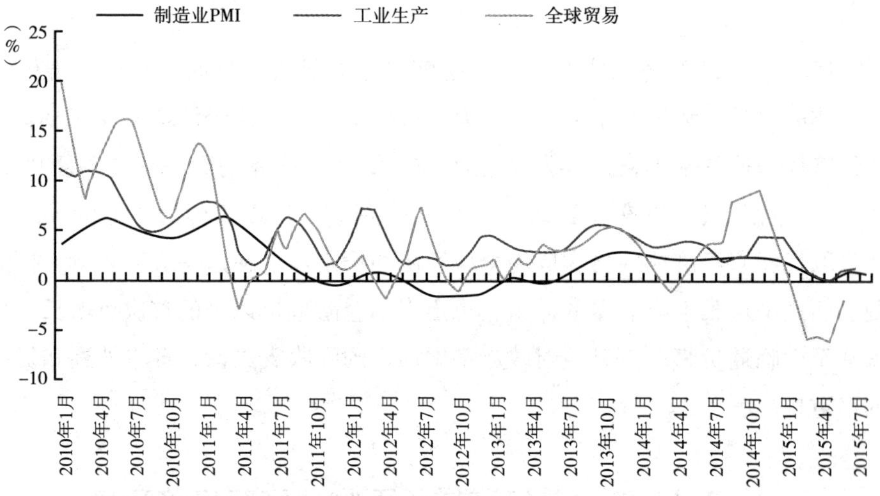

图 1　全球经济景气主要指标变化趋势

注：三个指标为 3 个月移动平均折年率的增长速度。
资料来源：IMF。

从发达经济体的状况看，美国前三季度经济增速（同比折年率）分别为 2.88%、2.72% 和 2.03%，全年增速预计为 2.6%。美国经济的增长，得益于美国个人消费支出的显著提升，其中二、三季度仅个人消费对经济增长的贡献环比拉动率高达 2.42 个和 2.19 个百分点，贡献了经济增长的绝大部分动能。欧元区的经济复苏，得益于欧元贬值带动出口的快速增长，特别是在全球贸易十分不景气的大环境下，1～8 月欧元区出口月均增速高达 6.3%，显著高于全球贸易的平均增速。一、二季度欧元区经济同比增速分别为 1.3% 和 1.6%，其中仅出口就

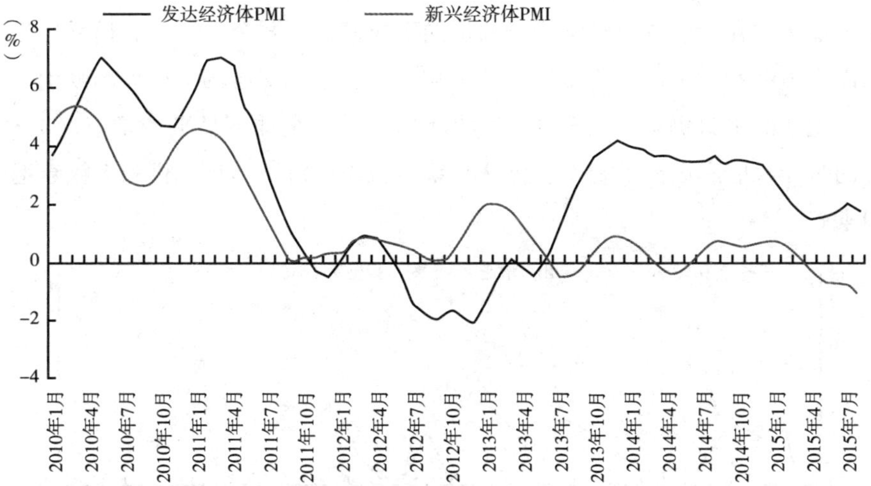

图 2　发达经济体制造业景气显著好于新兴经济体制造业景气状况

注：为 3 个月移动平均折年率的增长速度。

资料来源：IMF。

贡献了 0.46 个和 0.72 个百分点。日本经济复苏同样是在日元大幅贬值的正向拉动下实现的，二季度日本经济实现了 0.8% 的正增长，其中出口贡献了 0.3 个百分点。

综上所述，2015 年拉美经济面临的全球经济环境已经发生变化，发达经济体逐步取代新兴经济体，成为拉动全球经济稳步复苏的第一动力，中国工业和制造业下行和对大宗商品需求的萎缩，对拉美地区的初级产品出口形成较大的负向冲击。

二　2015 年拉美经济出现金融危机以来的首次衰退

（一）投资大幅下挫是拉美经济增速快速下滑的主要原因

2015 年，拉美经济延续了 2013 年以来的增速下行趋势，全年地区经济将出现金融危机以来的首次衰退，预计增速为 -0.3%。造成拉美经济出现大幅下挫的根本原因在于拉美投资率延续多年的下行趋势，2015 年拉美地区投资率预计为 19.8%，这是近十年来首次跌入 20% 以下，即便是 2009 年拉美地区投资率也保持在20.4%。特别是拉美地区经济当前正处于去库存阶段，使得2015年上半年拉美地区的存货投资对经济增长的负向下拉高达0.8个百分点。相反，尽管受中国需求萎缩和大宗商品价格下挫的影响，但由于拉美各国货币大幅贬值，2015年拉美地区的出口仍有望实现4.5%的增速，高于全球贸易平均增速（3.3%）。与此同时，政府和居民消费增长仍然是维持拉美经济不出现危机和大幅衰退的重要因素。

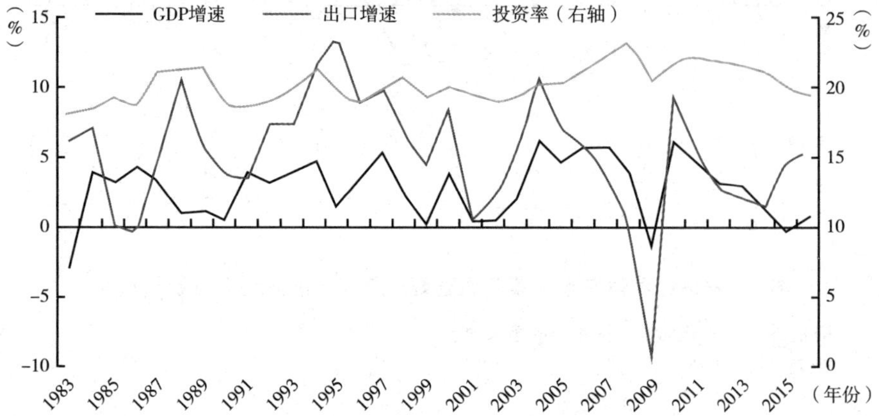

图3　拉美地区经济增速、投资率和出口增速

资料来源：IMF。

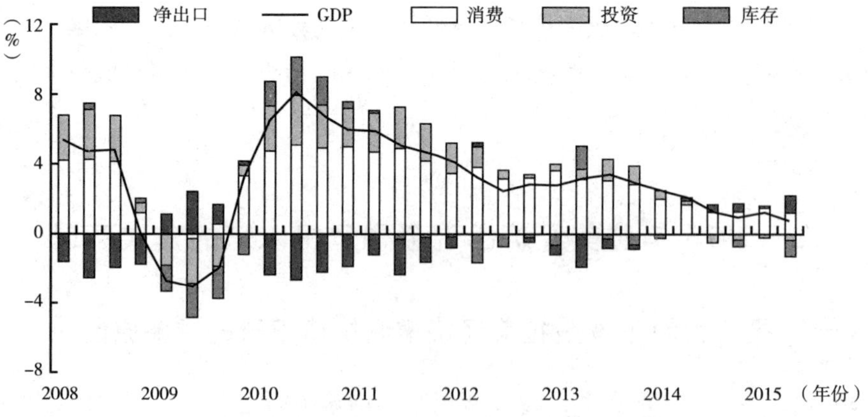

图4　拉美经济增长动力

资料来源：IMF，*Regional Economic Outlook：Western Hemisphere，Adjusting Under Pressure*，October 2015。

（二）拉美各国经济增长趋势再次出现背离

整体上看，拉美地区经济大幅下挫的趋势已基本确立，但拉美各国经济形势背离的趋势继续存在。2015 年拉美第一大经济体巴西经济将衰退 3%，成为拉美地区经济整体陷入衰退的主要因素，阿根廷经济受巴西经济衰退的影响，经济增速也仅为 0.4%，继续处于衰退的边缘。相反，在美国经济强劲复苏带动下，拉美第二大经济体墨西哥则实现了 2.3% 的增速，高于上年 2.1% 的增速。墨西哥凭借经济的强劲增长，已经取代巴西成为拉美经济继续保持基本稳定和不出现大幅衰退的关键因素。

从拉美各中型经济体来看，21 世纪以来，智利经济增速一直十分稳健，在经历 2014 年低速增长 1.9% 后，2015 年智利经济将有望实现 2.3% 的增速。哥伦比亚、秘鲁、玻利维亚、乌拉圭、哥斯达黎加等拉美中型经济体，在基础设施投资和国内消费需求的推动下，经济增速继续保持在 2% ~4.2% 的区间，经济增速的稳定性较高。值得注意的是，受石油价格持续低迷和国内政治社会局势剧烈动荡的影响，2015 年委内瑞拉经济将衰退 10%，前任总统查韦斯开启的委内瑞拉玻利瓦尔革命和“21 世纪社会主义”面临前所未有的挑战。厄瓜多尔经济也受财政扩张空间较小和石油价格低迷的影响，2015 年经济将衰退 0.6%。

综上所述，2015 年拉美地区经济下挫根本原因在于巴西经济的大幅衰退，墨西哥、哥伦比亚、智利等国继续成为拉美经济仍不出现大幅衰退的关键因素。

表 1　拉美主要国家经济增速

单位：%

国家或地区	2012 年	2013 年	2014 年	2015 年	2016 年
拉美地区	3.1	2.9	1.3	-0.3	0.8
阿根廷	0.8	2.9	0.5	0.4	-0.7
玻利维亚	5.1	6.8	5.5	4.1	3.5
巴西	1.8	2.7	0.1	-3.0	-1.0
智利	5.5	4.3	1.9	2.3	2.5
哥伦比亚	4.0	4.9	4.6	2.5	2.8
哥斯达黎加	5.2	3.4	3.5	3.0	4.0
厄瓜多尔	5.2	4.6	3.8	-0.6	0.1
墨西哥	4.0	1.4	2.1	2.3	2.8

续表

国家或地区	2012 年	2013 年	2014 年	2015 年	2016 年
秘　　鲁	6.0	5.8	2.4	2.4	3.3
乌 拉 圭	3.3	5.1	3.	2.5	2.2
委内瑞拉	5.6	1.3	-4.0	-10.0	-6.0

注：2015 年和 2016 年为预测数据。

资料来源：IMF，*Regional Economic Outlook*：*Western Hemisphere*，*Adjusting Under Pressure*，October 2015。

（三）巴西、阿根廷经济陷入困境，墨西哥经济稳健增长

从拉美三大经济体巴西、墨西哥和阿根廷的具体情况看，2015 年巴西经济在大宗商品价格疲软、资本外逃、货币贬值、投资率低迷的多重冲击下，经济已连续五个季度陷入衰退，一、二季度巴西经济衰退幅度高达 1.56% 和 2.58%，衰退幅度持续扩大。从工业指数增长情况看，1~9 月巴西工业生产指数月度平均衰退 7.3%，其中 9 月份衰退幅度高达 10.9%，创下金融危机以来的最大衰退幅度，下半年工业生产指数的衰退幅度，明显大于上半年。2015 年 1~10 月，巴西制造业采购经理人指数（PMI）月度平均水平为 46.9，其中 10 月 PMI 为 44.1，同样是金融危机以来最低水平。受经济前景悲观的影响，巴西的消费者信心也受到重创，1~10 月巴西消费者信心指数月均水平为 82.6，大幅低于荣枯线 100，其中 9 月的消费者信心指数为 75.9，同样创下近年来新低。由此可见，巴西经济的大幅衰退，正在由投资和出口的萎缩，向居民消费领域蔓延，巴西经济的前景不容乐观。

阿根廷和巴西经济关系紧密，受巴西经济低迷的影响，2015 年阿根廷经济也始终处于增长与衰退的边缘，但向好的趋势隐现，2015 年一、二季度阿根廷经济增长了 0.7%、0.5%，高于上年全年 0.5% 的增速。从工业生产指数增速来看，1~9 月工业生产指数月度增速为 -0.67%，衰退幅度窄于上年同期 2.6% 的衰退幅度。代表经济景气和先行指标的阿根廷经济活动指数已经出现正增长，1~9 月经济活动指数月均增幅为 2.17%，其中下半年的增速明显高于上半年。总之，阿根廷经济尽管受到巴西经济低迷和全球大宗商品价格下挫的影响，但向好和触底反弹的趋势隐现。

2015 年，与巴西、阿根廷经济疲软相比，在美国经济强劲反弹的带动下，

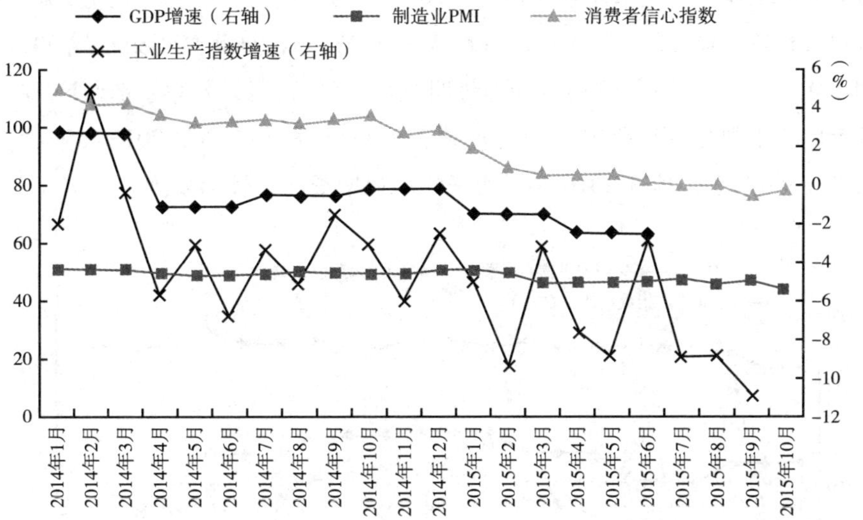

图 5　巴西经济增长和景气指数变化趋势

资料来源：Wind 资讯。

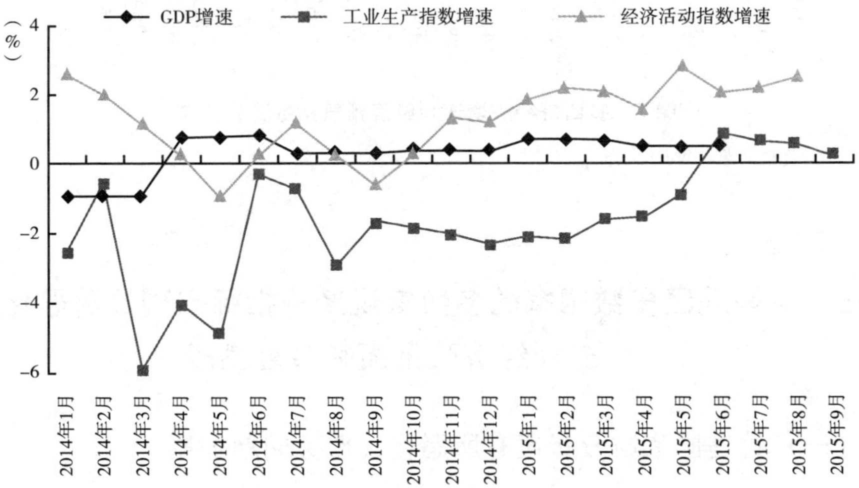

图 6　阿根廷经济增速和经济景气变化趋势

资料来源：Wind 资讯。

墨西哥经济保持稳定增长态势。一、二季度墨西哥经济增速分别为2.55%和2.18%。从工业生产指数增速来看，1～8月月均增速为1%。从制造业采购经理人指数（PMI）看，1～10月PMI月均水平为53.43，显著高于荣枯线50，其中10月PMI为53，继续保持稳定的趋势明显。在经济持续景气的带动下，墨西哥消费者信心指数也持续稳定，10月消费者信心指数为91.26，2015年连续10个月稳定在90以上，预计2016年墨西哥的消费增长前景较为乐观。

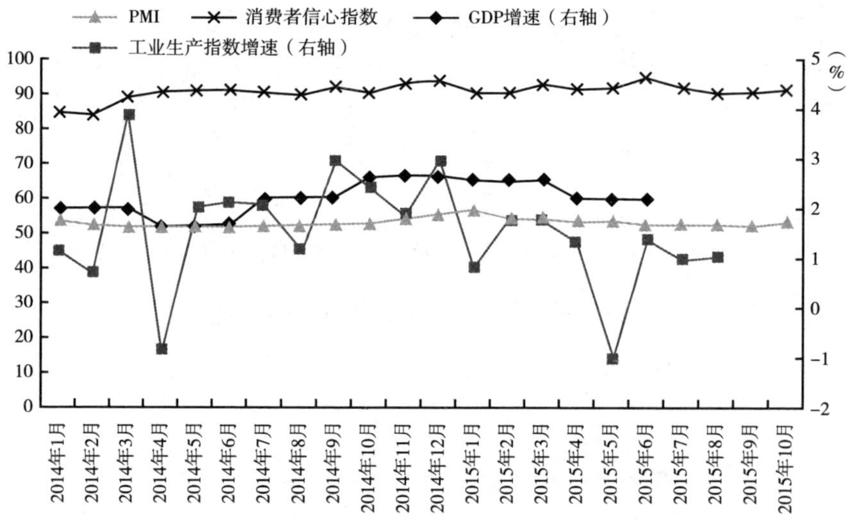

图7　墨西哥经济增速和经济景气指数变化趋势

资料来源：Wind资讯。

三　拉美地区多数国家的多数宏观经济指标出现显著恶化，宏观经济政策面临多重挑战

（一）拉美国家财政状况有所恶化，债务问题加剧

2015年，拉美国家财政状况有所恶化，整个地区的初级财政平衡赤字占GDP比重大约为1.6%，高于上年1.4%的赤字率。从各国的具体情况看，巴西尽管经济出现大幅衰退，但由于较为严格的财政纪律，财政状况并没有显著恶化，初级财政赤字占GDP比重为0.4%，略低于上年0.6%的赤字率。然而，更值得注意的是，

巴西公共债务水平长期居高不下，2015 年公共债务占 GDP 比重高达 69.9%，大幅高于上年 65.2% 的债务率，高债务水平加上高利率，使得债务利息支出长期成为巴西政府财政的重要负担，也是巴西债务负担大幅上升的重要原因。

墨西哥的财政状况在经济持续稳定增长的推动下保持了基本稳定，尽管石油价格下跌使得墨西哥政府收入中非税收收入有所下降，但税收收入的稳定增长，使得 2015 年初级财政赤字率预计为 1.2%，低于上年 1.9% 的赤字水平，保持了财政状况的基本稳定。智利初级财政赤字率则达到 3.1%，大幅高于上年的 1.4%，这主要是因为铜矿产品需求和价格下挫，影响了政府的非税收收入。在能源出口国中，委内瑞拉、厄瓜多尔受全球能源价格下挫冲击的影响最大，其中委内瑞拉初级财政赤字占 GDP 比重高达 21.3%，赤字水平为整个地区最高，厄瓜多尔赤字率为 3.7%。总体而言，拉美地区五个大宗商品出口国家作为一个整体来看，其财政状况均有显著恶化，财政赤字占 GDP 比重由 3.8% 大幅上升到 6.5%。而巴西、智利、秘鲁等经济自由度较高的六个国家作为一个整体，同期财政赤字率仅上升了 0.3 个百分点。

表 2　拉美国家财政收支平衡和债务状况

国家或地区	主权债务评级	初级财政盈余/GDP(%)					公共债务/GDP(%)				
		2012 年	2013 年	2014 年	2015 年	2016 年	2012 年	2013 年	2014 年	2015 年	2016 年
墨西哥	BBB +	-1.2	-1.2	-1.9	-1.2	-0.5	43.2	46.4	49.8	52.0	52.1
阿根廷	SD	-0.5	-0.7	-1.0	-2.5	-2.2	37.3	40.2	45.3	52.1	55.1
玻利维亚	BB	2.8	1.6	-2.4	-4.3	-4.6	33.3	32.5	33.0	38.0	41.9
巴西	BBB -	2.0	1.8	-0.6	-0.4	-0.9	63.5	62.2	65.2	69.9	74.5
智利	AA -	0.8	-0.4	-1.4	-3.1	-1.6	12.0	12.8	15.1	18.1	20.0
哥伦比亚	BBB	1.6	1.2	0.3	-0.2	0.0	34.1	37.8	44.3	50.9	48.9
厄瓜多尔	B	-0.2	-3.6	-4.3	-3.7	-1.6	21.7	26.0	31.3	37.4	40.4
秘鲁	BB	3.0	1.7	0.6	-1.0	-1.2	21.2	20.3	20.7	22.4	24.6
乌拉圭	BBB	-0.2	0.4	-0.6	0.0	0.1	57.9	60.2	61.3	64.1	65.3
委内瑞拉	CCC	-13.8	-11.6	-11.3	-21.3	-22.9	44.3	52.1	51.8	53.0	44.1
拉美地区	—	0.0	-0.1	-1.4	-1.6	-1.6	47.9	48.7	51.9	54.8	56.3
金融自由化国家	—	1.0	0.6	-0.6	-0.9	-0.7	38.6	40.0	42.7	46.2	47.6
大宗商品出口国	—	-2.5	-3.0	-3.8	-6.5	-6.3	30.6	33.5	36.1	40.6	41.1

注：初级财政盈余为公共债务本息偿付前的财政收支平衡。金融自由化国家包括巴西、智利、哥伦比亚、墨西哥、秘鲁、乌拉圭六个经济自由度较高的大国；大宗商品出口国包括阿根廷、玻利维亚、厄瓜多尔、巴拉圭和委内瑞拉。主权债务评级为穆迪、标准普尔和惠誉三大评级公司评级水平的平均值。

资料来源：IMF，*Regional Economic Outlook*：*Western Hemisphere*，*Adjusting Under Pressure*，October 2015。2015 年和 2016 年数据为预测值。

拉美国家财政状况的恶化和高额的利息负担，使得这些国家债务问题有所加剧。巴西债务规模和债务率，在整个地区中屈指可数，也是拉美地区公共债务居高不下的主要原因。2015 年全地区公共债务余额占 GDP 比重为 69.9%，出现了连续两年的上升趋势。墨西哥和阿根廷的债务水平也有所上升，其中墨西哥公共债务占 GDP 比重为 52%，高于上年 49.8% 的债务水平，阿根廷债务则大幅上升，2015 年债务余额占 GDP 比重预计为 52.1%，主要原因仍然是阿根廷主权债务评级是垃圾级，债务融资成本居高不下。智利、秘鲁、玻利维亚等拉美中型经济体的债务一直保持在较低水平，五国的债务水平处于 18%～38% 的低债务水平区间，但都出现不同程度的上升。从各国的债务评级来看，整个拉美地区仅有智利的债务评级获得 A 级评级，为 AA－，属于信誉优良，基本无风险，其他大国中墨西哥、巴西、哥伦比亚、乌拉圭的评级水平较高，但有一定支付风险，融资成本高企。而正处于政治和经济危机之中的委内瑞拉，则信誉很差，偿债能力不可靠，可能违约；阿根廷的评级已经出现选择性违约。这一状况充分说明，拉美国家的主权债务风险仍然属于高风险市场，如果经济形势无法好转，再次出现债务危机也不是没有可能。

（二）货币政策面临控制通货膨胀和刺激经济增长的两难选择

2015 年，拉美地区作为一个整体通货膨胀率预计为 12%，大幅高于上年 8.2% 的通胀水平。尽管大部分国家通胀率都高于上年，但各国之间仍存在差异。从各国具体情况看，委内瑞拉无疑是近年来拉美国家中通货膨胀最为严重的国家，2015 年通胀率预计为 190%，其主要原因是委内瑞拉过度依赖石油的单一产业结构，大量食品和日用消费品都严重依赖进口，加上委内瑞拉国内滥发货币问题严重，中央银行长期是财政计划部的取款机。阿根廷通货膨胀问题尽管有所缓解，但仍是通货膨胀仅次于委内瑞拉的拉美国家，2015 年通货膨胀率预计为 19.3%，阿根廷恶性通胀的主要推动因素是货币大幅度贬值，同时大量日用消费品短缺严重依赖进口。巴西作为实行通货膨胀目标制的国家，近年来通胀率一直高于央行的目标中间值 4.5%，10 月通胀率已经接近 10.5%，2015 年通胀率预计为 9.3%，其主要原因是货币大幅贬值和货币超发问题严重。拉美其他国家中，墨西哥、智利、哥伦比亚、秘鲁、哥斯达黎加等国通胀率均维持在 2%～5% 的正常区间，这与这些国家严格的财政和货币纪律密不可分，同时这些国家的汇率稳定性也较高。

表 3　拉美国家通货膨胀率

单位：%

国家或地区	2012 年	2013 年	2014 年	2015 年	2016 年
墨西哥	3. 6	4. 0	4. 1	2. 6	3. 0
阿根廷	10. 8	10. 9	23. 9	19. 3	26. 4
玻利维亚	4. 5	6. 5	5. 2	4. 2	5. 0
巴西	5. 8	5. 9	6. 4	9. 3	5. 5
智利	1. 5	2. 8	4. 6	4. 2	3. 5
哥伦比亚	2. 4	1. 9	3. 7	4. 2	3. 3
秘鲁	2. 6	2. 9	3. 2	3. 3	2. 5
乌拉圭	7. 5	8. 5	8. 3	9. 0	7. 9
委内瑞拉	20. 1	56. 2	68. 5	190. 0	210. 0
哥斯达黎加	4. 6	3. 7	5. 1	2. 1	4. 0
拉美地区	5. 4	7. 4	8. 2	12. 0	10. 5
经济自由化国家	3. 9	4. 3	5. 0	5. 4	4. 3
大宗商品出口国	8. 2	17. 3	20. 4	50. 4	55. 5

注：金融自由化国家包括巴西、智利、哥伦比亚、墨西哥、秘鲁、乌拉圭 6 个经济自由度较高的大国；大宗商品出口国包括阿根廷、玻利维亚、厄瓜多尔、巴拉圭和委内瑞拉。

资料来源：IMF，*Regional Economic Outlook*：*Western Hemisphere*，*Adjusting Under Pressure*，October 2015。2015 年和 2016 年数据为预测值。

面对不同的通货膨胀形势，拉美各国的货币政策也各有差异。为了控制通胀压力，巴西央行已连续 6 次提高基准利率，2015 年 7 月 30 日利率上升至 14. 25%，创近年来最高水平。而且，巴西当前利率在全球主要国家中处于最高水平，因此巴西央行的货币政策始终面临控通胀和稳增长的两难选择。继续升息势必影响经济增长。但是央行继续升息的决定，显示了其对待通胀和应对资本外逃的双重决心。相反，墨西哥、智利和秘鲁在通胀压力较小的情况下，为了稳定经济增长预期，普遍采取了较低基准利率的政策，三国金融市场的平均利率水平普遍下降。

表4　拉美主要国家平均利率水平

单位：%

国家	2012 年	2013 年	2014 年	2015 年	2016 年
阿根廷	13.85	16.92	22.55	21.19	21.90
巴　西	8.46	8.44	11.02	13.58	12.94
智　利	5.02	4.90	3.69	2.94	2.50
哥伦比亚	4.94	3.35	3.98	4.50	4.50
墨西哥	4.50	3.94	3.21	3.08	3.69
巴拉圭	6.00	5.54	6.73	6.00	5.50
秘　鲁	4.25	4.21	3.79	3.25	3.25
乌拉圭	18.59	17.70	21.52	20.23	18.54

资料来源：IMF。

（三）大宗商品价格疲软和外部需求萎缩使得拉美部分国家国际收支失衡问题加剧

2015 年，大宗商品价格持续疲软和外部需求的萎缩，使得拉美地区的国际收支失衡问题有所加剧。拉美经委会统计，2015 年上半年拉美外贸出口较上年同比下降 23.5%，其中洪都拉斯降幅最大，为 84.3%，其次是哥伦比亚和委内瑞拉，降幅分别为 72.6% 和 49.6%，部分国家外贸出口的大幅下滑，使得拉美国际收支失衡问题有所加剧。整体来看，拉美地区经常项目赤字占 GDP 的比重由 2014 年的 3% 上升到 3.3%。其中，经常项目赤字大幅上升的国家主要有玻利维亚、厄瓜多尔和委内瑞拉等制造业相对落后、出口对初级产品依赖程度过高的国家，其中委内瑞拉由 2014 年的顺差占 GDP 的 5% 恶化到 2015 年逆差占 GDP 的 3%，降幅高达 8.3%，玻利维亚的赤字率也高达 4.5%。阿根廷、玻利维亚、厄瓜多尔、巴拉圭和委内瑞拉等大宗商品出口国整体经常项目余额由上年的顺差 0.7% 下降到 2015 年逆差 2.8%。其他国家中，墨西哥由于石油价格低迷，赤字率也由上年的 1.9% 上升到 2.4%，阿根廷由于大豆等农产品价格疲软，赤字率上升到 1.8%，巴西和哥伦比亚则继续维持较高的经常项目逆差水平。

表5　拉美经常项目平衡状况（盈余占GDP比重）

单位：%

国家或地区	2012年	2013年	2014年	2015年	2016年
墨西哥	-1.4	-2.4	-1.9	-2.4	-2.0
阿根廷	-0.3	-0.8	-1.0	-1.8	-1.6
玻利维亚	7.2	3.4	0.0	-4.5	-5.0
巴西	-3.5	-3.8	-4.4	-4.0	-3.8
智利	-3.6	-3.7	-1.2	-0.7	-1.6
哥伦比亚	-3.1	-3.3	-5.2	-6.2	-5.3
厄瓜多尔	-0.2	-1.0	-0.6	-2.6	-2.8
秘鲁	-2.7	-4.2	-4.0	-3.7	-3.8
乌拉圭	-5.0	-4.9	-4.4	-3.7	-3.7
委内瑞拉	3.7	2.4	5.3	-3.0	-1.9
拉美地区	-2.4	-2.9	-3.0	-3.3	-3.0
经济自由化国家	-3.2	-3.7	-3.5	-3.5	-3.4
大宗商品出口国	1.9	1.2	0.7	-2.8	-2.6

注：金融自由化国家包括巴西、智利、哥伦比亚、墨西哥、秘鲁、乌拉圭六个经济自由度较高的大国；大宗商品出口国包括阿根廷、玻利维亚、厄瓜多尔、巴拉圭和委内瑞拉。

资料来源：IMF，*Regional Economic Outlook*：*Western Hemisphere*，*Adjusting Under Pressure*，October 2015。2015年和2016年数据为预测值。

大宗商品价格下挫导致拉美国家贸易条件恶化，也是造成拉美经济和对外出口疲软的重要原因。根据IMF的测算，石油价格低迷导致委内瑞拉贸易条件恶化，并造成委内瑞拉的经济损失高达GDP的20%，智利和玻利维亚大约为7%，哥伦比亚大约为5.5%，秘鲁为4%，贸易条件恶化使得阿根廷、巴西和墨西哥三大经济体的损失在2%左右。根据联合国拉美经委会的测算，2014年矿产、能源和农产品价格下跌对拉美地区造成的净出口损失约为地区生产总值的1.2%，其中巴西、委内瑞拉等能源出口国的损失更高，约为生产总值的3.3%，阿根廷、乌拉圭等农业出口国损失约占生产总值的0.9%。由此可见，尽管贸易条件恶化对拉美地区的直接影响不如预期的大，但间接的、通过贸易条件显著恶化造成对拉美经济的负面影响不容忽视。

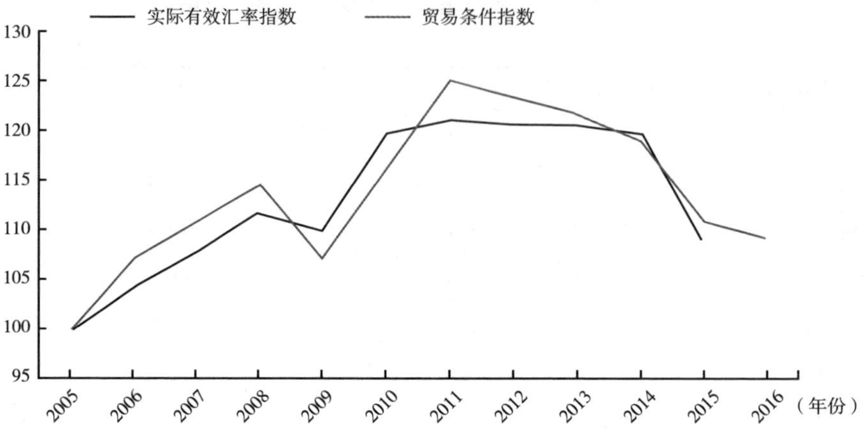

图8　拉美国家实际有效汇率指数和贸易条件指数变化趋势

资料来源：IMF, *Regional Economic Outlook*: *Western Hemisphere*, *Adjusting Under Pressure*, October 2015。

四　2016年拉美经济形势展望

短期来看，拉美地区的经济增长仍然面临较大的挑战，以巴西为例，当前巴西实施扩张性宏观经济政策的操作空间不大，其主要原因是：一方面，未来两年内巴西通胀率仍将高于央行确定的目标水平，难以采取宽松的货币政策。另外，由于国际资本的大量流出，货币走弱仍将加剧国内通胀压力，因此，短期还可能进一步上调利息，较高的利率虽然有助于控制通胀，但同时也抑制了国内投资，影响巴西经济增长潜力。另一方面，巴西财政赤字规模仍然较大，难以采取扩张性的财政政策刺激经济增长。此外，较高的利率水平使得债务利息负担仍然较重，奥运会场馆建设的后期投入仍然较大，财政支出缩减难度很大。国际货币基金组织预测，2016年拉美地区经济增速将回升到0.8%，但这一增速远不足以缓解日益上升的债务问题和新一轮的失业问题。

从国际环境来看，拉美国家的外部经济环境可能还将继续恶化。一是以中国为代表的新兴国家经济增速下滑势必影响拉美资源产品的出口。中国作为拉美国家最大的出口目的地，其经济增速放缓对巴西的影响程度大于欧债危机和美国经济衰退。根据联合国报告，2013年中国经济增速放缓将使巴西GDP增长率下降

0.4个百分点，由此可见中国经济“换挡”对拉美经济影响之大。同时，南美大部分国家以原材料为主的出口模式也决定了其经济结构的脆弱性。二是美联储加息政策势在必行，拉美国家将可能再次面临资本外逃和货币贬值的恶性循环，使得国际收支失衡问题进一步恶化。此外，货币贬值使得出口价格降低，进口价格上升，但由于拉美各国贸易结构中出口以矿产和农产品等初级产品为主，进口以机电产品、化工产品、医药、食品为主，货币贬值势必造成贸易条件恶化。加之贬值后资本外流，拉美地区对外不平衡的问题将加重，甚至可能形成货币贬值－资本外流－经常项目逆差－外储下降的恶性循环，并最终引发危机。

五　中拉经贸合作的重点领域与前景

（一）金融合作快速推进

第一，人民币国际化在拉美地区稳步推进。2015年5月，中国人民银行与智利中央银行签署了规模为220亿元人民币/22000亿比索的双边本币互换协议，同时双方签署了在智利建立人民币清算安排的合作备忘录，并同意将人民币合格境外机构投资者（RQFII）试点地区扩大到智利，投资额度为500亿元人民币。此前，中国央行已分别与阿根廷和巴西央行签署双边本币互换协议。双边本币互换协议，不仅推动了双边贸易和投资发展，而且为拉美国家提供了有力的流动性支持。特别是在近年来面临外汇储备枯竭的阿根廷，中阿货币互换已成为阿根廷政府维持外储水平、平滑汇率波动的重要金融资源。与此同时，随着工商银行阿根廷人民币清算行的建立，构建拉美人民币离岸服务中心的前景将更加清晰。随着贸易和投资规模不断扩大、货币互换协议签署和人民币清算行启动以及RQFII在智利的试点，人民币在拉美的布局取得积极进展。

第二，中拉产能合作专项基金业已成立。2015年5月，国务院总理李克强在中巴工商峰会上提出中拉产能合作新模式，宣布设立中拉产能合作专项基金，提供300亿美元融资，支持中拉在产能和装备制造领域的项目合作，基金首期规模为100亿美元，其中中国外汇储备出资65亿美元，这是继丝路基金后，又一国家中长期开发投资基金。中拉产能合作投资基金将通过股权、债权等多种方式，投资于拉美地区制造业、高新技术、农业、能源矿产、基础设施和金融合作等领域，实现基金中长期财务可持续。

第三，中资银行等金融机构加快布局拉美地区。伴随着中拉贸易投资的快速增长，双方对金融服务的需求也在增多，中国与拉美主要国家彼此互设银行分支机构取得进展。近年来，中资政策性银行如国家开发银行相继在巴西、委内瑞拉、墨西哥、阿根廷、厄瓜多尔和古巴等重点拉美国家设立代表处或工作组，中资商业银行通过并购或设立分行的方式相继在巴拿马、巴西、阿根廷、秘鲁等国设立分行，拓展市场并提供人民币业务服务。

（二）中拉贸易结构性问题亟待破解

第一，中拉贸易面临严峻挑战。2014 年中拉贸易额为 2636 亿美元，同比增长 0.8%。2015 年，由于中国进口需求下挫和拉美经济持续低迷，中拉双边贸易出现大幅衰退，1 ~9 月，中国与巴西、哥伦比亚、委内瑞拉双边贸易衰退幅度都在 20% 左右，与智利、秘鲁的双边贸易增幅分别为 －5.1% 和 －2.1%，仅与墨西哥和阿根廷的双边贸易实现了小幅增长。由于中国进口需求难以在短期内实现大幅逆转，预计 2016 年中拉贸易仍将面临严峻挑战。

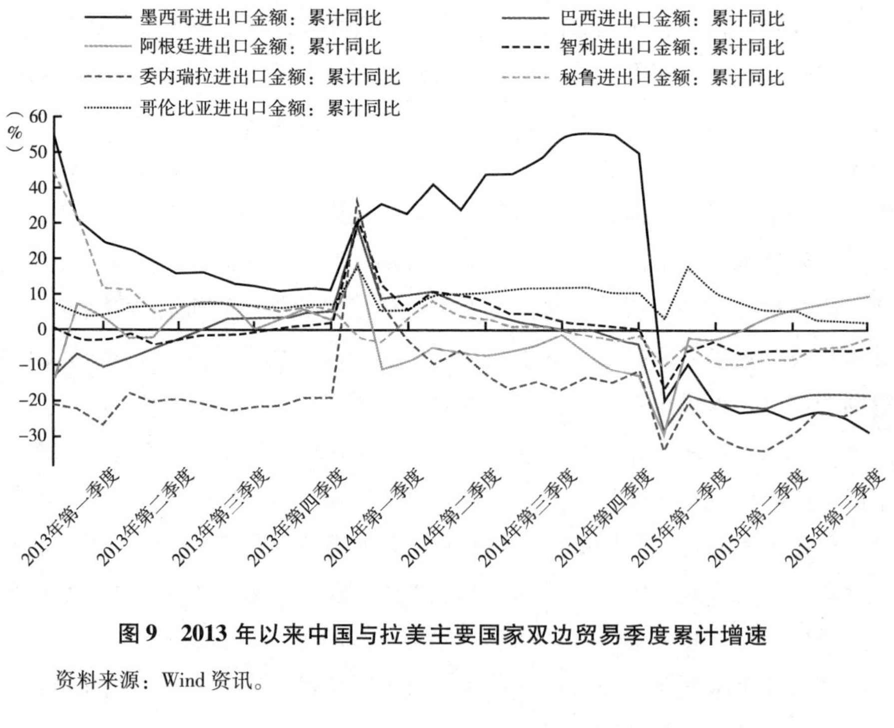

图 9　2013 年以来中国与拉美主要国家双边贸易季度累计增速

资料来源：Wind 资讯。

第二，中拉贸易结构性问题依然突出。根据2015年联合国拉美经委会统计，上半年智利是拉美与中国经济联系最密切的国家，智利对华直接出口占该国出口总额的25.4%，其次是秘鲁和巴西，分别占出口总额的20.1%和19.6%，但智利对华出口主要依赖于铜矿及制品，巴西和秘鲁也都以铁矿石出口为主。为此，拉美地区正加快对华出口多元化的步伐，近年来，智利对华食品出口以每年50%的速度递增，97%的对华出口产品将在2016年实现零关税。阿根廷以总统克里斯蒂娜访华为契机，成功推动了阿根廷冷鲜牛肉、猪肉、蜂蜜和部分新鲜水果的对华出口。

第三，中拉贸易摩擦频发。WTO统计显示，全球前十大对华反倾销国中，就包含巴西、墨西哥和智利等拉美国家，其对华反倾销力度、发起频率和执行强度都超出全球平均水平。2014年，拉美向中国出口的产品中，73%为大宗商品（对全球出口的比重为41%），低、中、高技术制成品仅占6%（对全球出口比重为42%）。在中国对拉美的出口中，91%为各类技术制成品，远高于全球69%的可比份额，这一结构性问题加大了拉美对华实施贸易保护主义的风险。

（三）中拉投资合作稳步推进

1990~2009年，中国累计对拉美地区投资近70亿美元，2010年为中国对拉美投资的分水岭，当年中国对拉投资突破140亿美元，占拉美吸引外资总额的11%，其中，中石化在巴西、中海油在阿根廷并购的两个大型项目总额占中国对拉美投资总额的3/4。此后中国每年对拉投资90亿~100亿美元，占拉美吸引外资总额的5%~6%。2014年我国企业对拉美地区直接投资128.5亿美元，占我国对外直接投资总额的12.5%。至2014年底，中国对拉美的直接投资存量989亿美元，累计在拉美工程承包实际完成营业额676亿美元。

中国对拉美地区投资合作快速发展有两方面的新特点：一是我国企业在拉美地区的投资并购项目在逐年增多。2014年五矿资源、国新国际和中信金属联营体并购秘鲁的拉斯邦巴斯铜矿项目，实际交易金额达到58.5亿美元；中石油并购巴西国家石油公司秘鲁公司，实际交易金额达到26.4亿美元等。二是我国和拉美地区的合作领域比较广泛。对外投资领域，主要分布在租赁和商贸服务业、能源资源等行业，对外承包工程领域，则主要为交通、住房建设、能源、通信等行业。

（四）基础设施投资将逐步成为中拉经贸合作的关键领域

2013年美洲开发银行的研究指出，未来二十年，拉美国家在交通和能源等基础设施投资将达2万亿美元，其中48%将用于改善地区交通基础设施，25%将用于投资能源领域基建，20%将用于改造电信行业设施，7%将用于建设水利设施。拉美地区拥有全球第二大油气储量，仅在能源领域，整个地区2010～2035年年均投资额就将达到770亿美元。近年来，拉美国家已经制定一系列基础设施投资计划。2013年7月，墨西哥总统培尼亚·涅托宣布，政府将在2013～2018年投入1.28万亿比索，用于改善国内交通和通信领域的基础设施状况。与此同时，墨西哥还宣布石油和电力等领域基础设施项目的投资计划，未来6年基建领域投资总额将达4万亿比索，相比2007～2012年上涨48.3%。为了筹集资金，墨西哥政府通过能源改革法案，开始将能源领域向私人和国外投资开放。与此同时，2015年6月巴西推出一项640亿美元的基建计划，希望以此重振低迷的经济，该计划中279亿美元用于投资铁路、公路、港口以及机场建设，其中223亿美元投资将在2018年前完成。哥伦比亚未来数年的基础设施发展重点是第4代公路计划项下的28个公路建设项目，总投资预计将达1431亿美元。另据美国东北集团发布的研究报告预测，2015～2025年，南美洲将投资381亿美元用于电力基础设施现代化，其中226亿美元用于安装智能电表，72亿美元用于配电自动化，83亿美元用于其他智能电网市场领域。巴西公用电力企业宣布，未来10年将部署300多万台智能电表，投资额高达256亿美元。

2010年中国国家电网通过收购西班牙在巴西的公司进入巴西市场，目前是拉美地区最大的基础设施投资方之一。到目前为止，国家电网在巴西拥有输电线路总长超过6000公里，并计划在2015年完成100亿雷亚尔的投资。此外，拉美地区已经成为中国重要的对外承包工程市场。截至2014年底，中国累计在拉美地区新签工程承包额超过1100亿美元，实际完成的达到了676亿美元，项目涉及天然气、管道、电站、公路、港口、住房、通信、铁路等基础设施领域。

（五）中拉经贸合作的前景

根据联合国拉美经委会测算，中国经济每增长1个百分点，将拉动拉美经济增长0.5个百分点，中国已成为拉美国家经济增长的主要引擎。2014年，习近平主席访问拉美期间，提出“1+3+6”中拉务实合作新框架，其中“1”是

“一个规划”，即以实现包容性增长和可持续发展为目标，制定《中国与拉美和加勒比国家合作规划（2015～2019）》；“3”是“三大引擎”，即以贸易、投资、金融合作为动力，推动中拉务实合作全面发展，中拉贸易规模达到5000亿美元，对拉美投资存量达到2500亿美元，推动扩大双边贸易本币结算和本币互换；“6”是“六大领域”，即以能源资源、基础设施建设、农业、制造业、科技创新、信息技术为合作重点，推进中拉产业对接。对于这一目标，泛美开发银行行长莫雷诺认为，中拉合作规划提出的在未来10年达到5000亿美元的双边贸易额目标完全可以实现，但要注意优化进出口产品结构，鼓励高附加值产品贸易。2015年，李克强总理访问巴西等拉美三国，提出中国与拉美地区双边关系发展前景广阔，并提出实现中拉经贸合作持续健康发展的前景有以下几个方面。

一是增强政治互信，加强国际事务合作。李克强总理认为，中拉不存在历史纠葛和根本利益冲突，都主张以相互尊重、平等相待、合作共赢原则来处理国家间的关系，反对把自己的意志强加于人。中方愿同拉美国家进一步密切高层往来，以长远眼光妥善解决双方关系中的具体问题。同时，中拉应进一步加强国际协作，在国际金融体系改革、应对气候变化等问题上加强协调、联合发声，打造平衡普惠的全球发展伙伴关系网络，更好地维护广大发展中国家的共同利益和话语权。中拉双方应用好双边和多边对话机制，就中拉关系和国际事务加强沟通。

二是打造中拉经贸合作升级版。2015年中国政府与巴西、智利等四国分别达成产能合作框架协议，推动了包括“两洋铁路”“两洋隧道”在内的重大项目合作，共签署能源矿产、基础设施建设、科技创新等领域合作文件70余项。中方提出的中拉产能和装备制造合作新思路，完全契合拉美国家发展需求。双方将共同探索“3×3”合作新模式，即共同建设物流、电力、信息三大通道；实现企业、社会、政府三者良性互动；拓展基金、信贷、保险三条融资渠道。中方鼓励中国企业赴拉美投资兴业，加强能源、矿产和农产品深加工合作，打造机械、冶金、建材、化工、食品等领域全产业链合作，推动中国装备与拉美需求相契合，开拓新能源、互联网等面向未来的合作领域。双方可探讨建立经济特区和产业园区，商谈包括自贸协定在内的各类贸易投资便利化举措。

三是完善和创新整体合作机制。中国政府将在拓展与拉共体国家间友好合作的同时，充分利用中国－拉共体论坛首届部长级会议新平台，落实好论坛首届部长级会议成果。举办好中拉企业家高峰会、中拉青年政治家论坛、民间友好论坛和法律论坛，召开首届中拉基础设施合作、科技创新、能源等分论坛会议，用好中拉论坛框架下一揽子融资安排。中方愿继续加强同南美国家联盟、加勒比共同体、南方共同市场、拉美太平洋联盟等地区组织对话合作，在产能合作中各显身手，构建全方位、立体化的中拉合作网络。

（撰稿人：黄志龙，中国国际经济交流中心战略研究部副研究员）

非洲经济形势分析与展望

2015年以来，非洲地区经济表现并不如年初预期得那么强劲，但在全球范围内仍属于增长较快的地区之一①。从历史角度看，非洲地区经济长期保持着较高的增速，无论是撒哈拉以北非洲，还是撒哈拉以南非洲经济都具有较大的增长潜力。自2000年以来，撒哈拉以南非洲地区经济平均增速维持在5%以上，而多数非洲国家的债务占GDP的比重依然低于70%，这意味着非洲经济增长虽有波折，但尚处于良性上升期。

一 2015年非洲宏观经济形势分析

（一）经济增速普遍低于增长预期

2014年非洲地区经济表现顽强，其中撒哈拉以南非洲地区经济增长率达到5%。据联合国2015年初预测，2015年非洲经济增速维持在4.6%，较2014年增速下降了约0.4个百分点，但年中时联合国下调非洲经济增速至4.0%，较1月份的预测值下调了0.6个百分点（见表1）。相比较而言，北非地区经济增速普遍低于撒哈拉以南地区的经济增速。表1给出的预测显示，2015年北部非洲

① 在国际经济统计中，联合国及非洲经济委员会将非洲地区合并统计，而世界银行和国际货币基金组织则把非洲划分为撒哈拉以北非洲（即北非）和撒哈拉以南非洲分别统计，其中北非地区与中东地区合并为中东北非地区进行统计。因此在数字表述上，因统计来源范围不同，本文对所引用数据均加注来源。

的经济增速只有2.8%，低于南部非洲的2.9%和中部非洲的3.4%，更是低于东部非洲的6.6%和西部非洲的5.8%。从世界银行和国际货币基金组织的预测看，2015年撒哈拉以南非洲经济增速预期有所下降，大幅低于2015年初的预测值。世界银行2015年6月预测显示，撒哈拉以南非洲国家2015年的增速只有4.2%，不仅低于其2003～2008年6.5%的增长率，也低于其2009～2014年国际金融危机后4.5%的增长率，但从全球范围看，非洲经济仍维持较快增速，仅次于亚洲新兴和发展中经济体的6.7%，远高于世界平均水平1.4个百分点。另据国际货币基金组织（IMF）2015年10月份的《世界经济展望》预测，撒哈拉以南非洲地区2015年的经济增长率仅为3.8%，较7月份预测值下调了0.6个百分点，但仅次于亚洲新兴和发展中经济体（6.5%），且高于全球平均值0.7个百分点（见表2），但远低于2004～2008年的6.8%平均增速。

表1　联合国预测非洲GDP增速变化

单位：%，个百分点

增长率预测							与1月预测相差	
区域	2008～2011年	2012年	2013年	2014年	2015年	2016年	2015年	2016年
非洲	3.5	5.6	3.3	3.3	4.0	4.8	-0.6	-0.1
北部非洲	1.8	6.6	1.0	1.0	2.8	4.0	-1.1	-0.3
东部非洲	6.2	6.1	6.5	6.4	6.6	6.7	-0.2	0.1
中部非洲	3.9	5.3	2.0	4.1	3.4	4.3	-1.3	-0.7
西部非洲	5.9	6.9	5.6	5.8	5.8	6.2	-0.4	0.1
南部非洲	3.3	3.4	3.2	2.5	2.9	3.7	-0.7	-0.4

资料来源：联合国《2015年世界经济形势与展望》及其年中更新。

表2　世界及区域实际GDP增速预测

单位：%

地区	国际货币基金组织预测			世界银行预测		
	2014年	2015年	2016年	2014年	2015年	2016年
世界	3.4	3.1	3.6	2.6	2.8	3.3
发达经济体	1.8	2.0	2.2	1.8	2.0	2.4
欧元区	0.9	1.5	1.6	0.9	1.5	1.8

续表

地区	国际货币基金组织预测			世界银行预测		
	2014 年	2015 年	2016 年	2014 年	2015 年	2016 年
新兴市场和发展中经济体	4.6	4.0	4.5	4.6	4.4	5.2
亚洲新兴和发展中经济体	6.8	6.5	6.4	6.9	6.7	6.7
拉丁美洲和加勒比海	1.3	-0.3	0.8	0.9	0.4	2.0
中东北非地区	2.6	2.3	3.8	2.2	2.2	3.7
撒哈拉以南非洲地区	5.0	3.8	4.3	4.6	4.2	4.6

资料来源：国际货币基金组织（IMF），《世界经济展望（WEO）》，2015；世界银行：《全球经济展望（GEP）》，2015。

2015 年以来，埃博拉疫情和国际原油价格低迷的影响开始显现，再加上受到国内增长瓶颈和外需不振的不利影响，尼日利亚、南非、埃及、阿尔及利亚和安哥拉等非洲的经济龙头国家①经济增速明显放缓。据国际货币基金组织 2015 年 10 月份的预测，尼日利亚 2015 年经济增长预测值只有 4.0%，较 2014 年下降了 2.3 个百分点，但仍高于非洲平均水平，这主要得益于尼日利亚政府推行的经济多元化战略，避免陷入过度依赖石油出口困境。相比较而言，南非近年来整体表现不佳，2012 年和 2013 年经济增速仅为 2.2%，2015 年的经济增速仅有 1.4%，比 2014 年下降了 0.1 个百分点，增速只有非洲平均水平的近 1/3（见表 3）。埃及和阿尔及利亚同处北非地区，也是非洲的重要产油国，近年遭受“阿拉伯之春”的冲击，其中埃及 2015 年经济复苏向好，增速预期为 4.2%，较 2014 年增加 2.0 个百分点，而阿尔及利亚经济正走出负增长的阴影，2015 年预期实现零增长。作为重要的石油输出国和中国重要的贸易伙伴，安哥拉经济增速同时受到国际油价低迷和中国经济增长放缓的影响，2015 年增速预期为 3.5%，较 2014 年下降了 1.3 个百分点。

① 国际货币基金组织的统计数据显示，非洲地区以美元现行价格计算的国内生产总值排在前五位的是：尼日利亚（5737 亿美元）、南非（3501 亿美元）、埃及（2864 亿美元）、阿尔及利亚（2141 亿美元）和安哥拉（1286 亿美元），五国合计 1.55 万亿美元，相当于撒哈拉以南非洲地区国内生产总值（1.67 万亿美元）的93%。

表 3　非洲地区国家实际 GDP 增速预测

单位：%

国家与地区	2014 年	2015 年	2016 年
中东与北非地区	2.6	2.3	3.8
石油输出国	2.6	1.8	3.8
阿尔及利亚	-2.1	0.0	7.1
石油进口国	2.9	3.9	4.1
埃及	2.2	4.2	4.3
摩洛哥	2.4	4.9	3.7
苏丹	3.6	3.5	4.0
突尼斯	2.3	1.0	3.0
撒哈拉以南非洲地区	5.0	3.8	4.3
石油出口国	5.9	3.5	4.1
尼日利亚	6.3	4.0	4.3
安哥拉	4.8	3.5	3.5
加蓬	4.3	3.5	4.9
乍得	6.9	6.9	4.2
刚果(布)	6.8	1.0	6.5
中等收入国家	2.9	2.7	2.9
南非	1.5	1.4	1.3
加纳	4.0	3.5	5.7
科特迪瓦	7.9	8.2	7.6
喀麦隆	5.7	5.3	5.4
赞比亚	5.6	4.3	4.0
塞内加尔	4.7	5.1	5.9
低收入国家	6.5	5.8	6.4
埃塞俄比亚	10.3	8.7	8.1
肯尼亚	5.3	6.5	6.8
坦桑尼亚	7.0	6.9	7.0
乌干达	4.8	5.2	5.5
马达加斯加	3.3	3.4	4.6
刚果(金)	9.2	8.4	7.3

资料来源：国际货币基金组织（IMF），《世界经济展望（WEO）》，2015。

（二）部分国家仍面临较高的通胀率

总体来看，非洲地区的通胀率自 2012 年以来维持缓慢下降趋势。这是因为近年来非洲多数国家实施相对审慎的货币政策，再加上 2014 年年中以来国际大宗商品价格暴跌，有助于非洲国家遏制高企的通胀率，也促使非洲整体通胀率持续下降。据联合国 2015 年初的统计预测，2014 年非洲大陆的整体通胀率为 6.9%，较 2013 年下降了 0.3 个百分点，但仍高于全球 2.5% 的平均通胀水平。从分国别看，2015 年埃及、苏丹、安哥拉、加纳和埃塞俄比亚的消费者价格指数同比涨幅均达到或超过 10%，其中苏丹的消费者价格指数同比涨幅更是高达 19.8%，加纳仅次于苏丹高达 15.3%。同样根据国际货币基金组织的最新预测，尼日利亚的消费者价格指数呈现上涨态势，2015 年同比涨幅达到 9.1%，较 2014 年上涨了 1 个百分点，而 2016 年的预测值达到 9.7%，较 2015 年再次攀升 0.6 个百分点。从表 4 中可看出，国际大宗商品价格下跌对非洲通胀情况有所影响，但是影响并不大，比如同为石油进口国，摩洛哥面临通货紧缩风险，突尼斯通胀风险却较大；中等收入国家中加纳面临较大的通胀风险，而加蓬却有通货紧缩之虞。不同国家尽管受到外部影响相同，在国内通胀情况却大不同，这是因为影响通胀的因素，除输入性通胀外，还与本国宏观政策有密切联系，包括财政和货币政策。在影响物价走势的因素中，一国国内的市场扭曲、供应短缺、货币贬值等因素起到更大作用，这也是非洲地区不同国家通胀表现出现分化的重要原因之一。

表 4　非洲地区国家消费者价格指数增速预测

单位：%

国家与地区	2014 年	2015 年	2016 年
中东与北非地区	6.5	6.5	5.5
石油输出国	5.6	5.8	5.1
阿尔及利亚	2.9	4.2	4.1
石油进口国	9.1	7.0	6.1
埃及	10.1	11.0	8.8
摩洛哥	0.4	1.5	2.0
苏丹	36.9	19.8	12.7
突尼斯	4.9	5.0	4.0
撒哈拉以南非洲地区	6.4	6.9	7.3
石油出口国	7.4	9.1	9.7
尼日利亚	8.1	9.1	9.7
安哥拉	7.3	10.3	14.2
加蓬	4.5	0.6	2.5
乍得	1.7	4.3	3.1

续表

国家与地区	2014 年	2015 年	2016 年
刚果(布)	0.9	0.9	1.7
中等收入国家	6.0	5.3	5.6
南非	6.1	4.8	5.9
加纳	15.5	15.3	10.1
科特迪瓦	0.4	1.6	1.5
喀麦隆	1.9	2.0	2.1
赞比亚	7.8	7.3	7.5
塞内加尔	-1.1	0.6	2.1
低收入国家	5.2	5.8	5.9
埃塞俄比亚	7.4	10.0	9.0
肯尼亚	6.9	6.3	5.9
坦桑尼亚	6.1	5.6	5.9
乌干达	4.6	5.7	6.5
马达加斯加	6.1	7.6	7.4
刚果(金)	1.0	1.0	1.7

资料来源：国际货币基金组织（IMF），《世界经济展望（WEO）》，2015。

（三）非洲地区国际收支逆差有所加大

受到国际商品价格暴跌、埃博拉疫情以及地区局势动荡等综合因素影响，非洲很多国家贸易条件出现恶化，经常项目赤字有所增加，进而造成财政收入下降的局面。据国际货币基金组织预测，非洲国际收支逆差呈现扩大趋势，无论是北非地区还是撒哈拉以南非洲地区，国际收支净额普遍大幅下降，2015 年非洲国际收支净额占 GDP 比重扩大到 -5.7%，较 2014 年扩大了 1.6 个百分点，倘若排除石油输出国，撒哈拉以南非洲国际收支净额占 GDP 比重为 -7.5%，只较 2014 年扩大了 0.2 个百分点。2015 年非洲国家基本呈现不同程度的国际收支逆差（见表5），比如阿尔及利亚国际收支净额占实际 GDP 的比重达到 -17.7%，这是因为国际油价低迷使石油收入减少，造成石油输出国由经常项目盈余转为经常项目赤字，而石油进口国经常项目账户总体保持赤字。有些非洲国家的国际收支逆差可能因为资本货物进口增加，这意味着这些国家的投资前景被广泛看好。另据国际货币基金组织的预测，撒哈拉以南非洲的财政赤字也呈现扩大趋势，2015 年财政赤字占 GDP 比重为 4.3%，较 2014 年扩大了 0.8 个百分点，倘若不考虑石油输出国，2015 年该地区财政赤字占 GDP 的比重达到 4.2%，较 2014 年扩大了 0.2 个百分点。此外，由于贸易条件恶化，非洲的外汇储备也持续减少，

2015年非洲的外汇储备总额只能支持4.8个月的进口量，较2014年缩减了半年时间，预计2016年还会再缩减半年时间。

表5　非洲地区国家国际收支净额占GDP比重预测

单位：%

国家与地区	2014年	2015年	2016年
中东与北非地区	6.1	-4.0	-4.7
石油输出国	8.9	-3.4	-4.3
阿尔及利亚	-4.5	-17.7	-16.2
石油进口国	-4.2	-4.2	-4.2
埃及	-0.8	-3.7	-4.5
摩洛哥	-5.5	-2.3	-1.6
苏丹	-7.7	-5.8	-5.6
突尼斯	-8.8	-8.5	-7.0
撒哈拉以南非洲地区	-4.1	-5.7	-5.5
石油出口国	-0.4	-3.3	-2.4
尼日利亚	0.2	-1.8	-1.2
安哥拉	-1.5	-7.6	-5.6
加蓬	8.3	-7.0	-4.2
乍得	-8.9	-10.4	-9.3
刚果(布)	-9.4	-15.2	-14.6
中等收入国家	-4.8	-4.4	-4.8
南非	-5.4	-4.3	-4.5
加纳	-9.6	-8.3	-7.2
科特迪瓦	-0.7	-1.0	-1.9
喀麦隆	-4.6	-5.0	-5.2
赞比亚	-1.4	-1.4	-2.6
塞内加尔	-8.8	-6.1	-5.2
低收入国家	-11.0	-11.7	-11.8
埃塞俄比亚	-8.0	-12.5	-9.3
肯尼亚	-10.4	-9.6	-9.2
坦桑尼亚	-9.3	-8.2	-7.1
乌干达	-9.7	-10.5	-11.3
马达加斯加	-0.2	-1.3	-2.2
刚果(金)	-9.2	-7.6	-8.0

资料来源：国际货币基金组织（IMF），《世界经济展望（WEO）》，2015。

（四）部分国家尚需应对高失业率问题

有关失业率数据在非洲很多国家难以统计到，但从统计到的失业率看，非洲很多国家均面临高失业率问题，自1991年以来非洲的失业率基本维持在8%上下，青年失业率更是长期保持在10%以上（见图1）。据国际货币基金组织的预测，2015年南非的失业率将高达25.8%，较2014年提高了0.7个百分点，而突尼斯受“阿拉伯之春”后遗影响，失业率仍处于高位，2015年达到15.0%，虽较2014年下降了0.3个百分点，但降幅并不明显。从表6给出的7个国家数据比较来看，尼日利亚2015年的失业率最低，但也达到了8.2%，且较2014年增加了0.4个百分点。地处北非的埃及、摩洛哥、苏丹等国家失业率都处于高位，这是该地区必须解决的问题，尤其是“阿拉伯之春”爆发的根源就与青年人的高失业率有关。

表6　非洲地区国家失业率预测

单位：%

国家	2014年	2015年	2016年
阿尔及利亚	10.6	11.6	11.7
埃及	13.4	12.9	12.4
摩洛哥	9.9	9.8	9.7
苏丹	13.6	13.3	13.0
突尼斯	15.3	15.0	14.0
尼日利亚	7.8	8.2	—
南非	25.1	25.8	25.7

资料来源：国际货币基金组织（IMF）：《世界经济展望（WEO）》，2015年。

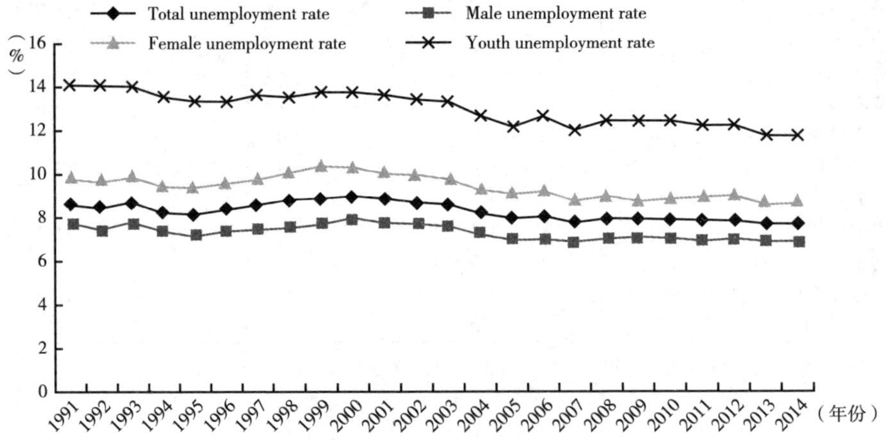

图1　1991～2014年撒哈拉以南非洲失业率

资料来源：Patrick N. Osakwe and Miriam Poretti, Trade and Poverty Alleviation in Africa: The Role of Inclusive Structural Transformation, October, 2015, http://www.unctad.org。

二 非洲经济走势的影响因素分析

非洲大陆正在逐步摆脱国际金融危机和国际大宗商品价格暴跌的影响，但增长速度同此前相比还有一些差距。推动国内经济多元化、加强非洲区域一体化建设、增加基础设施建设投资与提高矿产收入，是刺激非洲经济进一步增长的好办法。从目前来看，这些方面尚面临较大的挑战。

（一）非洲经济增长面临的重大挑战

1. 全球初级产品价格下跌拖累非洲矿业经济增长

自 2014 年下半年国际油价出现暴跌以来，全球初级商品价格震荡走低（见表 7），导致那些过度依赖商品出口的国家倍受重创，尤其是给那些以矿业为主的国家带来较大的经济增长挑战。从全球初级产品贸易上看，非洲大陆是全球石油、铜、白金、锰、黄金和钻石、钴等重要产地以及可可豆、咖啡、茶叶和棉花等农产品的重要产地。其中，非洲白金产量占到全球的 90%，锰占到全球的 65%，黄金和钻石占到 50%，钴占到 40%。除南非、肯尼亚、加纳等少数几个国家外，大部分非洲国家经济非常依赖能源资源拉动，其能源等初级原材料占撒哈拉以南非洲出口商品总额的 50% 以上，如阿尔及利亚、利比亚、尼日利亚等国过度依赖能源出口，几内亚、赞比亚、毛里塔尼亚等国过度依赖金属产品出口，而喀麦隆、乍得、加纳等国则过度依赖初级农产品出口（见表 8）。例如，国际油价从 2014 年 7 月份以来下降了一半，对中部非洲石油出口国财政收入和经济增长造成负面冲击。因为受石油和矿产价格大幅下跌影响，很多矿业企业也纷纷减产转型，降低对该地区矿业的投资力度。例如，早在 2011 年澳大利亚力拓公司将在莫桑比克投资了 40 亿美元的煤矿最终以 5000 万美元卖出。因为地缘政治不稳定、基础设施匮乏和矿山产权纠纷等因素，非洲矿产开采成本普遍较高。据德意志银行统计，在全球范围内 50 个实际成本最低的矿井中只有 2 个位于非洲，这实际上与非洲矿业主产地的地位是不相称的①。据估计，非洲要走出矿业经济陷入低迷的困境，可能要到 2030 年以后，到那时矿

① 程俊：《大宗商品的下一个“超级周期”希望会在非洲吗?》《自华尔街见闻》2015 年 11 月 2 日。

产的资源储备不能满足矿业的需求，而新矿山从开始投入到最终能开采的周期大概需要 25 年的时间。

表 7　非洲主要出口商品价格预测

商品	2013 年	2014 年	2015 年	2016 年	2017 年	2018 年	2019 年
原油（美元/桶）	104.1	96.2	52.5	51.4	54.6	57.9	61.5
铁矿石（美元/千吨）	135.4	96.9	58.0	59.5	61.1	62.6	64.3
铜（美元/吨）	7332	6863	5625	5749	5876	6006	6139
铝（美元/吨）	1847	1867	1700	1650	1704	1759	1816
黄金（美元/盎司）	1411	1266	1175	1156	1138	1120	1102
可可豆（美元/千克）	2.44	3.06	3.10	3.02	2.95	2.87	2.80
阿拉比卡咖啡（美元/千克）	3.08	4.42	3.50	3.50	3.50	3.50	3.50
罗布斯塔咖啡（美元/千克）	2.08	2.22	1.95	1.93	1.92	1.90	1.89
茶叶（美元/千克）	2.86	2.72	2.70	2.74	2.78	2.81	2.85
棉花（美元/千克）	1.99	1.83	1.55	1.61	1.66	1.72	1.78

资料来源：世界银行，《商品市场展望》，2015 年 10 月更新。

表 8　非洲主要国家大宗商品出口占总出口的比重

单位：%

非洲国家	商品出口占总出口的比重					商品净出口占进出口总额比重
	商品出口占总出口比重	提炼加工		初级产品		
		能源	金属	食品	原材料	
阿尔及利亚	89.2	87.9	0.7	0.5	0.2	37.6
安哥拉	81.1	47.8	5.5	26.2	3.2	34.6
加蓬	78.4	66.3	1.2	0.5	10.8	44.4
利比亚	96.8	96.7	0.0	0.1	0.0	58.2
喀麦隆	71.3	16.1	6.6	34.7	13.9	22.6
乍得	91.6	4.5	0.0	15.6	71.5	8.6
刚果（布）	61.3	52.6	0.2	1.8	6.7	30.6
科特迪瓦	70.9	11.9	0.2	44.7	14.0	26.7
加纳	66.0	5.4	7.0	50.2	3.3	12.3
几内亚	67.3	0.5	61.4	3.9	1.5	9.3
毛里塔尼亚	75.9	9.2	47.2	23.8	0.0	12.2
莫桑比克	46.1	4.7	26.7	10.9	3.9	5.1
尼日尔	65.8	2.1	38.0	23.2	2.5	10.2
尼日利亚	88.4	79.5	0.7	6.2	2.0	46.8
苏丹	69.4	56.5	0.3	11.8	9.8	11.3
赞比亚	77.0	0.4	72.4	2.7	1.6	30.4

资料来源：国际货币基金组织（IMF），《世界经济展望（WEO）》，2015。

2. 传统欧洲出口市场复苏缓慢拖累非洲经济复苏

非洲国家多数处于矿产、能源等初级原材料出口阶段，其中1/3的出口流向欧元区国家。经合组织（OECD）统计显示，OECD成员方的GDP每下降1%，非洲GDP就会下降0.5%，出口则下降10%[①]。据国际货币基金组织的预测，2015年欧元区经济会有所复苏，增速将达到1.5%，较2014年回升0.6个百分点，但欧元区的失业率仍居高不下，整体维持在11%左右的水平，其中希腊、西班牙、塞浦路斯、葡萄牙和意大利等遭受危机的国家失业率偏高，2015年预期值分别为26.8%、21.8%、16.0%、12.3%和12.2%。较高的失业率可能成为阻碍欧元区经济健康持续复苏的“绊脚石”。很显然，宽松货币政策带来的经济复苏都是短暂的，倘若欧元区经济复苏得不到巩固，那么欧元区经济后续可能会遭受持续宽松货币政策带来的负面影响，这将在未来殃及非洲经济的成长。另外，近期困扰欧洲的另一个难题是非洲移民问题。受到欧洲高工资的吸引，很多非洲居民加速向欧洲转移，这给欧洲经济的复苏带来些许挑战，因为他们很难立即转化为人口红利。根据欧盟委员会预测，截至2017年底，将有300万各类移民涌入欧洲，其中2015年涌入100万，2016年为150万，2017年将降至50万[②]。

3. 埃博拉疫情进一步扩散威胁非洲经济增长

尽管自2014年下半年开始埃博拉疫情已经持续一年半时间，埃博拉病毒也得到一定控制，但是这并不意味着埃博拉疫情的影响到此结束。倘若埃博拉病毒得不到及时有效的遏制，非洲的旅游业和投资吸引力将大打折扣，尤其是西非的经济增长将遭受巨大冲击，甚至有可能导致西非地区交通、跨境投资贸易、供应链和旅游业中断。据世界银行预测，2015年，如埃博拉疫情在西部非洲持续蔓延，所造成的损失将接近250亿欧元。倘若埃博拉疫情有所控制，那么非洲吸引外国投资的机会将大幅增加，尤其是将有更多来自欧洲特别是英语和法语国家的外商投资。

4. 非洲经济尚存私人部门借贷规模膨胀之虞

如前所述，非洲国家的整体债务水平并不高，但是并不意味着政府债务不高就可以高枕无忧。除了政府债务之外，私人部门债务也需要密切关注。当前，非

---

① 伊娃：《利好非洲经济结构转型升级》，《国际商报》2015年3月2日，C3版。

② 新华社：《欧盟“放大招”：欲重金“遣返”非洲难民》，新华网，2015年11月10日。

洲经济面临的挑战就是来自私人部门债务快速膨胀。据统计，非洲国家2003 ~ 2014年的私人部门贷款增长近五倍，使得该区域总体借贷规模占GDP比重翻番。通常说，非洲地区借贷率的大幅上升可能导致金融风险。因为该区域银行资产占GDP比重已增长至60%，该指标通常被视为银行业危机的早期预警指标。

5. 地缘政治动荡和非传统安全威胁有增无减

非洲大陆濒临动乱多发的中东地区，乌克兰、叙利亚等动乱对非洲略有波及。非洲大陆内部国家的政局动荡始终没有停止过。自“阿拉伯之春”后，突发的政局动荡和社会骚乱此起彼伏，成为影响地区经济发展的重要因素。正值大选年的非洲国家动乱频发，如2015年初刚果（金）发生反政府示威游行，4月南非发生大规模排外骚乱事件，5月布隆迪发生政治动乱等。在政局动荡的背后，往往有宗教极端势力的渗透。目前，非洲至少有16个宗教极端势力活跃在各个地区，包括尼日利亚的“博科圣地”、索马里的“青年党”和正在北非国家渗透的“伊斯兰国”组织等。2015年以来，全球各地已经发生多起大规模恐怖袭击事件，诸如8月17日泰国曼谷的大爆炸、11月13日巴黎恐怖袭击事件、11月20日马里的恶行暴恐事件等。肇始于伊拉克的“伊斯兰国”组织在2014年下半年已经开始在非洲埃及、利比亚、阿尔及利亚等国渗透，重新打通了北起马格里布国家（阿尔及利亚、突尼斯、摩洛哥乃至利比亚），南至几内亚湾，东自毛里塔尼亚，西达红海之滨的“萨赫勒恐怖带”，形成一条横跨非洲大陆的不安全链条，这将极大地威胁非洲经济持续稳定的发展。

（二）非洲经济增长面临的重要机遇

相比较发达经济体来说，非洲经济发展仍具有较大的潜力。尽管一些非洲国家正面临社会冲突，但非洲国家总体政局得到改善，社会实现稳定，非洲国家正在努力有所作为，通过吸引外国直接投资、改善自身营商环境，加快基础设施建设和共同市场建设等措施，进一步释放非洲经济增长的动力。

1. 非洲国家加快提高资本产出效率

联合国贸发组织发布的《2014年非洲经济发展报告》显示，与1990 ~ 1999年的情况相比，非洲的资本产出率在2000 ~ 2011年显著提高，比美洲的发展中国家高出很多，甚至也略高于亚洲的发展中国家。非洲资本产出率提高的主要原因包括基础设施改善，获得技术的渠道改善，相关政策改革减少了与生产、贸易和投资相关的交易成本。

2. 非洲各国广泛吸引外国投资

近年来，非洲仍然是重要的投资目的地。联合国贸发组织《世界投资报告（2015）》统计显示，2014 年非洲吸引外商投资额在 540 亿美元左右，占全世界外商投资流量的 4.4%，尽管非洲吸引外商投资额较前两年有所减少，但这是在全球投资流量总体减少背景下取得的（见表 9）。2015 年以来，有更多来自非经合组织成员方的外国投资正在涌入非洲，比如资金充裕的日本和韩国企业将重点关注非洲企业并购。来自全球的投资者将把资金投入专门领域，如为非洲基础设施项目融资，支持并促进非洲国家间的贸易活动。

表 9　非洲吸引外国直接投资和对外直接投资流量

单位：亿美元

地区	外国直接投资（FDI inflows）			对外直接投资（FDI outflows）		
	2012 年	2013 年	2014 年	2012 年	2013 年	2014 年
世界	14028.87	14672.33	12282.63	12836.75	13059.10	13540.46
非洲	564.35	539.69	539.12	123.86	159.51	130.73
北部非洲	171.51	135.80	115.41	33.32	9.51	16.72
东部非洲	54.73	61.27	67.94	2.51	1.01	0.99
中部非洲	95.28	90.35	120.56	1.91	1.20	2.78
西部非洲	163.22	142.08	127.63	35.01	21.66	22.55
南部非洲	79.61	110.18	107.58	51.10	126.13	87.69

资料来源：联合国贸发组织（UNCTAD），World Investment Report 2015：Reforming International Investment Governance。

3. 非洲区域经济一体化进程正在加快

当前，非洲国家的区域一体化进程正在加快，非洲大陆现在比较活跃的八个次区域组织有东非共同体、阿拉伯马格里布联盟、东南非共同市场、萨赫勒 – 撒哈拉国家共同体、中部非洲国家经济共同体、东非政府间发展组织、西非国家经济共同体和南部非洲发展共同体。其中，东非共同体是目前一体化程度最高、进展最快的次区域组织。2015 年以来，非洲发展计划将更多关注于经济发展的公平性和社会包容性，以及经济结构调整，侧重于权利赋予、政府管理、社会转型和性别平等方面。2015 年 6 月 10 日，整合东南非共同市场、南部非洲发展共同体和东非共同体的三方自由贸易协议成功签署，该自贸区覆盖 26 个国家，涉及

6.25 亿人口，相关国家国内生产总值达到 1.2 万亿美元，占整个非洲生产总值的58%。2015 年6 月15 日，非洲联盟成员方启动了非洲大陆自由贸易协议谈判，旨在于2017 年建立一个覆盖全部非洲人口、经济总量达到2 万亿美元的超级自贸区。

4. 非洲国家积极调整政策改善营商环境

加快人员、货物、资本的自由流通，充分利用好非洲丰富的资源、快速的城市化、迅速崛起的中产阶级与年轻化的人口结构，有助于促进非洲经济稳步增长。英国巴克莱银行2015 年9 月份发布的《2015 非洲贸易指数报告》指出，非洲很多国家在统一交通走廊政策、滞港时间和海关流程协调方面做出大量的、卓有成效的工作；其中东非的肯尼亚、坦桑尼亚和埃塞俄比亚表现出色，确立了东非作为国际贸易中心的地位①。另外非洲发展银行发布的数据显示，受益于非洲内部经济一体化进程加快，2010 ~2013 年，非洲内部贸易增长了50%，达到610 亿美元。此外，非洲各国均在出台稳定经济增长的政策措施。20 世纪90 年代，喀麦隆、埃塞俄比亚、莫桑比克、尼日尔、尼日利亚、乌干达、卢旺达等七个撒哈拉以南非洲国家被国际货币基金组织列为“脆弱国家”。2011 ~2013 年，上述7 个国家经济取得进步，建立了更加服务于公共利益的政治体系，加强了机构建设，出台了系列政策以鼓励投资，尤其是改善了营商环境。世界银行发布的《2016 年营商环境报告》显示，卢旺达、乌干达、莫桑比克等国家营商环境大幅改善，居非洲国家和地区的前列（见表10）。随着这些国家中产阶级逐步壮大，市场和基础设施日趋完善，上述7 个国家成功地保持了宏观经济的稳定，增加了国家财政税收，扩大了公共投资，随后被国际货币基金组织列为“具备抗冲击能力的国家”。另据联合国贸发组织发布的《2015 年非洲经济发展报告》，服务贸易已经成为促进非洲经济发展的重要驱动力，能为非洲创造大量就业机会和可观经济效益，其中部分非洲国家初步形成各自优势服务产业，如毛里求斯和尼日利亚的银行金融服务、埃塞俄比亚和南非的客货运航空服务、乌干达和加纳的教育服务、埃及的电信服务、吉布提和肯尼亚的港口服务等。

---

① 转引自商务部驻肯尼亚使馆经商处，巴克莱银行发表《2015 非洲贸易指数报告》，2015 年9 月24 日。

表10　2016年非洲营商环境前20位国家

序号	国家	全球排名*	序号	国家	全球排名*
1	毛里求斯	32	11	肯尼亚	108
2	卢旺达	62	12	加纳	114
3	博茨瓦纳	72	13	莱索托	114
4	南非	73	14	乌干达	122
5	突尼斯	74	15	佛得角	126
6	摩洛哥	75	16	埃及	131
7	塞舌尔	95	17	莫桑比克	133
8	赞比亚	97	18	坦桑尼亚	139
9	纳米比亚	101	19	马拉维	141
10	斯威士兰	105	20	科特迪瓦	142

注：全球营商环境报告项目对189个国家以及区域内所选城市的营商法规及其执行情况进行了客观的度量。

资料来源：世界银行，《2016营商环境报告》，2015。

5. 中国正在努力打造中非合作升级版

2014年，李克强总理访问非洲时提出了“461中非合作框架”，宣布中方愿与非洲国家积极推进产业和金融合作等六大工程，把中国的优势产能和先进装备推广到非洲去，力争到2020年实现中国对非直接投资存量向1000亿美元迈进。商务部统计数据显示，2015年上半年中国对非洲直接投资额11.9亿美元，较上年同期有较大幅度的下降，降幅超过40%，但这主要是受2014年以来世界经济复苏乏力、国际大宗商品价格波动以及非洲埃博拉疫情的影响。从长期看，非洲作为全球经济增长极的趋势没有改变，非洲作为中国经济结构调整、产能转移理想目的地的地位正在凸显，预计中国对非洲的投资仍将保持快速的增长。

三　2016年非洲宏观经济形势展望

根据目前非洲大陆的发展情况看，2016年的非洲经济形势应该会稳步发展。据国际货币基金组织的《撒哈拉以南非洲区域经济报告》预测，2016年撒哈拉以南非洲地区经济增速将会增加到4.3%，其中石油输出国经济增速由2015年的3.6%攀升至4.2%，而低收入国家经济增速则由2015年的6.2%上涨到6.8%，仅有南非2016年的经济增速低于2015年的预期。另据世界银行2015年10月预测，撒哈拉以南非洲地区经济增速有望在2016年回升到4.6%，并于2017年提升到4.8%。由此可见，非洲经济的发展前景还是向好的。笔者认为，2016年全球经济尽管仍面临增长压力，但非洲经济增速前景将会好于2015年，有望维持在4%以上，达到4.5%的增速。之所以做出这种判断，基于如下几个方面的理由。

一是非洲仍具有较强的投资吸引能力。近年来，非洲吸引了大量的外国直接投资流入。如果不是埃博拉疫情发生，非洲吸引外国直接投资规模会持续增长。如果不出现意外，预计2016年非洲埃博拉疫情的负面影响会逐步减弱，非洲对外国投资的吸引会持续升温，这将推动非洲经济增速维持在4%以上。实际上，非洲对外国投资者具有吸引力，除了其潜在增长率较高之外，还在于不少非洲国家持续改善营商环境，制定吸引外国直接投资的便利政策。非洲国家实施正确的政策推动农业生产发展、降低电价、增加电力覆盖范围，将提高非洲轻工业的竞争力，促进轻工业增长。有一些非洲国家如科特迪瓦、埃塞俄比亚、莫桑比克、卢旺达和坦桑尼亚有望通过在能源、交通和自然资源领域的投资以及消费驱动，2015～2017年经济增长率保持在7%左右，甚至更高。再比如，肯尼亚增加银行间竞争，降低交易成本，增强金融包容性，给外国投资者提供良好的金融服务环境。中国对非洲投资仍保持较高的投资强度。截至目前，中非基金公司就累计向83个项目决策投资近32亿美元，带动对非投资超过100亿美元；非洲中小企业专项贷款累计发放贷款13.9亿美元，直接为当地创造就业机会7.5万个，带动贸易额13.7亿美元。

二是非洲基础设施建设需求潜力较大。非洲正在进入发展新阶段，但公路和铁路运输系统、能源基础设施等都不太发达，其中有60%的城镇居民生活在贫民窟当中，36%的人喝不上干净的自来水。近年来，非洲大陆在基础设施领域存在巨大投资需求，尤其是对交通及能源基础设施互联互通的需求强烈，迫切希望获得外来投资，帮助其改善基础设施状况。过去10年间，非洲开发银行出资280亿美元用于非洲的基础设施建设。以能源基础设施为例，目前非洲有6亿人口（相当于非洲总人口的2/3）没有电力供应，其中东非77%、非洲中部75%、非洲南部57%、西非53%的居民没有电力供应。国际可再生能源机构认为，预计2015～2030年，非洲每年平均要投入700亿美元，其中250亿美元将投入输配电系统，其余450亿美元投入发电设施。2013年，美国总统奥巴马提出的70亿“电力非洲”计划，旨在帮助非洲实现新增1万兆瓦清洁电力与广泛的电网覆盖的目标。该计划旨在5年内，将非洲电力装机翻倍。倘若这一计划得以顺利实施，那么电力供应领域的投资将会拉动非洲经济稳步增长。2015年11月15～

16 日在土耳其举行的二十国集团领导人第十次峰会发布《G20 能源可及性行动计划：能源可及性自愿合作》，提出第一阶段计划将重点提高问题最为严重的撒哈拉以南非洲电力可及性。

三是非洲内生的巨大消费潜力正逐步释放。从全球范围内看，非洲仍有很多人口处于贫困线之下。但近年来非洲地区的减贫工作取得初步成效。世界银行 2015 年 10 月份发布的《非洲减贫报告》显示，撒哈拉以南非洲地区极端贫困率已从 1990 年的 56% 下降至 2012 年的 43%，但由于非洲人口的快速增长，极端贫困人口的数量反比 1990 年增长了 6300 万。非洲的人口增长趋势也蕴藏激发内需的潜力。非洲开发银行公布的数据显示，非洲的人口到 2050 年将增加一倍，总数将达 20 亿，届时那些拥有一定支付能力的中产阶级人口将超过 14 亿。相比其他大陆，非洲地区人口平均年龄较低，人口增加及人均收入潜力较大，中产阶层人口快速增加，消费需求增长较快。随着该地区网络覆盖率的提高、基础设施的完善，特别是移动数据连接的发展，非洲网络购物市场规模预计将飞快增长。比如，作为非洲人口最多的国家，尼日利亚互联网用户和手机用户数量居非洲首位，尼日利亚最受欢迎的电商主要是 Jumia 和 Konga，而且 Jumia 已经发展到尼日利亚以外的国家；而摩洛哥和埃及的互联网发展水平最先进，2014 年互联网在人口中的覆盖率超过一半。

四是主要经济体增速回升带动效应显现。不同于 2015 年绝大多数经济体面临增长挑战，2016 年主要经济体受前期危机遗留影响减退，尤其是美国和英国的复苏进展超出预期，欧元区等发达经济体的经济活动加快回升带来的溢出效应将可能带动非洲经济复苏加快。中国经济尽管增速放缓，但仍维持中高速增长，并对非洲的出口和投资都会形成利好。2015 年下半年中国政府出台的系列“稳增长”政策，将保证中国经济活动不会过度放缓，而且刺激投资和消费政策的效应将逐步显现，预计中国经济仍能够维持在 7% 左右的增速，对非洲经济增速的负面影响并没有外媒宣传的那么大。预计随着中国经济结构调整逐步到位，中非合作的空间还会进一步扩大。

参考文献

Canning, David, Sangeeta Raja, and Abdo S. Yazbeck, eds. Africa's Demographic

Transition：Dividend or Disaster? Africa Development Forum Series. Washington，DC：World Bank. doi：10. 1596/978 – 1 – 4648 – 0489 – 2，2015.

International Montery Fund，Regional Economic Outlook—Sub-Saharan Africa Dealing with the Gathering Clouds，October 15，2015.

International Montery Fund，World Economic Outlook—Adjusting to Lower Commodity Prices，October 15，2015.

Patrick N. Osakwe and Miriam Poretti，Trade and Poverty Alleviation in Africa：The Role of Inclusive Structural Transformation，October 2015，http：//www. unctad. org.

李智彪：《非洲经济在逆境中顽强增长》，载《非洲发展报告（2014～2015）》，社会科学文献出版社，2015。

郝睿：《转型升级：中非经贸合作的演进与展望》，载《非洲发展报告（2014～2015）》，社会科学文献出版社，2015。

新华社：《二十国集团领导人安塔利亚峰会公报（全文）——G20 能源可及性行动计划：能源可及性自愿合作》，2015 年 11 月 17 日。

UNCTAD，Economic Development in Africa Report 2015—Unlocking the Potential of Africa's Services Trade for Growth and Development，9 July 2015.

UNCTAD，World Investment Report 2015：Reforming International Investment Governance，October 2015.

United Nations，World Economic Situation and Prospects as of Mid-2015，www. un. org.

United Nations，World Economic Situation and Prospects，January 2015，www. un. org.

World Bank Group，Global Economic Prospects：The Global Economy in Transition，June 2015.

World Bank Group. Commodity Markets Outlook，October 2015.

World Bank Group，Doing Business 2016：Measuring Regulatory Quality and Efficiency，Washington，DC：World Bank. DOI：10. 1596/978 – 1 – 4648 – 0667 – 4，October 27，2015.

（撰稿人：刘向东，中国国际经济交流中心经济研究部副研究员）

中篇
专题研究

全球贸易形势分析与展望

2015年前两个季度，全球货物贸易出口金额为81635亿美元，进口金额82823亿美元，比上年同期分别减少12.8%和12.7%。其中，货物贸易出口额在第一季度和第二季度分别比上年同期减少12.4%和13.2%，进口额分别同比减少12.6%和12.8%。2015年第一季度，服务贸易进、出口金额均同比降低4.7%，世界不同地区服务贸易金额出现明显分化，北美地区依然保持之前的增长率，而欧洲则出现明显下跌。总体来看，2015年上半年全球货物和服务贸易金额都出现明显下滑。2015年前两个季度世界货物贸易量的季度增长率要低于上年，不过年度增长率依然是正数，分别是3.1%和1.8%。一、二季度世界贸易增长低于预期，世界贸易组织在9月份把2015年世界贸易量增速预期由之前的3.3%下调至2.8%。上半年货物贸易金额下降主要受到贸易量增长平庸、大宗商品价格下降和美元汇率变动的影响。全球贸易的集中度依然很高，欧洲和亚洲的货物贸易金额占全球贸易金额的70%多，服务贸易的主要出口国家依然是欧美等发达国家。

一　货物贸易情况

2015年第一季度和第二季度货物贸易出口金额分别是40230亿美元和41400亿美元，而2014年同期的金额分别是45900亿美元和47720亿美元，分别下降5670亿美元和6320亿美元。前两个季度货物进口金额分别为40950亿美元和41880亿美元，比2014年同期的46850亿美元和48030亿美元也有很大幅度的下降。

考察剔除价格变动影响的货物贸易量指标，2015 年第一季度和第二季度经过季节调整的变动率分别是 -0.1% 和 -1.3%，没有经过季节调整的数据是 -5.3% 和 2.1%。虽然贸易量的季度变动率为负值，但是货物贸易量的年度变动率为正值，2015 年第一季度的数据是 3.1%，第二季度数据是 1.8%。不同国家之间的表现也有所分化。根据国际贸易组织的数据，发达国家货物贸易量指标在前两个季度增长率平均为 -0.2%，发展中国家情况更差，为 -1.9%。发达国家在前两个季度货物贸易进口量指数增长率为 0.1%，发展中国家为 -2.2%。

表 1　世界货物贸易量指标变动率

单位：%

季度	季度变动率（经过季度调整）	季度变动率（没有经过季度调整）	年度变动率（没有经过季节调整）
2014 年第一季度	0.3	-4.7	2.3
2014 年第二季度	0.2	3.4	0.7
2014 年第三季度	1.5	1.6	2.6
2014 年第四季度	1.7	3.7	3.9
2015 年第一季度	-0.1	-5.3	3.1
2015 年第二季度	-1.3	2.1	1.8

资料来源：WTO 短期数据库。

（一）货物贸易出口情况

2015 年第一、二季度世界货物贸易出口金额增长率依然延续了上一年第四季度的同比负增长趋势。2014 年前三季度世界货物贸易出口金额同比增长率分别是 1.4%、1.9% 和 2.2%，第四季度同比增长率为 -3.9%，2015 年前两个季度出口金额同比增长率分别为 -12.4% 和 -13.2%。值得注意的是，2014 年第四季度全球出口金额的同比变动率虽然为负值，但是北美地区和亚洲的数据显示依然是温和的正增长，2015 年前两季度，绝大多数国家和地区的货物出口金额同比增长率均为负值，反映了 2015 年全球货物贸易依然处于艰难的复苏状态。

表2　2014年第一季度至2015年第二季度主要国家和地区货物出口金额同比增长率

单位：%

国家及地区	2014年第一季度	2014年第二季度	2014年第三季度	2014年第四季度	2015年第一季度	2015年第二季度
世界[a]	1.4	1.9	2.2	-3.9	-12.4	-13.2
北美	1.9	3.8	4.9	1.7	-5.0	-6.8
加拿大	-0.2	4.4	8.0	2.3	-9.6	-14.0
墨西哥	2.9	5.4	5.0	4.6	-0.4	-3.7
美国	2.3	3.3	4.0	0.9	-4.8	-5.5
南美和中美	-2.6	-3.7	-3.5	-14.7	-18.7	-21.2
巴西	-2.5	-4.2	0.0	-20.2	-13.7	-15.4
欧洲	4.9	1.7	0.7	-5.2	-14.9	-13.6
法国	3.7	2.6	0.7	-5.6	-15.7	-13.5
德国	6.6	6.6	5.6	-3.2	-13.4	-12.4
荷兰	1.7	5.1	1.0	-7.1	-17.3	-17.2
英国	1.9	-15.6	-8.8	-2.7	-15.9	-5.7
欧盟(28)	5.1	3.8	1.7	-5.1	-15.2	-13.7
区域内	7.6	7.5	3.6	-5.0	-15.3	-14.8
区域外	1.0	-2.1	-1.4	-5.1	-14.3	-11.7
独联体国家	-1.3	1.1	-4.8	-17.6	-29.5	-31.1
俄罗斯	-1.7	4.0	-4.0	-16.5	-26.9	-30.0
非洲	—	—	—	—	—	—
南非	-3.9	-7.0	-4.4	-4.7	-10.0	-3.0
中东	—	—	—	—	—	—
沙特	5.4	4.4	-7.6	-24.0	-44.2	-36.0
亚洲[a]	-0.8	3.0	5.8	2.0	-3.2	-7.3
中国	-3.5	5.0	13.0	8.6	4.5	-2.5
印度	-0.5	9.0	0.2	0.5	-15.1	-16.8
日本	-3.9	-3.3	-2.1	-4.3	-6.0	-10.2
韩国	1.6	3.2	3.6	0.9	-3.0	-7.2
新加坡	4.8	2.4	-0.1	-7.1	-11.5	-14.6

注：a包括重要的转口贸易，数据没有经过季节性调整。季度数据加总不必与其他地方出版的WTO统计出版物或在线数据库数据一致。由于缺乏数据可用性，非洲和中东地区总数不足，分别约为5%和10%。

资料来源：WTO短期数据。

在2015年的前两个季度中，北美地区货物贸易出口金额同比增长率分别为-5%和-6.8%，虽然也是同比负增长，但是增速要高于世界平均水平。其中，美国和墨西哥的情况要好于加拿大，墨西哥在第一季度的同比增速由正转负，为-0.4%，第二季度为-3.7%，美国的数据为-4.8%和-5.5%，均好于北美地区的平均水平，而加拿大则拖累了整个北美地区的经济增速。

从货物贸易出口金额的角度衡量，欧洲在2015年第一季度和第二季度的同比增长率则分别为-14.9%和-13.6%，低于世界平均水平。从2014年第四季度开始，欧洲主要国家的货物贸易出口金额同比增长率均为负值，在2015年前两个季度则有进一步扩大的趋势。连增长强劲的德国在2015年前两个季度的货物贸易出口金额同比增长率也分别为-13.4%和-12.4%。

新兴市场国家的表现不尽如人意。金砖国家中巴西、印度在2015年前两个季度的同比增速均低于世界平均水平，不如北美等发达国家。南非在第一、二季度同比增速分别为-10%和-3%。从2014年第一季度到2015年第二季度，中国货物贸易出口金额分别为4911亿美元、5708亿美元、6346亿美元、6458亿美元、5134亿美元和5564亿美元，2015年第一季度与上年同期相比增长4.5%，第二季度比上年同期下降2.5%。

资源型国家由于国际能源价格和大宗商品价格下降，货物出口金额出现大幅度下降。特别是独联体国家和非洲国家。2015年第一季度，独联体国家货物贸易出口金额比上年同期下降了29.5%，第二季度比上年同期下降31.1%。俄罗斯从2014年下半年，货物贸易出口金额与上年同期相比就开始出现显著的负增长，2015年第一、二季度的同比增长率分别为-26.9%和-30%。由于是以燃料和矿物为主要出口物的特殊出口结构，因此国际能源和矿产价格下降对于沙特的影响无疑是最大的。2014年第一季度到2015年第二季度，沙特货物出口金额分别为952亿美元、938亿美元、903亿美元、745亿美元、531亿美元和600亿美元，出口金额环比下降，同时，同比增长率也从2014年下半年变为负值。2014年第四季度，沙特货物贸易出口金额比上年同期下降了24%，2015年第一、二季度比上年同期则分别下降了44.2%和36%。

通过图1可以看出，金融危机之后世界货物贸易在曲折中缓慢上行，世界货物贸易量在2015年第一个季度出现了较大幅度的下挫，第二季度有所好转，但是经过季节性调整之后的数据显示，前两个季度世界货物贸易量指标都在下行。值得注意的是，货物贸易量指标出现了较大的地区分化，在很多地区的贸易量出现下行压力的时候，欧洲的贸易量曲线有向上抬头的趋势。欧洲经济在经过长时间的停滞后，2015年第二季度出现了明显的复苏，货物贸易量年同比增长率为

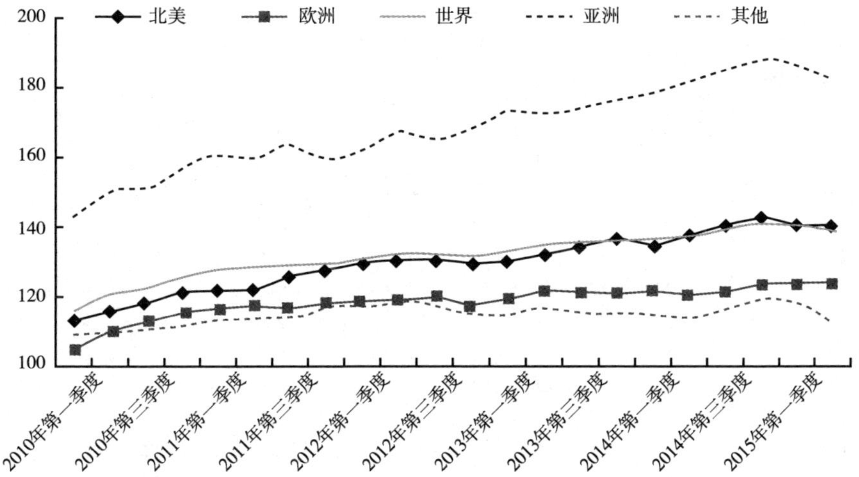

图 1　世界不同地区货物贸易出口量指数

注：2005 年一季度为 100，经季节调整。
资料来源：WTO 数据库。

2.7%，北美是2.1%，亚洲为0.6%，拉丁美洲为0.4%，其他地区（包括非洲，独联体和中东）的数据是1%。

（二）货物贸易进口情况

2015 年上半年全球进口需求依然延续了 2014 年低迷的趋势。上半年货物贸易进口金额 82823 亿美元，相对于 2014 年同期降低了 12052 亿美元。总体来说，北美等发达国家要好于发展中国家。

表 3　2014 年第一季度至 2015 年第二季度主要国家和地区货物进口金额同比增长率

单位：%

国家及地区	2014 年第一季度	2014 年第二季度	2014 年第三季度	2014 年第四季度	2015 年第一季度	2015 年第二季度
世界[ab]	1.9	1.9	1.4	-3.3	-12.6	-12.8
北美	1.7	4.1	3.8	3.5	-1.9	-4.6
加拿大[c]	-3.4	2.0	1.9	0.0	-4.8	-8.3
墨西哥	3.4	3.8	6.1	7.7	0.3	-1.2
美国	2.4	4.6	3.7	3.5	-1.7	-4.5
南美和中美	-3.1	-5.2	-1.8	-3.4	-9.6	-15.7

续表

国家及地区	2014年第一季度	2014年第二季度	2014年第三季度	2014年第四季度	2015年第一季度	2015年第二季度
巴西	-0.6	-6.9	-1.0	-9.4	-13.3	-23.7
欧洲[a]	4.6	4.1	1.8	-6.5	-15.4	-14.9
法国	2.9	4.0	0.7	-9.3	-18.4	-17.7
德国	7.2	5.4	2.1	-6.2	-16.3	-16.0
意大利	0.2	4.5	-1.7	-9.0	-16.0	-13.6
荷兰	2.7	5.2	0.8	-9.5	-16.9	-16.0
英国	5.3	8.9	9.3	-2.0	-6.8	-10.6
欧盟28[a]	5.4	6.4	2.9	-6.3	-15.8	-15.2
欧盟内部28[a]	7.6	7.5	3.6	-5.0	-15.3	-14.8
区域外	1.9	4.6	1.7	-8.0	-15.1	-16.0
独联体国家	-7.7	-6.4	-10.9	-19.1	-32.2	-35.3
俄罗斯	-5.3	-4.5	-7.8	-20.0	-37.3	-39.8
非洲	—	—	—	—	—	—
南非[c]	-3.3	-5.2	-4.8	-0.5	-7.6	-13.1
中东	—	—	—	—	—	—
沙特	-2.8	-6.1	-5.2	1.7	-14.5	-10.0
亚洲[a]	0.3	-0.1	0.8	-2.6	-14.5	-13.2
中国	1.5	1.3	1.0	-1.9	-17.8	-13.6
印度	-12.0	-6.3	10.0	8.3	-13.7	-12.7
日本	5.6	-0.7	-2.8	-11.2	-21.7	-20.2
韩国	2.0	3.3	5.4	-2.8	-15.5	-15.6
新加坡	4.2	2.6	-4.4	-9.2	-21.5	-18.8

注：a，包括调整的在录欧盟内部进口；b，包括重要的进口转出口；c，进口FOB计价。
资料来源：WTO短期数据库。

北美地区的货物进口增长要明显好于其他地区，即使在2014年下半年其他地区普遍出现进口下降的局面时，北美地区的进口金额也依然是同比正增长。2014年第四季度，世界货物贸易进口金额同比降低了3.3%，北美地区进口金额增长了3.5%。2015年第一季度北美地区的进口额是7542亿美元，比上年同期的7686亿美元降低1.9%；第二季度进口额为8003亿美元，比第一季度增长了6.1%，比上年同期降低4.6%，高于世界平均水平的变动率。墨西哥的进口情况要普遍好于其他国家。2015年第一季度，墨西哥的进口额为950亿美元，第二季度为1025亿美元，比上年同期分别增加0.3%和降低1.2%。美国在第一季度的进口金额为5560亿美元，第二季度为5870亿美元，分别比2014年同期降低1.7%和4.5%。

2014年第三季度，欧洲的货物贸易进口金额为16908亿美元，依然保持正的同比增长率。第四季度的进口金额为 16236 亿美元，比第三季度下降 4%，同比降低 6.5%，环比、同比均呈下降态势。2015 年第一季度欧洲货物贸易进口金额为 14778 亿美元，比上年同期下降了 15.4%；第二季度为 14860 亿美元，比第一季度增长 0.6%，但是比上年同期降低了 14.9%。从 2014 年第四季度到 2015 年第二季度，欧洲货物贸易进口金额均出现同比下降的局面。作为欧洲最大的货物贸易进出口国，德国在 2015 年第一季度的进口金额为 2637 亿美元，比上年同期的 3151 亿美元下降了 16.3%；第二季度为 2613 亿美元，环比下降 0.9%，同比降低 16%。欧洲主要国家表现最好的是英国，2015 年第一季度，英国的货物进口金额为 1579 亿美元，比上年同期降低 6.8%；第二季度为 1547 亿美元，比上年同期下降 10.6%。虽然与上年相比出现了一定幅度的下降，但是英国和美国的进口情况要普遍好于其他国家，这主要得益于其经济的强劲复苏。

发展中国家的进口情况整体弱于发达国家。受到经济下行的拖累，新兴市场国家的进口情况普遍不太理想。拉丁美洲、独联体国家和非洲主要国家从 2014 年第一季度到 2015 年第二季度货物贸易进口额连续出现同比负增长的局面。2014 年第一季度到第四季度，巴西的货物贸易进口金额连续同比下降，但下降比例保持在个位数。2015 年第一季度，巴西的货物贸易进口金额为 505 亿美元，比上年同期的 583 亿美元减少 78 亿美元，同比降低 13.3%；第二季度货物贸易进口金额为 457 亿美元，比上年同期的 599 亿美元减少 142 亿美元，同比降低 23.7%。由于受到国际能源价格下跌、汇率震荡、国际政治因素等对国内经济发展的影响，俄罗斯的进口出现了更大幅度的波动。2015 年第一季度俄罗斯的货物进口金额为 454 亿美元，比上年同期减少了 271 亿美元，同比降低 37.3%。第二季度进口金额为 485 亿美元，比第一季度略微上升，但是比上年同期下降了 39.8%。同样作为金砖国家之一，南非的情况要比其他国家略好。2015 年前两个季度，南非的货物贸易进口金额比上年同期分别下降了 7.6% 和 13.1%。

亚洲国家同样不太乐观，特别是中国的进口额在 2015 年出现了较大幅度的下降。2015 年第一季度，中国的进口金额为 3896 亿美元，上年同期为 4737 亿美元，下降 17.8%；第二季度进口金额为 4180 亿美元，比第一季度增长 7.3%，比上年同期下降 13.6%。日本在 2015 年第一季度货物进口金额是 1713 亿美元，比上年同期的 2187 亿美元降低 21.7%；第二季度为 1578 亿美元，比第一季度减少 135 亿美元，环比下降 7.9%，比上年同期降低 20.2%。韩国和新加坡也出现了较大幅度的下降。

剔除价格变动影响的货物贸易量指标显示，金融危机过后，世界货物进口量

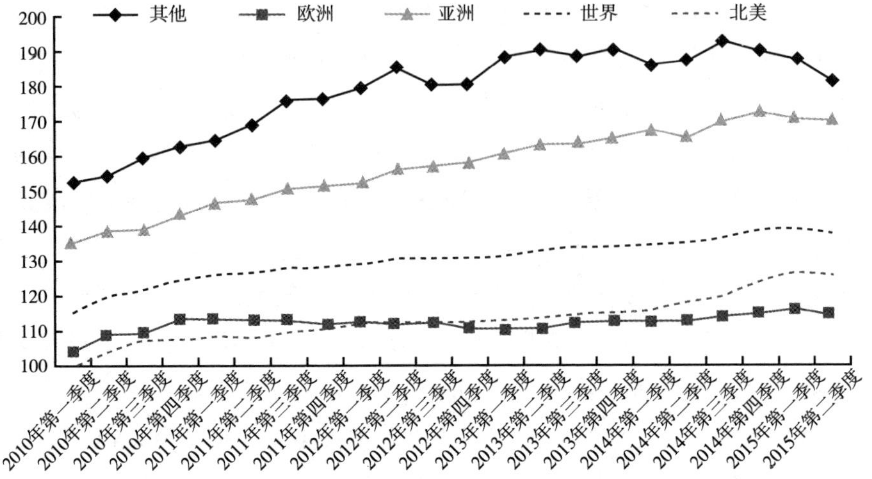

图 2　世界主要地区货物贸易进口量指数

注：2005 年第 1 季度 = 100，经过季节调整。
资料来源：WTO 数据库。

在缓慢上升，不过上升的速度逐渐变缓。2014 年开始，北美地区的货物贸易进口量明显提升，而亚洲地区则变得平缓并从下半年开始下降。

（三）2015 年世界货物贸易的特点

1. 贸易增速依然缓慢

2015 年世界货物贸易延续了上年贸易增长乏力的趋势，上半年货物贸易进出口金额比上年同期下降比例超过两位数。前两个季度，剔除价格变动因素的货物贸易量指标季度变动率比 2014 年有所下降，第一季度和第二季度货物贸易量指标年度变动率表现为正增长，但是经过季节性调整的季度增长率均为负值，分别是 -0.1% 和 -1.3%，未经过季节性调整的数据分别是 -5.3% 和 2.1%，比 2014 年有所降低。金融危机之后，全球货物进口量和出口量均在曲折缓慢地上升，从 2011 年起上升速度开始减缓，2015 年上半年有明显的回落。

2015 年上半年受到新兴市场国家需求下降、世界金融市场波动和风险增加、国际原材料价格下降等诸多因素影响，世界贸易的增速低于预期，所以世界贸易组织在 2015 年 9 月份把 2015 年货物贸易量增长率从之前的 3.3% 下调到 2.8%，这是从 2012 年开始的世界贸易增长率连续第四年低于 3% 的水平。

根据以往的数据，货物贸易增长率通常是 GDP 增速的两倍左右，而从 2012

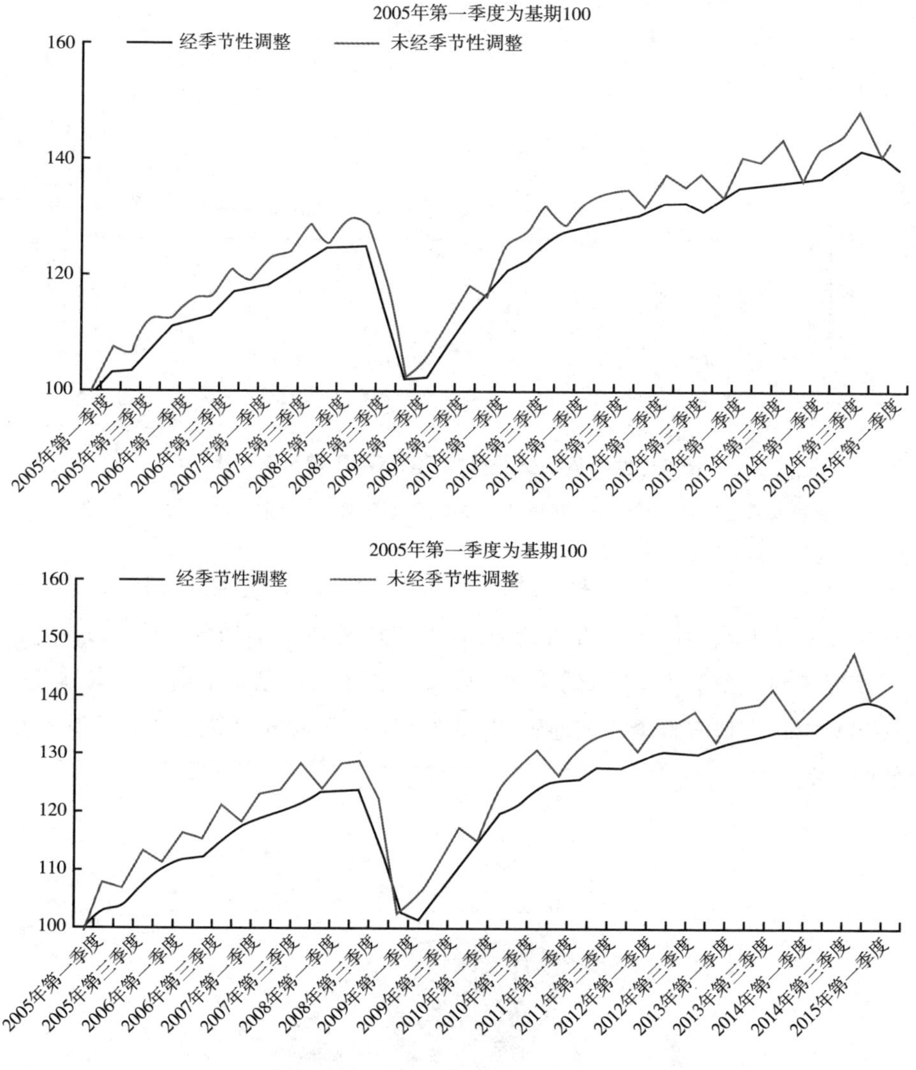

图 3　世界货物进出口量指数

资料来源：WTO 短期数据库。

年开始，货物贸易增速和 GDP 增速逐渐开始持平，两条增长率曲线开始收敛，贸易对经济增长的拉动作用有所下降。

2. 贸易集中度高

世界货物贸易的格局依然不均衡，贸易集中度很高。从地区分布来看，2015 年上半年，货物出口金额最多的地区是欧洲，占全球货物出口额的 37%；

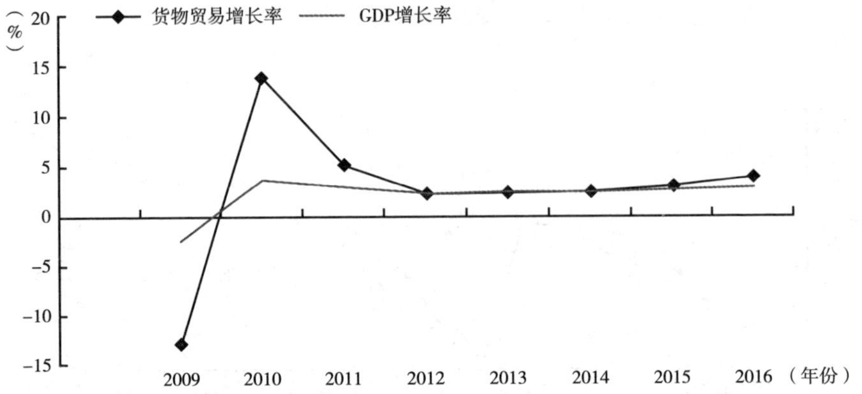

图4　世界货物贸易量增速和GDP增长率对比

资料来源：WTO 贸易快讯，2015 年和 2016 年的数据是预测值。

其次是亚洲，占比是36%，两个地区货物出口额占全球金额的73%。北美地区的贸易逆差最大，2015 年上半年北美的货物贸易逆差金额为 3970 亿美元，亚洲货物贸易顺差金额为 2300 亿美元。欧洲货物进出口基本平衡，略有顺差。欧盟（28）货物出口占整个欧洲地区的 90%，其中区域内贸易占欧盟（28）贸易金额的 2/3。

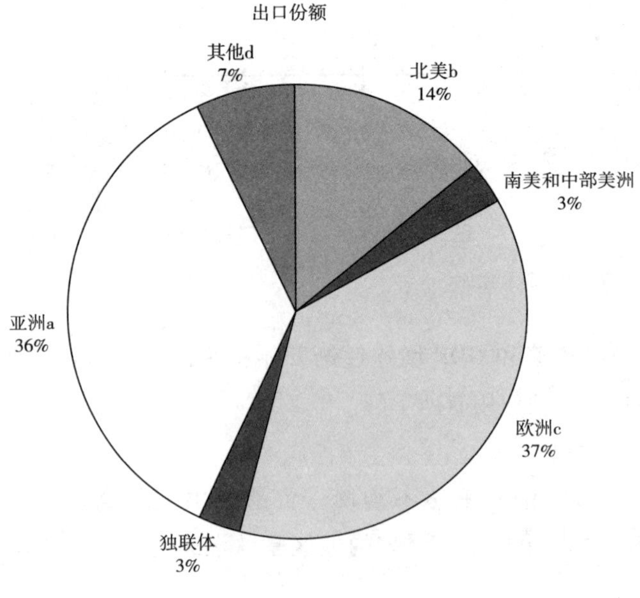

进口份额

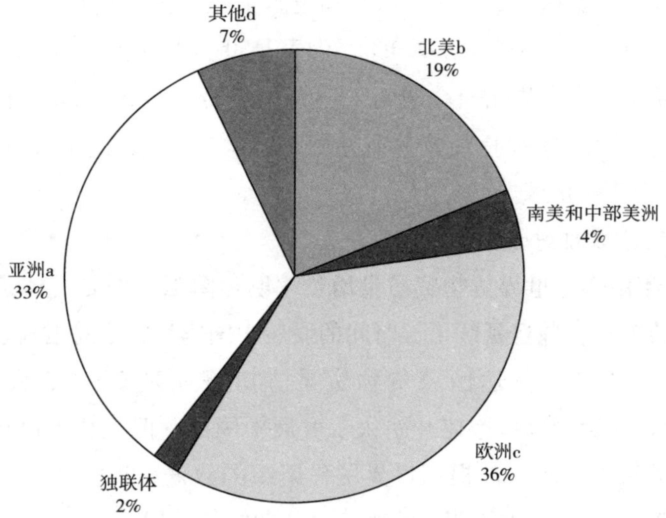

图 5　世界主要地区货物进出口份额

注：a 包括重要的转口和进口转出口；b 包括墨西哥；c 包括在录的欧盟内部进口的调整，d 包括中东和非洲。

资料来源：WTO 在线数据库。

表 4　2015 年第一、二季度货物进出口额前十位国家和地区排名

出口				进口			
排名	国家	金额（亿美元）	比重（%）	排名	国家	金额（亿美元）	比重（%）
1	中国	10697	13.1	1	美国	11430	13.8
2	美国	7613	9.3	2	中国	8076	9.7
3	德国	6647	8.1	3	德国	5250	6.3
4	日本	3145	3.9	4	日本	3291	4.0
5	荷兰	2850	3.5	5	英国	3126	3.8
6	韩国	2686	3.3	6	法国	2887	3.5
7	法国	2561	3.1	7	中国香港	2702	3.3
8	中国香港	2399	2.9	8	荷兰	2527	3.1
9	意大利	2302	2.8	9	韩国	2224	2.7
10	英国	2288	2.8	10	加拿大	2140	2.6

资料来源：WTO 短期数据库。

从国家排名来看，2015 年前两个季度货物贸易出口金额排名前三的国家依次是中国、美国、德国，这三个国家货物出口金额占世界货物出口额的 30.5%，前五个国家占世界出口金额的 37.9%。中国是世界上最大的货物贸易出口国和货物贸易顺差国，占世界出口金额的 13.1%，贸易顺差高达 2621 亿美元。美国是最大的货物进口国家和货物贸易逆差国，占世界货物进口份额的 13.8%，贸易逆差为 3817 亿美元。

3. 发达国家表现好于发展中国家

从 2012 年以来，世界货物贸易量增长率明显降低，但是总体来说贸易量呈现曲折上扬的态势，并且延续了长时间的发展中国家货物贸易增速快于发达国家的趋势。到 2014 年，发达国家货物贸易进口增速是 2.9%，发展中国家是 1.8%，发达国家货物进口增速开始快于发展中国家，但是从出口角度来看，依然是发展中国家表现较好。根据世界贸易组织的数据，2014 年，世界货物贸易量增长率是 2.5%，发达国家出口量增长率是 2%，发展中国家是 3.1%，延续了一直以来的发展中国家增长快于发达国家的趋势。

从 2015 年第一季度开始，出现了新兴市场国家和发展中国家货物进出口增速同时低于发达国家的情况。世界贸易组织对 2015 年全年的货物进出口增速进行了预测，发达国家货物贸易出口增速是 3%，发展中国家出口增速是 2.4%；发达国家进口增速是 3.1%，发展中国家是 2.5%。

二　服务贸易

根据 WTO 的统计数据，2013 年全球服务贸易金额为 4.65 万亿美元，增长率为 6%。2005～2013 年，世界服务贸易金额平均增长率为 8%。2014 年全球服务贸易出口金额为 4.86 万亿美元，同比增长 4%，进口金额同比增长 5%。2014 年前三季度世界服务贸易出口金额增长率分别是 6.2%、7.5% 和 5.4%，第四季度同比变动率为 1.3%，为当年最低。2014 年下半年世界服务贸易增长率明显下降，拖累了当年的经济增速。2015 年第一季度，全球服务贸易出口金额增长率降为 -4.7%。世界服务贸易呈现以下特点。

（一）服务贸易额进出口增长率有明显的下降和地区分化

2015 年，世界服务贸易进、出口金额年同比变动率均为 -4.7%，是近期来较大的下降幅度。同时，不同地区的贸易增长率变动出现了很大的分化。欧洲和亚洲在持续一段高增长之后增长率迅速下降，而北美一直保持适度的增长率。

首先看欧洲地区，欧洲服务贸易的进出口额增长率在 2014 年三季度之前曾明显高于世界平均水平，2013 年第三、四季度其服务贸易出口额年同比增长率甚至高于 10%，2014 年前两个季度增长率也高达 9% 以上。2015 年第一季度出口同比下降 10.5%，进口同比下降 11.2%。

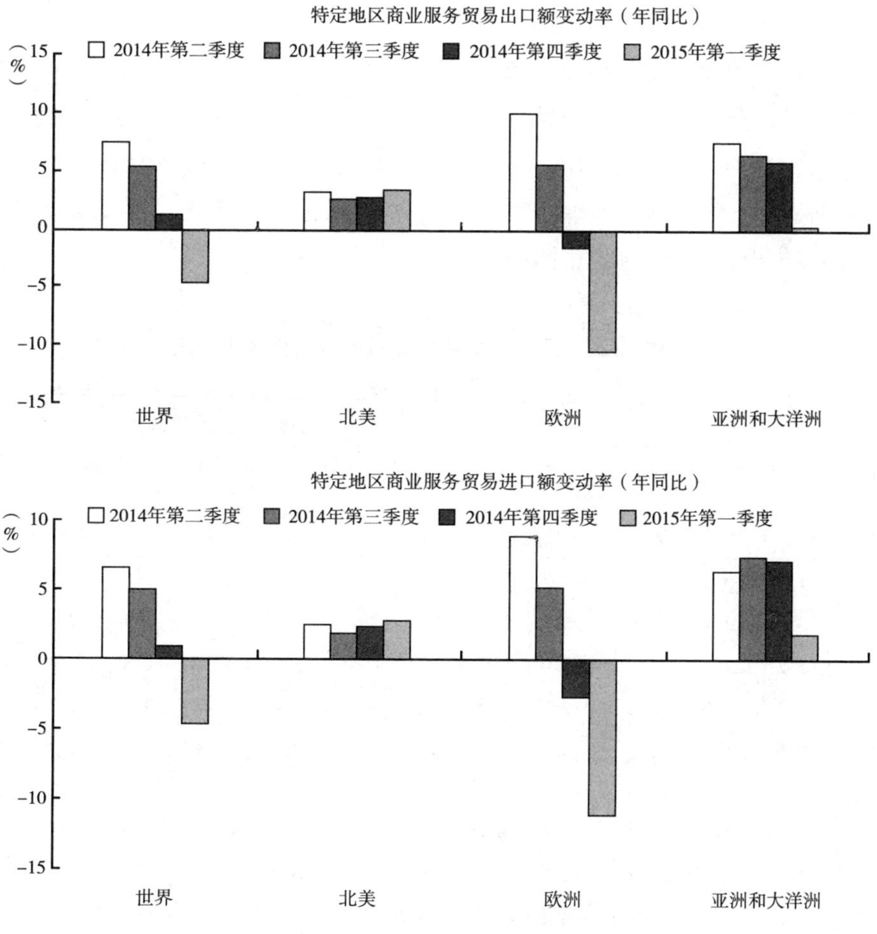

图 6　世界主要地区商业服务贸易进出口额变动率

资料来源：WTO 短期数据库。

北美地区则波澜不惊，一直保持适度的增长率。其他地区服务贸易在大幅增长的时候，北美地区的增长率明显低于世界平均水平。而在其他地区增长率大幅下降时，北美地区的增长率还是稳步上升。2015 年第一季度，世界服务贸易出口额年平均增长率为 -4.7%，欧洲下降到 -10.5%，北美地区的服务贸易出口增长率则为 3.6%。但北美地区内部有较大差异，其服务贸易的稳步增长主要源于美国的经济和贸易的强劲复苏。从 2014 年第二季度开始，加拿大服务贸易年同比增长率均为负值，而美国则稳步增长。2015 年第一季度加拿大服务贸易额进、出口同比增长率分别为 -9.4% 和 -9.5%，而美国的数据则分别为 5.9% 和 5%。

亚洲和大洋洲地区在经历高速增长之后，2015 年第一季度年增长率大幅下降。服务贸易出口额年同比增长率为 0.1%，进口则为 1.9%，远低于之前的水平。中国 2015 年第一季度的出口增长率为 10.8%，进口增长率为 16.4%。日本则比之前大幅下降，其第一季度服务贸易出口增长率为 2.9%，进口增长率为 -4%。印度进出口增长率则同时为负值。

表 5　特定地区和经济体商业服务贸易年同比增速

单位：%

出口					地区/国家	进口				
2014 年第一季度	2014 年第二季度	2014 年第三季度	2014 年第四季度	2015 年第一季度		2014 年第一季度	2014 年第二季度	2014 年第三季度	2014 年第四季度	2015 年第一季度
6.2	7.5	5.4	1.3	-4.7	世界	5.9	6.5	5.0	0.9	-4.7
2.8	3.3	2.7	2.9	3.6	北美(包括墨西哥)	1.6	2.5	1.9	2.4	2.7
3.6	5.2	2.8	3.6	5.0	美国	3.0	3.9	2.8	3.8	5.9
-5.3	-3.1	-2.6	-5.3	-9.5	加拿大	-6.4	-3.0	-3.7	-5.3	-9.4
9.2	9.9	5.6	-1.5	-10.5	欧洲	8.8	8.8	5.1	-2.7	-11.2
9.3	10.6	5.7	-1.3	-11.1	欧盟 28a	8.9	9.2	5.6	-2.3	-11.9
10.3	10.0	7.0	-0.5	-8.8	欧盟 28 区域外	9.2	10.9	9.9	2.8	-8.3
11.2	3.0	0.7	-7.1	-4.7	瑞士	10.2	5.0	-1.5	-7.0	0.5
5.1	7.6	6.5	6.0	0.1	亚洲和大洋洲	5.0	6.3	7.3	7.2	1.9
4.0	25.0	5.8	13.9	10.8	中国 b	16.5	10.8	9.9	25.7	16.4
13.1	20.1	20.2	25.0	2.9	日本	9.5	18.6	15.9	6.7	-4.0
7.8	3.0	4.7	5.3	-2.0	印度	-4.0	0.5	6.9	1.1	-5.6

续表

出口					地区/国家	进口				
2014年第一季度	2014年第二季度	2014年第三季度	2014年第四季度	2015年第一季度		2014年第一季度	2014年第二季度	2014年第三季度	2014年第四季度	2015年第一季度
5.8	2.0	4.4	-2.7	-4.4	新加坡	2.8	0.7	1.5	-4.8	-6.1
					其他经济体					
1.6	2.7	19.8	-3.9	-10.9	瑞士	-0.2	5.2	9.0	-1.2	-5.7
-1.0	-3.1	-2.6	-16.7	-22.5	俄罗斯b	2.0	0.7	-4.0	-18.8	-19.0
-6.4	1.0	5.4	1.9	1.0	南非	-7.1	-6.5	-2.7	-5.7	-3.7

注：a，欧盟（28）服务贸易数据是WTO、UNCTAD和ITC等组织在各成员数据的基础上估算出来的，上述全球和地区数据加总得到覆盖全球90%的服务贸易；b，为初步数据。

资料来源：WTO短期数据库。

（二）服务贸易的格局依然不平衡

WTO 2015年世界贸易报告的数据显示，2014年服务贸易的集中度依然很高，发达经济体服务贸易份额占据全球的2/3强，而发展中经济体和转型经济体的份额占据1/3左右。2014年服务贸易排前十名的国家以发达国家为主，以服务贸易出口为例，美国一国的贸易额占全球金额的14.1%，美国、英国、德国和法国四个国家的服务贸易出口额占全球金额的31.8%。

表6　2014年全球服务贸易排名前十的国家

单位：十亿美元，%

排名	出口			进口		
	国家	金额	份额	国家	金额	份额
1	美国	686	14.1	美国	454	9.6
2	英国	329	6.8	中国	382	8.1
3	德国	267	5.5	德国	327	6.9
4	法国	263	5.4	法国	244	5.1
5	中国	222	4.6	日本	190	4
6	日本	158	3.3	英国	189	4
7	荷兰	156	3.2	荷兰	165	3.5
8	印度	154	3.2	爱尔兰	142	3
9	西班牙	135	2.8	新加坡	130	2.7
10	爱尔兰	133	2.7	印度	124	2.6

资料来源：WTO，《2015年世界贸易报告》。

美国与英国的服务贸易顺差最大，2014年，美国的服务贸易顺差金额是2320亿美元，是最大的顺差国，其次是英国，贸易顺差是1400亿美元。2014年，中国服务贸易出口增速是8.1%，进口增速是16%，依然是最大的服务贸易逆差国，逆差额为1600亿美元。中国服务贸易进口增长率长期高于出口增长率。2015年第一季度进口增速依然高达16.4%，而出口增长率为10.8%，中国服务贸易逆差的局面会依然持续。

（三）服务贸易的增速依然快于货物贸易

由于受到新兴市场国家经济不确定性、需求下降，欧洲经济复苏缓慢，金融市场风险和波动性加大，以及美元汇率等因素的影响，2015年世界货物贸易和服务贸易金额的增长均出现明显下降。但是总体来说，服务贸易的增速仍然快于货物贸易。

世界贸易的现状是货物贸易比重远远高于服务贸易，根据世界贸易组织的统计数据，2014年世界服务贸易金额是货物贸易金额的1/4。但世界贸易发展的长期趋势是服务贸易增长快于货物贸易和全球经济增长速度。2015年第一季度，世界货物贸易进出口金额的季度同比增速分别是－12.6%和－12.4%，服务贸易进出口额的季度同比增速均为－4.7%。表现较好的北美地区，第一季度货物贸易进、出口金额同比增长率分别是－1.9%和－5%，但是服务贸易进、出口额同比增长率分别是2.7%和3.6%。

三　影响未来贸易发展趋势的因素

1. 原油及大宗商品价格波动

国际原油及大宗商品价格下降是2014年下半年及2015年上半年世界贸易低迷的原因之一。2014年下半年，国际石油价格下跌幅度超过4成。2015年，原油价格进一步大幅度下降。根据IMF的数据，金融危机之后，布伦特原油价格最高时是2012年的112美元/桶，2014年达到98.9美元/桶，2015年，原油价格继续走低，国际货币基金组织对2015年布伦特原油价格的预测值是53.4美元/桶，预期2016年和2017年的每桶原油价格也不会超过60美元。国际原油价格下降对中东、北非和独联体部分产油国家影响非常大，使得其对外贸易的收入大大降低。通过WTO的贸易数据也可以看出，2014年到2015年上半年，俄罗斯等产油国货物贸易金额的下降幅度很大，国内经济受到很大影响。

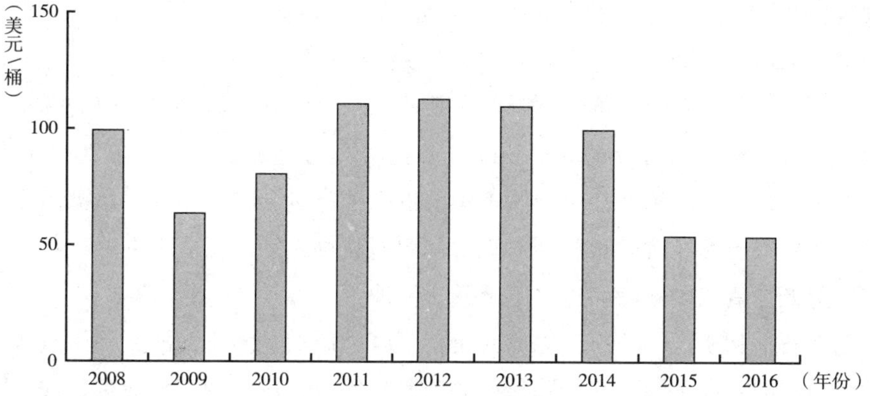

图 7 布伦特原油价格

资料来源：IMF 数据库。

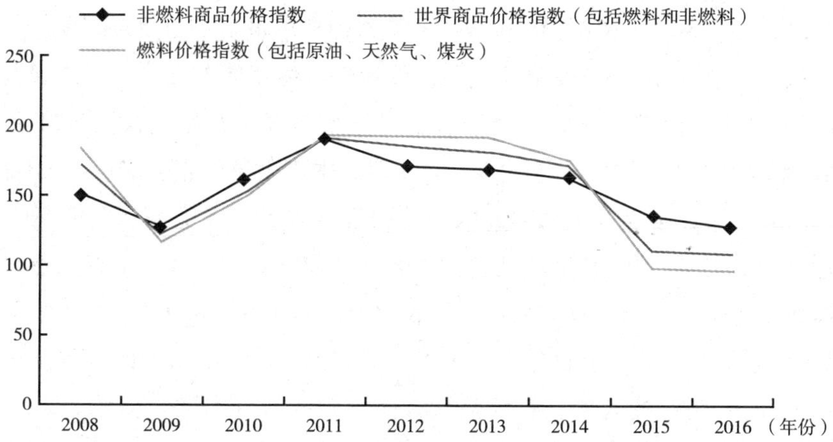

图 8 世界商品价格指数

资料来源：国际货币基金组织数据库，2005 = 100。

从 2011 年开始，世界商品价格就开始缓慢下滑，到 2014 年开始大幅度下降，通过图 8 可以看出，燃料价格是拖累世界商品价格指数下滑的主要因素。根据国际货币基金组织的数据，2014 年，世界商品价格指数（包括燃料和非燃料）从上年度的 182. 9 下降到 2014 年的 171. 5，预测 2015 年度会降低到 112. 3。燃料价格指数（包括石油、天然气和煤炭）在 2013 年的数据是 191，2014 年下降为 177，2015 年会继续下降到 99，跌破 2005 年的基数 100。由于主要国家经济增速的放缓，非燃料商品价格指数也有一定幅度的下降，2013 年到 2015 年的数据依次为 169、162 和 135。

国际能源和大宗商品价格下降的主要原因来自供给和需求两方面的变动。从供给方面讲，自“页岩油气革命”以来，美国产油量大幅增加，在 2014 年成为石油输出国，国际能源署甚至预测美国的液态油产量会超过沙特。从需求方面来讲，主要新兴国家经济增长放缓对能源和原材料等大宗商品需求下降，供给增加而需求降低是造成国际商品价格下降的主要原因。

国际石油和矿产、原材料等商品价格下降的影响是多方面的，除了造成这些产品出口国的收益下降，还会降低能源与其他原材料进口国家的成本，成本降低固然会增加以后的进口需求，但是也反映了这些国家现在进口需求和经济的低迷。

2. 主要国家经济增长低于预期

2015 年 10 月份，国际货币基金组织对 2015 年世界产出增速的预测值为 3.1%，低于之前 7 月份 3.3% 的预测值。发达经济体总体表现较好，出现较为强劲的增长势头。之前增长乏力的欧洲和日本增长速度也开始加快。2014 年欧元区的增长率是 0.9%，2015 年上升到 1.5%。日本则由负转正，2014 年经济增长率为 -0.1%，2015 年为 0.6%。美国和英国复苏强劲，失业率明显降低，国际货币基金组织对其产出增长率的调整数据要比之前预测的高 0.1 个百分点，分别是 2.6% 和 2.5%，德国和日本的产出增长率分别是 1.5% 和 0.6%，比之前预测值分别下调 0.1 个和 0.2 个百分点。虽然发达国家整体经济出现向好的局面，但也出现一定的分化，英美增长较为强劲，而欧元区和日本增长疲软。2015 年发达国家主要经济数据并没有进一步走高，通胀率、失业率等数据并不太理想，加上外部新兴市场国家的不确定性，最近对发达国家的产出增长率比之前有所下调。据最新的预测数据，2015 年发达经济体的产出增长率是 2%，比之前 7 月份的预测值低 0.1 个百分点。

新兴市场和发展中国家 2015 年的产出增长率为 4%，普遍低于之前的预期。其中，俄罗斯 2014 年的产出增长率为 0.6%，而 2015 年产出下降 3.8%，比之前 7 月份的数据还要低 0.4 个百分点。俄罗斯经济衰退除了受到全球经济调整的影响，还与其脆弱的经济结构有关，依靠自然资源为主的经济结构必然受到此次国际石油和大宗商品价格下降的影响。此外，国际政治因素也是主要原因之一，卢布大幅贬值造成的资金外流又给本来脆弱的经济雪上加霜。在金砖国家中，巴西的产出也出现了大幅下降的局面，2015 年其产出增长率是 -3%，比之前 7 月份预测的还要低 1.5 个百分点。巴西是世界第七大经济体，其经济的大幅度衰退也是拖累全球经济增速的一大原因。印度经济增长率在 2015 年为 7.3%，虽然比之前 7 月份预测的数据降低 0.2 个百分点，但是依然保持 7% 以上的增长率。2015 年中国经济增长率预期是 6.8%，总体来看，亚洲地区的经济增长率依然高于全球水平。但中国经济下行的压力依然会成为未来经济贸易发展最主要的影响因素之一。

表 7　IMF 对世界产出增长率的预期（年同比）

单位：%，个百分点

地区	2014 年	预测值		与 2015 年 7 月预测的差别	
		2015 年	2016 年	2015 年	2016 年
世界产出	3.4	3.1	3.6	-0.2	-0.2
发达经济体	1.8	2	2.2	-0.1	-0.2
美国	2.4	2.6	2.8	0.1	-0.2
欧元区	0.9	1.5	1.6	0	-0.1
德国	1.6	1.5	1.6	-0.1	-0.1
法国	0.2	1.2	1.5	0	0
日本	-0.1	0.6	1	-0.2	-0.2
英国	3	2.5	2.2	0.1	0
新兴市场和发展中经济体	4.6	4	4.5	-0.2	-0.2
俄罗斯	0.6	-3.8	-0.6	-0.4	-0.8
中国	7.3	6.8	6.3	0	0
印度	7.3	7.3	7.5	-0.2	0
巴西	0.1	-3	-1	-1.5	-1.7
沙特	3.5	3.4	2.2	0.6	-0.2
南非	1.5	1.4	1.3	-0.6	-0.8

资料来源：IMF，Word Economic Outlook，Oct 2015。2015 ~ 2016 年为预测数据。

3. 中国经济增长速度换挡的影响

20 世纪 80 年代至今，中国经济经过长达 35 年的高增长，年平均增长率高达 9.8%。2012 年至今，连续三年 GDP 增速低于 8%，2015 年 GDP 增长率继续走低，1 ~ 3 季度 GDP 增速为 6.9%。国际货币基金组织对中国 2015 年增长率的预测是 6.8%。中国经济增速放缓是经济“新常态”下的主要特征，是“新常态”下中国经济结构优化转型必然经历的过程。“新常态”下伴随经济由高速向中高速增长转变的是经济结构的优化转型。同时，在劳动力、土地价格上涨、资源环境约束条件下，过去靠要素驱动的经济增长方式已经不可持续，经济发展方式正在转向创新驱动。

中国的产业结构、投资消费结构等存在长期的不平衡，但经济结构正在逐步优化。国内生产总值的构成中，第一产业和第三产业比重有此消彼长的趋势。1980 年，GDP 的构成中，三次产业增加值分别占 30%、48%、22%。35 年后，一、二、三产业的构成分别为 9%、43% 和 48%。从 2012 年开始，第三产业增加值超过第二产业，服务业占经济的比重越来越大，虽然与美国等发达国家 80% 的比例还有一定差距，但服务业增长的势头越来越明显。

国家统计局的数据显示，2015 年 1～3 季度 GDP 增长率为 6.9%，三次产业增长率分别为 3.8%、6.0% 和 8.4%，服务业的增长速度高于第一、二产业，成为拉动 GDP 增长的主要动力。

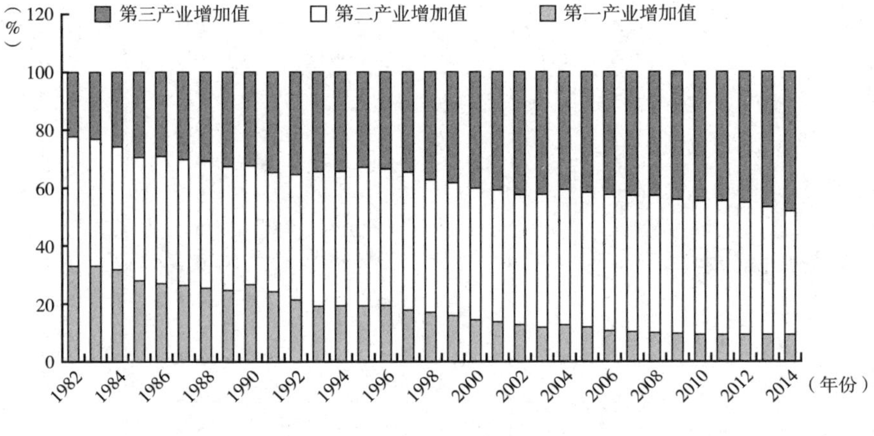

图 9　中国一、二、三次产业增加值的构成比重

资料来源：国家统计局。

表 8　最终消费、资本形成额、货物和服务出口对国内生产总值增长的拉动

单位：%

年份	2005	2006	2007	2008	2009	2010	2011	2012	2013	2014
GDP 增长率	11.3	12.7	14.2	9.6	9.2	10.6	9.5	7.7	7.7	7.4
最终消费	6.4	5.4	6.5	4.3	5.3	5	6	4.4	3.7	3.7
资本形成总额	3.6	5.4	6.2	5	8	7	4.3	3.2	4.2	3.6
货物和服务净出口	1.3	1.9	1.5	0.3	-4.1	-1.4	-0.8	0.1	-0.2	0.1

金融危机之后净出口对经济增长的拉动作用一度为负值，2009 年货物和服务净出口对经济增长的拉动作用为 -4.1%。由于出口的拉动作用下降，我国出台了扩大内需的政策。消费对 GDP 增长的拉动作用开始显现，并一度超过投资。2014 年，消费对 GDP 的拉动作用为 3.7%，资本形成总额与货物和服务净出口分别为 3.6% 和 0.1%。

中国经济增长速度在放缓，同时大力发展服务业和鼓励内需的政策，是影响未来世界经济贸易的重要因素。产业结构转型造成对国际市场上原材料需求的大幅度下降。据统计，中国消费了国际市场上 60% 的基本金属、50% 的铁矿石。经济结构转型对国际市场带来很大的冲击，也是造成国际大宗商品价格下降的主要因素。

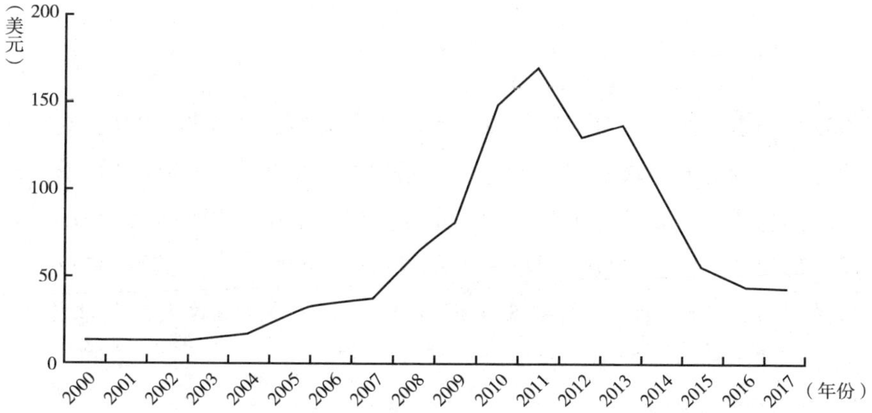

图 10　中国进口铁矿石美元价格（天津港 CFR）

资料来源：IMF 数据库。

4. 全球货币政策和金融市场的不确定性

随着经济强劲回暖，失业率逐步下降，美国在 2014 年底宣布退出量化宽松货币政策，随之美元指数明显走强，给新兴市场国家造成一定的冲击。特别是 2015 年美国加息的预期和新兴市场的疲软，造成新兴市场资本外流和货币汇率波动加剧。

美联储加息的预期一直是悬在新兴市场国家头上的达摩克利斯之剑，随着 9 月底美联储宣布暂时维持现有利率的决定，美元随即走弱。主要货币汇率的波动和资本流动的加剧均是经济贸易的不稳定因素。但是美联储暂时不加息的决定排

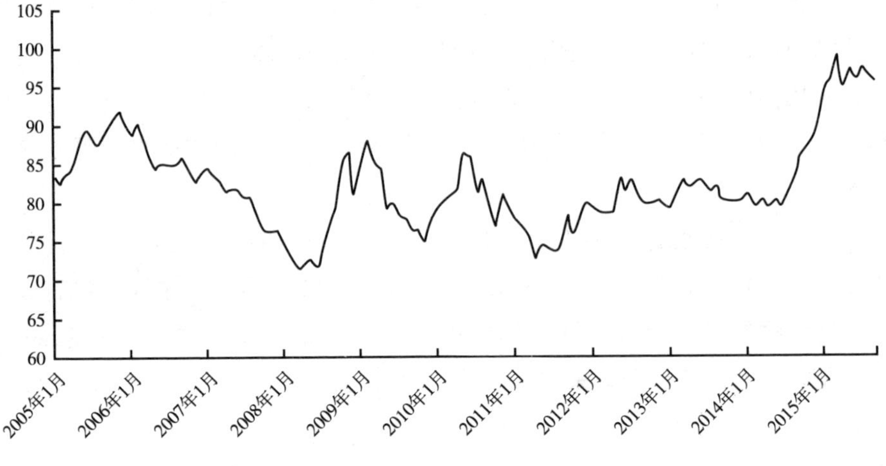

图 11　美元指数趋势

资料来源：http：//value500. com/USDX. asp。

除国内政治因素，最大的考虑还是对未来新兴市场国家经济和金融市场波动的担心。此外，美国的通货膨胀率一直没有达到 2% 的预期目标，暂不加息的决定也有对通缩的隐忧。美联储暂不加息的决定并不能从根本上改变世界经济疲弱的状况，反而反映了对于世界经济贸易未来发展状况的担忧。美联储退出量化宽松货币政策的同时，其他地区和国家却在积极推行宽松的货币政策，全球流动性增加，但是仍然不能改变通缩的预期。

5. 全球价值链固化

产品的设计、生产和销售等各环节分布于全球不同的经济体，并形成庞大的分工网络，每个经济体只是庞大网络上的一环，这就是所谓的全球价值链。受益于自由贸易的推进、贸易壁垒的减少和交通、通信成本的降低，全球价值链不断发展完善，中间产品在不同经济体之间反复流动，带动了全球贸易的快速扩张。世界贸易越来越深地融入全球价值链。据经合组织的数据，全球货物贸易的 66%、服务贸易的 70% 均是中间品贸易。一些发展中国家凭借充足和低成本的劳动力资源，参与全球价值链的加工制造环节，实现了对外贸易规模的迅速增长。但是不可否认的是，研发、销售等价值链的核心环节被发达国家所垄断，发展中国家从价值链的低端环节上移到更高环节的难度增加。全球价值链的固化造成利润分配的不均衡，并减弱对贸易的带动作用，阻碍全球贸易的进一步发展。

表9　世界货物贸易量年度变动率

单位：%

地区＼年份	2011	2012	2013	2014	2015p	2016p
世界	5. 3	2. 2	2. 5	2. 5	2. 8	3. 9
出口						
发达经济体	5. 1	1. 1	2. 2	2	3	3. 9
发展中经济体	5. 9	3. 7	3. 8	3. 1	2. 4	3. 8
北美	6. 6	4. 4	2. 7	4. 2	4. 4	3. 9
南美和中美	6. 4	0. 9	1. 9	-1. 3	0. 5	3. 1
欧洲	5. 5	0. 8	2. 4	1. 6	2. 8	3. 7
亚洲	6. 4	2. 7	5	4. 7	3. 1	5. 4
其他地区	2. 3	3. 9	0. 7	-0. 4	0. 5	0. 5
进口						
发达经济体	3. 4	0	-0. 1	2. 9	3. 1	3. 2
发展中经济体	7. 7	4. 9	5. 2	1. 8	2. 5	5. 2
北美	4. 3	3. 2	1. 2	4. 6	6. 4	5. 2
南美和中美	12. 1	2. 3	3. 4	-2. 4	-5. 6	5. 7
欧洲	3. 2	-1. 8	-0. 2	2. 3	3. 2	3. 4
亚洲	6. 5	3. 7	4. 8	3. 4	2. 6	4. 3
其他地区	7. 8	9. 9	4. 1	-1. 4	-1. 5	0. 5

注：2015~2016年为预测值，其他地区包括非洲、独联体和中东。

资料来源：WTO贸易简讯，2015年9月30日。

综上所述，全球经济增速放缓，发达经济体增长出现分化，新兴市场和发展中国家的情况普遍低于预期，地缘政治冲突未见明显好转，金融市场的风险和主要货币汇率震荡等因素是造成2015年世界贸易复苏缓慢的主要背景，此外全球价值链固化等长期的结构因素也是影响当前和今后贸易发展的主要因素。根据世界贸易组织的预测，2015年世界货物贸易量的增速为2.8%，发达经济体的贸易增速逐渐高于发展中经济体。其中出口方面，发达经济体的出口增速为3%，发展中经济体为2.4%。其中北美增长率最高，为4.4%；南美和中美为0.5%；欧洲为2.8%，高于2014年的1.6%；亚洲为3.1%，低于2014年的4.7%。2015年发达经济体的进口增速为3.1%，而发展中经济体为2.5%，其中北美地区增速最高，为6.4%，欧洲其次为3.2%，亚洲为2.6%，南美中美和其他地区甚至为负增长。

发达国家中，美国和英国复苏势头强劲，欧元区的增长率在缓慢爬升，发展中国家以印度的增长势头最猛，中国经济正处在转型的关键时期，从量的增长向质的增长转变，开放型经济新体制建设使中国更深地融入全球经济体系。全球多边贸易自由化的进程步履缓慢，但区域性贸易协定大量涌现，美国主导的TPP谈判达成最基本的协议，中国自由贸易区建设如火如荼，“一带一路”稳步推进，这些均是未来世界经济贸易的重要影响因素。

（撰稿人：付彩芳，中国社会科学院研究生院博士研究生；裴长洪，中国社会科学院经济研究所所长，研究员，博士生导师）

全球金融形势分析与展望

当今世界已经或正在发生许多重大变化。2008 年国际金融危机之后，特别是 2013 年以来，随着美国经济和政策转向、欧日等经济在底部震荡，以及中国等新兴市场国家的结构性问题持续积累等，全球经济进入相对收缩的低增长时代，全球经济和金融周期从同步走向分化、美元从宽松和疲软走向收缩和强势，随着美联储 QE 大幕落下，全球正在步入“后 QE 时代”，而这也标志着全球将迎来一个新的金融周期性转折点，不可避免地将要接受新的金融结构和金融周期的冲击，新旧风险交织不可不防。此外，国际货币基金组织（IMF）份额改革、人民币国际化、亚投行成立也在倒逼国际货币和金融体系改革。

一　新旧格局交替：全球经济“新常态”下的缓慢复苏

自 2008 年国际金融危机爆发七年多来，主要经济体均通过货币宽松方式试图通过推高资产价格，完成资产负债表的修复，从而带动经济复苏，然而，这种复苏模式的基础本身并不牢固。全球经济仍难完全走出危机阴影，已由国际金融危机前的快速发展期进入深度结构调整期，各国深层次、结构性问题没有得到解决，结构调整远未到位、通货紧缩压力持续、金融市场动荡加剧等问题都制约着全球经济的复苏和发展。根据 2015 年 10 月份 IMF 发布的《世界经济展望报告》，2015 年全球平均 GDP 增速为 3.1%，2016 年为 3.6%。这比 IMF 此前 7 月的预测有所下滑。随着全球大宗商品价格下降，新兴市场资本流动减速和国际金融市场波动加剧，全球经济，特别是新兴经济体面临的下行风险仍然较高，可能连续第五年放缓。全球将面临一个增长中枢下移的过程，并进入低于趋势增长率的“经济新常态”，这是影响全球金融走向和未来国际金融市场走势的大背景。

1. 全球实体经济复苏步伐低于预期，全球贸易增长更为缓慢

全球产出能力过剩、劳动生产率增长缓慢导致全球经济潜在增速下降，投资率下降及实际利率下降，大多数经济体仍需将“保增长”作为首要任务。根据世界贸易组织（WTO）发布的全球贸易增长报告，1990～2007年全球国际贸易增长6.9%，2008～2015年平均增长约3.1%（2015年为预测值），过去一年，全球贸易增长降为1.2%，远低于2008年金融危机前10年平均贸易年增长率6.7%的水平。全球贸易增长乏力，对全球经济增长拉动作用大幅下降。

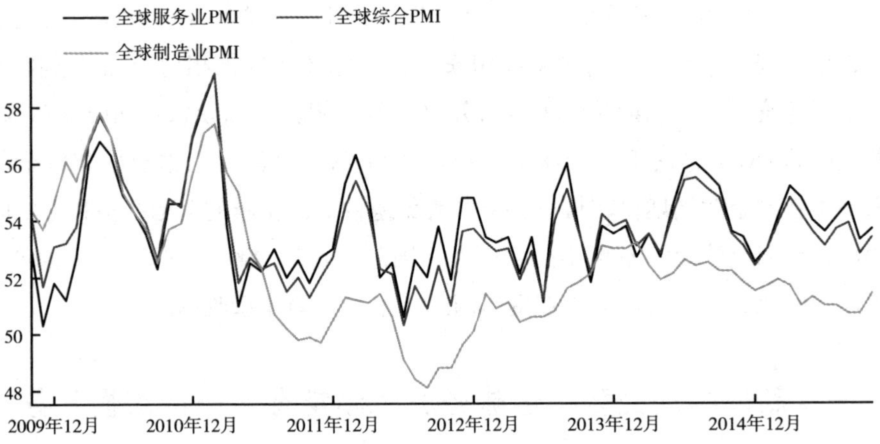

图1　国际金融危机七年来全球经济仍处于低位徘徊

资料来源：Wind、摩根大通。

2. 全球巨额债务负担或成长期主题，“去杠杆化、去债务化”压力较大

国际清算银行数据显示，自2007年全球金融危机爆发以来，所有发达经济体的债务负担有所增加，全球范围内也只有五个发展中国家实现了政府减债。而全球范围内的政府债务总和自2007年以来已经增加57万亿美元，远高于同期的全球GDP增量。根据2014年的《日内瓦报告》，全球债务总负担（包括私营部门债务和公共部门债务）占国民收入的比例从2001年的160%，升至此次金融危机爆发后2009年的近200%，2013年更是高达215%。除发达

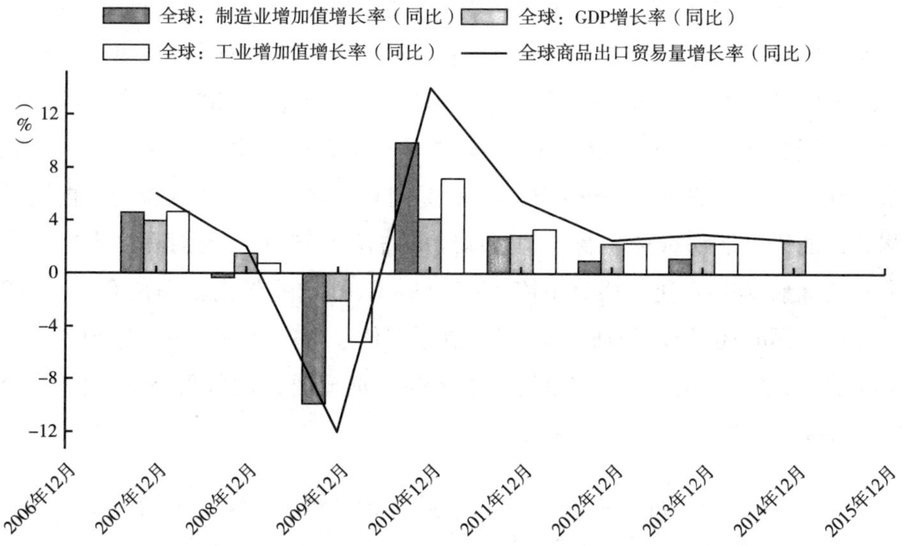

图2　全球制造业产出和贸易增长更为缓慢

资料来源：世行（World Bank）、WTO。

经济体之外，新兴市场在金融危机后通过各种刺激政策推动经济，信贷的大幅投放带动了投资增速，相伴随的是私人部门（企业）债务大幅增加。当前，各国政府出于控制经济风险继续上升而着手降低杠杆，清偿债务，即“去债务化、去杠杆化、去福利化”。许多国家必然要经历财政紧缩的过程，将公共债务降低到可持续水平，公司和家庭部门必须提高储蓄、降低负债、修补资产负债表，这个过程仍将持续数年，这些均将对经济增长动力形成负面影响，抑制总需求的增加。

3. 大宗商品繁荣周期结束，全球价格总水平趋于下降，面临通缩压力

当前，全球许多国家均不同程度地遭遇整体通胀率和核心通胀率的“双下降”。根据摩根大通全球通胀数据，2015 年第二季度全球通胀率仅为 1.6%，不仅低于 2014 年底的 2%，更远低于 1990～2013 年全球通胀 11% 的平均水平，创逾五年新低。在全球通缩阴霾的笼罩之下，即便是欧洲央行祭出新一轮宽松货币政策的通胀效应也难以力挽狂澜，欧元区通胀率跌至零，日本 CPI 时隔两年再度跌入负值，新兴市场和发展中国家内部增长乏力，结构性问题突出，工业生产下行，通缩风险正在全球范围内继续蔓延。

（1）大宗商品繁荣周期趋于结束引发价格危机。从价格传导链条看，2014

年以来，由于供过于求拖累价格，全球大宗商品价格下跌24%，这也是2011年大宗商品价格达到峰值后连续第四年出现下滑。特别是在全球能源供应过剩和大国国际博弈过程中，国际油价更是自由落体式的下落，由2011年高点的130美元/桶至目前一度跌破30美元/桶，跌幅更是高达70%，并创五年来新低。原油价格下跌对世界经济将产生较大影响：一是对世界经济产生正向拉动。据世界银行测算，油价每下跌30%，将拉动全球经济增长0.5%；二是对石油出口国造成较大的负面影响，原油价格每下降10%，其GDP增速将大幅回落0.8个～2.5个百分点，同时还导致财政收入下降、货币贬值、资本外流等不利影响；三是拉低CPI涨幅，加大部分经济体通货紧缩风险。据分析，油价每下降30%，全球CPI将回落0.4个～0.9个百分点。

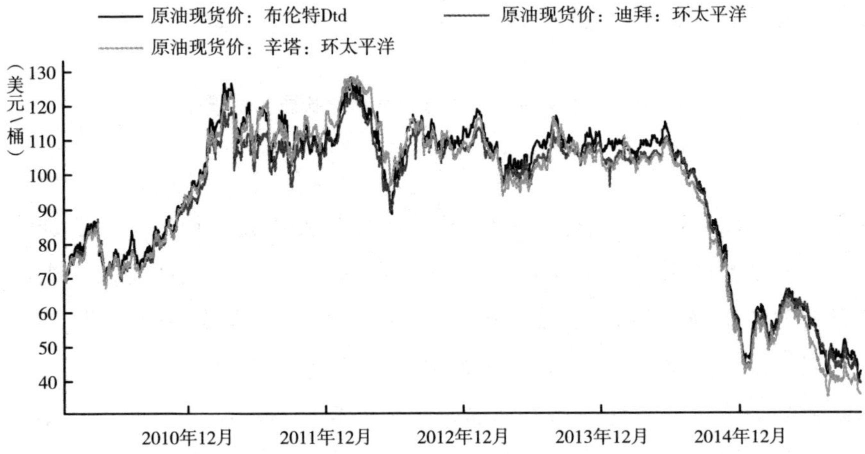

图3　2010年以来国际原油价格经历自由落体式下落

资料来源：Bloomberg。

（2）全球需求结构变化导致供需出现缺口。次贷危机、欧债危机以来，全球需求动能和格局发生了重大变化，增量需求从美欧主导开始转变。根据世界贸易组织数据，2008～2012年，中国进口占全球进口总额的比例由6.9%升至9.5%。金融危机肆虐的三年间（2008～2010年），全球进口总体萎缩8.4%，中国逆势增长23.3%，成为全球需求的主要支撑者之一，然而随着近几年中国启动去杠杆化和去产能化进程，增量需求大大减弱，全球有限的市场资源成为各国的竞争焦点，并直接导致了全球价格总水平的下降。

（3）强势美元回归引发全球“输入性通缩”压力。美国货币政策在回归正常的过程中，美元升值效应将通过“进口－购进价格－PPI－CPI”的渠道影响价格总水平，从而可能会加剧未来一段时间的通缩压力。与通货膨胀相比，通货紧缩同样会给全球经济带来非常大的风险。

（4）全球主要经济体处于劳动人口周期变化的拐点。从长期因素来看，2008～2014年的这个时间周期是叠加了美系国家和中国（美、英、澳、加）这两个全球最大经济体的劳动人口周期拐点。相关研究显示，以15～64岁劳动年龄人口比重来衡量，美系国家和中国在2006～2009年经历了劳动年龄人口周期峰值，欧元区国家（德、法、意等）和日本人口周期此前已于1988～1992年见顶，人口结构变化以及老龄化趋势直接导致储蓄与消费结构的变化，消费增长趋于停滞或放缓，这是导致供给失衡、产能过剩，并进一步引发价格总水平下滑的重要因素。美国麦肯锡全球研究所发布研究报告称，在过去的50年里，全球经济规模扩大至原来的6倍，年均增长3.6%。这其中有40%归功于人口红利：过去50年里，劳动力每年平均增长1.7%。但未来50年劳动力年均增长可能只有0.3%，全球经济增长可能只有2%，经济规模可能只会翻一番，而这远远不足以为国家福利制度和债务利息提供资金支持。

二　全球宏观政策新周期：货币财政政策走向大分化

（一）全球主要经济体货币政策分化

2014年以来，各国货币政策措施分化严重，国际金融危机之后的2008年11月至2014年10月，美联储累计购买MBS 2.073万亿美元、国债1.69万亿美元、机构债2000亿美元。目前，美联储资产4.5万亿美元，是金融危机前的5倍，MBS和国债占比在90%以上，负债主要是超额准备金，规模为2.7万亿美元。美国QE政策的退出预示着全球货币金融新周期的到来，自国际金融危机以来的全球货币扩张的外部环境正在发生着趋势性的改变，全球货币政策正在走向重要分水岭。美国经济连续六个季度高于2%，美联储加息靴子终于落地，美国从量化宽松周期转向升息周期。目前除了美国经济复苏退出量化宽松货币政策以及英国央行开始收紧货币政策外，欧洲、日本以及许多新兴经济体和出口大宗商品国家，如中国、印度、韩国、土耳其、俄罗斯、泰国、澳大利亚、新西兰等央行采取了更为宽松的货币政策。

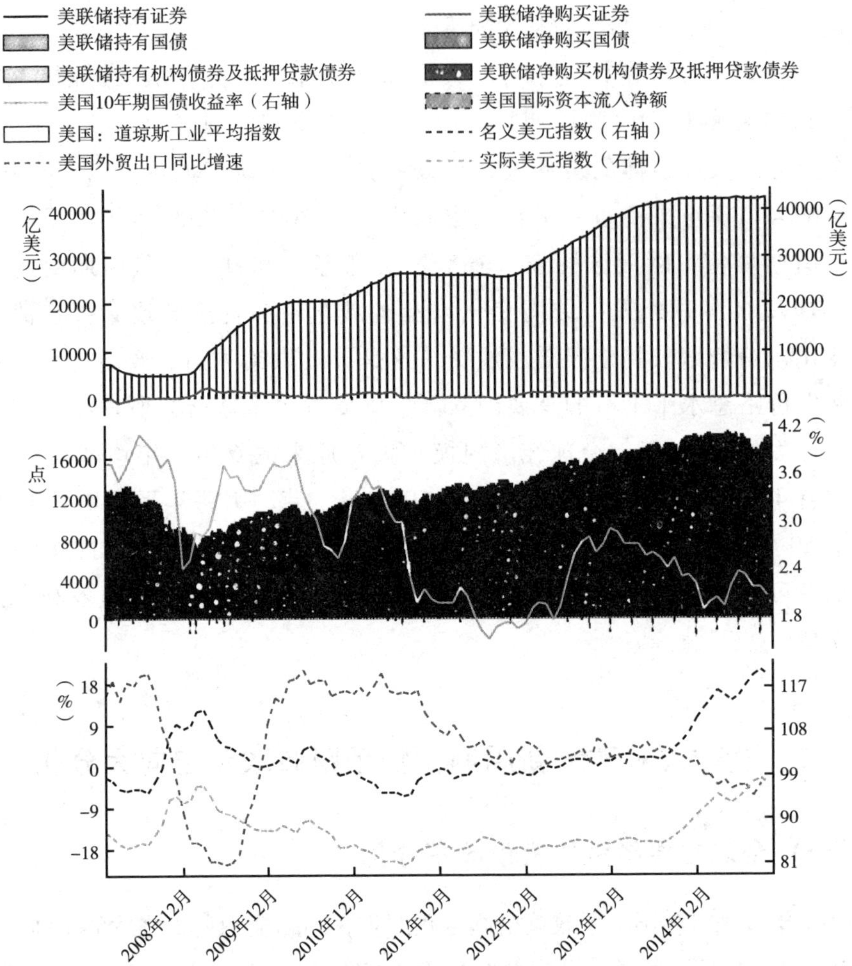

图 4　金融危机以来美国量化宽松货币政策与美国经济增长

资料来源：Wind。

2015 年 1 月下旬，欧洲央行推出量化宽松货币政策，宣布在 2015 年 3 月至 2016 年 9 月每月购买 600 亿欧元的国债与其他债券，包括购买欧元区各国政府和机构债券、欧洲机构债券及已启动购买的资产支持证券和担保债券。同时，欧洲央行还宣布维持基准利率在 0.05% 的历史低位不变。欧洲央行此举是为了应对日益严峻的长期低通胀风险。如果欧洲央行要加码 QE，可以有多种选择，既可以将项目延长到 2016 年 9 月以后，或是几个月或是无限期，也可以扩大每月购买规模。此外，欧洲央行也有可能会再次扩大合格资产清单。

2014 年 10 月以来，日本央行继续扩大 QE 政策，将每年的基础货币宽松规模从 60 万亿 ~70 万亿日元扩大至 80 万亿日元；将国债购买规模从每年的 50 万亿日元扩大至 80 万亿日元，同时将国债的增持期限从 7 年延长到最多 10 年。日本央行还决定增加购买高风险的股市联动型基金，在未来一年内购入 3 万亿日元的交易型开放式指数基金和 900 亿日元的房地产投资信托基金。这是继 2013 年 4 月推出“两年内使货币基数翻一番”的大规模量化宽松货币政策以来，日本再次对量化宽松政策加码。未来，日本央行还可能进一步加大资产购买力度，但增长不及预期，通胀目标一直未实现，这使得日本央行有进一步放松货币政策的压力。我们不能排除日本央行将购买更多更长期国债的可能性，但相对而言，这种空间和效果已经不大。预计日本央行最可能加大购买：①股权 ETFs；②J - REITs；③商业票据及公司债。值得注意的是，在上年 10 月加大 QQE 的时候，日本央行虽扩大了国债、ETFs 和 J - REITs 的购买规模，但维持了对商业票据和公司债的购买力度不变，这可能意味着未来日本增加商业票据和公司债购买量的可能性更大。

然而，不可避免的是，大部分国家遭遇到“货币政策悖论”：降息则强化本币贬值压力，加息则进一步打压经济。美联储加息直接影响流动性、风险偏好和外围货币汇率，并迫使其他国家做出政策调整，以对冲其对本国经济的负面影响；而这对货币政策的间接影响是无法量化衡量的。各国央行疲于应对金融危机后遗症和低通胀风险，倾向于继续保持货币宽松来维持经济增长；在美联储的加息暗示和大部分国家降低信贷成本的意愿之间，一种两极分化货币政策环境正在形成，而这种政策环境更强化了美元指数的升值预期，使内外利差缩窄，强化资本流出压力。

截至三季度末，2015 年底全球共有 33 个国家/地区央行降息（包括中国），各央行共进行 64 次降息，总幅度为 18.3%，排在 2001 年以来全球央行年度降息幅度的第二名（第一名是金融危机最严重的 2009 年，当年全球央行降息幅度为 20.7%）；中国、印度和欧洲国家旨在应对实体经济疲弱、降低融资成本；受大宗商品价格下滑影响严重的澳大利亚、新西兰、加拿大等出口国需要弥补经济损失；新加坡、泰国、俄罗斯则为提振低迷的通胀。由于经济衰退还伴随着通货膨胀与政治紧张，巴西央行将控制通胀作为首要目标，将其主要政策利率从3月初的12.75%上调至14.25%。

值得指出的是，近期美国股市的大幅波动也对财富效应产生了负面影响。尤其需要密切关注的是美国长期国债收益率的未来走向，一旦其率先上升，并带动企业债收益率和居民长期按揭贷款的迅速回升，就很可能会导致居民和企业的利息支出增加，降低居民的消费支出和企业的投资支出意愿，当积累从量变发生质变时就会引起经济失速。在此背景下，甚至更有市场预期美联储不排除会启动QE4重回量化刺激的老路。

（二）全球主要经济体财政政策分化

与货币政策分化相似，全球主要经济体的财政政策也趋于分化。由于失业救济、养老等福利开支大增以及企业倒闭导致税收减少，美国政府财政赤字曾在2009财年达到创纪录的1.4万亿美元，占国内生产总值的比例接近10%。但近两年，美国政府采取了一系列减赤措施，加之经济复苏使得美国财政赤字大幅减少。财政部的报告显示，2015财年联邦政府的财政收入为3.249万亿美元，财政支出为3.688万亿美元，财政赤字为4390亿美元，比上年减少440亿美元。2015财年联邦政府的财政赤字占国内生产总值的比例为2.5%，低于3%的国际警戒线。美国财政部声明，该比例是2007年以来最低，也低于四十多年来的年平均水平。

欧元区将继续执行稳健的预算巩固计划。欧元区财政状况逐渐改善，财政赤字下降。但是欧元区的政府债务余额占GDP比重却逐年增加，2015年一季度末，欧元区政府债务占GDP比例升至92.9%，比上年四季度的92.0%上升了0.9个百分点。但依据欧元区各国提交的预算草案，预计2016年欧元区总体债务率将下降。

日本继续实施扩张的财政政策。日本首相安倍的顾问竹中平藏表示，日本应该在2015年秋季编制5万亿日元追加预算。日本经济大臣甘利明9月呼吁日本秋季再推出2万亿日元的财政刺激政策。此前2014年秋季出台的额外经济刺激方案为3.5万亿日元（预算为2万亿日元）。同时，鉴于安保法出台导致安倍支持率大幅下降，安倍急需强劲的经济增长来提升支持率，因此，日本进一步出台积极的财政政策以提振经济的可能性较大。

新兴经济体整体宽松经济下行，财政政策整体宽松。在财政支出方面，印度也将进一步加大对基础建设的投资力度。巴西等少数国家实施紧缩的货币财政政策。为应对经济滞涨，巴西央行连续 6 次升息 50 几点至 14.25%，同时，自 2014 年 12 月以来，巴西实施了紧缩性的财政政策。

三　国际主要金融市场在新周期中持续动荡

强势美元、全球经济低迷、大宗商品价格持续下跌，乌克兰、叙利亚等频繁发生地缘政治动荡，以及 ISIS 恐怖袭击等国际重大风险事件抬头，使全球金融市场进入新一轮的动荡期，并且在 2016 年有可能进一步加剧。

1. 国际汇市方面，全球非美货币贬值幅度加大

美国等发达经济体带动全球经济改善，而新兴经济体仍然低迷。美元进入第三次牛市，驱动力就是各国货币政策的分歧（Divergence）。2015 年 8 月，实际广义贸易加权美元指数一度达到 97.30 的新高，较 2011 年的历史最低水平上升近 21%。此后，美元指数继续走高，突破 100 大关，创 8 个月新高，也为 2003 年 4 月以来首次。目前，美元升值压力有所放缓。随着新兴经济体与发达经济体增长缺口的扩大，货币贬值压力加大。2015 年以来，马来西亚林吉特兑美元贬值接近 15%，跌至 17 年来的低点；印度尼西亚盾贬值 10.56%，美元兑印度尼西亚盾汇率一度跌至 1998 年 7 月以来的最低水平；泰铢累计下跌近 9%，印度卢比和菲律宾比索汇率累计下跌近 5%。2015 年第三季度新兴市场 15 种货币 GDP 加权平均兑美元币值下跌 9.4%，跌幅仅次于 20 世纪 90 年代的亚洲金融危机。随着美联储利率政策的不确定性上升，新兴市场在金融市场压力下，货币有可能进一步贬值。

人民币兑美元整体走弱。8 月 11 日，中国央行宣布完善人民币中间价报价机制，中间价将参考上日银行间外汇市场收盘汇率。当天，人民币兑美元中间价大幅下调超过 1000 点，贬值接近 2%，创下史上最大降幅，尽管随后有所反弹，但受美联储 12 月加息预期影响，近期人民币兑美元即期以及中间价亦跌至近三个月新低。国际清算银行（BIS）数据显示，2015 年 10 月份有效汇率指数，当月人民币名义有效汇率指数（NEER）环比下跌 0.5%，连续第三个月下跌。指数报 125.55，为五个月最低；当月人民币实际有效汇率指数（REER）环比下跌 0.81%，连续三个月下跌，指数报 129.13，为四个月最低。

2. 国际股票市场方面，全球主要股指十分疲弱

受全球经济增长形势不佳、美联储加息预期导致资金回流美国、地缘压力重重等因素制约，全球股市十分疲弱。数据显示，2015 年以来创纪录的 10 万亿资金大幅撤离股市，全球主要股指“跌跌不休”，难寻亮点。截至三季度，新兴市场 MSCI 指数、巴西圣保罗 BOVESPA 指数、俄罗斯 RTS 指数与印度孟买 30 指数较二季度末分别下跌 11.06%、11.15%、6.78% 和 2.77%。

3. 国际债券市场方面，债券发行依然强势

2015 年上半年净发行额同比增长 26%。在 2007～2009 年金融危机后，发达经济体借款者所发行债券的余额规模正以历史最快的速度扩增。2015 年上半年发达国家借款人发行债券余额上升了 2470 亿美元，同期，新兴市场经济体的借款者新增债务余额为 1370 亿美元，较之前三年增幅大幅放缓。

长期的接近于零的超低利率政策刺激了美国金融市场的膨胀。美国证券业及金融市场协会（SIFMA）数据显示，截至 2015 年中，美国债券市场规模达到 39.5 万亿美元，跻身全球最大金融市场之列，这一规模是美国股市的 1.5 倍，其中高收益企业债规模的增长尤为迅速。据彭博社数据，自 2009 年以来美国垃圾级公司债券规模已经达到 2.1 万亿美元，是 2003～2008 年发行规模的 2 倍多。同时，随着美国国内大型债券基金的发展壮大，机构投资者的广泛参与也令债券市场波动更易产生连锁放大效应。一旦美国低利率环境发生改变，融资成本提升将增大企业信用风险，进而可能波及金融市场的稳定。

但另一方面，全球主要债券投资者大幅调整美债资产结构。根据美国财政部国际资本流动报告（TIC），外国政府和央行在 8 月份抛售的美国长期国债金额创下纪录高位，尤其是比利时 8 月所持美债规模骤降 448 亿美元。整体上，外国政府和央行 8 月持有美债规模为 6.099 万亿美元，与 7 月相比减少 178 亿美元，较 2015 年 1 月高峰下降 1196 亿美元。数据显示，美国国债的最大外国持有者——中国所持美国国债在 8 月份增加 17 亿美元，至 1.27 万亿美元；日本持有 1.20 万亿美元，较上个月下降 38 亿美元；比利时所持金额下降 448 亿美元，至 1107 亿美元。

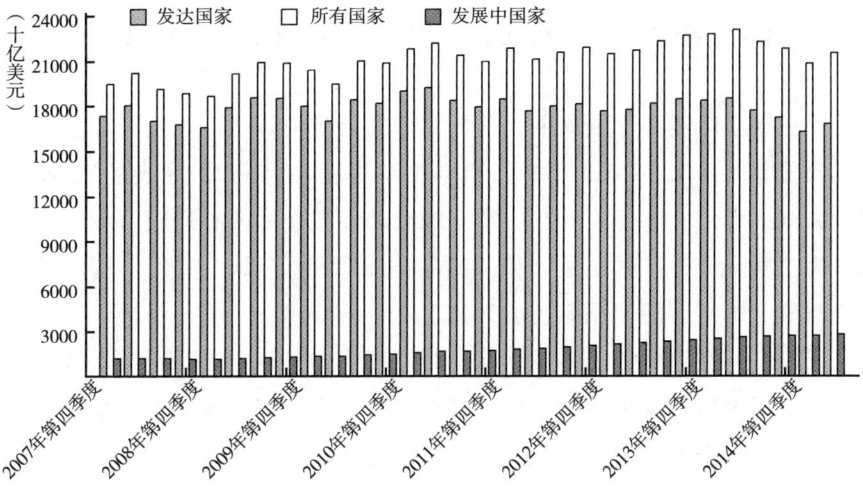

图 5　2007～2014 年国际未清偿债务规模与债务分布

资料来源：BIS。

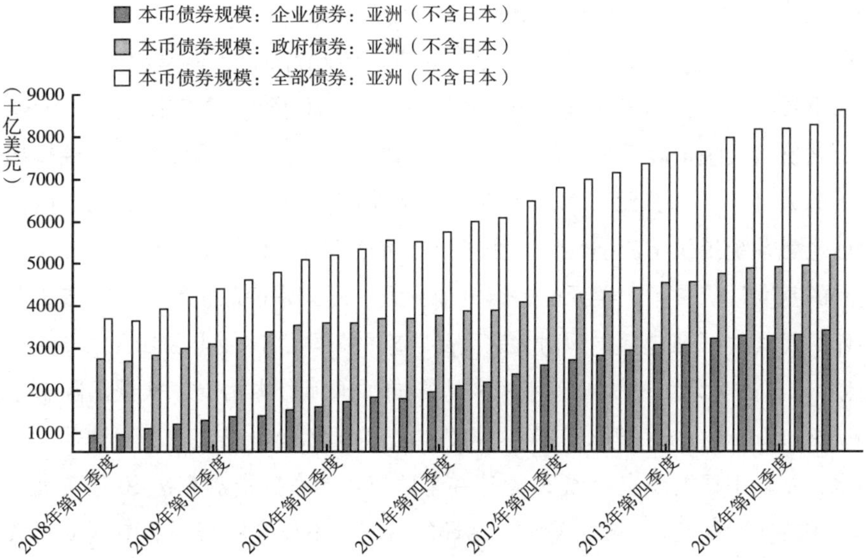

图 6　2008～2014 年亚洲债券规模增长与结构

资料来源：亚洲开发银行（ADB）。

四 美元周期风险："国际美元环流"的视角

美元主导全球经济金融周期，美元周期的转变是认识全球经济金融体系的前提，尽管美联储并未在2015年9月启动加息进程，但是12月或是2016年初加息将是大概率事件。鉴于美元在决定全球流动性方面的核心作用，我们把全球美元划分为"美元""石油美元"和"商品美元"，这三类"美元"构成了一个完整的全球美元体系，即"国际美元环流"。

一直以来，在全球货币体系之下资金循环依赖于两个途径：一是贸易赤字国向贸易盈余国进行贸易货款的支付，带来经常账户的资金流动；二是贸易盈余国将积累的外汇资产重新投资于贸易赤字国的金融资产，带来金融账户的资本流动，两者形成一个完整的货币经济循环，这意味着全球贸易失衡越严重，衍生出的流动性就越多。然而，随着美联储退出宽松货币政策，全球正面临新一轮的美元紧缩和回流的"新周期"。从"美元"自身供给看，掌握全球货币"总阀门"的美联储开始逐渐减少每月的证券购买计划，全球的货币基数由停滞转为下降，势必导致全球"美元资金池"水位下降。

除"美元"之外，以"石油美元"表现的流动性缩水是导致全球资本流动的第二股重要力量。石油美元（Petro－dollar）是指20世纪70年代中期石油输出国由于石油价格大幅提高后增加的石油收入。事实上，过去十多年来，石油输出国和生产国的大量"石油美元"都流入全球，特别是新兴市场，"石油美元"的流入既为全球金融系统提供了流动性，刺激了资产价格上涨，但同时，由于美元是全球大宗商品的基准计价货币，美元的持续升值导致国际大宗商品价格的进一步下降。与之相伴的是其他国家包括中国对大宗商品需求的下降，这使得国际大宗商品市场遭遇重创，"石油美元"的大幅缩水极大地影响了国际资本格局。根据国际金融协会（Institute of International Finance）的报告，随着国际油价暴跌和"石油美元"的大幅缩水，新兴市场能源出口国2014年在全球市场的净撤资额高达80亿美元，这是十八年来首次净撤资。"石油美元"循环的减弱，不仅意味着受影响国的财政收入以及GDP增长都将受到负面影响，也意味着其对新兴经济体的大幅撤资。

对全球流动性产生重大影响的第三股力量是"商品美元"的变化。事实上，国际金融危机以来，随着全球经济再平衡和外需大幅萎缩，新兴经济体贸易盈余持续下降，外汇储备占GDP比例为2%左右，大幅低于危机前5%左右的历史均值。尽管美国经济持续复苏，但由于其能源产品进口减少，危机后消费倾向下降，制造业回流，新兴亚洲国家对美国的出口很难重现危机前的繁荣。根据国际货币基金组织（IMF）的数据，2014 年，新兴经济体和发展中国家的外汇储备同比下降了 1145 亿美元，跌至 7.74 万亿美元，“是 1995 年以来首次出现下降”，全球“商品美元”大幅缩水也是不争的事实。

因此，无论是“美元”“石油美元”“商品美元”都面临着周期性拐点，这是全球从未有过的格局之变。美元在相当长时期内还是全球追逐的安全资产，未来几年全球主权货币将面临新一轮洗牌过程，并导致更多的外溢风险。20 世纪 70 年代自牙买加体系建立以来，美元走势呈现五个阶段的贬值和升值周期。概括起来，表现出以下几个基本特点：第一，美元贬值和升值呈现明显的周期性特征，而且每个周期升值或贬值幅度都相当大。第二，美元汇率走势受美国债务规模和货币政策，尤其是利率政策的影响较大。第三，美元汇率的重大调整往往与其他国家的债务危机或金融危机相生相伴。

美元升值进一步加重全球债务负担，将会增加许多以美元计价的新兴经济体海外债务风险，并使全球融资成本提高。据 IMF 统计，在 2008 年金融危机后，新兴市场的非金融类企业的海外发债规模出现了飙升，其本质大多是新兴市场大企业利用离岸子公司通过在离岸市场所发行的债券、跨境外币贷款来进行资金套利交易。根据国际金融协会测算，2014 ~ 2018 年，所有新兴国家需要展期的企业债务将达到 1.68 万亿美元，其中约 30% 以美元计价。如果美元进入升值通道，新兴经济体债券展期成本将显著上升，债务风险将随之加大。

全球三类新兴市场国家尾部风险更大。随着美国货币政策紧缩及美元升值，新兴市场出现了资本流出，并导致该市场 MSCI 指数下降，部分新兴市场货币贬值，波动性上升，三类国家更易受到冲击：一是杠杆率高的国家。短期外债率高的国家更为脆弱。为克服金融危机的外部冲击，新兴经济体大量举债，致使负债率不断上升，如印度、阿根廷。其中印度短期外债占全部外债的比例从 2009 年 23% 上升至 2013 年 30%，超过 25% 的国际警戒线。

二是“双赤字”国家。对于新兴市场而言，经常账户是一个经济体内外部平衡的连接点，经常账户盈余意味着债务累积速度更慢，经济体竞争能力更强。反之，经常账户恶化的经济体意味着债务累积程度更高，面对外部冲击时爆发危机的概率更大。2015 年以来，新兴市场代替欧洲边缘国家吸收了国际经济的不平衡，从而成为经常账户赤字的主要承担国，尤其是印度、印度尼西亚、巴西、土耳其和南非，这些国家经济减速最为严重，并且同时拥有庞大规模的经常账户赤字和财政赤字。

三是资源型出口国家。美联储 QE3 退出后，美元进入周期性上升通道，带来大宗商品价格的下跌，南非、巴西、印度尼西亚等资源生产国的经济将面临一次大调整。这些国家经常项目顺差减少甚至出现逆差后，不得不靠资本项目净流入来维持资金周转，这将进一步加重偿债压力，导致经济脆弱性大幅上升，未来两年全球新一轮金融动荡将不可避免。

五　全球跨境信贷状况：新兴市场信贷周期拐点隐现

2015 年，全球跨境银行债权仍在增长，其余额一季度上升了 7480 亿美元（经汇率调整），同比增长 6%。从流向所有部门的跨境信贷来看，欧元计价的跨境债权和对欧元区的债权猛增。2015 年第一季度新兴经济体在结束前两年的高速增长后出现了连续第二个季度的增速下滑。流向新兴市场经济体的跨境银行借贷环比收缩了 520 亿美元（经汇率调整），使年均增速跌至 1% 以下。数据显示，中国的跨境信贷状况驱动了新兴市场经济跨境信贷状况的变化。第一季度流向中国的跨境银行信贷较上一季度下滑了 560 亿美元，几乎拖累年均增速至零，这意味着新兴市场信贷周期拐点隐现。

与 1997 年亚洲金融危机时期相比，整个新兴市场的政府和非金融私人部门债务总额相对于 GDP 上升了 50%。巴西、印度尼西亚、新加坡和泰国的“信贷缺口”（私人部门信贷与其长期趋势的偏差）远高于 10%，特别是参考新兴市场企业的资本化比率（Capitalization ratios）——企业市值 ÷（企业市值 + 负债账面价值）——已降至全球金融危机最严重时期的水平，因此给整个银行体系带来巨大的压力。但新兴市场国家的外汇债务风险还有缓冲的余地。数据显示，新兴市场跨境银行贷款现在仅为 GDP 的 6%，低于 2000 年 10% 的比例。从外汇储备水平看，外汇储备与 GDP 的比例也从 20 世纪 90 年代中期的约 10% 提高至 30%，从一定程度上增强了新兴市场防御金融冲击的能力，但也要考虑到新兴市场国家央行的外汇储备水平正以金融危机以来最快的速度下降。2015 年第一季新兴市场国家外汇储备总额较上一季度减少了 2220 亿美元，跌至 7.5 万亿美元，创 2009 年第一季以来最大降幅，这使得这些国家面对可能爆发的金融冲击时的防御能力下滑。

受此影响，银行信贷风险进一步暴露。国际清算银行（BIS）报告称，BIS 预警指数显示主要新兴市场经济体因信贷高速增长所累积的脆弱性正不断增加。

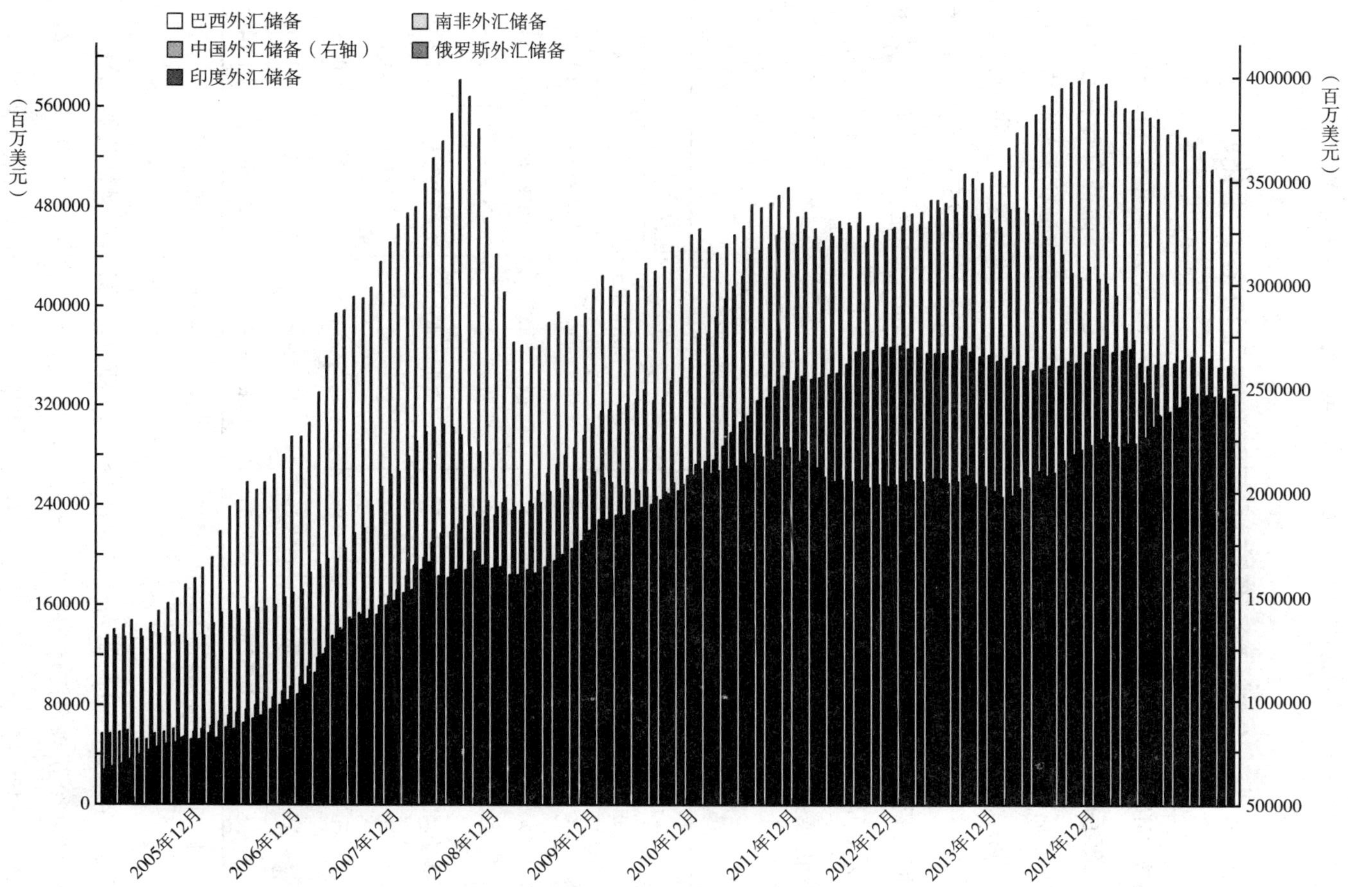

图7　近十年来金砖国家外汇储备变化

资料来源：IMF。

其中中国、巴西和土耳其的“信贷/GDP”比率大大超越10%的警戒线。此前上过预警名单的国家2/3在随后的三年发生了严重的银行困难的情况。

六 全球储备资产拐点与资本流动格局变化

根据IMF公布的数据，全球央行的外汇储备已经从2014年中11.98万亿美元的峰值下降至2015年一季度的11.43万亿美元，全球储备资产在连续增长20年之后，正进入一个“量化紧缩”的新时代。在全球量化紧缩时期，资本逆差更是短期促发资本外流的重要因素。全球外汇储备见顶。除中国外，2015年7月俄罗斯官方储备资产减少39.45亿美元至3576.26亿美元，连续2个月回升后再次缩水；巴西减少4.16亿美元至3682.52亿美元，南非减少10.06亿美元至458.23亿美元，印度的官方储备较上月减少17.61亿美元至3534.6亿美元。

表1 全球外汇储备构成情况变化

2014Q3			2015Q3		
SDR（百万美元）		%	SDR（百万美元）		%
美元	3868519	62.49	美元	4226013	63.98
欧元	1394104	22.52	欧元	1343699	20.34
日元	237784	3.93	日元	249173	3.77
瑞士法郎	243010	0.26	瑞士法郎	121263	1.84
澳元	115916	1.87	澳元	124738	1.89
加元	119983	1.94	加元	18683	0.28
其它	195589	3.16	其它	210580	3.19
未分配	5568730	47.35	未分配	4597670	41.04

资料来源：IMF Currency Composition of Official Foreign Exchange Reserves（COFER）。

首先，全球资本流向新兴经济体减少，甚至回流。国际金融协会报告指出，2015年在30个新兴经济体国家中非居民资本净流入将从2014年的1.74万亿美元减少到仅5480亿美元，甚至低于2008年水平，2015年资本净流出将达5410亿美元。而新兴组合基金研究全球公司（EPFR Global）统计也显示，2015年第三季度新兴市场经历了非居民金融资产净流出，其中 8 月股票资金净流出 87 亿美元，债券资金净流入缩减到 42 亿美元。2015 年以来新兴市场资本净流入远低于过去五年月均净流入水平。净流出主要发生在亚洲和欧洲，三季度新兴市场股票和债券规模在全球占比降至 11%，接近 2008 年金融危机时水平，未来新兴市场资本外流压力依然较大。

其次，“石油美元”缩水也对全球资本流动产生影响。数据显示，中东产油国拥有全球主权财富基金的 45%，其主要资金来源是石油等资源类商品出口。2012 年，全球流动性投资（如国债、企业债券和股票）的“石油美元”达到 5000 亿美元的高峰，石油美元投资占新兴经济体 GDP 总和的 26%，相当于这些经济体发行外债规模的 21%。然而，随着国际油价暴跌，“石油美元”大幅缩水。截至 2015 年 7 月底，沙特货币署持有的外汇储备已经从 2014 年中的峰值 7460 亿美元减少至 6690 亿美元。

最后，美元估值效应对资本流动有重要影响。强势美元也会夸大外储下降。美元走强使得各国央行持有的、以美元计的其他外汇资产遭遇市值损失。仅 2014 年 6 月至 2015 年 6 月，美元指数涨 18%（期内美元兑欧元升值 21.1%，兑日元升值 21.3%，兑英镑升值 8.6%），对比外汇储备的人民币和美元值，发生的估值效应就达 2200 多亿美元。

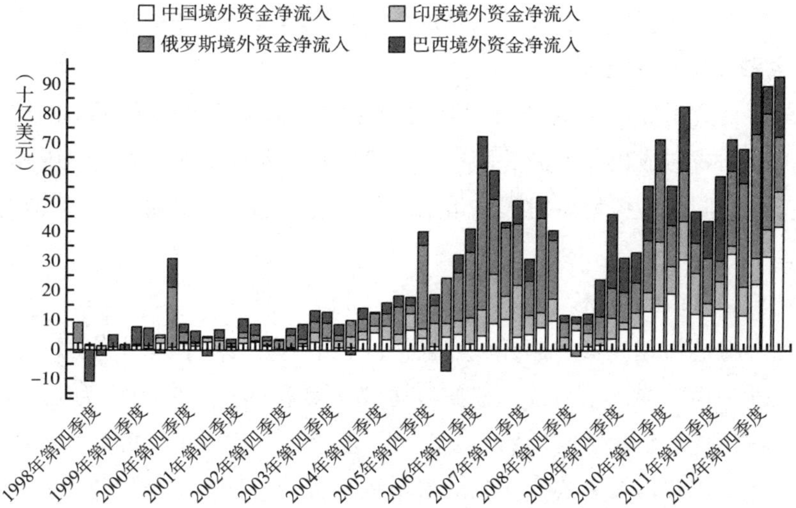

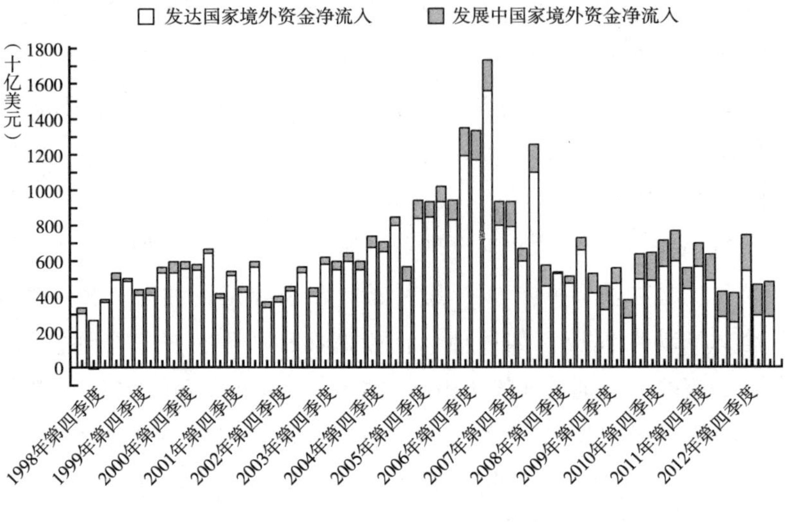

图 8　全球资本跨境资金净流入情况

资料来源：Wind 资讯。

七　新型金融风险威胁全球金融系统稳定

受全球层面的金融政策协调、金融监管机制不完善以及各类地缘政治风险加剧等因素的影响，各类新型金融风险正在影响全球金融体系的稳定。

1. 金融保护主义显露

美国要将货币操纵条款纳入 TPP 贸易协定，力争将此等同于中国对出口产品提供的补贴或造成出口产品的倾销，以 WTO 争端解决机制取代 IMF 解决人民币汇率问题。同时积极筹备对人民币采取单边、双边、区域协调，甚至国际协作做法。

2. “金融 TPP” 成形

国际金融危机期间美联储开放互换额度，准许在多个国家中使用美元。六国签订永久性货币互换网络协议。根据该协议，美联储在事实上成为欧、日、英、加、瑞央行的最后贷款人。“货币版 TPP” 已将发达经济体的货币供给机制内在地连为一体，不仅涉及互换国之间的货币流动，而且涉及汇率安排以及宏观经济政策的深度协调。

3. 金融制裁手段多样

首先，除美国外，其他国家没有能力发动金融制裁。其次，美国控制全球货币结算网络和全球最主要的支付货币系统，背后一定有美元金融网络的支持。最后，金融制裁具有强烈单边主义色彩。美国在全球货币金融经济体系的中心地位，具有强烈的单边主义倾向。近两年，随着地缘政治风险的加剧，美国加紧了对俄罗斯、伊朗、叙利亚等国的金融制裁，金融制裁的主要实施手段包括，冻结或冻结并没收资产；冻结或取消国家间或国际机构融资；切断美元获取能力和使用美元渠道；禁止全球金融机构与被制裁对象交易；制裁对方银行体系；等等。

4. 金融衍生产品及影子银行加剧全球系统性金融风险

（1）衍生金融工具的爆炸式增长。随着金融的自由化，大量新的金融产品与金融工具被开发出来。衍生金融工具不仅数量繁多，而且交易量出现爆炸式增长。国际清算银行（BIS）的统计数据显示，全球柜台交易（OTC）未结清衍生金融工具的名义价值从1998年的80万亿美元增长到了2012年的632万亿美元，而同期全球GDP总量只从30万亿美元增长到70万亿美元。2014年全球期货成交量增长0.3%至121.65亿手，规模仅次于2011年的最高水平；而场内期权成交量增长相对较大，2014年成交94.07亿手，同比增长3.1%。

在对国际外汇市场的交易量统计中发现，外汇交易量较前两年有了惊人的增长，每日平均接近2万亿美元，远远超过其他虚拟金融产品的增长。而在全部外汇交易中，即期、远期、互换和场外衍生品交易的市场占比分别为20%、6%、32%和42%。所谓网络炒汇主要指场外衍生品交易，即保证金杠杆式交易，其在整个外汇交易中的份额大于40%，且以每年30%以上的速度增长。

（2）衍生品业务汇集引致的金融风险。2014年底，全球场外衍生品市场的名义本金额为630.1万亿美元，约合518万亿欧元。德意志银行2015年第三季度的巨额亏损预警使全球市场担心其如雷曼公司一样突然倒掉，并因其巨额的衍生品交易而对全球金融市场造成冲击。

（3）全球影子银行面临扩张风险。在全球金融危机过后，金融稳定委员会开始发布年度《全球影子银行监测报告》，提供关于全球影子银行规模、构成和风险的事实数据。新发布的数据覆盖了世界经济和国际金融体系的大部分领域，IMF《全球金融稳定报告》数据显示，全球影子银行管理的资产规模高达60万亿美元，已处于危机前水平。影子银行业包括合法但管理松懈的机构，如共同基金、货币市场基金、中国理财基金以及新兴经济体的金融公司，这些机构从投资者那里获取资金，并像银行一样对外放贷，市场风险和流动性风险正向影子银行系统转移。如果对其不进行有效监管，将很有可能危及全球金融稳定，因此，必须加快建立全球层面的金融安全机制与金融监管框架。

八　人民币国际化推动国际货币体系改革

2015 年以来，IMF 份额改革、人民币国际化以及亚投行成立正在倒逼国际货币和金融体系改革。

（一）跨境人民币全球网络正在加快形成

央行发布的《人民币国际化报告（2015）》指出，2014 年跨境贸易人民币结算量达 6.55 万亿元，同比增长 41.6%，全球人民币结算份额提高至 2.96%。全年人民币直接投资额达 1.05 万亿元，同比增长 96.5%。人民币在全球资本和金融交易份额达到 2.8%。人民币跨境收支占本外币跨境收支的比重上升至 23.6%。环球同业银行金融电讯协会（SWIFT）数据显示，2014 年，人民币成为全球第二大贸易融资货币、第五大支付货币、第六大外汇交易货币。2015 年 8 月，人民币首次超越日元成为全球第四大支付货币，市场份额升至 2.79%，创历史新高，排名前三的美元、欧元、英镑所占份额分别为 44.8%、27.2%、8.5%。

此外，目前全球有近 15 个离岸人民币清算中心。中国与亚洲、欧洲各国建立人民币清算安排、核准人民币境外机构投资者（RQFII）、协定货币互换协议都是人民币国际化进程中的重要步骤，特别是近两年在欧洲有重大突破。中国银行发布的跨境人民币指数报告指出，欧洲与中国大陆的跨境人民币实际收付量快速增长，英国、德国、卢森堡、法国实际收付量同比翻番，占中国大陆人民币跨境收付总量的 8%。2014 年以来，中国已经与英国、德国、卢森堡、法国、瑞士分别签署人民币清算协议，形成“五足鼎立”的人民币离岸中心格局。一个覆盖欧洲的人民币货币互换网络正在形成。数据显示，2009 年以来，中国与 33 个国家签订了货币互换协议，总计金额达到 31015 万元人民币，几乎覆盖全球。离岸人民币存款近 2 万亿元，且离岸人民币债券（点心债）和其他人民币资产市场发展迅速。

（二）人民币加入SDR推动国际货币体系改革

2015年以来，IMF份额改革启动“B计划”。近期，国际货币基金组织（IMF）代表更表示，人民币可能很快就会加入国际货币基金组织特别提款权货币篮子（SDR），人民币加入SDR一篮子货币指日可待。人民银行早已为加入SDR做了诸多准备。为使人民币符合SDR对于货币“可自由使用”的要求，人民银行已经做了较多部署。具体而言：第一，调整人民币中间价形成机制；第二，对外国央行开放银行间债券市场和在岸人民币市场；第三建立跨境人民币支付系统等。中国央行行长周小川曾指出：“创造超主权货币来避免主权信用货币作为储备货币的内在缺陷，是国际货币体系改革的理想目标。而为了实现这一目标，应拓宽SDR的使用范围。比如推动其在国际贸易、大宗商品定价计价中的使用；创立以SDR计值的资产，建立SDR与其他货币之间的清算关系等。”

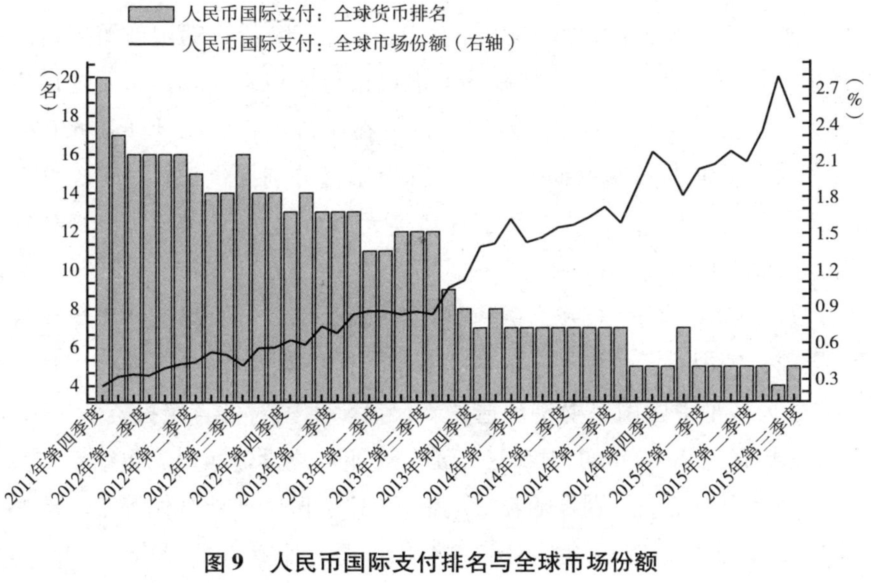

图9　人民币国际支付排名与全球市场份额

资料来源：Wind资讯。

如果人民币在本轮评估中能够通过IMF例行的SDR定值检查，获得国际货币基金组织官方认可，跨入国际储备货币行列，将成为人民币国际化的里程碑，象征意义巨大。IMF《世界经济展望》数据显示，中国在2010年就成为全球第二大经济体，人民币加入SDR，第一，会使得SDR本身具有较多的全球代表性，它的全球代表性会发生一个实质性的变化，SDR 本身就会产生一个质变。第二，SDR 增加了第五种货币，会使 SDR 的价值稳定性增强。第三，增强成员方储备资产的选择性，可满足多样化的需求。第四，会增强 SDR 的吸引力。

（三）“一带一路”战略加速人民币国际化进程

当前外汇储备资产利用出现重大结构性调整为人民币国际化奠定了基础。一方面，中国正在积极推进为“一带一路”解决融资缺口的新平台和新模式，但这些外汇储备运用所涉及的大部分资金很可能并未反映在央行目前统计数据中。目前的融资来源包括：亚洲基础设施银行，其资本规模为 1000 亿美元，其中中国出资 400 亿美元；丝路基金，首期规模为 400 亿美元，资金来源于外汇储备、中国投资公司、中国进出口银行、国开金融，资本比例分别为 65%、15%、15%、5%；金砖国家银行，资本金规模为 1000 亿美元。

另一方面，对政策性银行增加注资。中国人民银行将动用外汇储备对国家开发银行（以下简称国开行）和中国进出口银行（以下简称口行）这两家政策性银行进行注资，包括两轮资本注资，首轮在 4 月进行，总计涉及 620 亿美元资金（通过将委托贷款转股操作向国开行和口行分别提供 320 亿美元和 300 亿美元），第二轮在 7 月进行，涉及 830 亿美元资金（向国开行和口行分别提供 480 亿美元和 450 亿美元）。

实现从“GDP”向“GNP”的战略性转变。2014 年中国已经成为净资本输出国。当前，国内生产总值（GDP）已不足以真实反映国民财富能力，国民生产总值①将成为衡量中国国民财富创造的新尺度。中国对外直接投资从 2010 年的 690 亿美元扩张到 2014 年的 1160 亿美元。对外直接投资净额大幅缩窄，甚至在部分季度内降至负值。特别是随着“一带一路”、国际产能合作等重大战略的实施，未来私人对外直接投资（ODI）将持续快于外商直接投资（FDI）。目前“一带一路”国家占中国对外投资的比重只有 13%。据匡算，未来十年，中国在“一带一路”国家总投资规模有望达到 1.6 万亿美元，未来 25 年内有望达到 3.5 万亿美元，中国将实现从“GDP”向“GNP”的战略性转变。

因此，按照当前中国进出口贸易中使用人民币结算的比例来计算，预计 2015 年

① 简称 GNP，是一国家或地区所有国民在一定时期内新生产的产品和服务价值的总和。

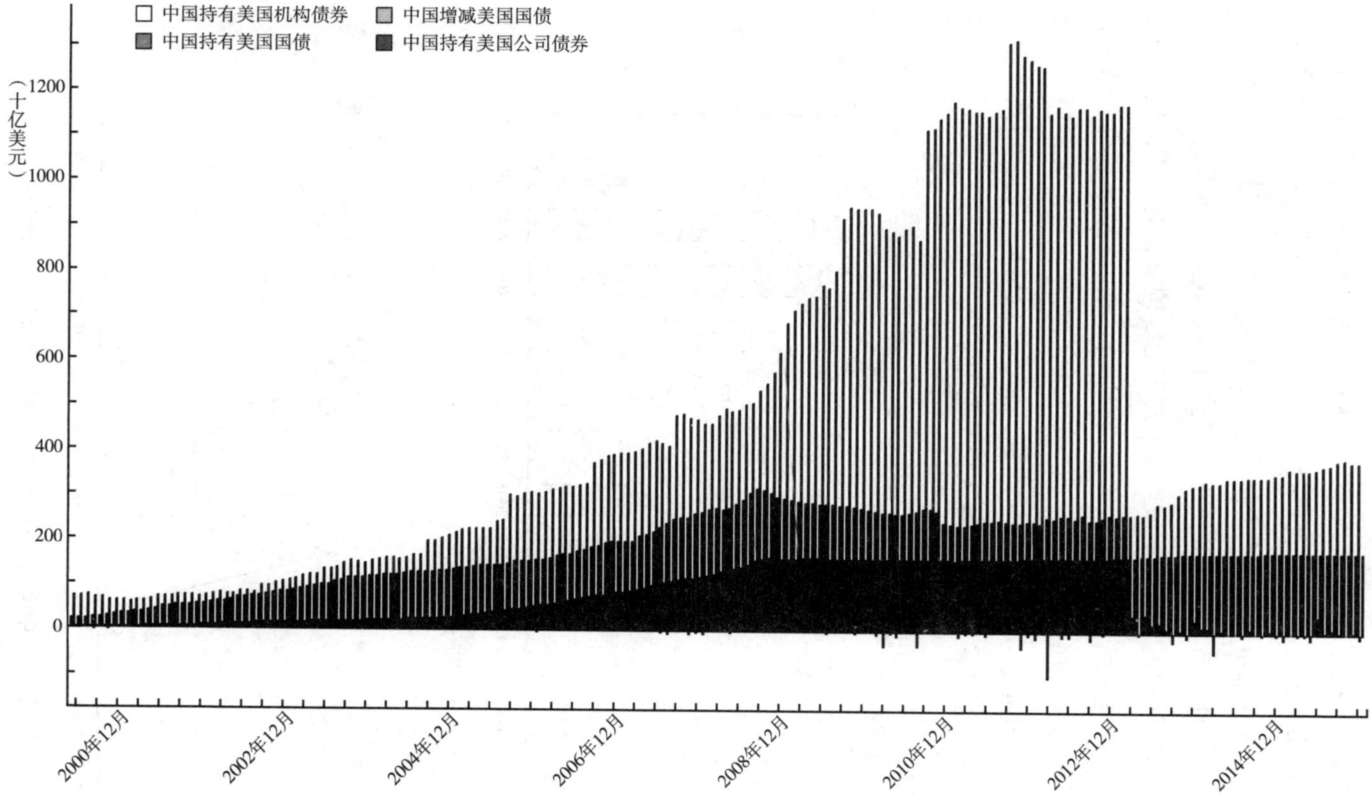

图 10　2000～2014 年中国储备资产结构正在发生重大变化

资料来源：美国财政部 TIC 报告。

全球贸易中人民币结算的份额将达到3.4%。在此基础上，建立区域性贸易和投资的结算支付体系。在充足的外汇储备、庞大的外贸规模、相对完善的金融机制的支持下，人民币有能力主导建立区域性贸易结算支付体系。在这个过程中，商业银行应积极推进人民币与沿线国家货币的报价和直接交易，进一步扩大人民币在贸易、投资中的使用范围，降低使用第三国货币对双边贸易带来的不利影响；积极创新人民币风险规避与资金增值产品，打消沿线国家企业使用人民币的后顾之忧，并进一步促进人民币用于沿线国家资产计价、纳入沿线国家储备货币，提升人民币被接受程度。如果“一带一路”沿线国家对华出口的大宗原材料和能源贸易结算中有50%使用人民币计价结算，那么全球贸易中人民币结算份额就会提升到7.05%。这无疑会大大加速人民币的国际化进程。

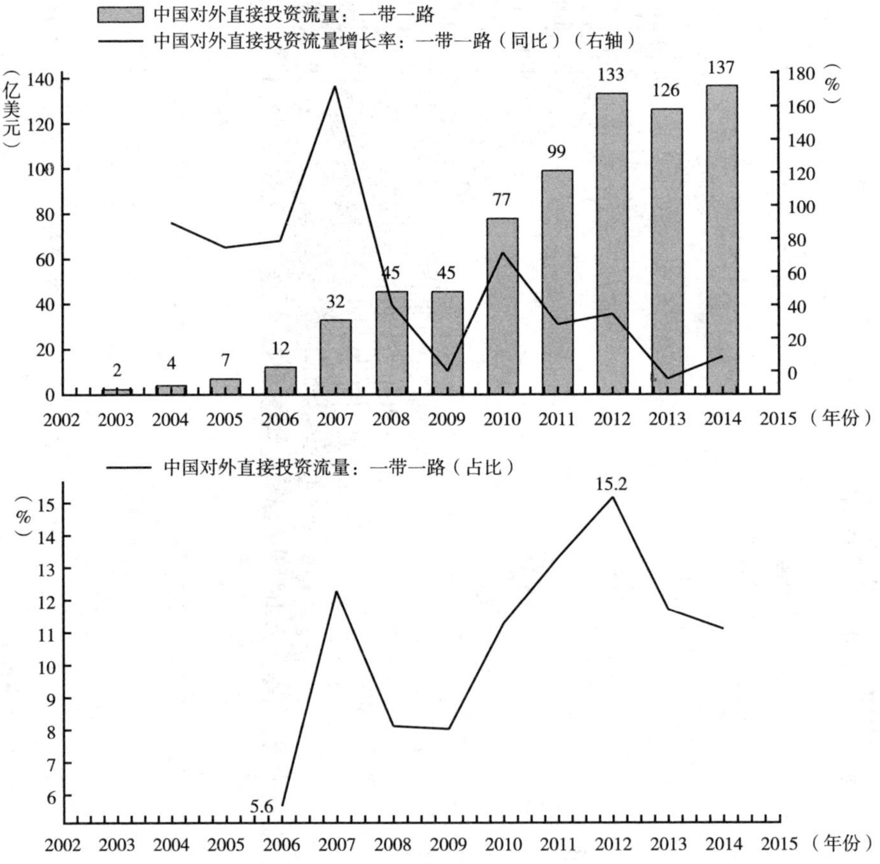

图11　中国对“一带一路”国家直接投资的流量

资料来源：Wind资讯。

表2 中国央行与“一带一路”经济体签署的双边本币互换协议情况（截至2014年底）

序号	经济体	签署日期	金额	有效期	备注
1	韩国	2008年12月12日	1800亿元人民币/38万亿韩元	3年	2011年10月26日续签并扩大规模至3600亿元人民币/64万亿韩元;2014年10月11日续签,规模不变
2	香港地区	2009年1月20日	2000亿元人民币/2270亿港元	3年	2011年11月22日续签并扩大规模至4000亿元人民币/4900亿港元;2014年11月22日续签,规模为4000亿元人民币/5050亿港元
3	马来西亚	2009年2月8日	800亿元人民币/400亿林吉特	3年	2012年2月8日续签并扩大规模至1800亿元人民币/900亿林吉特
4	印度尼西亚	2009年3月23日	1000亿元人民币/175万亿印度尼西亚卢比	3年	2013年10月续签,规模不变
5	新加坡	2010年7月23日	1500亿元人民币/300亿新加坡元	3年	2013年3月7日续签并扩大规模至3000亿元人民币/600亿新加坡元;2014年10月11日续签,规模不变
6	乌兹别克斯坦	2011年4月19日	7亿元人民币/1670亿苏姆	3年	已失效
7	蒙古	2011年5月6日	50亿元人民币/1万亿图格里特	3年	2012年3月20日签订补充协议扩大至100亿元人民币/2万亿图格里特;2014年8月21日再次续签,规模扩大为150亿元人民币/4.5万亿图格里特
8	哈萨克斯坦	2011年6月13日	70亿元人民币/1500亿坚戈	3年	2014年12月14日续签,规模为70亿元人民币/2000亿哈萨克斯坦坚戈
9	泰国	2011年12月22日	700亿元人民币/3200亿泰铢	3年	2014年12月22日续签,规模为700亿元人民币/3700亿泰铢
10	巴基斯坦	2011年12月23日	100亿元人民币/1400亿卢比	3年	2014年12月23日续签,规模为100亿元人民币/1650亿巴基斯坦卢比
11	土耳其	2012年2月21日	100亿元人民币/30亿土耳其里拉	3年	—
12	斯里兰卡	2014年9月16日	100亿元人民币/2250亿卢比	3年	—

续表

序号	经济体	签署日期	金额	有效期	备注
13	俄罗斯	2014 年 10 月 13 日	1500 亿元人民币/8150 亿卢布	3 年	—
14	卡塔尔	2014 年 11 月 3 日	350 亿元人民币/208 亿里亚尔	3 年	—

资料来源：中国人民银行。

（撰稿人：张茉楠，中国国际经济交流中心战略研究部副研究员）

全球制造业发展形势分析与展望

当前，全球正在经历一轮新的科技和产业革命。美德日三国纷纷结合自身优势，加快抢占高端产业制高点。美国高度重视高技术产业发展，布局制造业创新网络建设，重视建立研究中心。德国同样重视高技术发展，特别强调研究基础积累，积极推进工业 4.0 战略。日本制造业重视提高竞争力，把机器人、下一代清洁能源汽车、再生医疗以及 3D 打印技术作为今后制造业发展的重点领域。

一　美国制造业发展新趋势

在 2008 年国际金融危机以前的几十年里，美国制造业在经济中的比重呈下降状态。美国制造业增加值在 GDP 中的占比从 1970 年的 24.4% 下降到 2009 年的 12.26%。国际金融危机发生后，美国推出“再工业化”战略，制造业萎缩的趋势得到遏制，制造业占 GDP 比重一直保持在 12% 以上的水平。从绝对值看，近年来美国制造业的增长也快于法国、英国、意大利、加拿大等主要工业国家，与日本的增速相近。美国制造业快速增长有两个方面重要的原因。一是以信息化、绿色化、智能化为特征的高端制造业发展迅速，这既得益于信息产品、绿色产品和智能产品市场需求近年来的快速扩张，也得益于美国长期在该领域的技术积累和人才积累。二是页岩气革命，为美国制造业提供了更廉价的能源，并为以石化材料为基础的产业体系降低了原材料成本。

表1　美国制造业增加值及构成

年份	GDP（万亿美元）	GDP增长率（%）	制造业增加值（万亿美元）	制造业增加值增长率（%）	制造业增加值占GDP比重（%）	化学药品占制造业增加值比重（%）	食品饮料烟草占制造业增加值比重（%）	机械和运输设备占制造业增加值比重（%）	其他制造业占制造业增加值比重（%）	纺织服装占制造业增加值比重（%）
2004	12. 27	3. 79	1. 57	6. 52	13. 67	14. 47	14. 40	26. 05	42. 63	2. 45
2005	13. 09	3. 35	1. 65	2. 22	13. 49	14. 94	14. 35	25. 10	43. 26	2. 34
2006	13. 86	2. 67	1. 75	5. 02	13. 52	15. 24	13. 59	24. 73	44. 21	2. 23
2007	14. 48	1. 78	1. 79	3. 27	13. 29	15. 50	13. 45	25. 46	43. 73	1. 86
2008	14. 72	-0. 29	1. 75	-2. 85	12. 73	16. 18	14. 71	25. 80	41. 69	1. 63
2009	14. 42	-2. 78	1. 65	-7. 76	12. 26					
2010	14. 96	2. 53	1. 75	5. 39	12. 55					
2011	15. 52	1. 60	1. 83	0. 29	12. 61					
2012	16. 16	2. 32	1. 91	0. 77	12. 67					
2013	16. 77	2. 22	1. 94	1. 46	12. 41					
2014	17. 42	2. 39								

1. 再工业化战略

2009年4月，在奥巴马就任美国总统之初，就提出将重振制造业作为美国经济长远发展的重大战略。同年底，美国政府出台《重振美国制造业框架》，正式启动再工业化战略。随后“购买美国货”、《制造业促进法案》、“五年出口倍增计划”、“内保就业促进倡议”等一系列政策相继出台，美国从发展目标、发展方向、战略布局、发展路径到重点措施，都做了战略部署。美国再工业化的重点高端制造主要领域包括钢铁、汽车、生物工程、航空工业、空间技术、纳米技术、智能电网、节能环保等，希望通过再工业化达到“调整结构、强化优势、促进就业、保持领先”的战略目标，在重振制造业的过程中能够体现创造性、本地性和低成本三大特点。

2. 先进制造业战略

2011年6月，美国正式启动“先进制造伙伴计划”，确保美国仍是一个集“新产品开发和产品制造”于一体的制造业强国。该计划的主要目标为：在关系国家安全的产业领域建立自主生产能力；缩短关键原材料的生产和配置周期，及时保证制造业的原料需求；确立美国在下一代机器人技术领域的领导地位；提高制造业能源利用效率；研发能够快速设计、制造以及检测产品的新技术。2012年2月进一步推出“先进制造业国家战略计划”，通过积极政策，鼓励制造企业回归美国本土。该计划明确了三大原则：一是完善先进制造业创新政策；二是加强“产业公地”建设；三是优化政府投资。该报告提出的五大目标分别为：一是加快中小企业投资；二是提高劳动力技能；三是建立健全伙伴关系；四是调整优化政府投资；五是加大研发投资力度。

3. 制造业创新网络

2012年，美国提出建设“国家制造业创新网络”，建立最多45个研究中心，加强高等院校和制造企业之间的产学研有机结合；2013年，美国发布《国家制造业创新网络初步设计》，投资10亿美元组建美国制造业创新网络（NNMI），集中力量推动数字化制造、新能源以及新材料应用等先进制造业的创新发展，打造一批具有先进制造业能力的创新集群。美国相继成立了“国家3D打印机制造创新研究所”“轻型和当代金属制造创新研究所”“数字制造和设计创新研究所”和“下一代电力电子制造研究所”“复合材料制造业中心”。

4. 领先技术与行业

2015年2月，全球知名智库布鲁金斯学会发布的最新研究报告《美国高端产业：定义、布局及重要性》指出，美国对高端产业的鉴定有两个标准：一是产业中每个工人的研发支出超过450美元，这大于或等于全行业标准的80%；二是产业中获得STEM（科学、技术、工程和数学）学位的人数必须高于全国平均水平，或者在本行业中所占份额高达21%。一个行业必须同时符合上述两个标准才能被认定为高端产业。同时满足这两项标准的有50个行业，这些行业对技术创新投资巨大，并雇用有一定技术水平的技工去开发、传播和应用新的技术以提高生产率。据美国智库威尔逊中心发布的《全球先进制造业趋势报告》，美国研发投资量位于世界首位，其中3/4投向制造业，在合成生物、先进材料和快速成型制造等先进制造业领域优势明显，很有可能出现以无线网络技术全覆盖、云计算大量运用和智能制造大规模发展为标志的新一轮技术创新浪潮。

表2　美国高端产业领域的50大行业

制造业	
航空航天产品及零部件	汽车
农业、建筑和矿山用机械	导航、测量和控制仪器
铝生产和加工	其他化工产品
音频和视频设备	其他电气设备和组件
基础化学品	其他通用机械
黏土制品	其他杂项制造
商业和服务业机械	其他非金属矿物制品
通信设备	其他运输设备
计算机及周边设备	农药、化肥等农用化学品
电子照明设备	石油和煤炭产品
电气设备	制药与医药
发动机、涡轮机和电力转换设备	铁路机车车辆
铸造设备	树脂和合成橡胶、纤维和长丝
家用电器	半导体和其他电子元件
工业机械	船舶和造船
钢铁及铁合金	医疗设备和用品
机动车车体及拖车	磁性介质记录再现设备和其他光学介质
汽车零部件	

资料来源：董瑞青，《美国高端产业：定义、布局及重要性》，第一情报——ISTIS视点，2015年3月16日。

二　德国制造业发展新趋势

制造业在德国国内生产总值中的占比近20年来几乎保持恒定，1994年为23%，2014年为22.3%。与欧盟平均水平以及欧盟其他国家相比，德国制造业的强势则更为突出：2014年，欧盟国家制造业平均占比为15.3%，法国为11.4%，英国则更低，仅为9.4%；从产业构成看，德国制造业主要集中在汽车制造、机械工程、电气工程和化学等高附加值战略产业；从产业竞争力看，德国制造业在全球制造业中具有极强竞争力，在联合国工业发展组织（UNIDO）发布的《2012～2013年世界制造业竞争力指数》报告中，德国制造业竞争力仅次于日本，位居世界第二，而美国、韩国分别位居世界第三和第四。近年来，德国在制造业方面主要推出两个重要战略，一是高技术战略，二是工业 4.0，尤其是工业 4.0 战略，在全球产生了较大的影响。

表 3　德国制造业增加值及构成

年份	GDP（万亿美元）	GDP 增长率（%）	制造业增加值（万亿美元）	制造业增加值增长率（%）	制造业增加值占 GDP 比重（%）	化学药品占制造业增加值比重(%)	食品饮料烟草占制造业增加值比重（%）	机械和运输设备占制造业增加值比重(%)	其他制造业占制造业增加值比重（%）	纺织服装占制造业增加值比重(%)
2004	2.82	1.18	0.57	3.76	22.22	9.92	8.55	34.98	44.69	1.86
2005	2.86	0.71	0.58	1.59	22.29	10.30	8.05	35.28	44.60	1.78
2006	3.00	3.71	0.62	8.39	22.97	9.98	7.57	35.65	45.10	1.70
2007	3.44	3.27	0.72	4.37	23.29	10.16	7.31	37.09	43.82	1.62
2008	3.75	1.05	0.75	-2.24	22.34	10.94	7.53	36.94	43.07	1.52
2009	3.41	-5.64	0.60	-19.32	19.76	11.81	8.91	37.07	40.67	1.53
2010	3.41	4.09	0.67	18.57	21.99	11.43	7.78	39.86	39.51	1.43
2011	3.75	3.59	0.77	8.94	22.74					
2012	3.53	0.38	0.72	-0.46	22.62					
2013	3.73	0.11	0.75	0.27	22.22					
2014	3.85	1.60	0.77	2.12	22.26					

1. 推出高技术战略 2020

2010 年 7 月，德国联邦教研部（BMBF）推出《思想·创新·增长——德国 2020 高技术战略》，旨在发展气候/能源、健康/营养、交通、安全和通信 5 大领域的关键技术。这是继 2006 年德国第一个高技术战略国家总体规划之后，对德国未来新发展的探求。在每一个领域，都确定一些“未来项目”，制定要达到的社会和全球目标，依靠科学技术的帮助，德国将在未来 10 ~ 15 年跟踪这些目标。第一批“未来项目”包括：二氧化碳中性、高能源效率和适应气候变化的城市；智能能源转换；作为石油替代的可再生资源；个性化的疾病治疗药物；通过有针对性的营养保健获得健康；在晚年过独立的生活；德国 2020 年拥有 100 万辆电动车；通信网的有效保护；互联网的节能；全球知识的数字化及普及；未来的工作环境和组织。2011 年 3 月，德国联邦经济技术部（BMWI）发布《技术运动》计划，旨在突破能源、生物、纳米、光学、微电子和纳米电子学、信息通信及空间飞行等关键技术。

2. 夯实研发基础

为了提高制造业研发基础水平，德国一是缩小区域研发差距，因为德国东部西部研发水平有一定差距。二是加强研究基础设施建设。2012 年，德国联邦教研部推出了专项计划《2020——创新伙伴计划》，计划在 2013～2019 年，德国政府投入 5 亿欧元，通过支持东西部研发创新合作，推动德国东部地区科研能力特别是企业技术创新能力的提升，促进东部地区产业结构与产品转型升级；研究基础设施在制造业提升方面有巨大的支撑作用。为此，2013 年，德国联邦教研部推出了《研究基础设施路线图》，联邦政府在十年内，提供 1500 万美元的公共资金以支持研究基础设施的建立和运作。

3. 提出“工业 4.0”战略

2013 年 4 月，在德国工程院、弗劳恩霍夫协会、西门子公司等德国学术界和产业界的建议和推动下，德国“工业 4.0”战略在汉诺威工业博览会上被正式推出。德国“工业 4.0”战略是以智能制造为主导的第四次工业革命。该战略旨在通过充分利用信息物理融合系统，推动德国制造业向智能化转型，促进信息通信技术和互联网的发展和集中型生产向分散型生产的转换，构建智能网络。德国“工业 4.0”可总结为：建立一个信息物理融合系统（CPS）网络，实现虚拟世界与不同层次、分工物理生产设备的融合；研究智能工厂和智能生产两大主题，即智能网络分布化生产系统和高度灵活个性化生产流程；实现横向、纵向与端对端等在网络上任意方向的集成，使人与人、人与设备、设备之间实现互联；最后实施“标准化参考架构”等八项计划以保障“工业 4.0”顺利实现。

4. 领先技术与行业

德国制造业在绝大多数领域处于世界领先，包括传统制造业、新兴能源和节能产业、绿色和环保产业。在传统制造业中，汽车制造业被誉为德国“工业中的工业”，是欧洲最大的乘用车生产商。从 20 世纪初期，德国化学制造业就几乎垄断了全球化学制品的生产和销售，使德国在这一领域处于领先地位。与化学制造业相伴而成长的德国制药业也非常发达。在每一产业的细分部门，德国也处于世界前列。以机械设备制造业为例，在该产业所有分支领域，无论是成套设备，如机床、建筑机械和纺织机械，还是机械零部件，如轴承和变速箱等，德国企业制造的产品都处于行业领先地位，在其所在行业成为领导者。

为了应对新的技术和经济大变革，围绕传统核心技术和生产领域，德国确定了制造业发展的新方向。一是以“制造业数字化”为中心，改造了传统制造业，并将其与新兴产业融合对接起来。例如，“德国制造”的机械设备产品一半以上应用了微电子控制。二是将“德国制造”强调绿色制造，致力于成为新兴节能和环保等产业的推动者和主力军。三是重视生产性服务业。德国是目前欧洲地区信息产业最发达的国家。德国通信技术产业的发展速度很快，发展重点是数字通信、移动通信、卫星通信、光纤通信以及军用通信等。

三 日本制造业发展新形势与新趋势

日本是世界制造业强国，制造业竞争力在联合国报告中排名第一。根据统计，2013 年日本制造业增加值约占国内生产总值的 18.53%，高于美国约 6.1 个百分点，低于德国约 3.7 个百分点。近年日本制造业出现了三个新现象：一是采用“小生产线”的企业增多。二是采用小型设备的企业增多。三是通过机器人、无人搬运机、无人工厂、“细胞生产方式”等突破成本瓶颈。根据《日本 2015 版制造业白皮书》，日本制造业面临三方面的问题：一是与德美的动态相比，日本虽然在工厂的省人力化、节能化等改善生产效率方面有长处，但不少企业都对进一步发展数字化持消极态度，尤其是对物联网的关键——软件技术和 IT 人才的培养。二是日本制造业企业之间的合作不充分，比如工厂使用的制造设备的通信标准繁多，许多标准并存，没有得到统一，需要跨越企业和行业壁垒，强化“横向合作”。三是在生产制造过程中软件使用不够，例如对 PLM 工具的使用。

表 4 日本制造业增加值及构成

年份	GDP（万亿美元）	GDP 增长率（%）	制造业增加值（万亿美元）	制造业增加值增长率（%）	制造业增加值占 GDP 比重（%）	化学药品占制造业增加值比重（%）	食品饮料烟草占制造业增加值比重（%）	机械和运输设备占制造业增加值比重（%）	其他制造业占制造业增加值比重（%）	纺织服装占制造业增加值比重（%）
2004	4.66	2.36	0.91	5.81	19.73	11.24	11.59	36.33	38.53	2.32
2005	4.57	1.30	0.90	4.33	19.92	10.73	10.98	37.21	38.94	2.15
2006	4.36	1.69	0.86	4.71	19.92	10.19	10.71	36.90	40.20	2.00
2007	4.36	2.19	0.88	6.04	20.32	9.92	10.83	37.50	39.83	1.93
2008	4.85	-1.04	0.95	0.79	19.86	10.21	11.38	26.67	49.83	1.90

续表

年份	GDP（万亿美元）	GDP增长率（%）	制造业增加值（万亿美元）	制造业增加值增长率（%）	制造业增加值占GDP比重（%）	化学药品占制造业增加值比重(%)	食品饮料烟草占制造业增加值比重（%）	机械和运输设备占制造业增加值比重(%)	其他制造业占制造业增加值比重（%）	纺织服装占制造业增加值比重(%)
2009	5.04	-5.53	0.89	-17.70	17.84	11.85	14.41	24.60	47.10	2.03
2010	5.50	4.65	1.07	19.56	19.70	11.65	12.85	26.66	47.12	1.71
2011	5.91	-0.45	1.09	-2.52	18.61					
2012	5.95	1.75	1.10	2.28	18.60					
2013	4.92	1.61	0.90	0.12	18.53					
2014	4.60	-0.10								

1. 提高制造业竞争力

日本国际贸易委员会和日本通产省分别于2009年、2010年发布了《日本制造业竞争策略》和《日本制造业》专题报告。日本制造业竞争力提升主要采取五大举措：在新兴国家市场实施品牌发展战略；通过相应的财政支持，为制造业发展提供资金保障；通过国企和私企合作，改善社会基础设施；改善日本公司间的过度竞争，增加利润率；积极培育和发展新兴产业，积极研发前瞻性产业。

2. 重振制造业

2014年6月，日本政府内阁通过《制造业白皮书》，表示将大力调整制造业结构，将机器人、下一代清洁能源汽车、再生医疗以及3D打印技术作为今后制造业发展的重点领域，为此，出台了一系列产业政策，比如，《3D打印制造革命计划（2014 ~2019）》《新策略性工业基础技术升级支援计划》《机器人开发五年计划（2015 ~2019）》《机器人新战略》等。日本政府推出的“重振制造业”措施包括：一是大量培养制造业所需人才。日本政府已经遴选出6000多名具有特殊制造技术的优秀人才，政府将出资聘请他们作为专家，培训制造业一线技术人员和熟练工人，保持日本传统制造技术和生产诀窍的传承。二是在企业向海外转移生产的同时，确保“母体机能”① 留存在日本国内。新措施希望将日本企业的海外生产体制与国内的“母体机能”结合起来，维持日本制造业的活力。三是

① “母体机能”是指日本独特的经营方式、技术开发机制和人才培训体制等。

追赶国际信息技术向制造业渗透的潮流，使日本制造业的信息化程度从目前的30%提高到50%以上，加快制造业的升级换代。四是推动制造业中不同行业的融合，比如汽车与电子、建筑与机器人、能源与信息等。日本政府计划成立“不同行业交流合作会议”，邀请专家学者和制造业领军人物参加，共同探讨不同制造业行业相互融合渗透的可能性，通过行业融合，产生新的产业和市场。

3. 领先技术和行业

长期以来，日本在下列领域掌握着领先技术：汽车、机器人、电子信息。日本汽车产业在全球分工体系中占据重要地位，一大批汽车生产商如丰田、本田、日产、三菱、尼桑、五十铃、铃木成为世界级龙头企业。日本的机器人技术在世界首屈一指，日本生产的机器人占世界70%以上的份额。工业机器人被广泛应用于焊接、油漆、组装、操纵等领域。国际上的工业机器人公司主要分为日系和欧系，其中日系主要有安川、OTC、松下、FANUC、不二越、川崎等公司。近年来，日本机器人产业已从工业机器人向服务机器人扩展，以适应老龄化社会的需求。下一代机器人技术业为提高工业生产效率和人们生活水平提供了重要的途径。日本处于全球电子信息产业的核心圈和产业链的高端，是世界电子信息产业的第二大国，在微电子、光电子产品以及计算机等方面处于世界领先地位。东芝、日立、NEC、富士通、三菱电机等都是半导体领域的知名企业。进入21世纪以来，在以互联网、新能源、新材料为基础的新工业革命背景下，由于有较强的研究开发优势和较好的产业化前景，日本在新一代机器人、iPS细胞再生医疗、蓄电池、再生能源、新一代汽车等方面加快了步伐。近年来，日本政府加大了对企业3D打印机等尖端技术的财政投入。

四 世界制造业发展新趋势对中国的机遇与挑战

改革开放三十多年来，我国制造业有了突飞猛进的发展，成为世界工厂，特别是高铁、核电、特高压、4G、重大基础设施建设等领域处于世界领先水平，具有的很强国际竞争力，但在关键基础材料、发动机、集成电路、高端通用芯片、基础软件等方面还要全力追赶。当前，正处于新一轮科技革命和产业革命时期，我国有巨大的消费市场，有完善的工业体系，有多年积累的发展经验，有条件从世界制造大国向世界制造强国转变。同时，国际金融危机后，主要发达国家都把高端制造业作为拉动经济增长的重要举措，希望在新一轮科技和产业革命中抢占制高点。正如《中国制造2025》指出，我国制造业面临发达国家和其他发展中国家“双向挤压”的严峻挑战，必须放眼全球，加紧战略部署，着眼建设制造强国，固本培元，化挑战为机遇，抢占制造业新一轮竞争制高点。

（一）机遇

1. 新一轮科技革命与产业变革为中国制造业转型升级提供新机遇

当前，信息技术、新能源、新材料、生物技术等重要领域和前沿方向的革命性突破和交叉融合，正在引发新一轮科技和产业变革，将对全球制造业产生全面影响，很可能改变全球制造业的发展格局。我国制造业要在全球产业链分工中处于优先地位，要紧紧抓住这一机遇，创造条件，为企业创新提供优良的政策环境、充实的资金支撑。我国在相当一些领域与世界前沿科技的差距都处于历史最小时期，已经有能力并行跟进这一轮科技革命和产业变革，实现制造业的转型升级和创新发展。

2. 发达国家再工业化战略为中国制造业“走出去”提供机会

我国外汇储备丰厚，许多企业具备了加快“走出去”的条件。应充分利用发达国家“再工业化”战略的机遇，鼓励引导我国企业以多种方式投资参股或投资并购中高端制造业，促进我国制造业转型升级。国际金融危机后，欧美等发达经济体都加大了招商引资力度，这也为我国在海外扩大产业规模甚至获取一定的技术提供了有利时机。我国有实力的制造业大可借此机会“走出去”，有选择地通过海外投资扩大产业规模和获取一定的技术、市场。需要指出的是，发展制造业的海外业务，要因势而为，采取并购、绿地投资、参股等方式都可以。

3. “互联网+”为中国制造业与信息化融合开辟新路径

2015年，中国推出“互联网+”战略，也为制造业与信息化加速融合提供了方向和条件。从发达国家来看，无论是工业4.0，还是智能制造、3D打印等，都是制造业与互联网的深度融合。“互联网+”可以使企业以较低成本集聚更广泛的智力资源，在资源配置中也能起到优化和集成的作用，将从各个层次和角度提高资源整合水平。“互联网+制造业”的本质是制造业的在线化、数据化、智能化，是新的业态转型。为此，要从体制机制、资金支撑等各方面为“互联网+制造业”创造宽松的条件。

（二）挑战

1. 由于发达国家重新布局全球产业链，制造业升级进程受到一定阻碍

发达国家“再工业化”战略，将重新布局全球产业链地位和价值链分配，确立其先进制造的主导地位，鼓励中高端制造业回流，这将一定程度上导致我国承接中高端制造业的条件发生变化，转型升级压力加大。例如，近年来，尽管我国吸收外商直接投资的总绝对值在增长，但信息传输、计算机服务和软件业等高技术产业外商直接投资均出现了负增长。“再工业化”的核心就是要抢占未来技术创新的制高点，国际的产业竞争归根到底是国家间的技术竞争。发达国家已进入自主知识产权阶段，在微笑曲线的两端占有绝对优势。我国制造业在基础材料、机械基础件、核心零部件及相应的基础技术和共性技术方面研发和创新相对滞后，各重大装备零部件性能质量有差距。应当看到，我国虽然不能直接从发达国家高端产业向我国转移的过程中受益，但这对我国企业也是一种促进的动力，逼迫企业加快自主创新。

2. 贸易摩擦升级，制造业出口压力增大

金融危机以来世界主要国家都采取了一系列的贸易保护措施和出口促进策略，贸易摩擦加剧。贸易壁垒、反倾销、反补贴等手段增加了我国制造业产品的出口成本。当前，新的国际经济规则正在形成，我国制造业需要抛弃传统的不计环境成本、人力成本的低端竞争的发展模式，加快转型，提高核心竞争力，注意培育品牌，积累核心技术。同时，要向国际跨国公司学习，在社会责任、可持续发展等方面做好功课。

（撰稿人：张焕波，中国国际经济交流中心经济研究部副研究员）

全球服务业发展形势分析与展望

近年来，全球服务业由于受世界经济复苏缓慢、增长低迷的影响，总体呈现低速增长、稳中趋缓的态势。但是，与整个世界经济相比，服务业仍然有较好的表现，全球服务业跨国直接投资、服务贸易的增速均高于全球 FDI 和世界贸易增速；跨境电商、物联网、互联网金融、众包、大数据、共享经济等新兴服务业、新的服务模式蓬勃发展，成为拉动全球服务业增长的主要引擎；新业态的不断涌现推动了各国服务业政策的不断创新。各国经济发展阶段的巨大差异，导致不同经济体之间服务业发展的极度不平衡，发达国家仍保持绝对优势，同时发展中国家也具有较大的增长空间和潜力。本文分析研究表明，全球服务业增长已经进入一个相对稳定、增速平缓的新时期，服务业结构调整已经进入创新驱动、新兴服务业拉动的动力转换期，新兴业态与传统业态融合将成为未来服务业转型升级的主要方向。

一　全球服务业发展的主要态势

（一）全球服务业保持平稳低速增长，发展水平极度不平衡

2012～2014 年，全球服务业增加值分别为 518292 亿美元、532868 亿美元、545081 亿美元；服务业增长率分别为 2%、3%、3%，与同期的 GDP 增长（2%、3%、2%）大体相当，是 1990 年以来第二个低增长的时期，仅高于 2008～2009 年的增速；服务业占全球 GDP 比重一直保持在 70% 的水平，仍然是

全球经济增长的第一大部门和主要驱动力，说明以服务经济为主的产业结构仍然没有改变（见表1、表2）。

表1　2012～2014年全球服务业增加值增长情况

单位：亿美元，%

年份	GDP	增长率	服务业增加值	增长率
2012	740415.87	2	518292	2
2013	761239.51	3	532868	3
2014	778687.68	2	545081	3

资料来源：Wind资讯、世界银行WDI数据库，2014年服务业增加值数据及增长率为笔者估算。

从不同收入经济体服务业增加值占全球GDP比重来看，2012年、2014年高收入国家服务业增加值占全球GDP的比重达到74%，其中美国分别达到79%和78%，由于高收入国家服务业占比保持稳定，全球服务业占比也保持稳定。中等收入国家服务业呈现持续上升态势，特别是上中等收入国家从2012年的54%上升到2014年的57%，其中，中国“十二五”时期服务业增加值占比快速上升①，服务业增加值占GDP比重从2012年的44.6%上升到2014年的48.2%；下中等收入国家服务业占比也从51%上升到52%。相比之下，低收入国家服务业占比有所下降，2012年、2014年分别仅为48%和46%。从不同收入经济体服务业增加值占全球服务业增加值比重来看，高收入经济体始终保持绝对优势，2013年高收入国家、中等收入国家、低收入国家分别平均为73%、24%、3%。反映出全球服务业发展的极度不平衡（见表2、表3）。

近年来，服务业占GDP比重保持稳定的态势，与全球服务业自1990年至21世纪初服务业占比持续上升的趋势，形成了鲜明对比。1990～2004年，低收入国家服务业占GDP的比重从42%上升到49%，中等收入国家服务业占GDP的比重从46%上升到53%，高收入国家服务业占GDP的比重从65%上升到72%，由此带动全球服务业占比上升了7个百分点，即从62%上升到69%。这一现象表明，全球服务业发展已经进入平稳时期。高收入国家由于后工业化时期服务业为主的产业结构长期保持稳定，金融危机后大力倡导“回归实体经济”战略，服务业占比已经基本稳定在高水平上，未来全球服务业占比的持续增加，将依赖于低

① 根据世界银行的划分标准，中国已进入上中等收入国家的行列。

收入国家群体和中等收入国家群体，目前中低收入经济体在全球服务业总量中占比仅为27%，具有较大增长空间，将成为未来全球服务业持续上升的拉动力量。

表2　2012年、2014年全球服务业占GDP比重

单位：%

国别组	农业		工业		其中：制造业		服务业	
	2012年	2014年	2012年	2014年	2012年	2014年	2012年	2014年
全球	3	3	27	26	17	16	70	70
低收入国家	28	32	24	22	10	9	48	46
中等收入国家	10	10	36	35	22	21	54	55
下中等收入国家	17	17	32	31	16	17	51	52
上中等收入国家	8	7	38	36	23	22	54	57
低收入和中等收入国家	11	10	36	35	21	21	54	55
高收入国家	1	1	25	25	15	15	74	74
美国	1	1	20	21	13	12	79	78

资料来源：根据世界银行WDI数据整理。

表3　不同收入经济体的全球服务业增加值分布

单位：亿美元，%

年份	服务业增加值	高收入国家	占比	中等收入国家	占比	低收入国家	占比
2012	518292	381726	74	117404	23	15420	3
2013	532868	386595	73	129536	24	16963	3
2014	545081	391510	72	135285	25	18281	3

资料来源：根据世界银行WDI数据库提供的指标计算。

（二）全球服务业跨国投资稳中略降，仍保持主体地位

2012～2014年，全球服务业吸引FDI好于整体FDI水平，发展中国家吸引FDI好于发达国家水平。2012、2013年全球服务业FDI分别为5930亿美元、6780亿美元。根据2015年《世界投资报告》的数据，2014年全球FDI流量下降

了16%，约为1.23万亿美元，其中流入发展中经济体为6810亿美元，增长2%，创历史新高；其中服务业FDI达到6700亿美元，占54.5%，说明全球FDI向服务业转型的趋势仍然没有改变。同时，在全球FDI大幅度下降的形势下，服务业FDI下降仅为1%，从6780亿美元下降到6700亿美元，说明服务业仍是全球投资意愿较强的主要领域。

从不同经济体来看，发展中国家成为全球服务业FDI增长的主要动力。2012～2014年，发展中国家服务业FDI流入分别为3560亿美元、4520亿美元、4480亿美元，占全球服务业FDI流入比重分别为60%、67%、67%，2014年增速虽略有下降，但降幅小于发达国家，反映出近年来发展中国家吸引全球服务业FDI十分活跃。与此同时，2012年、2013年、2014年发达国家服务业FDI流入分别为2370亿美元、2260亿美元、2220亿美元，占比分别为40%、33%、33%（见表4）。

表4　2012～2014年全球服务业FDI

单位：亿美元

年份	全球服务业FDI	其中	
		发展中国家	发达国家
2012	5930	3560	2370
2013	6780	4520	2260
2014	6700	4480	2220

资料来源：根据联合国贸发会议2015年《世界投资报告》提供的数据整理计算，在计算服务业FDI时，仅统计了绿地投资额与并购投资额。

从长期服务业投资来看，全球FDI转向服务业的特征十分明显。根据联合国贸发会议发布的2015年《世界投资报告》，从1990年开始，服务业占全球FDI存量的比重提升了14个百分点，而制造业则从41%下降到26%。由于服务贸易自由化和全球价值链增长，跨国投资越来越针对服务业。2012年服务业占FDI存量的63%，是制造业的两倍多。

从服务业投资方式来看，2013～2014年服务业绿地投资金额从4030亿美元下降为3410亿美元，下降了15.4%。其中发展中国家绿地投资从2013年的2590亿美元下降到2014年的2110亿美元。发展中国家服务业FDI行业部门差异较大，其中建筑业FDI从220亿美元迅猛增长到420亿美元，增长了近一倍，成为服务业 FDI 的第二大行业，增速超越了金融与商务服务业。其中主要原因是，发展中国家基础设施建设、房地产市场需求较大导致投资需求快速增长。2013~2014 年服务业跨国并购大幅度增长，从 1550 亿美元增长到 2130 亿美元，增幅达 37.4%。其中发展中国家金融业跨国并购从 180 亿美元增长到 610 亿美元，成为服务业跨国并购的主要驱动力，在东亚与东南亚地区表现尤其明显。

从吸收服务业 FDI 的区域来看，许多国家进一步开放了金融、电信等原来吸收外资受到限制的领域，使其 FDI 显著增加。例如，从 2001 年到 2012 年，亚洲和大洋洲服务业 FDI 存量从 8000 亿美元增加到 3.5 万亿美元，接近同期发展中国家服务业 FDI 的 80%。在非洲，服务业也是最大的吸收 FDI 的部门。

（三）全球服务贸易保持稳健中低增速，仍好于世界贸易总体增长

2012~2014 年全球服务贸易增速高于货物贸易和整体贸易增长水平。2012 年全球货物和服务贸易出口总额 22.6 万亿美元，其中货物贸易出口额 18.3 万亿美元，与 2011 年基本持平，同比增长 2%，为 1981 年以来所有正增长年份的最小增幅；服务贸易出口额 4.3 万亿美元，同比增长 2%。2013 年世界服务进出口总额为 89650 亿美元，同比增长 6.1%，高于当年世界贸易进出口增长 3.5% 的水平。其中，服务贸易出口 46250 亿美元，同比增长 6%；进口 43400 亿美元，同比增长 4%。2014 年全球服务贸易总额 98006.9 亿美元，同比增长 4.4%，高于世界贸易 3.2% 的增长水平。其中，服务出口 49404 亿美元，增长 4.2%；服务进口 48602.9 亿美元，增长 4.7%。

2010~2014 年全球服务贸易占 GDP 比重基本保持在 11%~12% 的水平。2010~2014 年，服务贸易占 GDP 比重分别为 11.66%、11.79%、11.94%、12.37%、11.46%（世界银行 WDI 数据）。其中，美国、中国、德国、英国、法国、日本等居于全球服务贸易前六位的国家，占全球服务贸易的份额接近一半。据世界贸易组织（WTO）最新统计，2014 年中国服务出口额与进口额的全球占比分别为 4.6% 和 8.1%，分别位居全球第五位和第二位。

全球服务贸易增长的主要动力来源于服务外包的持续快速增长。互联网的广泛应用以及大数据、物联网、移动互联网、云计算等新一代信息技术的快速发展，带动了全球服务外包的市场需求增长、技术创新和服务模式创新，服务外包产业保持了良好的增长势头。根据 IDC 数据，2012~2014 年，全球服务外包市

场规模分别达到11529.2亿美元、11993.1亿美元、12597.5亿美元。2012~2014年，全球离岸外包市场规模分别达到1429.4亿美元、1684.9亿美元、1978.2亿美元，预计未来5年复合增长率保持16%，远远高于全球整体服务外包市场。美国、欧洲、日本仍然是主要发包国家和地区，其中美国的离岸发包份额仍居全球首位，占全球市场的60%左右；欧洲为全球第二大离岸服务外包市场，占比18%；日本列第三位，占比10%。印度、中国仍是最大的两个接包国，二者在全球市场份额达到80%；爱尔兰、菲律宾、俄罗斯等国家也形成各具特色的优势。未来几年，受到经济发展放缓的影响，全球服务外包市场增速也将有所放缓。

（四）全球服务业政策创新加速，互联网新业态成为主要发力点

目前，世界各国竞相出台了一系列鼓励服务创新、促进服务业发展、提高服务业国际竞争力等方面的相关政策，服务业政策不断完善，政策创新力度显著增强。主要体现在以下几方面。

一是各国对新兴服务业高度重视。随着互联网的快速普及，许多国家发布了与互联网相关的新兴服务业政策，以鼓励规范产业快速、有序、稳健发展。2014年5月美国总统办公室发布了《大数据：抓住机遇、保存价值》，对大数据发展提出了一个政策框架。此外，各国在政府规制较多的金融领域持续发力。2014年3月英国金融行为监管局（FCA）发布了《关于网络众筹和通过其他方式发行不易变现证券的监管规则》，并于2014年4月1日起正式施行。这是关于互联网金融众筹融资一个比较全面规范的文件；2012年4月美国通过了《初创期企业推动法案》（the Jumpstart Our Business Startups Act），以期通过新型融资方法推动初创期企业快速成长。作为对该法案第四条款的执行条款，美国证券交易委员会（SEC）对规则A（“Regulation A”）进行修改，新规则于2015年6月19日生效，一般称之为“规则A+”（“Regulation A+”）。“规则A+”对认证合格投资者的程序进行了简化，并为中小企业融资提供了更多的便利与选择；中国于2015年7月发布了《关于促进互联网金融健康发展的指导意见》，对互联网支付、网络借贷、股权众筹融资、互联网基金销售、互联网保险、互联网信托和互联网消费金融等提出了框架性指导意见。

二是服务贸易自由化呈现区域性特征。总体上看，服务贸易自由化的区域化特征要强于货物贸易。虽然WTO长期致力于推动服务贸易自由化，但全球服务

贸易自由化仍任重道远，目前以美国主导的 TPP 就呈现明显的区域性、排他性特征。又如，在 2015 年内罗毕部长会议上，很多成员方明确表示，不讨论增加服务透明性问题①。

二　全球新兴服务业态的发展趋势

近年来，虽然全球服务业低速增长，但基于新兴信息技术的业态创新与商业模式创新却十分活跃，成为拉动服务业增长的新引擎。全球服务业发展的突出特征就是服务业态创新、商业模式创新不断涌现。在大数据、云计算、物联网、移动互联网、ICT 平台等新的信息技术支持引领下，各类互联网新业态蓬勃发展，并在生产性服务业与生活性服务业方面都产生了巨大影响。

（一）物联网发展推动全球服务业持续创新

物联网是一种新兴的信息技术。2005 年 11 月国际电信联盟（ITU）正式提出“物联网”（The Internet of things）概念。2009 年 1 月 IBM 提出了“智慧地球”的新概念，随着这一概念的不断深入，物联网在全球的应用规模不断扩大，尤其是在工业、物流、能源、环境治理、城市建设等方面得到了广泛应用。例如，美国沃尔玛和德国最大连锁零售商 METRO 集团将物联网技术应用于实现全球范围内的物流控制，极大地提升了物流业的服务效率。同时，物联网作为一种新兴服务业，其市场规模也不断扩大。IDC 在《2014～2020 年全球和区域物联网发展报告》中指出，到 2020 年物联网（IoT）市场规模将达 7.1 万亿美元，全球物联网市场规模未来 6 年将增长 5 万亿美元。预计在物联网市场中，相关服务的规模将超过 1 万亿美元。

（二）互联网金融为金融业发展提供新动力与新模式

以“P2P 网贷”“股权式众筹”为代表的互联网金融改变了传统的融资模式和金融服务方式，尤其为小微企业和大众创新、万众创业提供了融资便利，近几年的成长十分令人瞩目。根据国际证监会组织（IOSCO）2014 年发布的报告

---

① WTO：2015 *News items* – *Some Members not ready to start discussions on increased transparency in services*，https：//www.wto.org/english/news_e/news15_e/serv_15oct15_e.htm.

Crowd-funding: *An Infant Industry Growing Fast*（《众筹：快速成长中的新生行业》），P2P 借贷和股权众筹金融回报率在 2009~2014 年快速增长，其中 P2P 借贷市场年均增长率超过 150%。美国、中国、英国为全球三大众筹市场，占全球市场份额的 96%。中国、美国、英国为全球三大 P2P 借贷市场，2014 年中国行业成交量为 2528 亿元，英国为 153 亿元，美国超过 366 亿元（只计算 Lending Club 和 Prosper，二者占美国 P2P 借贷市场的绝大部分）。而股权式众筹因受到法律限制，在各国发展速度不一。英国因其有着规范的管理，2012~2014 年股权式众筹平均年增长 410%，2014 年预期规模达 8400 万英镑。

互联网金融发展的又一个特征是，各大平台通过上市、业务扩张，更深地融入社会、经济和生产、生活领域。2014 年 12 月全球最大的网贷平台 Lending Club 在纳斯达克上市，使网贷日益受到关注。与此同时，规模较小、专注于中小企业贷款的 OnDeck 也于 2014 年 12 月在纽交所上市，融资 2 亿美元。2014 年 6 月 Eaglewood Europe 开始在伦敦股票交易所（LSE）挂牌交易，代码“P2P”，成为第一只在交易所挂牌交易的 P2P 投资基金。上市后，这些互联网金融企业的业务也不断扩张，2014 年 3 月 Lending Club 开始小企业贷款业务，2015 年初，与 SCORE（小企业咨询与指导公司）、Google、阿里巴巴等合作拓展小微企业贷款业务。

（三）众包模式成为服务外包业增长的新引擎

众包（Crowdsourcing）作为服务外包业的一种新兴组织模式呈现高速增长态势，并在越来越多的领域广泛应用。近年来，众包在科学研究、产品研发、创新设计、文化创意等领域不断扩展，并对全球研发格局、研发组织模式等形成了一定的影响。据估算，众包市场在 2013~2014 年获得了年均 30% 以上的增长率。而印度的超级用户每年在众包网站上所获得的收入超过 1 亿美元。作为一个标志性事件，全球最大众包平台 FreeLancer 已在澳大利亚上市。随着移动互联网的不断普及，各类众包 APP 不断上线，众包将快速发展并将成为服务外包的一种主流模式。依托移动互联网的各类应用开发也将持续增长。例如，2014 年苹果 App Store 应用商店销售额约为 150 亿美元。

（四）互联网智能制造成为制造服务化的新趋势

制造服务化其核心是依托智能技术与互联网技术，实现智能制造。主要国家都纷纷提出相应战略，如德国“工业4.0”战略、美国“工业互联网”、“中国制造2025”等重大国家战略都是力求在智能制造方面引领世界，实现制造业转型升级。目前智能制造在企业层面已得到大量应用，如博世的“慧连制造”解决方案（Intelligent Connected Manufacturing solutions）、西门子数字工厂解决方案（Digital Factory Solution）、美国GE的工业互联网和炫工厂、日本三菱电机的e-f@ctory方案等，中国也已经产生海尔4.0互联网工厂等智能制造。这些都体现了制造业通过引入智能技术与互联网，实现制造服务化的新方向，可以称之为制造服务化2.0版。

（五）共享经济成为服务发展的新模式

2013~2014年服务业的另一个新特色就是共享经济的兴起，并将成为未来服务经济的新增长点。共享经济由虚拟资源领域切入实体资源领域，具有平台化、网络化、社会化及充分利用闲置资源的特点，对于人类社会实现资源节约、绿色可持续发展都有重大影响，同时对于改变传统消费模式和生产模式，创造绿色低碳、共创分享、网络智能、文明现代的生活方式和生产方式，也将产生深刻影响。

根据英国商务部的数据，目前全球共享经济的产值大概90亿英镑（约合146亿美元），普华永道预测到2025年全球共享经济产值可以达到2300亿英镑（约合3733亿美元）；在住宿、拼车、租车等服务领域，共享经济占据市场的半壁江山。英国商务部于2014年启动调查项目，为“把英国打造成共享经济的全球中心”制定了一份路线图，确保英国站在共享经济的前沿。Frost&Sullivan预计，北美地区汽车共享市场到2016年将达到33亿美元，P2P租赁市场规模将超过260亿美元，分享型经济作为一个整体，在美国具有一个1100亿美元以上的大市场。

目前，国外知名的共享经济平台包括：房屋短租平台Airbnb，该公司用户已遍布全球192个国家、3万个城市，数百万计的全球旅行者正绕开酒店业，通过Airbnb寻找到合适的个人房源。叫车服务平台“Uber”提供私人车辆共享服务，goCarShare提供搭便车服务。新加坡首个提供点对点租赁服务的平台Rent Tycoons建立两年多来，已经吸引超过2000个用户注册。德国的“农民机械协会”，允许协作使用机械，可为有需求的农场、农民和林业工作者带来过剩的劳动生产力。通过“协作性生活方式”衍生出的交易行为，还包括花园分享（landshare.net）、TaskRabbit（社会化“跑腿”服务）、Zaarly（综合P2P集市）等。中国共享经济起步较晚，但正在逐步形成产业规模，呈现雨后春笋般的增长态势。比如，“滴滴打车”、拼车等新的共享服务模式正在不断涌现，第三方研发平台、设计平台、设备租赁平台等共享平台正在蓬勃兴起（见表5）。

表5 国外主要共享经济应用平台

行业	共享平台
房屋短租	Airbnb, HouseTrip, Wimdu, LuxuryRetreats
闲车短租	Uber, Getaround, Hallo, Lyft, Relayglds, SideCar, Zipcar
车位短租	ParkingPanda, ParkatmyHouse
拼车	BlablaCar, Colnuto
名车飞机轮船	Qraft, Jumpseat, BlackJet, SurfAir, Arrow
自行车	SpinLister
宠物寄存	Rover, DogVacay
闲置物品短租	Fribi, Rentoid, SnapGoods, Grabio, EggDrop
餐桌分享	EatWith
办公场地短租	LiquidSpace, LooseCubes, PivotDesk, Breather

（六）大数据、电子商务等新兴业态保持强劲增长态势

大数据是近年来新兴信息产业的一个新热点。大数据不但改变了商业运营模式，而且随着数据价值不断被挖掘出来，也成为一个独立的产业。在传统商业模式下，数据是作为核心业务的辅助成分来使用，而且是针对具体目标而搜集的。比如，零售商为了记账而将销售量数据记录下来；制造厂商为了控制质量而将原材料记录下来；广告条上的鼠标点击次数被记录下来，目的是计算广告收入。这些业务是某个特定行业为了自身业务发展而进行的一项辅助活动。

大数据的兴起，使数据的作用不再仅限于其最初的目的，运用大数据分析，企业可以更深刻地了解消费者、更全面地控制生产经营过程，因此，大数据不再是辅助的工具，而成为一项重要的资产。数据资产化，使大数据正在成为一个独立的行业。据网站 angel. co 称，2010 年 11 月至今，共有 2924 家大数据初创公司创立。2015 年二季度美国风险投资界对大数据初创公司的投资总额达到了 191.9 亿美元。*CSC Global CIO Survey*：2014 ~ 2015① 通过调查发现，64% 的各行业 IT

① 这份报告是在调查 590 多位 IT 高管或与技术有关的高管后得出的，调查的时间为 2014 年 8 月 22 日至 9 月 11 日。调查对象分布在 5 个大洲的 23 个国家，他们都是员工人数不低于 250 人的私营企业或公共事业组织的高管。

高管都在大力投资大数据业务。研究企业 Markets and Markets 公司 2014 年 12 月发布的研究报告称，2014 年全球大数据服务市场规模达到 148.7 亿美元。

电子商务市场也获得了快速增长。2014 年 B2C 电子商务全球销售额达到 14710 亿美元，增长近 20%。按区域划分，北美（包括美国和加拿大）仍然是 2014 年 B2C 电子商务销售额最高的区域，占全球的 1/3 左右。但由于中国的强劲增长，2015 年亚太地区将位居全球电子商务销售额榜首，预计将占到全球总量的 33.4%，而北美占 31.7%，西欧占 24.6%。

三 美国、印度服务业发展情况

（一）美国

美国是全球服务业最发达的国家。2012～2014 年服务业占比虽略有降低，但仍好于整个经济的增长和发展水平。2012、2013、2014 年美国服务业增加值分别为 12.72 万亿美元、13.18 万亿美元、13.71 万亿美元，增速分别为 4.26%、3.63%、4.06%，服务业占 GDP 的比重分别为 78.9%、78.6%、78.6%，服务业增速分别高出同期 GDP 增速的 1.96 个、1.43 个、1.66 个百分点（据之前国际货币基金组织测算，2012、2013、2014 年美国经济增长分别为 2.3%、2.2%、2.4%）。近年来，美国在“重振制造业”“重返实体经济”等战略下，服务业发展有放缓趋势。

从服务业结构上看，近年来美国服务业内部各个行业占比发生了小幅变化。2014 年金融保险房地产业占 GDP 的 20.2%，是国民经济中最大的部门。专业服务占 12%，自 1997 年起（1997 年为 9.8%）增加了 2.2 个百分点，在服务业各行业中名义增速最快，2014 年专业服务业增加值从 19817 亿美元增加到 20983 亿美元，增长率为 5.9%。教育健康服务业占 8.2%，1997～2009 年该行业从 6.8% 增长到 8.4%。近年来，美国信息产业一直保持稳定，2014 年占 GDP 比重约为 4.9%。

美国是全球最大的服务贸易国。2014 年服务贸易额达到 11877 亿美元，增长 3.3%，占 GDP 比重达到 6.82%。美国服务贸易占 GDP 的比重低于全球平均水平（11.46%），也低于英国（19.25%）、德国（15.76%）等发达国家。美国是全球最大的服务贸易顺差国，2014 年美国服务出口为 7094 亿美元，服务贸易进口额达到4783亿美元，顺差为2311亿美元。

从发展趋势来看，美国经济正在缓步走出金融危机的阴影，据国际货币基金组织测算，2015、2016年美国经济增长将分别达到2.5%、3%，由此推测，美国服务业也将进入一个复苏发展阶段，由于美国信息技术在全球领先，各类网络化、数字化、智能化的新兴服务业也将在全球处于领跑者地位。

（二）印度

近年来印度经济增速表现令人瞩目。据国际货币基金组织测算，2013、2014年印度经济增长分别达到6.9%、7.3%，2015、2016年将分别达到7.5%（预测值）、7.5%（预测值），在主要经济体中位居前列，远远高于世界经济平均增速。印度经济高速增长的主要动力来源于服务业。2010~2014年，印度服务业占GDP的比重平均为51.6%，服务贸易占比平均为14.6%。2014年印度服务业占比为52.99%，低于2010年54.64%的水平，与印度2002年占比的水平接近，主要原因是工业化步伐加快。同时也说明，进入21世纪以来，印度服务业已经没有20世纪80、90年代般的高速增长。印度服务贸易占GDP的比重一直保持在较高水平，2014年占GDP的比重达到14.71%，这一水平不仅高于世界平均水平（11.46%），也高于美国（6.82%）、中国（约6%）。从1990年至今，印度服务贸易一直持续高增长态势。1990年印度服务贸易占比仅为3.28%，到2000年迅猛增长到7.56%，2012年已经超过15%。印度服务贸易的高速发展主要动力源于印度服务外包的快速增长（见表6）。

表6　2010~2014年印度服务业、服务贸易占GDP比重

单位：%

年份	服务业占比	服务贸易占比
2010	54.64	13.57
2011	48.52	14.36
2012	50.03	15.02
2013	51.31	14.77
2014	52.99	14.71

资料来源：Wind资讯、世界银行WDI数据库。

从服务业内部结构来看，印度服务业内最大的部门为贸易、旅馆与餐饮业，2012 年该行业占 GDP 的比重达到了 18.54%；第二大行业是金融保险、房地产和商贸服务业，2012 年该行业占 GDP 的比重达到 17.76%。值得注意的是，在最近的十年间，金融保险、房地产和商贸服务业占比上升了 3 个百分点，而贸易、旅馆与餐饮业占比上升不到 2 个百分点，而且自 2006 年以来基本保持稳定；第三个大的服务行业是运输、仓储及通信业，2012 年该行业占 GDP 的比重达到 7.35%，虽然目前占比不是很高，但印度在通信、信息等服务业领域具有较强的国际竞争力，且印度工业化、城市化进程加快发展，该行业未来将具有较大的增长潜力和空间（见表 7）。

表 7　2006～2012 年印度服务业内部构成及占 GDP 比重

单位：%

年份	运输、仓储及通信业	贸易、旅馆和餐饮业	金融保险、房地产和商贸服务
2006	8.09	18.23	15.14
2007	7.94	18.59	15.40
2008	7.70	18.59	16.30
2009	7.57	18.33	16.14
2010	7.16	17.96	16.47
2011	7.12	18.66	16.90
2012	7.35	18.54	17.76

资料来源：Wind 资讯。

四　全球服务业发展展望

根据国际货币基金组织测算，2015、2016 年世界经济增长分别为 3.3%、3.8%（世界银行测算分别为 2.8%、3.1%），表明全球经济仍处于缓慢复苏过程中，已经步入低增长、低通胀、格局分化的“新常态”。由此判断，2015～2016 年全球服务业也将保持相应速度，增长仍处于平缓、低速阶段。2016 年美国、欧元区经济将走出低谷开始反弹，有利于带动全球服务需求市场的整体复苏；中国、印度等新兴经济体城市化进程加快，服务业也将持续快速增长态势；以互联网经济为基础的新型服务业规模将急剧扩大。这些因素都为全球服务业的持续增长创造市场空间和技术条件。

2015～2016 年全球服务业增加值增长率将保持在 3.2%～3.5%，服务业占 GDP 的比重仍将保持在 70% 左右。主要经济体中，美国服务业仍将保持 3% 左右的增速；中国、印度服务业增长率都将达到 8% 左右。中等收入国家服务业占比将进一步上升。全球服务业 FDI 受全球 FDI 回暖的影响，尤其是中国“一带一路”战略及美国 TPP、TIPP 等区域战略的影响，在维持联合国贸发会议关于全球 FDI 在 2015 年增长 11.4%、2016 年增长 8.4% 的预期前提下①，可以预期，2015～2016 年全球服务业 FDI 将保持不低于 10% 的增速。在互联网经济等新业态的引领下，全球服务贸易受各区域自贸区建立和贸易自由化政策的影响，仍将持续增长，预计 2015～2016 年增长率为 5%～6%，高于世界贸易 4.1%～4.5% 的增速②。服务贸易占 GDP 比重达到 12% 左右的水平。全球离岸服务外包仍将保持快速增长，预计 2015～2016 年保持 16% 的增长率（见表 8）。

表 8　2015～2016 年全球服务业增长情况预测

单位：亿美元，%

年份	服务业增加值增长率	服务业占GDP的比重	服务业 FDI 增长率	服务贸易增速	服务贸易占比	离岸服务外包金额
2015	3.2	70	12	5	12	2316
2016	3.5	70	10	6	12.2	2687

资料来源：笔者根据联合国贸发会议、IDC 等有关数据分析测算。

（撰稿人：王晓红，中国国际经济交流中心信息部副部长、《全球化》副总编、教授；李勇坚，中国社会科学院财经战略研究院互联网经济研究室主任、副研究员）

① 参见联合国贸发会议《2015 年世界投资报告》。

② 据国际货币基金组织预测，2015、2016 年世界贸易增速分别为 4.1%、4.5%，根据联合国贸发会议 2015 年世界投资报告的测算，全球国际贸易额在 2015 年增长速度仅为 3.7%，2016 年为 4.7%。

全球科技创新形势分析与展望

当今世界科技革命方兴未艾，一些重大科技领域正处于“颠覆性突破”的前夜，科学和技术高度融合，科技创新的方式发生重大变化，成果的生产与应用过程呈现高度的一体化特征。科技发展不仅带来社会生产方式的重大变革，也带来人们生活方式、交往方式乃至思维方式的变化，科学技术以其基础性、先导性和强渗透性，已成为大国国力竞争的关键性因素。2015 年各国继续强化对本国未来科技发展布局，加大科技创新支持力度，科技重要领域取得一批创新性强、引领作用突出的研究成果。

一 2015～2016 年世界主要国家间科技竞争新态势

2015 年世界主要国家着眼于未来全球科技竞争，推出了一批鼓励科技创新的政策组合，不断改进科学创新管理体系，优化科技创新产业发展方式。

（一）美国：科技作为重要推动力的导向更加明确

科技发展一直是美国经济的重要推动力，近年来的页岩气革命已经引发全球能源版图发生结构性变化。在美国的再工业化战略推动下，2009～2013 年美国制造业产值增长超过 20%，回归美国本土的企业超过 200 家。2014 年以来美国经济提挡加速。实践证明，2009 年“美国复兴和再投资”和《美国创新战略：推进可持续增长和高质量就业》，2011 年的《美国创新战略：确保我们的经济增长与繁荣》等，对美国经济的复苏发挥了重要的支撑作用。

2014 年 7 月美国发布联邦公告，号召全国的思想家、企业家、创业者就大有前景的新动议或紧迫的新一轮投资需求提交议案，力图基于此形成新的美国创新战略核心要点。目前，2015 年“美国创新战略”文本还没出现，但从其议案看，可能有一些重点调整和关键变化：一是进一步拓展创新内涵。重点是在熊彼特提出五类创新基础上，强调互联网、大数据带来的开辟市场和企业组织形式方面的创新。二是更加强调政府在创新推进中的作用。2011 年美国创新战略把私营部门作为创新的主要引擎和承担者，新的创新战略则强调政府和市场是决定产业竞争力的两股力量。三是优先发展平台技术开发。2011 年美国创新战略，强调的是对若干重点领域研发环节的投入，而此次联邦公告中，美国政府强调重要研发平台能够有效地缩短重要材料、产品和系统的设计、生产、测试周期，减少开发成本。美国政府可能将更多资源用于支持国防部先进研究项目局（DARPA）、国立卫生研究院（NIH）、食品药品管理局（FDA）等重要平台建设。四是更加重视实体经济和创业。2011 年美国创新战略主要强调的是再工业化和出口倍增，目标着眼于产业复兴和市场扩张。美国 2015 年创新战略则提出重建“产业公地”，以此赢得新技术创造和下一代制造能力的提升，强调重建制造商、技术诀窍、全国供应链、教育机构、本地劳动力和金融机构之间的联系，推动新工具、新商业模式和新投资模式，降低资本密集型产业创业创新成本，把实体经济发展作为美国经济持续增长和高质量就业的基石。五是更加注重创新生态的培育。强调创新文化、灵活的人才市场、世界一流的研究型大学、区域创新生态系统和占世界份额很大的创业资本，是构建和维持美国创新优势的基础。具体包括建立新型机制和模式促进科技劳动者与雇主需求的匹配，推进知识产权和竞争政策适应创新模式的多元化发展，开发公私合作模式、搭建实验平台等模式，促进联邦政府、州政府和地方政府合作建立新型伙伴关系或合作关系，发展大城市“创新区”。

2015 年美国国家科学院发表了题为《21 世纪的外交》报告，报告明确指出：“科技能力使国务院有很多机会促进美国各方面利益，因为在迅速变化的世界中，科技是经济发展的重要推动力。在预防和应对敌对政府和恶意破坏国际安全的组织方面，科技也发挥着关键作用。”报告特别建议美国国务院充分利用美国无与伦比的科技能力，更好地完成外交使命。要继续提升自身能力，了解科技发展最新情况，准备好应对各种与科技有关的挑战。

从2016年美国国会财政预算来看，美国政府持续大力支持研发、创新和科技教育。2016年美国研发预算总额为1460亿美元，比2015年提高了6%。其中，用于支持基础和应用研究的资金是670亿美元，比2015财年增长了3%。重点支持有望直接带来变革性知识和技术的领域，以造福社会，创造未来新企业和新就业岗位。强调继续支持一流的科学研究，加大基础研究资助机构的预算；加大国防研发、空间技术和产业技术开发力度，加强医学领域研发，支持清洁能源，加快向清洁能源经济转型，使之成为21世纪能源产业的领导者；支持气候变化行动计划；加强科技教育，培养学生的科学技术工程和数学（STEM）技能；预算案还支持私营部门研发，减免研发税收。

美国强调继续支持STEM教育计划，即科学（Science）、技术（Technology）、工程（Engineering）与数学（Mathematics）。STEM计划是一项鼓励学生主修科学、技术、工程和数学领域的计划，并不断加大科学、技术、工程和数学教育的投入，培养学生的科技理工素养。STEM教育是一种“后设学科”，即这一学科的建立是基于不同学科之间的融合而形成的一个新的整体，是一种跨领域的教育。自2006年美国提出《美国竞争力计划》以来，STEM计划一直倍受政府关注。2015～2016年，美国继续强调科技教育，旨在提高国民科教水平，并且培养高素养的科研人员。

（二）日本：努力建设世界上最适合创新的国家

2015年日本根据国家发展战略目标，调整科技管理体系，进一步明确科技管理机构的责任与使命；强调以适应世界科技发展需求，建设世界上最适合创新的国家。

2015年1月，日本政府发布了《机器人新战略》。这一战略旨在确保日本机器人领域的世界领先地位，并提出要建立“世界机器人创新基地”、“世界第一的机器人应用国家”、“迈向世界领先的机器人新时代”三大核心目标。依据此项计划，日本机器人发展要着重提升“易用性”，并向与信息技术相融合的趋势发展。从新的潮流以及发展可能性的角度上，灵活把握机器人概念。同时提出机器人革命的三大核心战略，一是打造世界机器人创新基地以巩固机器人产业的培育能力，二是打造世界第一的机器人应用社会以扩大机器人的需求，三是通过互联网和数据的高级利用，以迈向领先世界的机器人新时代。

推动与欧盟建立研究创新战略合作伙伴新关系。基于促进开展卓越研究、提高产业竞争力、高效应对全球社会发展的共性问题的考虑，2015 年 5 月第 23 次日欧定期首脑磋商，确认日欧研究创新战略合作伙伴新关系的相关共同愿景，双方建立该战略合作伙伴关系。今后日本与欧盟将通过开展多层次的频繁磋商，深化战略合作关系；在重要战略领域促进共同研究活动，包括在信息通信技术、航空、材料科学领域继续开展合作，在健康医疗研究、环境、能源以及高能物理学领域扩大合作；确立研究创新工程共同资助机制；制定包括签署日本学术振兴会与欧洲研究评议会合作协定在内的促进研究人员交流的一系列措施；进行开放科学等领域与科学技术创新政策相关的紧密磋商与合作；促进市民参与，使得研究创新合作更加广为人知。

（三）俄罗斯：强化科技投入、确保现代化建设以科技为主导

2012 年 12 月俄罗斯总理梅德韦杰夫签署《2013～2020 年国家科技发展计划》，目的就是发挥科技在俄罗斯现代化中的主导作用，解决基础研究和应用研究效率低下、企业研发热情不高、国家科研投入不足、研究设施陈旧、科技人才流失的问题。这一计划包括《基础研究子计划》《在有前景科技领域促进探索性研究和应用研究子计划》《促进科技体制发展子计划》《促进跨部门研发基础设施子计划》《加强国际科技合作子计划》《保障国家科技发展计划实施子计划》等六个子计划。目前进入实施的第二阶段（2014～2017 年）。按原计划俄罗斯联邦财政拨款 521 亿美元用于支持该计划，俄罗斯政府决定划拨补充资金支持该计划。

目前俄罗斯国家财政预算遇到一些困难，尽管某些项目被削减，但 2015 年俄罗斯对于科学的投入总体上保持原有比例，继续支持科学的发展。2015 年，总投入将达到 3500 亿卢布左右。其中，基础研究投入 1150 亿卢布、应用研究投入 2410 亿卢布。并且俄罗斯将更加重视资金的投入效果，向研发的优先领域投入。同时政府号召俄罗斯科学院要更多地和政府、企业进行沟通，从而明确市场需求。

俄罗斯政府继续鼓励国家科技体制改革，俄罗斯科学院是管理科学、科学界最重要且唯一的机构，自主规划科学活动、确定优先方向。联邦科学组织管理署处于辅助地位，它的主要工作是从事资产管理和经营管理。目前俄罗斯科学院改革已经近两年。另外鉴于很多人向俄总理建议恢复国家科委，或将俄罗斯教科部拆分为俄罗斯教育部和俄罗斯科学部，俄总理提出准备进一步研究成立新的联邦科学管理机构的可能性。同时支持高校与国家科研机构加强合作，在 2017～

2020 年继续对高校与科研机构开展高技术生产领域的综合性项目合作提供资助，促使高校优化教育发展规划，刺激增加新产品的生产，激励创造新的高技能工作岗位和实行进口替代。

俄罗斯政府启动修订《科学和国家科技政策法》程序，主要针对俄联邦科学和科技活动的资助手段与资助机制进行完善，并且于 2015 年 4 月审议通过了《科学和国家科技政策法》修正案，在俄科技界得到热烈反响。未来有望借助科技基金会的出色工作来增加科技投入，无论基金的归属。针对目前俄罗斯科研设备大多过旧的问题，基金会有望资助科研基础设施建设项目，例如设备共享中心和专用科学仪器。

（四）欧盟：以创新型先进技术应对未来挑战

欧盟近年创新水平整体向好，主要表现在创新人力资源改善、企业研发投入增加、科研质量提高。随着全球经济竞争日趋激烈，欧盟联合研究中心认为欧盟工业制造业及其相关服务业需要更多地依赖创新型先进制造技术，需要加速完善统一的标准化体系，确保欧盟产品与服务的质量和功能。认为标准化必须同步于适应技术进步和应对社会挑战，积极刺激研发创新和提升欧盟企业竞争力。认为要以系统化的方式，高度关注新兴技术与服务的初期发展。

欧盟针对自身优势与责任，有望致力于标准化体系的整合，全面覆盖各类设备、基础设施及其相关服务，确保各成员方各行业标准的相互衔接；致力于资源环境可持续发展、资源效率提高、原材料零浪费；致力于产品与服务的高质量、高附加值和高功能，持续满足新产品与新服务的社会需求；致力于新技术、新产品和新服务的保护，确保知识产权、保护个人隐私；致力于积极开展国际合作，特别是同国际标准化组织和世界主要竞争对手的合作。

2014 年 1 月英国正式启动“地平线 2020”计划，研究范围囊括了欧盟绝大多数科研项目，主要目的是整合欧盟各国的科研资源，提高科研效率，促进科技创新，推动经济增长和增加就业。该计划每年出资 2000 万欧元，设立创新政策支持便利机制（PSF），出资 1200 万欧元资助页岩气研发创新项目，资助提高能效研发创新活动，支持科技成果转化等多项项目。2015 年该计划进展顺利。

2014 年 10 月法国总统奥朗德提出“法国科创奖”计划，向外国企业家提供便利快速的签证、创业基金、个性化创业指导、协助在孵化区安置公司等服务，鼓励最具才华的创业者来法从事经济活动。2015 年 6 月巴黎启动科技倡议计划，计划到2020年预留10万平方米建设世界最大规模的企业孵化中心，以聚集世界各地的人才和创意，使巴黎成为全球创业工厂，以巩固巴黎世界创新之都的地位。

二 2015～2016年全球科技发展取得重大进展

2015年科技热门领域主要包括新材料、新能源、航天科技、生命科学、电子信息等，世界各国在这些领域的研究极为活跃，并且投入资金较多，研究成果丰硕。

（一）新材料技术

材料工业是国民经济的基础产业，新材料是材料工业发展的先导，是重要的战略性新兴产业。新材料涵盖范围广，包括高端金属材料、先进高分子材料、高性能复合材料等。石墨烯继续成为材料科学领域关注的热点，石墨烯是一种从石墨材料中剥离出的单层碳原子面材料，是碳的二维结构，厚度只有约0.3纳米，但它却是目前世界上最硬且最轻的纳米材料，其强度是钢材的300倍，也是强度最大的材料。据测算，如果用石墨烯制成厚度相当于普通食品塑料包装袋的薄膜（厚度约100纳米），那么它将能承受大约两吨重的压力而不断裂。

石墨烯是世界上导电性能最好的材料，电子在其中的运动速度达到光速的1/300，远远超过电子在一般导体中的运动速度。根据石墨烯超薄、强度超大的特性，石墨烯可被广泛应用于各领域，比如超轻防弹衣、超薄超轻型飞机材料等。根据其优异的导电性能，它在微电子领域也具有巨大的应用潜力。石墨烯有可能作为硅的替代品，制造超微型晶体管，用来生产未来的超级计算机，碳元素更高的电子迁移率可以使未来的计算机获得更高的速度。另外石墨烯用于手机电池中，可达到3秒钟充满电，带电30天。

在技术应用方面，美国科学家首次揭示石墨烯插层复合材料的超导机制，并发现一种潜在的工艺能使石墨烯获得超导性能；剑桥大学开发出首个基于石墨烯的柔性显示器，证明石墨烯可被用于制造基于晶体管的柔性装置；曼彻斯特大学研究人员利用六方氮化硼，层叠合成含有六方氮化硼夹层的石墨烯材料，这种材料具备储存电子能量和动量的功能，未来或成为制造新一代晶体管的材料首选。

（二）3D 打印技术

3D 打印技术依旧是热点领域，近年来 3D 打印技术蓬勃发展，在航空航天、生物医学工程、工业制造等多个方面有着广泛的应用。在制造业中，3D 打印技术可从 CAD 模型直接生产模具，能生产出原有技术条件下很难达到的高复杂度的产品。在医学方面，3D 打印初步试用是从骨骼开始的，主要是通过磷酸钙、陶瓷粉等生物材料，结合 3D 打印技术制造出用于人工植入的假骨。另一个方向是人体器官打印。美国 Wake Forest 大学教授就通过干细胞与 3D 打印技术的结合，实现了肾脏的打印。

在医疗设备方面，3D 打印技术已广泛应用于颅骨、眼眶、颌骨及牙假体、耳郭假体、人工骨盆等的个性化制作，根据不同患者的需求扫描患者的数据信息，进行相应的制作。另外，3D 打印还可以应用于大脑、心脏等精细部位的植入设备，如心脏支架等。根据不同的患者需求，精确制备个性生物医药高分子材料。

美国食品药品监督管理局（FDA）通过一款名为 SPRITAM 的利用 3D 打印技术生产的药物。由美国 Aprecia 制药公司研制，用于治疗癫痫症患者。这意味着我们正在朝着个性化定制药物的方向迈进。

此外，科学家们在纳米材料、生物材料、金属材料以及非金属材料领域获得多项突破。美国国家标准与技术研究院（NIST）通过在纳米尺度上采用一种三明治结构，研发出一种多壁碳纳米管材料，可大幅降低泡沫制品的可燃性。德国卡尔斯鲁厄理工学院等开发出人造骨髓，其中有更多的干细胞保留了其特殊性能①。

（二）新能源技术

新能源也是重要战略新兴产业之一，在目前全球资源问题严重的大背景下，新能源发展热度极高，热点领域主要包括太阳能光伏、生物燃料、氢燃料等。

光伏（太阳能光伏发电系统）是新能源领域热点之一。从世界范围来看，根据《全球光伏市场需求展望》最新报告，2015 年全球光伏新增装机容量将达到 55GW，较上年增加 36%，增速远高于 2014 年的 2%。到 2020 年太阳能光伏市场年度新增装机容量将达到 135GW，光伏将占据全球年新增发电能力的一半。

① 资料来源：EricssonDatabase。

中国将成为最大的光伏市场，拉美、非洲、中东也将加入光伏市场大军。

在技术应用方面，德意志银行的一份可再生能源发电成本研究报告称，在未来3～4年内，太阳能发电成本有望下降40%。在美国罗切斯特研发中心，科学家们已经建立一个全背接触式硅异质结电池结构，用铝完全取代了银，实现成本节约。

美国宾夕法尼亚州立大学开发出了厚度仅1厘米、无须外置太阳追踪装置的聚光式光伏发电（CPV）电池板技术。CPV系统是利用聚光镜将太阳光聚集在一点，在该位置设置3/4结化合物太阳能电池进行发电的技术。不过效率虽高，但是价格高昂，目前用途仅限于人造卫星等高端领域。日本宇宙航空研究开发机构（JAXA）利用微波，将1.8千瓦电力（足够用来启动电水壶）以无线方式，精准地传输到55米距离外的一个接收装置。该成果有望用于太空太阳能发电领域。

生物燃料是新能源领域的重要发展方向，2014～2015年美国在此领域研究有所进展。美海军研发以藻类为主要原料的第三代生物燃料，并计划在2016年举行的“环太平洋－2016”军事演习中为50%的舰艇和飞机配备使用，这标志着美海军替代生物燃料应用的新开端。

氢燃料以其无污染、高效率、可循环利用的优点，被认为是21世纪最理想的能源。美国弗吉尼亚理工暨州立大学生物系统工程系华裔教授张以恒的研究团队，研发出把被废弃的玉米壳及叶柄制造成氢燃料的技术。今后有望利用广泛存在的生物废弃物，制成可供汽车使用的廉价氢燃料，且不会污染环境。日本研究出利用海上风电制氢技术。利用漂浮式的海上风机，通过电解过程从净化海水中获取氢气。所提取的氢气被压缩和储存，并用油轮运输上岸。该技术可为日本提供更清洁的氢能。

（三）航天科学技术

航天科技长久以来被各个国家视为科技发展重点，是发展较早的科技领域。以美国为主的一些国家，2014～2015年全球航天领域突破颇多，热点领域主要包括航天飞行器、载人飞船等。

彗星着陆器首次登陆彗星。2014年11月12日，欧洲罗塞塔彗星轨道器成功向“67P/丘留莫夫－格拉西缅科”彗星释放了全球第一个彗星着陆器。这是一次惊人的壮举，克服了降落距离高、彗核直径大和引力小、形状极不规则、空间环境十分复杂等一系列难题，对未来小天体着陆式探测奠定了重要基础。

美国载人飞船“猎户座”首次试飞成功。2014 年 12 月 5 日，美“猎户座”飞船发射升空，42 年后人类踏出重返深空的第一步，是美国航天飞机退役后恢复载人航天能力的重要里程碑，开启全球“火星时代的第一天”。按照 NASA 的计划，“猎户座”将于 2015 年正式服役，2021 年把宇航员送入太空，2030 年前后执行火星载人探测计划①。

美国首次实现在太空用 3D 打印机打印部件。2014 年 11 月 24 日，美国国家航空航天局在国际空间站运用 3D 打印技术打印出印有“NASA/ 太空制造股份有限公司”字样的面板。这标志着国际空间站将有可能实现自己打印所需的替换零部件，减少对地面补给的依赖。

美国无人轨道试验飞行器 X－37B 在轨道运行 675 天后成功返回地面。X－37B 是美军研制的一种可垂直发射、水平着陆的无人天地往返航天器，迄今已完成 2 架 3 次发射和返回任务。X－37B 具有多种应用潜力，不仅使美国可通过采用不同于卫星平台的新方式获得所需要的天基能力，更为美国提供了一种可快速转场重复使用、长期留轨并可灵活机动、可个性化定制任务的空间平台。

（四）生命科学领域

生命科学是与人类健康息息相关的重要科技领域，2014～2015 年生命科学领域成果丰硕。2015 年 1 月美国提出精准医学计划，“精准医学”是考虑人群基因、环境和生活方式、个体差异的促进健康和治疗疾病的新兴方法。具体做法是通过基因组、蛋白质组等组学技术和医学前沿技术，对于大样本人群与特定疾病类型进行生物标志物的分析与鉴定、验证与应用，从而精确寻找到疾病产生的原因和治疗的靶点，并对一种疾病不同状态和过程进行精确亚分类，最终实现对于疾病和特定患者进行个性化精确治疗的目的，提高疾病预防与诊治的效益。美国计划 2016 年投入 2.15 亿美元，希望以此引领一个医学新时代。

CRISPR 基因编辑技术是近年来发展起来的可以对基因组完成精确修饰的一种技术，被 *Nature Methods* 评为在过去十年中对生物学研究影响最深的十大技术之一，具有极其广泛的发展前景和极大的应用价值。本质上，CRISPR 是细菌用来防范病毒的免疫系统。

近年来，研究人员将 CRISPR/Cas9 用在比细菌更复杂的植物和动物细胞培

---

① 资料来源：EricssonDatabase。

植上，哈佛大学遗传学家乔治·丘奇用CRISPR技术改变了人类细胞的基因，为治疗疾病带来全新的技术变革。2014年6月，麻省理工学院的研究人员，用CRISPR技术治愈了成年小鼠的酪蛋白血症，这是一种罕见肝脏疾病。8月，斯坦普大学病毒学家卡迈勒·哈利使用CRISPR技术，从几个人类细胞中切除了导致艾滋病的HIV病毒，被感染的细胞转换成未感染的细胞，且未受感染的细胞液受到CRISPR的保护。

2015年2月，科学家首次证实CRISPR/Cas9对人类细胞靶向效应的准确性。首尔大学的研究员成功证实CRISPR/Cas9在人类细胞中有精确的打靶作用，他们开发出一种强大、敏感、无偏见和具有成本效益的方法——Digenome - seq，可通过基因组测序的方式在全基因组范围内检测人类细胞中的CRISPR/Cas9脱靶效应。一旦我们证实了CRISPR/Cas9的准确性，那么这对于开发治疗疾病的基因疗法或细胞疗法将会带来非常大的推动作用。由于该项技术的强大功能及廉价成本，多位科学家预感到CRISPR技术失控的危险，滥用CRISPR技术有可能引发一系列伦理问题及安全问题，他们发表文章强烈反对利用CRISPR技术对人类生殖细胞进行修饰。

（五）电子信息领域

电子信息领域是近年来发展最快的科技领域之一，且由于成果转化相对容易，因此其大范围地影响着民众的生活。2015年电子信息热点主要包括大数据、云计算、物联网、信息安全、人工智能等领域。

2015年，云计算将以更加快速的发展趋势进入每个行业。云将会触及我们每个人生活的方方面面，并且刺激出令人兴奋的创新。同时大数据行业也迎来了井喷式发展，云计算与大数据的结合会给存储计算方面带来更多的优势。

目前信息安全形势日益严峻，信息安全需求日益复杂和多样化，需要我们化被动为主动，构建整体性的信息安全防控体系。新时期下，信息安全产业充满机遇与挑战，亟须一个强大而完善的信息安全系统和一个强大的电子信息行业为展示与发展平台提供强有力的服务与支撑。

人工智能的研究和应用也同样掀起新高潮，并不断涌现出新思想、新观念、新理论和新技术，成为未来科学技术创新的重要发源地。人工智能发展至今已涉及多个研究领域，研究方向包括智能控制、符号计算、自然语言理解、模式识别和计算机视觉、机器学习与数据挖掘、智能信息检索、语音识别等，人工智能逐渐成为更为广泛的智能科学学科。

智能软件与跨界转型同样是电子信息的重要领域，车联网成功地将汽车行业与互联网进行融合，成为汽车发展的未来大势。今后汽车发展将向创新型、更具科技实力、更具人性体验的智能化时代发展。互联网连接将成为未来汽车的标配，智能汽车将成为未来交通生活的重要组成部分，车联网或将成为一个不亚于移动互联网市场产值的超级蓝海。

三　国际科技发展新形势下中国的战略选择

党的十八届五中全会通过的《中共中央关于制定国民经济和社会发展第十三个五年规划的建议》提出，创新引领是发展的第一动力，必须把创新摆在国家发展全局的核心位置，不断推进理论、制度、科技和文化创新。这是在邓小平同志提出科学技术是第一生产力的基础上，党中央面对中国经济进入新常态和全面建成小康社会决胜阶段新任务，从一个新高度对以科技创新为核心的全面系统创新进行再动员和再部署。

随着中国经济的快速发展，国家对科技创新高度重视，科技研发投入不断加大，以科技论文发表数量、被引用总次数以及国际专利申请量等为代表的科技产出数量迅速增长。2015 年中国科技继续展现出强劲的发展势头，中国科技实力的整体提升获得国外评论的普遍肯定。美国佐治亚州技术政策与评价主任 Alan porter 认为，“中国已经真正改变科技与世界经济的格局，正在成为研发方面的领导者”。

但从国内来说，中国科技发展质量也不时遭到质疑，如论文引用率低、专利转化率低、高科技含量成果有限、科技产品的商业化程度不高、知识产权保护环境不完善、科技对经济的支撑作用仍处于较低水平。2015 年 10 月 5 日中国女药物学家屠呦呦获诺贝尔生理学或医学奖，这是中国本土培养的科学家首次获得诺贝尔科学类奖项，由此也引发了人们对中国科技发展的一些讨论。面对日益激烈的全球科技竞争和国内经济转型升级的迫切需要，我们有大量的工作要做。

推进科技管理体制改革。目前我国科技管理体制职能重复、缺乏协调的问题比较突出，国家主要科研计划分属不同部委和机构，每个机构均有自己的研究计划和研究重点，相互之间由于缺乏信息沟通，研究重点、研究人员重叠现象较为严重。在全面深化改革大背景下，要加强科技管理体制的“顶层设计”，加大科技管理体制改革，推进研发管理向创新服务转变，进一步协调机构、整合资源、发展整体效能势在必行。

要坚持战略导向，加强科学预见和前沿跟踪，可以借鉴“两弹一星”研制的经验，集中优势力量进行重点攻关，争取在事关发展全局的共性关键技术上早日取得突破，在新一代信息通信、新能源、新材料、航空航天、生物医药、智能制造等领域获得优势地位。

在继续加大科技投入的同时，要进一步优化投入结构，注重投入效率。有研究预测，中国的研发经费将在2030年前超过美国，如何用好数额巨大的研发投入是一个大课题。当前要解决好经费投入过分注重开发、研究投入不足问题，解决资源分配不合理、腐败和科研诚信问题。

提出要加强基础研究，强化原始创新、集成创新和引进消化吸收再创新。发挥企业创新主体地位和主导作用，发挥大企业科技创新的积极性，鼓励更多中小企业参与科技活动，形成一批有国际竞争力的创新型领军企业。

着力推进上海打造全球科技中心城市。从当前全球科技创新的地理分布来看，上海作为全球科技创新网络中的枢纽性节点城市是世界新知识、新技术和新产品的创新源地和产生中心。全球范围内少数能级最高的科技创新城市，因其科技资源密集、科技创新活动集中、科技创新实力雄厚、科技成果辐射范围广而成为全球科技创新中心。2014年澳大利亚智库2thinknow发布全球最具影响力的40个支配型创新城市排名，美国最多，拥有9个，中国上海位列第35。目前借助全球高端生产要素和创新要素向亚太地区转移的良好势头，增进上海创建全球科技创新中心所需要的资源丰度和市场深度，推动重要战略资源和制度改革红利向上海倾斜，使上海早日成为科技创新的中心地和全球创新中心城市。

适应科技发展新需要，赋予创新领军人才更大的人财物支配权，实行以增加知识价值为导向的分配政策，提高科技人员成果转化收益分配比例。不断探索科技金融发展新空间，推进技术资本、创新资本和企业家资本等创新要素深度融合、深度聚合，构造创新发展的强大引擎。

参考文献

张换兆：《美国2015创新战略及启示》，《高科技与产业化》2015年第5期。

《巴黎启动“法国科技倡议计划”》，《经济日报》2015 年 6 月 29 日。

朱宏康：《国际新材料政策与计划研究》，《中国材料进展》2015 年第 4 期。

GTM：《2015 年全球光伏新增装机容量将增 36%》，http：//news. cableabc. com/commentary/20150622011283. html，2015 年 6 月 22 日。

上海新能源行业协会，http：//www. sneia. org。

《美“猎户座”飞船发射升空：首次无人试飞》，http：//news. ifeng. com/a/20141205/42654580_ 0. shtml，2014 年 12 月 5 日。

赵晓宇等：《美国“精准医学计划”解读与思考》，《军事医学》2015 年 4 月。

Alan porter. More US-China to be New Driver of World's Economy and Innovation. *Nanotechnology Business Journal*. 2008（4）：26.

杜德斌、段德忠：《科技创新中心的空间分布、发展类型及演化趋势》，《城市研究》2015 年第 1 期。

（撰稿人：徐占忱，中国国际经济交流中心战略研究部副部长、研究员；程璐，兰州大学数学与统计学院硕士研究生）

全球能源形势分析与展望

一　全球能源发展主要特点

（一）页岩气顶住国际油价下探压力

奥巴马主政以来，美国境内的页岩油开采得到极大的支持，受到之前传统石油价格上涨以及维持能源独立性的影响，页岩油曾备受重视（见图 1）。美国能源情报署（EIA）的数据显示，水力压裂的页岩油产油革新，不仅打破了美国持续 30 年的石油产量下跌的局面，让其在短时间内获得石油增产，而且使美国在 2013 年一度超越沙特阿拉伯成为世界第一石油生产国。然而目前的国际原油价格不容乐观，2014 年国际原油价格暴跌近 50%，2015 年又再创六年新低，至今仍在接近六年低谷的每桶 50 美元以下。受到国际油价暴跌的影响，美国页岩油产业目前形势低迷，曾经的辉煌已经不再。油服公司贝克休斯（BakerHughes）近期公布数据显示，美国石油钻井平台数量连降七周，10 月份钻井数量已降至 600 台以下。

页岩气革新为美国带来了石油产量的大爆发，对 OPEC 形成直接的利益冲突。为了抢夺市场份额，从 2014 年开始，OPEC 果断采取措施，不减产但刻意压低油价，试图用“价格”这个最直接的武器击败页岩油，力求在 2015 年底将页岩油“扼杀在摇篮里”。OPEC 的做法有着显著的效果，美国石油产量“成功”跌回 2014 年 11 月的水平，而当时正是 OPEC 决定将战略重心转移至打压美国页岩油、抢夺市场份额的时候。

但这种激进的做法不仅不会把美国页岩油“赶尽杀绝”，反而会让美国页岩

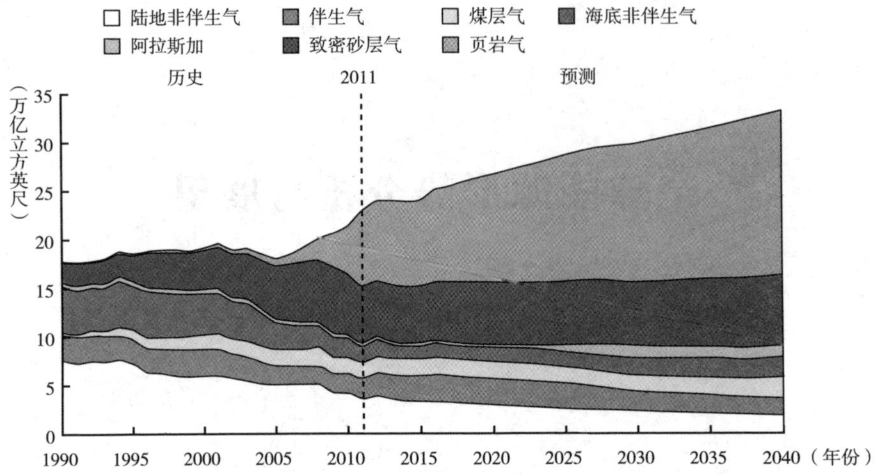

图1　美国天然气产量

气产业内部进行优化调整。页岩气作为新兴产业，有着较高的成本，而 OPEC 的种种做法恰好逼着美国页岩气进行技术革新，提高资本利用率，从而缩减成本。从技术上讲，传统页岩气的油井需要大量的水来进行压裂，而新的技术（二氧化碳 EOR 和等离子脉冲）已经受到各界的广泛关注。综观美国全境，页岩气的成本可谓有高有低，这次的“危机”是一次优胜劣汰的过程，页岩气不会输，而是通过产业的自身调整变得更有价值。

（二）新能源逆势突破“拐点”

以化石能源为主的能源结构具有不可持续性，到 2050 年实现高比例的新型能源替代，将是一个世界性的趋势（见图 2）。大力发展新能源已经成为全球共识，截至 2014 年底，全球已经有超过 130 个国家实施新能源扶持政策，其中发展中国家和新兴经济体的比重超过 2/3，新能源产业不仅已经成为全球化的产业，并且其多元化的发展格局正在逐步深化。尽管最近几年全球经济持续低迷，能源需求整体呈现减弱态势，但 2014 年全球新能源产业的整体发展仍然展现令人鼓舞的趋势。2014 年全球新能源融资总额达到 3100 亿美元，同比增长15.6%。

水电的稳步增长和风电、太阳能发电的迅速扩张已将可再生能源强化为全球能源结构中不可分割的部分；2035 年可再生能源发电量将约占电力产量的 1/3。

太阳能增长快于其他任何可再生能源技术。2015 年可再生能源将成为全球第二大电力来源（相当于煤炭发电量的一半），到 2035 年接近煤炭发电量。生物质能（用于发电）与生物燃料消费将增长 4 倍，国际贸易量不断增长。全球生物能源资源足以满足我们对生物燃料和生物质能的供应，而无须与人争粮，尽管土地使用仍需小心管理。可再生能源项目的新补贴措施须随产能上升、可再生能源技术成本下降而调整，减轻政府和消费者的过重负担。新能源产业已经逆势突破拐点，未来在能源格局中将占据更加重要的地位。

（三）煤炭行业全面低迷

目前，导致煤炭行业深陷困境的两个原因：来自中国的需求下降和美元走强。

由于中国这个煤炭消费大户经济增速放缓并转向清洁能源，全球煤炭消费将出现前所未有的“大滑坡”。绿色和平组织公布的报告显示，2015 年前 9 个月，全球煤炭使用量同比增速放缓 2.3 个百分点至 4.6%。这相当于标准煤用量减少了 1.8 亿吨，这比日本全国同期煤炭总消费还要多 4000 万吨。中国前三个季度的煤炭使用量减少幅度超过 4%，煤炭进口同比下滑 31%。中国自身也是产煤大国。然而，在宏观经济减速、国内产能严重过剩之际，煤炭消费也萎靡不振（见图 2）。最新一期（10 月 28 日至 11 月 3 日）的环渤海动力煤价格指数显示，5500 大卡动力煤综合平均价格报收 379 元/吨，再次刷新最低纪录。

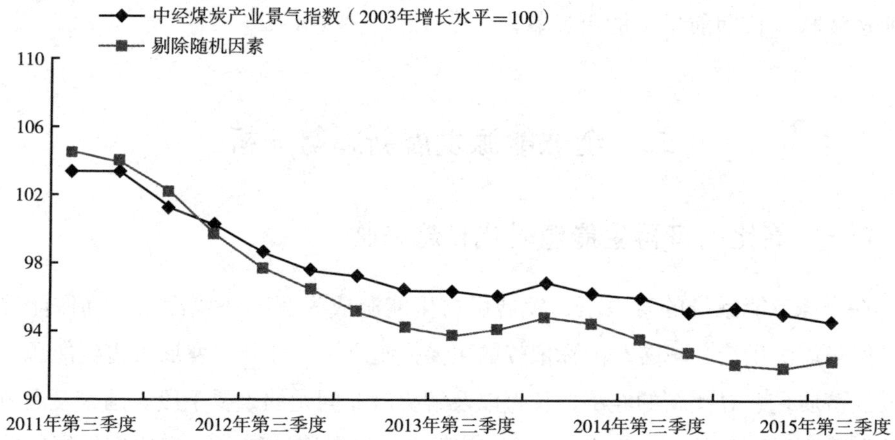

图 2　2011 年第三季度至 2015 年第三季度中国煤炭行业景气指数

当前，国内煤炭市场仍面临着较大的下行压力，这与当前国内煤炭供需失衡，特别是需求增长放缓与产能结构性过剩的现状紧密相关。从需求来看，近年来，受宏观经济增速放缓的影响，国内煤炭消费需求有所减少。此外，在大气污染治理和节能减排的压力之下，主要煤炭消费省区加强了对煤炭消费总量的控制。京津冀、长三角、珠三角等地对商品煤的质量有了更高的要求，对煤炭的清洁高效利用要求也更高了，这也使煤炭需求增长受到明显约束。近年来煤炭产能的大量集中释放，与国内煤炭消费需求增速的渐趋放缓，加剧了煤炭市场供大于求的压力。未来一个时期，煤炭市场将处于超前产能和高位库存的消化期，实现煤炭供需平衡将是一个艰苦的过程。

美元走强使得俄罗斯、南非和澳大利亚生产商从中受益。卢布暴跌，预计俄罗斯2015年将尽可能多地生产煤炭，以期将高价煤炭生产商排挤出市场。澳大利亚将采取同样的策略。如果这一策略听起来很熟悉，那是因为沙特阿拉伯曾采用此策略，当时原油价格下跌，沙特为维持其石油市场份额向石油输出国组织的其他成员方施压。

受美元强势影响，美国一些煤炭生产商从对中国煤炭出口转向对其他国家煤炭出口。在美国国内销售市场上，因天然气价格持续低迷以及环保局对燃煤发电厂碳减排要求增加，煤炭价格受到挑战。尽管煤炭行业继续反对针对燃煤电厂碳减排的新法规，但在这场战斗中他们注定要输。随着美国关闭旧式的、肮脏的燃煤电厂，煤炭需求将继续下滑。这一情形也正出现在中国和其他国家。来自可再生能源尤其是太阳能和风能的压力也将使煤炭需求下降。从国内外来看，煤炭短期前景疲软，长期前景可能更疲软。

二　全球能源发展新趋势分析

（一）高比例可再生能源时代日趋来临

在全球节能减排的背景下，发展可再生能源成为解决环境污染、确保能源安全、保障能源供给、减缓对国际依赖的主要措施之一。此外，发展可再生能源将是提升经济质量、寻找新的经济增长点以及解决就业问题的重要手段。国家发展改革委能源研究所所长韩文科提出："要坚定不移地发展清洁能源，高比例发展新能源和可再生能源。这不仅有助于早日实现碳排放的峰值，还能尽早实现大比例煤炭减量化的使用。高比例情景满足以后，可再生能源将满足2050年能源供应目标的一半以上，这是革命性的变化。而最大的收益就是环境和气候友好型的美丽中国。”

国际可再生能源机构在对政府官方数据进行充分研究的基础上，于2014年1月发布了《全球可再生能源2030路线图》报告。该报告给出到2030年使可再生能源在全球能源总额中所占比例从2013年的16%提高到36%的乐观预测。

国际能源机构（IEA）在其发布的《世界能源展望2014》中提到，全球可再生能源预计在2040年前有望超过煤炭成为最大的电力来源。这一结论是依据目前全球各国的多项政策，例如美国环境保护局的清洁能源计划、欧盟委员会的《2030年气候与能源政策框架》及中国国务院的《大气污染防治行动计划》等得出的。报告指出，到2040年，美国在其新法规、新排放标准的刺激下，可再生能源发电有望增长165%。在欧盟，可再生能源发电的份额则会翻番，到2040年时将达到46%。报告还预测：2012~2040年这段时间，中国煤电占全国发电份额将从76%下滑至52%，而印度煤电份额也将从72%下降到55%。与此同时，得益于成本下降和补贴政策，可再生能源技术迅速发展，成为全球低碳能源供应的重要支柱。到2040年，可再生能源发电量将占全球新增发电量近一半。在全球范围内，风力发电量占可再生能源增长份额最大（34%），其次是水电（30%）和光伏发电（18%）。

2014年底，中国、丹麦可再生能源发展项目发布《中国可再生能源发展路线图2050》研究报告，报告预计到2050年，可再生能源发电占比将达到86%。我国主要污染物排放量将低于1980年的排放水平。

表1　我国风电发展路线图

情景＼年份	2020	2030	2050
基本情景	光伏发电1亿千瓦 太阳能热发电500万千瓦 太阳能中低温热利用512GWth	光伏发电4亿千瓦 太阳能热发电3000万千瓦 太阳能中低温热利用746GWth	光伏发电10亿千瓦 太阳能热发电1.8亿千瓦 太阳能中低温热利用1241GWth
积极情景	光伏发电2亿千瓦 太阳能热发电1000万千瓦 太阳能中低温热利用714GWth	光伏发电8亿千瓦 太阳能热发电5000万千瓦 太阳能中低温热利用1202GWth	光伏发电20亿千瓦 太阳能热发电5亿千瓦 太阳能中低温热利用2411GWth

表2　我国太阳能发展路线图

情景＼年份		2020	2030	2050
基本情景	装机容量（亿千瓦）	2	4	10
	发电量（万亿千瓦时）	0.4	0.8	2
	二氧化碳减排（亿吨）	3	6	15
	二氧化硫减排（万吨）	110	220	560
	就业人数（万人）	35.8	59.7	72.0
积极情景	装机容量（亿千瓦）	3	12	20
	发电量（万亿千瓦时）	0.6	2.4	4
	二氧化碳减排（亿吨）	4.5	18	30
	二氧化硫减排（万吨）	165	660	1120
	就业人数（万人）	71.6	119.4	144

可再生能源作为新兴经济增长点可显著提升中国乃至全球经济发展质量。以中国为例，按照《中国可再生能源发展路线图 2050》所做出的预计，到 2050 年，中国可再生能源相关产业链增加值增长到 17 万亿元，电动汽车生产实现增加值近 8 万亿元，带动可再生能源行业及相关产业就业人数共 1200 万人以上，将极大地促进就业人口从传统制造业向高新业态产业发展。

（二）智能电网极大提升能源利用效率

智能电网是承载第三次工业革命的基础平台，将极大提高能源利用效率。

一是促进新能源开发。世界能源理事会估算，全球陆地风电资源超过 1 万亿千瓦，太阳能资源超过 100 万亿千瓦，还有丰富的海洋风能、水能、生物质能、潮汐、地热资源，都可以转化为电能加以利用。智能电网基于新能源发电技术和大规模储能技术，对间歇性、不稳定电源大规模接入的适应性更强，能支撑风能、太阳能大规模开发，推动能源开发从化石能源向清洁能源转变。同时，在智能电网中，千家万户都可以开发利用风能、太阳能，能源生产模式从以集中生产为主，向集中生产与分布式生产并重转变。

二是优化能源配置。经过上百年的开发，世界许多国家的能源基地与负荷中心的距离越来越远，风能、太阳能资源也主要集中在远离负荷中心的严寒、酷热及沙漠、戈壁等地区。智能电网基于超远距离超大规模输电技术，能源配置范围更广、能力更强，只有通过智能电网才能实现这些能源基地的大规模开发，实现能源从就地平衡向大范围优化配置、更大范围统筹平衡转变。

三是减少线损。以特高压输电技术为重要基础的坚强智能电网，将大大降低电能输送中的损失率；智能调度系统、灵活输电技术以及与用户的实时双向交互，都可以优化潮流分布，减少线损；同时，分布式电源的建设与应用，也减少了电力远距离传输的网损。

四是提高终端能源利用效率。智能家电广泛普及后，用户的智能用电和互动服务需求越来越高。传统电网的电力流只能从供应侧向需求侧单向传输，难以适应这些新的需求。只有基于信息网络技术和智能控制技术的智能电网，才能适应能源消费的新变化，推动能源消费从单向接收、模式单一的用电方式，向互动、灵活的智能化用电方式转变，实现双向互动，为用户提供便捷服务，提高终端能源利用效率，节约电量消费。

与传统的互联电网相比，智能电网技术密集型特征更加突出，对新能源、新材料、智能装备、电动汽车、新一代信息产业，具有很强的带动作用。欧美发达国家已将发展智能电网纳入国家战略，欧盟将发展智能电网作为新兴经济的重要支柱，估算未来 20 年的建设投资规模将达到 5000 亿欧元；美国将智能电网作为实现经济复苏的战略性基础设施，估算未来 20 年的建设投资规模达到 1.5 万亿美元。我国规划确定的 20 项战略性新兴产业重大工程，绝大多数与智能电网密切相关。

（三）分布式将逐步成为主要的能源生产与消费方式

发达国家早已布局分布式能源，目前仍在积极发展。

（1）美国。美国在 1999 年便已提出大力推广应用分布式能源系统，并计划到 2020 年 50% 以上的新建商业设施和大学设施采用分布式供能系统，预计 2035 年天然气热电联产的比重将提高到 25% 以上。目前美国已建有 6000 多座分布式能源站。

（2）欧洲。欧洲发达国家同样早已布局，并已将分布式能源发电量份额提升至较高水平，同时推出政策加以扶持，如北欧国家的分布式能源发电量份额已达到 30% ~50%。2007 年德国修订 CHP 法，规定电网运营商有义务接纳 CHP 电厂，并且予以优先调度，原有奖励措施延伸到 2016 年，并取消了容量限制。

（3）日本。日本则是亚洲分布式能源战略布局最早的国家，计划在 2030 年前分布式能源发电量将占总电力供应的20%。其中商业分布式发电项目约6300个，工业分布式发电项目约7500个。

（4）中国。我国2020年前分布式能源预计以30%以上的年增速增长。单就分布式光伏来看，截至2014年底，分布式光伏发电累计装机容量467万千瓦，占光伏发电累计装机容量的17%；年度新增205万千瓦，占光伏新增容量的24%，分布式能源占比显著上升。2015年国家能源局将新增光伏电站规模定为1780万千瓦，且不再对分布式光伏建设规模提出限制。国家在大力发展光伏的同时，对分布式能源的建设更显偏爱，未来分布式能源发展必定是能源互联网的重头戏。

分布式能源最大的特点就是接近用户端，无论是负荷、生产，还是消费方式，都与原来的集中式不一样。同时，它配置能源的效率和方式更为直接、高效。国家发展和改革委员会能源研究所能源经济与发展战略中心副主任姜鑫民提出："分布式能源的好处是多方面的。首先，分布式能源高效、环保；其次，分布式能源具有能源利用的多样性，包括能够同时满足业主对热、电、冷的多方需求；再次，分布式能源选址非常灵活，占地较少，可以不受以往大型能源项目对选址要求的限制。"姜鑫民认为，发展分布式能源是能源可持续发展战略的需要，同时它可以提高能源利用率，能够解决能源贫困问题以及供电安全问题。

分布式能源较传统能源利用率提升70个百分点以上。分布式供能基于自身发电利用率高，且靠近用户端的优势，决定其总体能源效率高于集中式供能，大大降低了能源因长距离输送造成的能耗浪费，分布式供能将逐步成为主要能源生产与消费方式。

三　全球能源发展新形势下的中国策略

（一）加快实施G20框架下的能源资源稳定机制

作为全球能源资源治理机构的协调中心，G20利用自身强大的影响力，推动了全球能源资源治理的理念、原则与机制融合，已经在应对国际金融危机、维护金融市场稳定及推动世界经济稳定、可持续、平衡发展等方面取得良好的合作治理效果。

1. G20 框架下的全球经济治理特点，符合国际能源资源集团安全体系的广泛性要求

全球金融危机中，在 G20 框架下一些新的管理世界经济的规则出现，约束力不断增强，代表性、广泛性正在增强，国际社会普遍接受 G20 成为今后开展全球经济治理的主要平台。G20 覆盖了主要发达国家、新兴经济体、主要能源资源生产国和消费国，具备承担能源资源全球治理的基本条件，可共同讨论能源政策、市场建设、定价机制、运输通道安全等重大问题，形成有约束力的机制和共同行动计划，符合各国的广泛性需求，也能够为各方所接受，可建立起一种国际能源资源集团安全体系。

2. G20 框架下的全球经济治理，可以平衡国际能源资源合作的各方利益

无论是能源资源丰富国还是能源资源贫乏国，无论是发达国家还是发展中国家，面对全新的国际能源资源发展局势，都有可能支持国际能源资源治理机制的建立。在 G20 框架下，主要发达国家、能源资源生产国和新兴经济体积极培育稳定的需求市场，保持能源资源市场的安全、稳定和可持续发展，经过充分协商，寻求供需双方的共赢，并制定必要的规则，建立公正、合理、有约束力的多边协调机制，互为支撑，共同履行全球经济治理责任，有可能实现各方利益的最大化。

3. G20 框架下可以加强全球能源资源国际合作的约束性和有效性

保持能源资源市场稳定，符合主要发达国家、能源资源生产国和新兴经济体的共同利益，发达国家有意愿建立能源资源市场稳定机制，中国也与其他 G20 国家在平抑能源资源价格这个问题上有着很多共同的诉求。习近平主席在澳大利亚布里斯班 G20 峰会上表示，完善全球经济治理，各国要致力于建设公平公正、包容有序的国际金融体系，增强新兴市场国家和发展中国家代表性和发言权，确保各国在国际经济合作中权利平等、机会平等、规则平等。

4. 能源资源纳入 G20 框架进行全球治理，可以丰富和创新全球经济治理的体系与范畴

目前，全球经济治理改革正向纵深推进，主要发达国家要保持在能源市场上的基本利益，新兴经济体需要有一个表达利益诉求的平台，而国际市场则需要维持一个自由竞争的规则，这些是重塑国际能源新治理体系的重要契机。二十国集团应当抓住这一机遇，推动建立全球能源资源市场治理机制，并将其正式纳入 G20 框架，必须从完善全球经济治理的战略高度，建设能源合作伙伴关系，培育自由开放、竞争有序、监管有效的全球能源大市场，共同维护能源价格和市场稳定，提高能效，制定和完善全球能源治理规则，形成消费国、生产国、过境国平等协商、共同发展的合作新格局。

5. 制定市场竞争规则，建立能源价格协调机制

全球资源供应及定价已经相对集中在少数企业。资源纷争经常成为一些国家和地区动荡的起因，国际能源资源问题政治化倾向越来越明显，金融投机活动增多，一些能源资源价格脱离基本供求关系，出现剧烈波动。为此，要进一步放开价格管制，打破个别国家和企业对某些能源资源的价格垄断，建立能源资源期货市场和全球储备体系，当价格波动严重异常时，通过增加保证金头寸、动用储备等措施，缓解价格波动。建立各国能源资源的补贴、生产、贸易、投资政策的协调机制，防止因各国单独制定政策产生的外部性。

（二）创新对外能源开发上下游合作思路

在“一带一路”战略下，对于和周边国家的能源合作，要形成能源资源合作上下游一体化产业链。

第一，中国能源对外合作依然任重道远，中长期内能源对外合作的重点领域依然是油气。应修改现行陆上海上油气对外合作开采条例，鼓励外资来华从事油气勘探开发，特别是要鼓励外资来华参与煤层气、页岩气、页岩油等非常规油气的开采，巩固国内油气产业基础，保证国内油气储产量稳定，从根本上保障国家能源安全。

第二，加快国内基础设施建设，加快推进能源价格市场化改革，补齐对外合作的短板。在依赖国际油气市场、实施油气进口及海外油气投资策略的同时，应重视从国外引进先进技术和管理经验，加快国内油气资源开发，内外兼顾，这也是未来一段时期中国油气对外合作的重要内容之一。

第三，依托“一带一路”对俄罗斯、中亚、东南亚、欧盟等主要区域的辐射效应，塑造周边地区的区域市场。如图3所示，陆上依托国际大通道，以沿线中心城市为支撑，以重点经贸产业园区为合作平台，共同打造新亚欧大陆桥、中蒙俄、中国－中亚－西亚、中国－中南半岛等国际经济合作走廊；海上以重点港口为节点，共同建设通畅安全高效的运输大通道。中国与东南亚地区的能源合作将基础设施建设与金融、产业深度合作并重，建设覆盖东亚地区的能源期货交易市场，推动区域能源共同市场的形成。

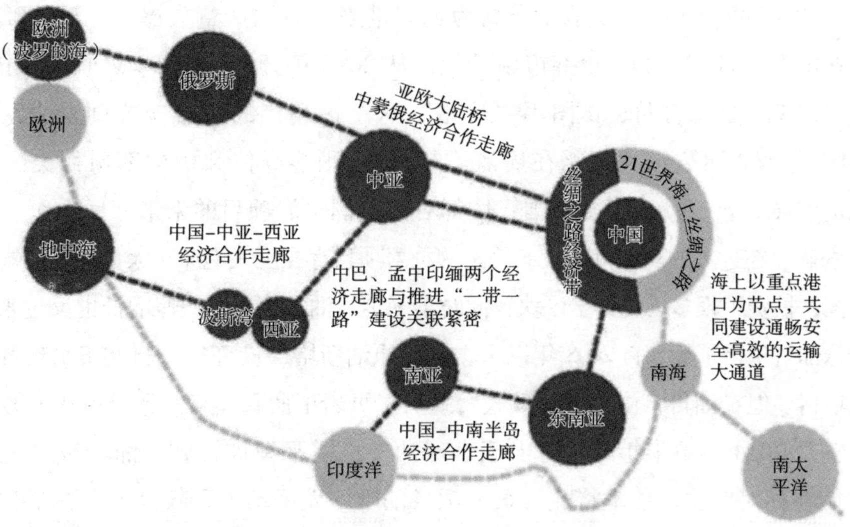

图 3　“一带一路”合作方向示意

第四，加强与周边国家电网互联互通。在国内电力产能过剩、电力消费增速放缓的格局下，“一带一路”战略为跨境电力通道建设和电力装备出口带来机会。中亚地区的电力网络要逐步实现互联互通，通过大电网来改善能源安全条件。在这一过程中，应推动中国能源企业参与能源资源开发与管道工程建设，以市场化为导向，推动中国与这些国家之间的经济融合。

第五，延伸能源合作领域，融合各自的资源、资本和技术优势。除了要加大油气、煤炭等传统能源资源勘探开发合作外，还要积极推动水电、核电、太阳能、风电等清洁、可再生能源合作。“一带一路”上的电网通道同时也是可再生能源开发建设通道，途经沙漠地带，是太阳能、风能开发基地，可以作为电网配套电源。蒙古国太阳能、风能和煤炭资源丰富，与京津冀负荷中心相距只有1000千米左右，具备很好的输电条件。

第六，在科技装备合作方面，各国应当鼓励能源企业打破地域壁垒，加强技术交流与合作，共同分享在可再生能源、先进核电、大规模储能、智能电网、碳捕集封存和利用、建筑和工业能效等方面的先进技术与管理经验，使企业成为世界能源转型变革的生力军。

（三）加快页岩气技术与开发的对外合作

随着2015年初以来的油价自由落体式暴跌，此次油价暴跌的幕后黑手为沙特阿拉伯主导的 OPEC。页岩油革新为美国带来了石油产量大爆发，对 OPEC 形成直接的利益冲突。为了抢夺市场份额，从 2014 年开始，OPEC 果断采取措施，不减产但刻意放低油价，试图用“价格”这个最直接的武器击败页岩油，力求在 2015 年底将页岩油“扼杀在摇篮里”。国内很多媒体和机构都预言美国页岩时代的终结，甚至就连很多美国媒体都看空美国页岩项目的未来。

的确，在过去的高油价时代，美国的页岩项目存在巨大泡沫，大量外国资本蜂拥至美国，投资了很多天价页岩区块，同时美国本土油气生产的快速增长也反过来颠覆了全球油气供需平衡，自 2008 年以来，全球原油新增产量 75% 来自北美页岩和致密油气项目。但在油价自由落体运动式暴跌后，页岩革命看起来似乎成为一个笑话。

而从 2014 年下半年开始，由于全球油气供需平衡被打破，油价很可能会长期徘徊在相对低位，技术将成为页岩项目的唯一发展动力，新设备、新工具、新作业方法、新物探技术等新技术将大放异彩，不仅将页岩项目从盈亏平衡线上拉回来，并且终将再次实现页岩油气新的辉煌。

在油价暴跌之前，北美的页岩项目作业在效率上已经取得重大突破。2014 年底相对于 2010 年底，每台钻机每年钻井数量平均增长了 130%，水平井平均钻井深度增长了 125%，钻井速度平均增长了 60%，而相对的每井钻井成本，在 2010～2014 年增长不到 10%。这就意味着，2014 年的页岩油气井口成本相对于 2010 年下降了一大半，2010 年的页岩项目井口成本约 90 美元，现在平均成本仅仅在 40～60 美元，少部分项目的成本甚至可以达到 20 美元以下。

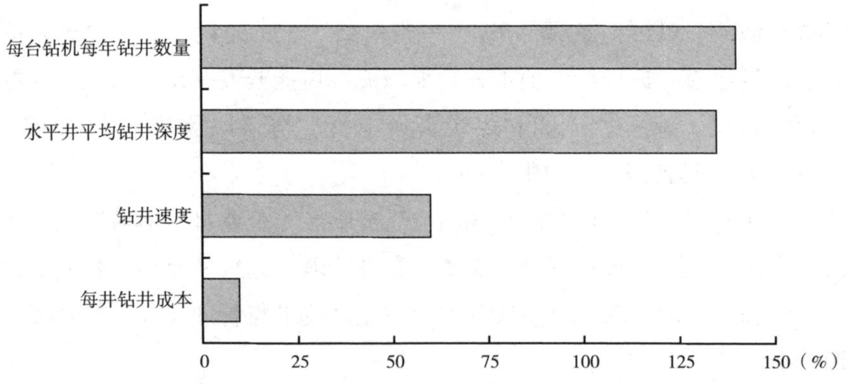

图 4　北美陆上油气生产变化

资料来源：信达证券研究开发中心能源互联网行业首席分析师曹寅在第六届亚洲非常规天然气峰会上的现场演讲。

从经济性上来说，北美页岩项目已经能够赶上油价暴跌的节奏了，部分北美页岩主产区产量直到今天仍然不减反增，Permian 产区是其中的代表。

中国页岩气资源潜力巨大，主要盆地和地区页岩气资源量为 15 万亿～30 万亿立方米。2015 年 10 月 21 日，国土资源部发布《中国矿产资源报告（2015）》显示，2014 年页岩气首次探明地质储量 1068 亿立方米。

加快中国页岩气技术开发与对外合作，将先进的开采技术和设备引进来，借鉴北美的成功经验，在技术上不断创新，中国的页岩气将大有可为，不仅能降低中国能源对外的依存度，为中国能源安全战略做出贡献，而且将开启一个巨大的市场，带动经济增长，解决就业等一系列社会问题。

（四）加大海外新能源专利布局

1. 我国新能源技术专利数量多

近 5 年我国专利申请比重较大，截至 2014 年 5 月，我国新能源专利申请量 54498 项，居世界首位。① 国内拥有发明专利量占相应领域比重很大。我国光伏发电、风力发电、生物质能发电领域的专利布局覆盖了其产业的全部技术领域，较全面的新能源产业上下游研发体系已基本形成，特别是我国新能源产业的部分技术具有比较优势。国内企事业单位在新能源产业中已经掌握一批技术含量较高、发展前景较好的专利技术。我国新能源产业的上述技术领域不仅专利数量多，而且质量高，有些技术方案明显优于国外。

2. 我国新能源海外专利布局力度不够

随着我国新能源战略的实施，国内新能源市场已经成为全球关注的焦点，加之近年来全球范围新能源技术研发的持续活跃，如美国通用、日本三菱、德国西门子等国外大型跨国企业都已加强在我国新能源领域的专利布局力度，国外来华专利申请量呈现快速增长的态势。在光伏发电领域、风力发电领域以及生物质能发电领域，近 5 年海外来华专利申请量有了大幅提高，而且基本为发明专利。这表明国外企业在我国新能源领域加快专利布局的意图十分明显。

---

① 邓鹏：《全球新能源专利现状及趋势分析》，《中国发明与专利》2014 年第 8 期。

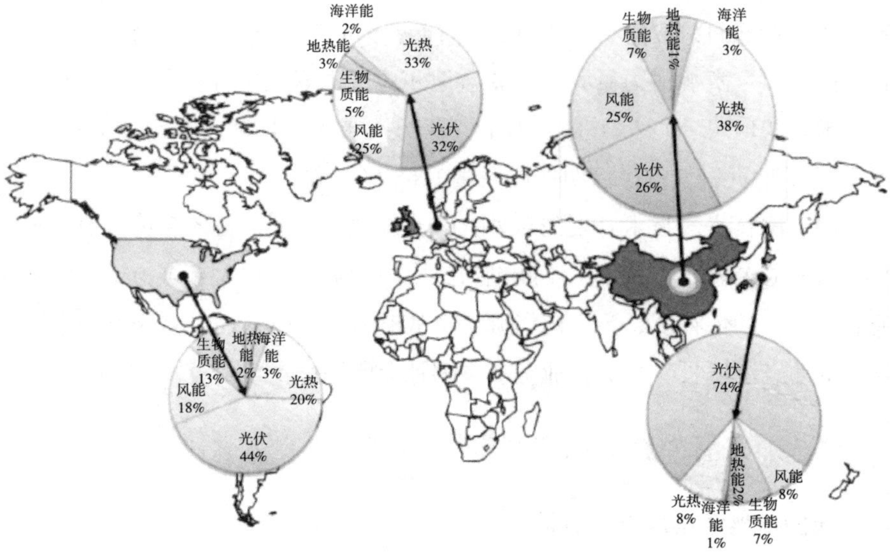

图 5　全球新能源领域主要专利申请国及各领域分布

表 3　全球新能源领域主要国家每项专利技术平均布局地区数（含本国）

单位：件，%

技术来源国	专利申请总量	向外申请专利比重	主要布局目的地
美国	32902	38.0	欧洲、中国、日本、加拿大、澳大利亚
日本	49803	18.5	中国、欧洲、美国、英国
德国	19201	25.7	欧洲、美国、日本、中国、韩国
中国	54498	1.4	美国、欧洲、澳大利亚、日本

相比之下，我国新能源产业海外专利布局力度却有待加强。从中国、美国、日本、德国新能源领域海外专利布局情况看，中国虽然专利申请总量最多，但向外输出专利技术的比重却最小，仅占总申请量的 1.4%，明显低于美国的 38%、德国的 25.7% 和日本的 18.5%，这也凸显出我国专利权人与发达国家专利权人在专利布局意识上的巨大差距。

另外，专利布局的地区数量还与专利价值成正比（即价值越高的专利技术向外进行布局的地区数量也越多）。通过对全球新能源领域主要国家每项专利技术平均布局地区数的统计对比可以看出，四国间存在着较明显的差异。其中，中国平均布局数仅 1.02 个，远远落后于美国的 2.47 个、德国的 2.09 个和日本的

1.41 个，反映了中国新能源领域整体专利价值上的差距。

不重视新能源领域技术的海外专利布局，不仅不能使我国的新能源产业优势占领更大的国际市场，而且可能会使得原有的市场优势受到限制，甚至丧失。

表 4　全球新能源主要技术研发国家海外专利布局情况

单位：个

新能源领域	中国 平均布局地区数	美国 平均布局地区数	日本 平均布局地区数	德国 平均布局地区数	平均值
太阳能光伏	1.08	2.72	1.65	2.68	2.03
太阳能光热	1.02	1.97	1.40	1.68	1.52
风能	1.05	2.44	1.50	2.30	1.82
生物质能	1.07	3.36	1.42	2.71	2.14
海洋能	1.06	2.38	1.36	1.60	1.60
地热能	1.06	1.92	1.15	1.56	1.42
平均值	1.02	2.47	1.41	2.09	

3. 加大海外新能源专利布局的策略

我国在海外专利申请需求很强，目前的申请总量虽然大，但得到授权的专利数量却有限，与我国新能源海外市场占有份额极不相称。

在目前形势下，为加大海外新能源专利布局，第一，政府有关部门应采取有效引导措施，加大资金资助力度，鼓励国内新能源企业实施“走出去”战略。第二，大力培育拥有知识产权的国内企业，运用知识产权战略，最大限度地将专利技术市场化。第三，优化对外专利申请环境，加强对外专利申请的宣传与指导，引导企业有效利用 PCT 途径对外申请专利，提高我国创新主体的海外专利保护意识。第四，加强中介机构对外专利申请的专业人才培养力度，大力提高中介机构对外专利申请的业务能力，不断更新代理人有关国外知识产权法规、审查流程和操作程序等方面的信息。

参考文献

范必、王军、曾少军、张焕波、刘向东、马志扬：《建立全球大宗能源资源市场治理机制》，《宏观经济管理》2012 年第 4 期。

王晓枫：《中国将主办 2016 年 G20 峰会》，《新京报》2014 年 11 月。
李景卫：《曾培炎倡议在二十国集团框架下建立全球能源资源市场稳定机制》，《人民日报》2011 年 7 月 12 日。
罗佐县：《中国能源对外合作的机遇与挑战》，《能源》2014 年第 3 期。
余家豪：《“一带一路”能源合作聚焦三大关键词》，《中国石油报》2015 年 3 月 1 日。
《“一带一路”战略下，中国企业怎么走出去?》，四川物流网，2016 年 6 月 16 日，http：//www. scswl. cn/html/15/2015－06－16/content－117601. html。
耿雁冰：《“一带一路”拟打通能源通道，构建全球能源大市场》，凤凰财经，2015 年 3 月 31 日，http：//finance. ifeng. com/a/20150331/13595282_ 0. shtml。

（撰稿人：曾少军，中国国际经济交流中心战略研究部副研究员）

下篇
热点问题

二十国集团（G20）与中国

二十国集团（G20）起源于1998年八国集团在华盛顿召开的财长会议，性质上属于政府间国际经济合作论坛。2008年金融危机爆发后，随着11个新兴经济体和欧盟的加入，成员扩大为20个，包含全球所有具有“系统重要性”的经济体。作为当前全球最重要的多边合作论坛，G20承载了世人太多的期望，以致近年来享有“全球代议机构”（Global Legislature）或者“全球指导委员会”（Global Steering Committee）之誉。

2016年，中国成为G20轮值主席国，反映出它在从一个区域大国向全球大国迈进的过程中，逐步熟悉甚至精通国际多边主义规则，其国际规则的“参与者、建设者和贡献者”的发展定位越来越明确。中国希望利用举办G20峰会的历史契机，为推动新一代全球治理制度的完善贡献大国智慧，展示责任风范。

一　G20在全球经济治理中的重大贡献

自2009年彼得堡峰会开始，G20从一个类似救火队队员的危机反应机制，迅速转变为固定的全球经济治理机制，并在众多的国际治理合作机制中脱颖而出，越来越多地担负起全球经济事务“战略规划者”的角色。法国总理萨科齐甚至认为，G20预示着21世纪将是全球治理的世纪，美国外交关系委员会也认为，G20是冷战结束以来国际多边协调机制中最为突出的进展。G20对世界经济稳定、全球发展议程设定具有越来越大的影响力，标志着世界经济治理在布雷顿森林体系解体之后进入了重大变革时期，提示着全球治理体系未来发展的若干可能方向。

（一）对世界经济的稳定作用在加大

G20 占世界经济总量的85%、世界贸易的80%和世界人口的66%，对世界经济的稳定与走向起到举足轻重的作用。促进经济增长是 G20 的核心任务。2014 年澳大利亚布里斯班峰会上，G20 宣布在 2018 年以前使 G20 经济至少提高 2.1%，同时创造数百万个就业机会。为实现这一目标，G20 各经济体领导人达成一份协定，内容涵盖美国欧盟/贸易协议、提高竞争力和技术、扩大基础设施投资等上千项具体激励措施。G20 作为一个危机管理机制，通过协调各个经济体成员之间的宏观经济政策、完善金融体系、消除贸易保护主义等方式，实现世界经济向稳定的方向发展。特别值得注意的是，G20 成立了金融稳定委员会（FSB），有利于优化国际金融体系。可以预计，如果 G20 各个经济体能够密切合作，那么布里斯班行动计划制定的“促进全球经济恢复平衡增长”的目标是基本上可以实现的。作为当前世界令人瞩目的国际经济合作协调机构，G20 对稳定世界经济，推动全球经济向“强劲、可持续、平衡增长”的方向发展，具有越来越重要的作用。

（二）对世界发展议程的引领角色凸显

发展是当前国际社会的核心主题之一。相对于经济增长，发展概念更加注重人类福祉、社会的包容性和自然环境的可持续性。发展议程的提出，意味着人类在改造自然问题上的革命性进步。

2000 年，联合国首脑会议制定了《联合国千年宣言》和“千年发展目标”，致力于消灭极端贫穷、普及教育、确保环境的可持续能力等威胁人类生存和发展的重大问题。经过努力，这些问题已经得到初步解决，比如极端贫困人口减半、性别不平稳问题减缓等，但是许多问题以及衍生出的新问题仍然没有得到解决和应有的重视。根据联合国秘书长潘基文提交的综合报告《通往尊严之路 2030：终结贫困，改变所有人的生活和保护地球》，可持续发展的目标包括六大基本要素（见表 1）。

表 1　包容性发展和可持续发展的基本要素

人类	确保健康生活、知识，并将妇女和儿童包含在内
尊严	消除贫穷和不平等
繁荣	发展强有力、包容各方和有转型能力的经济
公正	建设安全和谐的社会和强有力的机构
伙伴关系	为持续发展的目标，促进全球团结
地球	为了社会和人类的后代，保护生态系统

资料来源：UN News Centre，“Road to Dignity by 2030：UN chief launches blueprint towards sustainable development”，http：//www. un. org/apps/news/story. asp？NewsID =49509#. VjM8Msuhfgo。

G20 成立之初，主要目标是加强金融合作，以应对金融危机为核心目标，关注范围相对有限。但是从 2010 年韩国首尔峰会开始，G20 越来越多地关注世界发展问题，尤其是在可持续发展、粮食安全、国际贸易与投资、基础设施、反洗钱、气候变化等领域，G20 表现出了极大的兴趣，发展问题也成为与金融安全相并列的核心议程。它极力倡导以创新、包容的新思维为当前世界发展困境找到新的出路。

（三）对经济体成员的规范性效应在增强

当今，国家与国家、国家与跨国行为体之间的联系越来越密切，全球事务的治理包括经济治理正在走向制度化和法治化，网络治理（Network Governance）的时代正在到来。以国家主权为基础的传统治理在减弱，以国际协调和国际机制为基础的全球治理在强化，之所以需要国际制度，是因为制度是一种规范和引导人们的行为规则。道格拉斯·诺斯认为：“制度在社会中的主要作用，是通过建立一个人们互动的（但不一定是有效的）结构来减少不确定性，制度可以分为正式的和非正式的。”当然，这并不是说非正式制度就一定不合法、不合理。

在全球化时代，随着国际社会活动的组织化和制度化程度不断提高，新的规范、价值和利益观念对国家行为偏好的塑造效应也越来越明显，而国家必须主动或者被动地修正自己的国内政策，以适应公认的国际规则。G20 本身是一个在合作与博弈中形成的国际机制，它形成了一系列规则并为各个成员所公认，这对成员和非成员均具有一定的规范作用。国际关系学中的遵约理论认为，行为体（包括主权行为体和非主权行为体）遵守共同的规范，不但能够减少交易成本，更可以增加本身的声誉，从而积累自己的社会资本和威望。有学者观察到，作为全球顶级多边经济论坛，G20已经演变为规范性竞争的关键场合：不但那些支持G20政策的经济体成员一般会提升宏观金融规则和监管程序的有效性，经济刺激战略的协调性，而且非G20成员比如新加坡也会自觉加强与G20的联系，并主动加强本国经济政策与G20的协调性。实践证明，作为布雷顿森林体系框架下的一种新兴治理机制，G20遵守了布雷顿森林体系确立的国际公认规则，它所有的经济体成员提高了国内经济政策的透明度，加强了国内金融体系，这在新兴经济体中表现得特别明显。

二 G20在全球治理中面临的困境

G20并非取代了现有的国际机制，而是对它们具有导向性作用，甚至在必要的时候，G20可以对这些国际机制进行改革。可见，G20已经占领全球治理中的新高地，越来越多地掌握了制定国际规则的话语权。但是它仍然面临着一系列困境或者内在的缺陷，制约着它的良性运作和未来发展，主要表现在以下几个方面。

（一）政策协调力度有待加强

从成员构成来看，G20不仅包括冷战时期形成的“大国俱乐部”即七国集团（G7），也包括新兴经济体和欧盟这样的非国家行为体。尽管在降低关税壁垒、强化宏观经济合作和打造开放型世界经济等问题上确立了共识，但各个成员在宏观经济环境、货币与金融政策等领域差别较大，集体行动的困境难以得到有效解决，这在贸易、反腐败等领域表现得尤为突出（见表2）。在2008年金融危机时期，各成员在经济发展水平、意识形态和调控机制方面的差异被掩盖了。但是，随着危机的逐步消失，这些差异会浮出水面，甚至导致各个成员之间的矛盾增多。因此，各个成员制定和执行宏观政策的协调性仍然不足，这是G20迄今为止尚未取得实质性合作成果的关键原因所在。

表 2　G20 等群体在各项政策合作领域的遵约分值（2008 ~ 2013 年）

单位：分

	G20	发达经济体成员	新兴经济体成员	七国集团（G7）	欧洲	欧盟 4 国（EU4）	欧盟	标准差
宏观经济政策	0.59	0.67	0.51	0.64	0.67	0.65	0.75	0.20
金融规则	0.46	0.68	0.24	0.69	0.71	0.70	0.75	0.27
国际金融制度	0.48	0.77	0.20	0.75	0.73	0.75	0.67	0.43
发展问题	0.34	0.57	0.11	0.58	0.63	0.63	0.63	0.27
贸易	0.17	0.51	-0.17	0.47	0.53	0.50	0.63	0.46
能源	0.50	0.59	0.41	0.54	0.61	0.68	0.30	0.29
气候变化	0.27	0.50	0.03	0.49	0.52	0.48	0.67	0.39
腐败	0.13	0.14	0.12	0.13	0.16	0.10	0.40	0.36
其他	0.60	0.64	0.56	0.65	0.65	0.65	0.74	0.20
平　均	0.42	0.59	0.25	0.58	0.62	0.61	0.65	0.20

资料来源：European Parliament，“The European Union's Role in International Economic Fora：The G20”，2015，p. 35。

（二）机构的运作效率需要大力提高

作为一种软机制，G20 是一种非正式性的国际机制，对成员方的刚性约束力不足。G20 源于布雷顿森林体系，但又具有超越布雷顿森林体系的新特点。轮值主席国拥有较大的权力，G20 的言行范围很大程度上取决于轮值主席国以及三驾马车机制（Troka）。它主要包括金融轨道、政府特别代表轨道和外围组织，但不设立类似于秘书处那样的常设执行机构，而是由轮值主席国充任会议组织者的角色（见图 1）。

因此，从性质上看，G20 属于非正式国际合作机制，不同于联合国、世界银行、国际货币基金组织等正式的全球性合作组织，也不同于欧盟、东盟等区域性合作组织。正是由于其非正式性色彩过于浓厚，G20 的很多重要谈判都是闭门举行，透明性不足。这就决定了它所出台的正式决策在可行性、权威性方面大打折扣，也从未采取对违约成员的正式制裁行动。2015 年土耳其峰会的主题是“执行、投资和包容”，把执行放在第一位，这也从侧面反映出了 G20 运作效率相对不高。

目前，有许多学者建议把 G20 转型成一个与联合国、世界银行、国际货币基金组织等相互支撑的新型全球经济治理机构，比如可以倡议设立常设机构、

G20 常任委员会或者秘书处等，逐步改变由轮值主席国充任秘书处的做法，以增强执行力。但这样一来，又会增加全球治理的成本。

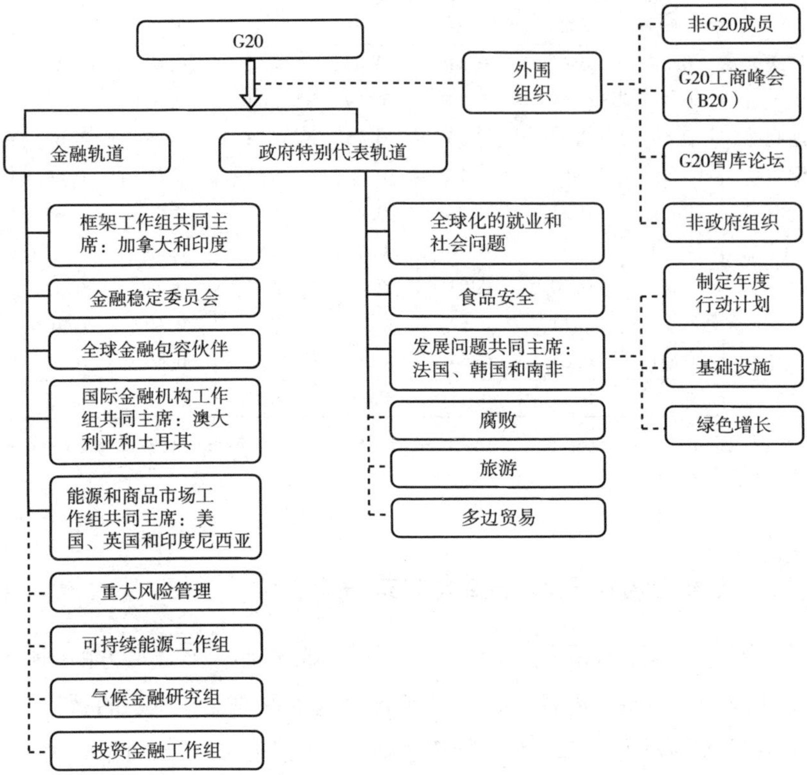

图 1　G20 的两个运转轨道以及外围结构

资料来源：Barry Carin and Ye Yu，"The G20 Preparatory Process：Ten Options to Improve G20 Effectiveness"，http：//t20china.org/displaynews.php？cid = 634&id = 13776。

（三）未来发展定位需要进一步明确

随着经济全球化的加速发展，传统上以国家为唯一合法性的治理主体显得越来越力不从心。这是 G20 能够受到重视的关键原因。然而，目前 G20 面临着较多的质疑。非 G20 国家质疑 G20 机制的合法性问题，认为它是大国俱乐部或者清谈馆，而不是国际机制，合法性不足。例如，挪威外长就曾经把 G20 视为"'二战'以来的最大障碍"。而在 G20 框架内，八国集团（G8）仍然占主导地位，新兴经济体成员在G20中的发言权有限，怨言较多。不仅是新兴经济体成员，就连欧盟以及欧盟的一些成员方对G20的疑虑也有所上升。可见，G20未来的发展正处于一个历史性的转折点上。

根据亚洲开发银行的报告，目前全球治理体系中有三种类型的治理机构：国际组织、政府网络和非国家行为体。其中，非国家行为体包括跨国公民社会团体和商务协会，而国际组织和政府网络均为政府间组织。三者之间的主要差别在于正式性程度的高低。国际组织由两个以上的国家通过签署政府间协定组成，通常具有秘书处。相反，政府网络尽管也由国家构成，但通常不签署政府间协定，也不建立秘书处来负责日常运作。参考此标准，G20未来的发展方向，大致有三种选择。

一是发展成为非官方的国际经济合作组织。这种定位，意味着G20目前的非正式性特点将会继续保持。G20可能会发展成为类似世界经济论坛的机构，主要任务是提供国际经济交流与合作的平台。

二是发展成为全球代议机构。G20在性质上属于政府网络，没有制定宪章，也没有秘书处。然而，由于G20做出的诸多决策很多是由国际组织来执行的，因此，G20可以被视为国际组织的立法机关，国际组织则扮演执行机构的角色。G20的影响力越来越大，也表明当前全球治理体系需要独立于国际组织的监督和立法机构。如果G20能够向全球代议机构转型，那么它就会成为制定全球经济规则的“孵化器”。

三是随着机制化水平的不断提高，G20将会演变为具有执行力的常设机构。这就意味着G20可能根据需要，设立常设机构（比如G20指导委员会或者秘书处），该机构既有发达国家成员代表，也有新兴经济体成员代表，同时，制定出具有约束力的国际经济规则。一旦G20发展成为这样的机构，就可能有更多的国家和全球公民组织自愿与之合作，其公信力会不断提高。

三　G20对中国的战略性意义

中国一贯重视G20。早在2005年11月，G20财长和央行行长会议在中国河北省香河县举行，时任国家主席胡锦涛同志出席了这次开幕式，这标志着中国的金融外交迈上了新台阶，也反映出关于全球经济治理的任何安排都已经无法离开中国的参与。在2014年G20布里斯班峰会上，习近平主席表示：“中国有信心当好2016年主席国及2015、2017年‘三驾马车’成员，同各方一起把二十国集团机制维护好、发展好、建设好。”总体上看，G20提出的经济治理目标，与中国深化国内改革、完善对外开放格局的大方向高度一致，它不仅为中国国内经济治理现代化提供了重要的外部参照系，是中国建设开放型经济新体制越来越重要的外部伙伴，也为中国“走出去”战略、深度参与全球经济治理和构建全球发展伙伴关系提供了机制化的平台，战略性意义十分突出。

（一）借力G20，助推中国建设开放型经济新体制

自1978年以来，对外开放一直是中国的基本国策，也是中国发展的最大动力之一。中国经济的高速增长，乃至中国社会领域的全面进步，离不开对外开放的推动作用。2015年5月，中共中央、国务院发布的《关于构建开放型经济新体制的若干意见》提出：“要统筹开放型经济顶层设计，加快构建开放型经济新体制，进一步破除体制机制障碍，使对内对外开放相互促进，引进来与走出去更好结合，以对外开放的主动赢得经济发展和国际竞争的主动，以开放促改革、促发展、促创新，建设开放型经济强国。”

G20是助推中国经济治理现代化、构建新型开放经济体制机制的重要外部力量和伙伴。以中国和澳大利亚自贸协定为例，2005年双方开始举行关于自贸协定的谈判，但2014年G20澳大利亚布里斯班峰会提供了一个绝佳的契机，在本次峰会期间中国国家主席习近平和澳大利亚总理阿博特最终达成共识，2015年6月，双方正式签署自贸协定。

（二）依托G20框架构建各类命运共同体，保护和促进中国的全球利益

“命运共同体”是中国领导人在各种国际场合提出的高频词汇之一，为国内外所瞩目。据不完全统计，迄今为止中国国家主席习近平在各种公开讲话中提到“命运共同体”的次数多达60余次，包括国家命运共同体（比如中俄）、区域命运共同体（比如中国和东盟）和人类命运共同体（中国和世界），充分反映出中国对新一轮全球化的认识在不断加深，从国家、区域和全球层面上建构了共同体意识，全球安全观和可持续发展观正在走向成熟。G20是中国构建命运共同体的纽带，中国需要充分利用G20框架，构织各种形式、各类层次的命运共同体，以保护自己日益增多的全球利益。

当前，中国的海外利益已经遍布世界各个角落。如何保护好、发展好自己越来越多的海外利益，是中国面临的一项重大课题。G20 框架内的一些国家同中国的经贸关系空前密切，共同利益的基础在不断扩大。实践证明，依托 G20 框架构建各类命运共同体，能够有效保护和促进中国的全球利益。比如，G20 很多成员都与其他经济体签订了自由贸易协定、双边投资协定，截至 2015 年 5 月 15 日，G20 签订的互惠贸易协定近 1900 份（见表 3）。这些协定囊括了当今世界上大部分的贸易与投资安排。如果中国与 G20 成员能够在自由贸易和投资方面不断取得突破性进展，不但会便利中国在 G20 成员方的利益，还会增加非 G20 成员对中国资本与中国市场的信心，从而为中国统筹国际国内两个市场打开绿色通道。今后，中国需要在 G20 框架内部继续构建若干命运共同体，“抱团取暖”，共同应对全球治理难题，保护中国日益增多的全球利益。

表 3　G20 成员签订的国际投资协定数量

单位：份

国家	双边投资协定		其他投资协定		截至 2015 年 5 月 15 日签订的协定总数量
	2014 年 11 月 15 日至 2015 年 5 月 15 日签订的协定	截至 2015 年 5 月 15 日签订的协定	2014 年 11 月 15 日至 2015 年 5 月 15 日签订的协定	截至 2015 年 5 月 15 日签订的协定	
阿根廷		58		15	73
澳大利亚		21		16	37
巴西		14	2	18	34
加拿大	4	40		18	62
中国		130		17	147
法国		103		64	167
德国		134		64	198
印度		84	1	13	98
印度尼西亚		64	1	15	80
意大利		91		64	155
日本	3	25	1	18	47
韩国		90		15	105
墨西哥		29		15	44
俄罗斯		73		4	77
沙特		24		14	38
南非		40		10	50

续表

国家	双边投资协定		其他投资协定		截至2015年5月15日签订的协定总数量
	2014年11月15日至2015年5月15日签订的协定	截至2015年5月15日签订的协定	2014年11月15日至2015年5月15日签订的协定	截至2015年5月15日签订的协定	
土耳其		89		18	107
英国		104		64	168
美国		46		64	110
欧盟				63	63

资料来源：OECD，“Thirteenth Report on G20 Investment Measures”，JUN. 12，2015。

（三）G20有利于增强中国在新一代全球治理体系中的制度性权力

当前，全球治理机制面临着深刻的调整，新一代的全球治理规则正在大国博弈之中形成。党的十八大以来，中国对全球治理的态度越来越积极。2014年，习近平主席在中共中央政治局集体学习时提出“积极参与国际经贸规则制定、争取国际制度性权力”，2015年10月，党的十八大五中全会再次提出“积极参与全球经济治理和公共产品供给，提高我国在全球经济治理中的制度性话语权”，表明中国当前和今后将“在国际规则制定中发出更多声音、注入更多中国元素，维护和拓展我国发展利益”。

制度性权力越来越成为新一代全球治理体系的制高点。所谓制度性权力，是一个行为体通过设定各种形式的制度或者规则，来限定、影响或者改变其他行为体的能力。在国际关系领域，相对于经济总量、武装部队等硬性力量，制度性权力是一种特殊的软实力，它更多地反映在一个国家对国际合作议程的设定、引导，以及在国际社会中的动员组织能力。

比如，与我们日常理解不同的是，美国的霸权并非仅仅是它拥有强大的经济实力，以及遍布全球的军事存在，相反，美国在国际事务中的制度性权力才是美国霸权的基石。这也是美国这样新型霸权国家区别于历史上罗马帝国的关键之处。“二战”结束后的几年里，美国主导设定了国际经济规则基本内容为投资自由化、投资保护、投资争端解决等。当前，美国除了与澳大利亚等20个国家签订了 14 个双边自由贸易协定（FTA）外，还力推《跨太平洋伙伴关系协定》（TPP）与《跨大西洋贸易与投资伙伴关系协定》（TTIP），并取得了重大进展，其目的是打造高标准的区域一体化。这反映出美国在新一轮的国际规则博弈中仍然居于主导地位，制度性权力仍然很突出。

与传统的西方大国相比，多年来中国在与国际机制接轨的过程中，在国际规则制定方面的影响力仍然有限，处于边缘地位，在参与深度、广度方面都有所欠缺，一个典型的例证是中国在国际机构中公职人员的数量与级别都有很大的提升空间。一言以蔽之，迄今为止中国在全球治理中的制度性权力仍然不足，作为全球第二大经济体的体量优势没有得到充分的发挥。

中国清醒地意识到，以 G20 为代表的新一代国际多边合作机制在全球治理中具有越来越重要的意义。当前，中国要在融入国际秩序的进程中，不断增强中国在国际制度中的权力，向外界提出自己的全球治理主张，这既有利于坚持和平共赢，又可以完善全球治理体制。目前来看，中国依托 G20 框架，在以下三个层面下足了功夫，在增强自身在全球治理中的制度性权力方面取得较大的成就。

一是做实中国与金砖国家的合作。金砖国家（中国、俄罗斯、印度、南非、巴西）均为 G20 成员，面临的挑战也大致相似。近年来，金砖国家机制的合作有了质的提升，一个典型例证是金砖国家银行的成立，它是一个由金砖国家组织成员共同出资组建的国际开发金融机构。作为金砖银行的最大出资国，中国承诺的应急互换金额为 410 亿美元。金砖银行建立的目的是在成员之间开展货币结算、基础设施项目开发融资等金融领域的合作，减少对美元和欧元的长期依赖。今后，中国要依托 G20 这个平台，进一步拓宽、夯实自身与金砖国家合作的领域。

二是拓展中国与欧盟的合作。作为 G20 成员，中国和欧盟都希望在 G20 框架内加强合作。2013 年，中欧双方联合发布《中欧合作 2020 战略规划》，表示“重视二十国集团等多边组织和平台的作用。欧盟期望中国主办随后的二十国集团峰会”，还特别提到双方要“致力于与二十国集团成员就采用经济合作与发展组织制定的税务领域《自动情报交换统一标准》达成一致”。2015 年 6 月，双方重申，二十国集团是全球经济合作的首要平台；欧盟支持中国主办 2016 年二十国集团峰会，推动成功实施二十国集团全面增长战略、就业计划和其他一致同意的倡议。这表明，对 G20 的支持以及在 G20 框架内的合作，已经是中欧双方共同的利益诉求。

三是深化中美战略与经济合作。G20 是深化中美合作的重要渠道。中美是 G20 运转的经济引擎。2008 年金融危机后，有研究者提出在 G20 框架内成立 G2 机制，即中美共同治理世界经济。佐利克和林毅夫指出，没有一个强大的中美合作机制（G2），G20 是会令人失望的。目前，G2 的概念已不再令人关注，但是作为当前世界两个最大的经济体，中美在 G20 框架内的合作，对于全球经济治理结构和走向有着举足轻重的影响，这是毋庸置疑的。2015 年 9 月，习近平主席在访问美国期间，与美国达成共识，即中美两国均支持 G20 成为国际经济合作和协调的“首要平台”。这表明，中国正在依托 G20，既要鲜明地发出自己的声音，又要寻求美国等现有国际秩序主导大国的支持，以务实主义和渐进主义的方式逐步走向全球治理的中心舞台。

四　2016 年 G20 峰会与中国的主要诉求

2016 年中国首次举办 G20 峰会，外界对中国举办此次峰会的期待很高，例如加拿大前总理保罗·马丁就希望 G20 杭州峰会能够“成为国际合作重生契机”。通过举办这次峰会，中国要实现三个关键诉求：恢复世界经济增长，促进可持续和包容性发展，以公平公正为导向的全球治理机制改革，也即增长、发展与公平。中国要秉持开放型的政策理念，主动设置议题，多提符合自身和各个经济体共同利益的议程以及议案，向外界展示中国领导人的战略远见和大国责任形象。

（一）加强 G20 成员之间的宏观协调，推动世界经济恢复增长

G20 的首要目标是促进全球经济强劲、持续和平衡增长。2015 年在土耳其伊斯坦布尔峰会上，推动全球经济增长仍然是核心议题。

根据经合组织（OECD）和国际货币基金组织（IMF）两大机构的预测，2015 年全球经济增长率将大幅下滑至 3.1%，2016 年仍然延续下滑态势，新兴经济体的经济形势更是不容乐观。能否实现这个目标，关系 G20 的未来。至于如何实现这个目标，G20 却一直缺乏一个明确的综合增长战略。各个成员就不再忙于“增长再平衡”和“减少外部不平衡”。因此，G20 应该制定一个“全面增长战略”（Umbrella Growth Strategy），即每个成员内部的财政、货币、税收、贸

易、发展等领域的政策，要尽可能协调。如果全面增长战略实现运作，那么每个国家的增长潜力就能够释放出来。

然而，当前各经济体之间因货币政策分化而展开的竞争性货币贬值、结构性改革趋缓、贸易保护主义的回流，以及传统大国和新兴大国安全合作意愿的下降导致全球地缘政治紧张局势难以得到有效解决，这些消极因素的持续发酵和叠加，让人不得不担忧世界经济的前景，有人甚至担心当前的世界经济形势与2008年金融危机相类似，可能将再次陷入全球性衰退。

中国是最大的新兴经济体，对世界经济增长的贡献十分显著。国际货币基金组织（IMF）预计2015年和2016年，世界经济增长率分别为3.1%和3.6%，新兴市场和发展经济体增长率分别为4.6%和4%，而同期中国则为6.8%和6.3%，明显高于世界经济平均增长速度，也高于新兴经济体平均水平。另外，根据2015年9月世界经济论坛发布的《全球竞争力指数（2015～2016）》报告，中国排名第28，居新兴经济体之首，表明中国仍然是新兴经济体中最具竞争力的成员。这充分说明，尽管中国经济面临着投资趋缓、国内需求不足等问题，经济增速从多年来的高速增长转为中高速增长，但稳中向好、稳中有进的基本趋势没有改变，经济增长处于合理空间。

无论是中国的“一带一路”倡议，还是组建亚洲基础设施投资银行（AIIB）等重大措施，都被G20视为促进全球经济增长的有效方案。因此，中国作为世界经济引擎之一的地位将不会改变，它对世界经济的贡献，至少表现在以下几个方面。

第一，中国资本“走出去”，为很多东道国提供急需的资金支持。中国已经成为全球第一贸易大国，而且自2014年起，中国对外投资已经超过吸收外资，成为世界资本净输出大国，这一方面使得中国的国家利益扩展到世界各地，另一方面也使东道国获得必要的资金支持。

第二，“一带一路”推动了中国国内产业结构的转型升级，也加强了“一带一路”沿线和相关区域经济体的产能合作。当前，中国经济要实现产业结构转型与升级，扩大对外投资，解决产能过剩等问题。为解决这一难题，中国除了致力于实施创新驱动战略之外，还提出“一带一路”构想，加强国内外的产能合作，这表明中国在更高起点和更高层面上推动对外开放向纵深发展。

（二）促进可持续和可包容性的发展治理

G20 十分重视可持续和包容性的发展问题。实际上，该问题也受到全球范围的关注。比如，当前联合国正在加紧讨论制定“2015 年后发展议程”。与 2000 年“千年发展目标”相比，“2015 年后发展议程”突出了“可持续发展目标”（见表 4）。G20 在全球发展治理中的投入和创新都在不断增加，发展议题地位越来越突出，越来越制度化，并已进入 G20“强劲、可持续和平衡增长”框架，既包括传统的发展问题——发展援助，也开拓了发展问题的新领域——贸易、粮食安全、基础设施等，甚至囊括了发展中国家的国内金融监管议题。

表 4　联合国“2015 年后可持续发展目标”

目标 1	在世界范围内消除各种形式的贫困
目标 2	消除饥饿，确保食品安全和增加营养，促进农业可持续发展
目标 3	确保健康生活，增加各个年龄段的人的福利
目标 4	确保素质教育的包容性和公平，增加全民终身学习的机会
目标 5	实现性别平等，增强女性的能力
目标 6	确保水资源和卫生设施的可获得性和可持续管理
目标 7	确保所有人能获得负担得起的、可靠的和可持续的现代能源
目标 8	促进持续的、包容的经济增长，确保所有人拥有充分、有效和体面的就业
目标 9	建设适应力强的基础设施，促进包容和可持续的工业以及培养创新
目标 10	减少国家间和国家内部的不平等
目标 11	建设包容、安全、适应力强和可持续的城市与人居环境
目标 12	确保可持续的消费和生产模式
目标 13	采取紧急行动应对气候变化
目标 14	保护海洋，确保海洋资源利用的可持续性
目标 15	保护、恢复和促进陆地生态系统的可持续利用，可持续管理森林，防治沙漠化，土地退化和生物多样性的丧失
目标 16	促进社会发展的和平以及包容性，确保人人拥有公平公正，建立高效的、负责任的和包容的各级机构
目标 17	增强执行手段，建立全球可持续发展伙伴关系

资料来源：UN News Centre，“Road to Dignity by 2030：UN chief launches blueprint towards sustainable development”，http：//www. un. org/apps/news/story. asp？NewsID＝49509#. VjM8Msuhfgo。

把发展问题列为2016年峰会核心议程乃至2016年后的长期议题，至少有三个方面的益处。一是有利于增强G20机制的合法性和代表性，推动它更快地从危机应对机制向全球经济治理的核心机制转型，担负起“战略规划者”的角色，增强G20机构的生命力。二是把发展问题纳入2016年峰会议程，尽管可能会增加G20的运作成本，以及增加达成共识的难度，但是有利于各个经济体成员在G20框架内获得广大新兴经济体和欠发达国家的支持，共同推动发展治理合作。三是G20框架尽管反映出全球治理的主导权从发达国家部分转移到新兴经济体，但它并没有挑战国际金融机构的权威或者目标，相反，G20出台的一系列倡议，加强了它自身与布雷顿森林制度的联系。由于G20由全世界19个系统重要性国家和一体化程度最高的区域性组织即欧盟构成，它同联合国、世界银行等传统全球治理机制开展合作，能够为发展问题治理提供强大的动能支持。比如，由于发展议程是一个庞大的系统工程，耗资巨大（见图2），任何一个国家都无法承担单独治理的责任。那么，G20就可以考虑设立全球发展基金，解决成员资金不足的问题。

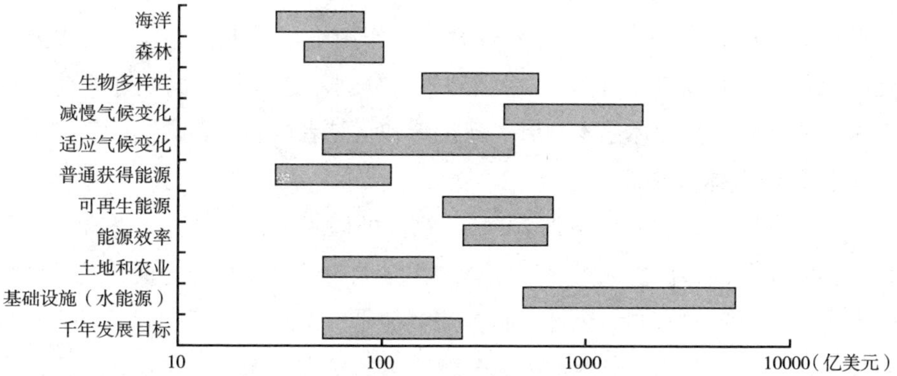

图2　各领域治理需要的融资数量

资料来源：UN，“Report of the Intergovernmental Committee of Experts on Sustainable Development Financing”，https：//www. un. org/development/desa/statements/mr – wu/2014/08/closing – remarks – fifth – session. html。

2015年6月，联合国开发计划署（UNDP）、中国国际经济交流中心和上海国际问题研究所联合发布《全球经济治理再平衡：2015年后中国和G20面临的机遇》报告，建议中国将发展问题作为2016年G20峰会的核心议程之一。2015年11月，G20峰会也宣布力求落实2030年可持续发展议程。鉴于发展中大国的自身定位，中国明确支持 G20 把发展作为一项持久的核心议题。当前，中国大力倡导“共商共建共享”的理念，也积累了巨大的能量，比如领先世界的基础设施建设能力，有利于推动全球发展治理向可持续和包容性方向发展，为公平发展包容注入持久动力。

（三）全球经济治理体系改革议程

联合国在《人类发展报告 2014》中指出，良好的制度比简单的资金投入要有效得多。从理论上看，国际制度可以缓解甚至消除国家间集体行动的困境，稳定国际合作的预期，从而能够有效应对全球化带来的国际公共物品缺乏、监管失灵等困境。在人类发展史上，由于未能建立有效的国际合作制度来应对资本和贸易的全球无序扩张而导致世界走向暴力冲突的例子并不鲜见，最典型的就是“一战”和“二战”。

当前，全球经济治理框架处于布雷顿森林体系解体后最为深刻的调整时期，新的治理规则正处于形成之中。世界经济的治理需要一种区别于西方自由主义的新的制度文明，从而实现善治或者良治。2016 年中国将成为 G20 轮值主席国，将对 G20 议程的执行和 2017 年议程的督促，作用举足轻重。这是中国成为“负责任的全球利益攸关者的机遇”。中国需要充分利用这一新型的全球经济治理机制，展示全球经济治理体系参与者、建设者和贡献者的新角色。

1. 全球金融体系改革

根据联合国《人类发展报告 2014》，当前的国际金融体系并不适合最大限度降低人类的脆弱性和保护人类发展成就，关键原因是全球缺乏全面的治理系统来管理汇率和进行资本管制，因此，目前需要的是一个秉承布雷顿森林机构精神的金融体系。G20 一直致力于促进国际金融体系的稳定。近期，G20 智库论坛提出的目标是，改进国际货币体系，包括推动人民币国际化，推动全球金融治理体系朝着减少系统性风险、改善银行资本和流动性状况以及提高衍生品市场安全性的方向发展。

长期以来，西方发达经济国家在国际金融体系中拥有绝对的主导权。2008 年金融危机后，新兴经济体寻求国际金融体系改革的呼声越来越强烈。中国是全球外汇储备大国，根据中国央行的数据，截至 2015 年 9 月，中国外汇储备为 35141 亿美元。但中国也面临着货币独立程度减弱和财富缩水的潜在风险，外汇储备的安全面临挑战。中国国家主席习近平曾在 G20 峰会上，提出“要加快并切实落实国际货币基金组织改革方案，加强全球金融安全网”，表明中国对国际金融体系改革的极大期待。

2. 投资体系改革

增加投资特别是对可持续基础设施的公共投资，能够促进经济增长，创造就业，对清洁能源和绿色就业，以及应对气候变化至关重要。自澳大利亚担任 G20 轮值主席国开始，公共投资一直是重要议程，但是没有取得重大的进展。根据麦肯锡咨询公司的预测，未来十五年全世界需要 57 万亿美元的基础设施投资投入，投资额巨大，目前投资缺口高达 15 万亿～20 万亿美元。G20 投资与基础设施工作组提出了一些建议，比如，优化投资环境，充分发挥多边开发银行的资源作用，金融中介服务业的便利化和消除数据鸿沟，促进 PPP 模式，等等。

中国虽然已成长为投资大国，但对外投资仅占全世界对外投资总额的 5%，与美国等投资强国差距较大。中国国家主席习近平在 2014 年 G20 峰会上，提出“我们支持二十国集团成立全球基础设施中心，支持世界银行成立全球基础设施基金，并将通过建设丝绸之路经济带、21 世纪海上丝绸之路、亚洲基础设施投资银行、丝路基金等途径，为全球基础设施投资做出贡献”。在 2016 年 G20 峰会上，中国需要把这些构想形成共识，尽快落地。

3. 贸易自由与便利化改革

目前，全球贸易额呈下滑之势，这提示全球化进程可能在放缓，迫切需要提振贸易，恢复全球化。截止到 2015 年 8 月，世界贸易组织只有 12 个成员签署了 TFA，而它们之中只有 5 个是 G20 成员。根据全球贸易预警组织（Global Trade Alert）的报告，2014 年 10 月中旬至 2015 年 3 月，G20 成员方执行了 156 项贸易限制措施，比世界贸易组织（WTO）高 31%，而自 2008 年 11 月以来，G20 成员共采取了 2080 项贸易限制措施，比 WTO 高 53%。这说明，目前 G20 成员采取的贸易保护措施要高于 WTO 平均水平，贸易保护主义色彩比较浓厚，甚至越来越倾向采用非关税措施来限制进口。

贸易自由与便利化对促进全球经济增长至关重要。亚太经合组织（APEC）的一份研究表明，贸易便利化为成员体带来的收益为 GDP 的 0.26%。据估计，TPA 的执行能够使世界 GDP 增加 1%，贸易额增长超过 1 万亿美元，同时创造 2100 万个就业岗位。推行一项全面的贸易增长战略是中国举办 2016 年 G20 峰会的重要考虑。除了推动 G20 成员在消除贸易壁垒方面扩大共同行动之外，中国还需要就亚太自贸区（FTAAP）取得 G20 相关成员的支持。

4. 结构性改革

所谓结构改革（Structural Reform），就是通过改善制度和激励措施，提高市场效率。由于结构改革都是在各经济体成员的管辖范围内推行的政策，因此它又被称为“边界内”改革。亚洲开发银行（ADB）曾经指出，与旨在消除关税和非关税壁垒的传统贸易自由进程相比，即便是温和的结构改革，也会对亚洲经济增长带来更大的影响。换言之，一个经济体境内的障碍对经济增长的限制性影响，要远远大于通常意义上的保护主义措施。目前，中国对结构改革有着较高的期望，即凝聚结构改革的共识，扩大共同行动。此外，中国还建议设立一套科学的指标体系，评估 G20 各个成员在结构改革方面的进展，以提高全要素生产率和潜在增长率，激发市场机制的效率。

五　小结

尽管 G20 目前面临着合法性、效率和执行力的诸多质疑，但它仍然是具有全球系统重要性的发达经济体和新兴经济体共同治理管理世界经济和发展事务的顶级论坛，越来越多地承担了全球“战略规划者”的角色。在 G20 框架内，各个成员不断形成共识，扩大共同行动，对于世界经济的稳定贡献卓著。G20 符合中国的利益，有利于促进中国深化国内改革，优化对外开放格局，并为中国积极参与全球治理提供了一个极佳的平台。作为 G20 东道国，中国要把握历史性的机遇，就全球经济治理鲜明地提出自己的理念和政策，向世界贡献中国方案和中国智慧，塑造负责任大国的国际形象。

（撰稿人：陈迎春，中国国际经济交流中心战略研究部助理研究员）

联合国千年发展议程研究

一　前言

和平、发展与合作依然是时代的主题。然而，当今世界是一个动荡不安的世界，人类社会面临着严峻的经济、社会和环境挑战，即全球化所带来的经济挑战，贫穷、不平等和人口变化所带来的社会挑战以及环境恶化和资源匮乏等所带来的环境挑战。经济全球化深入发展，但是全球发展很不平衡，南北差距还在拉大，自然资源人均占有量不断减少，气候变化危机重重。应对这些挑战需要国际社会的共同努力。

2000 年国际社会发表了《联合国千年宣言》和“千年发展目标”。弹指一挥间，十五年过去了。2015 年对全球发展来说是决定性的一年，国际社会举行了三次高级别会议。第一次会议是 7 月在亚的斯亚贝巴举行的第三次发展筹资问题国际会议，可能达成建立全球发展伙伴关系的协定。第二次会议是 9 月在纽约联合国总部举行的可持续发展问题特别首脑会议，评估千年发展目标的进展，并通过 2015 年后发展议程，以指导今后 15 年国际发展合作。第三次会议则是 12 月在巴黎举行的联合国气候变化框架公约第 21 届缔约方会议，可能通过一项新的气候变化协议。本文旨在总结和评价 2000 年发表的千年发展目标的进展情况和概述 2015 年发表的全球 2015 年后发展议程的主要特征。

二　2000 年“千年发展目标”的进展评价

2000 年 9 月，世界各国领导人在联合国千年首脑会议上通过了《联合国千年宣言》。在《联合国千年宣言》的基础上，世界各国领导人就消除贫穷、饥饿、疾病、文盲、环境恶化和对妇女的歧视，商定了一套“千年发展目标”（MDGs）。“千年发展目标”包括8项具体目标和48项指标，所有目标的完成期限是2015年。

2015年是千年发展目标的验收之年。15年来，通过国际社会共同努力，千年发展目标取得了可喜的进展。总体而言，15年来，我们目睹千百万人摆脱了贫困，疾病被有效控制或治愈，预期寿命在提高，妇女地位和权能得到增强，妇女和儿童的健康得到改善，各个区域的经济体都充满着活力。我们也目睹了一些中等收入国家成为全球增长的新引擎，使许多本国的公民摆脱贫穷，创造了可观的中产阶级。一些国家在减少不平等方面取得巨大的进展，还有一些国家实现了全民医保，另一些国家已经成为世界上最先进、网络相连程度最高的社会，工资提高了，社会保障扩大了，绿色技术已经扎根，教育标准得到改进。

尽管我们未能实现所有的目标，当今世界的状况与《联合国千年宣言》的愿景仍然相去甚远①，但国际社会普遍认为《联合国千年宣言》和“千年发展目标”是人类社会和联合国的创举，展现了国际合作的力量，代表了21世纪和平、发展与合作的潮流，承载了人类社会对新世纪美好生活与发展的期盼。“千年发展目标”更是国际社会最全面、最权威、最系统的发展目标体系。千年发展目标已在发展问题上规模空前地调动了政治意愿和公众意识，为第三世界国家和贫困人口送去了希望。下文从四个方面总结过去15年间全球发展合作所取得的成绩和存在的问题②。

（一）焦点1：消除贫穷与饥饿

具体目标1.A：1990～2015年，将日收入不足1美元的人口比例减半

在国际社会的共同努力下，过去二十年间全球极端贫困率显著下降。较之2000年以前，2000年后的世界减贫工作得到快速推进。发展中世界在1990年有近一半的人口每天过着低于1.25美元的生活，而在2015年这一比例下降至

① 一些人非常富足，但数十亿人依然贫困、严重不平等、失业、疾病。流离失所现象是第二次世界大战以来最严重的。武装冲突、犯罪、恐怖主义、迫害、腐败、有罪不罚和破坏法治都是日常的现实。全球经济、粮食和能源危机仍然时有发生，气候变化的影响才刚刚显现。我们也知道，这些问题都不是偶然巧合，一方面是由于人类自身的行动所造成的；另一方面，却是由于人们的不作为所导致的。

② 本节内容主要参考联合国（2015）。

14%，从1990年的19亿人下降至2015年的8.36亿人。尽管总体上已取得成绩，但即使在今天仍有约8亿人生活在极端贫困中；而且减贫的进展仍不平衡，全球绝大多数极端贫困人口生活在两个地区：南亚和撒哈拉以南非洲。

具体目标1.B：使包括妇女和青年人在内的所有人享有充分的生产性就业和体面的工作

1991～2015年，发展中地区的就业率（被定义为全部适龄就业人口占总人口的比例）下降了3.3个百分点，而发达地区则下降了1个百分点。1991～2015年，劳动中产阶级（即每日生活费高于4美元）的人数从1991年占发展中地区工作人口仅18%上升到目前的一半。发展中地区就业人员每天过着低于1.25美元生活的人数从1991年的一半降到2015年的11%。尽管如此，仍有占全世界就业人口45%的工人在脆弱的环境中工作，无法享有体面工作应有的福利待遇。另外，女性，尤其是单身或离异女性，比男性更容易从事不稳定就业，生活在贫穷中。

具体目标1.C：1990～2015年，将挨饿人口的比例减半

全球营养不足人口的比例，即那些无法经常获取足够食物以便积极和健康生活的人口比例，已从1990～1992年的23.6%下降至2014～2016年的12.9%，下降幅度接近一半。在东南亚、东亚、高加索和中亚以及拉丁美洲的大多数国家营养不足的发生率和人数都有了显著的减少，已实现或接近实现将饥饿率减半的具体目标。与此相比，南亚、大洋洲和撒哈拉以南非洲在近几年进展有限，仍是营养不足发生率最高的地区。

1990～2015年，全球5岁以下体重不达标（定义为体重达不到年龄标准）儿童减少超过一半，然而，全球仍然有9000万5岁以下儿童体重不足，约占5岁以下儿童总数的1/7。全球仍有1/4的5岁以下儿童发育迟缓（定义为相对于年龄而言身长或身高不足），约为1.61亿人。发育迟缓现象比体重不足现象更普遍。另外，2014年以来持续多次的难民危机导致难民数量达到新高，中非共和国、刚果民主共和国、马里、阿拉伯叙利亚共和国，以及南苏丹及苏丹之间边界的冲突迫使平均每天42000人放弃家园寻求庇护，忍受着饥饿的煎熬，而在2010年仅为11000人。

（二）焦点2：消除不平等和促进社会包容

具体目标2：普及小学教育（确保所有男童和女童都能完成全部小学教育课程）

2000～2015年，发展中地区在普及小学教育方面取得很大进展，调整后的小学净入学率增加 8 个百分点，从 83% 增加到 91%。截至 2015 年，小学适龄儿童中每十人有一人仍在失学。全球失学儿童人数明显减少，从 2000 年的 1 亿人降到 2015 年的 5700 万人。

东亚、东南亚、高加索和中亚，以及拉丁美洲和加勒比地区都近乎实现了普及小学教育的目标，但自 2000 年以后进展很小。在北非，1990 年的入学率为 80%，截至 2015 年北非几乎完成小学教育的普及。西亚和南亚自 2000 年以来，也缩小了与实现小学教育普及目标的差距，入学率增至 95%。大洋洲在 1990 ~ 2015 年取得了实质性进展，入学率从 69% 增至 95%。撒哈拉以南非洲取得的进展最大，1990 ~ 2015 年调整后入学率增加了近 30 个百分点。

尽管取得巨大的成绩，但撒哈拉以南非洲仍面临巨大的挑战，即该地区人口快速增长。与 1990 年相比，2015 年学龄儿童增加了 86%。这一地区的国家经历了武装冲突和无数的紧急情况，致使儿童失学。因此，尽管 1990 ~ 2012 年小学教育入学儿童人数增加了 1 倍以上，从 6200 万人增加到 1.49 亿人，但仍有 3300 万名小学适龄儿童失学，其中 56% 为女孩。

全球范围内 15 ~ 24 岁的年轻人识字率从 1990 年的 83% 提高到 2015 年的 91%。

具体目标 3：促进两性平等并赋予妇女权利

全球大约 2/3 的发展中国家已实现初等教育中的性别平等。在过去二十年间，全球女性对非农业部门有偿就业的参与率不断提高，从 1990 年的 35% 增加到 2015 年的 41%。各地区都有所增长，尽管增长程度不同，撒哈拉以南非洲的进展最让人印象深刻，其增长率 1990 ~ 2015 年增加了 10 个百分点。与此相反，1990 年北非的女性在有偿就业中的比例是所有地区最低之一，这一比例到 2015 年也没有明显增长。另外，在过去二十年间女性在国会的比例翻番，尽管还只占 1/5。

具体目标 4：降低儿童死亡率

2015 年全世界 5 岁以下儿童死亡率下降接近 1990 年的一半，每千名活产婴儿死亡人数从 90 人降至 43 人，也就是说，全球 5 岁以下儿童死亡人数从 1990 年的约 1270 万降至 2015 年的 600 万。在除撒哈拉以南非洲和南亚以外的所有地区，5 岁以下儿童死亡率都降低了一半以上。撒哈拉以南非洲国家仍面临巨大的挑战。尽管这一地区 5 岁以下儿童死亡率居全球首位，但是这一地区自 1990 年来已取得巨大进展，每千名活产婴儿死亡人数从 1990 年的 179 人降至 2015 年的

86 人。南亚在降低儿童死亡率方面形势仍然严峻，2015 年每千名活产婴儿死亡人数仍然为 50 人。2015 年全球范围内每天仍有 1.6 万名 5 岁以下儿童死于可救治的疾病。

具体目标 5：改善孕产妇保健

1990 ~ 2013 年，全球孕产妇死亡率下降了 45 个百分点，从每 10 万活产婴儿有 380 例产妇死亡降至 210 例死亡。尽管如此，每天仍有大量的产妇死亡。仅 2013 年，就有约 289000 名女性在妊娠、分娩或终止妊娠 42 天内死于与妊娠或与其相关或由此加重的病情（意外或偶然死亡的除外），平均每天有 800 名产妇死亡。2013 年大部分产妇死亡发生在发展中地区，发展中地区孕产妇死亡率比发达地区高 14 倍。每 10 万活产婴儿有 230 例孕产妇死亡，发达地区仅有 16 例孕产妇死亡。撒哈拉以南非洲是发展中地区孕产妇死亡率最高的，每 10 万活产婴儿有 510 例孕产妇死亡。随后是南亚、大洋洲和加勒比地区，这三个地区每 10 万活产婴儿有 190 例孕产妇死亡，再后是东南亚。

减少孕产妇发病率和死亡率的一个重要的方法就是确保每个婴儿都在专业医护人员（医生、护士或助产士）的帮助下出生。有必要的培训和药品，分娩医护人员可以实施干预措施，预防或处理诸如大出血这样的危及生命的并发症，或把病人转到高一级别的护理。2014 年全球范围内，专业医护人员参与了 71% 的分娩，而 1990 年仅为 59%。南亚和撒哈拉以南非洲是两个专业医护人员接生比例最低的地区，专业接生比例提高到 52%。在发展中地区，城市和农村地区的差距仍然很大，农村专业保健医护人员接生比例仅为 56%，而在城市这一比例为 87%。在发展中地区只有大约一半的孕妇接受推荐的最少四次的胎儿期检查。目前全世界仅有 51% 的国家有关于孕产妇死亡原因的统计数据。

具体目标 6：与艾滋病毒/艾滋病、疟疾和其他疾病做斗争

2001 ~ 2013 年，全球新感染艾滋病毒（人类免疫缺陷病毒）人数下降了 40%，从大约 350 万人降到 210 万人。2013 年全球约有 3500 万人携带艾滋病毒，这一数据一直在上升，因为许多艾滋病毒携带者接受抗反转录病毒治疗而存活的时间更长。2013 年全球 15 ~ 49 岁成年人中有 0.8% 携带艾滋病毒。全球范围内 10 个国家新感染艾滋病毒（人类免疫缺陷病毒）人数下降 75%，而另外 27 个国家下降 50%。撒哈拉以南非洲仍然是最严重的地区，2013 年仍有约 150 万新感染病例。

截至2014年6月，全球有1360万艾滋病毒携带者获得相应治疗，在2003年这一数据仅为800000人。到2014年撒哈拉以南非洲仍然仅有不到40%的15岁到24岁年轻人具有全面的艾滋病医疗知识。

2000 ~2015年，全球疟疾干预措施的极大扩展使得疟疾死亡率下降了58个百分点。新的数据显示，在这期间有约620万患者生命得到了挽救，其中大部分为撒哈拉以南非洲的5岁以下儿童。

2000 ~2013年肺结核的预防治疗、迅速诊断和有效的、及时的治疗挽救了3700万患者的生命。

（三）焦点3：确保环境的可持续能力（具体目标7）

气候变化将产生严重的、普遍的、不可逆转的影响。二氧化碳（CO_2）排放是引起气候变化的最大因素，化石燃料的使用和森林砍伐是两个主要来源，人类活动是气候变化的主要原因。

人类的生存依赖于保护区所维护和加强的服务和自然资源。《物种多样性公约》指出受保护地区的重要性，并设定了保护的具体目标，即力图到2020年通过全球保护区网至少保护17%的全世界陆地面积和10%的沿海及海洋面积。近些年，尽管去森林化趋势在减缓，全球净森林减少由20世纪90年代的每年830万公顷减少到2000 ~2010年每年520万公顷，但去森林化对许多国家而言仍然是个严峻的挑战。

全球二氧化碳排放量继续呈上升趋势，1990 ~2012年增加了50%。2000年后，二氧化碳排放加速增加，2000 ~2011年排放量增加了38%，相比之下1990 ~2000年只增加了10%。发达地区人均排放仍高于发展中地区。2012年发达地区的平均二氧化碳排放量约为每人每年10公吨，而发展中地区为3公吨。然而发展中地区每单位经济产出的排放量略高于发达地区，两者每美元经济产出分别排放0.4千克二氧化碳和0.3千克二氧化碳。

遏制全球二氧化碳排放量的增加仍是一个挑战。要避免气候变化的最坏影响，我们必须将全球气温升幅限制在摄氏2度以下。如果我们不及时采取可持续的生产和消费行为，那么未来解决问题的代价就会越高，技术挑战也就会越大。国际社会已达成共识，都希望采取行动应对气候变化，迅速减少温室气体的排放量，并在公平的基础上，根据“共同但有区别”的责任和各自的能力，将全球平均气温的升幅保持在摄氏2度以下。

为解决这一挑战，国际社会正在《联合国气候变化框架公约》下进行谈判，最终目标是在2015年12月在巴黎的联合国气候变化框架公约大会上制定一项具有法律效力且适用于各方的协议、法律文书或一致商定的法律文件。我们迫切需要在2015年底前通过有意义的、普遍性的气候变化协议。参加各方都呼吁进行有意义的经济转型，使增长模式更具包容性、持久性和可持续性，实现可持续的城市化、可持续工业化和农业，确保可持续的消费和生产。各方希望充分尊重地球的承载极限，保护好我们的海洋生态系统和陆地生态系统。

2015年，全球获取改善过的饮用水源的人口比例为91%，比1990年的76%有所增长。将没有获得改善饮用水源的人口比例减半的具体目标已在2010年实现，比预期提前了5年。目前已有超过26亿人获取改善的饮用水源，其中有19亿人已在家中享用自来水。在东亚、南亚和东南亚，使用改善的饮用水源的人口比例出现了最大的增长。在撒哈拉以南非洲，尽管覆盖比例仍很低，1990～2015年，获取改善的饮用水源的人口比例有20个百分点的增长。但是2015年全球仍有0.663亿人还在使用未改善的饮用水源。

另外，2000～2014年发展中国家居住在城市贫民窟的人数占比由39.4%减少到29.7%。

（四）焦点4：促进全球发展伙伴关系（具体目标8）

我们需要更公平的多边贸易体制、结束多哈回合谈判，使发展中国家有更好的途径获得技术、药品和长期投资。我们需要发展中国家在国际体系中有更公平的代表性。发展中国家在现有的国际体系中处于不利的地位，我们必须纠正这种长期困扰发展中国家的不平等现象。

发达国家对发展中国家的官方发展援助（ODA）净额实际值在经历两年的下降后，2014年比2000年增加了66%。2014年经济合作和发展组织发展援助委员会（DAC）各成员的官方发展援助净额仅占这些国家国民总收入之和的0.29%。有5个捐助国达到0.7%的目标：丹麦、卢森堡、挪威、瑞典和大不列颠及北爱尔兰联合王国。捐助国政府应继续努力实现承诺，达到联合国将国民总收入的0.7%用于官方发展援助的目标，将更大比例的官方发展援助提供给重点类别国家，其中包括非洲、内陆发展中国家和小岛屿发展中国家。发展援助仍然高度集中，前20个受援国得到的援助占官方发展援助总额的50%～60%。近几年，流入最不发达国家（LDCs）发展援助呈现下降趋势。2014年，发展援助委员会捐助国对最不发达国家的援助额减少了16%。

2014年，发达国家从发展中国家进口的商品79%免税。1996～2004年，继1995年多边贸易自由化谈判乌拉圭回合结束后，发达国家从发展中国家免税进口商品（除石油和武器外）的百分比有所增加。大部分免税的进口商品受益于最惠国待遇下对多边关税的取消。2014年对最不发达国家出口到发达国家市场的商品实施免税准入达到84%，尤其是农产品。美国对纺织品和农产品进口给予的关税优惠对不同发展中国家实行区别对待，即个别亚洲发展中出口国被排除在外。

一个国家的外债负担影响其信誉和抵抗经济冲击的能力。2000年发展中国家的债务负担占其出口收入的12%。2009年全球金融危机导致出口收入急剧下降，债务比例维持在较高水平。2010年以后由于出口收入反弹，债务比例趋于下降，一些地区的比例下降到低于2008年水平，并且保持相对不变。良好的债务管理、贸易的扩大较好地减少了债务的负担。2011～2013年，发展中国家的债务负担占其出口收入的比例降为3.1%。依照《重债穷国减债倡议》（*Heavily Indebted Poor Countries Initiative*），39个国家有资格获得债务减免。其中36个国家已达到"决定点"阶段，将未来的债务支出减少578亿美元（以2013年底净现值计算），36个国家中的35个完全满足了《多边债务减免倡议》的条件，将被免除全部债务。

另外，2G移动电话网络2015年覆盖了全世界人口的95%，而2001年仅为58%。移动电话的使用量在过去的15年翻了15倍，从2000年的0.738亿人到2015年的70亿人。2000年全世界人口仅有6%使用网络，2015年，这一比例增长到43%。大约1/3的发展中国家人口使用网络，而在发达国家这一比例为82%。

近年来，全球发展合作伙伴关系的建设采纳了一个范围更广的议程，力图动员私营部门。在近年来举行的一些高级别会议上，促进有效全球发展合作伙伴关系还强调了中等收入国家合作、南南合作和三边合作在全球发展努力中的重要性。这些利益攸关方伙伴倘若能携起手来，将能有效加强受援国政府对发展合作方案的自主权，强化受援国政府和捐助国政府的相互问责机制。

三 2015年后全球发展议程的主要制定进程及成果

"2015年后全球发展议程"的讨论开始于2010年9月召开的第65届联大关

于“千年发展目标高级别会议”。在2015年后议程的制定进程中形成了“千年发展目标”（MDGs）与“可持续发展目标”（SDGs）两个分支。

一方面，2011年9月，联合国系统内的第一个有关“2015年后发展议程”工作序列的“联合国系统工作组”（UN System Task Team on the Post - 2015 UN Development Agenda，UNSTT）成立。该工作组主要围绕“2015年后千年发展目标”的制定向所有利益攸关方开展咨询，其中包括联合国会员、公民社会、学者和私营部门等，覆盖了60多个联合国机构和国际组织。在此基础上，联合国系统工作组于2012年6月和2013年3月发表了《实现我们憧憬的所有人的未来》（*Realizing the Future We Want for All*）和《更新的全球发展伙伴关系》（*A Renewed Global Partnership for Development*）两份报告，就“千年发展目标”在2015年到期后的未来发展议程提出一系列新的设想与建议。

2012年7月，联合国秘书长“2015年后发展议程高级别名人小组”（High Level Panel of Eminent Persons on the Post - 2015 Development Agenda，HLP）宣布成立（英国首相、利比亚总统和印度尼西亚总统为联合主席，中国外交部前副部长王英凡先生为该名人小组成员），该名人小组先后在纽约、伦敦、蒙罗维亚和巴厘岛召开四次会议，并于2013年5月31日向联合国秘书长递交《新型全球合作关系：通过可持续发展消除贫困并推动经济转型》（*A New Global Partnership: Eradicate Poverty and Transform Economies through Sustainable Development*）的报告。

2012年8月，具有跨国公民社会性质的“联合国可持续发展行动网络领导委员会”（Sustainable Development Solutions Network）成立，并于2013年6月向联合国秘书长递交了其报告《可持续发展行动议程：报告提交联合国秘书长》（*An Action Agenda for Sustainable Development*）。

此外，联合国发展集团（UNDG）、联合国全球契约组织（UN Global Compact）、联合国地区经济委员会（UN RECs）等也都围绕“千年发展目标”就2015年后议程展开工作。这一切均与“千年发展目标”联系在一起，聚焦于将联合国千年发展目标转变成一个既发扬光大其优点又消除其缺点的“后千年发展目标议程”。

另外，在聚焦于“千年发展目标”的2015年后议程讨论全面展开的同时，2012年举行的联合国可持续发展大会“里约+20峰会”（简称“里约+20峰会”）正式提出了“可持续发展目标”。

2013年1月成立了一个拥有30个成员的“联合国大会可持续发展开放目标工作组”（UNGA Open Working Group on Sustainable Development Goals，以下简称“开放工作组”），授权拟定一个可持续发展目标提案供2014年联合国大会审议。由于该工作组仅限30个席位，一些国家（例如，德国、法国和瑞士；中国、印度尼西亚和哈萨克斯坦）只能分享一个席位。开放工作组成立之后，成员举行了八次会议，考察了广泛的议题如贫困、水、食品安全、城市、就业、增长、气候变化和生物多样性等。

2014年7月19日“开放工作组”公开发表了《成果文件》（*Outcome Document*），向联合国大会提出17项可持续发展目标以及一系列具体指标。该《成果文件》在强调“可持续发展目标”的同时，吸收了相当一部分“千年发展目标”的内容，例如“在世界各地消除一切形式的贫穷”“消除饥饿，实现粮食安全，改善营养和促进可持续农业”“确保健康的生活方式，促进各年龄段所有人的福祉”“确保包容和公平的优质教育，促进全民享有终身学习机会”“实现性别平等，增强所有妇女和女童的权能”等。因此，它得到了诸多国家的认可，欧盟和非盟均认为《成果文件》的17项目标及相应的一系列指标可以作为未来联合国“2015年后全球发展议程”政府间谈判的基础。此后，“2015年后全球发展议程”的“千年发展目标”与“可持续发展目标”两个分支进入并轨阶段，并且向着以“可持续发展目标”为主导的方向发展。

四　2015年后全球发展议程的要点和评价

为了促进相关的政府间谈判并对之定调，联合国秘书长潘基文于2014年12月4日发表“*Road to Dignity by 2030：UN Chief Launches Blueprint Towards Sustainable Development*”，并于2015年1月8日向联合国全体会员提交了该报告。与此同时，潘基文秘书长表示：“各国领导人应把握2015年的历史机遇，在经济、环境及社会方面做出变革，而这些变革将对人们的生活产生积极和深远的影响。”

潘基文（2014）指出，2015年后全球发展议程应以“可持续发展目标”为主要基础，实现“千年发展目标”与“可持续发展目标”两个分支的并轨。要以可持续发展筹资政府间专家委员会、科技促进机制等进程和秘书长综合报告等为参考。应紧扣发展主题，坚持以消除贫困和促进发展为核心，确保经济、社会、环境等领域全面均衡发展。应坚持发展模式多样化、“共同但有区别的责任”

等原则；该报告提出了实现可持续发展目标的 6 个基本要素（尊严、人类、繁荣、地球、公正、伙伴关系）和 3 个执行手段（融资、科技和创新、能力建设）。

2015 年 9 月联合国首脑会议提出了可持续发展目标（SDGs），包括如下 17 个具体目标。

表 1　可持续发展目标

目标 1	结束世界范围内各种形式的贫穷
目标 2	结束饥饿、实现食品安全和营养改善、促进可持续农业
目标 3	确保健康生活、促进所有人的幸福
目标 4	确保包容和公平的素质教育、促进全民终身学习的机会
目标 5	实现性别平等、增强妇女和女孩的权能
目标 6	确保水资源和卫生设施对所有人的可用性和可持续管理
目标 7	确保所有人能获得负担得起的、可靠的、可持续的和现代能源
目标 8	促进持续的、包容的和可持续的经济增长和确保所有人拥有充分的、生产的和体面的工作
目标 9	建设适应力强的基础设施，促进包容的和可持续的工业化和培育创新
目标 10	减少国家间及国家内部的不平等
目标 11	建设包容、安全、适应力强的和可持续的城市与人居环境
目标 12	确保可持续的消费和生产模式
目标 13	采取紧急行动应对气候变化的影响
目标 14	保护海洋和可持续利用海洋资源
目标 15	保护、恢复和促进陆地生态系统的可持续利用，可持续管理森林，防治荒漠化、土地退化和生物多样性的丧失
目标 16	促进和平、包容的可持续发展社会，确保人人拥有公平公正和建立高效的、负责任的包容的积极机构
目标 17	增强执行手段和全球可持续发展伙伴关系

2015 年后全球发展议程是千年发展目标的延续，是全球发展的“升级版”，关系未来国际发展合作走向，并可为各国制定国家发展战略提供参照。大体而言，2015 年后全球发展议程具有如下特征。

- 将人类和地球置于中心位置，以人为本和关爱地球。确保人的尊严和平等以及强调生态系统对人民生计的重要性，对经济、社会、物质和精神福祉的重要性，以及对其文化遗产（诸多文化传统中所谓“地球母亲”）重要性。
- 坚持以消除贫困和促进发展为核心。
- 以“可持续发展目标”为基础和焦点，而不是“千年发展目标”。

第一，虽然“千年发展目标”也关注环境生态问题，但主要关注的是当代人的发展问题。然而，可持续发展着眼于未来，认为关注当代人发展的需要必须同后代的发展需求结合起来。“可持续发展目标”要求人类在经济发展中讲究经济效率、关注生态和谐以及追求社会公平，最终达到人的全面发展。于是，2015年后发展议程的焦点由当代人的发展拓展至强调经济、社会、环境三位一体的可持续发展。

第二，“千年发展目标”更多的是关注消除贫穷和饥饿等发展中国家关心的问题，而“可持续发展目标”则关注经济发展、社会发展和环境保护等问题。于是，2015 年后发展议程的目标范围由发展中国家扩大至所有国家，形成所谓“普遍性”的发展议程。

- 具有普遍性。当前人类所面临的全球性问题是人类需要共同面对和共同解决的问题。这些问题超越国界，即使在最富裕的国家，仍可能有贫困和排斥。普遍性意味着所有国家需要改变，每个国家都需要使用自己的方法，发挥自己的力量，促进可持续发展的新型全球伙伴关系。普遍性又关系当代和后代，迫使我们在共同未来和共同责任方面进行思考，这就要求政策的连贯性。
- 应坚持“共同但有区别的责任”原则，并应适应各国国情。需要特别注意最不发达国家，特别是非洲国家、内陆发展中国家和小岛屿发展中国家。还应特别注意处于脆弱和冲突局势下国家所面临的挑战。
- 需要民主、法治、公民空间和更有效的政府治理及能胜任的机构。
- 需要新型的全球发展伙伴关系，包括与负责任的企业和有效的地方当局建立伙伴关系。
- 需要数据革命、严格的问责机制。

2015 年后发展议程提出的 17 个具体目标和 169 个子目标为世界未来发展带来了希望。比尔盖茨基金会于 2015 年 1 月 22 日发表的年度信件预测，到 2030 年为止全球婴儿死亡率将减半，小儿麻痹症及其他 3 种致命疾病将根除，农业的大幅度发展将使非洲能够自给自足，金融安全的发展将使 20 亿没有银行账户的人们开始使用移动电话进行存款和支付，许多优惠的网上教育课程将会向穷人尤其是妇女开放。

支持 2015 年后发展议程包括 169 个子目标的人们认为可持续发展目标（SDGs）是一个比千年发展目标（MDGs）更雄心勃勃的议程，比如减贫，这不是件简单的事情，它源于不平等和不公正，所以我们需要许多目标以改善政府治理、鼓励透明和减少不平等等（The Economist，2015b）。有人认为，2015 年后发展议程包括 169 项如此多的子目标是发展中国家和发达国家妥协的结果，这一定程度上减少了发达国家教发展中国家“怎么做”的意味。更严重的是，发达国家实际上尽量不提发展援助，他们正欢呼着“2015 年后发展议程更多地聚焦在援助以外的问题”（The Economist，2015c）。

然而，也有不少国际知名机构或人士对 2015 年后发展议程提出的 169 个子目标提出不同的看法，认为应该聚焦在几个实用的目标上。比如，英国首相 David Cameron，认为太多的子目标将影响沟通效率，他认为 10 ~ 12 个就足够了（The Economist，2015a）。

对 2015 年后全球发展议程的 169 个子目标发出质疑声最大的，也最有影响力的恐怕是由丹麦经济学家 Bjorn Lomborg 创立的 Post – 2015 Consensus 研究项目。该项目组建了 60 个由经济学家和来自国际组织、非政府组织和企业界代表构成的研究团队并对 2015 年后发展议程的 22 个领域的具体目标进行评估，完成了 100 多篇研究报告。一个包含 2 个诺贝尔奖得主在内的专家小组对这些报告进行评估，从 169 个具体子目标中识别了 19 个他们认为成本收益率最高的目标，也就是在 2016 ~ 2030 年对于 2.5 万亿美元国际发展援助成本收益率最高的目标，每 1 美元的投入将带来 15 美元回报或更多。这 19 个子目标有一半与医疗有关，3 个与能源政策有关，而 3 个与教育有关。专家小组认为，把国际援助集中在 19 个子目标每年所获得的收益将达到 10 万亿美元，是把国际援助平均分摊到 169 个子目标所获得的收益的 4 倍（Copenhagen Consensus Center，2015）。

五 总结

2015 年后全球发展议程要求，不让任何人落在后面，保证在所有级别的平等、不歧视、公平和包容。我们需要结束一切形式的贫穷和不平等，保证在所有级别的平等、公平和包容。我们要特别注意最需要帮助的个人、团体和国家。我们需要特别关心穷人、儿童、少年、青年和老年人以及失业人员、农村人口、贫民窟居住者、残疾人、土著人、移徙者、难民和流离失所者、弱势群体和少数群体，还包括那些受气候变化影响，那些生活在最不发达国家、内陆国家、小岛屿发展中国家、中等收入国家、冲突国家或被占领地区、发生复杂的医疗和人道主义紧急情况的地区或受恐怖主义影响的人们。我们必须确保妇女、青年和儿童都能获得全方位的教育服务。我们必须在努力提高生活水平的同时确保环境的可持续发展等。

尽管我们需要面对的挑战仍然很多，但我们有理由相信，只要国际社会团结合作，尤其是发达国家能做出表率并为发展中国家提供更多的帮助，我们的未来是美好的，2015 年后全球发展议程所设计的愿景是可以实现的。

参考文献

联合国（2015），"*The Millennium Development Goals Report 2015*"，New York，ISBN 978－92－1－101320－7。

潘基文（2014），"*Road to Dignity by 2030：UN Chief Launches Blueprint Towards Sustainable Development*"，United Nations。

Gates Foundation（2015），"*2015 Gates Annual Letter：Our Big Bet for The Future*"，22 January 2015.

Copenhagen Consensus Center（2015），"*Smart Development Goals：To Get the Biggest Bang for Every Buck，Paint a Bull's Eye on 19 Specific Targets*"，The Times，24 April 2015.

The Economist（2015a），"*Development：The Economics of Optimism*"，24 January 2015.

The Economist（2015b），"*Development：The 169 Commandments*"，28 March 2015.

The Economist（2015c），"*The Sustainable Development Goals：Beyond Handouts*"，19 September 2015.

（撰稿人：黄永富，中国国际经济交流中心经济研究部研究员）

国际组织机构进展研究

当今世界，衡量一个国家参与国际事务的广度和深度，衡量其国际影响力是否强大，非常重要的一个标志就是考察其对国际组织的认识程度、重视程度和参与程度。国际组织与合作机构已经成为一国参与世界政治经济绕不开的话题。

一　重点国际组织机构发展现状

20 世纪中叶，特别是第二次世界大战以后，国家间的联系、交往日趋频繁，相互间的依存程度日益提高，国际社会组织化大幅度上升。随着全球化进程快速推进，国际组织在世界舞台中的地位得以强化。目前，国际组织与合作机构已经成为世界政治经济的重要角色。

1. 国际组织发展速度非常快

20 世纪以后，国际组织发展迅速，以爆炸式的速度成倍地增长。据国际协会联盟统计，1909 年，各类国际组织只有几百个，到冷战结束后的 1990 年，则惊人地猛增到 26656 个，81 年间增加了 125 倍。其中，20 世纪 80 年代 10 年间共增加了 12383 个，年均增加 1200 多个。1990 ~ 1998 年的 9 年中，各类国际组织以平均每年净增 2500 个的速度发展，1998 年底的国际组织总数已达到 48350 个，比 1990 年的 26656 个增长了 81%。

目前，在全球已有超过 68000 个国际组织，分布在 300 多个国家，且以每年新增 1200 个左右的速度快速发展。其中，有超过 37000 个国际组织正常运转，活跃于世界政治经济舞台。前国际法院大法官拉赫斯就曾说过，我们早已生活在一个国际组织纵横其间的时代了。

2. 国际组织种类繁多、涉足领域广大

国际组织与合作机构的快速发展，除了表现在数量增长上以外，更重要的是体现在国际组织种类多样、活动领域的广大上。国际组织与合作机构从政府间到非政府间，从全球性到区域性再到次区域性，它涉及政治、经济、文化、教育、体育、卫生、科技等，接近覆盖世界的各个领域。其类型的多样性、领域的广泛性涵盖人类生活的所有方面。目前，不同层次的国际组织相互联系，特别是在业务与信息方面已有机联合在一起，形成以联合国为中心的组织网络，制定了一定的规则，从而使国际组织成为继国家之外，当代国际社会中最重要的组织管理形态之一。

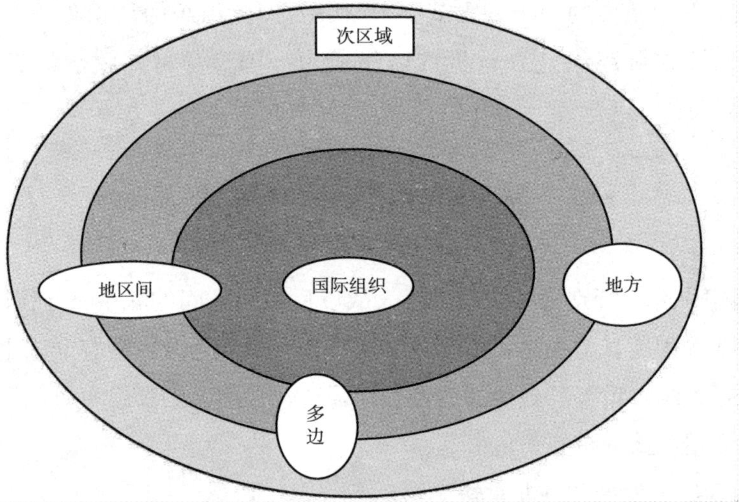

图1　国际组织类型框架

3. 国际组织对国家的影响巨大

随着国际组织的蓬勃发展，其触角不断深入国家主权的管辖范围，例如，一国的军备力量、人权、贸易、关税、汇率、环保、知识产权等诸多领域，都有各类国际组织活动的身影。因为一国或地区在享受全球或地区发展带来的利益的同时，也不得不承担相应的义务，比如降低碳排放、严格实行国际待遇原则等，国际组织对主权国家的影响作用逐渐显现，在一定程度上形成了很大的挑战，原来国家拥有的绝对而又排他性的处理国内外事务的权利，开始程度不同地转移到许多国际组织手中。

综上所述，近几十年来，国际组织快速发展，具有协调、处理、影响国际公共事务的职能，对主权国家有切实较强的影响，在当今国际社会中发挥着重要作用。全球化健康发展，以及世界和平发展都离不开国际组织。

二　国际组织机构未来发展趋势

当前，在国际社会中，国际组织机构扮演着国际社会的规则制定者，国际经济、社会发展事务的组织者、管理者和分配者，以及国际争端的和平解决者和世界和平维护者的角色。现行的国际组织机构因而获得发挥更大作用的动力和契机，表现出新的发展趋势。

（一）全球共同性问题频发为国际组织机构带来新的历史任务

随着全球化进程日益加快，“地球村”的概念及现实已经深入人心。世界各国在共享全球化带来的种种好处的同时，发现大量全球共同性问题摆在世人面前，诸如南北贫富差距过大、能源资源短缺、生态环境遭到破坏、国际恐怖主义猖獗、流行性疾病蔓延等严重问题，威胁着“地球村”的每一个“村民”。这些问题复杂难解，仅靠一个或几个主权国家是不可能完全解决的。随着全球治理理念的提出，国际组织机构承担起了解决这些问题的新的历史任务。国际组织机构超越了传统的国家中心主义国际合作方式，作为一个行为主体，其将世界或某个区域视为一个整体来治理。国际组织机构利用自身职能，尊重世界多样性的现实，遵循可持续发展的目标，通过多元化、多层次的交流互动过程，去解决上述人类面临的共同挑战。值得注意的是，国际组织机构借由长期确立的规则及形成的协调机制，拥有应对处理复杂国际问题的独特优势。

（二）区域组织机构逐渐成为“国际公器”，为主权国家探讨重大问题提供重要平台

国际组织一般都有自己的宗旨，凭借严格的成员准入审查，将自身打造成正式或非正式的交流合作平台。在世界多极化发展的情况下，一些重大、复杂、敏感、迫切的重大问题常常在国际组织机构提出讨论，征得各方意见后，然后转化

为主权国家的方针政策进行落实。因此，国际组织机构为主权国家解决重大问题提供了切实有效的平台。也就是说，国际组织凭借自己“独立的人格”，成为“管理国家”问题的机构。例如，2006年，在亚太经合组织领导人第14次非正式会议河内年会上，与会各国领导人不仅讨论重启世贸组织多哈回合谈判、促进区域内贸易和投资自由化与便利化等“本职议题”，而且还重点讨论了朝核问题、自然灾害和传染病防控以及反恐合作等问题。年会还发表联合声明，严厉敦促朝鲜采取实质性措施，兑现其停止发展核武器的承诺。2013年10月7日，亚太经合组织领导人第21次非正式会议，就如何在世界经济不景气的背景下，建立一个更加强劲而富有活力的亚太地区进行讨论。习近平主席在APEC峰会第二阶段会议上发表讲话，提出构建亚太互联互通格局，引起了世界各国，特别是亚洲国家的高度关注。跨太平洋战略经济伙伴关系协定（TPP）谈判采取闭门磋商的方式进行，谈判结束前不对外公布技术文本。据媒体报道，谈判共涉及以下议题：农业、劳工、环境、政府采购、投资、知识产权保护、服务贸易、原产地标准、保障措施、技术性贸易壁垒（TBT）、卫生和植物卫生措施（SPS）、透明度、文本整合等。TPP谈判中，均体现了成员的利益和关切。

（三）国际区域次区域组织内部合作备受重视，不断向纵深发展

随着各种类型国际组织的快速发展，特别是区域国际组织的快速发展，不同类型、不同层次的国际组织间的合作出现不断向纵深发展的趋势。2015年5月4日，潘基文秘书长在联大有关加强联合国与区域和次区域组织的合作的辩论会上指出，冲突、贫困、暴力、排外和灾害等严重问题同时困扰着许多地区，在防止和化解冲突过程当中，联合国与区域和次区域组织的合作已经取得明显成效，使冲突各方更加愿意转向和平。在维和行动、塑造2015年后发展议程和维护人权等项工作当中，联合国与各区域和次区域组织开展合作不可或缺。在捍卫共同价值时，联合国更加需要区域组织的内部团结。今后，联合国在开展行动中如果能够得到地区伙伴的支持，将会使各种行动的有效性得到改善。并且提出，根据形势需要，联合国或许会要求区域组织提供资源、采取外交或集体行动。

截至目前，超过25个区域与次区域组织都同联合国建立了正式的合作关系。在当前充满挑战性的这一时期，区域和次区域组织所发挥的鲜明作用正在帮助解决世界上一些最为棘手的问题。在可以预见的未来，面对挑战，区域与次区域合作将会对联合国工作提供有益的补充。

（四）新兴国家集团在国际组织机构体系中的地位日益重要

现行国际组织体系继续保持“二战”后西方国家在国际体系中占据的绝对主导地位，其结构和功能在很大程度上反映了西方发达国家的意愿和利益。进入21世纪后，新兴国家呈现出群体性崛起的态势，中国、印度、巴西、俄罗斯等金砖国家对世界经济的贡献越来越大，推动国际体系进一步走向多极化。国际体系结构发生转变，史无前例地冲击了西方国家主导下的国际组织体系。2008年金融海啸的发生，则在很大程度上加速了这一进程。

国家实力的较量是国际组织机构发展变化的内在动力。2008年11月，二十国集团（G20）在华盛顿召开了首次首脑峰会，新兴国家的首脑与发达国家的领导人以平等身份坐在一起讨论全球经济治理。而传统上，这一职能是由八国集团（G8）及其前身西方七国首脑会议（G7）来履行的。与G8相比，G20本质的不同在于发展中国家占据了一半的席位。2009年9月的匹兹堡首脑峰会进一步明确G20将逐渐取代G8成为国际经济协调的首要论坛，并形成年度性会议的机制。这一演变无疑具有标志性的意义，反映出新兴国家的影响力已经获得国际组织体系的认可。目前，稳定的国际体系已经离不开新兴国家的参与，国际组织中西方发达国家起绝对主导作用的状况，开始演变为新兴国家与发达国家共同主导的状况。不过，国际体系的力量变化尚处于量变的积累过程中，新兴国家在以合作者的身份分担发达国家的责任的同时，也以集团的方式与发达国家竞争，从而表达自己的利益诉求。2009年6月，金砖四国领导人举行了首次峰会。2011年4月，在中国举行的第三次峰会上，南非正式成为金砖国家的一员，形成作为新兴国家合作平台的金砖国家机制。“金砖国家”机制是新兴国家集团成长的典型代表，是国际关系发展的客观要求，反映了国际组织体系的重要变化。目前金砖国家还只是一个松散的团体，但这五个国家拥有世界超过40%的人口，在国际事务中有着广泛的共同利益，就长远发展而言无疑将是未来国际组织体系的重要角色。

三　对策建议

因应全球化发展趋势，国际组织机构的发展迎来了新的任务、新的职能、结构以及内部合作，也为中国这样的新兴国家提供了难得的机遇。我国当前面临进一步改革开放的重大历史任务，需要获得良好的国际环境。应充分发挥和利用国际组织的作用，推动我国与国际社会构建健康和谐的关系，共同发展。

（一）应积极支持联合国与区域及次区域组织加强合作

在当前各种全球安全威胁和挑战不断增多、各国安全利益紧密相连的新形势下，加强联合国与区域及次区域组织合作，有助于促进多边主义，巩固和加强国际集体安全机制，共同维护国际和平与安全。我国应积极支持联合国加强与区域及次区域组织的合作，以积极姿态促进并支持区域组织通过对话、协商、斡旋、调解等途径解决争端，以和平方式化解分歧，在遵循《联合国宪章》的宗旨和原则下，采取必要的强制行动遏制冲突，从而为促进地区和平与安全做出贡献。支持联合国可根据不同区域组织的特点，在建立信任措施、斡旋调解危机、维持和平、建设和平等领域开展形式多样的务实合作。除现有的对话磋商机制外，还可根据区域组织的机构设置和职能，结合实际需要，积极探索灵活务实的合作机制，并及时总结经验，推广最佳做法。

（二）利用国际组织平台讲述中国故事，传播中国理念

改革开放30多年来，我国经济社会发展取得巨大成就，这引起了世界各国的广泛关注和浓厚兴趣。中国如何从计划经济顺利向市场经济转型，并取得巨大的成功，中国良好的发展势头是否能够持续，将来会如何发展等重大问题，既需要国内的继续探讨，也需要向世界做出阐释，讲好中国故事，传播中国声音。

国际组织机构地位相对中立，有责任和义务维护国际社会稳定发展，对国际规范、标准和公约的建设以及国际发展理念的推广都有推动作用。我国可以借助这一平台，向世界各国传播我国经验和理念，让世界读懂中国，让中国融入世界。这有利于向世界贡献智慧，争夺话语权，实现互利共赢，为我国创造良好的国际环境。

1. 讲好两个故事。未来中国可与国际组织开展合作，讲述好以下两个发展故事。“一带一路”可作为一个总揽全局的开放发展故事。中国政府“一带一路”重大倡议，实质是借用了古丝绸之路这样一个历史文化符号，赋予和平发展、合作共赢的新时代主题，倡议沿线各国大力加强经济文化交流，发展经济合

作伙伴关系，共同打造政治互信、经济融合、文化包容的利益共同体、命运共同体和责任共同体。推进共建“一带一路”需各方共同努力。中国是“一带一路”倡导者，正以实际行动积极推动。中国在力所能及的范围内，积极承担与自身发展中大国地位相适应的国际义务。各方也在深化共识，东盟表示了对“一带一路”战略的积极支持，南亚、中亚多国对“一带一路”表示了积极支持，欧洲多国愿意积极参与“一带一路”倡议的实施。最后，也是最重要的，“一带一路”建设必须有相关国家人民的充分参与和携手努力，这样才能真正实现造福人民和和平发展与繁荣的共同愿景。

一直以来，发展中国家对中国如何推动经济开发区的快速发展有着浓厚的兴趣。中国可以和相关国际组织合作，从相关发展中国家的实际需求出发，讲好中国建设经济开发区的新故事。比如，故事的内容包括：中国的经济开发区发展规划的设计和实施、可持续的开发区管理模式、激励体制的设计和实施、关税和贸易便利化、技能开发和公私合作关系等。

2. 加强与国际组织的务实合作，以实际行动赢得认识和理解。联合国和其他发展类国际组织是中国开展国家发展合作的重要伙伴。中国已经与联合国系统（联合国开发计划署、粮食计划署、儿童基金会、人口基金会、国际粮农组织、世界卫生组织等）建立起紧密的工作关系，以共同应对全球发展面临的挑战。中国和相关国际组织可以尝试开展以下三方面的合作。一是中国可支持发展类国际组织（如联合国开发计划署、世界银行、国际货币基金组织等）设立“中国发展工具箱”（以下简称“工具箱”）。这一“工具箱”将主要包含那些经过改革开放实践检验的成功的中国发展理念和经验。借助这一“工具箱”，发展中国家将能快速便捷地获取中国有参考价值的发展理念和经验。比如，中国减贫治理的经验、中国的基础设施改善经验、中国降低文盲率的途径等。二是中国可与发展类国际组织合作设立“中国发展实践知识中心”。设立“中国发展实践知识中心”是为了建立一个有效的合作机制和全球发展网络，以促进中国和国际组织围绕全球发展议题加强合作，并向世界其他发展中国家传播中国发展的创新性解决方案。三是中国可与相关发展类国际组织合作为其他发展中国家设立“中国发展基金项目”。比如，中国政府可在世界银行的帮助下，考虑设立一个“中国经济与社会发展基金项目”。“中国经济与社会发展基金项目”旨在资助非洲等地区的发展中国家，以及资助非洲等地区经济与社会发展领域的国际学者。

（三）继续努力发挥倡议引领全球发展议程的作用

中国作为一个取得重大发展成就的最大的发展中国家，理应在设置全球发展议程上具有重要的话语权。但现实情况是，中国在全球发展议程设置上的话语权欠缺，这与中国对全球发展的重大贡献不相匹配。2000 年通过的《联合国千年宣言》及其所确立的以减贫为核心的千年发展目标，是人类社会和联合国的一大创举，代表了当今世界和平发展、合作共赢的主流。15 年来，联合国千年发展目标取得了可喜的进展。然而，千年发展目标落实情况很不平衡，地区之间进展也存在很大差距，促进未来国际合作和共同发展仍然任重道远。联合国正在筹划提出“2015 年后发展议程”，后 15 年的目标必将迈上新台阶，内涵也应不断拓展和充实。人类不但要生存，还要发展。消除贫困无疑还应作为主旋律，以解决广大发展中国家人民的基本生存问题。与此同时，还应更加关注全球可持续发展，这就对国际社会提出了更高要求。中国需要积极参与“2015 年后全球发展议程”的讨论，积极引领主流讨论并尝试纠正其不良倾向，以避免出现“前期参与不足、后期反对有余”的尴尬局面，并推动新型全球发展伙伴关系的建立。中国通过引领“2015 年后全球发展议程”的设置，可以学习和积累经验，并把中国的发展理念融入国际发展规则的制定和议程设计，从而在未来的全球减贫和可持续发展中做出更大的贡献。

（四）着重加强与次区域组织的合作

目前，我国已经形成以大湄公河为核心的面向东南亚和南亚的国际次区域合作、以中亚为核心的面向中亚的国际次区域经济合作和以图们江为核心的面向东北亚的国际次区域经济合作三大格局。这三大国际次区域合作是我国对外开放战略在陆域边境地区的具体体现，也是我国陆域边境地区融入国际经济大格局的最前沿。其中，我国国际次区域合作围绕我国陆域边境的重要城市、沿陆域边境地区的重要通道（水路、陆路、管道等）展开，成为我国继沿海开放以后在沿边领域推进对外开放的重要切入点，并成为我国全方位、多层次对外开放合作格局中的重要组成部分。推进我国国际次区域经济合作，对于深入推进我国对外开放、完善我国对外开放格局具有重要意义。建议以“一带一路”建设为指导，以昆明、南宁、长春、沈阳、哈尔滨、呼和浩特、乌鲁木齐等区域中心城市为核心，分别建设面向国际次区域的区域经济增长极。拓展我国全方位、多层次的对外开放格局。

我国开展国际次区域合作的陆域边境地区，从全国大的经济格局来看，属于偏远、落后地区，但又是陆域边境地区中发展较好的地区，同时，大部分还是我国区域发展总体战略中深入实施西部大开发战略和振兴东北地区等老工业基地战略的重要组成部分。推进我国国际次区域经济合作区发展，要形成多元化的能源通道，促进民族团结和社会稳定。

（五）发挥中国非政府组织，特别是智库在国际合作中的作用

非政府组织是目前世界上最富发展潜力的民间组织。在国际发展合作中，非政府组织已成长为一个独立的行为体，它们发挥的作用已被国际社会广泛认可。非政府组织涉足的活动领域包括环保、反恐、提供医疗健康、全球经济治理，为当地社区和机构带来独特而专业的发展知识和“在地化”的发展经验，通过培训和能力建设传播发展技能和知识，推动政府机构间的合作交流等。

与西方发达国家成熟的非政府组织相比，中国的非政府组织仍处于初级阶段。但随着中国非政府组织的发展，特别是各类智库的快速发展，为中国参与国际发展合作起到了关键性推动作用，中国政府需要实施构建现代社会组织体系的政策。

中国政府应与中国非政府组织共同建立一种紧密的合作关系。政府可以提供一些必需资金支持非政府组织参与各种国际活动，并在后者能力建设和成长上予以支持。非政府组织，特别是智库可以通过参与国际活动和交流，向世界传播中国声音，讲述中国故事，并为政府提供好的政策建议。

（撰稿人：綦鲁明，中国国际经济交流中心信息部副研究员）

全球应对气候变化政策趋势与分析

根据IPCC第五次评估报告，《综合报告》确认世界各地都在发生气候变化，而气候系统变暖是毋庸置疑的。自20世纪50年代以来，许多观测到的变化在几十年乃至上千年时间里都是前所未有的。相比之前的评估报告，本报告更为肯定地指出一项事实，即温室气体排放以及其他人为驱动因子已成为自20世纪中期以来气候变暖的主要原因。为了应对气候变化挑战，自20世纪90年代以来，世界各国一直为减缓和适应气候变化做出努力，并制定了《联合国气候变化框架公约》及《京都议定书》。《联合国气候变化框架公约》下的《京都议定书》于2005年生效，是历史上第一次给发达成员方分配强制性减排指标的文件，其中发展中国家不负有强制减排义务。《京都议定书》协定的内容将在2020年失效。近年来，各国为达成2020年以后的气候协议而做出努力。目前来看，各国期望在2015年达成这个新的气候协议。从2011年的德班气候大会以来，会议成果都指向一个方向：在未来的协定中，不论发展中国家还是发达国家，都有强制性减排义务，尽管各国减排多少，发达国家在多大程度上帮助发展中国家减排，目前还是未知数。这也是近年来各国在联合国气候大会上博弈的焦点。2013年的华沙会议进一步模糊了发达国家和发展中国家的严格区分。

在2009年的哥本哈根气候大会上，世界各国就控制全球的升温不超过2℃达成共识。要实现这一目标，到2030年全球的二氧化碳排放要比2010年减少15%～30%，到2050年要减少30%～50%，甚至达到80%。因此，不管谈判如何，世界主要国家都早已把应对气候变化战略上升为国家战略。特别是国际金融危机以来，各国把发展绿色低碳产业作为重要的刺激经济手段。应对全球气候变化、解决全球生态环境问题，将在全世界范围内引发经济社会发展方式的根本性变革，绿色低碳已经成为当今世界的潮流。

一　各方博弈中前行的美国气候变化政策

美国民主党对气候变化相对积极，奥巴马政府上台以后，一度雄心勃勃，计划在美国全面开展减排行动。2009 年，两位美国议员提出了清洁能源安全法案，但是该法案最终被搁置。奥巴马第二届任期后，更是把应对气候变化问题作为自己的核心政治遗产，希望在下届总统上台前在联邦层面推出一些关键的行动计划。由于国会被共和党控制，奥巴马放弃在国会以立法的形式来推动气候变化，而是通过行政手段，绕开国会干预。实际上，即便国会不干预，在美国联邦出台一部气候变化法案也将会是一场持久战。

（一）《清洁电力计划》成为美国应对气候变化正反两方博弈的焦点

2013 年 6 月 25 日，美国发布了《总统气候行动计划》，该行动计划通过行政手段执行，无须国会批准，涵盖的内容非常广，被誉为美国发布的最全面的全国气候变化应对计划。有文章指出，该行动计划标志着美国联邦政府层面上“气候沉默”时代的历史性终结，也标志着一个强化气候行动时代的开端。由此，美国气候变化政策开始从被动走向主动、从分散走向集中、从模糊走向清晰。这样的说法为时过早，因为后来的事实证明，在各方力量博弈中的美国，强行推进气候变化行动，是需要付出代价的。传统化石能源企业绝不会甘心就范，许多年以来积累的庞大游说力量和利益关系网络，将会发起强大的反击。并且，这些传统化石能源企业也并不是不求进取，而是积极提高效率，降低碳排放水平，改善公众形象。美国环保局在 2014 年 6 月发布了《清洁电力计划》草案，并在此后一年中与所涉各方进行协商讨论，以便使最终方案更加符合美国的经济实际，兼顾各方利益。在吸收大约 400 万条意见的基础上，奥巴马于 2015 年 8 月 3 日在白宫公布了《清洁电力计划》的最终方案。该方案将美国发电企业的减排目标定为 2030 年碳排放量较 2005 基准年下降 32%，各州减排方案产生效果的时间为 2022 年。设立一个清洁能源促进项目，对在州政府提交实施方案后开工建设且在 2020 年和 2021 年发电的清洁能源项目给予奖励。2014 年，燃煤发电占美国发电量约 39%。如果《清洁电力计划》获得执行，燃煤发电所占比例将在2030年下降为27%，新能源所占份额将会提高。为实现上述减排目标，每年需要投入84亿美元。《清洁电力计划》最终方案的公布，在美国引起了很大的反响，支持方和反对方都声势浩大。15个州很快向联邦法院提出申诉，拒绝执行这份未经国会批准的计划。环保署在10月23日在联邦公报中正式发布《清洁电力计划》。美国西弗吉尼亚州、得克萨斯州、亚拉巴马州、阿肯色州、佛罗里达州、佐治亚州、堪萨斯州、威斯康星州和俄亥俄州等24个州当天向华盛顿巡回上诉法院联合起诉美国环保署，要求法院判决政府停止实施该计划。领衔提起此次诉讼的西弗吉尼亚州总检察长帕特里克·莫里西在一场记者会上表示，清洁电力计划是近年来奥巴马政府出台的“最违法”政策之一，超出政府法定权力，涉嫌违宪。

（二）加州《清洁和能源减排法案》意义深远

支持应对气候变化的力量也不甘示弱，并主动出击。一是长期以来在应对气候变化方面走在前列的州政府，开始加快行动步伐。2015年10月8日，美国加利福尼亚州州长Jerry Brown签署了第350号法案，即清洁能源和减排法案，该法案是目前为止美国应对气候变化的立法中最具深远意义的一项立法。法案要求该州50%的电力来自可再生能源，连同一系列其他措施旨在实现气候目标。并要求在节约方面翻倍提升建筑的能源效率，同时到2030年将该邦的可再生能源份额标准从33%提高到50%。2006年，加州议会通过了《全球变暖解决方案法》（AB32），它是全美制定的第一个具有长远、全面的减排目标和措施的应对气候变化的法案。AB32要求加州在2020年将温室气体排放控制在1990年的水平（在经济发展保持不变的情景下，相当于减排大约15%），并指定加州空气资源委员会（ARB）为该法案的领导实施机构。

（三）美国法院系统对化石能源行业重量级企业发动攻击

《纽约时报》11月6日报道称，纽约州检察院对埃克森美孚展开正式调查，以查证该公司是否在气候变化风险方面误导公众，以及就气候变化对能源行业的影响向投资者说谎。纽约州检察院已经向埃克森美孚发出传票，要求其上交电子邮件、财务记录等其他相关资料文件。纽约州总检察长埃里克·施奈德曼表示，已有超过40个环保组织致信美国司法部，要求对埃克森美孚的各项活动展开调查，此次调查主要围绕该公司是否于20世纪70年代资助某些团体以掩盖气候变化影响的真相、向投资者隐瞒使用化石燃料的潜在金融风险等展开。这是纽约州检察院针对以化石燃料为主的能源公司展开的首拨调查，而迫使这些公司披露与气候变化问题相关的信息和数据也是罕见举措。《华尔街日报》11 月 10 日报道，纽约州检察院调查发现，博地能源在与气候变化相关的金融风险方面误导了公众和投资者，随后该公司提交了修正后的投资者披露报告，间接“低头服软”。纽约州对埃克森美孚展开调查后第 4 天，博地能源向美国证券交易委员会（SEC）提交了修订后的投资者披露报告，里面清晰客观地表达了对气候变化问题的担忧，包括“燃煤对环境的隐患，以及可能对公司业务和股票带来影响”等。

（四）美国联邦政府所属机构强化适应和应对气候变化的能力和工具

美国交通部正通过引入新的工具和资源来帮助美国各州、运输公司和地方社区更好地筹划、研发和管理他们的交通资产，提升其对于气候变化的适应能力。美国交通部秘书长安东尼·福克斯指出，如果海平线如预测般继续上升，沿海地区数公里的高速公路、铁路和机场将更易受到水灾和风浪的影响。同时，温度上升会加速沥青路面磨损和导致铁轨受热变形。奥巴马政府已经在全美各地投资 35.9 亿美元用于资助 40 个交通系统气候变化适应力项目，并正开发可大规模推广的工具和方法。美国联邦公路管理局推出了两个气候风险管理工具——“交通系统气候变化敏感度矩阵”（Transportation Climate Change Sensitivity Matrix）和“缺陷评估评分工具”（Vulnerability Assessment Scoring Tool）。“交通系统气候变化敏感度矩阵”可记录各交通运输模式和子模式对 11 类气候影响的敏感度，包括：风暴潮、风、海平面上升/巨浪/沿海洪涝、内陆洪水、旱灾、升温和极热天气、野火、沙尘暴、永久冻土解冻、冻融变化和冬季风暴。用户可以选择一种交通模式，例如桥梁，然后观察其对各种气候影响的敏感度；或者用户可以选择一类气候影响，例如风，然后了解不同交通模式受其影响的敏感度。“缺陷评估评分工具”则是一个基于指标，可定量分析交通系统缺陷的筛选体系。州交通部门可利用该工具，评估其交通运输系统的各构成部分在气温变化、海平面上升、强降水和强风暴等气候变化压力下的脆弱程度。

（五）奥巴马政府把气候变化问题作为重要外交内容

2014 年 11 月，中美两个大国携手发布联合声明，各自提出了最具有诚意的减排目标。在 2015 年 10 月两国领导人在美国的聚会中，进一步加强了这方面的沟通和相互认可。为了声援2015年底的联合国气候大会，美国政府于2015年7月发起了旨在促进企业承担应对气候变化责任的活动，第一批加入的包括美国银行、可口可乐、苹果、沃尔玛等13家知名企业。根据该活动要求，参与该活动的企业必须对2015年年底即将举行的联合国巴黎气候大会达成强有力的减排举措和环保目标表示支持，同时对自身减排目标和其他环保措施做出承诺。10月，美国政府公布了第二批加入“气候变化美国企业承诺行动”（American Business Act on Climate Pledge）的81家公司的名单，这81家企业分布于美国50个州，雇员超过900万人，年收入则超过3万亿美元。

尽管步履艰难，但奥巴马政府相比以前的小布什政府，在气候变化方面有了更为客观的认识，并在宪法赋予的最大权力范围内付诸努力。小布什政府认为气候变化对人类的影响是不确定的，需要更多的是研究，而不是行动。而奥巴马政府正确地认识到气候变化将会给美国乃至全世界带来的灾害。2014年5月发布的《国家气候评估》（第三版）明确指出，和1895年相比，美国的年平均气温已升高了0.7℃～1.1℃，过去10年是美国乃至全世界最热的10年，过去50年的全球变暖“主要由使用化石燃料为主的人类活动引起”。并且，气候变化导致美国的极端气候日益频繁且集中，美国正为气候变化付出巨大代价。仅在2012年，与气候相关的事件给美国造成的经济损失就超过1000亿美元，其中，当年10月发生的“桑迪”飓风，造成的损失达到650亿美元。

二　雄心远大而力不从心的欧盟气候政策

金融危机以前，欧盟在应对气候变化方面走在前列，在减排目标、减排行动、碳减排工具创新等方面做了大量创新工作，在应对气候变化的进程中仍然发挥着积极的领导作用。但是国际金融危机以后，特别是欧债危机以后，欧盟在气候变化方面的动作显得力不从心。为了2015年底巴黎气候大会取得成功，欧盟也开始加强行动部署，但是目标及相关计划仍然显得诚意不够。

（一）欧盟2030年减排目标与各界期望水平差距较大

2014年11月欧盟推出“2030年气候与能源政策框架”，确立了将温室气体排放量由1990年的水平降低40%的有拘束力的目标，在欧盟范围内将可再生能源比重提高到至少27%的有拘束力的目标，以及在欧盟范围内将指示性能源效率提高到至少27%的目标。这一目标比较平庸，与欧盟在气候变化的雄心大志不相匹配。2030年的目标依然是在1990年的减排标准基础上设立的，1990年距今已有25年，欧盟已经降低近20%的排放。英国气候变化专家斯特恩勋爵警告称，欧洲必须加大应对气候变化的努力，并对情势的严峻性保持清醒的认识。他强调，巴黎气候大会将成为欧洲“拯救地球的最后机会”。联合国高级科学顾问吉姆·斯基亚教授认为，欧洲的努力应该超越目前做出的2030年前减少温室气体排放40%的承诺。英国帝国理工学院的斯基亚教授表示，欧洲应该将承诺的减排份额提高到45%，理想水平是50%，如果达到接近50%的水平，从长期来看，这可能是获得大幅提升成本最低的方式。世界资源研究所（WRI）气候与能源项目负责人詹妮弗·摩根（Jennifer Morgan）认为，研究已经表明欧洲可以实现49%的减排目标。英国气候与能源大臣爱德华·戴维指出，这样的计划“严重破坏”欧盟减少温室气体排放的努力，并认为欧洲气候领导地位也受到严重的威胁。

（二）欧盟在气候资金和技术方面仍然相对保守

在“2030年气候与能源政策框架”中，欧盟并没有清晰体现它对发展中国家最关心的两个议题，包括气候资金的立场和损失与损害的立场。2015年10月29日，欧盟宣布在未来5年内向全球欠发达国家提供总额3.5亿欧元的援助资金，用于应对气候变化带来的挑战。欧盟于2007年发起并建立“全球气候变化联盟”，旨在为欧盟和发展中国家，特别是那些最不发达国家和小岛屿发展中国家，在应对气候变化、防灾减灾等方面提供一个对话交流和相互合作的平台。“全球气候变化联盟”成立以来，已先后投入3亿多欧元，在全球8个地区的38个国家设立了51个援助与合作项目。发达国家承诺2020年到来之前，每年为发展中国家提供1000亿美元资金，但从欧盟目前的行动来看，要落实这一目标，任重道远。法国外交部部长、巴黎气候大会主席法比尤斯近期在德国参加气候谈判时表示，发达国家向发展中国家提供资金和技术支持是确保巴黎大会取得成功的“非常重要的因素”。《联合国气候变化框架公约》秘书处执行秘书菲格雷斯也表示，发展中国家仍有发展需求，人口、能源需求等还将继续增长。在全球向低碳经济转型的过程中，发展中国家承受了最大的压力，它们要求已经完成发展任务的发达国家提供资金和技术支持“非常可以理解”。尽管如此，但是想要发达国家做出实际行动，需要机会，更需要各界的支持。

（三）建立欧盟能源联盟，保障能源安全

长期以来，能源安全一直是制约欧盟经济发展的重要因素。欧盟早在 1990 年就提出建立单一能源市场，并在 1992 年出台指令性文件。为降低对进口能源的依赖、推动能源供应多元化，乌克兰危机后，欧盟更是把能源安全放在头等位置。欧盟大部分能源来自俄罗斯，每天为进口能源支付 10 亿欧元的费用。2014 年 4 月，法国总统奥朗德与波兰时任总理图斯克提出一项关于成立欧盟能源联盟的共同倡议，以降低欧盟国家在能源上对俄罗斯的依赖。2015 年 2 月欧盟能源联盟已经启动。欧盟能源联盟应遵循 5 大原则：保障能源供应安全；建立完全一体化、具有竞争力的内部能源市场；降低能源需求，提高能源效率；加强利用再生资源；加强研究、创新以发展绿色技术。2 月 25 日，能源联盟召开会议并通过第一份战略框架，从而助推欧盟能源市场的一体化。框架提出将在 2020 年之前实现 10% 的电网互联，并且实现在 2014 年欧盟秋季峰会上达成的、到 2030 年温室气体排放在 1990 年基础上至少减少 40% 的目标。为此，欧盟委员会将会采取数项具体措施，包括提高天然气合约中的透明度、加强区域合作、通过立法来确保电力和天然气的供应，以及为提高能源效率和制定可再生新能源方案增加资金支持等等。

（四）加强国际斡旋，试图保持气候政策领导力

在 2015 年巴黎气候大会将近之际，欧盟加强了与其他国家，特别是发展中国家的气候变化政策合作。例如，近期，缅甸与欧盟在内比都共同召开气候变化会议，承诺加强应对气候变化相关合作，讨论《缅甸国家气候变化战略与行动计划》草案。《缅甸国家气候变化战略与行动计划》草案项目为期四年，由欧盟资助，联合国人类定居项目组和联合国环境项目组共同实施，旨在呼吁加强对环境变化的关注，制定政府政策、计划并开展行动。据美国《华尔街日报》6 月 29 日报道，欧盟领导人日前就全球气候问题称中国与欧洲必须承担起特殊的责任，希望中国能够在气候问题上制定更为严格的目标。尽管欧盟自身减排目标不如各界期望，但欧盟对中国要求却非常严格。欧盟委员会主席容克在中欧峰会上称："我们的减排目标是比 1990 年减少 40%，我非常欢迎中国能够对同样的目标承担起责任。""气候变化是人类面临的共同问题，中国与欧洲必须在这一方面承担起特殊的责任。"

三　精于算计的日本气候变化政策

日本气候变化政策承袭以前的作风，在国际上紧跟美国，在国内，不温不火。目前，日本气候政策更多考虑如何适应气候变化。在国际上加强对其他国家的气候资金援助，更多出于自己联合国“入常”的考虑。

（一）评估气候变化对日本的影响

日本环境省于2014年1月20日发表报告，评估气候变暖对日本各方面的影响。这份报告首次汇总了需要解决的重点问题，并要求日本政府加紧采取应对措施。报告分析了气候变暖对日本的农业、水产业、日常生活等56个项目造成的影响。气候变暖对水稻、果树、洪水、高潮、大浪、中暑等9个方面的影响最为显著，且紧急性和预测的可靠程度也非常高，因此政府应迅速着手采取应对措施。

（二）国际温室气体减排目标相对较低

2015年7月17日，日本内阁下设的全球气候变暖对策推进本部会议正式敲定了2020~2030年的温室气体排放目标文件——《日本的承诺（草案）》，确定了日本2030年温室气体排放比2013年削减26%的新目标。计划通过推进节能以及植树造林、增加核能发电和可再生能源的利用、降低火力发电的电力供应、减少氟利昂的使用和增加森林面积以提高对二氧化碳气体的吸收等措施来实现目标。2030年日本温室气体的总新减排实际仅比《京都议定书》减排基准年的1990年减少18%。

（三）援助气候变化资金更多为“入常”考虑

日本在2015年5月21日宣布将提供1500亿日元（约合12.3亿美元），重点支援易受全球气候变暖、海平面上升及台风影响的岛国。日本还将阐释作为和平国家为国际社会做出贡献的方针，以寻求岛国对联合国安理会改革及日本由此“入常”的赞同。虽然每一个岛国都很小，但对于日本而言，这是扩大自己支持面的宝贵机会。

（四）加强适应气候变化的能力建设

日本政府于2015年10月23日公布了首个旨在减少气候变化对社会和经济不良影响的“适应计划”草案。草案提出，今后10年要致力于建设河湖堤防，同时开发减少水稻病虫害技术。该草案针对农业、自然灾害、健康等7个领域，结合气候变化影响的重要性、紧急性和预测的可靠性等方面，就所需采取的必要措施提出建议。在关于防范的重要课题中，草案列举了应对水灾、中暑、水稻和果树病虫害等措施。例如，应切实加强河湖堤防建设，并研究可争取避难时间的堤防结构，同时公布灾害高风险地区，引导居民移居到较安全区域。在今后4年内着力开发、推广减少水稻病虫害技术。要普及预防中暑的方法，同时在农业领域积极利用机器人技术，尽量减少农民在酷暑中劳作的时间。

四　最有诚意的中国气候变化政策

我国对应对气候变化需要有清醒、客观的认识。近年来，我国经济发展迅速，经济总量和碳排放总量在全球份额中都不断攀升，已经成为世界第二大经济体和最大碳排放国。国际社会特别是发达国家对我国承担更多减排责任的要求越来越多。“共同但有区别”的责任在国际气候变化谈判中越来越被模糊化和边缘化。2015年6月中国政府向联合国气候变化框架公约秘书处提交了应对气候变化国家自主贡献文件，明确提出于2030年左右二氧化碳排放达到峰值，到2030年非化石能源占一次能源消费比重提高到20%左右，2030年单位GDP二氧化碳排放比2005年下降60%～65%，森林蓄积量比2005年增加45亿立方米左右。在中国同美国、欧盟等发达国家的联合气候变化声明中都清晰地表达着同样的声音，中国决心以最大力度实现减排目标。在此，需要强调以下几个观点。

第一，中国2030年实现碳排放峰值的目标任务异常艰巨，将是人类应对气候变化的重大突破。工业化国家从城镇化率进入70%到达到碳排放总量高峰的时间跨度普遍较长，平均需要35年。美国用了46年，德国用了38年，英国的时间更长，长达80年以上。只有法国和荷兰的时间较短。也就是说，碳排放量要达到高峰，需要城镇化进入后期，增长开始缓慢。作为一个城镇化迅速推进的人口大国，要在2030年中国城市化率为70%的时候实现碳排放峰值，在人类城镇化历史上罕见。

表 1　主要工业化国家碳排放指标出现峰值时间和城镇化率

国家	碳排放强度				人均碳排放				总碳排放量			
	出现时间	峰值（千克/千美元）	人均 GDP（美元）	城镇化率（%）	出现时间	千克碳	人均 GDP（美元）	城镇化率（%）	出现时间	峰值（千吨）	人均 GDP（美元）	城镇化率（%）
美　国	1920	786.3	5552	51.2	1973	6.236	16689	73.6	2007	1589500	48070	81.3
德　国	1920	688.1	2796	65	1979	3.973	13993	72.8	2006	220578	35237	73.44
英　国	1883	692.5	3643	67	1971	3.224	10942	77.2	1971	180219	10942	77.23
日　本	1973	217.6	11434	74.2	1996	2.751	20616	78.1	2004	343511	36441	84.5
法　国	1930	359.1	4532	48	1973	2.701	13114	72.2	1979	144302	14970	73.2
澳大利亚	1986	292.1	15641	85.4	2002	5.777	22652	87.6	2009	107743	42721	88.9
西班牙	1976	174.5	8599	70.2	2005	2.243	25904	76.7	2007	97692	31871	76.9
荷　兰	1973	257.0	13081	62.6	1979	3.651	14647	64.4	1996	48837	18989	73.6

资料来源：齐晔、孟延春、张焕波、蔡琴、王宇飞、宋俱皎《工业化国家城镇化历史进程和碳排放之间的相关关系研究报告》，2015。

表 2　从城镇化率达到 70% 到碳排放高峰的时间跨度

国家	总碳排放量峰值出现时间（年份）	总碳排放量峰值出现时城镇化率水平（%）	70% 城镇化率首次出现的时间	从城镇化率首次出现 70% 到碳排放高峰的时间跨度（年）
美　国	2007	81.3	1961	46
德　国	2006	73.44	1968	38
英　国	1971	77.23	约 1890	80 以上
日　本	2004	84.5	1968	36
法　国	1979	73.2	1969	10
澳大利亚	2009	88.9	1960 前	50 以上
西班牙	2007	97692	1976	31
荷　兰	1996	48837	1992	4

资料来源：齐晔、孟延春、张焕波、蔡琴、王宇飞、宋俱皎《工业化国家城镇化历史进程和碳排放之间的相关关系研究报告》，2015。

第二，中国要对一些主要国家的承诺持有慎重考虑。美国的政策决策体制决定了总统在外交承诺上有限制，美国总统的气候目标承诺有多大的可靠性，需要打个问号。《京都议定书》就是一个很典型的例子，美国政府在国际上白纸黑字签订了协定，而美国国会却不予批准。2015 年奥巴马政府又绕开国会推出《清洁电力计划》，不但遭到24个州的起诉，而且也在联合国气候大会召开前夕被国会否决。这是由美国政策决策体制导致的，还是美国政府和国会在联合演一场闹剧？从目前美国提出的一些减排目标细节上，可以看出美国在应对气候变化问题上本来就诚意不够。一是在设定减排目标基年上仍然以2005年为基准年，这样与欧盟等其他经济体以1990年为基年减排就难以直接比较。欧盟提出了2030年温室气体排放比1990年削减40%的目标，美国提出2025年温室气体排放比2005年削减26%～28%，实际是比1990年削减14.4%～16.7%。如果你说美国目标低，那么美国可以说那是2025年目标，2030年目标或许会更高。即便在2030年中美元首气候变化联合声明中，基于“清洁电力计划”目标，美国提出使电力行业二氧化碳排放到2030年比2005年减少32%。这仍然只是电力行业的目标，而没有一个2030年美国总量减排目标。而中国政府提出的“2030年左右二氧化碳排放达到峰值”是总量目标，“中国到2030年单位国内生产总值二氧化碳排放将比2005年下降60%～65%”实质也是一个总量指标。

第三，未来的国际贸易规则可能形成发展约束。目前国际贸易规则中还没有正式的碳壁垒，但是在国际场合，已有一些国家提出为防止碳泄漏，需要向发展中国家征收碳关税。《美国清洁能源与安全法案》提出2020年开始向进口产成品征收碳关税，并对进口产成品实行购买一定的“国际储备配额”制度，对中间品采购实行碳审计报告和碳投入信息制度。尽管该法案一直搁浅，但是不排除在某个时间点启动。碳关税又是一把悬在我们头上的达摩克利斯之剑，时刻提醒中国产业需要从高碳向低碳转型。但是，应当看到，无论气候变化压力多大，谈判进程如何，中国绿色低碳转型的步伐不会停止。

第四，国际经验表明，科学合理的规划、设计、建设和管理，在城市经济社会发展水平提高的同时能够实现碳排放水平的下降。西方各国在历经几十年甚至上百年时间的发展后，在人类历史上率先实现了城镇化。其中，有的城镇是自然形成和发展的，有的是由政府的主动推动和促进而形成和发展的。总体来看，那些由政府主动干预发展的城镇，在城市布局、城市建设、人文环境、生态环境和产业发展方面，普遍优于那些自然发展的城镇，在低碳城市建设方面也是如此。我国正处在城镇化的中期，城市形态可塑性大，有条件、有能力避免高碳技术锁定效应，走“集约、智能、绿色、低碳”的城镇化道路，促进社会公平和共同富裕，让世界经济和生态环境从中受益。未来发展低碳城镇化进程中，核心是建立低碳的产业体系。发展低碳产业既是应对气候变化的基础保障，又是新的经济增长点。国际金融危机以来，各国均把发展低碳产业放在重要位置。低碳产品和服务为低碳城镇化的实现提供了基础保障。低碳技术是实现低碳城镇化的根本保障。低碳技术引领新的发展潮流和趋势。我国可以通过对发达国家先进低碳技术的吸收、引进、创新和应用，以更高的起点、以更小的资源环境代价获得更好更快的发展。同时我国与发达国家相比，在很多技术领域都有“代差”，但在低碳技术方面，我国与欧美国家之间却相差不大。

第五，中国低碳城镇化需要正视五个问题。一是城镇化较长时期处于大规模、高速度发展阶段。我国在未来 20 年中，城镇化将史无前例地保持大规模、高速度的发展过程。在这样的情景下，要实现城镇化从高碳模式向低碳模式转型，需要在城镇规划、建设、产业发展和管理各方面协调并进。二是城镇化水平区域差异较大。我国地域辽阔，东、中、西部城市资源禀赋不同、发展阶段不同，在低碳发展路径上将存在较大差异，这对我国低碳城镇化战略实现增加了难度。三是产业转型升级尚处于初级阶段。尽管不少城市提出要进行经济结构调整，但从目前来看，很多城市的发展仍然强调以传统工业为主导的模式。粗放型的经济发展模式必然要大量占用土地，使得城市以“摊大饼”的方式盲目扩张，势必消耗更多的资源和能源，低碳化难以实现。四是政府低碳治理水平尚待提高。我国低碳发展更多是自上而下模式，中央政府在低碳治理方面有很大的力度，在制度体制方面做了很多创新。但是地方政府低碳治理更多停留在招商引资，要牌子、留面子的水平，低碳治理人员及组织保障都不足。五是居民低碳消费理念需要加强。新型城镇化是以人为本，推进以人为核心的城镇化，提高城镇人口素质和居民生活质量。尽管各方面低碳宣传已深入人心，但是在实际的生活消费中践行低碳理念的居民还是少数。生活习惯的改变非一朝一夕之功，需要从文化、制度、道德各方面做深入长久的努力。

（撰稿人：张焕波，中国国际经济交流中心经济研究部副研究员）

全球“互联网+”发展现状与展望

“互联网+”是人类社会最伟大最深刻的一次技术和产业革命，“互联网+”利用信息通信技术（ICT）在优化资源配置方面的巨大优势，将互联网创新成果与经济社会进行全方位深度融合，不仅催生经济社会发展新形态，同时也成为国家社会治理变革的重要驱动力。全球金融危机以来，世界各国都在积极寻找产业转型升级和经济振兴的出路，互联网所引发的经济、社会、文化、政治全方位变革已经引起各国政府的高度重视，各国争相将其作为提升国家竞争力的重要抓手，美国的工业互联网战略、德国的“工业4.0”战略以及韩国日本的互联网发展战略都在这一背景下纷纷出台，并已初见成效。中国作为快速发展中的全球第二大经济体，更应紧抓此次互联网革命的机遇，抢占先机，实现国家的赶超战略。为此，2015年3月，李克强总理在政府工作报告中正式提出了中国的《“互联网+”行动计划》，即“推动移动互联网、云计算、大数据、物联网等信息通信技术与现代制造业结合，促进电子商务、工业互联网和互联网金融健康发展，引导互联网企业拓展国际市场”，标志着人类社会进入一个全新的“互联网+”时代。

一　“互联网+”的发展及其对世界经济社会的深远影响

“互联网+”是指将大数据、云计算、移动互联网等信息技术应用到经济社会各个领域当中，整合和优化配置资源，提高实体经济生产力和创新能力、促进节支增效形成的依托互联网平台的经济社会发展新形态、新业态。“互联网+”

具有跨界融合、创新驱动、重塑结构、尊重人性、开放生态、连接一切的基本特征，是人类社会最伟大最深刻的一次技术和产业革命。迄今为止，人类社会经历了以蒸汽动力、电力、电子计算机、原子能及空间技术等为主要标志的三次技术和产业革命。近年来，TCP/IP 协议、现代通信交换技术以及互联网网页等信息传输技术取得突破性进展，产生了大数据、云计算、物联网、移动互联网等大量新技术，其影响不亚于以往任何一次技术和产业革命，不仅改变了传统产业业态，促进了产业转型升级和经济增长，也将对经济社会带来深远的影响。

（一）全球互联网发展迅速，为中国等新兴经济体创造赶超机遇，改变国际竞争格局

全球互联网的发展可追溯到 20 世纪 50 年代，美国国防部（DOD）为应对苏联发射第一颗人造地球卫星而组建高级研究计划局（ARPA），并于 1969 年着手部署 ARPANET 的联网研究。此后，经过数十年的努力，互联网开始逐步进入政府机构和国防、研究、教育、通信等公共服务领域，1993 年进入商业和新闻领域，互联网开启了高速发展的黄金时代。1995 年，全球仅有互联网用户 3500 万、万维网服务器 4 万台、主机 660 万台，全球最具有价值的互联网公司网景的市值仅为 54.15 亿美元。而到 2014 年底，全球共有活跃的互联网用户 30.1 亿，普及率达到 42%，全年人均每天在网时间 4.4 小时，全球共有社交媒体用户和移动社交用户 20.78 亿和 16.85 亿，普及率分别为 29% 和 23%，社交媒体用户全年人均每天社交网络、微博在网时间 2.4 小时。现有的 36.49 亿活跃的独立移动设备用户中智能手机用户占 38%①。2014 年，移动端移动互联网月平均流量为 3249PB，占全球网络流量的 31%，较 2013 年增长 39%②，其中智能手机贡献最大。

全球互联网新技术的发展普及应用为发展中国家创造了赶超机遇，改变了这一领域的国际竞争格局。2014 年底，美国作为全球互联网的发源地，拥有 2.8 亿互联网用户，互联网普及率为 87%，而中国互联网用户已经达到 6.49 亿，互联网普及率为 47.9%，占全球互联网用户总量的 22%，是美国的两倍。就总量和发展空间而言中国占据明显优势，但在技术和普及率方面美国仍占优势。2014

① 中国电子商务研究中心：《2015 年数字、社交媒体以及移动报告》，2015 年。

② Ericsson Database.

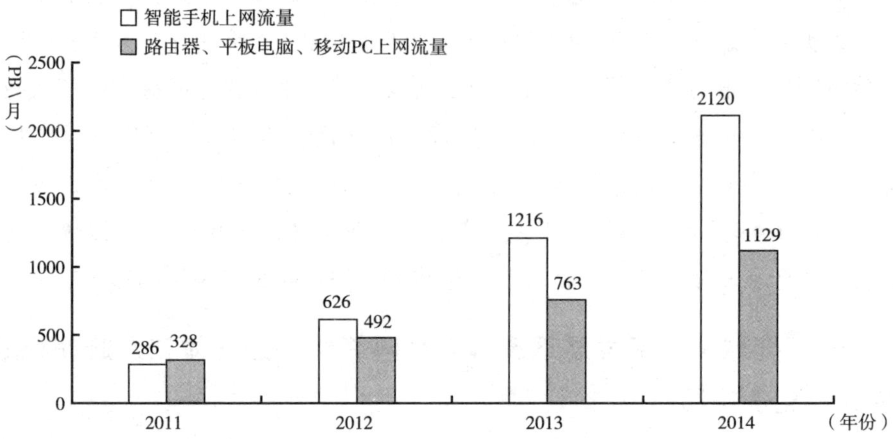

图1　2011～2014年全球移动互联网流量增长

资料来源：Ericsson Database，赛迪智库整理，2015年3月。

年市值排名TOP15的互联网公司中，美国占11席，中国占4席，分别是排名第3名、6名、8名和11名的阿里巴巴、腾讯、百度和京东，其市值分别为2327.55亿美元、1901.10亿美元、715.81亿美元和477.11亿美元。由此可见，经过二十年的持续发展，互联网领域发生了全面的变迁，中国的崛起正在改变以往由美国主导的全球互联网格局。

（二）“互联网+”释放消费潜能，变革生产关系，已经成为经济增长的新引擎

自金融危机以来，全球经济复苏缓慢，世界各国都不同程度地面临贸易增长放缓、深度结构调整等问题的挑战。“互联网+”作为一种依托互联网平台的经济社会发展新形态、新业态，在整合和优化配置资源、变革商业模式、创新产业组织和培育国家创新能力等方面，具有无可比拟的优势。互联网与经济社会各个领域的深度融合，对经济社会发展产生战略性和全局性的影响，消费潜能不断释放，产业效率不断提升，制度创新不断涌现，成为经济增长的新引擎。

“互联网+”创造新的消费形态，释放消费潜能。互联网提供海量的同类产品和服务的价格、规格、颜色、尺码以及供应商等相关信息，使网上购物较传统购物具有更对称的信息和更丰富的选择空间，人们能够方便快捷地选购相应的产品和服务，满足个性化需求。移动互联网的泛在化、智能化，使人们利用日常生

活当中细碎化时间进行消费成为可能。目前，餐饮、旅游、交通、保洁、教育、医疗等行业越来越多的产品和服务可以在网上订购，B2C 模式（Business To Consumer）、O2O 模式（Online To Offline）、OAO 双店模式（Online And Offline）等商业模式不断推陈出新，丰富了人们的日常生活，增强了顾客的消费体验，不断激发出新的消费需求。

“互联网+”推动制度创新并引发生产关系变革。“互联网+”不仅能够通过将创新成果与经济社会的各个领域相融合来推动经济增长，其本身也是经济增长的重要组成部分。“互联网+”作为一种全新的生产力和社会形态，能够引发生产关系的变革，将各类要素和资源进行整合和优化配置，发挥协同效应。同时，“互联网+”的泛在应用，也为驱动社会全面创新，激发大众创业、万众创新创造了基础和条件，为推动经济持续增长不断提供新的动力。

此外，推进“互联网+”，需要建设大量的网络和信息基础设施，重点开发移动互联网、大数据、云计算、物联网等新一代信息通信技术，发展 IT 和 ICT 产业，大量的战略基础设施投资也成为拉动经济增长的重要途径。

（三）“互联网+”促进传统产业转型升级，催生三次产业新业态

“互联网+”作为一种全新的创新经济模式，依托大数据、云计算、物联网、移动互联网等新一代信息通信技术不断在产业领域渗透融合，从流通和贸易业开始，向服务业、工业和农业全面延伸，促进产业转型升级，驱动生产方式、商业模式变革，提升产业效率，并且打破了传统服务业、工业和农业的产业界限，改变传统产业业态。

“互联网+”对服务业的影响是所有产业当中最广泛最深刻的。互联网与服务业相结合，给传统服务业产业结构、组织方式、成本分布、营销方式等带来深刻的变革，催生了金融、远程教育、智慧医疗等服务业新业态、新模式，推动服务业资源的整合与优化配置。目前，产生了工具+社群+商业模式、长尾型商业模式、跨界商业模式、免费商业模式、O2O 商业模式、平台商业模式等多种新型互联网和移动互联网商业模式，颠覆和重构了传统的价值链和产业秩序。大量网络广告、网络购物、网络游戏、在线打车、远程教育、智慧医疗等服务业新形态的产生，丰富了服务业体系的内涵。

“互联网+工业”不是简单地将互联网应用于工业产品的流通、贸易环节，其本质是通过互联网思维、技术与新材料、新能源、新制造技术等的深度融合，

促进工业向柔性化、网络化、智能化、集成化发展，以达到降低成本、提高效率的目的。尤其是“工业4.0”、工业互联网、“中国制造2025”等战略的实施，加快了制造业推进“智能工厂、智能制造、智能产品”的进程，有效地降低了产品成本，提高了生产效率。云计算、物联网、工业机器人等技术得到广泛应用，智能感知元器件、操作系统、云平台的研究不断取得突破，大大地提升了生产智能化水平，优化了工艺流程，使未来开展大规模个性化定制生产和网络化协同制造成为可能。互联网与工业的融合，通过人、数据和机器的连接，不仅改变了生产制造环节，也带来了研发、售后等环节的新业态、新模式。

“互联网+农业”，将大数据、云计算、物联网等新技术运用到农业生产、经营、贸易等环节当中，推动传统农业向智慧农业、精准农业、高效农业发展。“互联网+物联网”、“互联网+大数据”和“互联网+电子商务”分别应用于农作物田间管理、农业生产决策和农资农产品物流，推进了农业的可视化、精准化、智能化和网络化。

此外，大数据、云计算、移动互联网、物联网、下一代互联网等技术，使得互联网能够通过既定的方式，方便快捷地将产业之间、产业内部不同的要素连接起来，有效地促进要素在产业间和产业内部的优化配置，实现三次产业比重和产业内部结构调整，进而推动产业的整合、融合与发展，并催生三次产业新业态。

（四）互联网成为社会治理的重要领域，互联网在促进各国社会治理能力提升的同时，也对传统的国家安全和主权提出新的挑战

互联网正在深刻地影响社会的内涵、结构、范围、模式和表现形态，并赋予社会更强的复杂性和不确定性，从而对传统的社会治理体系产生了激烈的冲击。互联网成为当前开展社会治理的重要方面，也是社会治理面临的重要课题。

互联网中的问题要通过互联网发展来解决。随着人类社会从工业时代过渡到“互联网+”时代，互联网被广泛应用于提升社会治理能力。电子政府通过政府信息系统网络化，为人们提供方便、快捷的行政服务。智慧城市基于信息通信技术，对城市公共安全、环境保护、城市服务等活动信息进行感测、分析和整合，实现管理运行智慧化、高效化。远程教育、智慧医疗、智能养老等新型“互联网+社会服务”正通过教师网络教育平台、智慧医疗系统、智能养老系统，帮助人们克服时空界限、共享公共服务资源。

网络发展的同时也带来网络安全问题。脸书、推特、微信等互联网新媒体拥

有庞大的用户群，能够利用互联网的泛在化、平等化、开放化、虚拟化等特征在短期内集聚海量的社会关注，产生强大的社会舆论和政治影响力，一旦为不法分子、敌对势力所利用，往往容易产生类似“茉莉花革命”、维基解密事件、埃及动荡等的重大网络事件，威胁社会和谐和政局稳定。互联网黑客已经拥有利用日益先进的互联网技术入侵个人电脑、新兴智能设备、移动互联网、云平台、物联网、企业生产系统、国防系统等设备、网络和系统的能力，严重影响国家政治、经济、文化、社会的发展。“棱镜门事件”更是给世界各国敲响了互联网安全的警钟。目前，各国普遍认识到网络安全对国家安全和国家主权的重要性，完善互联网安全法律体系，重构国际互联网新秩序，将成为未来互联网治理的一大趋势。

二 发达国家推动“互联网+”发展的经验

美国、德国、韩国、日本等发达国家互联网高度发达且各具特色，对服务业、制造业、农业等传统产业的发展产生了极其深远的影响。这些发达国家均高度重视互联网的基础性作用，结合产业发展需要制定和实施了一系列互联网发展战略，积累了丰富的经验。美国工业互联网战略、德国“工业4.0”战略以及韩国日本互联网发展战略及其对传统产业的具体影响，为我国当前实施“互联网+”提供了借鉴。

（一）美国工业互联网战略重塑产品生产过程和价值链系统，开启高技术战略智能化工业时代

GE于2012年11月发布《工业互联网——冲破思维与机器的边界》报告，提出“工业互联网”的概念。作为互联网革命与工业革命中技术、平台和产品的结合，工业互联网正在重新界定工业制造业的内涵，重塑产品生产过程和价值链系统，推动美国传统制造业生产方式向智能制造、网络制造、服务制造和柔性制造转变，开启了美国高技术战略智能化工业的时代。

在智能制造方面，将智能设备、机器、集群、网络相连接，形成由互联网核心硬件层、操作系统层、应用软件层和信息层等构成的庞大的制造生态系统，实现设计、制造和装备智能化，提高了生产效率，变革了传统的价值链过程，重组了产业链的分工以及企业与消费者之间的关系。在网络化制造方面，基于大数

据、云计算构建覆盖整个产品生产过程和生命周期的全新的价值链系统，突破了生产经营范围和方式的空间约束，优化了生产系统的沟通、协调和控制，推动了产业组织模式和制造模式创新，降低了制造成本。

工业互联网不仅改变生产制造环节，而且改变了传统制造业的内涵，将产品与服务有机结合，并且再造产品的工艺流程和价值链条，以更好地为客户创造价值。比如，结合互联网和3D打印技术，制造商可以以更低的成本、更简单的流程为用户提供诸如汽车、机器人、电磁炮甚至航天设备等个性化定制的产品。2014年，Made In Space公司甚至将全球首台离地空间制造设备——太空3D打印机送上太空，为高速运行的太空飞船制造零件。

表1　工业互联网技术对各行业的贡献

单位：亿美元

行业	效率提升	未来15年预计产生价值
医疗	系统效率提升1%	630
航空	燃料节约1%	300
铁路	系统效率提升1%	270
电力	燃料节约1%	660
石油和天然气	资本支出节约1%	900

资料来源：GE的预测。

根据GE的预测，到2025年，工业互联网技术将产生10万亿～15万亿美元的GDP贡献，同时为企业节省大量的能源并提高系统效率。目前，工业互联网战略已成为美国重振制造业、提高制造业全球竞争力的重要部署。

（二）德国“工业4.0”战略提高企业生产效率，助推制造业迈向智能化阶段，抢占全球制造业制高点

“工业4.0”战略是全球“再工业化”背景下互联网与生产制造系统融合的产物。2010年，德国发布《高技术战略2020》（High－Tech Strategy 2020 Action Plan），将“工业4.0”确定为德国支持工业革命性技术创新，促进制造业转型和竞争力提升的国家战略，其要点包括“一个系统”、“两重战略”、“三大支撑”和“八项计划”，即虚拟－实体系统（CPS），供应商战略和市场战略，横向、纵向和端对端三大支撑，以及管理复杂系统、安全保障机制、监管框架等八项计

划。

目前，德国在全世界率先开展“工业4.0”应用。2014年，全国已有40%的企业试行“工业4.0”，建造智能工厂，开展智能生产，改变了制造业的价值链和产业组织模式，提升了产品质量和企业竞争力。

在智能工厂建设方面，得益于人工智能研究中心以及工业机器人、激光感应及信息技术相关企业的技术创新，德国“工业4.0”已经取得较大的进展。西门子安贝格智能工厂占地10万平方公尺，自动化程度高达75%，能够同时为宝马、戴姆勒、拜耳、巴斯夫等多家德国大型企业提供自动化机器。巴斯夫也在凯泽斯劳滕建立了一座定制化生产洗手液和洗发水的试点智能工厂，实现了自动接收订单、自主通信和自主生产。

在智能制造方面，德国计划花费10~15年时间用于虚拟-实体系统（CPS）建设，以推动个性化、多样化和复杂化智能生产系统建设，提高资源和生产效率。萨尔茨吉特钢铁公司依托“iPRODICT”计划开展智能制造，通过传感器以及嵌入式操作系统（Embedded Operating System）采集生产制造过程中的数据，将数据与企业运行相联系并反馈给控制系统，对各个生产环节进行实时调控，形成智能生产系统。2013年，蔡斯集团开发了一套名为PiWeb的智能生产系统，并交付给博世、奔驰和大众等公司使用。2014年，采埃孚集团开发了一款实现变速器、数字地图和GPS数据交互的智能换挡传动装置，减少了汽车油耗。德国国家科学与工程院预测，“工业4.0”未来可能将生产效率提高30个百分点，并大大降低环境污染。

（三）韩国与日本注重国家信息基础设施建设，推行制造业创新3.0战略和新IT国家战略，强化了制造业创新能力和全球竞争力

韩国和日本拥有目前全球最发达的互联网基础设施，对于重塑电信业、发展智能生产和智能产品、推进工商企业大数据应用起到重要的作用，而这得益于两国推行的一系列互联网发展战略。

韩国通过财政补贴的方式鼓励发展互联网，早在2005年韩国就基本普及了百兆宽带。截至2014年第4季度，韩国百兆宽带普及率和宽带平均网速分别达到79%和22.2Mbps，居全球首位。根据Akamai发布的《2015年第二季度互联网发展状况报告》，2015年第二季度，韩国所有宽带使用指标均居全球首位。日本是全球最早发展移动互联网的国家。2001年，日本NTT DoCoMo公司开通了全

球首个商用3G网络。2010年，日本开始全面部署4G网络。截至2014年第二季度，全国4G用户规模超过4000万，普及率达到45%。

韩国和日本互联网基础设施的完善和信息化程度的提高，与两国推行信息基础设施战略和泛在网络（Ubiquitous Network）战略密切相关。韩国先后于2014年和2015年提出制造业创新3.0战略及实施方案，通过发展3D打印、智能工厂等新的生产方式，提升以造船、汽车、电子、化工、钢铁等为代表的制造业的全球竞争力和创新能力。日本于2013年提出以发展开放公共数据和大数据为核心的，旨在建设具有“世界最高水准的广泛运用信息产业技术的社会”的新IT国家战略，2015年又提出了促进机器人与网络、IT技术、大数据、人工智能等深度融合，旨在构建世界一流的机器人创新与应用的机器人新战略。

韩国和日本通过实施一系列的互联网发展战略，使互联网基础设施和相关技术水平大幅度提高，进而推动汽车制造、商业贸易等领域的快速发展。2014年，三星通过并购Smart Things、Printer On等企业，并与思爱普达成战略合作开发智能产品，为流通、石油、天然气、金融和保健等产业用户提供基于实时数据分析的企业应用和解决方案。2014年，LG开发了HomeChat技术，实现了用户和LG家电产品的对话控制，引领了智能家电制造新方向。丰田的智能生产已经大幅度缩减传统汽车制造业的生产流程，成为全球最短的高端车型生产线。索尼出资研究图像传感技术及与机器人技术的融合，开发汽车自动驾驶技术。日立将在2015年之后每年投入5000亿日元开展技术研发，重点发展传感器、机器人和人工智能技术。

互联网技术的发展，对韩国和日本商贸企业也产生了深远的影响。大数据分析越来越多地被应用于消费者行为分析、产品开发以及营销策略制定等诸多方面。大韩商工会议所2014年的一项企业大数据应用现状调查结果显示，韩国正在使用和打算今后使用大数据技术的企业分别达到调查企业总数的7.5%和10.9%，其中营销和经营管理领域应用率高达47.3%和41.9%。日本的花王、大王制纸、日清食品和Calbee等主要食品、日用品公司，通过对消费者购买产品的名称、数量、时间、价格、地点以及消费者的个人资料、反馈信息的大数据分析，为产品开发和营销决策提供参考。

（四）发达国家互联网战略实施对我国的启示

从全球视野来看，推动互联网发展，抢占发展先机已经成为世界各国战略部署的重点。美国、德国、韩国、日本等发达国家都是通过战略性、前瞻性、系统性地制定推动互联网发展的政策、战略和计划，实现了互联网对经济、社会、文化的全面渗透，进而改造和提升原有的生产要素、经济体系乃至生产关系，打造新的国际竞争力。我国目前正处于增长速度换挡期、结构调整阵痛期、前期刺激政策消化期“三期”叠加的关键时期，发展“互联网+”对于推进我国经济转型升级、形成新的体制机制、实现“两个一百年”奋斗目标具有重大意义。中国拥有全球数量最多的互联网用户，经济总量和产业体系规模庞大，同时中国的互联网企业已经在全球互联网产业中占有一席之地，为中国成为世界互联网革命的引领者创造了良好的基础条件。推进“互联网+”战略，建设网络强国应从国家战略的高度进行统一部署，率先谋划，对内以支撑经济社会发展为出发点、以保障网络与信息安全为基本要求、以发展和改善民生为落脚点，将互联网打造成为未来我国经济社会发展最基本的基础设施；对外与各国本着相互尊重、相互信任的原则，深化国际合作，尊重网络主权，维护网络安全，共同构建和平、安全、开放、合作的网络空间，建立多边、民主、透明的国际互联网治理体系。

三　全球“互联网+”发展趋势展望

随着互联网、信息基础设施的完善和新一代信息通信技术的产生，互联网普及率不断提高且日益呈现出移动化、泛在化、智能化的趋势，从而重塑人类的生活方式，改变国家原有的社会治理秩序。互联网将融入传统产业的生产、设计、研发、融资、营销等各个环节，推动营销方式、营销渠道和商业模式转型，变革原有的生产方式、产业组织和价值链体系，提高工业制造业生产效率，提升国家创新能力和国家竞争力。

在信息通信技术和产业发展方面，互联网协议第六版（IPv6）的开发和在全球范围的部署，将提供 3.4×10^{38} 个地址数，从而解决总库枯竭的问题，并为5G网络、云计算、传感器和存储芯片等技术提供具有高安全性和可扩展性的网络设计思路。信息通信技术的发展，使得纳米级工程陶瓷等新型材料在计算机芯片等设备硬件中推广和使用成为可能，从而降低新型存储芯片、传感器、智能终端等的制造成本，推动信息通信产业发展。

在互联网与传统产业融合方面，依托新一代信息通信技术优势，发挥互联网这一新型生产要素对服务业、制造业等传统产业在生产、设计、研发、融资、营销等环节中，对资源的集成和优化配置作用，形成创新驱动力，通过产品创新、渠道创新、组织创新、工艺流程优化，推动企业改进生产运营方式，促进节支增效，催生新产品、新模式、新业态。

在互联网与公共决策、社会治理融合方面，互联网为公共决策和社会治理提供了全新的工具、方式和平台，也赋予社会泛在化、平等化、开放化、虚拟化等一系列新的特征。在“虚拟”网络社会，人人都可以参与公共事务管理，对政策法律法规的合理性、政府决策的科学性、公权人员管理行为的合法性及其他公共事务实施监督，推动公共决策与社会管理向开放多元、平等透明新模式转变。同时也对政府互联网治理、国家安全提出了新的更高的要求。未来“虚拟”网络社会公众数量仍将大量增加，使互联网表现出强大的蚁聚效应、蝶翅效应和众筹效应，而一旦互联网被不法分子、敌对势力所掌控，也可能成为国家安全的极大威胁，为国家治理带来全新的挑战。

四　“互联网＋”与中国战略选择

“互联网＋”为中国迈向世界强国、实现“两个一百年”奋斗目标提供了重要战略机遇。历史上的三次技术和产业革命使美国、日本、欧洲成为全球最发达的国家和地区。“互联网＋”作为人类社会最伟大最深刻的一次技术和产业革命，已经成为世界各国抢占发展先机的重要抓手。能否在这一轮新技术革命中抢占先机，实现弯道超车，对于中国一系列发展战略目标的实现具有决定性的作用。因此，必须高度重视国家互联网发展战略的顶层设计，充分重视互联网的作用，提升互联网的战略地位，加强互联网基础设施建设，利用互联网引领和再造传统产业、公共服务与社会治理，将互联网打造成为国家治理能力现代化的创新要素，完善社会主义市场经济体系的基础设施，提升国家软实力、抢占网络空间制网权的战略基石。

（一）将互联网定位为国家在新一轮国际竞争中把握主动权和抢占制高点的战略基石

中国是快速发展中的全球第二大经济体，互联网革命对于步入经济增长“新常态”的中国而言，不仅将带来产业和业态的深度调整，同时也是社会转型和国家治理的重要驱动力。互联网革命是中国由大国迈向强国的难得历史契机，也是中国展现国际地位和参与国际秩序重构的关键手段。我国拥有全球最大的互联网用户规模，互联网用户6.7亿，而普及率仅为48.8%，还远低于美国、欧洲、韩国等国家和地区，互联网尚有巨大的发展空间。这为中国在全球互联网体系中发挥引领作用提供了扎实的用户基础。同时中国的互联网产业也已开始引领世界，以阿里巴巴、腾讯、百度等为代表的一批互联网企业跻身全球互联网行业市值前列，并正在成为行业的标杆和规则标准的制定者，互联网的渗透、融合所带来的产业生态与社会治理的变革也在迅速推进。这些都为中国利用互联网革命实现“弯道超车”提供了重要的基础条件。为了在这一轮互联网革命中抢占先机，中国必须率先从国家战略高度赋予互联网全新定位，将其作为国家治理能力现代化的创新要素、完善社会主义市场经济体系的基础设施和提升国家软实力的基石。在此基础上，对传统产业形态下由工业革命所形成的经济与社会的管理方式、管理手段和管理流程进行全面变革。同时加快推进互联网革命的理论研究，在“互联网+”的实践成果梳理基础上进行理论创新，发挥智库作用，推进产学研合作，通过理论来引领指导实践，形成互联网环境下具有中国特色并引领世界潮流的经济社会发展新路径。

（二）将互联网打造成为中国经济转型升级的最重要的基础设施平台

发展“互联网+”，首先必须夯实网络设施基础，实现城乡全覆盖，在全国范围内部署建设泛在、高速、安全、稳定的下一代互联网基础设施，加快建设和提升以4G、5G为代表的高速移动互联网，实现互联网的泛在化、移动化、智能化。其次，高度重视互联网核心技术的自主研发，加大对集成电路、高端通用芯片、基础软件等核心关键技术研发的支持，掌握核心技术专利的国际话语权，引领国际标准的制定。争取在智能终端操作系统的开发与应用上取得突破。再次，在平台软件、大数据开发、新一代互联网、物联网、云计算等领域加快研发与示范推广，依托中国的用户规模优势和制造业大国优势为关键技术创新提供市场和要素支持。将“互联网+”与“中国制造2025”、“大众创业、万众创新”、全面深化市场经济体制改革、国家治理能力现代化等国家战略相结合，使互联网成为未来国家和社会发展的公共基础设施，成为产业转型升级的新动力，成为创新驱动的基础平台和提升国家竞争力的重要基石。

（三）推动“互联网+产业”融合创新，引领中国传统产业变革

通过互联网与传统产业深度融合，促进传统产业创新和发展，改变原有落后的生产组织方式和经营模式，降低生产成本、提高产品质量和竞争力，促进传统产业转型升级，催生新的产业业态。要在加快下一代国家信息基础设施建设的基础上，注重物联网关键技术研发和云平台建设，将互联网技术和思维融入传统服务业、制造业和农业，多措并举引领传统产业转型升级。

在服务领域大力发展互联网平台经济，助推网络广告、网络购物、网络游戏、在线打车、远程教育、智慧医疗、智能养老等新兴服务业发展。政府部门要通过培育平台型企业、鼓励企业建立开放式平台、建设大型（跨境）电子商务平台等形式构建“平台+内容+终端+应用”的产业生态圈。在制造领域，将传统制造业转型升级作为“互联网+”产业战略的重点，未来要重点发展物联网、3D 打印、移动互联网、大数据和云计算等战略性新兴产业，大力推进智能工厂建设，提高生产智能化水平，要通过三网融合（电信网、广播电视网、互联网）和 4C 融合（计算机、通信、消费电子、内容）引领企业开发互联网家电、可穿戴设备等智能新产品。在农业领域，依托互联网推进传统农业向现代农业转变，要继续加大农村互联网基础设施建设，推进农业物联网、农业云服务、大数据分析的发展，从而将互联网融入农业价值链、产业链、供应链管理，降低流通成本，提高实现农业管理可视化、农业生产精准化和管理决策智能化。

（四）使互联网成为推动大众创业、万众创新的主阵地，为创新驱动提供基础平台

中共十八届五中全会提出“创新·协调·绿色·开放·共享”的发展理念，把创新摆在国家发展全局的核心位置，创新成为中国新一轮发展的基点。而互联网是驱动经济创新发展的最重要平台。Airbnb 创始人布莱恩·切斯基（Brian Chesky）认为，互联网是最大的“创新公地”，中小互联网企业如果敢于创新，那么它就成功了一半。阿里巴巴、京东、小米依托互联网平台建立了自身的产业生态系统，开发出手机支付、智能家居、可穿戴设备、O2O 等新技术、新产品。腾讯依托互联网平台的“快速迭代式”创新模式，基于客户体验开展设计、生产和研发，并依托开放接口和平台开发新产品、新模式。这些都表明互联网具备创新驱动的有利土壤和条件。政府部门要高度重视信息通信技术研发和产业发

展，依托互联网实施创新驱动发展战略，全面落实“互联网 +”行动计划，结合“中国制造 2025”等国家战略，大力发展互联网、大数据、云计算、电子商务，利用互联网将创新资源汇聚到一起，打造创新的生态系统，为企业、创客提供宽松的政策环境，激发创新创业活力，使创新驱动成为中国未来发展的持续动力。

（五）利用“互联网 +”推进政府转型，实现国家治理能力现代化

在社会治理方面，我国当前仍以单向一元的政府管理为主，主要信息渠道依然是传统媒体，电子政务刚刚起步，互联网新媒体信息渠道仍不够规范。以电子政务为例，根据《2014 中国城市电子政务发展水平调查报告》，2014 年全国电子政务发展指数（EGDI）平均值仅为 53 分，超过 70 分的仅有上海、北京、广州、深圳、福州和青岛。推进社会治理现代化，要依托互联网实现治理主体多元化和治理方式民主化、法制化，发挥互联网的技术和平台优势，达到有效整合国家资源、协调各方行为、解决复杂问题的目的。首先，基于互联网革命重新认识原有的政府管理理念与范式。互联网的出现和社会治理现代化是政治文明和经济社会发展的必然趋势，互联网对社会的变革是无法阻挡的，必然将人类的社会政治活动推向更加开放的时代。政府和国家公共权力机构的运行思维需要打破以往国家主导、单向权力的一元统治结构。其次，在行动上接受互联网监督。互联网的发展，促进了社会治理主体的多元化，这是符合政治文明发展的客观要求的，也是现代社会治理的重要特征之一。提升政务数据开放度，不仅能够弥补线下社会治理渠道单一的缺陷，而且有利于发挥互联网对政府治理的监督作用，提高民主治理程度和社会和谐度。再次，在政务管理上倾力打造电子政府。充分利用大数据、云计算等互联网新技术，建立公众微信、行政审批等智慧服务平台，开展大数据分析，再造决策和管理模式，提高公共服务质量和工作效率。最后，在机制改革上与互联网深度融合。推进社会治理机制改革和创新是国家治理能力现代化的关键，我国的社会治理和公共政策还存在条块分割、短期行为、部门和地方保护主义等缺点，要依托“互联网 +”时代大数据分析技术，实现各地区、各部门治理主体的对话、沟通与协调，形成协同治理的新局面。

（撰稿人：刘秉镰，南开大学校长助理、经济与社会发展研究院院长、教授、博士生导师）

全球跨境电子商务研究

互联网在全球范围内的普及和应用正在引发世界贸易形态的一场深刻变革，电子商务利用互联网的无国界优势，跨越了地理和疆界的阻隔，改变了传统的贸易模式，推动着全球商品的互动交流、资源共享与商业模式创新。飞速发展的跨境电子商务正在主导着新一代贸易体系的演化形成，并影响着与之配套的全球消费体系、全球生产体系、全球支付体系和全球物流体系的转型与发展，成为推动全球经济体系变革的新动力。

一　全球跨境电子商务蓬勃发展

随着全球互联网用户数量的不断增加，网上交易、网络购物等依托互联网的电子商务模式迅速兴起，作为电子商务领域的重要分支，跨境电商在近年来开始呈现“井喷式”发展，如今已成为国际贸易体系中举足轻重的一个组成部分。

（一）全球跨境电子商务交易规模增势迅猛

根据国际电信联盟发布的数据，2014 年全球的互联网用户已超过 30 亿，占全球总人口数的 40%，其中有 13 亿人成为 B2C 电商的使用者。目前全球电子商务规模尚无官方统计数据，相关数据主要来自埃森哲、eMarketer、Forrester、Goldman Sachs 等一些咨询公司的估算。在 B2C 电商市场，根据埃森哲公司的预测，2014 年全球总体规模达到 1.6 万亿美元，相当于整个拉丁美洲当年的总体消费规模。全球 B2C 市场将保持接近 15% 的年均增长，并于 2020 年达到 3.4 万亿美元，在全球消费品零售总额中所占的比重将达到13.5%，B2C消费群体也将超过21亿人。关于B2B电子商务规模的测算，目前不同机构发布的数据并不统一且相互之间差距较大，联合国贸发组织（UNCTAD）在《2015年信息经济报告》中曾经做出估计，全球B2B电子商务的交易规模远远超过B2C，2013年交易额超过15万亿美元。

跨境B2C电子商务是B2C电商的重要组成部分，埃森哲发布的数据显示，2014年跨境B2C的市场规模超过了2300亿美元，并将于2020年达到近1万亿美元，年均增长高达27%。跨境B2C电商在整体B2C电商中的份额将从2014年的14.6%增加到2020年的29.3%，消费者规模也将从2014年的3.09亿人增加到2020年的超过9亿人，年均增幅超过21%。到2020年，接近半数的网上消费者会进行跨境网上消费，其发展趋势如图1所示。

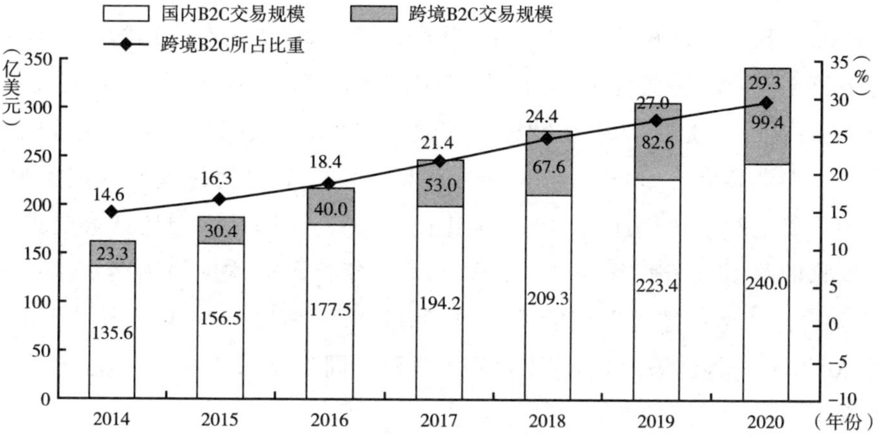

图1　全球跨境B2C电子商务交易规模（2014~2020年）

资料来源：Accenture and Ali Research, Alibaba Group's research, *Cross - border B2C E - commerce Market Trends*, http://www.alizila.com/report - cross - border - e - commerce - reach - 1 - trillion - 2020 - charts。

跨境B2B电子商务的数据较难获取，其原因主要在于B2B的跨境贸易与传统的一般贸易之间很难进行区分，因为很多传统的一般贸易也是通过网络平台发布信息并完成支付和结算环节。因此，多数研究者认为B2B的跨境电商与传统一般贸易之间并没有本质差别，对于跨境电商的研究也主要侧重于B2C方式。跨境B2C的电子商务贸易模式所具有的小批量、多频次、消除中间环节等特点代表了互联网对贸易模式的革新方向，因此，本报告也将重点放在跨境电商的B2C 领域。

（二）发达国家位居跨境消费的主导地位

发达经济体目前仍然是跨境消费最主要的市场，全球约 37% 的跨境在线买家集中在北美。美国拥有 3.15 亿居民，2.55 亿网民，1.84 亿在线购买者，是世界上最大的 B2C 市场。2014 年北美在线总销售额达到 3286 亿美元，主要商品包括书籍、电影及音乐制品、服装及配饰等，网络购物占其零售总额的 7%。根据欧洲电子商务网站 yStats 发布的 2014 年度全球跨境电子商务报告，2013 年，全球跨境电子商务出口排在前 6 位的国家和地区依次是美国、英国、德国、斯堪的纳维亚国家、荷兰和法国，跨境电子商务进口排在前 6 位的国家依次是中国、美国、英国、德国、巴西和澳大利亚。

欧洲的 8.2 亿居民中有 5.3 亿互联网用户，2.59 亿在线购物用户。欧盟的电子商务市场规模与美国相当，2012 年欧洲 B2C 电子商务交易金额 3117.2 亿欧元，欧盟 2765 亿欧元，占欧洲的 88.7%。2013 年，欧盟地区有超过 1/4 的消费者在线购买非欧盟国家商品，这个比例在欧元区国家更高，最高的是奥地利，比例超过 70%。英国、德国、法国是欧洲地区最受国外消费者青睐的跨境电子商务进口目的国。2015 年英国人均网络消费额预计接近 1200 英镑，甚至将超过美国的人均网络消费额，相比 2014 年增长了近 10%。法国 2014 年电商市场规模达到 575 亿欧元，同比增长 19%，占法国的 GNP 的 18%。

日本有 1.2 亿人口，日本经济产业省截至 2014 年 8 月的统计数据显示，日本是仅次于美国和中国的世界第三大电商市场。日本的主要网上购物平台包括 Rakuten. co. jp、Amazon. co. jp 和 Nissen. co. jp 等，B2C 电子商务销售最热门的产品是服装和食品，其中来自移动端的交易量占比较高，移动电子商务交易金额占 2012 年日本电子商务交易总额的 1/4。业界预期的 B2C 电子商务 2012 ~2016 年年均复合增长率为 11%：从 2012 年的 640 亿美元增长至 2016 年 960 亿美元。

（三）中国等新兴市场潜力加速释放

亚太地区由于规模大，增速高，已经成为全球最重要的区域市场。中国是全世界网民规模最大的国家，截至2015年6月，中国网民规模达6.68亿，网络购物的网民达到3.7亿，电子商务交易额达到21000亿美元，其中跨境B2C电商消费者超过2亿，成为全球跨境电子商务市场潜力最大的国家。中国规模日益扩张的中产阶级群体对于国外优质商品具有强烈的购买倾向，因而这一市场未来将高速发展。根据埃森哲发布的预测数据，2020年中国跨境B2C零售电商市场规模将从2014年的210亿美元上升到2450亿美元，成为全球最大的跨境B2C电商市场。印度的在线交易量目前还比较低，据印度工商业联合会的报告，印度2013年电子商务交易量仅为160亿美元，但考虑到印度互联网渗透率目前只有8%，未来其成长潜力巨大。

拉丁美洲、中东、非洲都是跨境电商快速增长的新兴市场。在拉美，巴西跨境电子商务交易人数到2018年预计会达到1000万左右，交易额年均增长率估计会达到25%。而哥伦比亚、巴拉圭、委内瑞拉等国家，由于国内电子商务交易较为落后，大多数网购是通过跨境电子商务交易的方式进行。

中东地区的跨境市场主要集中在以色列和沙特阿拉伯。其中，eBay来自以色列的网站访问比例占0.6%，国家排名居第11位；亚马孙来自沙特阿拉伯的网站访问比例也占0.6%，国家排名第21。

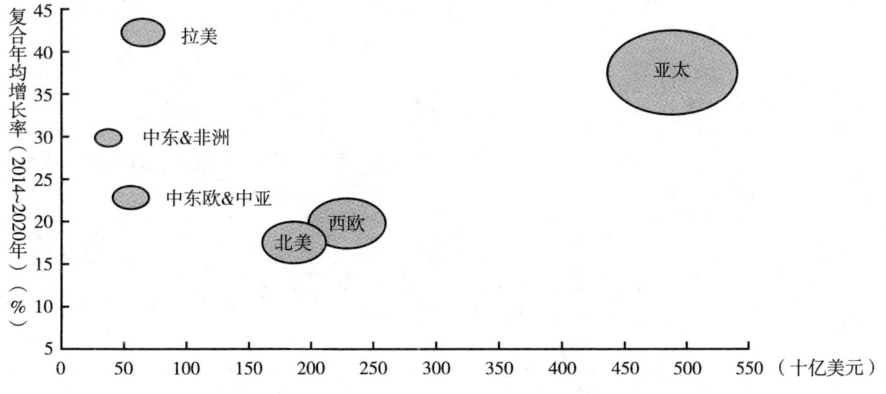

图2　全球分地区跨境B2C电商交易规模－增长矩阵

注：图中气泡大小反映对全球2014~2020年新增交易额的贡献（十亿美元，2020年交易额减去2014年交易额）。

资料来源：EIU. 行业研究报告，World Bank & 埃森哲分析。

二 跨境电子商务重塑全球贸易体系

跨境电子商务是一种崭新的贸易形式，不仅重塑了全球贸易体系，同时也带动了消费模式、商业模式、物流体系以及支付方式等一系列的变革。

（一）跨境电子商务与传统贸易模式的对比

跨境电子商务是互联网技术在贸易领域广泛应用而产生的新型贸易模式，表1详细列举了跨境电子商务与传统贸易的具体区别。相对于传统贸易形式，跨境电子商务直接突破了地理范围的限制，商品信息直达全球消费者，买卖交易环节被大大压缩，买卖双方的交流更加便利和充分，多样化、个性化需求能够得到更好的满足。因而，传统贸易的信息不对称、交易环节复杂、产品个性化程度低等弊端在跨境电子商务中得到妥善解决，使得跨境电商的贸易平台纷纷崛起。

表1 传统贸易模式与跨境电子商务的区别

	传统贸易模式	跨境电子商务
接触消费者方式	面对面，直接接触	通过互联网平台，间接接触
业务模式	基于商务合同的业务模式	基于互联网电子商务平台（B2C、C2C）
交易环节	复杂，中间商众多	简单，中间商较少
价格和利润率	价格高，利润率相对低	价格实惠，利润率高
订单类型	大批量、少批次、订单集中、周期长	小批量、多批次、订单分散、周期相对较短
产品类目	产品类目少，更新速度慢	产品类目多，更新速度快
规模和速度	仅面向与本国缔结贸易协定的国家或地区，受贸易保护的影响较大	面向全球市场，受贸易保护的限制较小
支付手段和争端处理	正常贸易支付，具备健全的争端处理机制	需借助第三方支付，争端处理不畅、效率低
物流方式	空运、集装箱海运为主	航空小包方式为主
交易、结汇方式	按传统国际贸易程序，可以享受正常通关、结汇和退税政策	通关缓慢或有一定限制，不易享受退税和结汇政策
企业规模	企业规模大，受资金约束程度高，变化困难	企业规模小，受资金约束程度低，变化灵活

（二）跨境电子商务创新业态与商业模式

跨境电子商务改变了传统的商业竞争方式，使得贸易主体、贸易流程和贸易产品都相应发生一系列改变。亚马孙、eBay、阿里巴巴等全球有影响力的贸易平台迅速崛起，发达国家和发展中国家以及贫困国家都出现了国际贸易平台，如亚洲的 Rakuten. com、Lazada、Gmarket，欧洲的 Tesco、乐天 play. com、La Redoute、Ozon、Otto，美洲的 Newegg、Sears、MercadoLivre 以及非洲的 Jumia 等。平台的发展大大精简了传统的多层贸易环节，大量出口国的供应商和进口国的零售商在平台上直接交易，提升了贸易效率。同时也使得个人可以直接参与国际贸易，只要物流体系具备可达性，就可以通过跨境电商平台购买到所需的国外产品。根据欧盟的数字议程报告，2014 年欧盟有 12% 的个人参与跨境电子商务，而根据 DHL 的调研，在参与电子商务的网民中，参与跨境购买的多达 45%。

贸易形式的变化也带来商业模式、产品与市场结构的变化，由于传统的规则、信息壁垒被打破，更多优质的资源、服务得以在全球范围内流通，被传统贸易所忽视的中小微型企业都能够直接面向全球的消费者，在线上进行产品、品牌、渠道、客户的精心打造，完成全球的网络布局。与此同时也依托平台进行供应链、价值链的优化，从而更好地提升企业的核心竞争力，拓展利润空间。

（三）跨境电子商务引领全球物流与支付体系变革

在传统的贸易体系下，物流体系主要以海运集装箱和少量空运为主，具有批量大、时效性较差等特征，而跨境电商体系下的“去中介化”带来渠道缩短和产销直接对接，使得大量的订单来自小微企业甚至个人，物流单次作业的物品向“小批量”、“多批次”转化，重塑了传统以大宗货物为标的所设计的物流体系。从进口角度来看，通过电商平台销售的海外商品，其来源主要有四种渠道：①由背包客集中采购回国；②由海外买手代购，邮寄回国；③消费者在国外电商平台“海淘”，转运回国；④海外商家在本国跨境电商平台开店销售。其中前三种通常不设国内仓库，具有小批量特征，在通关时不缴纳关税或者按照个人自用物品的行邮税通关缴税，国际物流成本相对较低。在第四种情形下海外商家可以利用保税仓库和当地政策，采用“保税进口 + 行邮出库 + 个人自用品入关”的形式，降低了通关的税收成本和流通资金压力，同时也能缩短买家等待时间，提高跨境物流的时效性。顺应贸易方式的这种变化，跨境物流正在向批量零担化、反应柔性化和响应点碎片化转化。

支付是跨境电商中必不可少的关键环节，传统贸易体系中主要以信用证、电汇等企业间的支付模式为主，订单金额较大，交易频率较低。伴随着跨境电商交易规模的扩张，买卖双方更多的是多频次、小批量的订单交易，更加灵活、简单的支付方式成为主流。因此，第三方支付、信用卡支付、邮政汇款、银行转账多种支付方式得到迅猛的发展。根据 DHL 对消费者的调研报告，目前信用卡和在线支付是消费者的最主要支付方式。美国的第三方支付系统贝宝（PayPal）是全球使用最广泛的跨境交易在线支付工具，有超过 1. 32 亿活跃用户，支持 25 种货币付款交易。

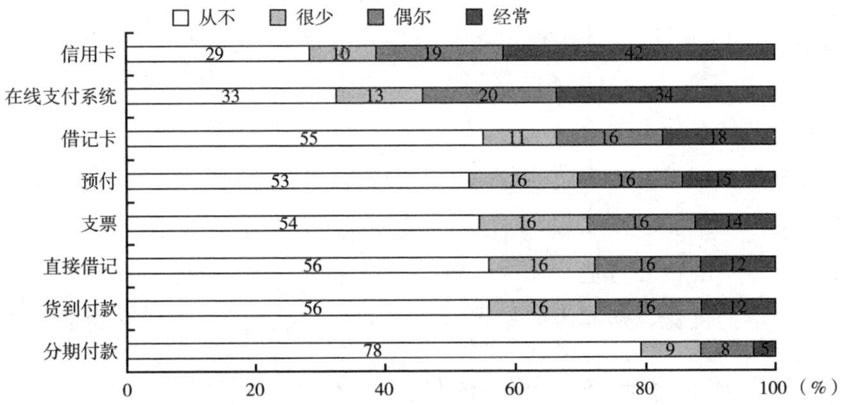

图 3　跨境贸易支付方式调查结果

资料来源：DHL，Shop the World，2013，http：//www. dhl. com/en/campaigns/globalmail/shop_ the_ world. html。

三　跨境电子商务发展仍面临一系列挑战

跨境电子商务在重塑国际贸易与消费模式的同时，也面临着来自贸易监管、物流体系、支付结算、国际贸易规则等方面的挑战。

（一）传统贸易监管模式难以适应跨境电商的发展要求

跨境电子商务需要通过出口国海关和目的国海关两道关卡，传统贸易主要采用大批量、低频次的交易方式，各国海关和检验检疫机构的监管方式主要是为适应传统的贸易模式而设计的。而跨境B2C电子商务基本为小额贸易，交易频率高且产品种类繁多，使得海关的监管难度明显加大。一方面在征税环节海关需要逐笔对照产品种类征收小额税款，而有些商品通过快递或邮寄的方式运输，检验检疫机构无法获取商品和交易信息，征管工作量大大增加；另一方面为了防范走私和违禁货物入境，货物查验的工作量明显加大，海关只能进行随机抽检，增加了工作难度，并且也容易产生漏洞。贸易双方对通关流程和要求缺乏了解也是跨境电商容易出现清关障碍的一个因素。由于跨境贸易双方分属不同国家，寄件人或消费者缺乏对对方国家监管制度的了解，在填写相关资料时不符合海关要求，而快递公司也很少进行核对，导致经常出现扣货查验、货件退回发件地或要求补充资料再放行的情况甚至直接没收。而一旦发生“退件”或“没收”的情况，货主需要承受较大的损失，即便是“补充资料再放行”，也会延长配送时间，发生贸易的投诉和纠纷。

（二）跨境物流渠道发展滞后，配送周期过长影响消费体验

物流配送不仅是跨境电商运营成本的重要组成部分，同时物流配送的效率也影响用户的体验。与蓬勃的跨境电商相比，物流配送的发展严重滞后。第一，跨境物流配送速度较慢，如根据aliexpress提供的物流商承诺时效，目前使用中国邮政挂号小包从中国发往巴西的送达时间上限为90天，其他国家为60天，也就是说，一个巴西用户从aliexpress下单，很可能3个月之后才能够使用上所购买的商品。欧美发达地区使用国际e邮宝速度相对较快，但也通常需要7~10天的时间送达。第二，跨境电商所产生的海量分散订单，使得很多物流公司的订单仓储体系难以满足多样化和复杂化的物流需求，特别是一些当地物流系统不发达的国家，物流运作效率较低，导致货物积压严重。第三，跨境包裹的全程追踪难以实现。各国快递公司的物流信息系统千差万别，再加上不同语言之间的鸿沟，信息系统对接存在较大障碍，一些小语种国家或物流不发达的国家都尚未在网站上提供包裹的投递信息，使得全程追踪更难以实现。第四，多次转运和转包造成跨境包裹丢包破损的概率大大增加。现有的邮政包裹、国际快递、专线物流以及海外仓储等几种主要物流模式都需要经过四五道甚至更多频次的转运才能到达客户手中，包裹破损丢包一旦发生，会给客户带来极差的购物体验，也大幅提高了卖家的运营成本和失去客户的风险。

（三）消费者权益保护机制有待建立

跨境电商存在较高的购物风险，当所购商品实物与网络照片和信息不符或存在假冒伪劣商品时，消费者难以通过如向本国的工商、质检部门投诉等传统方式进行维权，有效的维权途径十分缺乏。即便商品来自法律法规和信用体系比较完善的国家，商品也是通过正规渠道购买的，也难以保证所购商品不会出现质量问题。一旦遇到质量问题，跨境退换货都将耗费大量的时间、精力和金钱。跨境电商中还大量存在海外代购的现象，由于代购者与消费者之间的经营性关系难以界定，同时也缺乏行之有效的信用体系，更增加了消费者权益受损的风险。

此外，境外零售商利用交易记录和平台数据能够十分便利地记录购买者和浏览者的个人信息，很容易造成消费者的隐私泄露、信用卡以及个人账户信息被窃取等。对于消费者隐私权的保护，各个国家所采取的政策存在较大差别，比如美国对于跨境交易的隐私保护采取了比较灵活宽松的态度，而欧盟则在个人信息保护方面制定了一套严格、完善、规范的法律框架。国际上对跨境数据流动并没有一个明确的定义和界定，2007 年 APEC 成员方签署了《APEC 数据隐私探路者倡议》，首次提出要建立 APEC 跨境隐私保护规则体系，率先进行了这方面的探索，2011 年《APEC 跨境商业个人数据隐私保护规则与实施》正式通过，为消费者参与跨境电子商务提供了有效的法律保障。

（四）国际结算体系与支付平台发展存在诸多障碍

跨境电子商务的支付结算方式涉及进口和出口两个渠道，包括跨境支付购汇方式和跨境收入结汇方式。其中跨境支付购汇既包括第三方购汇支付，也包括境外电子商务企业所接受的消费者本国货币的支付方式，而跨境收入结汇包括第三方收结汇和国内银行汇款等。由于电子商务交易在货物贸易与服务贸易的归类上存在重叠模糊之处，在所适用国际规则的认识上存在一定的分歧。对于在跨境电子商务中大量使用的第三方支付机构，其在外汇管理与监管上应承担的责任和义务，目前尚无清晰的界定。

从各国所采用的国际支付与结算体系来看，每个国家由于采用的支付形式不同，外汇管制的程度不同，金融机构管理方式不同，支付结算体系千差万别。再加上消费者的购物习惯和电子支付的接纳程度存在巨大差异，跨境电商企业由于对其缺乏了解，同时对其他国家法律法规、税收体系并不熟悉，更加难以形成适合的支付形式。除此之外，国际结算手续费用较高，佣金率远高于国内业务，通常为3% ~4%，花费的时间较长，都构成对跨境电商发展的制约。

目前在跨境电商外汇支付市场中，PayPal已成为很多境外购物网站的主要支付选择，支持中国的支付宝、银联等的境外电商平台还比较少。尽管PayPal已经被很多国家的消费者所使用，但大多未取得所在国家支付业务的许可，同时对于使用PayPal的电商企业来说，由于适用法律法规的差异，账户资金也存在诸多风险，限制了第三方支付的普及。

四　加快中国跨境电商发展的战略举措

跨境电子商务正在以无法阻挡的态势在全球范围内迅速扩张和蔓延，消费者的跨境商品需求的巨大潜力将进一步被激发。为顺应这种全球贸易体系的深度变革，我国应充分发挥自身的互联网产业优势和互联网用户的规模优势，结合“中国制造”的产业支撑，在新一代贸易体系的重塑过程中抢占先机，增强中国在世界经济秩序调整中的话语权和软实力，同时助推中国产业转型升级，提升国际竞争力。

（一）研究制定跨境电子商务贸易规则，掌握新一代贸易体系国际规则主导权

面对迅猛发展的跨境电子商务，以往针对传统的贸易形式所建立的一整套贸易规则以及制度安排都面临着重新调整。目前世界各国也都在尝试推进贸易监管制度与监管模式的变革以顺应交易形态碎片化、货物运输小批量化、经营主体虚拟化等趋势。中国拥有庞大的跨境电商贸易的潜在需求，有必要也有条件率先在跨境电子商务贸易规则设计中大胆进行制度试验与创新，探索适应贸易新形态的制度规则。应着眼于全球贸易主体、贸易形式、交易方式、商业模式的新特征开展国际贸易规则的研究，在消费者权益保护、知识产权转让、数据信息保护和争端解决机制等方面先行探索，主办和参与国际组织的峰会以及项目谈判。开展国际合作，与各国共同研究跨境监管的国际协作，协调各国在税收优惠、关税目录、数据安全和计算机犯罪等方面的制度规则，构建国际统一的适应跨境电商发展的制度体系。结合中国推进的“一带一路”和亚太自贸区战略，主导和参与

新一代贸易体系下区域性和全球性贸易规则的制定，在全球贸易发展变革的过程中形成新引领。

（二）培育扶持中国跨境电商平台，使其实现全球化发展

跨境电子商务交易主要是通过跨境平台来实现，互联网平台在其中发挥着巨大的主导作用和管理职能是新一代贸易体系的重要特征。互联网平台担负着管理交易主体、建立信用体系、设计贸易规则、处理贸易纠纷等诸多功能，成为事实上规则和标准的制定主体。互联网平台可以跨越国境，不受单个国家的约束而且不需要其他国家政府的注册或许可，因而是掌握新一代贸易体系主导权的核心抓手。我国跨境电商平台企业在过去几年中得到较快的发展，已经具备较为雄厚的实力基础，在未来应进一步将跨境电商平台的发展列入国家战略，制定更加宽松有利的政策，支持和鼓励平台进行横向上的市场整合和纵向上的供应链整合，在全球发展的过程中承担更大的权力和责任，从而扩展中国对于世界经济运行的影响力。

（三）创新跨境电子商务贸易监管模式，推动贸易便利化

尽管近年来国家海关总署等部门陆续出台多项支持跨境电商发展的政策措施，但报关、报税、结汇和退税等传统的贸易监管制度安排仍是制约跨境电商发展的瓶颈之一。应积极推动海关、检验检疫、税务和外汇管理部门的信息协同，顺应互联网、大数据、云计算的发展趋势，建立新型贸易监管模式，既顺应跨境贸易发展的需求，又能够实现有效监管。对接和利用跨境电商平台公司、电子商务企业和物流公司的信息形成对信息流、资金流和物流的集中化管理，形成高效、立体的综合监管体系。鼓励自由贸易试验区和跨境电子商务综合试验区开展先行先试，大力推进集中申报、快速通关、规范结汇、联合查验等海关贸易便利化措施，推进海关、检验检疫、国税、外汇部门的信息一体化建设，利用互联网实现跨国跨部门协同，为跨境电商发展创造良好的制度环境。

（四）借助跨境电商实现转型升级，推动中国企业向价值链中高端跃升

中国是全世界制造业体量最大的国家，在传统的贸易方式下，中国出口需要通过大宗贸易进出口商进行采购、通关、分销运作，再通过进口国的各级分销

商、零售商进行批发零售业务，最终到达消费者手中。跨境电商的发展打开了无国界网络购物的大门，中国制造的产品得以直接面对全世界的消费者，为中国制造突破价值链低端锁定提供了巨大机遇。以往不具备海外销售渠道和消费者信息的中小制造企业可以借助跨境电商平台直接搜集海外消费者信息并形成互动，打破了以往国外分销渠道的层层壁垒，迅速树立自己的品牌，开发价值增值服务，进而改善自己的利润空间。中国大量的来料加工、进料加工企业得以转型为品牌型出口企业，实现转型升级。同时中国企业也需要更加充分地调研了解国外市场，包括消费者的行为习惯、文化风俗、购物偏好，还包括当地的法律法规，尤其是知识产权保护制度，以规避经营风险，进而利用跨境平台建立健全企业的品牌设计、产品销售和售后服务体系，通过电子邮件、网络媒体和手机应用等媒介，运用粉丝营销、事件营销等互联网营销手段打造线上品牌。同时还需要与产业链上的国内外企业分工合作，结合国家的区域战略布局，推动贸易运输通道和仓储基地建设，提高物流效率，立足于产品质量、技术、服务和品牌形成“中国制造”的新优势。

（撰稿人：刘维林，南开大学经济与社会发展研究院副教授）

“一带一路”战略最新进展与展望

仅仅两年多时间，“丝绸之路经济带”和“21 世纪海上丝绸之路”（以下简称“一带一路”）就已经从倡议变成实实在在的行动，理念和总体框架设计进入务实合作阶段。从筹建亚投行到成立丝路基金，再到国家开发银行的近千个项目，“一带一路”建设取得明显进展，获得多方积极响应，不仅为各方在投资、贸易、金融、文化和旅游等领域的深化合作奠定了坚实基础，也给沿线各国民众带来了实实在在的好处。未来，“一带一路”将进一步释放沿线国家和地区发展的内生动力，共同谱写人类合作共赢的新篇章。

一　“一带一路”战略的最新进展

（一）“一带一路”战略的总体框架基本确定

2015 年 3 月，国家发展改革委、外交部、商务部经国务院授权发布《推动共建丝绸之路经济带和 21 世纪海上丝绸之路的愿景与行动》（以下简称《愿景与行动》），阐述了“一带一路”建设的时代背景、共建原则、框架思路、合作重点、合作机制等，为“一带一路”建设指明了方向。共建“一带一路”旨在促进经济要素有序自由流动、资源高效配置和市场深度融合，推动沿线各国实现经济政策协调，开展更大范围、更高水平、更深层次的区域合作，共同打造开放、包容、均衡、普惠的区域经济合作架构。共建“一带一路”将秉持“和平合作、开放包容、互学互鉴、互利共赢”的理念，坚持“开放合作、和谐包容、市场运作、互利共赢”的原则，以“政策沟通、设施联通、贸易畅通、资金融通、民心相通”为主要内容，积极利用现有双边多边合作机制，全方位推进务实合作，打造政治互信、经济融合、文化包容的利益共同体、命运共同体和责任共同体。推进“一带一路”建设，中国将充分发挥国内各地区比较优势，实行更加积极主动的开放战略，加强东中西互动合作，全面提升开放型经济水平。同时，“一带一路”需要沿线各国和衷共济、相向而行，携手发掘区域内市场的潜力，促进投资和消费，创造需求和就业，增进沿线各国人民的人文交流与文明互鉴，让各国人民相逢相知、互信互敬，共享和谐、安宁、富裕的生活，共同谱写建设“一带一路”的新篇章。目前，中央与地方政府两个层面都在积极推进《愿景与行动》相关配套政策和实施方案的制定与落实。

（二）“一带一路”战略在国内扎实推进

党的十八大以来，习近平等党和国家领导人积极部署和推动“一带一路”战略。中国政府成立了推进“一带一路”建设工作领导小组，负责指导和协调推进“一带一路”建设，领导小组办公室设在国家发展改革委，具体承担领导小组日常工作。

中国各部门各地区积极行动、抓紧落实。2015 年 4 月，国家税务总局发布《关于落实“一带一路”发展战略要求做好税收服务与管理工作的通知》，提出建立“一带一路”税收服务网页，争取在 2016 年底前全部完成。2015 年 5 月，国家海关总署对外通报了服务“一带一路”建设实施方案，提出 16 条支持措施。2016 年 6 月，交通运输部通过了《交通运输部落实“一带一路”战略规划实施方案》；国土资源部中国地质调查局组织编制完成《“一带一路”能源和其他重要矿产资源图集》。同时，各地区基本完成“一带一路”实施方案与国家规划的衔接，并积极推进相关工作。新疆丝绸之路经济带核心区建设以“三通道”（北、中、南三条通道）为主线，以“三基地”（国家大型油气生产加工基地、大型煤炭煤电煤化工基地、大型风电基地）为支撑，以“五大中心”（交通枢纽中心、商贸物流中心、金融中心、文化科教中心、医疗服务中心）为重点，以“十大进出口产业集聚区”为载体，充分利用两种资源、两个市场。福建省 21 世纪海上丝绸之路核心区以泉州为先行区，以福州新区和平潭综合试验区为重点功能区，加快通陆达海的重大基础设施项目建设。2015 年 6 月，广东省对外发布了《广东省参与建设“一带一路”的实施方案》，制定了《广东省参与“一带一路”建设重点工作方案（2015～2017年）》和《广东省参与“一带一路”建设实施方案优先推进项目清单》。各地积极谋划对接“一带一路”新丝路的战略，全国上下积极推进。

“一带一路”建设取得初步成效。2015年前三季度，我国企业共对“一带一路”沿线的48个国家进行了直接投资，投资额达到120.3亿美元，同比增长66.2%，占我国非金融类对外直接投资的15.3%，主要流向新加坡、哈萨克斯坦、老挝、印度尼西亚、俄罗斯等国家；我国企业在“一带一路”沿线的57个国家承揽对外承包工程项目3059个，新签合同额达到591.1亿美元，占同期我国承接对外承包工程新签合同额的54.3%，同比增长24.9%，主要涉及电力工程、房屋建筑、通信工程、石油化工、交通运输建设等领域。

（三）“一带一路”战略获得国外积极响应

习近平主席、李克强总理等国家领导人先后出访数十个国家，出席加强互联互通伙伴关系对话会、中阿合作论坛第六届部长级会议，就双边关系和地区发展问题多次与有关国家元首和政府首脑进行会晤，深入阐释“一带一路”的深刻内涵和积极意义，双方就共建“一带一路”达成广泛共识。自“一带一路”倡议提出后，响应者众多，已有近60个“一带一路”沿线国家明确表示支持和积极参与建设，同时东盟、欧盟、阿盟等多个国际组织也表示支持。据凤凰网“寻路中国”工作室不完全统计，目前已有俄罗斯、意大利、斯里兰卡等30多个国家和地区的元首或首脑明确回应“一带一路”倡议。其中，白俄罗斯、马尔代夫等十多个国家给予“积极评价”或表示“高度赞同”；埃及、乌克兰、斯里兰卡等国表示“愿积极参与”。同时，英国积极参与“一带一路”建设，英国并非古丝绸之路国家，也非“一带一路”沿线国家，但是英国主动提出将英格兰北部振兴计划与“一带一路”战略对接，邀请习近平主席访问曼彻斯特，向世界发出非沿线国家也可积极参与“一带一路”建设的积极信号。英国积极参与“一带一路”建设具有示范意义，它充分证明开放合作、和谐包容、市场运作、互利共赢，不仅体现了丝路精神，也将开启全球化新模式。

（四）“一带一路”战略的“五通”建设进展顺利

中国积极统筹国内各种资源，加强与“一带一路”沿线各国的合作和对接，“政策沟通、设施联通、贸易畅通、资金融通、民心相通”等主要领域的合作进展顺利。

与部分国家签署了系列合作框架。与哈萨克斯坦、塔吉克斯坦、卡塔尔等国家签署了共建“一带一路”合作备忘录，与俄罗斯、老挝等毗邻国家签署了地区合作和边境合作的备忘录以及经贸合作中长期发展规划。与哈萨克斯坦、吉尔吉斯斯坦等毗邻国家研究提出了中哈、中吉毗邻地区合作规划纲要。

一批重大设施联通项目取得突破。2014 年 12 月 6 日，泰国国家立法议会批准中泰铁路合作谅解备忘录草案；2015 年 7 月 1 日，中泰铁路合作第五次会议确定第一期项目计划于 2015 年开工。中国与塔吉克斯坦启动中国 - 中亚天然气管道 D 线建设。开工建设中俄天然气管道东线，俄罗斯争取 2018 年通过该线管道向中国供气。启动中俄亚马尔 LNG 合作项目，争取 2016 年投产。启动实施土库曼斯坦“复兴”气田开发项目，争取 2016 年完成产能建设。推进哈萨克斯坦卡尔恰加纳克天然气田开发、卡沙甘油田开发等。新亚欧大陆桥经济走廊项目正在加快推进，中哈物流二、三期规划建设进展顺利。国家电网已与俄罗斯、蒙古、吉尔吉斯斯坦等建成 10 条互联互通输电线路，近期正在研究推进与俄罗斯、蒙古、哈萨克斯坦和巴基斯坦等国电网互联互通，规划建设 6 项工程。同时，中缅铁路和公路、中老铁路、中巴公路、中吉乌铁路、缅甸皎漂港、柬埔寨西哈努克港等一批重大项目也取得突破。

积极推进投资贸易便利化。中澳、中韩等自贸协定谈判结束，正式签署协定。启动与斯里兰卡、以色列等国的自贸协定实质性谈判。与东盟积极打造中国 - 东盟自贸区升级版。与印度积极研究推进孟中印缅经济走廊建设，兴建产业园区。与马尔代夫加强海洋、旅游和民生领域合作，携手应对气候变化挑战。2014 年 11 月，APEC 中国峰会上，批准 APEC《互联互通蓝图》，与会各国就《亚太经合组织推动实现亚太自贸区北京路线图》达成共识，同意启动并全面系统地推进亚太自贸区（FTAAP）进程。

沿线各国的资金融通取得重大进展。一是发起建立亚洲基础设施投资银行。2014 年 10 月 24 日，中国、印度、新加坡等 21 个成员在北京签约，成立亚洲基础设施投资银行。2015 年 6 月 29 日，亚投行 57 个意向创始成员方财长或授权代表出席了《亚洲基础设施投资银行协定》签署仪式。截至 2015 年 10 月 9 日，53 个国家正式签署《亚投行协定》，各方商定将于 2015 年底之前，经合法数量的国家批准后，《亚投行协定》即告生效，亚投行正式成立。亚洲基础设施投资银行的建立，将弥补亚洲发展中国家在基础设施投资领域存在的巨大缺口，为打通亚洲互联互通及区域合作提供资金支持。二是设立丝路基金。2014 年 12 月 29 日，由中国外汇储备、中国投资有限责任公司、中国进出口银行、国家开发银行共同出资的丝路基金有限责任公司在北京注册成立，并开始正式运行，首期资本金 100 亿美元，重点为“一带一路”沿线国家基础设施、资源开发、产业合作和金融合作等与互联互通有关的项目提供投融资支持。三是启用人民币跨境支付系统。2015 年 10 月 8 日，中国启用人民币跨境支付系统，为人民币跨境使用搭建了一个重要的平台。

举办了促进民心相通的系列活动。各地成功举办了一系列以“一带一路”为主题的国际峰会、论坛、研讨会、博览会、文化年、艺术节等活动，对增进沿线国家和地区的相互理解、凝聚共识、深化合作发挥了重要作用。推动沿线各国开展了教育、科技、文化、旅游等多领域的交流合作，增强了共建“一带一路”的民意基础，为不同文明的互学互鉴创造了条件。

二 “一带一路”战略的未来展望

（一）“一带一路”将加速亚洲和亚太经济一体化进程，形成推动世界持续发展的新重心

“一带一路”战略将成为亚洲经济一体化的“两翼”，有效连接中亚、西亚、东南亚、南亚、东北亚等地区，显著改善区域内的整体基础设施互联互通状况和营商环境。作为世界经济增长的重要引擎，亚洲已日渐成为经济全球化的中坚力量，但也面临不少新老问题。比如，亚洲一体化水平与欧洲、北美洲相比仍有不小的差距。博鳌亚洲论坛 2015 年年会发布的《亚洲经济一体化进程年度报告》显示，在后金融危机时代和全球经济复苏乏力的背景下，亚洲在贸易一体化进程和全球生产体系中正面临更加突出的挑战。2013 年，亚洲对自身的贸易依存度由 2012 年的历史最高水平 59.49% 降至 53.01%；亚洲内部中间品贸易的增长率由 2012 年的 8% 降至 5%；亚洲在全球价值链中间品贸易上对区域内的依存度由 2012 年的 61.1% 降至 60.1%。考虑到亚洲国家拥有巨大的生产能力，如果能够扩张亚洲内部市场规模，更多的中间投入品和最终品将由发达国家市场转入本地区，亚洲可能获得新的增长动力。同时，亚洲各区域间发展不平衡，联系不紧密，交通基础设施不联不通、联而不通、通而不畅等问题相对比较突出，对

深化区域合作构成不少障碍。"一带一路"战略涵盖亚洲26个国家和地区，拥有44亿人口和20多万亿美元的经济规模。"一带一路"是在后国际金融危机时代，作为世界经济增长火车头的中国，将自身的产能优势、技术与资金优势、经验与模式优势转化为市场与合作优势的重要途径，通过"一带一路"建设能够促进亚洲国家分享中国改革发展红利，推动相关国家间实现合作与对话，建立更加平等均衡的经贸关系，夯实亚洲经济一体化的基础，迈向命运共同体，开创亚洲新未来。

"一带一路"战略还将化解亚太一体化进程面临的诸多难题。目前，亚太经济一体化的首要挑战是成员经济发展水平存在巨大差异。在亚太地区，有人均GDP高达4万美元的美国、日本、新加坡等发达国家成员，也有人均GDP不足5000美元的越南、菲律宾等发展中国家成员。不同人均GDP水平暗示着各成员对地区经济一体化存在不同的利益诉求。显然，一个统一的一体化方案难以满足不同成员的发展要求，因而在APEC的发展历程中，诸多的贸易投资自由化方案最后不得不以流产而告终，其中就有著名的"茂物目标"，因发达国家食言，茂物目标无果而终。另外，APEC成员在社会制度、政局稳定等非经济领域也存在较大的差异，为推行经济一体化带来重重障碍。在"一带一路"建设的推动下，未来亚太地区将逐步形成立足周边、辐射"一带一路"、面向全球的高标准自贸区网络。中日韩自贸区、区域全面经济伙伴关系协定、中国-东盟自贸区升级版、亚太自贸区有望取得进展，进而推动区域经济一体化进程。同时，共建"一带一路"还有助于促进亚太国家互通互联，形成互补共赢的合作局面，进一步增强亚太国家在政治、文化等方面的交流，加速亚太一体化进程。

（二）"一带一路"将打破亚欧大陆长期封闭的状态，形成推动世界均衡发展的新路径

亚欧大陆是世界上最大的陆地，面积近5000万平方公里，占全球陆地面积的1/3，东西跨度超过1万公里，包含100多个国家，拥有约50亿人口，占世界人口总数的70%，占全球经济总量的60%，占全球贸易的60%，是世界上跨度最长的经济走廊，也是最具发展潜力的经济带。陆路交通不畅一直是制约亚欧大陆发展的主要因素之一。古代海运不发达，古丝绸之路应运而生，促进了亚欧大陆的道路联通和贸易往来，但后来由于海运发展等多种因素的影响，古丝绸之路没落了，亚欧大陆处于长期封闭的状态。同时，亚欧大陆无论人口总量、经济规

模还是政治复杂程度，均居世界各大陆之首，而国家之间矛盾众多、互信程度低，严重阻碍了亚欧国家间的交流与互通。

“一带一路”战略将打破亚欧大陆长期封闭的状态，打造互联互通的亚欧大陆。“一带一路”贯穿亚欧大陆，一头是活跃的东亚经济圈，另一头是发达的欧洲经济圈，中间广大腹地国家经济发展潜力巨大。根据“一带一路”走向，陆上依托国际大通道，以沿线中心城市为支撑，以重点经贸产业园区为合作平台，通过渝新欧（重庆、新疆和欧洲）、中吉乌（中国与吉尔吉斯斯坦、乌兹别克斯坦）、中巴伊（中国与巴基斯坦、伊朗）等铁路项目的建设，将从北、中、南三个方向全面打通亚欧大陆桥，最终形成新亚欧大陆桥、中蒙俄、中国－中亚－西亚三大国际经济合作走廊，畅通中国经中亚、俄罗斯至波罗的海，中国经中亚、西亚至波斯湾、地中海的通道；海上则从中国沿海港口过南海经印度洋连接至欧洲。中国积极推进的中俄高铁合作和中老、中泰、中巴、中哈等铁路合作项目，将进一步促进亚欧大陆基础设施的互联互通，推动亚欧大陆各国进行更广泛、更深层、更多样的区域合作，为亚欧经济发展注入新动力。打破亚欧大陆长期封闭的状态有助于促进欧亚大陆腹地不发达地区的经济增长，改变区域经济政治的空间布局、活动方式及其流向，为区域协同发展做出新的贡献。

“一带一路”打破亚欧大陆长期封闭的状态，还将推动全球均衡发展。以往的全球发展以欧美为主，全球经济发展重心以西方为主，导致东方从属于西方、陆地从属于海洋等一系列负面效应。“一带一路”将通过打破亚欧大陆长期封闭的状态，推动带动内陆国家加快开发开放，实现均衡发展，改变历史上中亚等丝绸之路沿途地带只是作为东西方贸易、文化交流的过道而成为发展洼地的状况，将超越欧美主导全球化造成的贫富差距、地区发展不平衡，形成推动全球均衡发展的新格局。

（三）“一带一路”将打造利益共享的全球价值链，形成推动世界共同发展的新模式

当前，世界经济仍处于深度调整期，低增长、低通胀、低需求同高失业、高债务、高泡沫等风险交织，气候变化、能源安全、粮食安全等全球性挑战不断增多，不仅发展中国家需要实现可持续性的经济转型，发达国家也需要促进经济转型，这需要世界各国携手打造利益共享的全球价值链，促进共同发展。

“一带一路”沿线国家的经济发展主要是沿海国家的快速发展，主要经济中

心城市多数聚集在沿海地区，广大内陆国家尤其是发展中国家并未被真正纳入全球价值链。目前，“一带一路”沿线多数为低收入国家，据世界银行统计，这些国家人均国民总收入尚不足世界平均水平的一半，“一带一路”沿海国家的人均收入是内陆国家的数十倍。多数内陆国家的基础设施相对落后、产业发展滞后、对外开放程度不高、社会发展水平较低，对于加快经济社会发展、实现国家现代化的愿望十分迫切。“一带一路”沿海国家多数精于制造业，而内陆国家资源丰富，能源供给充足，如果能够整合沿海国家的制造能力与内陆国家的丰富资源，共同打造全球价值链，将有效促进区域经济增长，并将加速“一带一路”沿线国家的经济融合，实现共同发展。共同建设利益共享的全球价值链，有利于让区域内每个国家的发展同其他国家的增长形成联动效应，相互带来正面而非负面的外溢效应，充分发挥各国的比较优势，共同优化全球经济资源配置，完善全球产业布局，培育普惠各方的全球大市场，实现共同发展。

“一带一路”将开辟打造全球价值链的新路径。庞大的“中国市场”将成为引领“一带一路”沿线国家经济持续增长的新动力。未来 5 年，中国将进口超过 10 万亿美元的商品，预计到 2020 年，中国中等收入群体将释放 60 多万亿元的购买力，届时有望成为世界最大的进口市场和增速最快的进口市场。同时，中国对外投资也将快速增加，“十三五”时期，中国对外直接投资将超过 5000 亿美元，预计中国在“一带一路”上的总投资有望达到 1.6 万亿美元。中国已与东盟、新加坡、巴基斯坦、新西兰等国家和地区签订自贸协定，与十几个国家建立了境外经贸合作区。“一带一路”将把中国和众多新兴市场国家的经济更紧密地融合起来。总之，“一带一路”是将沿海国家制造能力与内陆国家丰富资源有机结合的新物流模式、贸易模式和发展平台。随着“一带一路”的发展，沿线会形成发达的经济中心、文化中心，这些地方沉睡的丰富资源将得到全面、合理的开发，沿线国家将以全方位的国际合作解决自身的问题，更有效地融入全球经济，在共同打造全球价值链的过程中获得巨大收益。

（四）“一带一路”将促进人类建设命运共同体，形成推动世界和平发展的新境界

“一带一路”是人类命运共同体建设的路径、桥梁和纽带。“一带一路”继承了古丝绸之路开放兼容的历史传统，同时也吸纳了亚洲国家“开放的区域主义”精神，体现了世界各国谋求发展的现实需求。无论从历史还是现实来看，

“一带一路”都为人类命运共同体建设提供了重要的路径和战略支撑。“一带一路”不是单一国家的战略，更不是把一个国家利益凌驾于其他国家和地区利益之上甚至全球利益之上的战略。“一带一路”建设是以沿线国家和地区的相互开放、合作发展、互利共赢为根本宗旨，以“政策沟通、设施联通、贸易畅通、资金融通和民心相通”为核心内容，将促进沿线各国团结互信、平等互利、包容共鉴。“一带一路”倡导合作共赢的理念，强调世界之大容得下大家共同发展，呼吁各方摒弃你输我赢、赢者通吃的旧思维，致力于“以和为贵，和而不同，以达天下大同”。“一带一路”有助于凝聚共识，围绕共同的主题推动区域内多边合作平台整合、对接，促进相关国家加强沟通，促进人类命运共同体建设，形成推动人类合作共赢发展的新格局，让更多国家和地区受益于“一带一路”建设。

“一带一路”将从多边和双边各个层面推进命运共同体建设。“一带一路”和人类命运共同体均是合作、发展的理念和倡议，不是一个实体和机制，将充分依靠中国与有关国家既有的双边多边机制，借助当前行之有效的区域合作平台形成互动。通过与60多个国家、40多亿人口建立广泛的沟通和协作机制，形成推动人类合作共赢发展的新格局。据海关总署测算，2014年我国与“一带一路”地区的进出口总额达7万亿元人民币，增长高达7%。同时，“一带一路”能够在增信释疑的基础上，推进沿线不同国家主导的多个次区域合作组织形成宽领域、深层次、高水平、全方位的合作格局，使各经济体在合作中实现共赢，使广大民众获得实实在在的好处。目前“一带一路”沿线地区存在着由不同国家主导的多个次区域合作组织和对话平台，如上海合作组织、东南亚国家联盟、中国－东盟“10＋1”、亚太经合组织、阿拉伯国家联盟、欧洲联盟、博鳌亚洲论坛、亚欧会议、亚洲合作对话、亚信会议、中阿合作论坛、中国－海合会战略对话、大湄公河次区域经济合作、中亚区域经济合作等，其成员构成、区域分布、合作范围与合作机制差异较大。“一带一路”坚持共商共建、共创共享原则，不搞封闭机制，有意愿的国家和经济体都可参与，成为“一带一路”的支持者、建设者和受益者，将加速人类命运共同体建设，共同建造和平、增长、改革、文明的发展环境，构建各方融合发展的新格局，为各方带来更大发展机遇。

（五）“一带一路”将促进沿线国家和地区加强战略对接，形成推动世界包容发展的新方式

“一带一路”作为全方位的合作开放战略，将以经济走廊理论、经济带理

论等创新经济发展理论、区域合作理论、全球化理论，形成促进区域发展的“共商、共建、共享”原则，超越马歇尔计划、对外援助以及“走出去”战略，给21世纪的国际合作带来新的理念。“经济带”概念就是对地区经济合作模式的创新，新亚欧大陆桥、中蒙俄、中国－中亚－西亚、中国－中南半岛等国际经济合作走廊，以经济增长极辐射周边，超越了传统发展经济学理论。“丝绸之路经济带”概念，不同于历史上所出现的各类“经济区”与“经济联盟”，具有更大的灵活性、适用性、可操作性。“一带一路”将促进沿线国家和地区加强战略对接，实现包容性发展。“一带一路”将与俄罗斯的“跨欧亚发展带”有效对接，与中亚五国、俄罗斯的东向能源新干线，与印度新总统穆迪提出的建设丝绸之路、印度尼西亚新总统提出的发展海洋经济和建设海上中心，与东南亚大湄公河次区域合作，与西亚、阿盟的经济振兴计划，乃至与中东欧16国摆脱债务危机、吸引中国投资的需求，都不谋而合，遥相呼应。“一带一路”可以促进欧亚经济一体化，共同建设欧亚大市场，共同引领来自亚太和欧洲的国家参与欧亚大陆经济整合的新格局，从而对当前世界经济版图产生重要影响，促进全球政治经济新秩序的形成。同时，“一带一路”将助推东盟建成东盟共同体。按计划2015年底东盟将建成东盟共同体，但是还有约10%的目标没有完成，且剩余的一体化内容难度较高。同时，缅甸、泰国、印度尼西亚等东盟内部国家也面临着政治、经济等一系列问题，这些问题将会分散东盟的注意力。“一带一路”建设对东盟共同体的建设具有积极的意义，通过打造中国和东盟自由贸易区升级版，有利于密切东盟各方经济联系，促进产业合作升级，打造优势互补的产业链。

“一带一路”将通过促进沿线国家和地区的战略对接，实现政策沟通，共同打造开放、包容、均衡、普惠的区域经济合作架构，促进经济要素有序自由流动、资源高效配置和市场深度融合，推动沿线区域实现经济政策协调，开展更大范围、更高水平、更深层次的区域合作。一是促进东南亚地区形成更紧密的经济伙伴关系。“一带一路”将深化中国与东盟的战略互信、拓展睦邻友好、聚焦经济发展、扩大共同利益汇合点，打造中国东盟自贸区升级版，建立和健全地区供应链、产业链与价值链，提升东盟与中国产业在全球的竞争能力。二是促进南亚地区形成共同发展的区域经济体新格局。“一带一路”将以连接中印两大市场桥梁的中巴经济走廊和孟中印缅经济走廊建设为重要切入点，以沿线中心城市为依托，以铁路、公路为载体和纽带，培育沿线优势产业群和边境经济合作区，形成优势互补、共同发展的区域经济新格局。三是促进中亚西亚形成优势互补的产业合作。中亚、西亚地区是“一带一路”建设的重点方向，将从北、中、南三个方向全面打通亚欧大陆桥，最终形成中国－中亚－西亚国际经济合作走廊，实现基础设施的互联互通，推动中亚、西亚地区合作由能源领域合作转向产业链合作。四是促进中蒙俄建立崭新的投资贸易关系。“一带一路”有利于完善中蒙俄合作机制，进一步深化中蒙俄在教育、科技、文化等领域的全方位合作，挖掘和释放中蒙俄经济合作的巨大潜力，打造中蒙俄经济走廊，推动经贸合作上升到新的水平。五是促进东北亚地区成为亚太地区重要的增长极。“一带一路”战略的加速推进，将促进东北亚地区在国际通道建设上实现更大的突破，向北向西可通过俄罗斯西伯利亚大铁路进入欧洲的铁海联运体系，向东向南进入太平洋陆海联运体系，加速东北亚地区的互联互通，促进人员和生产要素在区域内合理流动，建立更紧密的区域合作关系。

（撰稿人：李锋，中国国际经济交流中心产业规划部副研究员）

发挥华人华侨在“一带一路”中的作用

广大华侨华人是我国现代化建设的重要力量，改革开放以来，世界各地的华侨华人为祖国的建设发展、对外交流合作做出重大贡献。当前，党中央、国务院深刻洞悉全球形势的深刻变化，统筹国内国际两个大局，提出了推进“一带一路”（“丝绸之路经济带”和“21世纪海上丝绸之路”）建设的重大战略。“一带一路”沿线各国分布有众多的华侨华人，特别是作为“一带一路”优先战略方向的东南亚地区，华侨华人高度聚集，充分利用海外华侨华人在当地政治、经济、文化等领域的资源和影响力，对于加快“一带一路”战略实施具有重要的意义。

一　改革开放以来海外华人华侨在祖国经济社会发展中发挥了重要作用

中国改革开放事业取得伟大成就，广大华侨华人功不可没。党的十一届三中全会以后，我国重新确立了以经济建设为中心的发展方向。在当时，中国经济发展存在着巨大的“缺口”，表现在资金、技术、管理经验等多个方面。为此，国家大力实施改革开放政策，统筹利用两个市场、两种资源，推动了中国经济的高速发展。在这个过程中，广大的海外华侨华人在全国各地投资兴业，为我国经济社会发展做出重要贡献。

（一）推动经济特区的设立与发展

改革开放之初，四大经济特区的设立与华侨华人有着密切联系。为了吸引外资，特别是海外华侨华人华商资本，引进国外先进管理方式和人才，我国做出开办经济特区的战略决策和部署。1979 年 1 月 17 日，邓小平在同胡厥文、胡子昂、荣毅仁等工商界领导人谈话时指出，“我们现在搞建设，门路要多一点，可以利用外国的资金和技术，华侨、华裔也可以回来办工厂。总之，钱要用起来，人要用起来”。1980 年 5 月，中共中央和国务院决定将深圳、珠海、汕头和厦门设为经济特区。1991 年，邓小平在视察上海时指出，“那一年确定四个经济特区，主要是从地理条件考虑的。深圳毗邻香港，珠海靠近澳门，汕头是因为东南亚国家潮州人多，厦门是因为闽南人在外国经商的很多”。特区的设立极大地激发了广大海外华侨华人建设祖国的热情，他们积极回国创业，以特区为投资重点办起了许多独资、合资经营，合作生产、补偿贸易以及来料加工等企业，有力带动了特区以及沿海地区的经济发展。

（二）弥补了我国经济发展的“缺口”

经济学理论认为，要素资源的必须按比例投入生产。改革开放之初，我国劳动力、土地、能源、资源等生产要素丰富，而资本、技术、管理经验等十分稀缺，特别是对国际市场和国际惯例不了解。广大海外华侨华人来祖国投资，在很大程度上弥补了这些制约我国经济社会发展的“缺口”。改革开放初期，海外华侨华人来华投资规模较小，投资的主要行业是服装、鞋帽、塑料、电子等劳动密集型出口加工工业和房地产、宾馆饭店等服务业。随着国内改革开放的深化，逐渐扩展到新兴产业及高新技术产业。以产业投资为载体，带来了先进的生产技术和管理经验。国务院侨办的数据显示，改革开放以来到现在为止，侨商投资占中国引进外资的 60% 以上，在广东、福建等侨务大省，这个比例更高。以侨乡汕头为例，侨资是汕头市利用外资的主要来源。改革开放以来汕头直接吸收的外资中，近九成是侨资。并且，侨务部门还以多种形式组织“招才引智”，海外专业人士占从国外引进高端人才的 80%，他们带来的高科技成果和先进管理经验，对于提高我国自主创新能力具有重要作用。更为重要的是，在我国从传统的计划经济向市场经济的转轨过程中，华侨华人带来了可资借鉴、弥足珍贵的市场经济发展经验。美国前总统经济顾问莱斯特·瑟罗就曾说过，“海外华人对中国大陆改革的最大贡献不仅是外资，而且教会了他们的民族同胞运用市场经济的游戏规则”。

（三）推动了国内经济社会发展

华侨投资有力地促进了中国改革开放的不断深化，带动了国内经济社会发展。华侨投资最初主要集中于广东、福建、江苏、上海、山东等东南沿海省市，后从沿海向内陆延伸和拓展，推动了改革开放从东部向中西部地区逐步扩展深化，推动了区域经济发展。随着我国产业的逐渐放开，投资行业由最初技术含量不高的劳动密集型产业逐渐升级到高新技术行业和第三产业。20 世纪 90 年代以来，不少华人企业集团开始投资于交通、能源、供水供电等基础设施建设以及金融、商贸、旅游等第三产业。相当一部分华侨华人投资企业是“两头在外”进行生产，因此又进一步扩大了我国的对外贸易规模。随着华侨华人投资规模的扩大，投资领域的拓展，投资区域的延伸，产业形态的升级，极大地推动了我国改革开放战略的实施，有力推动了国内经济社会的快速发展。特别是 20 世纪 80 年代末和 90 年代初，在国际国内发生政治风波、外资纷纷撤出的情况下，海外华侨华人继续坚定地扩大投资为内地经济建设提供支持，为我国继续推动改革开放起到重要的支撑作用。

二　海外华侨华人是“一带一路”战略实施的独特资源

广大的海外华侨华人不仅在我国“引进来”时期发挥了重要作用，在我国经济社会发展进入快车道后，依然是我国贯彻“一带一路”战略“走出去”的宝贵资源。并且，经过三十多年与祖国的共同发展，海外华侨华人的实力更强，影响更大。

（一）人数众多，分布广泛

目前，我国约有 6000 万海外华侨华人广泛分布在世界五大洲的 160 多个国家和地区。其中有 4000 多万人分布在“一带一路”沿线各国，特别是作为“一带一路”优先战略方向的东南亚地区，聚集的华侨华人超过了 3000 万。其中，不仅有早年间走出国门的华侨华人，还有改革开放之后由国内移居国外的新华侨华人，也包括这一时期由香港、澳门、台湾等地移居国外的华侨华人。在中国改革开放和发达国家吸引移民政策的双重因素作用下，中国持续出现了较大规模的海外移民，移居海外的新华侨华人不断增多。国务院侨办的研究表明，1978 年之后的新华侨华人数量已超过1000万，分布地域更为广泛，除东南亚等传统的侨胞聚居地外，北美、西欧及巴西、澳大利亚、日本、南非等地区和国家已日益成为海外侨胞新的聚居地。

（二）组织健全，影响力大

海外华侨华人社会历经数百年的变迁，社团组织按照功能的侧重，以本地化程度由低到高经历了守望互助、争取平权和融入主流的变化。海外华侨华人社团活动已由传统的联谊、互助转向商贸、科技、教育和文化等领域，规模不断发展壮大，逐渐融入当地主流社会，影响力日益扩大。以英国为例，在中国驻英大使馆登记在册的华人社团总数超过300家，分布于经济社会各领域。近年来，随着大陆改革开放后移居海外的新华侨华人日渐增多，与高新技术、知识经济、新兴产业有关的专业社团也大量涌现，大多与国内保持着密切的联系。

（三）人才宝库，精英荟萃

华人重视教育，勤奋努力，早期出去的华人华侨已完成初期积累，受教育程度、经济收入和社会地位有了大幅提升。同时，改革开放以后移居国外的新华侨华人近千万，他们大多受过良好教育，活跃在高新技术、教育、金融等领域，是创新创业的生力军和科技变革的引领者。《海外华侨华人专业人士报告（2014）》显示，美国具有博士学位的科学家和工程师约21%是华裔，在美国的华侨华人专业人士中，拥有本科及以上学历者约有240万。特别是近年来，回国发展的新华侨华人高素质的特点尤为明显。他们大多具有较高学历，专业学科特点鲜明，他们或者是回国担任国内重点高等院校、科研机构的领军人物；或者是拥有发明专利、高新科技的创业者；或者是国外大型跨国公司的高级管理阶层或研发带头人。

（四）经济发达，实力雄厚

经过辛苦打拼，一批经济实力雄厚的华人实业家和华资企业集团脱颖而出，海外华人富豪财富多集中于房地产业、消费制造业和金融业三大行业，与国内相比，海外华人富豪投资和经营领域更加多元化和国际化。据估计，海外华侨华人所掌握的资产规模已超过3000亿美元。尤其是在“一带一路”战略的重点区域——东南亚地区，华人经济实力相当雄厚，拥有一批在本行业、本地区甚至世界都颇具影响力的杰出华人企业家和华资企业集团。最近30多年来，欧美等发达国家华侨华人发展迅速。有调查表明，硅谷创造的财富中，40%有华侨华人的参与，每年涌现的5000家初创企业中，约有1/4由华侨华人创办。

三　海外华侨华人在“一带一路”战略实施中的定位与作用

结合广大海外华侨华人的行业和区域分布特点，以及《推动共建丝绸之路经济带和21世纪海上丝绸之路的愿景与行动》的框架思路和合作重点，我们应在政策沟通、产业合作、经贸合作、民间外交以及弘扬中华文化等几个方面重点发挥华侨华人的作用。

（一）推动政策沟通

“一带一路”沿线各国资源禀赋各异，经济互补性较强，彼此合作潜力和空间很大。要把合作潜力转化为合作红利，首先要做好政策沟通工作。政府间的沟通与合作是一方面，但民间的沟通与交流也很重要。广大华侨华人既心系祖国，又通晓所在国的政治、经济、社会、法律等方面的情况，在推动中国与沿线各国的交流与沟通方面大有可为。充分发挥海外华侨华人力量，积极构建多层次的、从政府到民间、从行业到企业的政策沟通交流机制，推动利益融合，促进政治互信，达成互利共赢的合作共识。推动区域合作规划和协议的制定实施，及时反映、帮助解决合作中出现的问题，为推动“一带一路”务实合作及大型项目的实施提供各种帮助。政策沟通的另一个着眼点是要降低风险。“一带一路”沿线国家中，有不少正处于经济社会快速变迁的进程中，政局不稳，社会动荡时有发生。并且，由于部分国家地处战略要冲，也是大国角力和施加影响的关键区域，这些都增加了“一带一路”战略实施的风险。特别是在“一带一路”战略实施的重点区域——东盟地区，当前多方发力的区域经济整合更是为“一带一路”战略推进平添了不少变数。充分发挥当地广大华侨华人的沟通协调作用，加强政策沟通，可以有效降低风险。

（二）深化产业合作

中国与“一带一路”沿线各国的经济合作更多地表现为贸易往来，以直接投资或间接投资为主的产业合作还有很大的发展空间。可以利用海外华侨华人的产业基础和政商人脉，推动在“一带一路”沿线各国优化产业链分工布局，依托国内强大的生产制造能力，整合上下游产业链，带动关联产业协同发展。鼓励吸引广大华商参与建立研发、生产和营销体系，提升区域产业配套能力和综合竞争力。重点推动我国钢铁、水泥、纺织等产业在沿线各国落地生根。以东南亚国家为例，结合华商优势，可以在新加坡的物流、制造行业，马来西亚的钢铁、水泥行业，泰国的食品加工、纺织行业，老挝的农业、食品加工行业等，加强产业投资与合作。一方面，通过产业投资可以转移国内优质产能，推动产业转型升级；另一方面，能够有力地推动沿线欠发达国家的工业化进程。

（三）深化经贸合作

利用海外华侨华人华商通晓国外贸易规则和惯例、拥有传统贸易渠道和网络的优势，进一步提升我国与“一带一路”沿线各国的经贸合作水平，加快培育我国外贸竞争新优势。在全球经济增长放缓的大背景下，欧、美、日等中国传统贸易伙伴需求不旺，可发挥华侨华人的优势，加大对“一带一路”沿线各国市场的开拓力度。依托“一带一路”建设，推动我国出口由货物为主向货物、服务、资本、技术输出相结合转变。深化与海外华人华侨华商的金融合作，有效整合海外华商资本，为“一带一路”建设提供资金支持。经过多年打拼，海外华人积累了大量财富，其在世界经济低迷的当前，也需要寻找稳定安全的投资渠道，“一带一路”建设将为广大海外华人资本提供保值增值的机会。此外，截至2015年8月末，台湾银行业人民币存款规模已达3298亿元，香港人民币存款接近1万亿元。港澳台以及全世界海外华人可以参与亚投行或其他形式的金融合作，通过开展亚洲区域发展中国家交通、能源等基础设施建设相关的融资业务，获得长期稳定的投资回报。特别是要加快推动人民币进入“一带一路”各国和地区。我国人民币国际化正在从“贸易结算+离岸市场”加速转向“投资驱动+离岸市场”。2014年12月，以人民币结算的对外直接投资占到了当月我国对外直接投资的18%，对外直接投资已成为人民币对外输出的重要通道。

（四）推动民间外交

广大海外华侨勤劳朴实，为所在国的经济社会发展做出了重要贡献，其社会地位和影响力不断提升，正日益成为其所在国与中国民间外交的积极参与者和推动者。可以通过广大海外华侨华人，以多种方式向所在国政府和主流社会传递友好合作理念，增进沟通与了解，加强政治互信，为“一带一路”建设创造良好的政治环境。东南亚地区是实施“一带一路”战略的关键地区，是围绕“一带一路”外交的核心利益所在。人口众多、经济实力雄厚的华侨华人与祖国具有共同的文化和民族认同、密切的地缘、亲缘关系，他们天然地成为我国改善与东南亚国家政治与外交关系的重要力量。

（五）弘扬中华文化

历史上随着古丝绸之路传播到沿线各国的不仅仅是中国商品，还有悠久灿烂的中华文明。伴随着经济全球化的发展，世界各民族的文化也在融合发展，各民族的文化彼此借鉴，取长补短，使全世界人民的生活更加丰富多彩。文化影响力是国家实力的体现，中华文化影响力的提升有助于提高中国国际形象和地位。今天我们实施“一带一路”战略，不仅是推动经贸合作，还要重视扩大中华文化的国际影响力，使我国悠久的历史、灿烂的文化通过“一带一路”传递到世界各地。广大海外华侨华人是中国文化的载体，由于中国近年来的高速发展，世界范围内中华文化获得更多的关注，增强了海外华侨华人的文化自豪感。在实施“一带一路”战略的过程中，我们要充分发挥海外华人华侨在弘扬中华文化和促进中外关系友好中的桥梁和纽带作用，采取多种形式，与“一带一路”沿线各国建立广泛的文化交流与文化联系。不断加大对海外华文传媒的支持力度，充分利用其资源和渠道传播中国声音，全方位、多层次、宽领域地推动中华文化走向世界，增强中华文化的吸引力、凝聚力和影响力。

四　政策建议

（一）将中国（汕头）华侨经济文化合作试验区打造为连接海内外广大华侨华人的重要门户

广东汕头是全国重点侨乡，具有独特的侨乡优势。目前我国约6000万海外华侨华人中潮汕籍侨胞近1000万，人数之巨由此可见（其他侨乡如江门、梅州各有近300万人，福建近800万人）。汕头是因侨而立的经济特区，侨乡经济、华侨文化是汕头的鲜明特色。新的历史时期，汕头独特的对侨优势仍然有着巨大潜力。2014年9月15日《国务院关于支持汕头经济特区建设华侨经济文化合作试验区有关政策的批复》同意在汕头经济特区设立华侨经济文化合作试验区，赋予其建设21世纪海上丝绸之路重要门户，先行先试，为新时期全面深化改革、扩大对外开放探索新路的重大使命。要加快贯彻落实国务院批复精神，研究建立符合广大海外华侨华人意愿和国际通行规则的跨境投资、贸易机制，打造更加国际化、市场化、法治化的公平、统一、高效的营商环境，形成可复制、可推广的经验。大力发展跨境金融、商务会展、资源能源交易、文化创意、旅游休闲、教育培训、医疗服务、信息、海洋等产业，培育富有活力的都市产业体系。凝侨心、汇侨智、聚侨力，将试验区打造成为国家通侨联侨重要枢纽、华侨文化交流传播基地和侨务政策创新示范区。通过重点建设汕头华侨经济文化合作试验区，将汕头打造成服务全球华侨华人的试验田和连接海内外广大华侨华人的重要门户，有利于创造我国侨务统战工作新经验，构筑改革开放新高地。

（二）推动与“一带一路”沿线各国的贸易与投资

充分利用“一带一路”沿线各国华侨华人的国际化商业网络、营销物流渠道和商誉声誉，为国内企业特别是中小企业建立面向海外发展的战略平台，提供信息咨询、法律帮助、教育培训等服务，便利国内企业与“一带一路”沿线各国的贸易往来，支持国内企业积极“走出去”扩大对外投资，提升我国外向型经济水平。加强与港澳台地区在贸易、物流、金融等领域的合作，建立起与港澳台地区资金、技术、人员、信息便利流动的渠道。加强同东南亚地区华侨华人社团的联系，促进本地企业与东南亚国家工商企业交流与合作，扩大贸易与投资往来。设立海外华侨经济合作基金，港澳台地区、海外华侨华人的资金，为“一带一路”建设项目投资、并购提供投融资服务。

（三）创新侨务工作模式

面对新形势和对外开放的新要求，传统的侨务工作方法已经难以适应侨情的变化，为侨服务方式必须与时俱进。创新华侨华人管理制度，进一步密切海外华侨华人与祖国的联系。要通过体制机制创新，激发海外广大华侨华人的爱国热情，切实有效地把他们的力量汇聚到“一带一路”建设上来。给予华侨华人更多出入境便利和创新创业自由，在教育、医疗、社会保障等方面推动侨务政策创新，更好地保护华侨华人的合法权益。在中国（汕头）华侨经济文化合作试验区内推动侨务政策创新，并逐渐向全国推广。可以设立半官方性质的专门服务于海外华侨华人参与“一带一路”建设的专门机构，为海外华侨华人提供政策指导、项目信息、产业推介、资金融通、法律咨询等服务，使广大海外华侨华人深入了解“一带一路”战略，找到参与建设的切入点和利益结合点，推动海外华侨华人和“一带一路”建设项目的对接和落地。

（四）打造文化交流平台

将我国与“一带一路”沿线国家签订的文化合作协定落到实处，在沿线各国华侨华人聚集地区建设中华文化展示中心、中华文化精品博览中心和中华文化培训教育基地，集中展示、交易、运营中华文化精品。举办世界华侨华人文化合作论坛，促进侨团联谊、文化交流与合作等。顺应世界范围内华文教育兴起的大趋势，加大对华文教育的支持，国内有关教育部门应积极与海外华侨华人取得联系，在师资培训、教材编写、组织讲座等方面提供帮助和支持，扩大华文教育。合作打造新的文化交流、传播品牌，深化“丝绸之路文化之旅”活动，与沿线国家联合举办“丝绸之路艺术节”，举办形式多样、内容丰富、富有中华民族特色的文化论坛、展示、演出活动，将中华传统文化更多地展示给“一带一路”沿线各国。

（五）共建境外产业合作园区

借助华商力量，推动港口、产业园区等重要支点建设，鼓励华商参与仓储物流、交通运输、产业转移等项目建设。我国正在全球50个国家建设118个经贸合作区，其中涉及“一带一路”国家的有77个，应将这些境外经贸合作区打造成为“一带一路”建设的重要承接点。加大体制机制创新力度，吸引海外华侨华人积极参与，共同建设，结成风险共担、利益共享的命运共同体。

（六）为新华侨华人和华裔新生代参与“一带一路”建设提供平台和帮助

当前我国的侨情已发生很大变化，新华侨华人和华裔新生代已成为海外华侨华人重要组成部分。他们大多受过东西方两种教育，从事信息技术、生物医药等高端产业，在所在国具有较高的社会地位。要结合他们的资源优势，充分调动他们参与建设“一带一路”的积极性。要更好地贯彻落实海外侨胞和归侨侨眷参与祖国现代化建设的工作方针，在“一带一路”建设中为新华侨华人和华裔新生代创业创新提供平台，为新华侨华人和华裔新生代沟通交流、教育培训、创新创业搭建平台，创造更多的机会。在资金融通、技术服务、创业辅导、职业培训等方面给予扶持，帮助新华侨华人和华裔新生代创新创业，成就梦想和未来。

（七）加强宣传推介

广大海外华侨华人历来就有服务国家建设的优良传统，在三十多年的改革开放中，他们也与祖国一同获得快速发展。当前“一带一路”战略的提出，指明了新的发展方向和道路，要进一步加强宣传，让更多的华侨华人了解认识“一带一路”战略，在“一带一路”战略中明确自身的定位和作用，找到参与“一带一路”建设的方式和途径。可通过博鳌亚洲论坛、华人智库圆桌会、世界华侨华人工商高峰会、世界华商大会等平台，做好“一带一路”建设的相关推介、宣传工作。在“一带一路”的宣传工作中，要自觉贯彻我国“亲、诚、惠、容”的周边外交理念，创新宣传内容与方式，引导广大华侨华人，进而引导所在国更加全面客观地认识“一带一路”战略，为“一带一路”战略的实施创造良好的外部环境。

（撰稿人：窦勇，中国国际经济交流中心产业规划部副研究员）

中蒙俄经济走廊展望

中国已进入实现中华民族伟大复兴关键阶段。国家主席习近平提出“丝绸之路经济带”和“21 世纪海上丝绸之路”（简称“一带一路”）重大战略，是中国未来百年发展路向。建设中国与东南亚、中亚、南亚、西亚和北亚等区域合作大通道、构建互利共赢区域一体化，打造沿线国家命运共同体是“一带一路”战略重要目标。从互联互通入手、打造经济走廊是“一带一路”建设基本主张。

2014 年 9 月 11 日，国家主席习近平在杜尚别与俄罗斯总统普京、蒙古国总统额勒贝格道尔吉举行首次中俄蒙元首会晤。提议把中国“一带一路”战略同俄罗斯跨欧亚大铁路、蒙古国草原之路发展战略进行对接，打造中蒙俄经济走廊，获得俄蒙两国首脑积极响应。

2015 年，国家发展改革委、外交部、商务部在博鳌亚洲论坛上联合发布了《推动共建丝绸之路经济带和 21 世纪海上丝绸之路的愿景与行动》（简称“一带一路愿景与行动”），提出建设经济走廊，是推进“一带一路”建设最佳路径选择。

2015 年 7 月 9 日，国家主席习近平在乌法与俄罗斯总统普京、蒙古国总统额勒贝格道尔吉举行第二次中俄蒙元首会晤。再次强调，中俄蒙互为邻国和战略伙伴，要从战略高度和长远角度出发，将中方丝绸之路经济带建设、俄方跨欧亚大通道建设、蒙方“草原之路”倡议更加紧密对接，构建中俄蒙经济走廊，打造三国命运共同体。此次会晤，中俄蒙三国元首批准了《中俄蒙发展三方合作中期路线图》《关于编制建设中俄蒙经济走廊规划纲要的谅解备忘录》《关于创建便利条件促进中俄蒙三国贸易发展的合作框架协定》《关于中俄蒙边境口岸发展领域合作的框架协定》。

一　西线中蒙俄经济走廊国家战略意义与可行性

（一）经济走廊概念实质

经济走廊是一种次区域经济合作，是以区域全面合作为基础，开展贸易、投资及产业合作，建立以交通沿线为辐射带优势产业群、城镇体系、口岸体系或边境经济，实现各生产要素在区域内有序流动。

依据区域经济学，经济走廊实质是发展国际通道经济，是依托国际交通运输干线聚集生产力，对走廊沿线国家和地区进行资源开发、调整培育产业结构和布局跨国跨区生产的区域经济。

目前，我国正与“一带一路”沿线国家规划中蒙俄、新亚欧大陆桥、中国－中亚－西亚、中国－中南半岛、中巴、孟中印缅六大经济走廊建设（见图1）。这六大经济走廊建设，有助于把我国“一带一路”重大战略与区域经济一体化战略结合，在“一带一路”建设中起示范和推动作用。

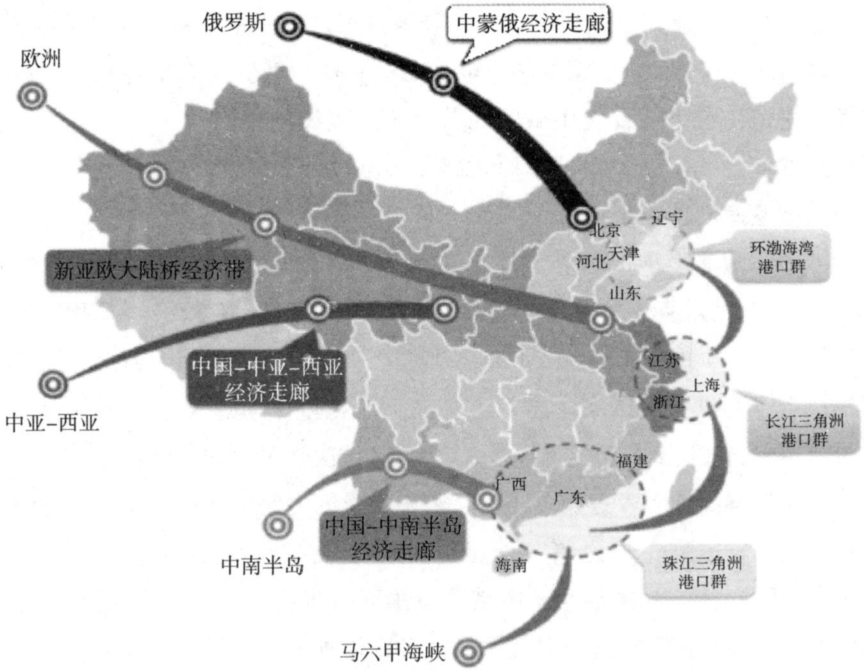

图1　“一带一路”海上战略支点定位示意

资料来源：民生证券研究院。

（二）中蒙俄经济走廊国家战略

经国务院批准，中蒙俄经济走廊纳入国家战略版图。中蒙俄经济走廊分成两条路线：一条从东北地区到满洲里，再到俄罗斯和蒙古国（东线中蒙俄经济走廊）；另一条从华北京津冀地区到呼和浩特，再到蒙古国和俄罗斯（西线中蒙俄经济走廊）。两线中蒙俄经济走廊互动互补，统称“中蒙俄经济走廊”国家战略。

事实上，从东北地区到俄罗斯和蒙古国的东线中蒙俄经济走廊，通过多年东北亚区域经济合作在实际上已经形成。东线中蒙俄经济走廊从大连、沈阳、长春、哈尔滨到满洲里，进入俄罗斯赤塔，再从俄罗斯进入蒙古国乔巴山。东线中蒙俄经济走廊形成哈尔滨－满洲里－俄罗斯－欧洲的亚欧大陆桥，连接我国东北地区和沿线俄罗斯城市，为日本、韩国经我国海铁联运过境欧洲（俄罗斯）的物流提供了大运力通道，也进一步加强了我国东三省与东北亚区域的经济合作。

然而，从通道经济和区域经济角度看，东线中蒙俄经济走廊存在以下缺陷：一是进入蒙古国通道不经济。东线中蒙俄经济走廊在境外绕行200多公里才进入蒙古国东部乔巴山，且不是蒙古国中心地带。二是区域经济合作不广泛。东线中蒙俄经济走廊强化了东北亚区域经济合作，但无法覆盖和带动整个北亚区域经济活动与经济增长。

因此，构建一条连通中国内蒙古、蒙古国和俄罗斯西伯利亚联邦管区（位于西伯利亚地区中部）的西线中蒙俄经济走廊非常必要。这条西线中蒙俄经济走廊，一是可发挥内蒙古地区联通俄蒙两国区位优势；二是可实现与蒙古国草原之路倡议对接；三是可助力京津冀一体化战略实施；四是可为我国环渤海区域和华北地区建起经蒙古国、俄罗斯到达欧洲的最便捷通道；五是可把广袤的北亚区域资源开发、产业合作和经济发展进一步带动起来。

目前我国环渤海和包括京津冀在内的华北地区的经济结构正在深度调整，进一步扩大开放，推进大区域间的资源整合和要素快速流通，既有利于这一地区的经济转型发展，也对应了俄罗斯西伯利亚地区和蒙古国的资源开发与经济布局的展开。同时，从地缘政治和国家安全战略角度看，也有利于减弱西太平洋地区美日联盟在政治、军事和经济上对我国的影响。因此，加大对西线走廊的研究和建设，补齐中蒙俄经济走廊的战略短板，已成为一项重大且紧迫的课题。

（三）构建西线中蒙俄经济走廊是国家战略重大抉择

中蒙俄互为邻国，中蒙边境线长达4710公里，俄蒙边境线长达3543公里。蒙古国和俄罗斯是“一带一路”北亚沿线最重要的国家，对于中国具有特殊战略价值，强化中蒙俄地缘战略合作，是三国关系稳定的重要前提。

中蒙俄互为战略伙伴，在铁路运输、物流、农产品和矿产品、贸易便利化、基础设施等领域开展区域经济合作，已有良好基础，更有开展全面合作的巨大潜力。构建西线中蒙俄经济走廊，就是要把中方“一带一路”战略同蒙方“草原之路”倡议、俄方跨欧亚大通道建设有机结合，达到政治上增进互信、打造命运共同体；经济上对接各自发展战略、推动区域经济合作进程；人文上密切民众交流、巩固合作社会基础；国际和地区事务上加强协调和配合、维护地区及世界和平稳定目的，这不仅可以为中蒙俄三方合作提供新平台，给三国人民造福带来实惠，也必将为亚欧大陆振兴注入新的强劲动力。

俄罗斯乌拉尔山以东的西伯利亚地区、我国内蒙古自治区以及蒙古国构成的北亚地区，是目前世界上资源最富集、发展潜力最大但整体发展水平相对落后的地区。从战略高度和长远角度出发，通过构建西线中蒙俄经济走廊，可把北亚地区目前尚未充分开发利用的地球上最大资源宝库，与我国能源资源、水资源、生态保护、低碳经济一系列长治久安与可持续发展重大国家战略结合，对于我国未来发展具有战略意义，其长远收益是无法估量的。这不仅能使我国与周边国家睦邻友好与合作共赢的大外交战略更加全面，更将是一项促进北亚地区包容性发展，从而带动整个欧亚大陆、世界经济可持续发展的重要举措。因此，构建西线中蒙俄经济走廊、打造中蒙俄命运共同体，是我国新世纪国家战略重大抉择。

（四）构建西线中蒙俄经济走廊战略意义

构建西线中蒙俄经济走廊，对我国能源资源、生态保护、发展低碳经济均有重要战略意义，特别对我国联通欧亚经济大通道及“北冰洋通航”具有极其重要的战略意义。

1. 对国家能源资源具有重要战略意义

当前，我国进入资源能源短缺时代。距我国最近的蒙古国矿产资源十分丰富，有世界上最大铜矿和世界上最大煤矿。而俄罗斯西伯利亚地区的石油、天然气以及森林资源则更为丰富。如果我国与蒙古国进行矿产资源合作、与俄罗斯开展石油、天然气和森林资源合作，共同进行资源勘探、采掘、开发和利用，相比我国到世界其他地方开发、购买和运输，无论在开发成本、运输距离、来源稳定性还是便利和安全诸多方面，都有明显优势。对于解决我国未来发展石油、天然气等战略资源问题，具有重要战略意义。而构建西线中蒙俄经济走廊，是解决我国战略资源短缺的一个重要战略平台。

2. 对国家生态保护具有重要战略意义

我国北方地区，最为严重的环境生态问题之一是荒漠化和沙尘暴。内蒙古是全国荒漠化最为严重省区之一，全国荒漠化土地为2.62亿公顷，内蒙古占了1/3；同时内蒙古也是侵袭北京和整个华北地区沙尘暴的主要来源地，而且开始向华东地区蔓延，甚至影响日本和韩国，成为北亚和东北亚环境生态一大“公害”。引起我国北方地区荒漠化和沙尘暴日益严重的一个重要的因素，就是相邻蒙古国南部同样由于缺水而造成日益荒漠化。专家指出，中国华北地区沙尘暴有44%来自内蒙古自治区，而56%是来自蒙古国。中蒙两国可在中国生态文明建设、蒙古国绿色发展政策框架下，扩大生态环保合作，包括荒漠化防治、水资源保护与利用、森林及草原保护等领域的合作具有重要意义。而构建西线中蒙俄经济走廊，是中蒙两国共同进行环境保护和环境治理、彻底消灭这个地区荒漠化和沙尘暴有效合作的一个重要平台。

3. 对发展低碳经济具有重要战略意义

中蒙俄在清洁能源，特别是在风能、太阳能开发合作方面有极大潜力。当今时代，发展低能耗、低排放、低污染，同时获得整个社会最大产出的低碳经济，已成为整个国际社会致力于推动的经济发展模式和应对全球气候变化的重要战略选择。因此，哪个国家在低碳经济道路上发展得好、发展得快，哪个国家就会站在新世纪产业创新制高点上。俄罗斯西伯利亚地区是风能、太阳能以及生物能源最丰富的地区，在可再生能源方面具有极其丰富的资源，因而三国在开发利用清洁能源和发展低碳经济方面，有极其广阔的合作前景。而构建西线中蒙俄经济走廊，则是为实现这一战略目标搭建了一个重要平台，可为我国发展低碳经济和清洁能源做出重要贡献。

4. 对联通欧亚经济大通道具有极其重要的战略意义

我国要实现“一带一路”战略目标，一定要建立更多“欧亚大陆桥”。20世纪90年代前，世界上实际只有一条欧亚大陆桥，就是从俄罗斯东部海参崴（符拉迪沃斯托克）出发，通向欧洲各国最后到达荷兰鹿特丹港的西伯利亚铁路大动脉。20世纪90年代后，中国建成世界上第二条欧亚大陆桥，就是从中国连云港，向西经哈萨克斯坦，进而与俄罗斯西伯利亚大铁路接轨，最后到达荷兰鹿特丹港的铁路大动脉。当前，由于中国政府发布了实现“一带一路”战略目标的“愿景与行动”，中国国内有更多欧亚大陆桥方案已经或正在实现。从我国面向北亚地区大开放角度看，内蒙古目前最发达的呼包鄂中心，拥有与华北发达地区及华中、西北等内陆地区相联结的最重要的战略枢纽位置，而构建西线中蒙俄经济走廊，是建设我国中西部内陆地区通往蒙古国与俄罗斯的最新欧亚大陆桥的一个最佳平台，无疑对我国联通欧亚经济大通道具有极其重要的战略意义。

5. 对即将到来的“北冰洋通航”时代具有极其重要的战略意义

全球气候暖化，令北冰洋的冰山以破纪录速度融化。在未来10～20年内，北冰洋可能出现通航大道。北冰洋航道全面开通，将会改变现有世界经济格局。近年来，由于北冰洋快要通航，已引发多国争夺北极主权。尽管中国地理位置远离北冰洋，但如果北冰洋成为重要国际航道，那么对于中国北方通往欧洲和北美快捷而便利通道而言，它所具有的意义绝不亚于欧亚大陆桥。构建西线中蒙俄经济走廊，可以使中国中西部地区与俄罗斯西伯利亚联邦管区联结起来，并形成以新欧亚大陆桥为基础直通北冰洋出海港口新铁路大动脉，那么在未来北冰洋成为世界又一新的海洋大通道后，中国可以占据一个有利的战略位置。这就是西线中蒙俄经济走廊对于即将到来的“北冰洋通航”时代具有的重要战略意义。

（五）构建西线中蒙俄经济走廊可行性

1. 我国对外开放新举措创造了重要条件

近年来在不断深化改革和扩大开放大背景下，我国很多省区与周边国家地区开展次区域经济合作都得到国家大力支持，不仅给予特殊政策，而且纳入国家战略。如果与蒙古国全面陆路接壤及与俄罗斯部分接壤的内蒙古自治区，能够发挥自身独特的地缘优势，通过构建西线中蒙俄经济走廊的战略举措，推动中蒙俄区域经济合作提高到一个新的战略高度，那么内蒙古自治区的这些战略举措同样能够得到国家大力支持，并顺理成章地纳入国家整体发展战略。因此，我国对外开放新举措为构建西线中蒙俄经济走廊创造了重要条件。

2. 俄罗斯战略东移及投资贸易环境改善创造了重要条件

苏联解体初期，选择了全面西倾政策，提出“不仅要成为美国和西方的伙伴，而且要成为它们的盟国”战略目标。然而西方国家始终没有对这个前“社会主义”超级大国解除担忧和怀疑，反而一再采取“颜色革命”等手段和制裁政策扩大对其战略挤压。严酷事实终于使俄罗斯领导人认识到，这种“全面西倾”战略目标严重损害俄罗斯国家利益和国家尊严。正是在这种国际背景下，俄罗斯开始战略东移，逐步采取加强与亚洲国家尤其是与中国合作的国家发展战略。特别是普京执政以来，俄罗斯对外战略重心更明显地向亚太地区和中国倾斜。过去一年多中俄领导人见面次数创下历史之最。普京明确表示，俄罗斯支持中国“一带一路”构想，已宣布申请加入亚洲基础设施投资银行。中国与俄罗斯签订了一系列战略合作协定，两国将在基础设施、能源、经贸、人文交流等方面加强合作，力争2020年双方贸易额达到2000亿美元。特别是在2014年5月，两国签署了一份为期30年、价值4000亿美元的天然气协定，俄每年对华供应天然气380亿立方米，这是一个里程碑性的事件。中俄双方增加相互投资，通过管线和其他大型基础设施投资，共同开发能源、高铁、电信、矿产、不动产和基础设施项目，使两国伙伴关系进入一个新发展阶段。此外，随着俄罗斯加入WTO，其国内经济秩序和投资环境迅速改善，投资信誉逐步提高。不仅如此，目前俄罗斯也像中国实施西部大开发战略一样，开始实施东部大开发战略，把西伯利亚和远东地区提升到全俄经济发展战略重心地位，为加快西伯利亚与远东地区发展采取了一系列重大举措。因此，俄罗斯国家发展战略重心东移、实施东部大开发战略以及内部投资环境改善，同样为构建西线中蒙俄经济走廊创造了重要条件。

3. 中蒙关系良好的发展态势及蒙古国经济增长创造了重要条件

进入20世纪90年代后，蒙古国开始奉行全方位外交战略，其中把发展蒙中关系作为蒙古外交政策首要目标之一。1994年4月，中蒙两国在乌兰巴托修订并签署《中蒙友好合作关系条约》，外交关系良好态势极大地推动了两国经济合作。之后的10年间，中蒙两国签订了20多个经济合作条约、投资协定及联合声明，内容从无偿提供粮食援助、边境贸易、一般贸易、保护投资到双边经济技术合作，从海关互助、边境口岸管理、商品质量认证、动植物检疫、避免双重征税、银行支付结算到增开国际列车，几乎涵盖双边经济领域的各个方面。特别是在2014年8月21~22日，中国国家主席习近平访问蒙古国与额勒贝格道尔吉总统会谈，决定基于两国关系当前高度信任水平，将中蒙关系提升至全面战略合作伙伴关系，两国元首签署了《中华人民共和国和蒙古国关于建立和发展全面战略伙伴关系的联合宣言》；同时，两国还签署了规划各领域交流合作26项文件，涉及外交、经贸、过境运输、矿产、基础设施建设、金融、文化等多个领域，推动中蒙关系迈上新台阶。中国将帮助蒙古国把资源优势转化为经济优势和发展优势，实现2020年双边贸易额100亿美元目标，把互联互通和大项目合作作为优先发展方向，加快推动中蒙铁路、公路、口岸、铁矿、铜矿、铅锌矿、铀矿、煤炭、石油、电力、化工、汽车制造、轻工、房地产和基础设施大项目投资合作，全面扩大与提升中蒙务实合作规模、质量和水平，翻开两国合作关系新篇章。两国建立全面战略合作伙伴关系标志着中蒙关系迈入历史最好时期。因此，中蒙关系良好发展态势以及蒙古国经济增长，为构建西线中蒙俄经济走廊创造了可行条件。

4. 中俄蒙三国间互补性很强创造了重要条件

国际区域经济合作实践和经验证明，国家与地区间能否形成良好国际区域经济合作关系，从根本上说，决定性因素是相关国家和地区间经济是否有很强互补性。所谓经济互补性就是经济差异性，有差异就有相互需求，相互需求决定了相互经济依存度，决定了相互间经济合作潜力。相互差异性越大，则相互间经济依存度也越高，则相互间经济合作潜力也越大。根据显示性竞争优势指数（CA）可知，中蒙、中俄经济互补性大于竞争性；根据贸易结合度指数（TCD）可知，中蒙、中俄具有贸易发展潜力。中蒙俄三国差异性和互补性几乎存在于地理区位、人口状况、资源禀赋、经济技术发展、产业结构、市场需求、文化差异等各个方面。因此，毋庸置疑，中蒙俄三国间很强的互补性需要，表现为中蒙俄合作关系的稳定性，为构建西线中蒙俄经济走廊创造了重要条件。

5. 21世纪后中蒙俄在北亚地区已有良好经济合作基础

中蒙俄三国间政治关系达到较高水平。三国都是由过去社会主义计划经济转型的国家，有着相同的发展经历，同处于发展中阶段，经济互相依赖，政治立场接近，这成为三方合作稳固的基础。进入21世纪后，首先是中蒙经济合作达到历史最好水平。中国已连续多年成为蒙古第一贸易伙伴国，第一大投资国和最大援助国之一，特别是两国企业之间合作项目进入建设新阶段。目前，中蒙两国企业大项目合作主要包括：山东电力基本建设总公司承建的蒙古南戈壁输电线项目，中铁十二局集团有限公司中标的蒙古国乌兰巴托市政工程项目，江苏江都建设集团有限公司承建的奥尤陶勒盖（OT矿）项目，中国水利水电建设有限公司承建的OT矿风电融资项目，神华集团与蒙古能源资源公司、日本住友商事株式会社组成联合体获得与蒙古国政府开展塔温陶勒盖煤矿（TT矿）开发综合项目，以及被誉为“中蒙友好合作典范”的中国有色集团与蒙古国图木尔廷敖包锌矿项目，是中蒙矿业领域最大合作项目。其次，进入21世纪后中俄两国经济合作关系也进入历史最好时期。中俄从早前以双边贸易和民间投资为主阶段，转向以能源、资源和高技术合作为主，以及政府主导大规模投资合作的新阶段。尤其是自2009年以来，中俄在能源资源开发合作方面取得前所未有的历史性突破。同时中俄在高技术合作方面也跨上新的历史台阶。过去，中俄在国家层面开展合作，与中国相邻的俄罗斯东西伯利亚、远东地区态度不积极。但近年来这一态势发生转变，与中国东三省开展东北亚区域经济合作的俄远东地区领导人对华合作积极性高涨，如俄罗斯哈巴罗夫斯克边疆区行政长官公开表示："中国是一个无法阻止的强大火车头，我们应当坐上这个火车头的位置并一同驾驭局势。"这种高涨的积极态势成为近期中俄远东合作关键的"推动力"。这种中央与地方齐声呼唤中俄合作的局面还不多见。2014年7月，中国石油天然气集团公司和俄罗斯天然气工业股份公司签署了合同，计划开发俄罗斯远东地区，将建设长达4000公里西伯利亚天然气管道。据蒙古国经济发展部估计，这条西伯利亚天然气管道不通过蒙古国，管道建设将会长达4000公里，若通过蒙古国则只需要1500公里管道建设。俄蒙中三国天然气管道一旦建成，蒙古国经济发展水平将会迅速提升，促进煤炭等生产能源大量出口。因此，蒙古国积极向俄罗斯建议共同实施"草原丝绸之路"项目，希望将蒙古国"草原丝绸之路"项目与中国"一带一路"建设结合起来。综上所述，21世纪后中蒙俄在北亚地区已有良好的经济合作基础，为构建西线中蒙俄经济走廊创造了重要的条件。

二　西线中蒙俄经济走廊国家战略构想、内容与举措

（一）西线中蒙俄经济走廊国家战略构想

西线中蒙俄经济走廊国家战略总体构想：把中国"丝绸之路经济带"同蒙古国"草原之路"和俄罗斯跨欧亚大通道建设结合，以中国位于丝路经济带核心地位的内蒙古自治区与蒙古国和俄罗斯西伯利亚联邦管区（位于西伯利亚地区中部）为中心区域，东连京津冀及渤海湾经济带、西连欧洲大陆，构建一条与蒙古国和俄罗斯相连的国际铁路大通道，一个穿过蒙古国境内的亚洲临太平洋地区通向欧洲里程最短的新欧亚大陆桥，即通过西线中蒙俄经济走廊将中国环渤海经济圈与欧洲经济圈连接起来，形成一条从亚洲到欧洲潜力巨大的北方大通道。

西线中蒙俄经济走廊国家战略的要点：一是以走廊为载体，把中俄蒙三国经

济发展战略进行对接，使中国丝绸之路经济带同俄罗斯跨欧亚大铁路、蒙古国草原之路倡议有效结合起来。二是把西线中蒙俄经济走廊建设与京津冀协同发展战略实现对接。三是建立中俄蒙新战略通道，推动欧亚大陆桥交通一体化。四是使西线中蒙俄经济走廊成为中蒙俄三国迈向命运共同体的基础平台和主要抓手。五是使西线中蒙俄经济走廊成为中国向北开放重要窗口，推动中国经济与北亚经济深度融合。

（二）西线中蒙俄经济走廊建设主要内容

一是建设中蒙俄国际铁路大通道。可依赖已有线路来构建，比如通过京津冀－呼包鄂－二连浩特－乌兰巴托这条国际线路，形成中国京津冀进入蒙古国中心地带或蒙古国进入中国京津冀最近的国际铁路大通道。关于这条中蒙俄国际铁路大通道，目前三国已有共识，正在积极商谈。

二是建设从蒙古国南戈壁省世界上最大铜矿（OT 矿）和世界上最大煤矿（TT 矿）出发的一条南向专门铁路通道。即从距我国内蒙古边境仅 200～300 公里的南蒙 OT 矿和 TT 矿修建矿区专用铁路（普通标准轨），直接南下进入内蒙古自治区后并入我国铁路网。这条专用铁路通道对我国具有特别重要的意义。这项矿区专门铁路通道合作已谈了多年，并取得一定进展，应当成为西线中蒙俄经济走廊建设的重要内容之一加以推进和完成。当前，因为还没有这条矿区专门南向铁路通道，蒙古国 OT 矿和 TT 矿出口，要么是卡车运输到中国，要么是经过漫长曲折铁路线运往俄罗斯东部出海口。

三是建设立体化交通和全方位、网络状的大联通。加强建设“三带合一”（物流带、产业带、开放带）、“四路并进”（铁路、公路、水运、航空）立体化交通和全方位、网络状的大联通，既包括交通、能源、通信等基础设施大联通，也包括贸易、投资、金融等便利化大联通。重点推进通关和运输便利化，促进过境运输合作，研究三方跨境输电网建设。开展旅游、智库、媒体、环保、减灾救灾等领域务实合作。

四是将西线中蒙俄经济走廊与环渤海港口群连接起来。环渤海港口群作为经济腹地的贸易口岸，对地区经济规模（GDP）特别是外向型经济具有举足轻重的作用。西线中蒙俄经济走廊建设不仅要助力京津冀一体化战略实施，也必然给环渤海港口群的整合升级拓展带来新的动力。

（三）加大西线中蒙俄经济走廊建设力度及推进措施

一是将西线中蒙俄经济走廊国家战略构想提升为国家战略，得到中央层面的高度重视和批准。

二是秉持共商、共建和共享理念，着力构建中蒙俄经济走廊跨境合作协议网络体系。中蒙俄三国政府机构紧密合作极为重要，要充分发挥现有联委会等双边机制作用，共同研究顶层设计、合作规划，推动签署合作备忘录或协议，加快海关、外汇、签证等领域合作，逐步消除商品、资金、人员等生产要素跨境流动障碍，致力于为西线中蒙俄经济走廊建设提供切实有力的支持。

三是在政府引导下，遵循国际通行规则、指导企业有序参与西线中蒙俄经济走廊建设活动。充分发挥市场配置资源的决定性作用以及企业主体作用。

四是为建设西线中蒙俄经济走廊提供资金链。不断深化中蒙俄金融合作，建设中可以通过银团贷款、银行授信等多种方式提供融资支持，同时采取金融创新方式带动民间资本（如 PPP 模式等），使资金链能满足大型基建需求，并在合作中更好地实现互利共赢。

五是建立西线中蒙俄经济走廊长期合作机制，使“中蒙俄经济合作论坛”和“中蒙俄经济博览会”成为西线中蒙俄经济走廊议事、决策、交流与协调的平台，进而成为中蒙俄三国合作机制重要组成部分。

三　蒙古国在西线中蒙俄经济走廊的战略地位

蒙古国对我国安全可说具有重要战略地位。蒙古国与中国腹背相依，接壤边界线长达 4710 公里。从地缘政治角度看，蒙古国南下可直逼华北京津；西进可切断中国新疆与内地的联系，东进则可阻断东北地区与关内交通。蒙古国的战略地位对我国安全所具有的重要性是任何其他邻国所无法相比的。为使中蒙两国不成为相互担心的国家安全威胁，而是成为保障对方国家安全的战略屏障，两国必须真正结成利益攸关的战略伙伴，进而成为命运共同体。而构建西线中蒙俄经济走廊，就是发展 21 世纪中蒙俄全面友好合作关系、保障国家长治久安最重要的平台之一。

蒙古国有丰富矿产资源和能源，矿业立国是蒙古国经济发展的新引擎。蒙古国有 80 多种矿产，其中煤炭蕴藏量约 1520 亿吨、铜 2.1 亿吨、铁 20 亿吨、磷 2

亿吨、黄金3100吨、石油80亿桶。蒙古国出口的90%以上是矿产，其中90%以上销往中国，蒙古国是中国战略性矿产进口国。自1990年以来，中蒙经贸规模20年间增长50倍。中国连续15年成为蒙古第一大贸易伙伴国、投资来源国、产品出口国和最大援助国之一。但蒙古国近年来发展主要依靠资源开发，单一资源出口驱动模式，不可能支持蒙古国可持续发展。而交通等基础设施问题长期制约其经济发展，蒙古国境内只有连接北京和莫斯科的国际大通道，铁路和公路建设严重滞后。

蒙古国是中国“一带一路”西出起点之一。蒙古国在“一带一路”、西线中蒙俄经济走廊建设中有着独特战略地位和优势。蒙古国领导人已认识到，参与“一带一路”不仅可抓住发展机遇，而且还有振兴经济的希望。通过参与“一带一路”来提升国际地位、加快促进蒙古国民经济发展、推动地区经济一体化进程，已成为蒙古国社会共识。正是在这样的背景下，2014年，蒙古国提出了“草原之路”对接“一带一路”倡议。“草原之路”实际指新建连接中俄，途经蒙古国“五大通道”，即997公里高速公路、复线铁路、1100公里电力网线、天然气和石油通道。目前蒙古国加紧规划建设连接俄罗斯、俄罗斯太平洋港口铁路运输网。蒙古国“草原之路”倡议，凸显蒙古国在西线中蒙俄经济走廊上的战略地位。

四　水资源在西线中蒙俄经济走廊的战略重要性

水是生命之源。水资源是地球上最重要的资源之一。NASA科学家说，全球超过半数大型地下含水层正在枯竭。在全球规模最大37处含水层中，有21处已超过其“可持续临界点”。这些地下含水层位于印度、中国、美国和法国等国境内。专家警告说：“情况十分危急。全球地下水位都在下降。水资源并非无穷无尽。”水是一种经济稀缺资源。联合国秘书长潘基文警告说：“水资源稀缺预示着未来冲突将增加。人口增加和气候变化都会让水危机恶化。”

水资源短缺也是正在实现高速工业化和城市化的中国最大威胁之一。在中国北方中部和西部地区，水资源短缺问题尤为严重。前些年，中国国内及港台地区一些专家学者为解决中国水资源短缺，大声呼吁要搞一个规模巨大的“南水北调”工程，要把中国西南部怒江、澜沧江、雅鲁藏布江水系一部分丰富水源调往历史上长期缺水的中国北方地区。但是这样一种构想所遇困难和工程之艰巨性难以想象，因此根本不具备实施可能性。不仅如此，这些江河虽然发源于中国，但也是流经印度等南亚国家的恒河和流经越南等东南亚国家湄公河的上游水源。如果我们真要从这些大江大河上游将大量水源调入中国北部，势必给这些周边国家带来严重影响甚至生存危机，从而引发严重国际纠纷。

目前，中国正在进行一项比较现实的“南水北调”工程，分别从长江上游、中游和下游调水，并形成东线、中线和西线三条调水线路。但是这项工程毕竟是对本国宝贵水资源进行“再分配”。一方面，即使这项工程全部完成，仅靠长江所调水源，也远远解决不了整个中国北方历史长期缺水的严重困境；另一方面，从长江水系大量调水总会不同程度地影响长江中下游地区水源开发和利用，并且对长江流域生态环境也会产生一定负面影响。还有一个更重要的因素，那就是长江水源本身目前就已面临不断减少的问题。

然而，很多人想象不到，距离中国北方最近的蒙古国水资源相当丰富。由于蒙古国河流湖泊都集中在本国中北部地区，而靠近中国南部地区则极为缺水，荒漠化十分严重，因此给人们造成蒙古国是一个水资源严重缺乏的国家。但实际上，蒙古国水资源总量为1920亿立方米，其中河流与湖泊水资源为1800亿立方米，地下水资源为120亿立方米，人均水资源为8万立方米，是全世界人均水资源拥有量的9倍，是中国人均水资源拥有量的34.8倍。而由于蒙古国经济相对较落后，其工业和农业用水很少，畜牧业更是基本上保持了水资源原生态，可以说其水资源没有得到完全开发和利用，因而开发潜力很大。

更重要的是，处于中国正北方俄罗斯西伯利亚联邦管区水资源极其丰富，其中距离蒙古国边境200公里的贝加尔湖，是世界上蓄水量最大的淡水湖，其总水量约23.6万亿立方米，约占世界淡水总量20%。这个被称为“西伯利亚之海”的贝加尔湖虽然其面积居世界第八位，但它最深处达到1637米，平均水深超过700米，依靠这样的深度，贝加尔湖容纳了占全球地表1/5的淡水总量。贝加尔湖水不仅多，而且极为清澈，水质极好，可以直接饮用。但这个巨大淡水资源宝库竟然没有得到有效开发和利用，千百年来每年都有大量清澈高含氧湖水，白白地流入北冰洋。而在注入贝加尔湖300多条河流中，最大一条色楞格河就是发源于并主要流经蒙古国的河流。

因此，有许多人开始提出和关注从俄罗斯的贝加尔湖调水经过蒙古国进入中国北部地区的“北水南调”工程。如果中国能够与俄罗斯和蒙古国就水资源开发利用进行合作，充分利用中国资金、技术和人力资源，将俄罗斯边境及蒙古国北部相当丰富的水源调往严重缺水的蒙古国南方和中国北方，实现“北水南调”，那么不仅可以从一定程度上解决中国北方严重缺水状况，而且也会对蒙古国南方严重缺水状况起到极大缓解作用，从而给蒙古国带来整个环境改善和经济发展。这对中蒙两国来说，都是一件有利于两国百姓福祉和后代子孙的大好事。

当然，“北水南调”工程的反对者有很多理由，主要认为“北水南调”工程复杂、成本高，在经济上很不划算。一是“北水南调”距离长。从贝加尔湖调水到北京距离最短也不会少于2000公里。二是“北水南调”成本大。要从海拔455米的贝加尔湖湖面，提水超过海拔1000米的蒙古国境内，高差超过500米，虽然现在技术不成问题，但要建非常多的扬水泵站，增加大量成本；加上贝加尔湖冬季平均气温达到零下38℃，湖面封冻约90厘米厚，虽然从深水处照样可以取水，但在施工和防冻技术、设备上，必然增加不菲的费用。三是“北水南调”投资过多。虽没有经过准确勘察和设计，有专家认为从几个大方面粗略估算，“北水南调”实际工程量不会比“南水北调”低多少，因此，投资起码是相仿的，不会低于5000亿元人民币。四是认为俄罗斯由于担心会对环境和生态造成破坏，对从贝加尔湖调水根本就“不予考虑”。

但是，实际上，中国通过与蒙古国及俄罗斯开展合作，大规模将包括色楞格河河水和贝加尔湖湖水在内的蒙古国北部和西伯利亚丰富水资源，引向严重缺水的蒙古国南方地区和中国广大北方地区，这样的“北水南调”工程是存在必要性与可行性的。

一是由于包括色楞格河和贝加尔湖在内的蒙古国北部地区和俄罗斯西伯利亚地区淡水资源极其丰富，“北水南调”引出的水对于这个地区极其丰富水资源而言只是九牛一毛，但是对于长期缺水的蒙古国南方和中国北方地区来说，得到宝贵的水资源，则是改变这个地区生态环境和突破发展瓶颈的百年大计千年大计甚至是惠及子孙万代的万年大计。

二是由于广袤的北亚地区地广人稀，这个地区水资源绝大部分是白白地流向北冰洋，因此开发“北水南调”工程，不会对该地区经济发展、环境生态和人民生活造成太大负面影响，反而会惠及该地区，使该地区得到水资源开发利用的巨大好处，可使千百年来“一文不值”的水资源，变成能够换来巨额资金的巨大财富。由此给该地区发展带来巨大经济利益，给当地人民生活带来巨大福祉，改变这个地区“捧着金饭碗讨饭吃”的状况。

三是中国正在进行“南水北调”工程，虽可在一定程度上缓解北方城市地区居民用水和工业用水困难，也能使一部分农牧业地区缺水状况得到改善，但对于整个北方和西北地区来说，要解决其根本缺水问题是不够的。如果开发“北水南调”工程为中国北部地区带来更多更好水资源，从而不仅解决居民用水和工农业用水，而且还可以更大规模治理千百年来由于缺水而形成的几百万平方公里的严重荒漠化和沙化生态环境，使沙漠、戈壁变成良田绿洲，从而根本改变这个地区的生存和发展条件。

四是现在中国已全面对外开放并融入世界经济。中国在石油、天然气、矿产资源等方面都已开始走出国门，与其他国家和地区开展能源和资源战略合作，寻求在全球范围内配置资源。但水资源，从某种意义上说，对于一个国家人民生活、经济发展和生态环境，远比能源和矿产资源更具战略重要性。因为石油、天然气和矿产资源有很大可替代性，例如风能、太阳能、核能开发利用，已成为今后低碳经济发展趋势，而水资源是不可替代的。因此，在水资源短缺方面，中国更应该跨出国界，与其他国家和地区开展水资源开发利用方面战略合作，“用别人丰富的资源来弥补我们短缺的资源”。

五是水资源与其他战略资源在交换价值、使用价值和价格形成机理上有很大不同。表面上看，一般来说水与空气、阳光一样，是人们随时可以得到的“大自然的恩赐物”，因而其市场价值与价格完全不能与上述其他需要花大量投资来勘探、开采、运输和利用的战略资源相比。但请不要忘记一个重要经济原理，那就是，在沙漠里一杯水价格可能远远超过黄金价格，也即物品交换价值和市场价格是由其稀缺性来决定的。对中国而言，水资源短缺对国民经济的影响、对百姓生活的影响，对中国环境生态的影响，对中国百年大计可持续发展的影响，使其已经达到一种十分稀缺和宝贵的程度。在这种情况下，花一定成本和一定投资从事“北水南调”工程，从国外获得这种日渐短缺和弥足宝贵的资源，从长远和战略角度看都是很值得实施的百年大计。何况如果经过认真探测、研究和制定合理科学调水方案，其成本未必会像现在有些专家凭空想象的那么巨大，工程也未必那么复杂（“南水北调”工程就是一个很好的证明），而且随着科技进步和调水利用价值的提高，调水成本还可能会降低和“稀释”。

六是俄罗斯反对从贝加尔湖“北水南调”的态度，其实近年来已有改变的迹象。早在21世纪初，蒙古国就提出了“北水南调”工程构想，计划从俄罗斯贝加尔湖引水到中国。2004年蒙古国议会批准了“北水南调”项目。此后，蒙古国与俄罗斯开始进行接触，提出了“北水南调”第一步工程，是在发源于蒙古国境内并且是注入贝加尔湖300多条河流中最大河流的色楞格河上修坝，将色楞格河沙水堵截在蒙古国境内形成一个巨大湖泊，然后利用高位落差将水引至蒙古国腹地和南部地区，同时再利用中国现有河道将水引入中国北方地区。然而，俄罗斯对蒙古国这个“北水南调”第一步工程的态度相当明确，绝对不允许蒙古国在色楞格河上建坝，因为该河是跨境河，是流入贝加尔湖最大的重要河流。由于“北水南调”源头是从俄罗斯贝加尔湖调水，俄罗斯的态度当然就成为决定性的关键问题。因为俄罗斯的态度是不可能松动的，所以，当前中蒙俄三国“北水南调”大项目合作并无可能。但是，事实上，某种变化确实正在发生。俄罗斯联邦委员会主席米洛诺夫2008年9月出席第五届贝加尔经济代表大会全体会议发表一段讲话：“现在对我们国家来说……做出重大转折决定时刻已经到来，我们需要新战略。这一新战略使我们不再本着‘获取’丰富资源的消费态度来发展西伯利亚，而是要从未来俄罗斯东部发展全景来发展西伯利亚。……根据联合国预报，到2025年，地球上将会有40亿人处于缺水状态。在西伯利亚和远东地区集中了俄罗斯近80%水资源。仅仅在贝加尔湖就拥有世界淡水总量的五分之一。日益严峻的缺水问题将是改变世界经济结构的因素。因而有着最丰富水资源的俄罗斯将拥有很好的机会，在和水相关的产品市场上也将占据领先位置。如果一个富含水资源的国家，能够找到相应国际经济需求回应，那么这不仅可以巩固这个国家在世界上的经济地位，也可以巩固该国在世界上的政治地位。”从这段讲话中，可以看到俄罗斯国家战略将会发生重大转折；看到俄罗斯将不再以“自己消费”态度来对待西伯利亚和远东地区巨大而丰富的资源，尤其是看到俄罗斯对这个地区极其丰富水资源态度的转变，那就是俄罗斯要让这个全世界最丰富的水资源在国际水产品市场上占据领先地位，要让这些过去白白浪费掉的宝贵资源“能够得到相应的国际经济需求的回应”。这意味着俄罗斯终于明白它所拥有宝贵的水资源，是可以变成巨大财富的，是可以为西伯利亚和远东地区发展带来巨大经济利益的。毫无疑问，这将成为中蒙俄三国有可能开启“北水南调”合作一个最新和最重要的信号，也为过去人们认为完全没有希望实现的事情提供了重要转机和进行研究与探讨的重要前提条件。

综上所述，中蒙俄三国开展水资源国际合作、实现“北水南调”宏伟目标的必要性和可能性现已存在。当前问题是找一个合适的平台来推进和切实开展三国水资源合作，而这个合作平台就是西线中蒙俄经济走廊。因此，水资源将在西线中蒙俄经济走廊具有独一无二战略重要性。构建西线中蒙俄经济走廊就是要为中蒙俄三国开展水资源区域国际经济合作搭建一个战略平台，通过西线中蒙俄经济走廊这个平台，来切实推进中蒙俄三国“北水南调”合作大项目。

当然，从提出创意、达成共识、开始规划设计直到进行工程建设，没有30～50年或几代人努力是难以办到的事，但这是前人栽树而造福万代的工程，再难、再遥远也要有千里之行始于足下的精神，不畏艰难大力实施。事实上，虽然中蒙俄三国“北水南调”大项目合作，俄罗斯的态度仍是关键的前提条件，然而，正如前文所述，俄罗斯联邦委员会主席关于利用包括贝加尔湖在内的西伯利亚和远东地区丰富水资源、在国际市场上为俄罗斯获取最大利益的讲话，或许只是个别官员表态，但亦反映出俄罗斯对包括贝加尔湖在内的水资源开发有了某种态度转变。特别是2014年3月以来，一方面是西方不断扩大的经济制裁，另一方面是国际能源价格大幅度回落，使俄罗斯内外政策面临新挑战，在这种背景下，普京政府审时度势，大刀阔斧采取措施推进对外经济合作东向战略。2015年5月，中国习近平主席赴俄参加“二战”胜利庆典，9月，俄罗斯普京总统来京参加“二战”胜利庆典，中俄经济合作出现了前所未有的广度和深度。这个大背景也可视为俄罗斯对中蒙俄三国“北水南调”大项目合作态度可能有转变的重要契机。

由上述而知，蒙古国早期在色楞格河上建坝的“北水南调”工程构想是行不通的。所以，要着手推动中蒙俄三国“北水南调”大项目合作的前提条件，就是必须首先解决三国对从贝加尔湖引水工程构想能够达成共识。为推动及早解决三国达成共识这个前提条件问题，中方可以提出倡议，先由三方各自独立考虑设计一个工程概念方案，然后三方在一起经过充分讨论、谈判、妥协及协调，达成一个融合三方共识且具可行性的“北水南调”工程构想方案。例如，中方可以提出避免在色楞格河上建坝而主要是开发和建设色楞格河引流水道构想：即在俄罗斯境内主要是把“北水”源头贝加尔湖与色楞格河之间河道拓宽、修成运河或水库，确保贝加尔湖水与色楞格河水能够源源不断地相互流入或流出，有足够水量可以供应“南调”。在蒙古国境内主要是以乌兰巴托、乔伊尔、赛音山达这几个大城市为支撑、沿着既有铁路线路，开发和建设引流水道工程，把色楞格河水引流进入“南调”水道。而在中国境内主要是从二连浩特引进蒙古国“南调”水道，直接与呼包鄂和京津冀水道网络联通，从而实现从贝加尔湖起源、经由色楞格河和人工修建的引流水道、跨境中蒙俄三国“北水南调”工程，进而造福三国以致整个北亚区域的人民千秋万代。

五　内蒙古在西线中蒙俄经济走廊的战略作用

（一）内蒙古拥有构建西线中蒙俄经济走廊独特地缘优势和重要基础

1. 内蒙古独特地缘优势

内蒙古自治区、蒙古国和俄罗斯西伯利亚联邦管区所构成的区域，是目前世界上各种资源富集、开发潜力巨大且又远未得到开发的区域；从地缘上说，这个区域又完全是内陆地区。因此，只有构建一条新欧亚大陆桥，才能为这个区域能源资源合作开发利用、水资源合作开发利用、清洁能源合作开发利用和生态环保合作，创造出真正得以实现的前提和根本保障。西线中蒙俄经济走廊战略构想，就是要充分发挥内蒙古自治区这种独特地缘优势。通过内蒙古与蒙古国及俄罗斯西伯利亚中部区域经济合作，构建一条向北大开放的新欧亚大陆桥，推动整个北亚地区进一步发展繁荣，进而为整个亚洲和世界经济发展做出新贡献。

西线中蒙俄经济走廊战略构想，主要是通过内蒙古自治区建立沿边经济带的思路，这个思路凸显内蒙古依托地缘优势的重要战略地位。要点包括：以内蒙古自治区主要交通走廊为中心线，将各口岸交通走廊转变为经济走廊；以口岸为中心点，通过边疆城镇建设形成边境经济带；以交通线为依托的纵向经济走廊与横向边境经济带融为一体，形成向北大开放格局。同时，以内蒙古自治区中部比较发达的呼包鄂地区为枢纽，构建一条向北开放新欧亚大陆桥，使目前经济发展和交通运输较落后的西部地区宁夏、甘肃、青海等省份都能够“搭便车”，从而对我国西部大开发战略做出重要贡献。

2. 内蒙古拥有重要基础

内蒙古自治区拥有构建西线中蒙俄经济走廊的重要基础。中国改革开放30年取得的巨大成就，使内蒙古自治区发生天翻地覆的变化，无论在经济发展水平、社会发展水平、科技发展水平、人民生活水平、基础设施水平和文化教育水平等各领域，都远超蒙古国，甚至也超过俄罗斯西伯利亚地区。尤其近年来，内蒙古自治区在构建海陆空立体交通运输网络上取得长足进步。特别是呼包鄂中心地区在发展速度、经济实力、产业竞争力、城市化、城乡居民收入等方面已接近中国发达地区水平。不仅如此，呼包鄂中心地区已成为沟通我国华北、东北和西北经济联系的枢纽。因此，内蒙古呼包鄂中心地区拥有可以成为西线中蒙俄经济走廊能源与资源产业基地、重化工业产业基地、环保产业发展基地、发达农畜产业基地、轻纺食品工业基地、第三产业发展基地、交通与物流产业基地和发达的科教文卫发展中心的重要基础。

内蒙古自治区依托与蒙俄地缘优势，已经成为连接中国与蒙俄贸易的重要枢纽，在中蒙俄贸易中处于重要地位；但中蒙俄贸易快速发展未能拉动内蒙古经济增长。为依托中蒙俄贸易拉动内蒙古经济增长，提出建立内蒙古沿边经济带的思路，以5条主要交通走廊为中心线，将各口岸交通走廊转变为经济走廊；以口岸为中心点，通过边疆城镇建设形成边境经济带。以交通线为依托的纵向经济走廊和横向边境经济带融为一体，保障我国资源供给以及国家经济安全，积极贯彻我国“向北开放”战略，同时促使中蒙、中俄贸易互补性得以实现。

（二）发挥内蒙古建设西线中蒙俄经济走廊的战略作用

内蒙古定位丝路经济带核心区，主要是深化与北亚等国家交流合作。

1. 行动方略

自古以来，草原丝绸之路就经由内蒙古出口。围绕草原丝绸之路对接蒙俄国家发展战略，内蒙古自治区提出行动方略。

（1）重点依托内蒙古自治区沿边经济带上16个常年开放口岸（策克、乌力吉、甘其毛都、满都拉、二连浩特、珠恩嘎达布其、阿尔山、额布都格、阿日哈沙特、满洲里、黑山头、室韦口岸等）和2个国家重点开发开放试验区（二连浩特、满洲里），加强与蒙古国边境口岸基础设施建设，采取措施提高口岸通关能力。一是积极推动甘其毛都－嘎舒苏海图、策克－西伯库伦口岸升格为国际性口岸（这两个口岸就是使蒙南戈壁省丰富的煤铜产品能更方便地直接南下进入我国）。二是尽早实现额布都格－巴彦呼舒、老爷庙－布尔嘎斯台、满都拉－杭吉、阿拉哈沙特－哈比日嘎口岸扩大为常年开放口岸。三是加快推进乌力吉－查干德勒乌拉口岸开放。四是建设形成融铁路、公路、航线、光缆、能源通道于一体；连接腹地、对接俄蒙、沟通欧洲人流、物流、信息流国际大通道。

（2）加强呼包鄂等腹地与沿边口岸对接互补，建设呼包鄂内陆开放型经济高地（产品集散输出基地、进口货物转化基地、区域性商贸中心、现代化国际物流中心、中俄蒙经济文化会展中心等），打造连接俄蒙与内地的集加工、贸易、流通、中继和进出口服务于一体的经济要枢。

2. “推进器”作用

内蒙古自治区依托“中蒙俄经济走廊”国家战略，要充分发挥自身在打造西线中俄蒙经济走廊中的“推进器”作用。

（1）向北开放“推进器”。向北开放，与蒙古国和俄罗斯西伯利亚联邦管区对接，借鉴北部湾经济圈、“大珠三角”经济圈和大湄公河经济圈等区域经济合作经验，探索建立内蒙古、蒙古国和俄罗斯西伯利亚联邦管区“中北亚经济圈”。在能源资源、生态环境、基础设施、产业发展、城市建设、科技文化、疫病防治、投融资、水资源等领域开展“中北亚经济圈”区域经济合作。

（2）建设三条亚欧大陆桥“推进器”。建设三条亚欧大陆桥，是打造西线中俄蒙经济走廊优先考虑的战略重点。包括：

一是提速改选经满洲里至俄罗斯至欧洲的国际铁路大通道，贯通满洲里至大连港、营口港的出海通道，形成海铁联运大通道。

二是提速改造经二连浩特、乌兰巴托至莫斯科至欧洲的国际铁路大通道，不断提升与各支线的联通能力。

三是打通经临河－哈密－阿拉山口－哈萨克斯坦－俄罗斯－白俄罗斯－波兰－德国等欧洲国家的国际铁路大通道，打通环渤海湾地区通往新疆的便捷高速通道。同步推动经由呼银兰乌到西亚的高铁建设，配套开通环渤海、长三角、珠三角和中部经济区通往欧洲的货运班列。

六　政策建议

（一）将打造“西线中蒙俄经济走廊”上升至国家战略层面，使其成为带动北亚区域经济一体化合作最重要的战略举措

将打造“西线中蒙俄经济走廊”上升至国家层面，正式纳入国家发展战略，并将其作为带动北亚区域经济合作最重要的战略举措。

（二）成立中蒙俄三方“西线中蒙俄经济走廊合作建设委员会”和联合工作组

1. 成立中蒙俄三方“西线中蒙俄经济走廊合作建设委员会”

下设“国家安全工作小组”“绿色能源工作小组”和“水资源合作工作小

组”，研究制定西线中蒙俄经济走廊建设规划，包括建设具体内容、运作机制、路线图和时间表。引领西线中蒙俄经济走廊顶层设计，推动制定北亚区域经济一体化十年发展规划。

2. 中蒙俄三方建立部长级会谈机制，有关政府部门成立联合工作组

按照基础设施建设、资源开发、金融合作“三位一体推进”的总体思路，编制“西线中蒙俄经济走廊早期收获务实合作计划”，及时推出一批易操作、见效快项目和重点任务，指导企业有序参与西线中蒙俄经济走廊建设活动。

（三）成立“中蒙俄北水南调大项目合作”领导小组，把“北水南调”打造成西线中蒙俄经济走廊旗舰项目

成立“中蒙俄北水南调大项目合作”领导小组和办公室，组织开展可行性研究，提出规划方案，纳入国家“十三五”规划及“中蒙俄经济走廊”国家战略，并在“中蒙俄经济走廊”重大项目投融资安排中列项。

（四）把内蒙古自治区“草原丝绸之路”建设纳入“西线中蒙俄经济走廊”国家战略，充分发挥内蒙古自治区建设西线中蒙俄经济走廊的桥头堡战略作用

要极为重视内蒙古自治区与蒙古国全面陆路接壤及与俄罗斯部分接壤的独特地缘优势，把内蒙古自治区“草原丝绸之路”建设纳入“西线中蒙俄经济走廊”国家战略，给予国家特殊政策，从而使内蒙古自治区能够在建设西线中蒙俄经济走廊战略中发挥极其重要的桥头堡作用。

（五）实施“西线中蒙俄经济走廊”国家战略，应充分调动发挥各类企业的主体和协同作用

在推进西线中蒙俄经济走廊建设中，要充分调动发挥各类企业积极作用。在政府引导下，遵循国际通行规则，充分发挥市场配置资源的决定性作用及企业主体作用，推动各类企业协同“走出去”，开展更大范围、更高水平、更深层次的北亚区域经济合作。

（撰稿人：李罗莎，中国国际经济交流中心研究员）

全球军品贸易现状与展望

随着全球化的不断扩展与深化，国际军品贸易作为国家政治军事经济活动的对外延伸与拓展，越来越成为国际政治、国际关系中的一个重要变量，对国际战略格局与地区形势产生重要影响。近年来，全球军品交易额稳步上升，特别是在一些热点地区不断升温，对全球安全结构和地区安全态势造成重大影响，也为世界和平与发展带来了不可忽视的影响。

一　全球军品贸易概况：持续增长、再创新高

2015 年 3 月 16 日，斯德哥尔摩国际和平研究所发布的军贸研究报告显示，过去 5 年中，全球热点地区军品交易持续上升。2010 ~ 2014 年全球军品交易较 2005 ~ 2009 年增加了 16%。世界五大军品出口国（美、俄、中、德、法）占到世界军品贸易总额的 74%，其中美国与俄罗斯占到 58%。

2010 ~ 2014 年军品出口贸易中，美国出口量增长 23%，占全球军品出口量的 31%，稳居世界首位；美国一直将武器出口视为重要的外交政策与安全工具，随着军事支出下滑，美国军工业不断增加出口以确保生产水平。美国军品买家分布最广，至少有 94 个国家和地区，其中亚洲和大洋洲客户占 48%，中东占 32%，欧洲占 11%，最大买家是韩国，占美国军品出口量的 9%。

近五年，俄罗斯武器出口量占世界的 27%，其主要武器出口增长率达 37%。俄罗斯向 56 个国家和地区出口军品，其中对印度、中国、阿尔及利亚 3 国出口

的武器占总出口量的 60%。此外，对亚洲及大洋洲武器出口量占总成交额的 66%，非洲为 12%，中东则为 10%。俄罗斯也是世界军品市场上直升机和其他飞行器的主要供应方。

中国、德国和法国分别排名第三、四、五位，所占比例均在 5% 左右。2005～2009 年，中国占全球军品贸易总额的 3%，居世界第九位。2010～2014 年，中国军品出口总额同比增长 143%，为全球增长最快国家，成为世界第三大军品出口国，但比重只占全球军品出口总量的 5%，与第一名美国的 31% 和第二名俄罗斯的 27% 相差甚远。近五年，欧盟成员方军品输出总额降低了 16%：2005～2009 年，欧洲地区军品出口量尚且高于美国与俄罗斯，而 2010～2014 年，则已低于后两国的出口水平。

从军品进口看，全球前五名分别是印度、沙特阿拉伯、中国、阿联酋和巴基斯坦，这五国的军品进口量占到全球军品进口总量的 33%。其中，印度占世界军品进口总额的 15%，是最大的军品进口国，遥遥领先于排名第二和第三的沙特和中国，沙特阿拉伯和中国各占 5%，紧随其后的阿联酋与巴基斯坦则各占 4%左右。此外，澳大利亚（占 4%）、土耳其、美国、韩国、新加坡（各占 3%）均位居世界十大军品进口国之列。

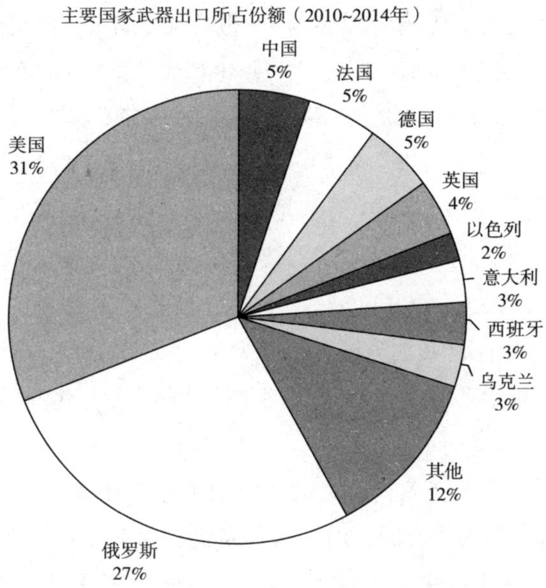

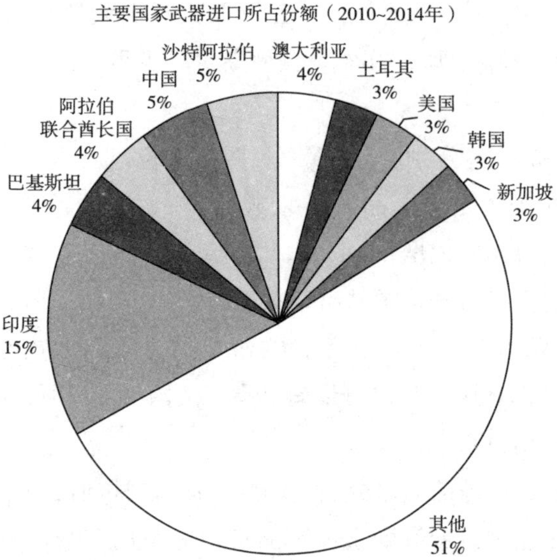

图 1　主要国家武器进、出口所占份额（2010～2014 年）

从区域角度看，2010～2014 年，美洲、亚洲、大洋洲和中东地区军贸显著增加，欧洲军品进出口总量大幅下降。亚洲和大洋洲军品进口总量占到全球的 48%，中东占 22%。亚洲军品进口占世界总量的 30%，与 2005～2009 年相比，2010～2014 年亚洲军品进口量减少 42%。世界十大军品进口国中 5 个属于亚洲国家（沙特、阿联酋计入中东）：印度（15%）、中国（5%）、巴基斯坦（4%）、韩国（3%）和新加坡（3%），这五个国家占全球军品进口总量的 30%，其中印度占亚洲军品进口量的 34%，超过中国三倍。印度进口的军品大约 70% 来自俄罗斯，美国和以色列也是其主要卖家。美国 2014 年向印度出售反潜机，并签署合同，向印度出口 22 架武装直升机。与 2005～2009 年相比，2010～2014 年欧洲地区军品进口减少 36%，占世界军品进口总额的 12%。欧洲地区军品进口最大的国家是英国。鉴于乌克兰东部冲突，欧洲国家军品进口下降的趋势未来可能会发生逆转，与俄罗斯接壤的几个欧洲国家已经开始增加武器进口。

在过去 5 年，中东地区尤其是海湾阿拉伯国家合作委员会（GCC）成员军品进口量猛增。海合会国家 2010～2014 年军品进口量较 2005～2009 年增加 71%，占 2010～2014 年中东军品进口总量的 54%。海合会成员（巴林、卡塔尔、科威特、阿联酋、阿曼沙特阿拉伯）的军品进口量也占世界总量的 22%。沙特阿拉伯作为全球第二大军品进口国，2010～2014 年进口量比 2006～2010 年增长了 4 倍。进口军品包括从英国购买的 45 架作战飞机、从美国购的买 38 架武装直升机，从加拿大购买的 600 辆装甲车。卡塔尔等其他海合会成员也主要从美国和欧洲购买武器，不断对军队进行现代化改造。预计未来，海合会成员以及埃及、伊拉克、以色列、土耳其等国还会进行更大规模的军火采购。非洲国家在过去 5 年里军品进口量增加了 45%。为满足与“博科圣地”武装作战的需求，喀麦隆和尼日利亚从多个国家进口了武器。为打击极端组织“伊斯兰国”，伊拉克也从伊朗、俄罗斯和美国进口了不少武器装备。

斯德哥尔摩国际和平研究所统计的是军品交易量，而不是交易额。其统计的武器交易数据主要依据媒体报道、专业国际期刊、政府和行业报告等公开信息，统计对象不包括单兵使用的手枪、步枪、轻机枪等小型武器。

2015 年 3 月，英国简氏防务周刊的母公司 IHS 集团发布了年度军贸报告，该报告研究了全球 65 个国家 2014 年的武器进出口情况。IHS 集团的统计数据表明，从全球来看，2014 年的军火贸易连续第六年上涨，全球军品贸易额从 560 亿美元增加到了 643.78 亿美元，与 2013 年的 567.77 亿美元相比增长了 13%，主要推动因素是发展中国家采购了大量的军用航空装备以及中东和亚太地区的局势动荡。该机构预测，2015 年全球军品贸易将继续保持增长态势，有望突破 700 亿美元大关。

根据 IHS 报告的统计，2014 年全球五大军品出口国依次为：美国、俄罗斯、法国、英国和德国。美国仍是最大的军品出口国，出口增加了 19%，达 237 亿美元。俄罗斯排名第二，再创历史新高，达到 100 亿美元，同比增长 9%。法国、英国、德国、意大利、以色列、中国、西班牙和加拿大也居前 10 位。报告称，委内瑞拉和越南是俄罗斯的主要出口客户，出口额均约 10 亿美元。该报告认为，在经历多年的持续增长后，俄罗斯国防工业在武器出口方面正面临严峻的挑战，预计 2015 年可能会出现明显下滑，主要原因是一批大项目即将结束，而西方国家的制裁也将加剧俄罗斯继续保持军品出口增长的难度。引人注目的是，韩国正在成为亚太地区的新兴军贸大国，未来十年预计完成的出口合同额将累计达到 350 亿美元。

就军品进口情况来看，2014 年沙特阿拉伯取代印度成为全球第一大军品进口国。该国军品进口急剧增长，增幅达到 54%，且 2015 年有望实现 52% 的增幅，进口额达到 98 亿美元。印度是第二大军品进口国，随后依次是中国、阿联酋。从区域看，中东地区仍是全球最大军贸市场，未来10年市场规模有望达到1100亿美元。2014年，沙特阿拉伯和阿联酋共进口价值190亿美元的武器，高于西欧国家武器进口额总和。向中东地区出口军品最多的国家是美国，2014年的出口额为84亿美元，与之相比2013年对该地区的出口额为60亿美元。中东市场的第二大军品供应国为英国，2014年对该地区的出口额为19亿美元，其次是俄罗斯（15亿美元）、法国（13亿美元）和德国（10亿美元）。

俄罗斯军工综合体网2014年12月31日发布消息，根据俄罗斯军贸分析中心初步评估，2014年全球常规武器贸易订单总额为806.26亿美元，而2011年的这一指标为966.18亿美元，2012年和2013年分别为878亿美元和736.66亿美元（签订合同时的价格）。2013～2014年全球军贸规模下降，主要是因为印度推迟与法国、美国签订几个大型合同（前者是126架“阵风”多用途战斗机和空中加油机，后者是武装直升机和重型运输直升机）。印度国防部还推迟了一系列其他招标项目。总的看来，印度推迟一系列武器装备采购计划对2013～2014年全球军贸订单规模整体萎缩有较大影响。此外，美国尚未与沙特签订一揽子协议中剩余的几个大型合同，这也对美国军火订单和全球军火订单总额有所影响。2014年十大军火出口国中其他国家签订的合同也未能弥补法国和美国对全球军火订单总额造成的损失。总的看，2014年全球新签军火合同额（806.26亿美元）略高于实际交货额（742.5亿美元）。2011年和2012年全球军火实际交货额分别为603.64亿美元、683.52亿美元。

2014年和2011～2014年，按合同额计算，美国是最大的军火出口国。美国2014年签订军火出口合同333.53亿美元，占全球总额的41.37%。2011年为创纪录的657亿美元（68%），2012年为323.13亿美元（36.8%），2013年为396.13亿美元（53.77%）。四年合计1709.79亿美元，占全球总额的50.48%。初步预测，2015年美国军火出口合同额可能与创纪录的2011年差不多。2011～2014年，美国军火出口合同额与实际交货额保持较好的比例关系，二者分别是1709.79亿美元和972.67亿美元。

如前所述，2014年全球常规武器进出口订单总额为806.26亿美元，而2011～2014年该指标是3387.11亿美元。2014年，十大军火出口国新签合同总额为762.68亿美元，占全球的94.59%，而2011～2014年的这两个指标分别为3018.63亿美元和89.12%。2014年，几个偶尔跻身十大军火进口国之列的国家再次出现在新签合同额最大的前十个国家之列，包括巴西、土耳其和埃及。而按

2011～2014 年合计指标来看，这几个国家位列第十一至第二十名之间。同时，有几个军火进口大国在 2014 年未进入前十名，例如，伊拉克、阿联酋、美国、加拿大等国，但它们的缺席也是暂时的。总的看，十大军火进口国名单每年变化较大。2014 年的另一个主要特点是印度在十大军火进口国中排名第十，这主要是因为其推迟签订了一系列已经完成招标的合同。以前印度军火进口规模排名从未掉下前两名，而 2014 年其订单规模大幅度萎缩，原因除推迟签订合同外，还包括一些原计划 2014 年评标和签订合同、已处于最后阶段的国际招标目前已延期并改为“采购兼国产”计划。

2014 年新签军火进口合同额排名第一的国家是沙特阿拉伯，为 122.69 亿美元，占全球的 15.2%，这一数额对沙特来说并不算多，原因是一揽子采购意向框架内剩下几个计划的签约谈判进程有所停顿。2011～2014 年沙特阿拉伯签订的军火进口合同总额为 655.29 亿美元，占全球的 19.3%，位居全球第一。其中 2011 年为 302.98 亿美元（占 31.4%），2012 年为 133.36 亿美元（占 15.2%），2013 年为 96.26 亿美元（占 13.1%）。截至 2014 年底沙特阿拉伯的潜在合同（包括 2014 年已经完成招标但尚未签订的合同、2014 年已经宣布和进行的招标、已经宣布的直接采购意向）总额为 242.8 亿美元（按意向额全球排名第三）。

2014 年新签军火进口合同额排名第二的国家是韩国，为 88.19 亿美元，为近四年来最大值，占全球的 10.9%。而 2011～2014 年韩国所签军火进口合同总额为 129.37 亿美元，占全球的 3.8%，排名全球第八。其中 2011 年为 5.382 亿美元（占全球的 0.6%），2012 年为 6.21 亿美元（占 0.7%），2013 年为 29.59 亿美元（占 4%）。截至 2014 年底韩国的潜在合同总额估计为 63.45 亿美元（按意向额全球排名第十六）。

2014 年新签军火进口合同额排名第三的国家是英国，为 72 亿美元，创近四年来的新高，占全球的 8.9%。2011～2014 年英国进口合同总额 107.84 亿美元，占全球的 3.2%，全球排名第十一。其中 2011 年为 18.5 亿美元（占全球的 1.9%），2012 年为 14.48 亿美元（占 1.6%），2013 年为 2.857 亿美元（占 0.4%）。截至 2014 年底英国的潜在合同总额估计为 34.6 亿美元（按意向额全球排名第二十六）。

2014 年新签军火进口合同额排名第四的国家是巴西，为 67.81 亿美元，创近四年来的新高，占全球的 8.4%。2011～2014 年巴西进口合同总额 81.26 亿美元，占全球的 2.4%，全球排名第十二。其中 2011 年为 8.923 亿美元（占全球的

0.9%），2012 年为 5.13 亿美元（占 0.6%），2013 年为 4.018 亿美元（占 0.5%）。截至 2014 年底巴西的潜在合同总额估计为 38.56 亿美元（按意向额全球排名第二十四）。

2014 年新签军火进口合同额排名第五的国家是卡塔尔，为 63.2 亿美元，占全球的 7.8%。2011～2014 年卡塔尔进口合同总额 163.72 亿美元，占全球的 4.8%，全球排名第三。其中 2011 年为 1.2 亿美元（占全球的 0.1%），2012 年为 21.77 亿美元（占 2.5%），2013 年为 77.55 亿美元（占 10.5%）。截至 2014 年底卡塔尔的潜在合同总额估计约为 180 亿美元（按意向额全球排名第七）。

2014 年新签军火进口合同额排名第六的国家是阿尔及利亚，为 50.2 亿美元，创近四年来的新高，占全球的 6.2%。2011～2014 年阿尔及利亚进口合同总额 137.85 亿美元，占全球的 4.1%，全球排名第七。其中 2011 年为 21.4 亿美元（占全球的 2.2%），2012 年为 37.75 亿美元（占 4.3%），2013 年为 28.5 亿美元（3.9%）。截至 2014 年底阿尔及利亚的潜在合同总额估计约为 18 亿美元（按意向额全球排名第三十三）。

2014 年新签军火进口合同额排名第七的国家是澳大利亚，为 44.76 亿美元，占全球的 5.6%。2011～2014 年澳大利亚进口合同总额 153.31 亿美元，占全球的 4.5%，全球排名第四。其中 2011 年为 63.8 亿美元（占全球的 6.6%），2012 年为 40.96 亿美元（占 4.7%），2013 年为 3.79 亿美元（占 0.5%）。截至 2014 年底澳大利亚的潜在合同总额估计约为 366.39 亿美元（按意向额全球排名第二）。

2014 年新签军火进口合同额排名第八的国家是土耳其，为 42.06 亿美元，为近四年来的新高，占全球的 5.2%。2011～2014 年土耳其进口合同总额 51.3 亿美元，占全球的 1.5%，全球排名第十七。其中 2011 年为 5.84 亿美元（占全球的 0.6%），2012 年为 2.744 亿美元（占 0.3%），2013 年仅为 6500 万美元。截至 2014 年底土耳其的潜在合同总额估计约为 230.7 亿美元（按意向额全球排名第四）。

2014 年新签军火进口合同额排名第九的国家是埃及，为 40.9 亿美元，为近四年来的新高，占全球的 5.1%。2011～2014 年埃及进口合同总额 72.08 亿美元，占全球的 2.1%，全球排名第十四。其中 2011 年为 26.03 亿美元（占全球的 2.7%），2012 年为 2.46 亿美元（占 0.3%），2013 年为 2.692 亿美元（占 0.4%）。截至 2014 年底埃及的潜在合同总额估计约为 15 亿美元（按意向额全球排名第三十八）。

2014 年新签军火进口合同额排名第十的国家是印度，为 27.5 亿美元，占全球的 3.4%，这一数额是近年来的最低值，主要原因是一系列大型合同签订时间已推迟至 2015 年，这也预示着 2015 年印度军火进口合同额将显著超过此前创纪录的 2012 年。2011～2014 年印度进口合同总额 277.56 亿美元，占全球的 8.2%，仅次于沙特阿拉伯，全球排名第二。其中 2011 年为 74.53 亿美元（占全球的 7.7%），2012 年为 117 亿美元（占 13.3%），2013 年为 58.52 美元（占 7.9%）。截至 2014 年底印度的潜在合同总额估计约为 957.65 亿美元，这一数额远超包括沙特阿拉伯在内的几个军火进口大国。因此，印度在可预见的将来仍是全球最大的军火进口国。

2014 年新签军火进口合同规模最大的十个国家总额为 619.31 亿美元，占全球总额的 76.8%。有五个军火进口大国的 2014 年合同额未进入前十名之列，它们分别是加拿大、阿联酋、美国、波兰、日本。这几个国家未来军火进口潜力均会跻身前十名之列：截至 2014 年底，加拿大潜在合同总额为 217.87 亿美元（意向额排名第五），阿联酋为 180.6 亿美元（排名第六），美国为 175 亿美元（排名第八），波兰为 140.77 亿美元（排名第九），日本为 137.1 亿美元（排名第十）。

2014 年新签军火进口合同额位列第十一名到第二十名的国家依次是：伊拉克（26.59 亿美元），墨西哥（23.59 亿美元），美国（15.9 亿美元），阿曼（13.88 亿美元），委内瑞拉（11.6 亿美元），捷克（10.37 亿美元），印度尼西亚（8.923 亿美元），波兰（4.562 亿美元），秘鲁（4.504 亿美元），玻利维亚（4.402 亿美元）。

2011～2014 年新签军火进口合同规模最大的十个国家（地区）依次是：沙特阿拉伯（655.29 亿美元），印度（277.56 亿美元），卡塔尔（163.72 亿美元），澳大利亚（153.31 亿美元），伊拉克（146.55 亿美元），阿联酋（137.95 亿美元），阿尔及利亚（137.85 亿美元），韩国（129.37 亿美元），中国台湾（116.7 亿美元），印度尼西亚（113.67 亿美元）。以上十个国家（地区）合计 2031.97 亿美元，占全球的 60%。但每年名单中的这十个国家（地区）并不固定，变化较大。

2011～2014 年新签军火进口合同额位列第十一名到第二十名的国家依次是：英国（107.84 亿美元），巴西（81.26 亿美元），阿曼（74.91 亿美元），埃及

(72.08 亿美元)，美国（66.85 亿美元），新加坡（65.35 亿美元），土耳其(51.3 亿美元)，挪威（50.43 亿美元），科威特（49.91 亿美元），墨西哥(36.84 亿美元)。

美国防务新闻网2015 年7 月27 日发布了2015 年全球军工百强名单，指出由于国防开支收缩、美国从中东大规模撤军等原因，2014 年军工企业收入再度下降。但之前因工业萎缩造成剧变的情况并未大面积蔓延，原因是工业界没有停滞在因钱紧而引起的恐慌中，而是抓住各种商机进行兼并、收购或剥离等业务调整。

2015 年防务新闻网军工百强中，洛马仍稳居第一，其2014 年国防收入是401.28 亿美元（总收入是456 亿美元），与2013 年404.94 亿美元的国防收入相比，减少了3.66 亿美元（0.1%）。前十大军工企业中，只有联合技术公司的国防收入出现了增长，2014 年国防收入为130.2 亿美元，比上年增长9.5%。

2007 年首次进入前十大军工企业的法国泰勒斯公司，2014 年跌到了第12 位。公司22.8% 下跌幅度的大部分原因是合资企业计算方式的转变。以金刚石－安泰公司为首的俄罗斯企业，与2013 年相比出现两位数增长。虽然俄罗斯面临西方国家的制裁，但俄主要出口对象是中国和印度，因此出口未受影响。2014 年，俄国内国防采购额达到创纪录的438 亿美元，为俄军工企业带来更大利好。然而，排名上升最大的企业并非来自俄罗斯，而是川崎重工（排名从第66 位上升到第46 位），其次是德国 Ultra 电子公司（从第86 名上升到68 名）和PAE 公司（从第85 名上升到第74 名）。排名下降最大的是 Patria 公司，从第64 名跌到了第94 名，其次是 Oshkosh 公司（从第27 名跌到第48 名）和制造技术公司（从第43 名跌到第64 名）。

防务新闻网称，尽管经历了几年的国防支出下降，但国防工业保持了稳定，这反映出国防企业对新局势的适应之快。资金和财务的健康确保了企业运营的健康，使其有能力自由寻求不同的商业战略：从兼并和收购以创造规模效率，到剥离非核心竞争业务以提高核心业务竞争力。

二　全球军品贸易特点：美俄垄断、热点更热

世界军品贸易是国家政治军事经济活动的对外延伸与拓展。“二战”结束后，美苏争霸导致冷战形成，世界上也形成以美国为首的北约和以苏联为首的华约两大对立的军事政治集团。两极对抗格局下，美苏向各自的盟友和友好国家输

出武器，并将武器出口作为巩固国家关系、扩大国际影响，甚至是战略布局的重要手段。这就在世界军贸领域形成了美制和俄（苏）制两大武器体系。长期以来，美俄（苏）也一直是世界武器出口量最大的两个国家。

除了冷战等历史原因外，美俄自身强大工业体系的客观需求，也促使美俄武器出口居高不下。以美国为例，其军贸活动往往具有政治与经济的双重特点。美国向日本出口的F－35战机，单价高达3.25亿美元，是其国内采购价的2倍多，而且价格还在不断攀升。这样既能赚取利润，也能将日本牢牢拴住。更重要的是，美国对日军售，巩固了美日同盟关系，进一步将日本纳入美国的对外战略体系。

近年来，美国国防预算的削减促使美国军工企业积极在国际军贸市场寻求更广泛的出口对象。中东地区本土国防工业能力有限，需要大量进口武器装备，再加上盛产石油的中东国家长期保持较高国防采购预算，支付能力较强，因此，美国军工企业不断在中东地区拓展军贸出口。未来五年，沙特阿拉伯国防预算将大幅增加，从2015年的487亿美元增至2020年的620亿美元。中东地区国防预算的快速增长为美国军工企业带来了更多机遇。随着与伊朗之间的矛盾加剧，沙特为加速实现军队现代化而大量采购武器。据斯德哥尔摩国际和平研究所数据，沙特国防开支在过去10年翻了一倍，预计很快将是全球国防预算第五大国。未来4年，沙特将成为美国军贸公司最大的出口国，阿联酋紧随其后，卡塔尔位列第五。2015年5月，美国国务院批准了沙特从联合科技公司采购10架西科斯基直升机的合同，这份合同价值19亿美元。2014年10月，沙特就曾从洛克希德·马丁公司和雷声公司订购了价值17.5亿美元的“爱国者－3”导弹系统。2015年4月，沙特阿拉伯还出资20亿美元从雷声公司订购了“爱国者”防空导弹系统。由于波斯湾航运越来越多地受到来自伊朗的威胁，沙特也希望在军用舰船领域与美国开展合作。近年来，科威特也计划购买28架波音F/A－18“大黄蜂”战斗机，总价值30亿美元。此外，科威特还对美国海上武器装备十分感兴趣。2015年5月，美国总统奥巴马与海湾合作委员会达成一致，承诺要建立一个区域性弹道导弹防御系统，共同抵御来自伊朗的威胁。可能参与该项目的有洛克希德·马丁公司、波音公司和诺斯罗普·格鲁曼公司。目前，美国对中东地区的武器出口日趋稳定，其中，洛克希德·马丁公司在导弹防御领域具备更有利的竞争优势。这有助于该公司实现其2015年武器出口额占比达到25%的目标。2014年，洛克希德·马丁公司武器出口额在总销售额中所占比例为20%，而2008年仅为13%。

在南亚地区，根据美国国会研究局的报告显示，巴基斯坦在2001～2014年，共与美国签订了54亿美元的对外军售合同。其中，F－16战斗机及其相关设备的销售额占据了总额一半以上。2015年4月，美国国务院批准了最新的价值9.52亿美元的对外军售合同，将向巴基斯坦提供15架AH－1Z“蝰蛇”攻击直升机、导弹和其他物品。自2001年以来，美国向巴基斯坦的武器销售和武器支援大量用于反恐和反叛乱战斗中，其中包括一些适用于传统战争的昂贵的武器平台。尽管近些年美国政府出台了一些资助项目，但大部分采购资金的来源仍是巴基斯坦国家基金。美国国会研究局称，自2001年以来，美国国会已为巴基斯坦“对外军事援助”项目拨款36亿美元，其中2/3的金额已完成支付。美国还向巴基斯坦提供剩余防务设备，以及使用这些设备的培训服务。这些剩余防务设备是美国武装部队淘汰的军用系统，他们低价出售或免费转让给符合资格的外国客户，但修复翻新的费用由受让方承担。

2015年1月25～27日，美国总统奥巴马对印度进行为期三天的访问。奥巴马此行与印度总理莫迪商讨了多项合作协议，其中就有一项为期10年的防御框架协议，其中包括增加两国陆军和海军的联合军演及联合开发防务技术。奥巴马此行还与莫迪达成了4笔交易，包括联合生产“大乌鸦”无人机和洛克希德·马丁公司的C－130军事运输机系统。两国还将共同探索喷气发动机技术。印度政府上年8月也已表示，美国已经代替俄罗斯成为印度最大的武器供应国。

俄罗斯从苏联继承了1500多家军工企业以及数百万的从业人员。冷战结束，国内军火需求急剧减少，俄罗斯开始采取增加武器出口、赚取外汇的方式，确保其军工体系的生存及正常运转。2013年1月，俄罗斯总统普京在俄对外军事技术合作委员会上表示，对外军售已经是一种“国家商业”行为。而且，俄罗斯可以将武器出口作为国际政治的平衡手段。例如，在叙利亚问题上，俄罗斯通过向叙方输出武器的方式与西方博弈，赢得自己的战略空间和回旋余地。近年来，普京多次强调，武器出口是俄罗斯的战略选择，要坚持向前推进。

除了美俄两大超级军贸大国外，其他西方发达国家近年来军品出口也在稳中有增。2015年7月，英国投资贸易总署发布的一份报告称，2014年英国向各国国防机构和武装部队出口的军品总额达85亿英镑（约合132亿美元），是世界上仅次于美国的第二大军品出口国。报告指出，2015年全球军品出口市场价值约830亿美元，英国所占的份额从2013年（出口额为153亿美元）的22%下降至16%。但2013年和2014年，英国是世界上仅次于美国的第二大军品出口国。其中，最大的出口订单是向印度出售的先进近程空空导弹以及向印度尼西亚出售的“部队护盾”综合防空系统和“星光”导弹。报告透露，2014 年，中东地区仍然是英国最大的出口市场，其中沙特阿拉伯是最大的客户。2005 ~ 2014 年，沙特从英国进口的军品价值超过 1000 亿美元，是第二大用户印度（400 亿美元）的两倍还多。中东占英国出口份额的 66%，北美为 13%，亚太地区为 11%。航空航天领域占英国出口总额的 87%，占全球出口总额的 66%。该报告还预计了其他主要出口国 2014 年的军品出口情况。美国约占全球出口市场的 40%，包括向卡塔尔出售价值 24 亿美元的“阿帕奇”直升机和 24 亿美元的“爱国者”导弹。俄罗斯是继英国之后的第三大出口国。报告还指出，中东地区仍是最有价值的市场；由于欧洲与美国市场持续低迷，在过去几年中，南美和非洲市场逐渐受到关注，但英国仍未在这两个地区取得重大进展。

德国 2015 年上半年批准的军火出口交易总额已达 63. 5 亿欧元，几乎相当于上年一整年的 65 亿欧元总额。军火出口的大幅增长，也引来德国在野党的批评。德国《明镜周刊》指出，2015 年德国军火工业出口最值得注意的是向阿拉伯国家和北非部分国家的出口，交易金额较上年超过一倍，达 5. 8 亿欧元。具体的军火出口项目包括：卖给卡塔尔 12 辆狐式装甲车、对以色列出售一艘潜艇；卖给英国 4 架空中加油机。德国经济部部长加布里为此成为在野党批评焦点，加布里曾以“死亡贸易”形容军火出口，前年底上任时宣示要降低德国的军火出口但 2015 年上半年批准的军火出口量却大增，在野党批评德国政府让军火出口到了完全失控的地步。

法国为赚钱维持国防工业，军火交易不断突破限度。2015 年 5 月 4 日，卡塔尔埃米尔塔米姆与来访的法国总统奥朗德在多哈举行会谈，双方达成卡塔尔向法国购买 24 架“阵风”战斗机的协议。此前，印度、埃及两个地区大国也相继订购数量不菲的法制“阵风”战机。法国军品虽不及美式装备先进新潮，也难比俄制武器实用价廉，但法式装备设计思路别具一格，性价比高。一款“幻影”飞机可以“变形”成战斗机、攻击机和侦察机；一款“西北风”导弹可衍生出海陆空三大军种的导弹；一款 K15 核反应堆推动了“梭鱼”级攻击核潜艇、“凯旋”级战略核潜艇乃至“戴高乐”号航母。这种设计思路，既有助于缩短研发周期、降低研发成本和武器售价，又使零配件通用性强，便于修理维护。法制武器在技术的先进性与费用的可承受性之间达到较好的平衡，令诸多国际买家另眼相看。从在中东“六日战争”中充当以军空袭主力的“幻影”战机，到马岛战争时击沉英军主力战舰的“飞鱼”导弹，优质战绩成为法式武器的最好广告，其销售行情也随之看涨。如今的“阵风”战机也是如此。这款典型的三代半战机，虽在发动机、机体材料、电传操纵系统及综合航电设备等方面亮点颇多，但外销却一度屡屡碰壁。直到其在阿富汗和利比亚以及马里战场中有了出色表现，这柄“空中利剑”才再受青睐，在军售市场上击败了美俄等国的强劲对手。另外，与美俄相比，法国国内武器市场容量有限，要让庞大的国防工业系统保持良性运作，出口实为必然选择。为促进武器走向世界，法国政府与企业签订装备研制合同时，首先要评估武器的出口潜力，然后才对“过关”产品提供支持，不惜以政府间协议的方式促成其出口合同签订；金融部门负责为军品出口提供更加有效的信贷保证，军方则在推销、签约和履行合同的各阶段，工作于装备性能演示、人员培训、售后服务等一线。在一些政治色彩浓厚的军火大单中，法国更不乏突破以往国际军品贸易禁忌的行为。例如，2009 年法国与巴西签署的军售订单上，堪称“国之重器”的核潜艇赫然在列。这一协议不仅刷新了印俄核潜艇租借协议的纪录，更附带推销出一批常规潜艇和军机，吸引巴西成为与法国研发新一代装备的“国防产业盟友”。

在亚太地区，随着近年来政治风云变幻，地区矛盾凸显，军品贸易异常活跃，特别是日本、韩国等发达国家的军品研发与出口步伐加快。2015 年 5 月，日本首次举办军贸展，推销自产的武器装备。日本《朝日新闻》9 月 16 日报道则称，由日本跨国公司和上市企业等组成的日本最大经济团体“日本经济团体联合会”（经团联）近日正式要求日本政府将对外武器贸易提升至“国家战略”，该报告已由三菱重工社长宫永俊一提交。2014 年，安倍政府就制定了“防卫装备转移三原则”，替换已存在的“武器出口三原则”，为日本的武器装备出口开了绿灯。日本政府新组建的防卫装备厅不仅负责自卫队的武器装备的研发购置，同时也将协调日本武器装备的出口。因此，日本装备厅所拥有的资金也是日本经团联关心的一个焦点，希望装备厅能够积极出资，与企业共同开发新的武器装备。日本经团联目前共有 60 多家军工领域的企业，这份由日本经团联提交的报告书表示，随着日本自卫队活动范围的扩大，日本政府应该强化在武器制造领域的投入，扩大生产以及积极推动日本先进武器进军国际军火贸易市场。报道还称，鉴于安倍政府的新安保法案仍然未能得到日本多数民众的支持，日本经团联“急不可待”地推出发展军火贸易的提案也引发了民众对经团联的批评。

韩国近年来不断通过技术转让拓展军贸市场。韩国总统2015年4月访问南美，与秘鲁和哥伦比亚的国防合作成为此次访问的焦点议题。韩国向秘鲁提供了韩国航宇工业公司（KAI）的FA－50“金鹰”轻型战斗机。韩国总统在访问秘鲁时表示，所有的军售项目都将附带技术转让，并称韩国推动防务关系的举动“旨在进一步推动在高科技航空技术领域的双边合作”。韩国此次对秘鲁的军售与2012年韩国与其签订价值2.08亿美元的20架KT－1P基础教练机合同类似。根据合同，秘鲁空军从韩国航宇工业公司进口4架KT－1P基础教练机，并在秘鲁国内合作生产组装16架KT－1P。韩总统4月17日还与哥伦比亚政府签署了一系列谅解备忘录，内容涵盖防御技术转让、研发、情报共享等。韩国深化与秘鲁、哥伦比亚等国防务关系的努力反映出韩国与潜在军售市场国家发展政府层面关系的战略，该战略旨在通过满足出口市场客户在多个领域的技术需求来确保本国武器的销售。2015年1月，韩国国防采办项目局（DAPA）就已宣布韩国2014年国防出口创新高，达36亿美元，比2013年的34亿美元增加了6%，比2005年的出口额增加十倍之多。

关于中国成为全球第三大军品贸易国，英国《金融时报》记者查尔斯·克洛弗曾进行报道。其称最近几年中国军事预算的迅速扩张以及技术的改进提高了中国武器的竞争力，这使中国在增加武器出口的同时减少了武器进口，近5年来，中国武器进口较之前5年下滑了42%。过去5年中国最大武器贸易客户是巴基斯坦，巴基斯坦占中国武器出口的41%。中国28%的武器出口流向孟加拉国和缅甸，还有一部分出口流向18个非洲国家。过去5年的大规模武器交易包括向委内瑞拉出售装甲车以及运输教练机；向阿尔及利亚供应3艘护卫舰；向印度尼西亚出售数百架反舰导弹；向尼日利亚出口武装无人机。

从全球军品进口情况看，中东、亚太、印度洋等热点地区的武器销量一直持续走高。中东地区一直战乱频繁，巴以问题、叙利亚问题、也门问题等，一直是地区安全的重大威胁。美军从伊拉克和阿富汗撤军后，极端组织（ISIS）、“基地”组织等恐怖主义组织利用美军留下的力量真空，势力迅速壮大，严重威胁地区安全，使得中东地区防务需求激增。海合会的一些成员方，本身工业基础十分薄弱，无法生产坦克、战斗机、军舰等复杂的武器系统，但这些国家石油资源丰富，本身“不差钱”，进口武器成为这些国家增强国防实力、获取武器装备的必然选择。

据HIS报告称，2014年沙特的军火开支增加了54%，达到65亿美元，而印度则进口了价值58亿美元的军火。IHS估计，根据计划交付的军火，沙特2015年的进口额将增加52%，达到98亿美元。报告作者本·穆尔斯说：“这绝对是前所未有的。大家都看到了整个地区的政治分裂，而与此同时，他们有石油，这能使这些国家武装自己、保护自己以及按照他们的意志来决定地区的发展走势。”圣母大学克罗克国际和平研究所政策研究中心主任戴维·科特赖特说，由于担心中东地区地缘政治的变化，沙特正在壮大其军火库，而美国也力图在打击“伊斯兰国”组织过程中寻找帮助。科特赖特说，增加军火采购可能是沙特政府中某些人士提醒美国的一种方式，说明沙特作为美国盟友的重要性，因为防务合同可以带来至关重要的就业岗位。中东军火市场不断壮大的最大受益者是美国。2014年美国向该地区出口了价值84亿美元的军火，高于2013年的60亿美元。沙特和阿联酋2014年合计进口87亿美元的防务系统，超过西欧国家的总和。

作为国际军贸市场的“豪客”之一，沙特不断掀起军购高潮，其背后有着多方面的考量。首先，从现实威胁上看，中东地区不稳定因素持续上升，沙特需要投入更多力量维护国家安全。“阿拉伯之春”爆发以来，突尼斯、埃及、利比亚、也门等国政权更迭或动荡，叙利亚内战持续，外溢效应日益增大，一向较为稳定的海湾地区石油富国也出现了不同程度的动荡。这些不稳定因素促使被视为中东地缘政治稳定“压舱石”的沙特阿拉伯危机感增强，在向国内民众加大发放石油“红利”的同时，沙特不断增加对安全力量的投入。2014年，“伊斯兰国”横空出世，在伊拉克攻城略地，严重威胁沙特安全。为应对“伊斯兰国”带来的威胁，沙特一方面积极参与美国主导的空中打击行动，另一方面不断加强军事力量建设，追加经费采购武器，为未来可能发生的武装冲突甚至战争做好准备。其次，从地区关系上看，作为海湾阿拉伯国家合作委员会（海合会）的重要成员，沙特需要凝聚地区国家向心力，保持地区事务的主导力。伊拉克战争后，什叶派穆斯林在伊拉克逐步确立主导地位，另一个重要的什叶派国家伊朗与伊拉克关系越来越紧密，这让逊尼派的沙特阿拉伯不得不提高警觉，应对所谓“伊朗－伊拉克－叙利亚”的什叶派新月地带崛起。近年来，美国一方面从伊拉克撤军，减少在中东地区力量存在；另一方面加速推动伊朗核问题谈判，这使伊朗面临的外部压力有所减轻。为巩固自身在阿拉伯国家中的地位及在海合会中的主导权，沙特动作不断，如牵头地区阿拉伯国家发动对也门反政府胡塞武装的打击行动。这都在促使基本依赖进口武器的沙特对军贸的需求快速提升。再次，从国际关系上看，大笔军购有利于沙特与美国等保持密切关系。作为美国在中东地区重要盟友之一，沙特在安全上高度依赖美国。长期以来，除了向美国大量出口原油外，沙特从美国和欧洲大笔购入武器，将此作为密切国家关系的重要手段。近年来，美国国内石油开采量不断提升，对中东地区石油依赖程度有所下降，以沙特为首的石油输出国坚持保持石油产量，导致国际原油市场石油价格不断下降，与美国国内石油开采形成竞争。这也使美国国内质疑政府中东政策的声音不断上涨。通过加大武器进口力度，沙特在某种程度上安抚了美国国内政治力量，继续维持在中东的力量存在，维护沙特的根本利益。回顾历史，沙特也一直是国际军贸市场上最重要的买家之一。在伊拉克战争之前，沙特就是中东地区最大的武器进口国，20 世纪最后 10 年其进口的武器装备价值达 335 亿美元，飞机、舰艇、坦克、火炮一应俱全。从 2000 年起，沙特军费以每年 20% 的速度递增，而它的武装力量总员额不到 20 万人，大部分军费都用于进口先进武器。事实上，军事目的始终不是以沙特为代表的一些海湾国家大笔采购军备的唯一考量，在地区局势动荡不定的情况下，以军购为手段，撬动大国关系，维护地区秩序，进而保证国家安全和自身利益，才是根本目的所在。

亚太地区和印度洋地区也是全球热点地区。亚太地区发展中国家众多，该地区集中了朝鲜问题、台海问题、岛屿海洋争端等热点。同时，美军“重返亚太”战略增强了该地区相关国家安全政策的不确定性和地区的不稳定性。印度洋地区连接亚太和中东，其中的印度和巴基斯坦对立严重，政治军事对抗不断。这些地区的相关国家，武器贸易量尤其是进口武器量增加，与其所在地区的国际政治的实际局势变化一直相吻合。局势不稳定的国际热点地区，往往也是武器系统大卖的地方，这也是世界军贸市场不变的规律之一。

三　全球军品贸易控制：安全隐忧、步履艰难

世界军火交易连增势头不减，反映出全球安全尤其是地缘政治安全领域的动荡与隐忧。而作为主要的出口大国，美国等并未采取主动措施对军贸活动予以限制。军火出口仍是美国借以营利并牵制竞争对手、维护世界霸主地位的重要手段。一方面，军火输出可以给美国带来直接的经济利益，而且还会拉动相关产业发展；另一方面，美国通过军火出口，使其他国家在武器装备上与其一体化，增强美国的军事影响力，并以此排挤竞争对手，维护美国的霸权地位。为了谋求军

火出口带来的巨大经济和战略利益，美国不仅无意解决一些地区热点问题，反而支持相关力量，激化地缘政治矛盾，加剧地区动荡的态势，为扩大军火出口和增强对外军事影响力制造条件。比如美国在2015年3月中旬宣布向乌克兰政府提供非致命性武器之后，又决定对乌克兰的国民警卫队进行培训。这种明显违背政治解决方案的方式，进一步暴露了地区安全动荡背后的美国因素。

在国际限制军品贸易的不断呼声下，2013年4月2日，第67届联合国大会表决通过了《武器贸易条约》。该条约随后于2014年6月3日在纽约联合国总部开放供所有国家签署，并于2014年9月24日正式生效。目前共有130个国家签署该条约，其中72个国家已经予以批准。2015年8月24～27日，《武器贸易条约》首届缔约国大会在墨西哥坎昆举行，共有121个国家、70个国际和地区组织以及各军工企业的代表参与。在为期四天的会议中，与会各方主要就缔约国大会未来的议事规程、筹款事宜和常设秘书处等事项展开了实质性的讨论。本届大会还通过闭门投票的方式通过了设立《武器贸易条约》的监管机构，该机构被命名为"《武器贸易条约》常设秘书处"。

本届大会中，中国作为观察国派代表全程参与了会议各项议程，但中国尚未签署《武器贸易条约》，也未在大会上发言。对于有关军贸控制谈判，中国一贯坚持循序渐进、兼顾各方、协商一致的原则。但以主提案国为代表的"进取派"采取投机策略，将《武器贸易条约》放到联大表决，脱离了多边军控条约谈判协商一致原则。因此中国在条约通过后，采取保留立场的态度，表示不赞成该条约在联大强行表决通过的做法，并对由此可能产生的负面影响表示关切。

《武器贸易条约》的前身是1992年《联合国常规武器登记册》，但因登记制度本身的自愿性以及松散的管理框架，联合国及其一些成员便积极推动出台具有约束力的武器贸易登记制度。2006年联大通过决议，推动拟定一项"普遍性、具有法律约束力"的《武器贸易条约》，以建立常规武器进出口和转让的共同国际标准。从2006年启动缔约国会议谈判，到2013年以联合国大会表决方式通过，联合国《武器贸易条约》的最终草案定下八项内容，即所谓"7+1"，涵盖已有的《联合国常规武器登记册》中七种常规武器，加上一项轻、小武器类，共八项。而实际上，之前经由英国等国提议，得到欧盟积极支持的文本则包含了具有更广泛内容的"7+1+1"建议，即除前述8项外，还包括一项规范弹药的内容，后者因美国坚决反对而被删掉，仅仅简单规定由缔约国自己制定弹药出口管制的制度，规范度较为松散。

在《武器贸易条约》谈判中，中国始终反对缔约国与非国家行为体进行武器贸易，该立场是从源头上阻止非法武器贸易并避免其危害和平与稳定的重要环节，与中国维护世界和平与安全的大目标一致。中国对《武器贸易条约》所持立场对维持世界和平与安全具有重要意义，也充分体现了中国的价值和利益诉求。不难看出，以《欧盟武器出口行为准则》为蓝本的《武器贸易条约》将典型的欧洲式价值观和理念贯穿始终，西方国家对《武器贸易条约》所持的价值观与中国立场相左，并将在《武器贸易条约》后续谈判中与中国的价值观产生冲突。对此，中国赞同条约规范武器贸易的宗旨，但始终强调平衡处理人道主义关切和各国正当安全需要的关系，以“以人为本”理念为出发点，积极致力于妥善解决常规军控领域与人道主义问题，不断加强和完善常规军控领域的国际法律机制，增进各国军事互信，促进国际和平与安全。中国要求对《武器贸易条约》规定的遵守“国际人道主义法和国际人权法”的主体加以限定，即限定为上述国际法的签署国。这种主张被美国学者理解为“利用联合国五常和人权理事会成员方的身份，推动国际规则和条约中有关人权的严格理解，将经济发展、社会稳定和集体权利置于个人政治权利之上”，同时被一些欧洲学者理解为中国在军售问题上的“讨价还价”。因此，在《武器贸易条约》的谈判过程中，美欧表现出共同挤压中方的政治态势，且这种态势将会在未来相关议题的讨论中持续下去。

与此同时，俄罗斯也拒绝签署《武器贸易条约》。俄罗斯外交部防扩散和军控问题司司长米哈伊尔乌里扬诺夫称，该条约尽管对其参与国在武器国际贸易方面加以一定程度上的约束，但约束力相对较弱。俄罗斯在此方面并不是持消极态度，但仍不打算加入。西方国家和俄罗斯已有相关的出口控制条例，且该条约对发展中国家并无效力。

参考文献

Stockholm International Peace Research Institute：*The SIPRI Yearbook* 2014、*The SIPRI Yearbook* 2015，http：www. sipri. org.

俄罗斯军工综合体网，http：//vpk. name/print/i124221. html。

IHS 简氏防务网，http：www. janes. com。

美国《防务新闻》网，http：//www. defensenews. com/。

王卫华、樊怀乾：《沙特为何再掀军购高潮》，《解放军报》2015 年 4 月 3 日。
王绥翊：《国际军贸，“买”“卖”博弈看点多》，《解放军报》2015 年 4 月 3 日。
韩旭东：《军火交易连增背后的安全隐忧》，《半月谈网》2015 年 4 月 13 日。
钱泳文：《中国慎重对待联合国武器贸易条约谈判》，《国际先驱导报》2015 年 9 月 11 日。

（撰稿人：任海平，中国国际经济交流中心战略研究部副部长、副研究员）

后　记

《国际经济分析与展望》（简称《世情报告》）每年年初出版，是中国国际经济交流中心（国经中心）倾力打造的国际经济年度评估展望精品。报告立足国际经济发展前沿，以“国际眼光、全球视野”对上年国际经济总体、国别经济、重点经济领域及热点问题发展状况进行评估，并对其未来发展做出相关预测分析，以国经中心的独特视角，突出战略性、系统性、前瞻性、针对性和实用性，“同享人类智慧，共谋人类发展”，打造前瞻性和系统性特色产品，服务全球治理，实现国经中心服务于社会的价值。

本年度《国际经济分析与展望》是中国国际经济交流基金资助的重大课题研究成果。研究课题由中国国际经济交流中心理事长曾培炎亲自指导，中国国际经济交流中心总经济师、执行局副主任、学术委员会副主任陈文玲担任课题组组长，设计课题研究框架，撰写总报告《2015～2016年世界经济形势分析与展望》，对全部书稿进行终审。任海平等同志组织各篇报告的具体撰写工作，与出版部门进行沟通，并协助文稿的修改与校对。

本报告主要为国经中心研究人员的研究成果，也收录了社会知名专家学者的重量级稿件。社会科学文献出版社皮书出版分社社长邓泳红，总编辑任文武，编辑陈颖、陈晴钰等为本报告的出版付出了巨大心血。在此，对大家的辛勤付出表示由衷的感谢！同时欢迎读者对报告的疏漏给予指正。

中国国际经济交流中心

2016年2月18日

图书在版编目(CIP)数据

国际经济分析与展望. 2015～2016/中国国际经济交流中心编著. —北京：社会科学文献出版社，2016.3
（CCIEE 智库报告）
ISBN 978－7－5097－8775－5

Ⅰ. ①国… Ⅱ. ①中… Ⅲ. ①世界经济－经济分析－2015～2016 ②世界经济－经济预测－2015～2016 Ⅳ. ①F113.4

中国版本图书馆 CIP 数据核字（2016）第 031608 号

·CCIEE 智库报告·
国际经济分析与展望（2015～2016）

编　　著／中国国际经济交流中心

出 版 人／谢寿光
项目统筹／邓泳红
责任编辑／陈晴钰　陈　颖

出　　版／社会科学文献出版社·皮书出版分社（010）59367127
地址：北京市北三环中路甲 29 号院华龙大厦　邮编：100029
网址：www.ssap.com.cn
发　　行／市场营销中心（010）59367081　59367018
印　　装／三河市尚艺印装有限公司

规　　格／开 本：787mm×1092mm　1/16
印 张：30.25　字 数：534 千字
版　　次／2016 年 3 月第 1 版　2016 年 3 月第 1 次印刷
书　　号／ISBN 978－7－5097－8775－5
定　　价／138.00 元

本书如有印装质量问题，请与读者服务中心（010－59367028）联系